Le siècle de Sartre

萨特的世纪

Œuvres Choisies

de la Pensée et de la Culture

Françaises Contemporaines

当代法国思想文化译丛

杜小真　高丙中 主编

Bernard-Henri Lévy

Le siècle de Sartre

当代法国思想文化译丛

萨特的世纪

哲学研究

[法] 贝尔纳-亨利·列维 著

闫素伟 译

商务印书馆
创于1897 The Commercial Press

2019年·北京

当代法国思想文化译丛

出版说明

法国思想文化对世界影响极大。笛卡尔的理性主义、孟德斯鸠法的思想、卢梭的政治理论是建构西方现代思想、政治文化的重要支柱；福科、德里达、德勒兹等人的学说为后现代思想、政治文化奠定了基础。其变古之道，使人心、社会划然一新。我馆引进西学，开启民智，向来重视移译法国思想文化著作。1906 年出版严复译孟德斯鸠《法意》开风气之先，1918 年编印《尚志学会丛书》多有辑录。其后新作迭出，百年所译，蔚为大观，对中国思想文化的建设裨益良多。我馆过去所译法国著作以古典为重，多以单行本印行。为便于学术界全面了解法国思想文化，现编纂这套《当代法国思想文化译丛》，系统移译当代法国思想家的主要著作。立场观点，不囿于一派，但凡有助于思想文化建设的著作，无论是现代性的，还是后现代性的，都予列选；学科领域，不限一门，诸如哲学、政治学、史学、宗教学、社会学、人类学，兼收并蓄。希望学术界鼎力襄助，以使本套丛书日臻完善。

商务印书馆编辑部

2000 年 12 月

目　　录

序 …… 1

第一部　“世纪名人” …… 9

1　萨特的光荣 …… 11

“海狸”的爱 …… 13

什么是时尚？ …… 26

享受国家元首的待遇 …… 30

反对戴高乐 …… 34

拥护圣伯夫 …… 38

反对悲观 …… 49

憎恨 …… 53

年轻的萨特 …… 60

2　司汤达和斯宾诺莎 …… 66

彻底的知识分子 …… 69

什么是哲学小说？ …… 75

哲学家兼艺术家 …… 86

什么是文学？ …… 96

马拉美和德堡 …… 111

3 清算纪德 …… 118

纪德的世纪 …… 120

萨特：纪德的信徒 …… 127

多斯·帕索斯、乔伊斯、塞林纳 …… 137

文学就是战争 …… 153

4 “德国式”的哲学家 …… 166

柏格森主义 …… 166

柏格森、纪德之流 …… 174

事物的成见 …… 183

萨特与海德格尔 …… 190

萨特与尼采 …… 208

5 关于海德格尔问题的笔记 …… 221

证据 …… 225

为了海德格尔“反对圣伯夫”？ …… 233

二十世纪最伟大的哲学家是纳粹分子？ …… 245

第二部 公平地对待让-保罗·萨特 …… 265

1 存在主义就是反人道主义 …… 267

事物的偏见 …… 268

让·卡瓦依埃，用逻辑抵抗的战士 …… 276

萨特与阿尔都塞 …… 285

阿尔都塞 …… 290

什么是主体？ …… 300

萨特与现代人 …… 306
两条阵线的对峙 …… 315
2 什么是魔鬼？ …… 326
3 彻底的反法西斯主义者 …… 385
喜欢争吵 …… 386
自然的社会是不存在的 …… 396
关于罪恶 …… 407
萨特的丑陋 …… 417
神学家、哲学家和专制者 …… 424
4 关于维希问题的笔记 …… 434
战前 …… 436
越狱之谜 …… 439
《巴利奥纳》 …… 440
《苍蝇》 …… 447
两个年轻的野心家 …… 452
无缘无故的指责 …… 458
原则问题 …… 461
抵抗战士 …… 467
5 萨特的思想 …… 475
反对贝当政府 …… 476
萨特与福科 …… 481
萨特与犹太人 …… 485
梦中的萨特 …… 494
加缪 …… 496

萨特与加缪的是是非非…… 505

第三部 时代的疯狂…… 517

1 另一个萨特 …… 519

对自己的恨…… 521

反对美国…… 524

苏联人是否有批评的自由? …… 526

法国的最后一个斯大林分子? …… 530

布达佩斯之后…… 532

索尔仁尼琴…… 536

宽宏大量的人…… 540

想像…… 543

萨特与卡斯特罗…… 545

暴力…… 547

对恐怖主义的赞颂…… 550

让雇主的血流成河…… 552

一团浑水…… 555

冒险家的诱惑…… 559

意大利之爱…… 562

写完《福楼拜》之后,此生再无憾事 …… 565

2 知识分子生活中的错误 …… 570

“境况”概念的由来…… 571

真理与观念生活…… 583

政治恩惠…… 602

3 心里话 …… 611
萨特的“伟大转折” …… 612
自学成才者 …… 617
《巴利奥纳》 …… 624
返回三十年代 …… 634
弃绝 …… 639
人道主义与法西斯主义 …… 649
因文学而得救 …… 656
4 萨特的失败 …… 661
黑格尔、科热夫和二十世纪 …… 662
背叛黑格尔 …… 670
如何摆脱黑格尔哲学的魔圈 …… 681
哲学家的没落 …… 690
左派的科热夫 …… 705
5 文学的坟墓 …… 716
假自传 …… 717
《文字》到底说了什么 …… 723
与文学告别 …… 733
尼藏，布列东，波利泽尔等等 …… 743
《文字》是毛派的书 …… 753
尾声 …… 765
贝尼·列维 …… 770
信徒们的愤慨 …… 775
萨特是犹太人？ …… 781

萨特这样的犹太人…………………………………………… 788
萨特与勒维纳斯…………………………………………… 793
我们的年轻人……………………………………………… 800

人物译名对照表……………………………………………… 808

献给我的母亲

序

那天在蒙巴纳斯，人们怀着隐隐的不安，小声地交谈着，久久不肯散去。四月的天空，连光线也像怕冷似地瑟瑟抖动着。无车的巴黎透出一股静谧。人群依依不舍地散去，街区里到处充斥着难以言表的骚动。时时可以见到一些人，脸上带着激动的表情，显得怪怪的。拉斯帕依大道和狄多街上的咖啡馆里，人们三三两两聚集在一起。也有或男或女单独在街上无所事事地走着，也许只是想拖延时间。我就是这些人中的一个。我也和他们一样，是来参加萨特的葬礼的。开始时气氛像是过节，最后却像一场半途而废的示威游行，只剩下人行道上零零散散的人群。

我还记得，我是沿艾德加·基奈大道，一直走到萨特曾经住过的那幢小房子的；那房子也披上了哀纱。房前聚着一群人，是巴基斯坦人，好像为什么事在那里争论很久了。有个我多少认识一点的苏联异端分子。有外省来的人，载他们来的大轿车就在旁边等着。有个年轻的妇女单独待在一边，大概哭了很久。就像动乱时期一样，工会的人和大学生自发地组织起来维护秩序，在房子周围临时站了岗，让迟迟不肯离去的路人离开，房前这段碎石路面已经成了圣地。我盯着房子的前面儿看了一会儿，目光顺着墙面数到第九层，那里曾是我去过几次的地方。我眼前又浮现出那个小小的套间,那张工作台,有一把脏兮兮的灰色的扶手椅,那是他最后一个秘书坐过的,有一个空着一半的书架。

这就是名声显赫的萨特生活过的地方吗?萨特的话曾经响彻全世界,今天下午又像顽强的蜜蜂一样,嗡嗡地飞回墓地,那些话语难道就是从这里产生的吗?还会有别的萨特吗?——或者说,像他这样的人是独一无二的,他不属于哪一种哪一类,他一死,他所代表的种类也就消失了。我为什么要到这里来呢?我觉得我并不喜欢这个人,也不敢肯定地说我不喜欢他。那为什么也和别人一样,觉得有必要来向他致以最后的敬意呢?而且,那葬礼的仪式……那数以千计的来自世界各地的男男女女,也许数以万计,在几分钟的时间里,站满了墓地的条条小径。活着的人与墓地的幽灵,反叛者和小资产者,不分彼此,发出一片压抑的嘈杂。有左派的人士,有孩子,还有上流社会人士组成的代表团,每个人都用邮差的黑红色旗子包着头。《法兰西新杂志》(NRF)和"法国阿尔及利亚人友好协会"献了花。猎奇的摄影记者在窥伺。有的女人泪流满面。有一群年轻人,大概根本就没有读过萨特的书,却也在那里,攀缘在树上。有非洲人,有亚洲人,有"光明岛"派的越南人,也有"胡志明"派的人,两派人本来是根本不想见面的,但是,与他们的争执毫无关系的人群将他们拥在了一起。有声名显赫的人,有默默无闻的人。有的夫妻被人群挤散了,开始还远远地互相招呼,后来就再也找不到对方了。有的人原来是死对头,有谢了顶的,有目光哀切的——看那动情的样子,哪像昨天还在互相嘲讽、互相挖苦的人呢?当然也有与萨特亲近的人们,有他的弟子们,淹没在人群的嘈杂之中,为人群所左右,所裹挟,有时甚至被挤到了送葬队列的外面;有人在悄悄地议论他们,说他们见证了真正的信仰,言语之间流露出恭敬之情。更远处,一个美丽而哀切的女人浑身穿着丧服坐在墓穴前的一把折椅上,她头上的围巾散乱了,尽管有几个忠实的弟子想推开人们,在她四周围出一块空地,却怎么也挡不住涌过来的人群,人们挤得她无处立足。究竟是谁制造了如此奇迹呢?他为什么会有如此神秘的魅力,在一生中激起过多少人的激情?他的声音孤独、干脆而铿锵有力,用那么多的语言,让那么多不同命运的人听到了他的话?一个伟大的作家就是这样。因为他是一架能融化人的感情和才智的机器?因为他是当代人的庇护所。因为他是指南针。当他离去时,人们借着向他告别,也是在向一个时代告别吧。

我那时三十岁。

我后来又经历过很多很多的热情、幻想和失望。

我知道,或者至少我希望,我还有足够的时间与同时代人将这段因他的死而暂时中止了的奇特的历史进行到底。

我还知道——我是在那一刻才知道了这一点的——为了将这段历史进行到底,早晚有一天,我会再次面对许许多多问题之后的人和作品。我知道我早晚会努力去衡量这场用萨特的名字命名的复杂、怪诞、暧昧的冒险。

这本书在我心中孕育了很久,我却下不了动笔的决心。我思之再三,魂牵梦绕,放弃了又拿起来。我写了,但又等于没有写,忘记了,但又没有放弃。它始终就在我眼前飘着,这是个不成形的、不确定的计划,我早晚会把它从虚无飘渺中拉出来,可眼下,它仍是我心中的一个愿望。

而且,我们每天的所见所闻,我们这个漫长的世纪末所发生的件件波折,没有让我加快将这本书写出来,而是让我觉得有理由拖延下去,没有催促我开始动笔,而是让我觉得有理由放弃写作的计划。

革命的思想对萨特的生活和作品产生过多么大的激励啊,可是这种思想像一盏小油灯一样地熄灭了。

萨特曾经迷恋共产主义,至少在三十年的时间里,他有过这样的愿望;但是共产主义却不战而败,不辩而输。

萨特说过,一篇文章,只有与产生这文章的形势联系在一起看,才会有价值。产生萨特的形势已不复存在。好像整个背景原地转了个圈,复又落入了虚无。随着他的逝世,他的作品大段大段地消失,或归于沉寂了。

在这个时候,如果对萨特感兴趣,甚至于想写一本书,通过研究他来分析这个世纪的意义,似乎是最不识时务的拙劣之举。想研究马尔罗?当然可以。研究加缪?如果非要坚持的话,也不是不可以。可是萨特……不行,萨特不行……说什么也不能以萨特为题搞研究……我想像着,如果对七十年代的导师们说,我打算有一天写一本关于萨特的书,他们会感到多么愕然。我的导师们也不在了,也去世了。但萨特仍然是禁区。在当时的文学中,在作家的作品里,最没人理睬的,最没有人要的,毫无疑问,首先就是萨特……

于是我便读书。把已经读过的书拿出来重新读。我还记得在巴黎重新读到《厌恶》的那一天。我还记得有个朋友在伦敦对我说,《自由之路》其实是很不错的。我认为他说得对。我还记得,当我第一次读《存在与虚无》时,我是多么赞叹;之后又紧接着读了《辩证理性批判》,我还记得我所感到的震惊。我发现,这是对哲学原有学说的彻底背弃,比费尔南多·佩索阿[①]以多个化名所发表的作品对时代的背弃更甚,与罗曼·加里[②]的双重作品相比,有过之而无不及。

我非常喜欢这种局面。

我想悄悄地酝酿我的萨特,而且非常喜欢这种想法,因为已经没有多少人对他感兴趣了。

人们说,他有些像加缪……因为他捍卫人权,所以他和加缪一样……而且当然也像马尔罗,因为他怀念英雄主义、冒险和"伟大的生活",所谓"伟大的生活"是指让人与作品合二而一,让人成为作品的延续……人们爱怎么说就怎么说吧,虽然我知道,新的时代将会非常缺乏真正"伟大的生活",缺乏纯粹的作家,缺乏知识分子的象征,而萨特首先就是这一切的具体体现。

直到有一天,在繁纷的世事中,有两件事加快了事情的进程。

一件是1989年,我在柏林见到一个共产党的老作家。我是在柏林墙拆除后的第二天在他家里见到他的。他是乌布利希[③]和昂

---

① 费尔南多·佩索阿(Fernando Pessoa,1888—1935),葡萄牙作家和诗人,生前作品多以化名发表,表现了作者多重的人格特点。——译者注

② 罗曼·加里(Romain Gary,1914—1980),法国作家,祖籍俄国,曾为自由法国而战,1945年进入外交界。其作品有《欧洲教育》、《天之根》等。曾两次以不同的化名获得法国最有名的龚古尔文学奖。——译者注

③ 沃尔特·乌布利希(Walter Ulbricht,1893—1975),前德意志民主共和国国务委员会主席(1960—1973),德国统一社会党主席(1971—1973)。——译者注

纳克的朋友,斯大林主义的吹鼓手。由于制度所造成的所有罪恶他都赞成,而且仍在以他摇摇欲坠的权威来掩盖这些罪恶。他说,早晚有一天,人们会公正地对待我们。我们虽然变成了红色教会之长,但我们是历史上的反法西斯主者。早晚有一天人们会发现,我们才是最好的民主主义者。说着,仿佛是为了给他的话找依据,他从书架上抽出一本《懂事的年龄》,上面有作者本人的签字——"知道如何让自由符合自己的愿望的人,斯特凡·赫尔梅林惠存,让-保罗·萨特"(我记得当时看到的,是这样的题词)。

三年之后,在萨拉热窝,当时是波黑战争的第一年,一些波斯尼亚的大学教师们决定留在被围困的首都,而且每到星期三的晚上,冒着被塞族狙击手打死的危险,从城市的四面八方来到离战线不远处的一个地窖里,在十分虔敬的气氛中一页一页地阅读和讨论《方法问题》:这些萨特的信徒们,躲在地下室,冒着枪林弹雨,为了逃避死亡而读萨特的作品;他们不仅从萨特的作品中汲取思想的力量,也汲取抵抗和斗争的力量……

为什么彻头彻尾的斯大林分子和真正的抵抗战士,都能够从一个人的作品中得到依靠呢?

作者死了十年,十五年了,为什么他的作品不仅还能让各种各样的人怀念他,也能让各种各样世界观根本不同的人都聚集在他的旗下呢?

难道二十世纪后半期出现的最好的和最糟的事情,都是由于他吗?难道人们在同一部作品中,既可以得到崇高的箴言,又可以汲取奴役他人的原则吗?所谓"崇高的箴言",是指让那些被剥夺了一切而走投无路的男男女女奋起反抗的话语。

突然之间，我是否爱过萨特，或者是否恨他，或者既爱又恨，或者既恨又爱，这一切都不重要了。

惟一重要的，是他为时代唤起的，是他为时代注入的那些交织在一起的感情。

惟一重要的，是与后萨特时代紧紧联系在一起的，也是萨特的作品在人们心中激起的那种不稳定的情绪。

通常人死了，人们因他而产生的情绪就会平静下来，人们的感情就会变得稳定。当然，作者死了，人们对文本的理解不会变得僵滞，文本不会局限于作者的死所赋予的某种意义；但至少作者的死有助于解决某些文字游戏所导致的争执，有助于裁决主要的争吵。对萨特，情况似乎恰恰相反。他死后尸骨未寒，以他为焦点而发生冲突的政治和形而上学的利益比以往任何时候都更加矛盾。

事情正是在这个时候开始转变的。

在那些年月里，我觉得这部浩如烟海、像恶性肿瘤一样畸形的、有生命的作品中，有其内部自身的冲突，也有作品与时代的冲突；很难分清其中哪些东西仍将伴随未来的暴行，哪些东西则相反，能让人们抵制暴行。这本书的轮廓正是在这些年月里变得清晰起来的。

这就是不稳定的情感所具有的功效。

由爱和恨、佩服和怀疑混合在一起的，让人很难说清楚的情感，也有其好处，那就是能够让我们更好地理解作品，更好地理解我们自己。

萨特就好比是一个展开的时代。透过萨特，我们所看到的，是一个世纪的万花筒：人们如何走过二十世纪，如何在这个世纪迷失方向，如何消除这个世纪可悲的趋势——现在又如何进入一个新的世纪。人走进暧昧，总会使暧昧更加深重。

第一部　“世纪名人”

1　萨特的光荣

萨特四十岁。

他已经写了两篇短短的现象学的论文，一篇小说《厌恶》。开始时，这篇小说遭到了伽利玛出版社的拒绝。他刚刚结束一场战争。这场战争并不像人们说的那样让他丢脸，可也并不像他所梦想的那样给他带来了光荣。然而，就是在这个时候，他连续发表了《存在与虚无》和《自由之路》，在德国人占领的巴黎以及后来解放了的巴黎，成了令人瞩目的人物，获得了异乎寻常的权威。

他并不是第一个备受吹捧，并且可以说在一生中获得了第二次生命的作家。但人们所不常看到的是，经历过如此重大的事件，却还能够活下去，能够安然无恙地从一个时代走到另一个时代，换句话说，能够从"民族阵线"的时代安然走到"后奥斯威辛"时代，一只脚踩在河的这一边，另一只脚踩在河的另一边；而且他这样做，不仅没有因两岸的差别而感到痛苦，不仅没有失去阵地，反而更加扩大了两岸的差别，树立了自己卓越的地位——轻而易举地取得了绝对知识分子的地位。

墨朗[①]远居他乡。塞林纳[②]注定了要受人诅咒，悄悄地躲了起来。蒙戴朗[③]和夏尔多纳[④]反复咀嚼着自己的辛酸和失败。布列东[⑤]从美国回来了——但他虽有心重操旧业，但公众已经不再欣赏他，他失去了超现实主义冒险的伙伴，气候也与早先不一样。就连马尔罗，伟大的马尔罗，也失去了往日的光环；和别人不一样的马尔罗，选择了投身于积极的抗战；但奇怪的是，经历了冒险之后的马尔罗显得矮小了。战争开始时，他的头上还戴着西班牙内战英雄的光环，是青年人的偶像，是参加过大战役的英雄。可战后他成了戴高乐派的人，遭到原来的同志们的谩骂，成了工人阶级的叛徒，民族主义者，背叛了自己的信念——当他在法国人民联盟(RPF)的主席台上，坐在苏斯戴尔[⑥]的旁边，或者让雅克·博梅尔"陪"在他身边时，总给人一种奇怪的惨兮兮的感觉。

萨特却正相反，如日中天，万人瞩目。所有的杂志无不唯他的

---

① 保尔·墨朗(Paul Morand, 1888—1976)，法国作家，曾在伦敦、罗马、布加勒斯特、伯尔尼等地当过外交官，作品多以战前的巴黎为背景。战后先是到瑞士的伯尔尼生活过一段时间，后来又定居在摩洛哥的丹吉尔。——译者注

② 塞林纳(Louis-Ferdinand Céline, 1894—1961)，法国作家，当过医生，写过大量反苏反共的政论性文章，战后曾表现出亲德的倾向。——译者注

③ 亨利·米镛·德·蒙戴朗(Henry Millon de Montherlant, 1896—1972)，法国作家，作品中常有对自杀的赞美性描写，最后终因害怕突然失明而自杀身亡。——译者注

④ 雅克·夏尔多纳(Jacques Chardonne, 1884—1968)，法国小说家和杂文作家，曾在一个出版社当过很长时间的经理。作品多以夫妻生活为内容。——译者注

⑤ 安德烈·布列东(André Breton,1896—1966)，法国超现实主义流派的作家，是第一个写出超现实主义文章的作家(《磁场》)。但后来与达达主义分别之后，主要着力于通过新的语言，探索下意识在诗歌中的体现。1940 年他的《黑色幽默文集》在法国遭到禁止，1941 年移居美国。——译者注

⑥ 雅克·苏斯戴尔(Jacques Soustelle, 1912—)，法国政治家和人种学者，是戴高乐派和法国人民联盟的创建者之一。——译者注

马首是瞻，他也创建了自己的杂志。他在肃清委员会发号施令，而人们对他也俯首听命。他为格列科[①]写歌词，给朋友们写剧本。他和陪伴他终生的西蒙娜·德·波夫娃共同创立了一种新的生存方式，很快就变得家喻户晓。

他四十岁了。

在圣日耳曼德普里度过的那几年，是他显得最年轻、最幸福的时候。

在此前和此后的几十年，人们从来没有见过有哪个作家像他那样君临一切，那样潇洒自如。

作为作家，他开创了一种新的生存方式。他也成了青年人的偶像，青年人从他的作品中汲取格言、信念和兴趣，打破禁忌和因循守旧的习俗，学习他将思想变为生活的意识，像他那样怀着新鲜感看待事物、世界和人。萨特是青年人的导师。

“海狸”的爱

他与终生相许的女人，外号“海狸”(Castor)的西蒙娜·德·波夫娃的关系。简短的笔记。

爱和自由。两人的爱要透明，却不要纯洁。每人都有自己的梦想，但每个人的写作却都是为了对方。不向自己的欲望妥协，也不向心上人的欲望让步。绝对的心心相印。亲密无间，但两人却

① 朱丽耶特·格列科(Juliette Gréco，1927—)，法国喜剧演员和歌唱家。在萨特和格诺的鼓励之下，在演戏剧和电影的同时，从1949年开始转向歌唱。——译者注

有着极大的不同。而且萨特对波夫娃称“您”。他对很多人都称“你”,但对波夫娃却称“您”。是要保持距离?是怀有疑虑?抑或相反,表示波夫娃是他的意中人?当然是后者。波夫娃是一颗固定的星。萨特说过:“在生活中,我要以全部力量去爱一个人,这爱不是为情欲所驱使,没有什么神奇之处,而是从内心生发出的爱。”接着他又说:“这个人一定是您,我的爱——您与我的生活那么密切地交织在一起,密不可分,我爱您。”[①]还有一次,他曾说:“我离不开您,因为有了您,才有我的形骸。”[②]他还说:“我的生活全都是因为有了您”,您“永远就是我”,任何人都不会像您和我一样“密不可分,形同一人”。[③]

“形骸”是个非常有力的词。如果字和词有意义——对于萨特来说,怎么能想像字和词会没有意义呢?——那“形骸”这个词的意义就是:我的爱,您的存在就是我的存在,您的心就是我的心;由于有了您,这一堆代替着我和任何其他人的生存的偶然性,这一堆交织在一起的误会和偶然,才有了一点点存在的必要性。高克多[④]曾在《波多马克》中说:“海狸,高贵的建筑师;既然要盖房子,那我就好好为自己盖一座吧。”在那些年里,海狸就是萨特这座房

① 《给海狸和其他人的信》(*Lettre au Castor et à quelques autres*),第二卷,Gallimard,1983 年,第 184 页(凡未注明的注解均为原作者注,其中所标页码均为原文页码。为读者查阅方便,原作者注中的出版社及作品所属丛书名称照录原文。下同。——译者注)。

② 《给海狸和其他人的信》,第二卷,Gallimard,1983 年,第 308 页。

③ 《给海狸和其他人的信》,第一卷,Gallimard,1983 年,第 330 页。

④ 让·高克多(Jean Cocteau, 1889—1963),法国作家,多才多艺,自己认为主要是个诗人,对各种艺术都曾有所研究。《波多马克》(*Le Potomak 1913—1914*, Stock, 1924)是他发表的一部小说的名字。——译者注

子的建筑师，是非有不可的女人，是必不可少的爱。

“密不可分”是个非常有力的词。而且我们可以感觉得出，这不是萨特常用的词汇。所以才显得更加有份量。这是一份忠诚的条约，是使这一男一女联系终生，而且死后也不分别的约定，对此我们怎么能不给予重视呢？两人之间的关系既幸福又危险，既透明又神秘，既是结合在一起的灵魂，又是放浪的形骸；两人在二十世纪重演了纯属于十八世纪风格的爱情戏，这样的关系怎么能不让人感到惊奇呢？1939 年 10 月，他曾对波夫娃讲到他最新征服的女子：“这种事您是知道的，含苞未放的女大学生，营养不良，衣饰也不太讲究，倒是挺让人动心的。”[①]——让人想起瓦尔蒙在写给梅特依的信中提到塞西尔·伏朗日。[②] 他还说：“等我回来休假时，晚上临睡之前，我们一起写，您写您的日记，我记我的笔记。”看了这样的话，人们会情不自禁地笑起来；但看了拉克鲁写给玛丽-索朗日的信，我们不也就是这样一笑了之的吗？

因为萨特还有别的女人。他向来喜欢有女人陪着，这是众所周知的。他向来就说，和男人在一起时，他“烦透了”。在他心目中，人类的这一半几乎不存在。他宁愿与女人“谈论琐碎的小事，也不愿意与阿隆谈哲学”[③]。所以他还有别的女人，他还有很多别

---

① 《给海狸和其他人的信》，第一卷，Gallimard，1983 年，第 188 页。

② 瓦尔蒙（Valmont）、梅特依（la Merteuil）和塞西尔·伏朗日（Cécile Volanges）都是法国十九世纪初的作家拉克鲁（1741—1803）的小说《危险的联系》中的人物。拉克鲁的小说无论是风格还是对人物的心理描写，都对十九世纪和二十世纪法国小说产生了巨大影响。——译者注

③ 《滑稽的战争记事》（*Carnet de la drole de guerre*），Gallimard，1983 年，第 340—341 页。

的女人。那就是他的小说中的女主人公。他的戏剧中的女演员。至少从《张扬的首饰》[1]以来,已经形成了规律,总有那么一些女人时时刻刻窥测着可能进入小说的机会。他的养女是这样。最后萨冈也是这样。有各种各样的女人,有种种用途的女人。但令人叹服的是,这些女人中没有任何一个,能让他放弃对海狸的超越时间的忠诚,就连他在美国的至爱多洛雷丝也包括在内。同样,海狸也不会为她"大西洋彼岸的爱"纳尔逊·阿尔格林——《各界要人》中的勒维·布洛根——而放弃相许终生的男人。

萨特和女人。其他的女人。只有讲给海狸听,他与这些女人的关系才有意义,甚至于才会存在。他和奥尔伽睡觉,但这完全是为了把她——奥尔伽——写在"给海狸的信"中,而且写得详详细细,一五一十,任何隐秘的细节都不放过。他勾引雯达或米歇尔,完全是为了把她们——雯达或米歇尔——写进另一封信里,为了在信中将他自己完全展现在海狸的眼前。萨特与女人发生关系。萨特与女人鬼混。用他自己的话说[2],不知道他这个人究竟是"喜欢与人性交","还是喜欢手淫"。萨特 1937 年刚刚写了一部叫作《背井离乡》的短篇小说,描写一家妓院里所发生的事。按照加缪的假设[3],萨特是被小说中所描写的性无能、同性恋和性变态迷住了,恐怕主要是喜欢"看热闹",有"观淫癖"。不知道他对肉欲是否

---

① 《张扬的首饰》(*Les bijoux indiscrets*)是狄德罗于 1748 年匿名发表的一部小说,有诲淫之嫌,但作品表达了狄德罗对道德和艺术的看法。——译者注

② 《告别的仪式》(*La Ceremonie des Adieux*), Gallimard,1981 年,第 385 页。

③ 约翰·吉拉西(John Gerassi),《萨特,为世纪所憎恨的意识》(*Sartre, conscience haïne de son siècle*, Edition du Rocher, 1992 年,第 223 页)中引述《共和党的阿尔及尔》(*Alger Républicain*)1939 年 3 月 12 日中的报道。

真的感兴趣。或者像高克多所说的那样，他有本事“跟人做朋友，却没有本事跟人做爱”：有很多人提供了这样的见证，比扬卡·朗博兰——也就是《通信集》中的露易丝·维德林——就是这样说的；在与萨特交往了很长一段时间之后，她与海狸一致认为，“萨特是个十分蹩脚的情人”，“对那种事没有什么本事”。[①] 在小说《特洛伊木马》中，尼藏用“朗日先生”这个人物，表现了他在高等师范读书时的同学；萨特的作为也许像书中所描写的那样，是“超凡入圣”。但有一点是毫无疑问的，那就是不管情节如何，他的乐趣之一，是想着如何将编好的故事绘声绘色地讲给海狸听。[②] 这是文字的诱惑。是意义的陶醉。是享乐，是对意义的享受。叙述中流露出某种丧失了理智的猥亵和乐趣——我以为这乐趣是叙述者和听取叙述的人所共有的——，对肉体的欢快，肉体的状态或隐秘的可悲之处，无不叙述得淋漓尽致：“她（一个年轻姑娘）的腿扎人，像个男人没有刮过的下巴一样”；“屁股呈水滴状，很结实，但显得很笨，和上边比，下边显得更暴露”。对塔尼亚或“小布尔丹”破瓜的描写也详细得令人难以置信。享乐，不是借别人来完成的，而是通过文字的叙述；人们会说，如果这样做的，是葡萄牙的修女，倒是很令人赞佩；但如果主角是萨特和西蒙娜·德·波夫娃，不是也很美好吗？这是海狸式的爱，是海狸绝对的爱。萨特和比扬卡做爱，却与海狸共同享受。

---

① 比扬卡·朗博兰，《一个被勾引的姑娘的回忆》（*Mémoires d'une jeune fille dérangée*），Balland，1993 年，第 40 页。

② 阿兰·布依齐纳（Alain Buisine），《萨特二、三事》（*Ici*，*Sartre*），载于《人文科学杂志》（*Revue des Sciences humaines*），第 LXVI 卷，1984 年 7 月—9 月 N°195。

萨特的女人都想成为小说的主角。当然是指双重的小说，文学上的和生活中的。甚至是双重的双重小说，因为他们两个人，萨特和波夫娃，都可以给人这种恩宠和宽恕，都可以承诺让人变得永恒。但有时候这样的要求会变得滑稽。说萨特是个蹩脚情人的比扬卡·朗博兰等得不耐烦了，有一天下午把他们两个人叫到拉纳拉格花园(les jardins du Ranelagh)——她就是要同时见他们两个人，因为她要说的话十分重要，所以她坚持要他们两个人都来。她怀孕了。一个女人的身体发生这种变化，无论萨特还是波夫娃，都觉得令人十分恶心，大概也觉得十分滑稽。她生气了，而且由于气愤，她变得有点可笑。"那本小说呢？小说中的人物呢？你什么时候写？"见他们露出一副尴尬相，或者说是惊讶，显然根本无意再让她进入小说的神奇天地，便又说："既然是这样，你们听好了，我永远不许你们在小说中提到我，或者用我的某些特点来编造肮脏的小说。"说完，转身便走，那副样子又荒唐又动人，稍微有点可悲，但显然根本就没有触动狼狈为奸的萨特和波夫娃。[①] 比扬卡·朗博兰是"受害者"？也许是。更何况萨特和波夫娃到了晚年，想到比扬卡·朗博兰，想到他们曾经燃起一些人的激情，后来又让人家失望，想到他们一辈子陆续伤害的那些人，曾归结说：这些事"没有什么值得自豪的"。但归根结底，与小伏朗日相比，比扬卡·朗博兰所受到的伤害说不上大，也说不上小。与拉克鲁小说中的女主人公相比，比扬卡·朗博兰有个决定性的优势，那就是在成为萨特和波夫娃的猎物时，至少她知道自己在冒着什么样的风险。拉克

① 比扬卡·朗博兰，《一个被勾引的姑娘的回忆》，第 162 页。

鲁，又是拉克鲁。如果完全以拉克鲁为范式和先例，我们根本不可能理解萨特和波夫娃的关系，包括最好的和最糟的方面，包括他们由此而写出的书……“再见了，亲爱的海狸。她刚刚到，我是在她的眼皮底下写完这几行字的。你知道我的感情，但我不敢写出来，因为人们有可能从反面去理解”[①]：这场景与《危险的关系》或卡萨诺瓦[②]的《我的一生》中的描写如出一辙。

萨特和他的书。萨特在写。他在不停地写。也包括写信。一种神奇的用信组成的小说，像是亲身经历的《危险的关系》。但当然也包括其它的，所有其它的作品，小说、散文、戏剧，这些我们以后再说。然而，只有海狸读了他写的东西并做出评判时，他才知道自己写了什么，他才知道他写的东西意义何在。在写《存在与虚无》时，他曾在写给她的信中说：“您是评判我的亲爱的法官”，您是我的第一个读者，是我的“审查官”，我的“好心的顾问”，您是“我珍重的道德意识”，是我的眼睛，我的耳朵，我的“见证人”。快快“盖上批准的证章，批准我所经历的一切”。您要好好地评判我，必要时也要好好地批评我。您比我自己更能代表我。您是我的超我。我完全听凭您的“决断”，您的“意旨”。只有您说“行”，只有经过您的“批准”，我写的东西才会存在。听了这些话，人们会笑，会说萨特是个受虐狂；对波夫娃在萨特的创作中所起的作用，人们会说闲话，会说“海狸”的作用纯粹是“伤天害理”。但两个人竟是如此亲

---

① 《给海狸和其他人的信》，第一卷，第 243 页。

② 卡萨诺瓦（Casanova，1725—1798）是一个意大利的冒险家，用法文写了许多回忆录，其中包括《我的一生》（*Histoire de ma vie*）。其回忆录中不仅详细地记录了他荒淫放浪的生活，也忠实地反映了当时的社会状况。——译者注

密无间，人们也可以感到赞叹。人们会记得，正如萨特所说过的那样，每个作家都有一个或几个“优先的读者”，而她就是这样的读者。而且到了最后，到了最终告别的前夜（“我非常爱您，亲爱的海狸”），人们会对萨特所说的话感到惊讶：“在我的一生中，海狸让我重新写过的文章有好几百页，有整出的剧本。”[①]

最后还有她，海狸……她也有她的书。她也有她自己的作品，而且也都是非常出色的作品。但是，在她的作品中，有一部分是由于她默默地承受着萨特的主宰，才得以存在的。比如《年富力强》（La force de l'âge），《事物的力量》（La force des choses）和《归根到底》（Tout compte fait）：简直是她替萨特写的回忆录。《暧昧的道德》（Pour une morale de l'ambiguïté）是萨特的《道德论》，是萨特不停地宣称要写，却总也没有写出来的作品，她只好替他写了。1941 年到 1942 年间，她每天早上坐在弗洛尔咖啡馆（Flore）的火炉子旁边，从头开始学习黑格尔的《精神现象学》，因为她知道，她的伴侣正在日夜兼程地赶写《存在与虚无》，他肯定会需要黑格尔。而且以后，很久以后，当他双目失明，因此也就不能再写东西之后，她出版的《告别的仪式》虽为世人所诟病，却也是两人新奇的探索所导致的必然结果：这是两人的谈话录，他们谈作品和生活的真谛，她站在两个人的立场上探讨哲理，她在观察和思想，那是一个女人的眼睛乐观的观察，是绝对之爱的标记。

---

① 塞尔日·杜布洛夫斯基（Serge Doubrovsky）引述《给海狸和其他人的信》，《萨特：对自画像的修饰》（*Sartre：retouche à un autoportrait*），见于克洛德·布尔日林辑录的文集《阅读萨特》（*Lectures de Sartre*），Presses Universitaires de Lyon，1986 年，第 130—131 页。亦见《告别的仪式》，第 218 页。

要理解这一切，为什么那么难？

他们的爱情故事是二十世纪最奇怪，但也最美好的爱情故事之一。可人们为什么要不遗余力地丑化、嘲弄、诋毁这一爱情？

萨特为什么成了一座殿堂？

为什么会有西蒙娜·德·波夫娃？

为什么在人们的分析中，会悲切切地认为“海狸”这个外号具有男性化的倾向？

萨特死后，她发表了《给海狸和其他人的信》之后，人们为什么谴责她，并为她有勇气把这样的东西公诸于世而谩骂她？

书名上所说的那几个“其他人”被她气疯了！疯了的是几个其他的女人！这是人们今天之所以指责海狸的主要原因。但不管怎么说，这难道不是事实？让－保罗·萨特的生活中不是确实有那么一个叫海狸的、必不可少的人物吗？除了这个主要的女人之外，还有几个“其他”的年轻女人，她们是次要的，是相形见绌的，她们只存在于海狸的阴影里，或是海狸好心让给她们的一点点光明中。

为什么要把萨特死后发表的这部作品说成是波夫娃“据为己有”的行为呢？

为什么要大惊小怪地说这是背叛呢？她发表这些信完全符合萨特自己决定的坚持真理的打算，若是这样看待问题，该有多简单啊！

《告别的仪式》叙述了她的伴侣最后的日子，毫无保留，详细而准确，几乎像医生的治疗记录。这本书的第一部分发表时，为什么会引起那么大的公愤呢？书中叙述了萨特濒临死亡的肉体所发生的一切，毫无掩饰。描写了萨特病中的惨相：蠢呆呆的，走路摇摇晃晃，说话词不达意，大小便失禁，感到不好意思时说："你瞧，真怪……好像有只猫刚才往我身上撒了尿一样……"但那又怎么样，这难道不是两个人早就说好的吗？和发表《给海狸和其他人的信》时一样，她这样做，难道不正是完完全全地忠诚于永恒的条约吗？正是这个条约，使她从一开始就成了完全"透明"(transparence)的终身知己。萨特要这样的"透明"，并曾经从理论上阐述它，为它大唱赞歌。

人们可以认为这种"透明"下流、可怕，——我们以后还会再讲到这一点。人们可能会问——而且我在别的作品中也这样探询过——，将自己和别人的一切展示出来，公诸于众，毫无保留，这到底是为什么？人们可能会认为透明和纯洁同样"危险"，并不厌其烦地说，自由就是保守秘密。事实上，当我们听到某个情人叙述与萨特在塞尔斯街一家旅馆的小房间里第一次约会时，我们会觉得这简直太不像话了；萨特说什么也不愿意拉上窗帘：[①]"这种事，要在光天化日之下干才行。"说着，他脱下衣服，在盥洗盆里洗脚，一五一十地讲前一天，在同一张床上，他是如何弄破了另一个姑娘的处女膜——象征性的暴力，以荒淫的面孔表现出的道德严格，而且从长远来看，他还呼吁人们"走出阴暗"，不要再"撒谎"，不是要服从上帝的审判，而是服从解放了的腓力斯群体[②]的审判……

但为什么要把一切都混淆在一起呢？

问题在海狸。

---

① 比扬卡·朗博兰，《一个被勾引的姑娘的回忆》，第 54 页。

② 腓力斯人(Philistins)是巴勒斯坦古先民，曾与古以色列人(Israılites)进行过长期的斗争，《圣经》对此有过不少记载。——译者注

人们指责海狸在《告别的仪式》中侵犯了她的伴侣的秘密和隐私。

然而，萨特在这一问题上的想法毫无疑问。1971 年，这一点又再次得到过证实：“我从来没有想过要销毁与我个人生活有关的信件和文件；这一切都是要公诸于世的；如果这样做能让我在后人的眼中完全透明，就像我所看到的福楼拜一样——如果后人对我感兴趣的话——，那就最好不过。”[①]后来在《七十岁自画像》(Autoportrait à soixante-dix ans)[②]中，他又说：私人生活和公共生活之间没有什么分别；“在有些时代，人们为了男男女女的名誉而认为需要保守的秘密”，我觉得都是“愚蠢的事”；我认为不管什么时候，都要“用透明来代替秘密，而且我很愿意想像，终有一天，两个人之间再也没有秘密，因为他们对任何人也没有需要保守的秘密”。海狸所原原本本地实行的，难道不正是这一保证，这一愿望吗？

但不管怎么说，也许他们的故事让人感到害怕。

也许他们两个人是个秘密的小社会，是沉迷于色情的小集团：又让人想到拉克鲁；想到放浪的艺术；保持最大的清醒和自由；而且与之巧合的，不是已近垂暮的旧秩序，而是对新秩序的预感，是达到峰巅的贵族道德。

---

① 《关于家庭白痴》(*Sur l'Idiot de la famille*)，与米歇尔·孔达(Michel Contat)和米歇尔·里巴尔卡(Michel Rybalka)的谈话，载于 1971 年 5 月 14 日的《世界报》，后收于《境况种种》(*Situations*)，第十卷，Gallimard，1976 年，第 105 页。

② 与米歇尔·孔达(Michel Contat)的谈话，《境况种种》(*Situations*)，第十卷，第 141—142 页。

也许是他们之间的这种联系令人憎恶；也许人们从中看到的是威胁、不忠、背叛；也许人们看到这一男一女随心所欲地发明属于自己的口令、话语、象征性的交流方式、历久而不衰的信任关系、自己的密码，看到他们用自己神秘的语言说实话，并共同挫败伪君子和假仁义者们的规则，看到这一切，人们害怕了。

他们本想歌颂透明，也许在他们做到完全透明的同时，也成了透明的受害者。也许人们不能原谅他们触犯了另一种透明，不是情人之间的透明，而是情人和她之间的透明，这是社会无论如何也不肯放弃的：比如说海狸的性生活……查拉……奥尔伽……娜达莉……外号莉丝的索罗金娜……她怎么能在那么长的时间里对我们隐藏了她的另一种欲望呢？她怎么能逃过文学侦探们布下的层层罗网呢？要想保住秘密，要想成就阿拉贡所没有成就的事，难道她不需要身边居于高位的同谋——萨特——与她串通一气？

对那些自己没有“朋友”，却又要求别人将友谊公然申明，以受到公众监督的人，1793年的“共和党人”就很提防。因为他们把不可告人的亲密看成是丑闻，是邪恶的力量，是见不得人的东西，是对他们自身势力的挑战。

对情人也是这样：凡是伟大的爱情，尤其像萨特和波夫娃这样的爱情，都具有离散的力量，都会使人趋向于保密，都会违背集体的戒律，使那些永远拥护共和的人没有别的选择：向情人们开火！向萨特和波夫娃这两个魔鬼，向这两个分裂分子开火！他们必须表明自己对爱情的态度！他们必须放弃暧昧！他们到底是否忠诚于对方？是异性恋还是同性恋？他们会一直相爱到什么时候？海狸是不是下流女人？她真的喜欢身上生着长长的汗毛，而且有气味的姑娘吗？她真的戴着用橡皮筋系着的假胸？她的辫子是假的吗？那么纳尔逊·阿尔格林呢？与纳尔逊·阿尔格林的关系是怎么回事？他能让她享受性爱吗？是怎样让她享受性爱的？多少次？节奏如何？纳尔逊·阿尔格林有时整夜整夜地带她去芝加哥的屠宰场散步，他们在那儿干什么？况且，既然都是爱，既然说到阿尔格林，我们应当认真地想一想：萨特身材矮小，像只癞蛤蟆，身上的肌肉像只烂梨一样软唧唧的，还有虫牙，眼睛像死鱼眼，难道就是这样的萨特让她写出了下面这样激情昂扬的话吗？“我的嘴顺着他的胸膛一路亲下去，从孩子般的肚脐上轻轻掠过，再下面的毛像是动物的毛皮，生殖器里像有个心脏在轻轻地跳动。”[①]如果一个女人能够写出像下面这样的话[②]：“一种隐隐的痛楚直入心田，我不得不承认从青年时候便极力掩盖的一个事实：我无法用意志力控制欲望……我孤独一人时，浑身常觉得懒洋洋的，心想随便谁想要我，我都会给他；夜里，在巴黎环线的火车上，一个陌生人的手摸着我的腿，使我心慌意乱，顿起怨恨之情……”如果作为爱情女主角的，是这样一个女人，那么这爱情故事会怎么样呢？如果这爱情故事的女主角在美国情人，她的“金发丈夫”的怀中，终于体会到了爱情的乐趣，并写道：“我的肉体起死回生了……我的一生只不过是一场漫长的病，”我们怎么能说她与萨特的爱情是“二十世纪最奇特，但也是最美好的爱情故事之一”呢？还有朗兹曼？还有她与克洛德·朗兹曼的激情昂扬的相会——“我再一次获得了新

① 西蒙娜·德·波夫娃，《各界要人》(*Les Mandarins*)，Folio，Gallimard，1988年，tome 2，第55页。

② 《年富力强》(*La Force de l'âge*)，Folio，Gallimard，1986年，第76页。

生……我又找回了我的肉体……”①

啊！阵阵尖叫都是由憎恨而发出……道道深渊都是由心怀歹意而产生……世人的歹毒会伴随他们终身……你看司各特和泽尔达，我们知道，至少泽尔达曾经想阻止司各特写作，曾经想败坏他！你看阿拉贡和直面永恒的女人艾尔莎。你看鲍尔斯和简的协议婚姻——先把她身边的男人赶走，同时也把他身边的女人赶走，然后就在生活中听凭命运的安排吧。实在不行，纪德和玛德莱娜那种“偶然和必要的爱情”也可以啊，你看他们表现得多么风雅而腼腆！可是这两个……总是闹得满城风雨……不顾道德规范……别人都知道他们之间的关系闹得不像话，可他们越发的想让世人知道，他们想要的就是这种关系……二十世纪很少有如此特别的爱情关系；像这样遭到傻瓜们用污言秽语彻底诋毁的也很少；因其少而显得特别，这两者之间当然是互为因果的。

什么是时尚？

应当想像一下萨特在那些时候的光荣。

萨特总是沐浴着荣光。即使到了最后，他的书卖不出去了，存在主义已经成了过时的东西，青年知识阶层已经以福科、阿尔都塞或拉康为思想的导师时，他仍然保留着头上的光环——不管怎么说，他仍然有着足够的权威，所以当“毛派”分子也想享有知识的绝对荣誉时，还是来找他。

---

① 《事物的力量》(*La Force des choses*)，II，Folio，Gallimard，1972年，第9—10页。

但那已经不仅仅是荣耀的光环了，那是神的光晕。

这已经不仅仅是对他的迷恋，而简直是把他捧上了峰巅的狂热。

他的名字就是一面旗帜。他举行的报告会会变成暴乱。人们每次都会挤成一团，秩序混乱，有把椅子砸坏了的，有差点打起架来的，有人昏过去，有人歇斯底里地大叫——这个总是斜着眼睛恶狠狠地看人、说话鼻音很重的萨特，人们来听他解释为什么存在主义归根结底是人道主义，就像在美国的奥林匹亚去听哈里·贝拉方特或弗兰克·西纳特拉[①]的演唱会一样。

人们读或者假装读他的哲学著作，把他的哲学当成是生活的实用手册或求生指南：他第一次表露锋芒，不正是对公众媒体大谈哲学的时候吗？他真正出人意料的姿态，不正是彻底背弃了笛卡尔以来的古老规则，不再区别值得思考和不值得思考的客体或陈述吗？将平凡的事物和人们日常的忧虑提高到形而上学的高度，使每个人，包括普通百姓和圣人，都把自己的生活与对真理的寻求协调起来。

人们都在读他的小说。都在贪婪地读。《自由之路》中的人物所发生的事，是小说中的人物应该发生的。没有人说：“你瞧，鲍里斯很像博斯特，伊维奇像奥尔伽，马蒂厄像萨特”，根据真人真事写的小说一般都会这样。但是有人说：“看了这本书，我发现我挺像鲍里斯和马蒂厄的弟弟；我喝茶时像伊维奇；感觉和爱的方式像洛

① 哈里·贝拉方特（Harry Belafonte）和弗兰克·西纳特拉（Frank Sinatra）都是美国著名歌唱家。——译者注

拉;我的生活像达尼埃尔·塞雷诺,有着同样的味道和同样的芬芳,或者和他的生活一样味同嚼蜡。"小说的主人公像模特。虚构的人物和活生生的有思想的人一样。[①] 纸上的男男女女见证过一切,经历过一切,成了一本生活和命运的笔录。他们是样板,是标准。是人性的尺度,是每个人的镜子。马蒂厄不是也叫"德拉汇"[②]吗?——大街上的人,任何人,你,他,战后那些如饥似渴地追求意义和生活的年轻人。乔治·桑普兰有一天说,如果没有《厌恶》和《墙》,如果没有马尔罗的《希望》和《人类命运》——这几部作品具有同样的力度——,他"永远"也不会成为"现在这个样子"。这就是萨特的小说所具有的力量。那是记录人的激情、愿望和使命感的年鉴。他的作品不像人们有时说的那样,是什么"圣经",而是照人的"一面镜子"。

是时尚?毫无疑问,这是一种时尚。但是,如果那是用行为表达的道德,是用生活演绎的哲学,如果他的语言为人重复,他的动作被人偷窥,然后又被人细细评论、一一仿效,变成生活和思想的民主艺术的基本成分,那么这样的时尚也没有什么不好。

那是小说中的人物在起作用吗?当然。但是,如果这个人物是艺术家兼哲学家创造的作品,既塑造了艺术家兼哲学家的人生,又与他写的书一起供当代人评说和模仿,像这样的人物岂不令人喝彩?他的小说是思想的浓缩液,是标注人性的文选。是人生中

---

① 克洛德·朗兹曼,《塔布拉·拉萨》(Tabula rasa),载于《现代》(*Les temps modernes*)杂志,《萨特的见证》(*Témoins de Sartre*),第二卷,1990年10月—11月,第1252页。

② 德拉汇,Delarue,即 de la rue,即后文的"街上的人","任何人",泛指老百姓。——译者注

最精彩或最强烈的时刻，脱离了一个人的肉体，而与其他人的心灵相会，产生出似真似幻的偏差感，正像吉尔·德勒兹说的那样，那是文学的另一种真理。人们什么时候才会不再把想像的“真实”与亲身经历的虚构（也就是恰当地构造出的人物）相对立呢？有些人（像马尔罗，加缪，莫里亚克，但首屈一指的应该是萨特）用作品描写了他们的生活，而且也亲身经历了他们的作品。从这种意义上说，他们亲身演绎了自己的作品和光荣。是什么样的道德准则驱使人们对他们感到不满的呢？

亲身见证过的人都说，那就像神灵显圣一样。就像一次大爆炸。像突然间燃起了冲天大火。像诞生了一个世界。那是巨大的事件，是从感觉上出现的一个断层，是一次地震。

这是从浪漫主义以来从未有过的道德革命，而且浪漫主义恐怕也不能与之相比。浪漫主义可曾像这样深入街头巷尾？可曾像这样深入人们的日常生活？可曾像这样在人们的心灵中引起如此深刻的共鸣？

这是一次理论上的革命——自从马克思主义以来，这在法国还是第一次：到了1955年，“大爆炸”之后十年，萨特向当时法国共产党的官方思想家加罗蒂发出著名的挑战，并对他说：“让我们以一个作家为例，任何一个作家，比如说福楼拜，我们按照各自的方法对这个作家进行分析，你用马克思主义的方法，我用存在主义的方法！”对这种“势均力敌”的决斗，加罗蒂和共产党显然都无话可说。从那以后，有哪一派的哲学敢于提出这样的挑战？你能想像结构主义敢以自己的理论架构与联合在一起的马克思主义和弗洛伊德学说对擂吗？

人们已经忘记了萨特的这种抱负。

人们已经忘记了萨特的这一冲击，这一事件，这一震动，这一像洪水、像海潮一样势不可挡的力量。

人们已经忘记人人争相购买字典、全世界突然间都开始学习法语的澎湃激情。

总之一句话，人们已经忘记了这一话语的重大意义。在文学和思想史上，这是第一次想成为，而且已经成为大众化的、世界性的话语。

享受国家元首的待遇

人们忘记了周游世界的萨特——纽约、古巴，后来又去了北京、莫斯科、中东、拉丁美洲、西班牙，后来又去过古巴。我喜欢周游各地的萨特。当然，有时候他也犯错误。但他的眼光异乎寻常。他用和任何人都不一样的笔触描写威尼斯的“真正生活”，说那不勒斯像个“巨大的肉食动物”，说罗马的太阳“像是淹在水中”，说北京也有“动人的一面”，说这个城市“太奇怪了，不能只是简单地说爱它”；在《糖的风暴》（*Ouragan sur le sucre*）中，他说——这当然是很值得一提的事——，古巴的夜“瑟瑟抖动着，一直到黎明”，“昆虫”和“透明的翅膀”轻轻地、连续不断地颤动着，显得那么“奇怪”，池塘里爬上来一只蟾蜍，“发出呱呱的叫声”。顺便说说，旅行在外的人往往借口自己身在异乡，与众不同，只注重可怜的民俗，而抹杀了旅者和主人，他们看到的不是真正的旅者所热爱和从未体会过的境况，而只是异国情调的风景，而且只以异国情调作为新颖与否的标准；如果哪一天人们觉得这种言论和行动猥亵了，如果人们终于开始反思旅游的观念，我深信，人们终于会承认，喜欢游历的萨特是个了不起的旅行家；人们会为他的《阿尔布玛尔王后》(Reine Albemarle)感到遗憾，西蒙娜·德·波夫娃说过，如果萨特把这本书写完，那会是他成年后的《厌恶》。他自己也认为这部作品会为现代的游记文学画上一个句号，将一个全新的、与陈词滥调所描写的完全不同的威尼斯展现在人们眼前；而且像司汤达的《罗马漫步》一样，或者也许和在罗马的竞技场散步的司汤达正好相反，萨特未完成的作品会描画“最后的旅者”，这个“用心去体会的人”，这个“专会运用否定概念的人”，这个专门将“实际看到的东西与绘画”进行比较，而且“抹杀城市的真实生活，幻想死者和逝者”的专家，谁知道呢？他为卡梯埃－布莱松关于中国的照片集的前言写得多么好啊。与游客们神话般的看法不同，与洛蒂笔下的外国风情不同，与巴莱斯式的死亡的诗也不同，卡梯埃－布莱松的照片只想成为一种“告示”，告诉我们，“苦难已经失去了其别致的风情”，而且幸而再也不会有这种情调——萨特是在反对大众旅游！这个令人惊奇的旅者是在抵制旅游的全球同一化！谁都知道，他本来是个什么也看不见的人，满脑子只有概念；客气的时候他曾对人说，他要等西蒙娜·德·波夫娃把事情讲给他听，才算是他看见了。这岂不是个极大的讽刺！

但在这一点上，我的兴趣还在其它的方面。我所感兴趣的，不是他叙述的风格，而是他旅行的风格。是人们如何看待他、接待他、欢迎他、颂扬他。是他的旅行所产生的巨大影响和全球性的轰动。是萨特出游时所引起的异乎寻常的场面：他自己就是一个党，一个国家，他就是元首；他在一出永远上演的戏里代表国家，而他自己就是这出戏的演员、作者、导演、监制；他的活动范围，他的演出舞台是全世界——一个没有固定地盘的国家，一个观念组成的梵蒂冈；我在哪儿，罗马就在哪儿，名为萨特的教会是不受领土的局限的。

有时候，人们把他当成法国的官方代表——比如 1955 年 9 月在北京——，他以官方代表的名义登上观礼台，参加了中国革命胜利的庆祝仪式。在纽约、东京、墨西哥、古巴，他也受到了同样的待遇。

有时候他又是“反意识”的人物，比如在巴西。一年以前马尔罗也来过巴西。马尔罗是部长，来巴西是为戴高乐派的阿尔及利亚政策辩护的。萨特却站在阿尔及利亚独立事业一边。他在圣保罗举行了报告会，会后参加了支持民族解放阵线的游行（对于一个作家来说，这是多么大的荣幸啊！在他之前和之后，恐怕没有任何作家敢说自己受到过这样的欢迎）。

有时候，他又成了协调冲突的使者，比如在中东。他往来于特拉维夫和开罗，考虑要达到什么样的效果，斟酌给人送去多少祝福。他做的工作，原则上应当属于国家的职权范围，但当时任何国家好像都不愿意干这种事，因为那是政治，是大政治：在这一点上，萨特也起到了国家的作用；萨特是一个到处露营的国家。人们像接待国家元首一样接待他，听他的话；而且他自己也恰恰像是一个流动的国家……

无论在什么情况下，他都是金口玉言的人。他代表了自由、真理。他是全球的道德权威，人们争先恐后地想得到他的惠顾。在五十年代，甚至也包括六十年代，所有的民族解放运动，所有大大小小的革命组织，所有由受害者或游击队组成的势力集团，所有造反的、遭人非议的、受迫害的大学生联合会都曾试图派密使与他联系[①]：1948年2月，他向“法国自由巴勒斯坦联盟”表示敬意，从而引起了巨大的反响。他藐视美国人和全世界，毅然访问古巴，在司法部引起一片混乱。法农[②]向朗兹曼解释说，对于他来说，萨特就是活的上帝；他还对马斯普洛说：让萨特给我的书写个前言吧！告诉他，我在罗马、突尼斯、卜利达[③]或阿尔及尔时，每当我坐在书桌前，试图用文字表达“人间受难者”们的愤怒时，我都会想到他的面容，他的名字。但六年之后，法农的遗孀乔齐·法农却在六日战争期间由“全国解放运动战士”组织的一次记者招待会上，发泄了对萨特的愤怒——愤怒和失望——，责备萨特与“法国左派一起发出歇斯底里的叫喊”，说萨特站在了以色列一边，也就是“站到另一个阵营里去了”，站到“杀人犯”的阵营里去了，使她不得不要求出版社再版《人间的受难者》时，将萨特的前言撤掉。

这样的萨特已经不是作家，而是一个标签。

已经不只是标签，而是象征。

这是法国的声音，是表示相反意见的声音，字字句句都会引起史无前例的反响。

---

① 克洛德·朗兹曼，《萨特的见证，第二卷》，第1250页。

② 弗朗兹·法农(Frantz Fanon，1925—1961)，原是卜利达精神病院的医生，研究与殖民地环境有关的精神病现象，赞成并参加了阿尔及利亚革命。他从社会学和政治上对殖民主义所做的分析，表示了对非洲解放运动和第三世界国家革命的关注。下文《人间的受难者》是他一部作品的名字。——译者注

③ 阿尔及利亚的一个省。——译者注

作为这样的角色，他只有一个竞争的对手，只有一个法国人在世界上享有同样的声誉，那就是戴高乐将军。

反对戴高乐

萨特是另一个戴高乐。

戴高乐是创造了历史的萨特。

他们是法国二十世纪一对真正的作家和政治家搭档。

比戴高乐和马尔罗的关系更能够成为一本以笔和剑、智力和权力之间的关系为题材的伟大小说。

我一向认为，一个国家的领导人本来可以成为一个作家；而且，在伟大的文学巨匠心中，不是都有错失了政治生涯的遗憾吗？但萨特和戴高乐则是例外，他们的政治生涯和文学生涯交织在了一起，两个人之间的竞争变成了正面的冲突，变成了无情的斗争。

在那些年，有两个人能够合法地代表法国。

在外国，在流放的西班牙共和党人中，在耶路撒冷，在纽约或古巴，当人们想到“法国”，想到“法国”的伟大“形象”时，人们想的不是法国为什么伟大，为什么亲切，而是法国能够做什么，能够给世界带来什么贡献的时候，人们想到的，就是这两个人的名字，而且也只有这两个人的名字。

这一点，戴高乐是知道的。他说过一句有名的话：“你不能把伏尔泰关进监牢！”说的就是这个意思。

这一点萨特也知道，否则我们就无法解释他为什么一辈子都奇怪地恨戴高乐将军。在 1947 年 10 月的一次广播节目中，“现代论坛”说戴高乐像希特勒。一年之后，在 RDR 的一张广告画上，脸上被画了两撇黑胡子，显得更像希特勒了。1958 年，人们开始攻击“个人权力”：杂志上刊载的题目有“官迷”，后来又有“被蔑视的宪法”，再后来的文章口气更加激烈，说是“一群青蛙想要个国王”，还有对“公民投票的分析”。[①] 1967 年，戴高乐禁止“罗素法庭”在法国开庭时，在写给萨特的一封信中曾称萨特为“大师”，于是萨特便说，“我只是那些知道我会写文章的咖啡馆服务生们的‘大师’”。在《造反有理》中，他对维克多和加维说了心里话，他说 68 年，“人们动摇了戴高乐的权力”，“我很高兴”，因为我“恨他，就像德国占领时期我恨贝当一样”。话说得清清楚楚，“占领时期”，“像恨贝当一样”，说明他对戴高乐感到厌恶之极。戴高乐逝世时，他又一次说了心里话：“对这个人我从来就没有好感。”后来，在马塞尔·朱利安为法国电视二台制作的节目“世纪的传说”中，约定播出六个小时的时间，其中整整一个小时用来讲 68 年 5 月事件，三个小时介绍 68 年 5 月之后的“斗争”，却只字未提十一年的戴高乐派执政；6 月 18 日的抗战号召也只顺带提了一句。68 年与 58 年，同样都是 5 月，表示了左派与残余的戴高乐派的对立。难道这是时代的憎恨？也许是。是整整一代人的恨——乔治·巴塔耶是个人所共知的例外，据索莱尔说，巴塔耶曾带着诙谐的口吻，好意地对他说了心里话：“一个将军信天主教，我倒觉得挺好笑的”[②]——，这一代人都认为“个人权力”是政治上彻底的堕落（布

① 分别见于 1958 年 5 月 22 日，1958 年 9 月 11 日，1958 年 9 月 25 日，1961 年 6 月 4 日的《快报》(*Express*)。

② 《现代》巴塔耶专号，1999 年 1—2 月，第 259 页。

朗肖),他们为反对这种堕落的耻辱而参加一次又一次的请愿(马斯高乐),为此而组织出版一些杂志(马斯高乐出版了《七月十四日》,1958 年到 1959 年间的主编是布朗肖)。萨特也被卷进了这一潮流。他的憎恶当然包含有时代的偏见。正是出于这种偏见,布朗肖才在戴高乐去世时说:“我承认,有那么一刻,我很吃惊地发现,自己的呼吸更加自由了,而且,半夜里醒来时,我会自问,怎么回事?为什么觉得轻松了呢?噢,对了,是戴高乐死了。”一种负罪感的压抑……萨特的心中还有另一种更加暧昧的,属于他自己的感情:那就是与戴高乐的竞争。他意识到,戴高乐手中有世俗的权力,而他要体现精神上的权力;他想到,要承认和书写历史,这两种权力之间只能对立、竞争,只能你死我活地斗争。1964 年他说[①],“我在文章中对戴高乐表现得太恭敬,因此而感到自责……”

总之,一个知识分子从来不曾有过如此大的声誉。

即使在伏尔泰或雨果的时代,也不曾有过哪一个作家在当代人的心目中占有如此重要的位置。

难道是由于戴高乐的缘故吗?

难道要有极大的权力才能与之抗衡吗?

知识分子之所以再也不曾有这样的光彩,我们之所以很难想像二十一世纪会有另一个萨特,能起到他在二十世纪所起的作用,难道是因为社会没有了信仰?是他的声望和预言使人们的幻想破灭了?难道是信仰狂热的时代行将过去,而这两种权力一起成了

---

① 《托词》,载于 1964 年 11 月 19 日的《新观察家》,后收于《境况种种》,第八卷,Gallimard,1972 年,第 142 页。

这末代年华的受害者？

回答既可以是肯定的，又可以是否定的。我们甚至可以提出相反的论断。我们可以制定一个新的“马里约特[1]定律”，让权威和声誉建立在政治权力和象征权力相互抵消的平衡基础之上：当国家的势力最强大时，知识分子的势力最弱；在雅各宾党人统治时期，在法国的拿破仑、俄国的布尔什维克、德国的纳粹当政时期，知识分子的权力要么与政治权力融合，要么完全屈从于政治权力，要么生存在恐怖中，躲在地下。相反，当政治权力变得软弱无力时，知识分子便可以抬起头来，取而代之——当政治势力比较虚弱，君王偃旗息鼓，刀枪入库时，正像托克维尔在《旧制度与大革命》第三卷第一章中说的那样，“文人”就会变成“国家主要的政治家”，而且会“一时占有在自由国家一般是由政党领袖所占的位置”。亨利·格依[2]执政时期，萨特和加缪盛极一时；戴高乐重返政坛，结构主义的知识分子变得谦虚了；德斯坦时期，思想家们再一次觉醒……到了密特朗时代初期，政治权力又取得了新的合法性，于是知识分子再一次变得沉默……

但不管怎么说，萨特的地位是很清楚的。他是绝对的知识分子。人们对任何其他人从来不曾有过，将来大概也不会再有的希望，都寄托在他的身上。

---

① 马里约特(Mariotte，1620—1684)是法国的一个物理学家，以研究固体的弹性变形著称。他曾指出，在固体的变形中，起作用的不是重量，而是一定量的物质与一定量的运动相互作用的结果，因此，物体和运动之间有一个“冲量点”，超过这个点，物体就会变形。这里说的“马里约特定律”指的大概就是这个平衡点。——译者注

② 亨利·格依(Henri Queuille，1884—1970)，法国政治家，1948年到1949年间任参议院主席。——译者注

这就是他的力量之所在：人们对他有所期望。人们在他身上寄托的，不是信仰，而是热忱，是急切的期待。人们对任何其他的艺术家，任何其他的作家都不曾寄托过如此大的热望，都不曾有过如此急切的期待。

拥护圣伯夫

因此，这是光荣。

有儿时的梦想，正如《文字》[①]中所记述的那样："我的墓地会在拉雪兹公墓，也许能在先贤祠，巴黎会有以我的名字命名的大街，外省和外国会有用我的名字命名的公园和广场。"

在年轻时写给西蒙娜·约利维的信中，他想像了自己未来的生活[②]："舞厅中着礼服盛装的男男女女为我而举起酒杯。那完全是埃皮纳勒[③]图片博物馆中的景象，但我从儿时起脑子里就有这样的景象……"《文字》中描写过同样的场面，只不过显得可悲一些，[④]杯子里装的是"橘子水"和"汽酒"；"穿礼服的男人"身边没有"盛装的女人"；大厅里到处都是"灰尘"，散发出一股"出租房"的气味。

在勒阿弗尔时，他把特普费尔（Töpfer）的话抄在思想记事本

---

① 《文字》(*Les Mots*)，Gallimard，Folio，1972 年，第 169 页。

② 《给海狸和其他人的信》，第 9 页。

③ 埃皮纳勒(Epinal)是法国孚日省(Vosges)的省会，有一个著名的国际大众图片博物馆。——译者注

④ 《文字》，第 133 页。

上。当时他已经等得不耐烦了，但幸亏那时他不知道还要等那么长的时间：“到了二十八岁还默默无闻的人，就应当永远地放弃对光荣的追求”。我和保罗·鲍尔斯(Paul Bowles)在丹吉尔第一次见面时，他也是这么说的！他的朋友舒克利(Choukri)咬着牙说：“到了五十岁才出名，多背兴！就像成语里说的，有面包吃的时候又没有牙了……”

万事开头难，年轻的萨特就像雅奈[①](Janet)所说的雷蒙·鲁塞尔(Raymont Roussel)一样，本来心中怀着无限的荣耀和光明，等到《替身》(*La Doublure*)一发表，并没有受到欢迎，心中的光荣感顿时烟消云散——那情景大家都知道，走上街头，发现出版的第一本书并没有产生预期的效果，没有引得路人驻足回首，于是便“很忧郁，当真情绪低落了”——，年轻的萨特也有着漫长的等待，感到厌烦了，海狸也急得直跺脚。出版商对他们的文章不感兴趣，要么退稿，要么像阿尔冈(Alcan)一样只发表一部分，要么像伽利玛对待《厌恶》一样，删掉人家认为下流或者有无政府主义倾向的句子：要是别人处在他们的位置上，恐怕早就放弃了，恐怕早就接受了带有传统色彩的命运，在地方上当个先知一样的人物。中学里很多有名的老师都是这样：拉缪、博福来、阿兰、克拉维尔、让-路易·博利。但是他们不，他们不认命，他们无论如何不肯放弃希望。海狸说，我们一刻也没有放弃对“未来”的“绝对信心”，[②]我们几乎深信不疑地认为，光荣的天使始终与萨特在一起，而且永远会

① 弗朗索瓦·卡拉戴克(François Caradec)，《雷蒙·鲁塞尔》(*Raymond Roussel*)，Fayard，1997年，第51页。

② 《年富力强》(*La Force de l'âge*)。

伴随他……

法国的作家中，很少有人如此顽强地追求光荣，同时又那么单纯地相信光荣。

法国的作家中，很少有人如此直截了当地说："即使到了四十岁、五十岁才得到光荣也是好的；光荣引人企求；身处令人瞩目的地位是一种幸福，一种享受。"

很少有人像他那样公平地看待对光荣的追求。在《冒险家的画像》中，[①]他说，光荣会让你"为将来的葬礼而忙得不可开交"，或者，像在他生活的第二个阶段那样，忙着实现"战斗的兄弟友谊"，"为所有的人而活着，自己却又什么也不会少"。

我喜欢这种单纯。

我喜欢这种欢乐——他有时甚至说那是一种"痴迷"。

我所喜欢的，不完全是他那种要得到别人承认的愿望，而是星宿对光明的追求。

当然，人们可以选择相反的追求。

人们可以不要荣耀和光明。

人们可以更加喜欢巴塔耶，喜欢他躲在化名的背后，等待二十年再发表《天之蓝》(*Le Bleu du ciel*)，离开人世的时候还有一大堆作品没有问世：不让别人看见，不让别人喝彩，从根本上避开过于刺目的荣光，不见过多的天日——"我是为了让别人忘却我的名字而写作的"……

---

① 见为罗吉·斯戴凡纳(Roger Stéphane)的《冒险家的画像》(*Portrait de l'aventurier*)所写的前言，Sagitairem 1956 年。亦见于《境况种种》，第六卷，Gallimard，1984 年，第 15 页。

人们可以更加喜欢塞林格(Salinger),做个在现代文学中隐姓埋名的人,而且一辈子忠实于隐姓埋名的原则:"我要宣扬一个有可能引起怀疑的观点:在默默无闻中隐姓埋名,或者,在隐姓埋名中默默无闻,这是一个作家在创作时期可以交给别人保存的最珍贵的东西之一。"①

我们想到斯宾诺莎,虽然表现形式不同,但斯宾诺莎也属于同一类:他只以自己的名字发表了一本书;而且还是他所有作品中最缺乏"斯宾诺莎风格"的一本书,那就是口授给卡塞阿留斯(Casearius)的《笛卡尔的哲学原则》;卡塞阿留斯虽是他"喜欢"的学生,却使他感到"压抑",而且他是怀着"戒备"的心理,等这个学生"更加成熟了",才将自己"真正的思想"告诉他。其它的书则都没有作者的名字,或者根本就没有发表;像巴塔耶的《死人》(*Le Mort*)或《我的母亲》(*Ma Mère*)一样,《知性改进论》(*Court Traité*),《神学政治论》(*Tractatus*),《伦理学》(*Ethique*),都是作者死后才问世的。

我们还想到黑格尔。黑格尔是另一种"泛神论者"。他年轻时写过一系列的文章,有些甚至是他的作品中最尖刻,最咄咄逼人的,首先是他在法兰克福、伯尔尼、图宾根写的那些为"世界主义"辩护,反对"国家"持久性的文章,但这些文章到最后也没有发表:谁能相信伯林这个治学严谨,课讲得很好的教授,竟可以是《耶稣的一生》(*La Vie de jésus*)这种书的作者?他的年轻学生中,谁能想到他曾翻译和注释过火药味很重的《让-雅克·卡特通信集》?

① 详见拉乌尔·瓦内吉姆(Raoul Vaneigem)在《我为什么从来不对媒体发表谈话》(*Pourquoi je ne parle jamais aux médias*)中的引文,载于1999年8月26日的《新观察家》杂志。

还不用说那些只在朋友和“同谋”之间散发的革命的传单或抨击性的文章，单是这些文章就可以结集成一部秘密的作品集。

他们为什么会有这种不同的选择呢？

他们为什么会拒绝光彩和声名呢？

巴塔耶是出于谨慎。的确，我们很难想像国民银行的模范职员会直言不讳地承认自己是《艾杜瓦达夫人》(*Madame Edwarda*)，《小东西》(*Le Petit*)或《眼睛的历史》(*Histoire de l'OEil*)的作者。

黑格尔也是出于谨慎，斯宾诺莎就更是。就连笛卡尔不是也犹豫过要不要发表《方法谈》和《第一哲学沉思集》吗？在斯宾诺莎写《伦理学》的时候，伽利略受审判的情形，瓦尼尼(Vanini)和让·冯戴尼埃(Jean Fontainier)在火刑堆上被烧死的情形不是仍然历历在目吗？不管怎么说，斯宾诺莎是害怕了。他二十三岁被判永远生活在孤独之中，当我们看到那判决词时，我们就会理解他为什么害怕：“根据天使的决定，遵从圣人的言语，我们声明将巴鲁奇·斯宾诺莎开除出教，并用律法中所记载的所有咒语驱除他，排斥他，诅咒他。让他白天倒霉，夜里也倒霉，让他睡觉时倒霉，起床时也倒霉，让他出门时倒霉，进门时也倒霉。天主不原谅他。因此，愿天主的愤怒和热忱惩罚他。众人周知，任何人不得用口头或文字与他交谈，亦不得惠顾于他，不得与他居于同一屋檐下，不得看他写的书信。”

不过还有别的原因。

除了害怕受到迫害以外，还有别的原因。

斯宾诺莎在谈到刚刚写完的《伦理学》时所说的一番话，流露出了他的隐衷：我怎么能在这样的一本书上签上我的名字呢？我怎么敢？这一页页无可指摘的文字，难道不是理智的声音所授意？我只不过是接受那授意的一具皮囊，是代言人，是就其本意上所说的“殉道者”……

这是骄傲。假装的谦卑掩盖不住极端的自负。他们“保持沉默”是谦虚？是想低调处理？是拒绝文学的荣誉和随之而来的虚荣？只要再细心地想想，注意地听听，就会听到另一个夸张的声音在说：“不，不，这不是我说的，这些话太美了，不可能是我说的；那是庄严的‘理智’通过我的口说出来的话；那是整个人类的声音，而不是哪一个人的，我只是一个谦恭的代言人，在这声音面前，我只能哑口无言。”这是文人的逻辑，是典型的文人的态度，通过文字的激情，再现文人与“神圣”的密切。斯宾诺莎还是虔诚的。布朗肖也虔诚，因为他说：那些“为了可以安心地死而写”的作家让人受够了，“为了写作而不惜一死的文学万岁”。鲍尔斯也说过（他说话的口气像是先王和大祭司），一个作家是“死亡的军队派到生活中来的间谍”，他的工作就是在另一个世界“收集”“情报”，并把情报传递给死人之国。正因为如此，正因为要传递情报，正因为这种几乎神圣的使命，作家才会像所有的间谍一样，应当“阴险，并尽可能匿名”。[①] 萨特也是个无神论者。一个真正不信神的人。大概他曾经虔诚过——我们会看到，《文字》一书的全部主题正在于此。但后来他变了，在写作的生涯中，他摆脱了所有与宗教有关的反应。我喜欢萨特的无神论。我喜欢他的光荣，那是他的无神论的表现。

① 1966年4月30日写给詹姆斯·利奥·赫利希（James Leo Herlihy）的信。见穆罕默德·舒克利的《丹吉尔的隐士》（*le Reclus de Tanger*），Quaim Voltaire，1997年。

这个“存在主义的教皇”与宗教的原则毫不含糊地决裂了。

但是，作家们之所以害怕为人所知，还有另外一个原因。这第三个原因由萨特明确地表达了出来——萨特处在光天化日之下，为世人所瞩目，很快就明白了这种处境的危险：那就是人的名声，人的名誉。人的名誉的阴影会压倒作品，遮挡作品的光芒——人一旦有了名望，非但对作品无所裨益，反而会使人丧失深入作品的勇气，阻止人们阅读。

波夫娃在《事物的力量》中所叙述的萨特就是个例子。波夫娃说，解放时，光荣降临在他身上，他心中有时把荣誉当成是“完全的灾难”，好像“上帝死了一样”。他的“书广泛传播”，但他并没有因此而觉得“身价大增”，反而感到不安、惶惑，不知所措。用波夫娃的话来说，与波德莱尔的默默无闻相比，这种“愚蠢的光荣”不是有些“叫人难堪”吗？当我们看到那么多“平庸的作品产生轰动”，让人觉得凡是产生轰动的，几乎都是平庸的东西。简单说，一个作家惟一令人羡慕的，难道不正是在作品的辉煌中所保持的谦虚吗？塞万提斯不如他的堂吉诃德伟大，莫里哀比他的达尔杜夫渺小，乔伊斯比芬内根低微，巴尔塔萨·格拉西扬(Baltasar Gracian)也不如他那个危险的《宫廷中的人》(*Homme de cour*)高尚。就连萨特在叙述与梅洛-庞蒂的友谊时也说：“我的名气更大些，可这并不值得自豪，这个时候最好还是当个默默无闻的人，或者为存在主义去自杀；好心的记者把我骂得狗血喷头，恶意的记者也一样；我是由于误会而出名……”①

---

① 《活着的梅洛-庞蒂》(*Merleau-Ponty vivant*)，《境况种种》，第四卷，Gallimard，1964年，第211页。

比如丁托列托(Tintoret),萨特不仅在《威尼斯的囚徒》(*Le Séquestré de Venise*)中描写了他,而且一生中还以他为题写了一系列的文章——这个默默无闻的丁托列托也是个例子,正如《阿尔布玛尔王后》是萨特成年后的《厌恶》一样,丁托列托也可以是他青年时期的《家庭白痴》。名义上他是在论述画家,实际上说的却是他自己,是萨特。丁托列托是平民画家,萨特在文章中说他是“店铺的老板”,或者是“小画匠”,整个威尼斯没人理睬他,大家更喜欢提香。有时候他努力说服自己:应当获得荣誉,在尘世间取得胜利,打败提香。也许有时候他已经深深地相信,在社会上的成功,是狂热的信仰取得胜利的惟一明显的标记。如果艺术家在尘世间胜利了,如果他能把自己的画卖出去,那么他在“天国”也就胜利了。有的人故作姿态,假装谦虚,那是最荒唐,也是最危险的:“唉,光荣……有什么用呢?有得必有失!我为自己而画,我是我自己的见证人,随便同时代的人怎么看吧!”但是另一个声音反驳他说:你要当心“愚蠢的光荣”!不要像提香那样,成为“民族的财产”,或“人们的楷模”!人们注意的是名人,而不是在欣赏他的作品。人们是在极力恭维他,使他僵化。况且,你可以去看看“两墓地”,你可以比较一下,一个人的“尸体”掩埋在弗拉里的大教堂里,上面压着山一样的“猪油”、“糖”和“果仁”,而小字辈的亚科波①则安眠在一块石板下,沐浴着街区教堂隐隐的黑暗——毫无装饰的墓碑也是一种荣誉!他只要他自己的名字!因为他生前默默无闻,在“利

---

① 亚科波(Jacopo, 1370—1438),意大利雕刻家,他的作品已经开始摆脱哥特式风格的影响,预示着米开朗基罗的艺术风格。——译者注

亚尔多桥的猴面包树”的树荫下生活了一辈子，在光荣的迷宫中沿着溅满污秽的墙壁摸索了半个世纪，像一只夜间出没的野兽，在阳光下被逼得走投无路，被别人的显赫名声耀花了眼睛，而在暗中挣扎的丁托列托却终于取得了一代代人的认可[①]……

这就是名声。是声誉。对于一部作品来说，人的名声有可能遮蔽了作品的光辉。有些作家，比如德里耶、马尔罗、加缪等等，但首先是萨特，任凭自己的名字和声誉扩大影响，转移了人们对他们的小说的注意。有些人用自己的才能创造了作品，用自己的天才创造了生活，在生活的艺术、生活的光彩的衬托下，他们作品的艺术显得暗淡无光了。当萨特提到自己的选择的时候，我们没有理由认为他说的不是心里话。我们没有理由怀疑他明知结果将会如何，但最终还是头脑清醒地决定这样做，由自己承担一切后果。那么为什么呢？他看得清清楚楚，他本来喜欢待在暗中，可为什么没有顶住诱惑，选择了相反的道路呢？我们还没有想到萨特的眼睛最终会失明，会陷入完全的黑暗，这只是一段可怕的插曲，但他为什么不顾一切地，而且显然也并不后悔地选择了与提香站在一起，而与丁托列托相反呢？因为他喜欢光荣和出人头地。同时他也预感到规律是可以反转的，通过表现自己，通过无所顾忌地出头露面，有时候也可以让自己变得难以让人接近。但也可能他有更加

---

① 《如此等等》(*Passim*)，载于1957年11月的《现代》，收于《境况种种》，第四卷；《圣乔治与龙》(*Saint Georges et le dragon*)，见于《境况种种》，第九卷，Gallimard，1972年；《圣马克及其同类》(Saint Marc et son double)，作者生前未出版的作品，见于米歇尔·西卡尔(Michel Sicard)主编的《斜线》N°24—25号，1981年；《丁托列托的成品》(*Les produits finis du Tintoret*)，载于《文学杂志》N°176，1981年9月。

简单的理由，因为实际上他没有别的选择。在生活的赌博中，他同时赌了两局（文学和世界，作品和行动，“规范”的逻辑和“世纪”的逻辑），生来既喜欢文字又喜欢行动（我在《喜剧》中说过，所有的冒险家都喜欢把文字和行动混在一起，比如罗曼·加里。他们都不愿意把两种生活和两个自我分别开来），所以尽管他心中的愿望大相径庭，他还是无法摆脱出人头地的命运。

到底要不要像圣伯夫一样？

和往常一样，这就是问题的关键所在。

因为二者必居其一。

要么躲在暗中，秘密地活动：因为这样可以区别思维的我和生活的我，区别思想的我和现实世界中的身体，写出了作品的我和名字所代表的我——因为不管怎么样，人们都相信普鲁斯特的假设，那就是可以将两个自我分离开来，而且在两个自我中，给文学的自我以优先权。对于萨特来说，这是真正的诱惑。不管怎么说，这是对罗康坦[1]的诱惑，因为《厌恶》中的罗康坦说过：“必须作出选择：生活或叙述”，而且“如果选择了生活，那就不会发生任何事”；这也是对作家的诱惑，作家将人的际遇完全化为作品，不仅回避了自己的名字，而且也回避了自己的身体，自己的面孔，实际上也回避了自己的主观性，只让养育了文学的那些东西闪光。

要么选择相反的道路。兼顾作品和生活，作品和女人、朋友、戏剧，在酒吧里闲聊，参加 RDR 的大会，到佛罗伦萨或北京去旅

---

① 萨特《厌恶》中的人物。——译者注

行；声称别人所说都是假话。换句话说，就是反对普鲁斯特的偏见，反对把写作看成是苦行或对世界的妥协，反对把艺术看成是一种责任，从而忽略了自己的欲望，反对某些艺术家的看法，因为他们有时放下手头的工作与朋友聊天，便认为是“为了虚无飘渺的东西而牺牲现实”，因此便是“忽视了正在等着他完成的重大任务”：为了摆脱困境，只有与普鲁斯特相反，把种种自我最终统一起来——我们不只有一个自我，各种各样的自我在互相斗争；我们后面会看到，萨特在作品中描写了那些包围着他，纠缠着他的声音，说这些声音像吸血鬼一样吸干了“我”的膏血。很少有作家像他那样描写得淋漓尽致。很少有人像他那样将意识描写成“散乱”的心境，杂乱的情绪和几乎无限的精神活动。但尽管如此，自我的多重性既不是纯粹的散乱，也不是同形异义；我们后面会看到，多重性不是自我的最后的理由，也不是它最隐秘的战略；它最终将聚集在一起；缩成一团，浓缩进一个名字里，而这个名字又像是变成了一团遭人否认的黑暗；萨特成了与普鲁斯特相反的人，因为他最终认为，是同一个人构思了《存在与虚无》，又在波克罗勒岛的阳光下为奥尔伽写了《苍蝇》。

在两重符号的系列中，《家庭白痴》处在同样的位置上：既是写在文本上的符号，又是铭刻在身体上的符号。

在“滑稽的战争”时期——萨特好像正是在这个时期发现了海德格尔的《什么是形而上学?》，而且开始思考哲学应当在他的生活中扮演什么样的角色——，在《给海狸和其他人的信》中，他说过，“我并不想在事后用哲学来保护我的生活，那样做太无耻，也不想让生活符合我的哲学，那样做学究气太重，但生活和哲学要真正地融为一体。”[①]

一个完完全全的萨特就是一场冒险。我们将看到，这场冒险有着不同的节奏(文学，政治，又回到文学，戏剧)，但作品和生活之间从来就没有明确的界线，而且他从来没有为了作品，或者为了政治行动而避免说明或展示他是如何生活的。

萨特没有给我们写一篇《拥护圣伯夫》，这是多么令人遗憾的事啊。

反对悲观

仍然是欢乐。

我喜欢萨特的欢乐。

我喜欢萨特的观念，哲学与欢乐并不矛盾，幸福和无情并非不可兼得。

我喜欢这种大哲学家的形象，爱取笑，轻浮，该高兴的时候兴高采烈，该起哄的时候大喊大叫，该滑稽的时候滑稽，讲得出怪诞或粗野的故事，做得出小丑般的动作，会戏谑，也会在思辨上设圈套。

我喜欢想像他 1944 年 3 月在泽特和米歇尔·莱利家的客厅里，与毕加索等人演出《被揪住尾巴的欲望》(*Le Désir attrapé par la queue*)：莱利演“大脚”，波夫娃演“表妹”，多拉·玛拉尔演“胖焦虑婆”，格诺演“葱头”，加缪是导演兼指挥，宣布换场景，还有巴

---

① 《给海狸和其他人的信》，第二卷，第 39 页。

塔耶、西尔维亚·巴塔耶、兰布尔、让－路易·巴洛；还有萨特，正如在布拉萨依那张有名的照片上一样，演“圆头”的萨特坐在毕加索的脚下。

我喜欢想像他在莱利家扮演“道德说教的小丑”，“杰出的滑稽角色”时的情景，西拉诺、约卡斯喝得醉醺醺的与巴塔耶跳舞——巴塔耶说是“面对面”地跳，“愚蠢得像印第安人交换礼物的节日”一样，“一只马头和一件宽大的黄色和淡紫色条纹睡衣弄成的假人”是礼物交换的见证人。[①] 滑稽吗？当然滑稽。怪诞吗？其实并不怪诞。因为我们应当知道，萨特好戏谑，他不是个严肃的人。人们习惯上会把萨特想像成一个庄严的、只会咬文嚼字的人，是人类的救星，多产的作家，教育家，他的希望就是解救你们，每卖出一本《存在与虚无》，便会有一个人的灵魂受到启迪，就会多一个吃饱饭的孩子。人们一般以为萨特能让地动山摇，是预言家，是世纪的巨人，是思想的引路人，一呼百应，救民众于水火。但我们必须习惯于这种明显不过的事实，萨特是个很轻浮的人。尼采曾经说过，“我只相信会跳舞的上帝”。萨特不相信上帝。但他会跳舞。

他为格列科写过歌词，为一些女演员写过剧本；他毫不掩饰地说，他写作一向是为了勾引女人，包括写剧本，也包括写小说和哲学论著，尽管这话只有一半是真的。他与维昂和姆鲁齐做朋友，但也和梅洛－庞蒂是朋友。他潇洒、自由。他嘲笑伪君子，看不起总爱抱怨的人，不喜欢败兴的人、假正经的人，不喜欢在人生这场短暂的戏中表演得蹩脚的演员。

---

① 《乔治·巴塔耶全集》(*Oeuvres complètes*)，第六卷，Gallimard，第 90 页。

“愿笑受到诅咒!”柏拉图说。萨特反对柏拉图的这种观点,柏拉图其他的观点他也不赞成。

“我们要向欢乐开战!”卢梭说,“真理在眼泪中,在怀念中,在沮丧中,在孤独中,在死亡中!”萨特极其反对卢梭的这句话。卢梭还说过几句其他的话,他也极其反对。

性急的读者以为萨特是个“忧郁的人”……他对虚无感到焦虑……在很长时间里,《厌恶》的第一个名字不是就叫作《忧郁》吗?伽利玛出版社开始时拒绝的,不正是这个浪漫而令人神伤的名字吗?这也是假象。是乱下结论。梅洛－庞蒂[①]很奇怪地回忆说,萨特是个乐天派,精力充沛,“嗓音动听、洪亮”,像个男高音,根本没有一点忧郁的影子。很久之后,萨特去世后,塞尔日·朱利也谈到过他那“迷人的声音”:“萨特的魅力在于他的声音,他的声音有些沙哑,很动听,节奏有点快,有时候显得很尖,气喘吁吁的。”[②]任何人都不像萨特那样,不怕得罪小小的文化圣殿中那些神气活现的大祭司、可怜的小教士和令人讨厌的信徒们,他根本就不在乎别人的怨恨。

他的家,他真正的家在别处。

尼采还说,要驱除忧伤的感情和消极的情绪;“神也会情不自禁地笑起来,即使是在举行神圣的仪式时”。

柏格森说:我喜欢哲学,哲学旨在让我们变得“更加快乐和更

---

① 莫里斯·梅洛－庞蒂,《做男人没有什么好方法》(*Il n'y a pas de bonne façon d'être homme*),1959年5月与乔治·夏波尼埃的谈话,载于1980年7—8月的《精神》(*Esprit*)杂志,第39—41页。

② 《解放报——萨特专号》,1980年4月21日。

加强大”;哲学是欢笑的学校;哲学是教人走向“纯粹欢乐”的预科。

斯宾诺莎说:拒绝一切能减弱存在力量的东西;因此就要拒绝忧郁——因此对于早期的萨特来说,也要拒绝小心谨慎的举止,拒绝凡事都要说一声“要当心”的态度,拒绝过分的拘谨和怨恨。

生活不是哭丧谷。

哲学不是哭哭啼啼的学问。

萨特在1940年时说过:“如果我的生活中有什么东西是始终如一的,那就是我从来不愿意正襟危坐地生活。”

后来他又说:“我从来不是个十分严肃的人;我的全部生活只不过是一场游戏,有的时候显得漫长,乏淡无味,有的时候趣味低级,但总归都是一场游戏。”①

就在我写这部作品的时候,就在这阴沉沉的二十世纪末,少数虚无主义的文学家对我们说:一个伟大的作家是一个忧郁的作家——文学的质量可以用作品中描写了多少,并在读者心中引起了多少痛苦、不幸、怀念、忧郁、苦恼、烦闷来衡量的时候,萨特的态度不正是一个鲜明的对照吗?

萨特不赞成怨恨。

萨特是治疗文学和政治忧郁症的最佳良方。

萨特是个态度明确的“干预生活”的知识分子!因此,他的艺术观必然是有犯罪感的,是内疚的,是恶意的。但是通常与干预生活的作家形象联系在一起的“苦行僧”,或者“像教士一样的”风格,

---

① 《滑稽的战争记事》(*Carnets de la drôle de guerre*),Gallimard,1983年,第380页。

在他身上根本就是风马牛不相及的。

一副快乐的雇佣兵的形象。

知识分子的作用就是要解开怀旧和嫉妒的难题。

斯宾诺莎在《知性改进论》中还说过：“憎恨和后悔是人类两个最根本的敌人。”

萨特的计划是：全世界悲观的人们，四分五裂吧！[①]

憎恨

同时我们还要想像他是如何招惹得人们恨他，[②]因为这两者是相辅相成的。

他既不是第一个，当然也不是最后一个这样的人。

当时马尔罗因为站在戴高乐派一边，被人当成法西斯分子，我不敢肯定，有马尔罗这样遭遇的人，是不是值得让人羡慕。

但是人们对萨特的恨却是另一种性质。

那不是一般的政治上的恨，比如说像三十年代年轻的左派人士意识中所具有的那种恨——像布列东、阿拉贡。

那不是带有“部落复仇”倾向的恨——像追查叛徒和投敌者，甚至株连到他们的家庭，比如战后右派的莫里亚克和贝尔纳诺，或

---

① 这一句从形式上模仿的是“全世界无产者，联合起来！”——译者注

② 让-雅克·布洛谢(Jean-Jacques Brochier)，《为了萨特》(*Pour Sartre*)，Lattès；1995年，第15—22页；约翰·吉拉西(John Gerassi)，《萨特，为世纪所憎恨的意识》(*Sartre, conscience haïe de son siècle*)，Edition du Rocher，1992年，第53—56页；让内特·科龙贝尔(Colombel, Jeannette)，《萨特或生活的观点》(*Sartre ou le parti de vivre*)，Grasset，1981年，第73—74页。

者左派的加缪和马尔罗。

甚至不是人们对纪德或高克多那种一报还一报的恨，也不是出于其它的原因，在口诛笔伐的小册子中所说的对塞林纳的那种恨。

不。人们对萨特的恨是一种完全的恨。不只是在舆论上，而是一直到他死了还不肯罢休的恨。是以粗俗的、恨不能把人打入十八层地狱的言辞表示出来的恨。我以为，像这样的恨大概没有多少先例。

二十世纪后半叶，法国有几部作品在作家生前便遭到罗马教廷的禁止？谁读他的书，谁就会被逐出教会，他的名字遭到讲道的神甫们的诅咒？（纪德的作品曾遭到过禁止，但那是在他死后，是出于万不得已，好像他活着的时候，人们始终在期望他皈依……）

有哪个哲学家曾受到无所顾忌的咒骂？《费加罗报》的主编皮埃尔·布里松说：是时候了，"应当像驱除恶魔一样驱逐萨特，在他身上抹硫磺，在圣母院前的广场上点着他，这是挽救他的灵魂的最仁慈的办法"；《战斗的法国》说他代表着"懦弱和肮脏"，不是"存在主义"，而是"粪便主义"，是在"达达运动"之后，又出现了一个"粪便运动"；后来当了巴黎大学校长的雷蒙·拉斯·维尼亚斯也说过，他的哲学显然可以比作是"一些布满粪便的小道，要想去冒险一试，最好是踩着高跷"。

今天，有谁会想像《法兰西晚报》的主编——当时是皮埃尔·拉查莱夫——会哽咽着说："我要存在主义完蛋！"

有哪本小说——哪怕有过一本——曾遭到人们几乎是一致的痛骂？被人说成是一本"令人恶心的书"，说书中散发出肮脏的茅坑的臭味(《世界报》),还有人说,“如果书中散发出一股味道”,那么读的时候就要“捂紧鼻子”(《研究杂志》),还有人说,“从粪便出发提出生活的问题,将生存贬低到污泥浊水和粪坑的水平上,这就是萨特的《自由之路》的目的”(《研究杂志》)。

萨特的读者也遭到人的非议,这在法国小说的历史上也是史无前例的;艾米尔·昂利约就曾经说,萨特的读者是一群“被本能驱使着的动物”,是一群“性无能的年轻人和老头子”,每当主子“抬起腿来”,不管是“在书中还是在剧院里”,这伙性无能的家伙便会跑来“嗅一嗅”,然后表示出“满意的样子”,同时“在纸上胡涂乱写一通”。

人们是在攻击他的私生活。

人们所关心的,是根据推测而知道的他的生活习惯和情趣。

人们像发谵妄似地说,这个“奇怪的哲学老师”自从发表了《墙》和《厌恶》之后,便专门研究“学生的底裤”。

人们七嘴八舌地责备他,说他是趴在地上写文章,是在龌龊中打滚,是在厕所里自得其乐,说他勾引少妇不是为了和她们发生关系,而是为了让她们闻臭味。

人们恶意地评论《懂事的年龄》末尾对喝醉了的伊维奇的描写——“她那纯洁的嘴中发出一股呕吐物淡淡的酸腐味。马蒂厄着迷地呼吸着这种味道。”——并得出结论说[①],“他对所有肮脏和丑恶的东西都表现出令人厌恶的爱好”,说他喜欢的“题材”,就是

① 见《解放报——萨特专号》,1980 年 4 月 21 日。

"肮脏的旅馆和堕胎的尝试",还说"对他来说,美丽、轻盈、光明、幸福、幻想、自然都是不可忍受的"。

有人去找过他生活中的女人。让她们讲述新哲学的绝对权威肚子是如何肥大,惨白的小腿是如何长满了黑毛,肩膀上是如何凹陷出一个个的坑,生殖器是如何力不从心。

有人让他的邻居出来讲话,作证说他夜里是如何在马路上的公共小便处转悠,并伸着鼻子深深地吸那里的骚臭气。

有人夜里翻他倒出来的垃圾,并在里面找到了据说是他买的弗洛尔咖啡馆的股票。

有人找到一个海关的检查员,让他在《法兰西晚报》上说,曾在边境线上拦住萨特,让萨特打开箱子接受检查。但是,里面的衣物散发出一股恶臭味,结果他根本没有检查,让萨特赶快关上箱子走人。

有人指责他败坏了法国,腐蚀了年轻人。

他一走进餐馆,有人马上就站起来离开。

人们把他当作是"淫荡的蝮蛇",是"阴险狠毒的打字员",是"握着笔的豺狼",是"令人厌恶的老鼠",是"民族的红色癌症"。

《肮脏的手》在赫尔辛基遭到禁演,《间隔》在英国遭到禁演。

有人两次用塑性炸弹炸他的公寓,《现代》杂志的编辑部也挨过一次炸。

有人在香榭丽舍大街上喊着"枪毙萨特!"的口号游行。

有人在《巴黎竞赛报》上写文章说,萨特自己便是一架"制造内战的机器"。

还有人在《星期六晚报》上大胆写文章说:"发了霉的憎恨、嫉妒、愚蠢和最庸俗的性”，这就是“存在主义的嘴脸”，就是“他们的生活信条”。

有人以上帝和科学的名义，以道德和礼貌的名义，以青年、老年、右派、左派、极右派、极左派的名义，以受到嘲弄的保守派的名义，以共产主义和反共产主义的名义，以民族的荣誉和被践踏的旗帜的名义，以必要的背叛的名义，以抵抗运动的名义、以与敌人合作的名义攻击他。

有的人说他是伪作家，也有的人说他是不严肃的哲学家。有人责备他喜欢塞林纳，而塞林纳则说他是专门在“短颈大口瓶里闹风波的人”。有人说他与“拥护希特勒的海德格尔”结盟，可海德格尔却不喜欢他，而喜欢学究式的梅洛－庞蒂。格诺说《存在与虚无》之所以大受欢迎，是因为这本书的重量是整整一公斤，不多不少，开杂货店的人可以用来当秤砣使。有人责备他到中国去旅行时支持了红卫兵，可是最早的红卫兵是在他从中国回来十年之后才出现的。克洛岱尔说他是“恶鬼附身的作家”，并写信给加斯东·伽利玛[①]，说发表《圣热奈》将是伽利玛出版社“不可磨灭”的耻辱——将来你的孙子们看到这本书，会怎么想呢？霍克海默(Horkheimer)说他是无赖，是骗子；塞林纳说他是“绦虫”和“狗屎”(莫里亚克在《费加罗报》上用同样的话形容热奈的作品[②])。人们责怪他，说他是破坏分子和鸡奸者热奈的“保护人”。克洛

---

① 保尔·克洛岱尔(Paul Claudel)，《日记》(*Journal*)，第二卷，Gallimard, pléiade，1969年。

② 见于阿尼·科恩－索拉尔(Annie Cohen-Solal)的《萨特》(*Sartre*)，Gallimard，1985年，第414页。

德·列维－斯特劳斯说他卑鄙，是个流氓，并对多洛莱斯说，看了波夫娃在《客人》中以萨特为原型，对皮埃尔·拉布露斯的描写，他只能觉得这是个招人恨的人物，觉得不能与这样的人物来往。我的导师路易·阿尔都塞在《致弗朗卡的信》中说，“应当让他从幸福的偏执中摆脱出来”，要做到这一点，“他自己就是一把鞭子”；阿尔都塞建议他“用自己的苔杖打自己的脸”。他还说：“我看只有用鞭子抽他的脸，才能让这个不知趣的家伙住口。”[①]我还忘了伟大的马拉帕特在看了萨特的作品后，竟然写出下面这种令人感到耻辱的文字：“一股脏兮兮的屁股的臭味，腋下的汗酸味，没有洗干净的性器官的气味从人行道上升腾起来，从咖啡馆和地窖的门口一股一股冒出来，从坐在‘弗洛尔咖啡馆’和‘两块劈柴咖啡馆’的一群群人那里散发出来……让－保罗·萨特的喽啰们只能是一群羊，一群羔羊……一群黑人和黑孩子……红乎乎的汗湿的手，令人作呕……这些着了魔的黑鬼身上散发出一股性器官和粘着精液的阴毛的气味……自由的孩子们组成的胆怯和残酷的群体……”[②]

对于人们的大肆攻讦，萨特有可能是罪有应得。

但我们也可以假设：他主动招惹人们，故意让人们恨他，在以萨特的做派为风尚，在不断地将哲学和存在主义的主题推向前台的过程中，甚至在他保持透明的愿望中，或者正如莫里亚克所说的那样，在他殉难的渴望中，他在人们心中激起了一种彻底的恨。

---

① 路易·阿尔都塞，《致弗朗卡的信》（*Lettres à Franca*），Stock-Imec，1998 年，第 518 页。

② 库齐奥·马拉帕特（Curzio Malaparte），《腐败的东西》（*Il y a quelque chose de pourri*），Danoıl，1960 年。

还可以有比这更好的说法：这样的恨，在萨特的心中本来就有着相应的价值；在他的心目中，一个作家越是伟大，人们对他的恨也就越强烈；在《活着的纪德》所表明的很多思想中，这是一个很突出的观念；从一开始，《活着的纪德》便赞叹不已地指出，《科利冬》(*Corydon*)的作者[①]一直到生命的最后一天晚上，始终在“让思想正统的左派和右派人士统一起来”，这样做对他并不利；他强调说，这种“尴尬”和“怨恨”造就了纪德的奇迹、光荣和极端的尊严；在纪德的葬礼上，人们给他献了花环，但那些并非甘心情愿送来的花环掩盖不住“尴尬”和“怨恨”。这“表明人们仍然不喜欢他，而且在很长的时间里仍然会不喜欢他”！

我知道，一般来说，除了萨特，除了萨特眼中的纪德，凡是招人恨的或遭人排斥的作家，意识中或多或少地都认为，巨大的影响和憎恨是相辅相成的，这两者谁也离不开谁，你不能要一个丢一个，影与光，钱币的正面与反面，花冠与花上的荆刺是分不开的，事情就是这么简单，有花就有刺。要不然就是他们能够从中体会到一种隐隐的欢快，几乎可以算得上是享受，使花与刺的协调达到了极致：这是一种专门与人找别扭的雅兴，是喜剧演员和殉教者，他们的狂热是见证，他们的怨恨和刻毒都是真理的标识，“我应当得到社会上同时代人对我的恨，而且在这样的社会里，如果我得到的是别样的待遇，我会生气的”！[②]

---

① 纪德。——译者注

② 吉·德堡(Guy Debord)，*In Girum imus nocte et consumimur igni*(拉丁文书名，意思是“黑夜里我们要投入上帝的怀抱，却在火中被烧尽”)，Gallimard，1999 年，第 23 页。

但不管怎么说，这仍然是一种十分奇怪的现象。我想再说一遍，所有的作家都有对头。人们会十分强烈地恨某些作家，这种恨有时会让人难以忍受。至少从拉布鲁耶尔（La Bruyère）以来，我们就已经知道有这样一条规律："所有的人都会奋起反对一个刚刚出名的人。"但是，这种恨，这种无情的憎恨无休止地纠缠着纪德，一直到他迈进墓地之门，而且范围远远超出在他周围所发生的那些事；只有极少数作家才能享受到这种特殊的待遇。斯宾诺莎也许可以算一个。或者伏尔泰也算。虽然斯宾诺莎和伏尔泰都没有被人骂过如此难听的话。虽然斯宾诺莎和伏尔泰死后在巴黎的雕像都没有被人抠掉眼珠子——那真正是死后又遭到别人的谋杀。[①] 是死有余辜。我要一直追到你的坟墓中去。

斯宾诺莎—伏尔泰—萨特形成了一条轴线。

这几个招人痛恨的人组成了一个封闭的俱乐部。

这些真实的伟人，被同类恨之入骨。他们不粉饰现实，并为此付出了代价。

能激起人们如此强烈的恨，该是一份多么可怕的荣誉啊。

年轻的萨特

尽管如此，我们还是应当想像他的声音所具有的极大的力量。

应当想像他的清新，他的活力——一直到他生命的最后，当我

① 米歇尔·孔达（Michel Contat）《萨特是民主派吗？》（*Sartre était-il démocrate*？），Florence Gould Lectures，vol. III，1994—1995，第 24—57 页。

们与双目失明、长期卧床不起的萨特谈话时，我们见到的，仍然是那种异乎寻常的青春气息。

人们已经忘记——这很遗憾，所以才要想像——战后的萨特像青年人一样，有着无畏的气概，他的尖刻中带着欢快和粗鲁，情绪激烈、傲慢。

人们忘记了他的声音是那么美好——发自内心的声音真的十分美好——，只要他的声音一出现，马上就能压倒其他的声音，让别的声音低下来，归于沉寂：有些人的声音，仅凭其力度就能让别人住口。还有的人，凭其声音的力度能搅起风浪，使原来的嘈杂变得更加混乱；可以说，萨特的声音同时拥有这两种能力。而且它还能让妨碍它的声音变得可笑，让它们消失于无形，让它们显得过时，并将它们的权力抢夺过来。

战前，莫里亚克就尝试过他的厉害。伟大的基督教作家刚刚发表了《黑夜的终结》(*La Fin de la nuit*)。那是一本传统的小说，受到批评界极力的吹捧，也受到了读者的欢迎。现在来看，这是莫里亚克最好的小说之一。然而，萨特站了出来，在发表于《法兰西新杂志》上的一篇文章[①]中说，莫里亚克的艺术做出了一种假设，那就是，小说家“与他创造的人物之间的关系像上帝与他创造的人之间的关系一样”，而他萨特，因为一年前发表过一部小说《厌恶》，便可以狂妄地断言说：莫里亚克的假设是不可原谅的“技术上的错误”，是哲学上的错误。小说家根本“不是上帝”。小说家“没有权

---

① 《莫里亚克先生和自由》(*M. François Mauriac et la liberté*)，NRF，1939年2月，后收于《境况种种》，第一卷，Gallimard，1947年，第33—52页。

利做出绝对的审判”，也没有权利像操纵木偶一样操纵他的人物。小说家没有权利干预人物的理智，或者让他们丧失理智，把无所不在的叙述者的内心想法当成一条白线，将人物的矛盾连缀起来。因此，萨特最后不得不得出的结论就是：《黑夜的终结》不是小说，因为“上帝不是艺术家，莫里亚克先生也不是”。受到攻击的莫里亚克忍气吞声。他没有回答，他忍了，而且一年年过去，他仍然很有风度，并没有回敬对手那天才的攻击，在为《阿拉伯亚登》写前言时也没有。不过，他等了三十年，才鼓起勇气，发表了又一部小说，并说，萨特“二十年前……，想一下子扼杀我。”[①]还有一次，《法兰西晚报》的记者问他为什么沉寂了那么长时间，他回答说：《黑夜的终结》“遭到萨特的闷头一击”，萨特“不仅是个十分年轻的作者，而且也是一代人的光荣”；但他并没有说，萨特的那次“打击”“让我丧失了勇气”。他承认说，萨特的批评“使我思考。”[②]萨特后来为这一记闷棍感到遗憾了。1940 年，他承认说，当时“所有的方法都是在弄虚作假”，而且当时他声称用来对付莫里亚克的所谓“美国方法”，也就是文学干预主义，其斧凿的痕迹只不过稍微轻一些罢了。但不管怎么说，事情起到了那样的效果。文学上的一记闷棍，发表在杂志上的一篇短文能让人思考三十年。当时是 1939 年，二十世纪中叶，年纪轻轻的萨特一篇文章就能击溃一个著名的小说家……

六年之后，萨特的声音变得更加清晰，更加好斗，更有威信。

---

① 弗朗索瓦·莫里亚克，《日记》(*Bloc-Notes*)，第二卷，1959 年 9 月 27 日，Seuil, Coll. Points-Essais，1993 年，第 319 页。

② 《法兰西晚报》，1969 年 2 月 28 日，亦见于米歇尔·孔达和米歇尔·里巴尔卡《萨特文集》(*Les écrits de Sartre*)，Gallimard，1970 年，第 72—73 页。

经过在战争期间长时间静静的思索，《存在与虚无》发表了，最初的一些剧作也上演了，人们开始憎恨他，众口一词地谴责他。他是个十足的分化对手的天才，把别人踩在脚下来抬高自己。这一切都使他的力量成倍地增加，使他的讲话更加具有煽动性。好像只要他一出现，只要他一抬高声音，就能改变周围的风光，就能让当代大多数名人变成再也不可雕琢的朽木。

当他描写“通敌的卖国者”，或者资产阶级的小说家时，当他向法国的小说家们解释说：“我们在毫无知觉中被自己的传统和文化压垮了”，当他一字一顿地说，“每句话都会产生回响，每个沉寂也一样”，每当这样的时候，他的话是无可辩驳的。

当其他人攻击他时，当布当(Boutang)在一份自以为能置人于死地的小册子里问“萨特是不是一个魔鬼附身的人？”[①]的时候，当雅克·洛朗将他比作保尔·布尔日，并用他对付莫里亚克的办法，反其道而行之——说他文字累赘、思想空虚，说他搞的是主题文学等等——的时候，当另外一个自以为精明的人讽刺说，“加缪的肺和萨特的肩膀”构成了法国文学萧条的标志时，他甚至根本就不屑一顾，根本就不需要还击这些“小小的纨绔子弟们，他们的文章像是卖肉的屠户写的。”[②]大家都知道：他是年轻人；风向对他有利，他有胆识，有现代意识，有精神上的自由。而那些攻击他的人虽然蛮横，却底气不足，他们假装年轻，矫揉造作，可是突然间便散发出陈腐的哈喇味。一伙老来少，或假装老成的少年，散发出一股

① 《圆桌》(*La Table ronde*)，1946 年。

② 《文字》(*Les mots*)，第 135 页。

令人难以忍受的樟脑丸和维希政府的气味——贝尔纳·法朗克说那是“令人窒息的灰尘”，是“教堂里被虫蛀了的饰物”[①]……

最后，纪德对“新哲学”的色彩也感到好奇。其实，《墙》在战前发表的时候，他就明白这一新的哲学与他的哲学有相似之处(“这个年轻的萨特是什么人?”他曾向波朗问道，“好像很有前途；至于他的短篇小说，我看是一篇杰作……”)——纪德在《日记》中说，怎么就没有一个“认真的读者”，哪怕只有一个，对围绕所谓的“存在主义”的年轻教主而生出的“喧闹”感到奇怪，并提出抗议说：“那些话纪德早就说过了”，当纪德这样问的时候，我们知道他气恼、不耐烦，但同时也知道他无可奈何。[②] 他知道为时已晚，不会再有“认真的读者”，权力正在流向萨特的手中，除了客客气气地投降缴械之外，他毫无办法。1947 年，他仍然在《日记》中说：“我认为《恭敬的妓女》从某种方式上看是一部杰作。”[③]在此之后便是马克·阿勒格莱的摄像机记录下来的那两次著名的会见。一次是在卡布里，一次是为尼科尔·维德莱的电影拍的一些片断。[④] 我看着那些画面，看着画面上一个个的面孔。文学的领袖最后一次提携后来人，但是年轻的后来人超过了他。萨特则一副漫不经心的样子，知道他有时间，他的确有的是时间，因为生活明天才开始。很显然，命运发生了逆转，情形再不像 1939 年纪德要求阿德里安娜·

① 《萨特的见证》(*Témoins de Sartre*)，第二卷，第 1214 页。

② 纪德，《1939—1949 年日记》(*Journal 1939—1949*)，Gallimard，Pleiade，第 290 页。

③ 见于皮埃尔·勒帕普的《信使安德烈·纪德》(*André Gide，le messager*)，Seuil，1997 年，第 459 页。

④ 同上，第 474 页。

莫尼埃组织的那次晚餐，萨特再也不是当年那个年轻的天才弟子，要由别人介绍给文学长者，再也不是1941年纪德在格拉斯咖啡馆接见的那个小个子。当时纪德想说服萨特参加抵抗运动，他也曾试图说服达尼埃尔·麦耶，后来他也说服了马尔罗。结果是长者缴了械，小辈人反而凯旋了。

我一向喜欢这些场面。我觉得一个老作家，不把自己当做“最后一个作家”，不说“哲学完了”，却选择了一个接班人，将火炬传给他，让新人接替他未完成的事业，这样的时刻总是让我十分感动。有时候，长者在这样做的时候，想由此而获得永恒，通过接班人延长自己的生命，延缓自己的死亡（比如墨朗将见证人的责任传给尼米埃）。有时候这样做是出于总体战略的考虑，出于战争的考虑，要招募新人（比如1977年在电视台的某次“读书”节目（Apostrophes）上克拉维尔和“新哲学家”）。还有的时候，那是一种无缘无故的姿态，是赞叹，是着迷（比如巴莱斯面对着无名小辈，二十四岁的弗朗索瓦·莫里亚克，《双手合十》年轻的作者时就是这样）。在纪德与萨特的交接仪式上，这一切都有，有诡诈狡猾，也有心绪烦乱，有战术安排，也有眼花缭乱的成分——萨特会说：是“狡黠和胆识”[①]——除此之外，也许还有纪德，伟大的纪德从某种意义上因失宠而感到的辛酸。木已成舟。再抵制也没用了。萨特是“模范的当代人”，需要赶紧让人注意他。而且萨特事实上也即将把纪德拉下马。

---

① 《活着的纪德》（*Gide vivant*）载于《现代》杂志 N°65 号，1951 年 3 月；后收于《境况种种》，第四卷，第 87 页。

2 司汤达和斯宾诺莎

怎样才算是一个“伟大”的知识分子？为什么是萨特，只是因为萨特接过了纪德手中的火炬吗？为什么在一定的时候，在一定的情势之下，占据了绝对主宰地位的是他，而不是别人？敬服他的，为什么不仅有长者，而且也有同时代的人：对于萨特来说，当时就接受了他的，为什么不仅是他的弟子，不仅是青年人，不仅是一家人或准一家的人们，而且也有他的对头呢？他的对头也一个个不声不响地缴械投降，归顺了他。要做到这一点，是很不容易的。

雷蒙·阿隆的态度就令人很难理解；他像是被迷住了一样，像是着魔了一样，[①]前后专为“小同学”写了三本书，觉得这样做是应该的(《知识分子的鸦片》、《各种想像的马克思主义》以及《暴力的辩证法和历史》)，而“小同学”却根本不屑于回答，连看也不看：“啊，不！我可不想和雷蒙·阿隆争论，因为争不出任何结果来。”[②]过了很久以后，他才屈尊作出一些反应，在发表的作品中提到过去的同学——但那是在《雷蒙·阿隆的巴士底狱》中，用很有

---

① 阿娜·博施蒂，《萨特与“现代”杂志》(*Sartre et《Les temps modernes》*)，Minuit，1985 年，第 236 页。

② 米歇尔·孔达，《电影“萨特自述”及其自传》(*Le film《Sartre par lui même》et l'autobiographie*)，载于《现代》杂志，《萨特的见证》，第二卷，第 1176 页。

“红卫兵”特色的口吻对他提出责问。不过，雷蒙·阿隆好像并没有感到不快：“现在，全法国已经看到赤裸裸的戴高乐，大学生们也要看看赤裸裸的雷蒙·阿隆才行。只有当他同意参与争论的时候，我们才会把衣服还给他……”

梅洛-庞蒂的态度也令人费解。按照知名人士的说法（吉鲁、维勒曼、伊波利特、康吉莱姆、让·华尔），梅洛-庞蒂是当时最伟大的哲学家，只有他治学严谨、认真，而且更加主要的是，只有他懂德文，能够直接看哲学原著，尤其是黑格尔和马克思的原著：“萨特？啊！还是说说梅洛-庞蒂吧！这才是真正的学问家，真正的哲学家！不板着面孔训人，不轻浮！”然而，梅洛-庞蒂也很快就站在了从属的地位上，虽然我们不说他归顺了萨特。1936 年他为《论想像》写评论。德军占领期间，他坐飞机赶去为《苍蝇》的上演救场。从 1945 年开始，梅洛-庞蒂便在《现代》杂志上写文章，站在《存在与虚无》的立场上，与基督教派和马克思主义分子们辩论。后来萨特变得火药味十足的时候，他在《费加罗报》的文学版上赤膊上阵，为萨特辩护。再后来他虽然疏远了，虽然离开了《现代》杂志，发表了《辩证法的冒险》，与萨特的“超级布尔什维克主义”断绝了关系，但他对萨特的文章读得那么认真，分析得那么仔细，那么面面俱到，那么耐心细致，简直是在以另一种方式对萨特表示敬意和尊重，是在以另一种方式承认早先的朋友具有最高的权威——尽管如此，萨特仍然冷冰冰的，毫不动情，连个答复也没有，连个表示也没有（等到梅洛-庞蒂死了，他才在追悼词中提到他们之间“没有表现出来的不和”，提到“我们的友谊”，以及后来的争吵和争吵的原因，提到他对此感到的遗憾——在那些年里，“激烈的风浪”

裹挟得“我们头碰头，紧接着又让我们成了对立面”[①]……）

巴塔耶、布朗肖和加缪的行为也令人感到不解。就连加缪也不例外，在争吵最厉害的时候，当萨特和萨特的拥护者们，以极其激烈的态度谴责他的时候，他也没有想到要对萨特的权威提出异议。他的“答复”充满了伤心的语调，“决裂”让他感到痛苦。但是，不管是在写给“《现代》杂志主编先生”的答辞，还是在以后的文章中，他从来没有对萨特的影响从根本上提出疑议。关于这方面的小故事很多，让·达尼埃尔就讲过一个，除了证明加缪心胸宽厚，具有谦谦君子的风范之外，还证明双方的力量对比一直到最后都没有发生变化：加缪与格列尼耶有过一次长长的谈话，从玛达姆街开始，一直到圣日耳曼大道的马蒂尼朗姆酒馆。格列尼耶以为加缪愿意听他说怪话，便讽刺《共产党人与和平》（*Les Communistes et la paix*）的作者；[②]可谁也没有想到的是，加缪竟然会替早先的朋友辩解，说他从来没有见过萨特在精神上有庸俗的行为——“这个人有时候是很疯，而且疯起来叫人担心；但他也很高尚……”[③]

因此，什么是一个伟大的知识分子？

伟大的知识分子为什么会产生雷打不动的影响？

一个人的声音、风格、际遇，一个哲学主题的研究过程，一个知识分子的特殊命运为什么会受到如此不公正的待遇？这是一个谜。为什么会产生这样的谜，这个谜又是如何产生的？

---

① 《境况种种》，第四卷，第 189 页。

② 萨特。——译者注

③ 《对让-保罗·萨特的拜访》（*La visite à Jean-Paul Sartre*），载于《萨特的见证》，第二卷，第 1194—1195 页。

这就是漫长的萨特的世纪之谜，是这个世纪最大的谜。

彻底的知识分子

第一种解释——最基本的，最明显的解释——，是萨特的天才，或者更准确地说，是萨特的抱负使然。他的欲望。他的永无厌足的好奇心。他具有彻底的知识分子的一面，正如他常说的那样，他要拥有“全世界”，要让自己具有实现这一巨大抱负的手段。事实上，当代的所有文体，他都试着写过，而且通常还写得极其出色。能做到这一点的，只有他一个人。

他的作品中，当然有哲学。但也有政治、文学、新闻、文学批评、纪实报道。好像这还不够，他不仅要用各种文体来一试身手，还要在各种文艺类别中表现自己的才能：戏剧、歌词创作、演讲、电台播音、电影……

他在 1947 年便大声疾呼：“广播、电影、社论和纪实报道中都有文学艺术！应当学会用图像来讲话，把我们在书中所表达的观念移植到新的语言中去。”[①]在勒阿弗尔的一次颁奖会上，面对愕然的家长们，他对学生说：电影万岁！电影是文明的学校，是活的哲学的丰碑，是艺术。电影会告诉你们“身边的世界是多么美好，会告诉你们速度和机器所具有的诗意，工业所具有的非人道和壮丽的宿命。经常去看看电影吧。”[②]（我们在此可以顺便一提的

---

① 《什么是文学?》(*Qu'est-ce que la littérature?*)，Gallimard，Folio，1985 年，第 266 页。

② 见阿尼·科恩－索拉尔的《萨特》，Gallimard，1985 年，第 266 页。

是，萨特不仅了解电影，而且对电影有着与众不同的理解和分析——“我认为电影正在付出代价，以取得保持沉默的权利……”——，在这一时期，他不仅写了《木已成舟》(*Les Jeux sont faits*)的电影剧本，参与了《傲慢的人》(*Les Orgueilleux*)的创作，而且还准备与于斯顿(Huston)合作，创作关于弗洛伊德生平的电影。但人们却说他在电影上的努力通常是失败的，这难道不是很奇怪的说法吗?)

萨特参与了各种文艺类别的创作。

萨特记录了时代的所有重大事件。

萨特是这一代人中的惟一。他以独一无二的能力，尝试了绝对的作品，在他之后，任何其他人都不曾作过这种尝试。[①]

巴塔耶也是个了不起的作家。但他只是作家。他不是一个真正的哲学家。他在三十年代倡导了所有反法西斯的超现实主义运动，倡导了用隐秘的语言表示的超现实主义运动，创立了《反击》(*Contre-Attaque*)报，并写了那么多火辣辣的反希特勒的文章，可他战后突然停止了一切政治活动。

布朗肖是参与政治运动的。他从始至终地参与(比如三十年代他曾参与极右派的运动)，而且参与得比任何时候都更深(他是121人宣言的起草者之一)。但他不是哲学家，从某种意义上说，他甚至不如他的朋友巴塔耶更懂得哲学。或者说即使懂，也是从文学或形象的意义上懂，而不适合当一个“意识的导师”：他将海德

---

① 见阿娜·博施蒂的《萨特与“现代”杂志》，Minuit，1985年，第176页、177页、226页、228－229页。

格尔的学说化简成“扎根”的哲学，或者是“有些拘谨的中性的思想”，把《存在与时间》看成是“在先性”（antériorité）的理论，虽然是从“本体论”的意义上这样说，是“存在”（Etre）对于“此在”（Etant）而说的；最后，他还说黑格尔是马拉美精神上的兄弟，说他所要传达的主要信息，是把语言等同于“谋杀”，把“命名”的行为等同于某种“徘徊的死亡”；这是多么深的误解啊！这样的学问是多么的轻浮啊！[①]

梅洛－庞蒂是哲学家。为了保证《现代》杂志在哲学上的学术性质，梅洛－庞蒂起的作用远比萨特大。有梅洛－庞蒂在，维勒曼（Vuillemin）才同意在杂志的栏目中挂名，梅洛－庞蒂一旦与《现代》断绝关系，维勒曼也随即中止了与杂志的合作。况且梅洛－庞蒂还是个杰出的政治家。甚至可以说他是杂志惟一的政治栏目主编。萨特本来从“内心深处”[②]是“迟迟不肯放弃其无政府主义思想”的，可是梅洛－庞蒂却让他“改变了主意”。1950 年以前以编辑部的名义发表的大部分社论，都是由他主笔，因而，共同的路线也等于是由他确立的。后来在梅洛－庞蒂死后，萨特在《活着的梅洛－庞蒂》一文中说，“我不得不又花了五年的时间，才学会了他早已知道的东西。”[③]但萨特的文章在发表时已经不是原来的样子，而是经海狸修改过的，因为海狸认为文章太吹捧死人，太贬低活

① 主要见于《荷尔德林的“神圣”的话》（*La Parole《sacrée》de Hølderlin*），载于《批评》（*Critique*）1946 年 12 月的第七期，后收于《丢车保帅》（*La part du feu*），Gallimard，1949 年。

② 《活着的梅洛－庞蒂》，见于《境况种种》，第四卷，第 217 页。

③ 《活着的梅洛－庞蒂》，见于《境况种种》，第四卷，第 197 页。

人,也因为其中提到当众发生的一次辩论,辩论中萨特与阿隆的意见相左,萨特在为自己的哲学特色辩解时,显得既轻浮,又像个骗子……不过事情已经过去了。可梅洛－庞蒂不是作家,不是戏剧家,也不是艺术家。尽管他想努力改变自己,可他仍然无可救药地只是个教授。

阿隆。雷蒙·阿隆也是这样。阿隆也是哲学家。萨特在《批评》杂志上老老实实地承认说,是阿隆让他转而信奉了历史性,也就是说,是阿隆引领他认识了胡塞尔,也许还包括海德格尔。阿隆写的《历史哲学导论》(*Introduction à la philosophie de l'histoire*)发表于《存在与虚无》之前五年;我们可以把《历史哲学导论》看成是存在主义伟大的开拓之作。他的政治意识至少与他的"小同学"萨特和梅洛－庞蒂一样尖锐:战后最初时候,他头上便戴着一道双重的光环。1930 年到 1933 年期间,他曾在科隆和柏林呆过,意识到希特勒的暴行是多么可怕,并且"同时"发现了"生活的意义"、"政治的悲惨"和"自由的脆弱"。后来,在萨特写《存在与虚无》的时候,他的书已经被列为犹太作者的禁书,他想参加自由法国的战斗队。之后从 1940 年 6 月底便在伦敦参加了戴高乐将军的抵抗运动,亲身参加了无情的战争。可他也没有文学的天才,与梅洛－庞蒂一样,他也不是作家。

加缪则相反,是作家。加缪是记者、政治家、戏剧家,不过也是作家。而且是怎样的作家啊！是多么令人赞佩的小说家啊！按照萨特的意见,他的《局外人》正是"现代"的宏篇巨作。默尔索是另一个罗康坦,罗康坦是另一个默尔索。谁能说清新精神之风是从这两本小说中的哪一本吹出来的呢？只是,还是有一个问题。这次的问题来自于哲学。加缪在哲学上不是很专业。他的《反抗者》从理论上显得有点轻浮,他的对头们抨击他,说他的“参考书目是二手货”,从中可以看出,他在形而上学方面的能力远不如政治上的直觉。我们也不能说萨特是法国的海德格尔。但至少他努力试过。至少他曾试图提高自己,让自己具有德国的大师和榜样们所具有的严格和杰出的水平。而加缪好像只满足于做个写“杂文”的权威……

总之,在这一代人中,只有萨特擅长于所有的文体。只有他一个人占领了所有可供占领的阵地。正像他后来用令人叹服的话所说的那样,只有他可以用“那么多的语言写作,可以让事物从一种语言过渡成另一种。”①

或许,他这样说是在承认自己的弱点,同时又承认自己的强项。或许,我们可以拿人们经常用来说高克多的话来说萨特,也就是说,如果他自信在某一学科非常出色,就不会将各门学科都一一地试过。他在门门学科中都是二流货色,在任何 门中都达不到顶峰,是个通才,是什么都能来一手的天才,是不戴王冠的君主,从一个宝座跑到另一个,先后玩弄着一个个的权杖,因为他隐隐约约地知道自己无法把握另一个王国,无法绝对地主宰单独一种文体。也许他的选择也有一定的合理性,我们在后面将看到,这种合理性是与萨特特殊自我的结构联系在一起的,是由于他见异思迁,不能固定于一种本质、一种形式、一种专业或一种文体……不过说到

---

① 《作家及其语言》(*L'écrivain et sa langue*),与皮埃尔·维斯特拉登的谈话,载于《美学杂志》1965年7月—12月号;后收于《境况种种》,第四卷,第81页。

底，事实是，萨特是惟一使当时的文学和文化空间达到饱和的人。我不相信他做到这一点完全是无意识的，是完全没有算计的。在战后所有的知识分子中，萨特是惟一没有放过任何一种表达或干预方式的人，这是了不起的壮举——在各种舞台上他都是导演；我的戏剧和我的王国就是这个世界，是整个世界；这个世界上的一切对我来说都不会也不应当是陌生的。这是对他的影响力的第一种解释。

但是还有第二种解释。

当我们更加仔细地观察时，我们会看到，萨特不满足于根据时势的要求，或根据灵感，或随兴之所至，用一种文体来写作，然后再换另一种。正因为他不是高克多。但反过来，他也不是现代的达芬奇。达芬奇是具有多种天资的艺术家，像个生有千条手臂的神，不仅多才多艺，而且才华横溢，不管干什么，他都深信自己出手便能光彩照人。不，他不是达芬奇。他成就的事业要更加出色，但是相反，我不相信他的事业是出于算计的结果：他同时从事于各种文艺种类；的的确确是齐头并进；让各种文艺种类互相促进，互相作用，让它们互相杂交，改变它们的性质。我们只以文学和哲学为例，他不是随兴之所至，或者按照安排，交替着今天写小说，明天写论文。而是将小说和哲学混合在一起，让两种范畴互相促进，互相加强，几乎是融合在一起。如果他有什么与众不同之处，有什么了不起的地方，那就是他可以同时从事文学与哲学，将文学与哲学绞接在一起——能说成是合并在一起吗？——这不仅在当时，而且在整个世纪期间，也只有他一个人才能这样做。

什么是哲学小说？

萨特的文学。

按照老生常谈的批评，萨特是个很糟糕的小说家；他的小说之所以写得很糟糕，是因为他同时又是哲学家，哲学使他的小说变得十分滞重。

对此我有两点要说。

第一点（不过，这是没有办法证明的一点）：恰恰相反，他是个很出色的小说家，人们大大地低估了他的小说的价值，这简直令人感到气愤。他是当时，也是我们这个时代最出色的小说家之一。他的书是一个谜，大家都知道他的书，可是谁也没有读过……

第二点（这一点是可以证明的）：他是一个独特的小说家，善于发明新的形式和风格。他之所以发明了新的形式和新的风格，是因为他是哲学家，而且他的哲学改变了他的文学艺术——也就是说，在形式和风格的革新中，哲学不是阻碍，而是原因。

那么怎么样证明呢？

米歇尔·孔达和米歇尔·里巴尔卡说，可以拿最初的小说来分析。[①]

以早期那些可爱，却有些矫揉造作的小说来分析，比如《一次失败》（*Une défaite*）或《耶稣猫头鹰》（*Jésus la chouette*）。

尤其是《真理的传说》（*La Légende de la vérité*），这个分成三

① 《早期作品》（*Ecrits de jeunesse*）引言，Gallimard，1990年，第7—33页。

部分的故事——“肯定的”,“可能的”,“孤独的人的传说”——写的做作、夸张,像高等师范文科预备班的学生写的作文。

这是哲学之前的文学。

写这些文章时的萨特还是“自由”的。有些人把他的哲学看成是小说的负担,按照这些人的分析,这时的萨特还没有为《自我的超越性》或《存在与虚无》所累。

然而,我们一眼就能看到,这些文章不仅做作、幼稚,有时还显得很累赘,而且还都是些常规的俗套子,毫无新意,简直像是学生的作文:因为这时的萨特还不是哲学家。他还没有被打上存在主义的印记。他写的文章像保尔·布尔日[①]一样。

下面还是证明。

让我们以《厌恶》为例。

让我们以这本无可争议的杰作为例。这本杰作其实是罗康坦的“日记”。

是什么原因让俗套子变成了杰作的呢?

是什么原因让这个本来不能发表的学徒之作变成了宏篇巨著的呢?

萨特老了,这话说得不错。他成熟了。但是,如果只看到他老了,成熟了,而没有看到他成了哲学家,或者更准确地说是他改换了哲学,那等于根本没有说明问题。

---

① 保尔·布尔日(Paul Bourget,1852—1935),法国作家,文笔细腻,有些像司汤达。作品多以当时有钱人的社会为描写对象,反映的也多是当时有钱人的生活和心理。——译者注

他原来的哲学是别人的哲学。而后来的哲学则是他自己的。

他原来的哲学是高等师范学生的那一套是拉朗德、布仑施维格等等——是尼藏所说的一群“看家狗”而已；而后来的哲学则变成了复杂的哲学（胡塞尔，也许还有海德格尔，是两者的综合——是开始形成的存在主义的基石）。

这种变化远没有让他的小说艺术变得滞重，不像人们五十年来常常说的那样，哲学并没有压倒文学，没有使文学窒息，甚至并没有妨碍文学。正相反，是哲学让文学产生了更好的效果，是哲学使文学这个“视觉的工具”变得威力更大。普鲁斯特说过，作家提供给读者的，正是这种视觉的工具，让读者看到“单凭他自己也许就看不到的东西”。[①]

《厌恶》一开始有个关于镜子的故事，像是对《自我的超越性》做的注释：“这样的自我对于我们来说是陌生的。”[②]

他描写布维尔星期天的人群，人们的步伐慢腾腾的，互相的问候和介绍一板一眼，像在举行仪式，呼吸发出呼哧哧的声音，像牛一样：这已经是萨特所谓“愚蠢的群集”。后来，他把这种群集称之为“系列群集”（collectivité sérielle）。

故事的最后，主人公因思考自己失而复得的身份而感到眩晕。并说：“我轻轻地打了个呵欠。什么人也没有。安托万·罗康坦对任何人来说都是不存在的。我觉得这很好玩。安托万·罗康坦是什么？是抽象的东西。一种淡淡的对自我的回忆在我的意识中摇

---

① 马塞尔·普鲁斯特，《追忆逝水年华》（*Le Temps retrouvé*），Gallimard，Folio，第 217—218 页。

② 《厌恶》（*La Nausée*），Gallimard，1938 年；见于 Folio 版本，第 33—36 页。

摆……”后来还有：“突然间，‘我’变得苍白了，完了，它消失了。”再后来，再翻过两页，当变成了内心独白的爵士乐最后一次回响起来的时候：不对！“自我”“从意识中喷涌而出”！这就是我，是安托万·罗康坦，“我刚才是动身去巴黎，向女老板告别！”[①]这些五花八门的“自我”黯淡了、消失了，继而又恢复起来。意识先是四分五裂、落入虚幻，继而又复原，像是一场翩翩的芭蕾舞。人物自发地变得空虚，为各种将他包围起来的声音所主宰，耳朵里一阵阵的嗡嗡声，各种声音吞噬着他，外界的嘈杂声变成了内心的声音，内心的声音又变成虚无。如果没有《想像物》(*L'Imaginaire*)和《自我的超越性》中制定出的那些理论，作者能够设想出这些情形吗？

最后还有人物的形体。作者将人物的形体描写得极其逼真。在这一点上，事实也与人们对他的看法相反，萨特是个非常注重实际描写的小说家，根据人物的形体，将人物描写得栩栩如生：表兄阿道尔夫穿着“短袖衬衣”，“系着吊裤带”，在柜台后面站着睡着了。自学成才者长了一个“像驴一样的大下巴”，身上散发出一股“烟草味和死水的腐臭味”。后来在《自由之路》中，我们还可以看到玛塞尔那“垂下来的漂亮的乳房”，泽泽特那“粉白色的脸蛋儿”和一双“下流的眼睛”，以及伊维奇那变幻不尽的脸谱——“遮盖着的”脸，“假”脸，“感到震惊的”脸，千变万化，每次都让马蒂厄无言以对，而且一个个脸孔的变换成了情节演变的动力……1956年，萨特在一次回答记者采访时说过[②]：“我们之所以谈到人的身体，

① 《厌恶》，Gallimard，1938年；见于Folio版本，第239—242页。

② 加布里埃尔·道巴莱德，《与让-保罗·萨特的会见》(*Rencontre avec Jean-Paul Sartre*)，载于1956年2月1日的《新文学》(*La nouvelle littérature*)；亦见于安德烈·艾博多的《话语的得失》(*L'Enjeu du discours*)，Complexe，1978年。

并详细到肢体最卑微的功能，是因为我们不能假装忘记，精神是一直要深入到形体的，换句话说，心理要深入生理。照我的意见，作家应该抓住整个的人。”不过，他在《存在与虚无》中已经解释过这一点；在这本书中，他的理论与当时的唯灵论不同，与在法国大学里占主导地位的高尚的柏格森学说不同（而且和同时代的人一样，他后来也完全摆脱了柏格森的学说），他赞成胡塞尔的说法，主张回到事物本身，回到无声、沉重、兴奋和具体的事物中去。在这一点上，文学的美也是哲学信念导致的结果。概念控制着形象，理论指导着美的创造——萨特之所以能够看得到，能够指给人看，能够描写事物，首先是因为他理解了事物。

下面仍然是证明。

《自由之路》。

我们不讨论《自由之路》是不是一本又臭又长、杂乱无章的小说。三十年来，思想贫乏，而且经常也很懒惰的批评界始终就是这么说的，批评家恨不得将萨特说莫里亚克的话反过来说萨特：“上帝不是艺术家，萨特先生也不是……”

但是我发现——因为这是事实——，《自由之路》是二十世纪最具革新意义的文学作品。我发现《自由之路》，尤其是《延期审判》中包含有大部分文学形式的革新，而人们却说，这革新的光荣属于美国人，是我们身边的米兰·昆德拉从所谓伟大的“奥匈”作家姆齐尔（Musil）和布洛奇（Broch）那里移植过来一部分，加以系统化和转述。而我要肯定地说，这些艺术创新在萨特的作品中都有，小说的艺术在《延期审判》和《心灵之死》中得到了充分的表现。

与人们通常的说法相反，萨特的小说艺术不仅仅重复、改编了别人的革新，将别人的革新法国化，萨特不是法国的多斯·帕索斯，也不是“到了海森堡的时代还搞爱因斯坦那一套”，[①]而是为美国的技术带来了“新的东西”。他之所以能够这样，是因为哲学的原则在文学的文本中起了作用。有了哲学的原则，文学的叙述没有变得更繁杂，而是变得更加轻灵，更加活跃，更有力度。

比如，萨特从行动上批判了心理主义。在新小说出现之前十年，萨特便揭露说，表达内心感情的小说(romans intimistes)有缺憾，他指出了其中的虚假和天真。本来人物既无“内在性”，又无“计划”，“性格”是随着故事的发展逐渐构筑起来的。而且在人物行动之前，我们永远不知道他们是什么样的人。这分明是意向性理论的应用。这分明是“存在先于本质”这一著名命题产生的直接结果。传统的哲学认为：“要先有性格，有一系列的潜在性和特征，然后再由此而设想动作、态度、行为、话语。”所有传统的叙述观念都是由此而产生的。萨特的哲学将这一机制颠倒了过来：“首先要有行动、态度、对世界的目的性、行为。只有这些因素才是第一位的，主体的性格必然由这些因素构成，开始时，主体什么也不是，不管怎么说，在意识中，主体不管是从形式上还是从物质上都是不存在的。”正是由于这一颠倒，人物才变得具体起来。在当时的文学氛围中，那些具有奇怪魅力的人物显得多么特别啊，有的时候显得迷迷茫茫，有的时候又显得十分透明，但总是令人不知所措，总是

---

① 让-弗朗索瓦·利奥塔，《萨特的成就》(*Un succès de Sartre*)，载于《批评》(*Critique*) N°430，1983年；亦见于《童年时期的读物》(*Lectures d'enfance*)，Galilée，1991年，第91页。

在不断创造着新的自我，常变常新，那是创造着自我的艺术家，他们自由自在。《自由之路》中的人物就是这样。

比如，观点的循环。多重视角和小范围的感知。由于多重的视角，《自由之路》的故事时而由马蒂厄引导，时而由布吕奈或达尼埃尔引导——但其中的任何一个视角都不是优先的。小说中也没有掌握着故事谜底的叙述者。在《莫里亚克先生和自由》中，萨特在抨击《黑夜的终结》时，向莫里亚克提出的，正是这样的建议。但是，建议是一回事，具体去做则是另一回事。萨特的天才使他做到了这一点。在他之前和之后，没有任何一个法国人能够做得到——他的才能，他的绝对的独到之处，正如在这方面堪称大师的多斯·帕索斯和福克纳一样，就是能够使人切切实实地感觉到，他的文笔能分别与各种感觉体系相吻合，而且各种体系之间是完全等值的。

然而，他是怎样做到这一点的呢？首先是通过电影的技巧。通过立体的手法。有人说过[①]——而且说得不无道理——，《延期审判》中所运用的手法，有时候是电影中的焦点、视角或取景的变换；有时候是把绘画中立体派的分析技术引入了文学，这是杂色拼图的颂歌，是片断和碎屑的歌唱，是将万花筒提升到了世界观的高度；有时候是应用了乔伊斯的技巧，是“不带中介的、没有距离感的主观性所看到的原始的现实主义”，是他抓住读者，将读者“拉进”意识的方式。不过，这就像康吉莱姆在描写科学的历史时所说的

---

① 米歇尔·孔达，见于让-保罗·萨特的《小说作品》(*Oeuvres romanesques*)，Gallimard，Pléiade，1981年，1967—1969页。

那样，如果前面没有哲学作为向导和先驱，一种新的技术发现永远也不会改变科学的面貌。如果人们事先没有预感到，没有几近疯狂地认为，一个人的身体结构，也会像德国浪漫主义的民主人士眼中的社会一样，也是按原子的方式排列的，那么显微镜的发明永远也不会导致产生细胞理论。同样的，如果作者除了思考叙述的技巧所提出的一些问题之外，没有反复地考虑"时间"、"空间"，正如作者所说的那样，如果没有在反复地思考感知的现象学时，同时反复地考虑如何从"牛顿的机械力学"必然地过渡到"普遍的相对论"，如果单是喜欢电影或绘画中的立体派，单从技巧上创新，是不会使小说艺术发生革命的。《什么是文学?》的作者[①]——哲学家——在 1947 年就说过，没有"哪一个见证人是什么都知道的"，没有"哪一个观点是优先的"，没有哪一个可以让我们俯瞰意识的世界和时空。他强调说，只有"境况"。只有"半清晰"、"半模糊"的意识。只有这样的意识产生的影像才是有价值的，而且每种意识都有其盲点。我们只有一些单子(monade)，每个单子都对所有其它的单子产生干涉，而任何一个单子都不能声称据有本体论上的优先权。技巧和文学上的独到之处正是源于这种哲学上的主张。正是有了形而上学的努力，作品的结构才不仅能够从一个叙述者过渡到另一个叙述者，而且也使先后发生的叙述之间没有了等级划分。正因为萨特是哲学家，我们才可以在《心灵之死》中，看到同一境况的六种前景交织在一起：高梅兹在纽约，萨拉在巴黎，鲍里斯在马赛，准备出发去英国，达尼埃尔在巴黎，奥戴特逃跑，马蒂厄

① 萨特。——译者注

在乡下——因为他是哲学家，因为他从哲学上创造了世界破碎成无数个意识的概念，而且每一个意识都是一个绝对的宇宙，总之一句话，他之所以能够在美国人之后，在普鲁斯特和塞林纳之后再次发明了法国式的多声部小说，原因就在于，他是莱布尼茨的信徒，但他不信上帝，他是帕斯卡的信徒，但他又没有帕斯卡的信念，他把宇宙想像成一个破碎的整体，到处都是中心，哪里也没有圆周。

再比如《延期审判》的叙述。声音不仅多，而且还互相交叉，声调不仅是多重的，而且还杂乱无章。不仅是几个叙述者在争先恐后，而且每个叙述者都在同时叙述，每个人所讲的话都与别人的话交织在一起，互相重叠，互相围绕着自身盘旋，再由别人接替，或者落在别人的嘴上，借别人的嘴继续下去。马蒂厄的一句话最后是在布吕奈的嘴中说完的。马蒂厄或达尼埃尔的话，说到最后却被故事这架离心机甩给了鲍里斯。毕托和心理医生的谈话，乔治和咖啡馆服务生的谈话混淆在了一起。希特勒的讲话和布吕奈的内心独白交织成一片。在同一个取景框中，我们看到菲利普在林荫大道上冲着妇女们大喊“打倒战争，打倒达拉第，和平万岁！”也看到伊维奇父女在拉翁的办公室里听收音机，伊维奇说：“外面，一切都在外面发生……他的屋子是个监狱……”——叙述者的确也跟着出来了，出来后我们看到的是马蒂厄，不过他不在拉翁，而是到了巴黎，他坐在新桥的护栏上，看着塞纳河的水流淌，想着“可悲的自杀”，那自杀“也”是“绝对的事物”。马蒂厄和伊莱娜。马蒂厄“轻轻地起来，滑向她的身体”。但是到了句子的最后，我们看到的竟然是洛拉，是洛拉“闭着眼睛仰面躺着”，而鲍里斯则“猛地抽身下来，又盖上被单子，侧身躺倒”。接着又是比南夏兹夫妇坐在无线电收音机前。继而,希特勒和张伯伦的谈话又响了起来,像背景声一样,贯穿小说的始终。还有,正当墨里斯说战争"就在马拉喀什城墙的周围徘徊"时,鼻孔里出现了一股厕所的味儿——面对显得怪诞的叙事方式,面对交织在一起、被打断又被续上的种种声音(就像在书的第一页说的那样,这些声音同时回响在昂古莱姆、马赛、柏林、杜夫尔、冈城、伦敦、布拉格),面对这篇省略了很多东西的文字,这些曲折的情节,这场文字和话语的旋风(话语中断时又穿插进其它的话语,话语与话语交融在一起,却又互不干扰),面对"瞬间的心灵"(正如萨特回应莱布尼茨时说的那样,瞬间的心灵在对话,却互相并没有开口,在互相应答,却互相什么也没有听见),面对从小说这片空虚的天上纷纷落下的文字之雨(我们已经不知道这些像原子一样,或者像烟尘一样的文字是出自谁的口,只见它们在小说这片饱和的空气中飘浮着),面对那些互相碰撞、互相连接、互相反射的话语(这些话语的奇妙的回声形成了小说的噪音),我们可以像前边一样,再次引多斯·帕索斯为证,或者援引写过《达洛威夫人》的弗吉尼亚·伍尔芙说过的话——萨特在书的宣传插页上提到的就是他们。但是,这也不会改变什么。萨特如果不是带着哲学家的直觉读书,那他就不会读弗吉尼亚·伍尔芙和多斯·帕索斯,或者就会以不同的方式读,或者不管怎么说,他不会从中得出同样的结论。这便是历史性的直觉。是受海德格尔的启发,在《存在与虚无》中再一次阐述过的观念:我们的"个人生活",哪怕是琐碎的小事,都是由"暗中的、集体的力量主宰的。"这就是作为"创造物"的人的观念,而人的现实,就是一种"所有人评价每个人","每个人评价所有人的错综复杂而矛盾的组织"。换句话说，这是一种假设。按照这种假设，即使是“最为隐秘”的感情，也“反映”了“整个世界的状态”。反过来看，“世界的状态”是一团物质，或者是一团运动着的糊状物，从中时时会脱离出一点点多余的物质，一种凝块，我们称这种凝块为意识；紧接着，脱离出的凝块被吸收，继而再脱离。没有一经确立，便至高无上的主体。没有冷漠的、可以让主体在种种情势之下都能够按照自己的规律来确定自我的自由。主体变成了一种新的概念，每个人都为每个人负责，都为世界的全体负责。没有这种信念，就不会有《延期审判》。没有这种哲学，就不会有小说。我们应当深入到萨特最初的哲学中去，因为这种哲学是《自由之路》的小说艺术的源泉。

这种浸渍在哲学中的小说是多么美好啊。

产生了这样的小说的哲学是多么伟大啊。

我没有说小说证明了萨特的哲学。但我们可以肯定的是，历史上经得起小说之火考验的哲学并不多。能够在我们的想像中像这样应用到文学作品中去的哲学很少：我们可以试着想像，在斯宾诺莎的《伦理学》启发之下写成的小说会是什么样！将康德的《实践理性批判》写进小说里会怎么样！胡塞尔的《逻辑研究》或笛卡尔的《形而上学沉思》经过文学的验证，或者在文学中剥离了其粉饰之后会是什么样！① 和所有同时代的人相比，这是萨特的第一大独特之处：他使哲学成了很好的观察视角，成了内心的眼睛，成了操控目光的机构，而且在这目光的指引之下，也成了操控观念和真理的机构。哲学是萨特最早的志向，也是最早被人所忘记了的。

---

① 马努埃尔·德·迭盖兹，《萨特的见证》，第一卷（*Témoins de Sartre I*），第126页。

哲学家兼艺术家

萨特的哲学。

反过来看，他的哲学中也有文学的成分。

在哲学思辨中，他不仅是哲学家，首先是作家。

第一条。所有的哲学家都是作家。伟大的哲学家也是伟大的作家。任何一个哲学家都会在理论中引进具有个人特点的虚构成分（fictionnalité）。[1] 柏拉图有个洞穴神话。伊壁鸠鲁讲过关于原子的故事。笛卡尔有“妖怪”。帕斯卡讲过“赌注”。“主子和奴隶的辩证法”。胡塞尔在提出现象学之前，就已经提出意义诞生的问题。胡塞尔也曾思考过“猫”和猫在孤独中的对头老鼠，思考过“马”和“赛马”，思考过“打什么牌”。苏格拉底有虚构的人物。加利克莱斯（Calliclès）有概念的人物。笛卡尔在《第一哲学沉思集》中的“我”也是虚构的。实际上，整部《沉思集》就是一部自传体的小说，是扣人心弦的“我的精神的故事”，从写作方式上有时候像同时代的、巴洛克式的精神兄弟龚高拉（Gongora）。勒维纳斯（Levinas）有虚构的面孔，梅洛－庞蒂有虚构的肉。斯宾诺莎写了一部关于实体的史诗。斯多葛学派有自我控制之师，尼采则有祭司。《查拉图斯特拉如是说》。狄俄尼索斯[2]。尼采赞美过鹰和鹰的轻盈，说骆驼是沉重精神的象征，讲过蛇和地球上所有的模糊意义之

---

① 贝尔特朗·圣塞尔南，《萨特的见证》，第一卷，第165页。

② 狄俄尼索斯（Dionysos）是希腊神话中的酒神。按照尼采的说法，狄俄尼索斯是与理性主义和苏格拉底的形而上学相对立的，是人的本能之神。——译者注

间的关系。海德格尔有诗意的模仿。在《存在与时间》中把诗设想成接替思想的后继者。这是“理论的浪漫主义”,诗意承担了重要的任务,要使陈旧、枯萎、僵化、灭绝了的语言重新恢复起来。这是文学还是哲学呢?既是文学又是哲学。是通过文学来讲哲学,是在文学中讲哲学。哲学家可以不这样做。他们可以像柏拉图一样。柏拉图烧了自己的诗,从城邦赶走了诗人,并对我们说,只有辩证法才能引导我们走向真理。哲学家可以拒绝这种观念,甚至把这种观念看作是诡辩派成功的标志。因为真与假、科学与传说、胜利的逻各斯(Logos)和穆托斯(Muthos)互相交织在一起,两者的关系远比人们以为的,远比各种各样的实证主义者们所说的要紧密。从来就没有纯粹的知识,也没有毫无幻想的真理,所有的哲学家都是作家。所有的哲学家(也包括柏拉图)都曾有过以文学为主导的时候。

第二条。如果说有哪一个时期将这种逻辑推向了极致,如果说有哪个世纪为了文学,因此也等于是为了语言而从哲学的激情中获得教益,那显然就是二十世纪。海德格尔是这样。胡塞尔也是这样。但也包括阿尔都塞对马克思的新解读。弗洛伊德在海德格尔之前和同时,分析了语言问题。拉康建立了和语言系统一样的无意识的结构。“无意识也在言说”。拉康深信,与维特根斯坦在《逻辑哲学论》中所认为的相反,语言的资源比思想更多,即使是那些不清不楚,隐隐约约的思想,我们也还是有办法用语言表达出来。拉康提出了“话语要素”,认为在话语之前“没有意义,意义也不存在”,因为“有了话语,才有或真或假的事物,也就是说,才有存在或者不存在的事物”——他认为,只有“出现了话语的要素,才会在现实中挖掘出真理”。[①] 福科把知识设想成话语的沉淀,故有“考古学”之说。生物学家有遗传“密码”。经济模型有“句法”。福科认为,精神病是由“话语”的交叉所形成的,话语划定了精神病的界限,覆盖、扼制并最终定义了精神病。按照法依(Faye)的看法,法西斯主义是由一群飞舞着的字词、缩写词名字结构而成的。英美哲学。语言技术(des technologies du langage)的发展。勒维纳斯主张文字至上,主张文字对精神的抵制作用。巴特说:语言是“法西斯”。弗洛伊德的拥护者们说:不对,恰恰相反,语言具有解放的力量! 海德格尔的拥护者和反对者们争论的焦点就是,语言究竟是引导,还是阻碍我们通向事物。总之,正像弗雷格(Frege)所说的那样,语言是现代哲学的一大转折点。语言甚至被提升到了至高无上的哲学客体的地位上。本体论变成了逻各斯论(logologie),思想的活动成了“根本的释义学”或者“普遍的语言学”。二十世纪是语言的世纪。在这个世纪,语言成了思想的先验条件,思想的中心,思想的关键环境,思想的惟一客体,思想的主体。[②] 到今天为止,哲学的历史上有两种大的愿望。一方面是柏拉图,他想驱逐诗人,梦想纯粹的辩证法。另一方面是浪漫主义,或诡辩论,决心通过言语来展示真理,言语是艺术,因此语言也就成了真理的实体。从这个观点来看,二十世纪是极好的反柏拉图的世纪。[③]

---

① 雅克·拉康,《研修班讲稿,第一卷 :弗洛伊德的技术文集》(*Le Séminaire, Livre I, Les Ecrits techniques de Freud*), Seuil, 1975 年, 第 254 页。

② 阿兰·巴迪奥,《当代世界和哲学愿望》(*Monde contemporain et désir de philosophie*), Cahier de noria, N°1, 1992 年。

③ 阿兰·巴迪奥,《非美学指南》(*Petit manuel d'inesthétique*), Seuil, 1998 年, 第 12 页。

在思想史上，这正是诡辩和浪漫思潮取得最辉煌胜利的时刻。因此，语言的艺术，或者一般的艺术，成了真理的要素。这方面的例子很多，但是我们后面很快会看到，我并不是偶然提到这个例证的：柏格森在《笑》(*Le Rire*)中声称说，因为感知在“艺术”中膨胀，所以艺术能提供“对现实的更加直接的看法”……

第三条。二十世纪有一个哲学家，好像并不适合开创哲学的“语言学转折”。这个哲学家就是萨特。我们将看到，他从政治上——对待这样的问题，我们怎么能把政治分别开来呢？——对一切与形式崇拜有关的东西都是有所保留的。我们将看到，从《文字》的出版到“毛派”思想盛行的时代，他是怀着多么激烈的情绪，要清算心中的文学倾向，他要扼杀文学的诱惑，要让文学——哲学就更不用说了——恢复其本来的纯粹的“社会功能”：“文学和哲学从来就不应该中断这样的功能”。我们先看他写给布里斯·帕兰(Brice Parain)的一封信：“语言对于我来说可以是阻力，可以让我迷失方向，但是只要我愿意，我就永远不会受语言的欺骗。”《什么是文学？》的一些话也是尽人皆知的：“作家的功能是将一只猫称为猫。如果文字生病了，那就要由我们来治疗。可是很多人不是这样，而是生活在文字的疾患中。现代的文学在很多情况下都是文字的癌症……”不久之后，他与皮埃尔·维斯特拉登(Pierre Verstraeten)的谈话，实际上是对这个问题从理论上进行的一次彻底的清理，是与“《原样》杂志的人们”进行的一次辩论：人们常常以为他们头脑中“有文字”，我却认为相反。我“觉得文字是外在的，像一种大的电子系统一样”。我的感觉是，“我们触动一些机器”，而

“这样做会产生结果”——我们承认,这种感觉是简单地把语言作为工具来设想了。[①] 后来的《圣热奈》是一部伟大的研究之作,他在这部作品里非常认真地思考了语言问题,思考了文学的作用及其能力。在这部作品中,他轮流采用了三种观点,一种比一种令人失望,一种比一种令人痛心。[②] 起先是一种毫无新意的看法,显得很常规,普普通通,很实际——一个从来没有考虑过语言会有什么样的力量和陷阱的人才有的看法:符号是“约定俗成的关系,用在场的事物取代不在场的事物”;这是“谎言”,是“用撒谎的方式来言说真”(萨特在这里几乎毫不掩饰地借用了柏拉图批判诗和诗人的话)。再一种是浪漫的看法,也极其平凡,想对前一种想法起到平衡的作用,是对前一种想法的悔过——但实际上,这只不过是将天真颠倒过来,因此而显得更加天真:这是语言的“奇迹”和通过文学获得的“拯救”。是“诗的文字”和“神圣的客体”。“话语就是行动,字词就是事物”(这显然是在响应雨果的话——“因为字词就是语言,而语言就是上帝……”)。最后一种是符号的形而上学,明显地是以布朗肖的理论为基础,为的是歌颂语言,说语言像一片“夜晚的森林”,“独自发出淅淅簌簌的声音”:语言“是存在借意义(signification)而得到的避身处,又是意义的消散处,总之是存在化为虚无的地方——这就是存在,是被击中的空气,是书写,是雕刻的字词”。布朗肖和布列东……柏拉图和雨果……他们没有表现出丝

---

① 《作家及其语言》(*L'écrivain et sa langue*),见于《境况种种》,第九卷,第 40 页。

② 《圣热奈,喜剧演员和殉难者》(*Saint Genet, comédien et martyr*),Gallimard,1970 年;亦见于亨利·梅肖尼克的《萨特在语言中的境况》(*Situation de Sartre dans le langage*),载于《斜线》(*Obliques*),第 160—166 页。

毫对语言真正的关心。语言成了超级文本，变成了意义及其真理的寄托。没有任何迹象说明萨特对此进行了现代的，独到的，有个人特点的思考。因为萨特念念不忘的是胡塞尔的理论，因为他是从最根本的意义上理解“回到事物本身”这一说法的，因为在索绪尔以来所流行的所有的符号理论中，他是以最为常规的理论形式为基础的。因此我们可以并不夸张地说，无论是从原则上还是从根本上来看，在所有的当代哲学家中，萨特是绝不会让语言，绝不会让文学主导和腐蚀思想的哲学家。在《辩证理性批判》中，他甚至将语言视为“惰性实践”——语言具有物质性，是无个性的重复，是欺骗的工具吗？而且在写《福楼拜》的时候，因此也就是在《文字》之后，在“毛派”的思想最为盛行的时期，他甚至奇怪地招认说：“浪费时间写些动听的句子”，有什么用呢？[①]

第四条。说是一回事，做是另一回事。萨特所公开声称的，或者他以为应当公开声称的是一回事，而他写在文章里的是另一回事。因为他也是艺术家，或者说，虚构了《文字》的那个小个子普鲁，在他心中从来就没有完全死去。或者也许，正因为他是“真正的”胡塞尔的信徒，所以不管怎么说，和简单地怀疑语言的蛊惑性相比，胡塞尔“回到事物本身”的观念要更加复杂一些。于是，萨特背叛了自己，放弃了原则，十分奇怪地在实际写作上成了虚构得最多的当代哲学家，形成了异乎寻常的悖论。他的传记既像是小说，

---

① 《关于家庭白痴》(sur *L'Idiot de la famille*)，与米歇尔·孔达(Michel Contat)和米歇尔·里巴尔卡(Michel Rybalka)的谈话，《境况种种》，第十卷，Gallimard，1976年，第93页。

又像是杂文。会变成小偷的让·热奈有句尽人皆知的话:“事情的经过是不是这样,又有什么要紧。”萨特承认在写福楼拜的书中“部分地杜撰了人物”。为了写好人物,“他时时刻刻需要想像”。他还明确说过,希望人们把这本书“看成是一本小说”,如果“人们说这是一本真正的小说”,那更好。[①] 书中的许多假设事实上是武断的,因此是虚幻的:比如对作家的父亲福楼拜医生的描写,由于缺乏材料,萨特是按照自己的祖父施维泽尔描摹的。为了采用“存在主义的心理分析”原则,他需要把谁都知道的“神经病”看成是神经官能症,而不是癫痫,尽管迪冈、龚古尔、布依埃和医生们都一致认为是癫痫!还有,在谈到“小傻瓜”的童年时,他说过的一句话也是无人不晓的:“我承认,这是个故事,谁也无法证实事情真的就是这样。”[②]我们可以说,这是笛卡尔在《方法谈》的开头所说的话的翻版:“我只想让人把本文看成是故事或传说。”但是从中我们也可以看到的是,“我所想像的福楼拜”有文学的特点,有确确实实的、最终的文学特点。他的哲学论文也充满了文学。在《存在与虚无》中,他说欲望是在身体里变得“臃肿”了的意识,是身体粘在了世界上,这是小说式的描写。他把“肥胖”说成是肌肉过分地“矫揉造作”。说到屁股扭来扭去的那种可笑的样子,突然间让人觉得像个“孤立的垫子”,像两条腿支撑着一个“东西”。他还说到肉体的“偶然性”,说肉体“平时是由衣服、脂粉、发式、胡子、表情掩盖着的”,

---

① 《萨特眼中的萨特》(*Sartre par Sartre*),接受《新左派评论》(*New Left Review*)记者采访时的谈话,载于1970年1月26日的《新观察家》(*Le Nouvel Observateur*),后收于《境况种种》,第九卷,第123页。

② 《家庭白痴》(*L'Idiot de la famille*),Gallimard,1971年,第139页。

但是，当你“和一个人交往的时间长了”，总会有那么一刻，“所有的遮掩都会脱掉”，那么，我们“面对的，就是存在的纯粹的偶然性”。有关暴虐的内容在书的第三部分突然消失，又以另一种形式出现在《什么是文学?》中。[①] 他的分析简直令人难以忍受，淋漓尽致地表现了人的欲望，表现了有暴虐狂的人是如何冷酷无情地通过折磨别人来取乐，他把别人完全当成物体，像摆弄工具一样摆弄别人，逼迫别人摆出某些姿势或体位，让他丧失人的尊严和遮掩，逼他看到自己可怜的肉体在酷刑折磨之下展示出被玷污、被羞辱、大汗淋漓、瑟瑟发抖的情形，然后他窥测着受害者无神的眼睛，看受害者的精神什么时候彻底地垮下来。这些描写本可以出自巴塔耶的笔下，而且与《给海狸和其他人的信》和《滑稽的战争记事》中写得最为大胆的片段相比，更能反映萨特的幻想(杜布洛夫斯基说：人的内心表白会“装扮成哲学话语”[②]……)。在《滑稽的战争记事》时期，他对海狸说：即使是一篇论文，也是可以讲给人听的。我们在《记事》中就可以看到他如何向海狸讲述正在酝酿中的《存在与虚无》，和同一时期向她讲述如何写小说一样，他告诉她打算如何衬托效果，如何在叙述中穿插例子，引用滑稽故事、寓言、逸闻，如何吸引三心二意的读者的注意力，如何在书的末尾给读者设置陷阱，展示“黑洞”和“黏稠物”。很久之后，当他觉得自己的哲学作品像一片破败的工地时，他说，“我的想法都是一时的冲动”。他说

---

① 《存在与虚无》(*L'Etre et le Néant*)，Gallimard，1945 年，第 469—477 页；《什么是文学?》(*Qu'est-ce que la littérature*)，第 218 页；舒齐娜·里拉尔，《萨特和爱情》(*A propos de Sartre et de l'amour*)，Grasset，1967 年，第 151—155 页。

② 塞尔日·杜布洛夫斯基，见于前面引述的作品，第 118—119 页。

的是:一时的冲动。他说的是:发疯的想法,一时的狂热,滑稽或荒诞的假设,算计好的胡说八道,思想上的开小差。萨特认为,或者说他的言外之意就是,他的哲学作品也是话语,跟小说和诗一样,表示的也是精神的迷乱,是幻觉,是丧失理智,是谵妄,是中了邪的人产生的联想。是文字的展示。是文字的“帕托斯”(pathos),是语言感动人的结构。就连书写的动作,也是一种需要全身心地投入的体验。哲学家的意识被设想成主观性,正在放开手脚,与其内心的恶魔搏斗。显然,这是萨特经常的做法,本来是要为某种观念辩护,最后阐明的却是另外一种观念。他从理论上推导某个词的用法,想说明这个词有工具的性质,没有幻想的特点。可一旦拿起笔,写出来的文字却完全相反。他原本是从哲学家变成作家的,现在又从作家变成哲学家了。是哲学让他发明了最美好的小说形式。也是小说家的天才让他得出了本体论和道德论中最为大胆、最为有力的假设。正确思想的标志是什么?是响亮的句子。是什么证明了概念构筑的坚实?是陈述这一概念所使用的语言的和谐。

这样一来,肯定会有记者咒骂他,会有下流的人企图败坏他。

有可能朱尔·维勒曼或让·华尔会认为梅洛-庞蒂更加严肃。与《厌恶》相比,也有的人会更喜欢《死亡的判决》。[①]

这是一种冒险,是将哲学嫁接在小说上,将小说嫁接在哲学

① 《死亡的判决》(*L'arrêt de mort*)是莫里斯·布朗肖发表于1948年的一部小说。——译者注

上，是把哲学家的工作当作文学来尝试，把作家的工作当作哲学命运的结果来经历，是把哲学定义为文学的一个领域，又把文学定义为哲学的一个领域。凡此种种，他是独一无二的，任何人都无法与他相比。

西蒙娜·德·波夫娃有一句话说得很好。这是她说过好几次的一句话，[①]也是为萨特的过人之处下的最好的定义：“斯宾诺莎和司汤达……当我认识你时，你对我说过，你既要当斯宾诺莎，也要当司汤达……”二十世纪有些作家只想成为司汤达。有些哲学家只想成为斯宾诺莎。但同时想成为两个人，既是司汤达又是斯宾诺莎，既是斯宾诺莎又是司汤达，一个套一个，一个拉一个，用斯宾诺莎腐蚀司汤达，用司汤达异化斯宾诺莎，像这样将两个名字组合在一起，将两种语域，两种声誉交叉在一起，正像西蒙娜·德·波夫娃说的那样，恐怕只有萨特。他的与众不同之处大概也正在于此。

柏格森将写小说的任务委托给了普鲁斯特。

伏尔泰是个蹩脚的哲学家，只好请奥尔巴克男爵替他完成一项极其艰难的任务，让他的形而上学自圆其说。

萨特是第一个——也是惟一的一个——集理论家和天才文学家于一身的人，而且他也没有浪费自己的精力。

---

① 《告别的仪式》(*La Cérémonie des Adieux*)，第 166 页，184 页，204 页。

什么是文学？

最后，还有萨特的天才创举。

还有他伟大的思想，他最为疯狂，但在当时也是最为丰富的直觉。

还有他那简单的观念。他的观念与人们在那些年里隐隐约约的期待发生了共鸣，像奇迹一样，回答了刚刚从战争中走出来的整整一代人对作家、对作家的影响、对作家保持沉默的影响所提出的问题，他才成了振臂一呼，万众应和的人。

总之一句话，还有他的介入理论。

因为，萨特有两种介入理论。

他的一种理论在五十年代和六十年代大受欢迎，但很可悲的是，在这种理论的主导之下，他与共产党做了同路人。萨特和波夫娃在苏联或古巴为我们留下的形象是多么熟悉而可怕啊。一艘伟大的哲学之船遇难了，一艘同样伟大的文学之船搁浅了。哲学和文学都开始为宣传服务，都牺牲在专制政权的祭坛上。我们后面会看到他是怎么样、为什么、又是在什么样的激情主导之下走到这一步的。介入被说成是要符合一定的规诫，是苦修，是憎恨，是将文学化为虚无。

但是，他还有另外一种介入理论，完完全全是另外一种——那就是萨特早期的介入理论，与后来像讽刺漫画一样的理论没有多少关系。早期的萨特，年轻的萨特 1944 年刚刚走出欧洲所经受的史无前例的磨难时，心中的问题与布朗肖在《最后的人》，或者与巴塔耶在当时的文章中所提出的问题一样。萨特的问题是在一本写得非常好的书中提出来的。但这本书人们没有看懂,没有正眼看。因为,人们一般把萨特最后一个时期的思想当作一面后视镜,再通过这面镜子来反观这本书。然而,我们本应当把这本书与战后的境况联系起来,与当时发生的争论联系起来。这本书的名字就叫《什么是文学?》。在萨特所有的文章中,这是受到诽谤最多的一篇。甚至在萨特死后,这本书仍然被人们看作是对文学和精神价值的奴役——到了七十年代末期,皮埃尔·诺拉的《争论》出版时,明显地是要埋葬像萨特一样的知识分子。可是只要读一读这本书,只要读一遍,就可以明白人们的误解是多么深刻。

《什么是文学?》没有说文学“应当”介入,没有说对于文学,介入是义务,是法规,是使命。萨特之所以没有这样说,之所以没有“呼吁”人们去介入,之所以没有对作家们说:“醒来吧! 动员起来!我是文学的警察,我鼓励你们去介入!”他之所以没有这样说,原因很简单,因为文学介入是自然而然的,自发地,而且从某种意义上说,是不言而喻的——他之所以没有“鼓吹” 介入,他之所以没有与人们五十年来几乎像巴甫洛夫的条件反射一样口口声声所说的相反,没有把介入说成是积极的义务,是绝对的必要,是一条战线,他之所以连提也没有提要做出介入的努力,强迫自己这样做,或者被迫这样做,他之所以没有这样说,那是因为,文学是用文字写成的,这一事实必然会导致文学的介入。在作品中写下某种东西,会让这个东西失去其“天真”,让它“异化”,让它具有另一种类型的“存在”,具有一种“新的维度”,让它“发生变化”,也就是“介入了它"。对于萨特来说,"介入"首先就意味着:意识到话语的力量。在《什么是文学?》[①]中,介入的作品指的不是别的,那就是,对于不仅作家们知道,而且注意观察人类情感的人们也知道的事实,我们要认识到其重要性:文字有一种力量,文字就像子弹上膛的手枪——正如法布利斯和年轻的桑丝芙丽娜所乘的马车疾驶而去时,莫斯卡伯爵所说的那样[②]:"他们两个人的话中一出现爱情这个词,我就完了……"由此以来,严格说,介入的理论家对散文作家惟一的期待,惟一必要的请求就是:如果说话语不以我们的意志为转移地"与生活相关",或者说"参与生活",或者像帕斯卡所说的那样,本来就"身在其中",如果说文学,正如我曾反复说过的那样,因为是由文字组成的,所以不可避免地会有影响世界、改变世界的力量,那么作为理论家,我只期待作家能够更好地意识到自己的工作的性质;我希望作家能够把"直观自发"的体验上升到"深思熟虑"的高度;希望他能够"努力清醒地意识到"自己"身在其中",自己的文字"被卷入了生活"(马尔罗说是"把文字变成意识");我希望作家在写作的时候能够"深知底细",不要像逃避生活的作家们那样,"让灯笼变得模模糊糊";而且哪怕要用手枪射击,我也希望作家能够"像个大人,瞄准靶子,而不是像孩子一样,闭着眼睛乱打一气,只为听几下枪响"。[③] 介入的概念不是强调作家的社会责任的政治概念,而是哲学上的概念,说明语言具有形而上学的能力。所谓介入,不是要征调文人从军,而是要提醒他们每个人都知道,或者

---

① 《什么是文学?》,第 28—29 页。

② 见于司汤达的《巴尔玛修道院》。——译者注

③ 《什么是文学?》,第 82—84 页。

都应当知道的东西：每一个用文字意指事物的行为都会“融入客观精神”；而且在意指的同时，作家会使文字和事物具有一种“新的维度”；作家说的每句话都会有助于“披露”世界，而披露世界总是而且已经意味着“改变”世界……

《什么是文学？》从来没有说文学应当为政治事业和政治斗争服务，从来没有期待文学产生为正义、真理和善良而斗争的诗歌和小说。尽管人们极大地歪曲了这本书的意义，可人们也不能无中生有。如果作家采取明确的政治立场，作为公民，有责任为反对弗朗科，反对维希政府的精神同党，反对酷刑，反对美国的种族主义而斗争，如果将来有人呼吁他们对美国的“瘟神将军李奇微”①的巴黎之行做出反应，对阿尔及利亚工人贝拉依德·奥西纳之死，对迪克鲁的被捕，对朱利叶斯和埃塞尔·罗森堡夫妇②被判处死刑，对最初发生在阿尔及利亚的屠杀，对亨利·阿莱格写的关于酷刑的书，对费尔南德·依夫东的死刑执行，对恭敬的左派受到的牵连，对因被怀疑是费尔南德·依夫东“同伙”的阿布戴尔卡德和雅克琳·盖鲁奇受到指控等等事件做出应有的反应，对后来苏联持不同政见者闯入欧洲的政治舞台，对发生在波兰和智利的镇压事件发表言论、进行思考，并在所有这些战线上进行干预，如果时代期望“知识分子”的话发生作用，产生影响，这一切都是显而易见的，萨特首先就会注意到这一点。但是他说，发表这类的言论有专

① 美国将军，二次大战中参加过诺曼底登陆，1951—1953年间代替麦克阿瑟统领联合国军队。——译者注

② 美国公民，因被控二次大战期间向苏联提交过美国原子研究的秘密文件而被判处死刑。——译者注

门的场所。像一些论坛。这类的言论有专门的风格，专门的文体，像呼吁书、请愿书、报刊文章、报告会等等，这些文体的功能就是要达到这样的目的，而且他也不遗余力地参加了这样的活动。但是小说具有另一种功能。小说不要干预这些问题。不管怎么说，小说不适合讨论法国在阿尔及利亚是否丢面子，或者美国的动物是不是患了瘟疫的问题。阿拉贡写过这样的小说。他的《共产党人》从庸俗的意义上说是介入的小说。在阿拉贡之前，阿纳托尔·法朗士(Anatole France)发明了主题小说(le roman à thèse)，并使之出了名。拥护多利奥[①]的费尔南德斯(Fernandez)提倡"使命"小说(le roman à message)，尽管他的意思有着很大的区别。萨特却从来没有写过主题小说和使命小说。萨特在最初的小说中并没有捍卫什么"战线"。他没有提出单一的、简单的"道德"。《自由之路》没有主要的叙述者，没有中心故事——他怎么能捍卫某种路线呢？用谁的声音去捍卫？是哪个人物的主题？难道是对世界的看法？是观点？

有一种文体，在当时负有表明态度、捍卫主题的使命。那就是戏剧。自从《巴利奥纳》(Bariona)之后，戏剧艺术成了萨特最为热衷的事情之一，他通过剧作，比如《阿尔托纳的囚徒》，以转移话题、改头换面、使个别的事件具有普遍的意义等手段，最终十分有效地论述了阿尔及利亚的刑罚问题。只不过，在萨特的文体分类中，戏剧不完全是文学体裁。当然，戏剧与虚构有关系。正如在《圣热

---

① 雅克·多利奥(Jacques Doriot，1898—1945)，法国政治家，1934 年被开除出共产党，后来成了法西斯分子，二次大战期间是与德国人合作的法奸。——译者注

奈》中所提到的那样，文学的特点就是使世界变成非现实的东西，而戏剧正是这样一个极好的手段。正因为如此，古希腊人便已经向戴斯毕斯[①]投石，以驱赶他的戏班子。离我们更近些的例子，是教会拒绝将演员葬入基督教的墓地。这都表明“蝼蚁的社会”从戏剧的演出中嗅到了“隐隐的危机”，对戏剧莫名其妙地感到怀疑，因为戏剧故事的最终谜底都是：“这事是不存在的。”[②]戏剧之所以不属于文学的“范畴”，是因为它有一个关键的特点。文学是分离的体裁。作者和读者之间，读者和读者之间是彻底分离的。这是导致分裂和分割的因素，也有人说是导致出现差别的因素，有好的一面，也有坏的一面。戏剧的特点则完全相反，卢梭是业余的戏剧爱好者，他早就明白了这一点。萨特在他之后也曾反复说过：观众就在现场，因而每个人的热情是可以互相传染的，戏剧将一般的读者集中成一片密集的、实实在在的人群，大家不仅在共同的气氛中接受信息，而且信息的接受是即时的，没有间隔。总之，除了必要的美和真之外，首先就有了必要的友爱和效率。人们可以因此而感到高兴，也可以因此而感到悲哀。萨特则根据时候的不同，根据他从内心的体验上觉得自己是“艺术家”还是“战士”，有时把这一点看成是戏剧的堕落，有时看成是戏剧的优点。但有一点是无可怀疑的，那就是戏剧已经不完全是艺术，更准确地说，戏剧是处在文学和非文学边界上的体裁。与加缪相比，这是萨特的重大不同之

---

① 戴斯毕斯（Thespis）是个具有传奇色彩的古希腊悲剧诗人，据说是他发明了戏剧中的独白，假面具及许多演艺技巧。——译者注

② 见于约翰·艾依兰德的《萨特，不诚实的艺术》（*Sartre, un art déloyal*），Jean-Michel Place，1994年，第160页。

一。加缪视戏剧为“最高尚的文学体裁，是最具有普遍意义的体裁。”[①]我们可以顺便一提的是，萨特的戏剧总有点“马路戏剧”的味道，这也是原因之一[②]。萨特1960年在巴黎大学的一次演讲中说，很遗憾没有再出一个革新舞台艺术的布莱希特。一个哲学家，一个艺术家——我们前面已经看到，萨特很关心小说的现代性——，一个对戏剧的现代性颇知一二的先锋，怎么会这样说呢？他本来是一个开明的戏剧爱好者，佩服布莱希特或皮蓝德娄，可是他的剧作为什么不像他佩服的剧作家的作品，而更像伯恩施坦或吉特里的作品，更像狄德罗的教育剧呢？原因也正在于此：对于他来说，戏剧不是艺术，而是一种工具；不是文学的一种体裁，而是载体，是机器，虽然非常有效，但是很平凡，几近庸俗，可以用来干预世纪的大事。街头的木偶剧、喜剧、哼哼叽叽的或板起面孔说教的政治悲剧就足以完成这个任务。

总之，作家和知识分子是分开的。作家走作家的路，而知识分子则有时通过一些文章和剧作，为伟大的事业奔走呼号。知识分子是间断式的，像《共和》(*La République*)中所说的民主人士那样，第一天吹笛子，第二天做体操，第三天做生意，第四天什么也不干，第五天思考哲学或打仗，有时候觉得世界上的事需要他，有时候又觉得世界上的事不需要他。而作家则对现实的要求不闻不问，只管在《自由之路》或《厌恶》或《家庭白痴》这样的前景不明朗

---

① 阿尔贝·加缪，《戏剧、故事、短篇小说》(*Théâtre*, *Récits*, *Nouvelles*), Gallimard, Pléiade, 1974年，第1726页。

② 贝尔特朗·布瓦洛－德尔佩奇，《萨特的见证》，第二卷，865页；让－弗朗索瓦·利奥塔，《萨特的成就》，后收于《童年时期的读物》(*Lectures d'enfance*)，第90页。

的路上前进。这个时候的萨特大概会想，当作家从狭隘的意义上介入时，当他为清白的人辩护，或者被动员起来，反对阿尔及利亚的酷刑时，他并不是以作家的身份来做这些事的：他要换换手中的笔，或者用同一支笔蘸另一种墨水。如果这个时候的萨特要为什么事辩护，实际上他和超现实主义者们一样，主张文学不向政治看齐，主张将体裁和范畴分开：将两种表达系统的沉积速度和激烈程度分开。因此，人们反复地说，萨特在写《文字》的时候，在后来写《家庭白痴》，在转向毛派分子的时期也说过，介入的理论所证明的，是对文学的怀疑。但现在不管从哪个角度看，恰恰相反，这一理论是对文学的赞颂。

如果不是这样，那么什么是介入呢？

介入的积极性和话语又是如何定义的呢？

萨特在《什么是文学？》中已经告诉我们“介入”不是什么，那么他在这部作品中究竟说“介入”是什么呢？

实际上，萨特在这本书中说了三件事；他说（人们一般认为萨特只会说些“社会斗争”的俗话，而实际上他在这本书中所说的话却更加引人入胜，更加大胆的），介入的提法准确地回答了三个具体的问题。

第一个问题：写什么？回答：写今天。写现在这个时代，而不是别的时候。我刚才说萨特并没有劝人们干什么。这话说得不完全对。因为，他虽然没有鼓励作家们跳上政治舞台，用他们的小说捍卫某条路线，可他要求作家们拥抱时代，而时代却鼓励他们做某些事。他鼓励作家们紧紧抓住属于自己的时代。逃避时代，是必然要失败的。总之一句话,他吁请作家们从高高在上的天空走下来,而文学一般是热衷于高高在上,只谈论与文学有关,因而也就是与我们这些作家有关的东西。对于一本小说来说,对生活的干预,是和历史的干预相反的。对于一个作家来说,介入就是拒绝阿拉贡的另一种诱惑,而这实际上是与前一种诱惑相对称的:那就是历史小说主张借古喻今的诱惑,比如《神圣的星期》(La Semaine sainte)。[①] 一本介入的小说向我们讲述的,不是古希腊,不是中世纪,也不是吉里科[②]和德拉克洛瓦[③]的世纪,而是今天,是布维尔,是解放了的巴黎的地铁和夜总会里的气味,是为了给情妇找个堕胎的人而夜间跑在大街上的某个教授的心情,是某个同性恋者的惶惑,是慕尼黑,是慕尼黑主义,是无产者,是犹太人,是火车头——是这个时代,我们的时代,是我们要承担的这个时代,我们这些作家有责任从正面来对待它,而不是虚构它。事情确实如此,萨特将小说和活生生的、火热的时代紧密地联系在一起,时代要在他的笔下开花、获得生命,他深信文学和局势之间存在着本质的联系,他甚至说,随着时代的变迁,小说自己会变味的,比如《海的寂静》,[④]小说发表的1941年在巴黎是有意义的,当时的法国还处在失败和最初被德国人占领的震撼中,但在纽约和伦敦则不会具有同样的意义,在一年之后的巴黎,在占领和抵抗都达到了极端化的

---

① 阿拉贡的作品。——译者注

② 法国画家、艺术家(1791—1824)。——译者注

③ 法国画家(1798—1863)。——译者注

④ 法国作家让·布吕勒以维尔科尔的化名发表的一篇小说,讲的是在战争中,即使是处在同一个文化共同体中的敌人之间,也不可能产生任何情谊。小说发表后曾引起很大反响。小说应该是发表于1942年,此处所说的1941年估计有误。——译者注

境况中，意义也不一样：维尔科尔的读者是“1941 年的人”；到了第二年，“从 42 年底开始”，他便“失去了公众”，从而也就失去了“效力”[①]……比如一本活生生的书，一本由活生生的作家以活人的激情、愤怒、恐惧为题材所写的书，等上一段时间，这本书会到图书馆尘封的书架上去与过去的伟大作品们会合在一起。它会“蜷缩成一团，垮塌下去”。很快就只剩下“发了霉的纸上的片片墨迹”。而那些有血有肉的主人公，那些鲜活的、生动的、如在眼前一样的人物，也会到“模范情感”和所谓永恒“价值”[②]的墓地去，和斯万、贝尔高特、戴斯特[③]们汇合在一起。

第二个问题：为什么，或者更准确地说是为谁而写；回答：为今天而写。为当今时代而写，而不是为了任何其它的时代。我们刚才已经看到，他决心把当今时代作为自己的目的，要为这样的时代而写。介入的作家不是要面向未来的、遥远的，因此也就是梦中的时代，而是要坚定、果断、明确地面向他所处的时代。介入的作家不满足于讲述他生活的时代，还要下定决心为这个时代而仗义执言。不满足于像巴尔扎克一样，认为“书籍的使命”是“指出习俗的变化所产生的灾难”，还要坚决地为影响时代的习俗而写。有些作家选择了相反的道路。有些作家说[④]：“我为将来的，现在还看不见的公众而写——真正的生活在别处；真正的法庭也在别处；我的作品将在

① 《什么是文学？》，第 79—82 页。

② 《什么是文学？》，第 33—34 页。

③ 斯万和贝尔高特是普鲁斯特的小说《追忆逝水年华》中的人物；戴斯特是保尔·瓦勒里的小说《戴斯特先生》中的人物。——译者注

④ 《什么是文学？》，第 132 页。

那里，在上诉时受到审判；惟有身后事才是重要的事。”显然，萨特有时也会这样想。后来，他像所有伟大的作家一样，有时也恣意想像自己的身后事，想像与死去的伟人们待在一起，想像着永恒的光荣；在我称之为的“第二个萨特”，或“倒数第二个萨特”的身上，我们可以看到这种多次表现出的梦想，这种引诱，他也和别人一样，越来越执着于考虑如何让作品，甚至是让灵魂在他死后永垂不朽。约翰·吉拉西[①]曾经说过的话可以作为见证：“萨特声称说不怕死，因为他的文章保证了他的永生。”吉拉西还描述过萨特厚着脸皮向他介绍如何让作品在他之后仍然有生命力[②]：“我对未来的全部要求，那就是无论如何，人们要读我的书”，而且，“为了让别人读我的书”，我需要的，不是“像戈尔兹这样的人，尽管他能写出无数本符合我的实际的、正统的书”，我需要的是一个对话者，是像贝尼·列维这样的人，因为他能够让人认为，“我很久以来便受《塔木德》，受魔法，受《可兰经》的影响”。在出版《家庭白痴》的时候，在他与孔达和里巴尔卡的谈话中[③]，在回答“面对后世的评判，你是不是没有任何担心”的问题的时候，他说“没有”，回答得平静而坦率，简直让人不知如何面对，接着，他好像为了肯定别人听到了他的话似的，又说，“并不是我肯定后世对我的评判一定会好，而是我希望后世对我有评判”。在《七十岁自画像》（Autoportrait à soixante-dix ans）[④]

---

① 约翰·吉拉西，《萨特，为世纪所憎恨的意识》（*Sartre, conscience haïe de son siècle*），第 154 页。

② 同上，第 43 页。

③ 《境况种种》，第十卷，第 105 页。

④ 《境况种种》，第十卷，第 156 页。

中，他又说，“我希望一百年后还有人看我的书——尽管我不敢那么肯定”。在和毛派的朋友们对话的时期，他说过一系列的心里话：“我之所以选择当了作家，是为了和死亡进行斗争，也是因为我没有信仰。”他还说过：“死后通过文学活在人们心中，这种想法我后来放弃了，但开始时，这肯定是我为之而努力的中心。”[①]在《造反有理》中，也就是在他与加维和维克多的谈话中，他说：我们寻找过“很多办法”，以“防备”死亡；而且很明显的是，“我对写作的爱好也表达了想活下去的愿望。”[②]但是现在，他不相信这一点了，他不愿意相信。写《什么是文学?》时的萨特，提出第一种介入的理论的萨特，是所有现代作家中最不遗余力地在自己心中，也在我们心中，在所有当代人心中培养起了一种观念的人，那就是，一个人的作品会要求人们对它做出最终的判决。他是通过一种比喻，通过香蕉的比喻，来这样做的。他在书中和其它场合[③]反反复复地提到过这个比喻。他说：“我始终认为香蕉是一种死了的水果，我从来没有尝到过它活着的时候是什么味道。”或者：“要想知道香蕉是什么味道，就要在香蕉树下，刚一摘下来就吃。”还有：“从一个时代到了另一个时代的书，都是些死去了的水果。在过去的时候，它们有着另一种味道，生涩而强烈。要想读《爱弥尔》或《波斯信札》，应当在刚刚采摘下来的时候趁新鲜读。”最后还有：“好像香蕉刚刚摘

① 《境况种种》，第九卷，第32页。

② 菲利普·加维，让-保罗·萨特，皮埃尔·维克多，《造反有理》(*On a raison de se révolter*)，Gallimard，1974年，第190页。

③ 德尼·奥利耶，《散文的策略》(*Politique de la prose*)，Gallimard，1982年，第149页。

下来的时候味道更好——精神产品也是这样，也应当在现场就近消费。"他想用香蕉的比喻说明什么呢？想说明文学和香蕉一样，也是会腐败的。文学和香蕉一样，如果迟迟不去消费，就会死亡。他想要的是一种有限的、和现世紧紧联系在一起的文学，而不是指望未来会怎么样。书和香蕉是一样的，若等到将来，只能是色、香、味尽失。他在这一点上和在别的方面一样，拒绝"以将来的眼光"看待世界。他抛弃了古典时代的原则，抛弃了和"还没有诞生"的对话者对话的原则。[1] 他大声地说，你们看看尼采！看看波德莱尔！甚至尼藏！你们看看他们，这些社会的自杀者，绝望的人！"死后为人恢复名誉"是多么无耻啊——人们"逮住我们中的一个不放，把他气死，或让他愁苦而死，等到四分之一个世纪之后，再给他立个纪念碑，同一伙人，同一伙豺狼成性的家伙又来对着他的半身像念念有词……"[2]不。文学只能在此时此刻写，只能为此时此刻而写，不能逃避此时此刻的樊篱，因此也就没有上诉的机会。文学是生死攸关的、基本的、迫切的活动——如果它不能让人此时此刻就激动起来，不能让人一看就动情，那它就毫无价值，一点用处都没有。人们看完书以后最初的反应，才是"最重要的反应"。[3] 他强调说，每个句子都应当"在人和社会的各个程度上产生回响"。如果不能够这样，如果它不是一切，那它就不值得让人"劳心费

---

① "《现代》杂志介绍"(*Présentation des Temps modernes*)，载于《境况种种》，第二卷，Gallimard，1975 年，第 14—15 页。

② 玛德琳娜·夏普萨尔，《放一段好听的音乐吧》(*Envoyez la petite musique*)，Grasset，1984 年，第 102 页。

③ 《给海狸和其他人的信》，1939 年 10 月 22 日，第 368 页。

力”。[①] 但是请注意！尽管如此，文学仍然是脆弱的、偶然的活动，因为它是雷打不动地、完完全全地属于此时此刻的。总之，对于一本小说来说，“介入”，就意味着抛弃作品会永恒的幻想。打“介入”这张牌，就是不要像瓦勒里生前所做的那样，就是抵制“为后世而写作”的诱惑。介入的作家，就是“在死之前曾经生活过”的作家。捍卫介入，不是别的，正是抛弃死后扬名的幻影。

最后一个问题：写给谁看？回答：给多数人。给绝大多数人。哲学是写给广大公众看的，严格说是写给所有人看的。如果不是这样，那它就毫无价值；文学就更应该是这样。所以萨特才对媒体感兴趣，才喜欢报纸，才读报纸，才像为《法兰克福报》（*Frankfurter*）写文章的马克思，或者在离开耶拿之后几乎单独一个人为《班贝格报》（*Gazette de Bamberg*）撰稿的黑格尔一样，萨特才有了办报的欲望，从《现代》到《解放报》，他从来没有间断过，也从来没有失望过。萨特关注媒体，因此也就是关注公众，而且关注的程度那么深，几乎等于相信，如果要选择最为高尚的体裁，如果非要说哪种体裁最适合于说明文学的有限功效、即时作用、对此时此刻的依存特点，那就是报章文体。他在《什么是文学？》中也是这样说的。从今天往后，他把文学称之为“介入”的文学了。所以后来，他的纪实报道的文笔和语气才有了像海明威那样的文学风味……这个时候的萨特无疑与同路人时代“误入歧途”的文人并不完全相反。他已经是个走上了邪路的作家，跟在工人阶级或年轻人或这两者后面跑。是个稍微有点羞愧的知识分子，期望将其后半生拿

---

① 玛德琳娜·夏普萨尔，《放一段好听的音乐吧》，第 95 页。

出来，为可耻的出身赎罪，想尽一切办法融汇在人民大众中。等他明白自己所追逐的，其实只是一个幻想时，又打算在后半生什么也不干了。因为他不能让所有的人都听见他说的话，所以便打算对谁也不吭声了。这是对此时此刻的不懈的追求，他梦想着如何让写出的书消除文字和读者之间，文字和文字之间的距离，他认为文字就是行动。德里达会说，这样的行动本身是没有什么“区别”的，是完全充实的。所有这一切让人恨不得消除前边所说过的文学和戏剧之间的区别，将文学体裁归在像萨特的马路戏剧之类的非体裁或半体裁中，将他自己归在传统的卢梭主义的麾下，由此而宣称末日的专制谵妄（当他谈到书也像香蕉一样，应当在现场即时消费时，他每次举的例子不都是《爱弥尔》吗？）。不过说到底，他还没有走到这一步。眼下还有一段真正的幸福时光。他正在做着一场白日梦，梦想着强大而严格的文学，能够打碎幸运的少数人将他关闭起来的荒唐的樊篱。他必须毫无分别地在《现代》和《法兰西晚报》上捍卫这一文学的原则。他是哲学的象牙塔之外的哲学家。他在酒馆里写作，和在大街上差不多，人们几乎天天可以在圣博努阿街和圣日耳曼大道的交叉口处碰见他买报纸，他常常买很多报纸。他不仅仅满足于就雷蒙·阿隆的杏汁鸡尾酒发表哲学的宏论，也十分重视并津津乐道于以鸡尾酒的消费场所为题，发表哲学见解，说鸡尾酒和香蕉一样，也是要就近消费的。他是新型的大众作家，他写的东西是开放的，人人看得懂他的作品，不是高高在上地俯瞰人世间的熙来攘往，而是深入其中。而且这一梦想并不是庸常的想像。这仍然是毫无遮掩的透明。是对光明，对炫耀，对荣誉的喜好。他的生活就像一场永不谢幕的演出，他把光荣的自我搬上舞台，几乎是在卖弄。他怀着强烈的愿望，想把自己整个展示给应邀前来的公众。他还有一种奇怪而顽固的信念，那就是，因为我是萨特，所以我给人指路，我出头露面，就一定是帮助人们看到前途，就是用光明照亮黑暗。而且，我们大可不必讳言，这也是他真正的宽宏大度，是存在的丰富多彩，是不遗余力——因此也就是他的一种勇气。

马拉美和德堡

我要强调这一点。在早期的萨特看来，有两种可能的处境。一方面，为了确定观念，必须借重马拉美和马拉美建立宗教文学的计划；所谓宗教文学，其实就是宗派文学，是他所称之为的凡夫俗子看不懂的文学。马拉美把大众描绘成“阴沟的出口”，从里面流出来的，是虚荣的话语。与此相对应的，则是一种“无瑕的语言”的观念，这种语言由“分为等级的用语组成，缺乏想像力的研究会亵渎它”。因此，要小心翼翼地“避开讨厌的人”（这种立场的现代翻版是：德堡断言说，“不管什么时代，只要一考虑公众，便传达不出任何重要的信息，哪怕公众是由伯里克利[①]的同时代人组成的”，而且尤其是在当今时代，“公众被完全剥夺了自由，忍受着一切，因此更不值得受到认真的考虑”[②]）。另一方面，反对马拉美的萨特在写《福楼拜》之前，便已经花过几年的时间与马拉美，至少是与那

① 伯里克利（Périclès，约前495—前429），古雅典民主派政治家，公元前444年后历任首席将军，成为雅典国家的实际统治者。其当政期间是希腊的最盛时期。——译者注

② 吉·德堡（Guy Debord），In Girum imus nocte et consumimur igni，Gallimard，1999年，第13—14页。

种晦涩的文学进行了较量。当时的人们都说马拉美是这种文学的始作俑者,普鲁斯特写过一篇令人难忘的文章,[①]对此做过分析,在文中的说法几乎也是相同的。与马拉美相反,因此很可能也与德堡相反(尽管,据我所知,在萨特的所有材料中,我们找不到他与这个重要的同时代人见过面的记载,他甚至连提也没有提到过这个人的名字),萨特愿意,也下定决心要把公众"放在心上"。

事情没有那么简单吗?的确。而且萨特对马拉美有"他自己的看法"。[②] 萨特说马拉美"与人们所描绘的形象差别很大",说他首先是个"非常有激情的人"。说他是个"疯狂的人,能够完全主宰自己,想自杀的话,能够一憋气就死过去"。说他真正的梦想是"将世界炸毁"。因为没有别的更好的办法,才选择了"礼貌的恐怖主义",因为他知道不能采用另一种恐怖主义。换句话说,马拉美也有"介入"。当然是"诗"的介入,不过萨特说,这到底也算是一种"介入",而且好像对之非常敬重。他强调说,马拉美的梦想本来是为"芸芸众生"或者"群众"写作。为此,他本来只需要另外一种人群。他需要"与人民团结在一起的"人群。面对着这种人群,面对着"团结的"人群,面对着"人民",他会赞成让"晦涩的(文学)变成明白易懂的"文学。而且,在他投身于妇女报纸《最新时装》的那些年里,在那段奇怪的经历中,他使用一些怪诞的化名(比如齐齐、奥林匹亚、玛格丽特·德·蓬蒂、撒旦小姐等等)所写的文章,不是已经很好懂,或者眼看就要"变得明白易懂"了吗?事实是,目前这样

① 马塞尔·普鲁斯特,《反对黑暗》(*Contre l'obscurité*),1896年7月15日。

② 玛德琳娜·夏普萨尔,《放一段好听的音乐吧》,Grasset,1984年,第95页。亦见于《境况种种》,第九卷,第191—201页。

的“人群”还不存在。事实是，马拉美没有找到他所梦想的人群，于是便放弃了《最新时装》，以“保持沉默来示威”。[①] 萨特的批评有着某种特定的色彩，对《阿纳托尔的坟墓》(*Tombeau d'Anatole*)的作者非常佩服，马拉美的语言已经深深地印在了他的脑子里，与他如影相随，而且有时候，感情同化的程度是如此之大，萨特简直就是在模仿马拉美(这方面的例子很多，比如在与皮埃尔·维斯特拉登的谈话[②]中，他在力图确定什么是“交流”的概念时，用纯粹马拉美的风格，用几乎直接从《诗歌与散文》[③]中引来的原话——虽然没有带引号——为“文字”辩解说，通过“文字之间的相互关系”，通过“文字之间的相互阐释”，读者可以看到“眼前所没有的桌子”，而且文字所指示的桌子“不仅仅是一个符号，而是一张由文字所唤起的实实在在的桌子”)，但萨特到底还是写了《什么是文学?》，以反对我们只能称之为马拉美立场的那种过分的贵族气派。他与普鲁斯特一样认为，二十世纪不应该是马拉美的世纪！文学只有向普天之下传达其信息的时候，才有意义，至少这是文学的权利！这一点马拉美是很清楚的。换句话说，萨特的理想，是按照另一个马拉美的拥护者雅克·拉康称之为“主题材料”(le mathème)的顺序，将业余者和学者，单纯的读者和信徒这种双重的形象调和起来！

写自己所处的时代……为自己的时代而写……而且在这个时代，要面向绝大多数人……我们可以看出这些口号中包含着哪些

---

① 让-保罗·萨特，《马拉美》(*Mallarmé*)，Gallimard，coll. Arcades，1986 年，第 30 页。

② 《境况种种》，第九卷，第 46 页。

③ 《诗歌与散文》(*Vers et prose*)是马拉美的作品。——译者注

风险。当然不可能让口号具有神圣的价值。一方面是完全顺应事件的萨特,另一方面则是傲气十足的德堡,不仅不肯随着“时代的变化”而“改变自己的主意”,反而将时代的变化说成是顺应了自己的意见。[①] 在这两者之间,我们不会绝对地说谁是谁非……我们只不过想让人们体会到,这些口号在当时的情势下是多么卓尔不群。我们力图将这些口号放在当时的时代中去分析,并想像这些口号在当时一出现,便引起了多么巨大而有利的反响。

我们应当想像阿努伊和吉洛多时的法国。当时的人们对他们说:“我们看够了古希腊的故事!我们看够了庄严的寓言,看够了《俄瑞斯忒斯》,[②]看够了《特洛伊战争不会发生》![③] 这些东西对维希政府来说很好!不过维希政府已经成为过去,文学应当反映我们生活的这个世界,包括它的伟大和渺小!”

我们应当想像当时的纪德。纪德的全部文学艺术,所有古典主义的努力就是要尽可能地不为他所生活的时代而写。当然,他写过《刚果游记》(*Voyage au Congo*)。写过《苏联归来》(*Retour de l'URSS*)。可那还是文学吗?在他的作品中,这些文章不是享有文学的治外法权的吗?纪德关于“真正的”文学的立场不是与萨特崇尚局势和现实正相反的吗?“在上诉时受审”的口号是纪德提出来的。“后世法庭”的说法也是他的。他认为,而且他也说过,给

---

① 吉·德堡(Guy Debord),In Girum imus nocte et consumimur igni,Gallimard,1999 年,第 24 页。

② 《俄瑞斯忒斯》(*L'Orestie*)是古希腊悲剧作家埃斯库罗斯的三部曲,由《阿伽门农》、《奠酒人》和《复仇女神》组成。——译者注

③ 让·吉洛多以希腊神话为题材的一出两幕剧。——译者注

报纸写文章，是出卖自己的文字，是让自己的才华贬值。他与别人一起创办了《法兰西新杂志》(NRF)，要与“新闻和美国方式”相区别。[①] 我们应当想像，当纪德听到这种注重现世的哲学，这种关注眼前的文学时，会感到多么气愤——我们应当想像，年轻的萨特刚刚从美国回来，他的理论就是让文学为新闻和美国作家唱赞歌；任何一个对纪德的观念习以为常的读者(佩吉的观念也是一样的："今天早晨的报纸已经老掉牙了，而荷马却永远年轻……")，都会觉得这是不合时宜的……

最后，我们还应当想像班达(Benda)。[②] 班达是宣传永恒的使徒，对超验的价值有着偏执的喜好。所谓超验的价值，就是超越时间的价值。在他眼里，萨特的言论所表现的，只能是知识分子最新的丑恶面目和叛逆行为。面对着这种行为，班达会愤怒得透不过气来。这时候的班达可不是个小人物。萨特的确没有提到过他。萨特提到过纪德，但没有提到过班达，然而，班达却是二十世纪在他之前，与他一起最招人憎恨的知识分子……他在二十年代发表的那部颇有份量的《知识分子的叛逆》(*La Trahision des clercs*)被人评论过无数遍，有人为此喝倒彩，有人抄袭……到了 1947 年，他自己也像萨特一样，成了叛逆者，为斯大林辩解……他还写过另一本书《一个知识分子的青年时代》(*La Jeunesse d'un clerc*)，萨特

---

① 见于皮埃尔·勒帕普的《信使安德烈·纪德》(*André Gide, le messager*)，Seuil，1997 年，第 451—452 页。

② 班达(Julien Benda，1867—1956)，法国作家，小说和杂文极富论战的色彩，谴责所有与情绪和直觉有关的东西，主张知识分子应当致力于抽象的正义和民主的唯理性主义。——译者注

的《文字》很可能就是受这本书的启发而写的[①]……我们在后面将会看到，萨特是个读书不知疲倦的人，我不相信他不了解这些写作的题材和动机，并有意无意地从中受到过启发。这方面的例子很多，比如对性的变态恐惧和对生孩子的憎恨。三十年代的法国鼓励生育，很注重家庭，可是班达这个文笔优美的作家，这个挑衅传统的人却说，"看到生孩子的女人，看到襁褓里的孩子，看到给孩子喂奶的母亲，他感到恶心"，那口气和写《厌恶》和《自由之路》的萨特一样。他还"崇拜弃绝了生殖行为的纯洁派[②]的教徒们"（我们后面也将看到，萨特在这一点上也和他一样）……我们应当想像《什么是文学?》发表后，当班达看到点着名嘲弄他的第二章末尾时，会作何反应："要像班达叛逆之前的知识分子那样，做一个理想价值的捍卫者吗?"在第三章的开头处干脆就把他当成"说话颠三倒四的人"，他说的那种永恒的自由既适合国家社会主义，也适合斯大林的共产主义和资本主义的民主派，[③]谁也不得罪。真是胆大包天！班达愤怒得喘不过气来。真是无耻！而且多么虚伪呀，简直是虚伪透顶！因为萨特的狡猾是徒劳的。萨特说，在为活生生的，永远在重新开始的自由而斗争的同时，在以和时势联系在一起的激情为基础而争取到这一自由的同时，也就是根据我们这个时代的特点而做出决定的同时，他最终可以让人依稀看到社会和政治争论中所蕴含的永恒的价值，并由此而"归于永恒"。他这是

① 雅克·勒卡姆，"萨特为什么写，是怎样写了《文字》"（*Pourquoi et comment Sartre a écrit《 Les mots 》*），PUF，1996年，第188页。

② 所谓"纯洁派"是中世纪法国和意大利等地的一种异端教派。——译者注

③ 《什么是文学?》，第72页、第75—76页。

在愚弄百姓。他回避了——他自己也承认这一点——一切看起来像是“一片明净的天空”的东西。为时代而写，也就等于是写过渡性的、不能持久的、转瞬即逝的东西，必然会背离精神的价值，而更为大胆的是，这些精神的价值又被比作是“枯燥的原则，由于空虚、没有任何功效而无法从一个世纪过渡到另一个世纪”。

问题的症结就在这里。萨特所带来的一切变革都在这一点上。而且，正是从这种意义上，我们才说介入是萨特所产生的冲击和震动的一部分。如果 1945 年时你二十岁，你跟谁走？你是追随满腔怨恨、满腹辛酸、暴跳如雷的小气鬼班达，还是煽动闹事、说作品应当与生活结合在一起的疯子萨特？

3　清算纪德

但是，这还不够。我们还要再一次提出问题：怎么样才算是一个“伟大的”知识分子？什么样的人才是“世纪之人”？接过了纪德的火炬，并从此而主宰了时代的，为什么是萨特，而不是别人？

当然，他是个天才，他的创作包罗了所有的体裁。还有他的风格和立场。文学在哲学的影响下会产生力量，哲学在文学的影响下也会改变面貌。他把戏剧设想成一个舞台，并在这个舞台上导演他的哲学。他把新闻设想成是戏剧的延伸。总之一句话，他用多种多样的声音表达，用多种多样的方式陈述，用多种多样的方法和速度介入，他提出的介入的理论，也许正是他的同时代人期待已久的理论。

但是还有别的原因，这已经不属于辞藻的范围，瓦勒里或是圣伯夫会称之为“境况”(situation)：他不仅置身于各种体裁的交汇处，而且也将自己摆在了当时各种思想的交汇点上——他不仅将各种可供使用的风格综合了起来，也将话语的内容，将人们听得见和听不见的话语的强度，将人们想到和没有想到的事，将人们的话语中所表现的想像的情景，将人们的感情和预感，将人们的不安，人们的梦想，人们的精力，人们的内心教训，人们的错误综合在了一起。总之一句话，他希望作家为时代而写，而他恰恰把握了时代的精神。

谁能从精神上站在由当时最有吸引力的力量汇聚而成的焦点上，不管是依靠本能还是依靠算计，谁就是“伟大的知识分子”。

“伟大的知识分子”之所以伟大，是因为他将时代所有最为强烈的话语浓缩成了一句话，虽然他并不一定总能意识到这一点。

萨特之所以伟大，之所以是最伟大的知识分子，是因为世界仍然时时刻刻围绕着一个我们看不见的轴心而转动，在所有同时代的人中，他通过使用某种秘术——我们很难说清他是由于意志坚定，还是出于偶然才掌握了这种秘术的，但这秘术的操作方法是可以调整的，至少从道理上说应当是这样，可以采用种种不同的动作，疾缓有致，伸张自如——从而达到了离这个神秘的轴心最近的地方。

萨特的秘术。

我们来研究萨特是如何掌握这种秘术的。

他是如何通过一系列的操作，吞下时代的精髓，将其化为己有，加以改变，然后再结而成丹的。

他如何通过一系列的约会（因为这些“行动”说到底总是以约会的形式出现，而且每次的约会都有个专用的名字），让自己成了时代的缩影。

我们已经不能再说他“夺取了纪德的位置”这种话。他自己创造了自己的宝座。他自己雕刻了自己的权杖。他为自己圈定了一个位置，并同时将自己安顿在了这一位置上。伟大的知识分子像一只不属于任何种属的动物，像一颗没有征兆便突然出现的流星，他没有“继承”任何人。他的位置原来不是属于纪德、马尔罗、莫里亚克和巴莱斯的，不是他在人家主动让出来之前强行抢过来的。他像一个天才的土地丈量员，只要他一出现，不仅可以划出一片新的场地，在场地内划出一个新的位置，而且渐渐地将四周的整个空间，将所有的场地，所有的位置都进行了重组。

因此，这是像化学一样的变化，也是大家所公认的。

是点石成金的秘术，也是排兵布阵的技术。

不过他所排列和布置的，不是阵地和势力范围，而是话语和陈述。

纪德、巴莱斯、左拉、雨果、伏尔泰这些也可以称为"世纪名人"的人，这些浓缩了，或者说概要地代表了他们所处的时代的人，之所以在当时创造了人的心灵，同时也创造了一道风景，就是因为他们能够导致这种神秘的变化，就是因为他们懂得如何排兵布阵。

萨特再一次以他自己的名义和声音摆起了争夺这一称号的擂台。人们梦想能有一种新的"新批评"，能够评述这本小说——这不是一本描述人的灵魂的小说，它所讲述的是书的故事——，并根据选择，向我们展示在小说中上演的种种历程、文本的流浪、劫掠、侵吞、奔逃。人们梦想着能有一种文本的炼金秘术，能够时时关注燃烧、组合、结晶、蒸馏、熔化、变异的过程。而萨特就是这些过程的神秘的试验室，不管是在文学上还是在哲学上。

纪德的世纪

文学。

开始的时候有个纪德。

两人之间不只是竞争的关系，也有纪德润物细无声的影响。

当然见证人是要转换的，登台受封也有个过程，但是实际上，萨特和他所处的整个时代一样，在成为萨特之前，生来就已经是个受到纪德影响的人。

萨特将成为杰出的现代派人物，成为五十年代和六十年代的明星知识分子，成为马克思主义者，结构主义的对手，与弗洛伊德唱对台戏，将福克纳引入法国，见证中国和古巴的革命，甚至还要见证柬埔寨的革命。他是最后的人文主义者，是最初的后人文主义者。但是有一件事是人们从来没有想到的，不过，只要人们愿意回想，我们的全部视角都会因之而改变：他虽然一只脚踩着极端的现代性，另一只脚却踩在三十年代，踩在世纪之初。正如他在《文字》中所讲述的那样，他有一只脚踩在世纪之初，他生在 1914 年前的法国，培养他长大成人的爷爷实际上是个十九世纪的人，心中念念不忘的是路易－菲利普时代所盛行的思想，总之一句话，按照《文字》中的说法，他的知识和品德之根扎在两次俄国革命之间的时代。这就意味着他曾经是，而且后来仍然是深深地受到安德烈·纪德的影响和迷惑的人，这是不以人们的意志为转移的，尽管他做过种种努力，极力想摆脱这种影响。

早晚有一天，应当有人写一本纪德思想在法国的历史。

应当有人讲一讲《地粮》（*Nourritures terrestres*）和《疟疾》（*Paludes*）的作者对二十世纪最出色的思想家们所产生的巨大影响。

我们应当——本来应当——记得我们民族的“伟大作家”是多么模范地追随着时代的步伐，而时代并没有停留在二十年代和三十年代的视界中。

我们应当能够记得，这个世纪在成为萨特的世纪之前，从很大程度上应当是纪德的世纪。

我们可以举个例子。吉尔·德勒兹(Gilles Deleuze)是个典型的当代思想家。他是《反俄狄甫斯》(*Anti-Oeudip*)和《无尽的高原》(*Mille Plateaux*)的作者，不属于任何门派。他历来觉得自己不适合在电视上露面，所以很少发表电视讲话。可他竟然接受了 Arte 电视台的采访。这次电视讲话是在他死后才播出的。[①]他谈到自己。谈到在多维尔学哲学的青年时期，谈到他早期读过的一些书和早期的心情。观众觉得他言语乏味，有点做作。一望而知是个不喜欢出头露面的人，被人诱哄着最终来到令人讨厌的镜头前，心里却并不是很高兴。要不然就是他不久之后即将自杀，所以这时屏幕上的德勒兹才显得冷冰冰、鬼气森森的。可是突然之间，他的情绪活跃起来，又成了我所认识的那个德勒兹，轻快、诙谐、言语直白——他提到当时的文学老师哈尔沃切斯先生，讲老师在多维尔的沙丘上给他们读《地粮》，讲他听得多么入迷。现代的德勒兹是所有疑问的大师。年轻时的德勒兹已经是个大师级的人物，图尔尼在《圣灵之风》(*Le vent Paraclet*)中已经讲到他是多么不肯妥协，说他是思想体系的守护神，说他的性情已经令人闻风丧胆。图尔尼还讲到 1945 年的一天，当他们的小组听说萨特从历史的"垃圾"中又捡回了"人道主义"这种破烂货的时候，德勒兹是如

---

① 与克莱尔·帕奈的谈话，皮埃尔－安德烈·布当制作，1995 年 1 月 15 日至 1997 年 1 月 4 日播出。

何暴跳如雷。但是，到了晚年，在做最终总结的时候，在说出会使他感到为难或者会让他松一口气的最后的心里话的时候，我们看到了这个坐在沙丘上，面对着海上的浪花而沉思的青年，略带些诗意，怀着纪德式的向往之情……

另外一个例子。雅克·拉康。雅克·拉康是弗洛伊德的后继人，是与德勒兹一样使哲学获得了现代精神的革新家，但也是与阿尔都塞、列维－斯特劳斯、福科齐名的人。他是令人佩服的“教育家”——这是尼采用来讲叔本华的话，我们借用来讲六十年代末的拉康——，他帮助我们这一代人再一次摆脱了人道主义的束缚。拉康有一篇文章，就是后来收在《文论集》(*Ecrits*)中的《安德烈·纪德的青年时代》(*Jeunesse d'André Gide*)，[①]借着评论让·德莱的一本书，解释说纪德的《科利冬》(*Corydon*)“不只是一本宣传的小册子”，而是“令人惊讶的对利比多(libido)理论的概述”，这本书的作者“分析得细致入微”，是“重新塑造自我”学说的先驱，是令人佩服的文学家，“知道如何恰当地利用上帝”；拉康在写给表妹玛德莱娜·隆多的报告中说，按照程式化的说法，“爱就是给予自己所没有的”，纪德就是这样的人——拉康能说出这样的话，是对纪德多么大的称赞啊！在文章的结尾处，他又一次提到“那些在我们的脑海里回响不止的话语”，那口气是多么的奇怪啊！接着，他又赞颂“手的动作”，手停留在“这些文字上，那是我的文字，是纪德写下的文字的继续！”那时候，有多少人带着精神上的寄托，急匆匆地去读《窄门》和《伪币制造者》，以为从中能够找到一点关于《文论集》

① 雅克·拉康，《文论集》(*Les Ecrits*)，Seuil，1966 年，第 739—765 页。

的作者和时代的真理！

我们还应当提到的人有高克多和《白色杂志》(*Revue Blanche*)时期的列翁·布鲁姆。还有皮埃尔·克鲁索夫斯基，他在与巴塔耶、莱利和其他人创办“社会学院”之前，曾经是纪德的“助理”。马尔罗在思考前辈假借普罗米修斯之口说的话：“我不喜欢人，我喜欢将人毁灭的东西。”还有瓦勒里。还有安德烈·布列东。1944年8月法国解放时，莫里亚克第一次与戴高乐将军见面，见将军张口闭口只谈纪德，感到非常惊讶。加缪，年轻的加缪患了肺结核，从疾病中获取力量，将《阿敏达》(*Amyntas*)当作圣经：“我想赤裸裸地躺在沙滩上；沙子温热，柔软，轻盈……”到了再后来，纪德对幸福、对阿尔及利亚、对陀思妥耶夫斯基、对清醒、对感觉、对戏剧的激情乱糟糟地搅在一起。[①] 我们应当提到的还有克洛德·鲁阿。在莫拉和尼采之间犹豫的克洛德·鲁阿从纪德那里得到了“快乐的许可”。[②] 克洛斯·曼纳在纳粹盛行时期就开始写纪德的传记，写完之后便如释重负，认为可以离开人世了。塞林纳，对，还有塞林纳，他的全部艺术好像就是为了回应纪德和纪德对美好语言的追求：这并不是轻而易举就能做到的事，首先，你得让自己对另一个人作出回应，从这个人身上找到人们不再喜欢的、已经成为负面的东西——再说，还有那本《刚果游记》，一眼就看得出来，《刚果游记》是《黑夜尽头的旅行》[③]的源泉之一。还有巴塔

① 艾贝尔·R.洛特曼，《阿尔贝·加缪》(*Albert Camus*)，Seuil，1978年。

② 克洛德·鲁阿，《我》(*Moi je*)，Gallimard，Folio，1969年，第242页。

③ 《刚果游记》是纪德的作品，《黑夜尽头的旅行》(*Voyage au bout de la nuit*)则是塞林纳的作品。——译者注

耶。巴塔耶自己讲过，他早期是如何通过读纪德、尼采和陀思妥耶夫斯基的作品而转变的，看了纪德的《痉疾》，他是如何佩服得五体投地，同时又感到绝望，觉得自己无论如何也达不到纪德那样的胆识和优美，一气之下把自己早期的诗都烧了。[①] 还有莫里斯·萨切斯。他的《安息日》中整章整章的篇幅写的都是与纪德在蒙莫朗西别墅和瓦诺街的会见。[②] 最后还有巴特，纪德正式的继承人：巴特是集大成者，各种各样的纪德好像都在他身上得到了体现；因为纪德所留下的遗产，像真正的遗产一样，是要分成好几份儿的。先是离我们最近的纪德，我们几乎想说的是我们的街坊邻居纪德：有分寸、知轻重，好接触，待人客气，和气；其次是面对全世界的纪德：善长宣传，语言坦率、真诚，访问苏联、游历刚果；还有最后的纪德：令人捉摸不透，像歌德一样，脾气有点倔，肩上披一件宽大的外套或一件厚呢子披肩，巴克街的钢琴，手边放着药瓶，身体孱弱，总是散发着一股茶和饼干的味道，身边总是收拾得整整齐齐。巴特的作用就是，用他自己的方法，自然而然地，平平静静地将遗嘱的片断拼合在一起——写《絮语》[③]的巴特，布雷赫特时期的巴特和最后年头的老好人巴特。

纪德是一座纪念的丰碑。纪德是思想和语言上一场巨大、复杂、黑白分明的冒险。马尔罗有一天对萨切斯说，纪德是地铁的出

---

① 米歇尔·舒利亚，《乔治·巴塔耶，在作品中死亡》(*Georges Bataille, la mort à l'oeuvre*)，Gallimard，1992 年，第 72—73 页。

② 莫里斯·萨切斯，《安息日》(*Le Sabbat*)，Gallimard，l'Imaginaire，1979 年，第 XIX et XX 章，第 169—190 页。

③ 即《恋人絮语》(*Fragments d'un discours amoureux*)是罗兰·巴特发表于 1977 年的一篇文章。——译者注

入口。地铁里所有的人都要从那儿经过。纪德是预言家,是完美的先锋,是活着的、也是死去的思想家,作为作家,他给同时代人,给所有的同时代人帮了最大的忙,包括巴特、拉康或德勒兹,因为他向他们展示了一个陌生的面孔,不仅对他们所处的时代来说是陌生的,对他们自己来说也是陌生的。就在这个纪德的世纪,就在连人们对事物的反应,连人们没有公开承认的思想,连人们的模式也纪德化了的时代,出现了早期的萨特,"年青的"萨特。

作家向同时代人和继承者披露的,竟是一张陌生的面孔,对这种有违常理的事,我们想再简单讲几句。总之,我们不便肯定能不能说是那一张"陌生的面孔"。也可能经过考虑之后,我们要说的恰恰相反——也就是说,伟大的作家(不是伟大的知识分子,而是从严格意义上说的伟大的作家)是在一张为人所熟悉——熟悉得了如指掌——的面孔上打上自己的烙印:那就是在他之前早已存在的伟大的激情或伟大的感情,他只不过给这激情或感情赋予了文学的形象。莫里亚克和信仰……司汤达和幸福……巴莱斯和自我崇拜……加缪和精神上的满足……伏尔泰和自由……英雄主义是马尔罗塑造的……每个人都天才地将自己的名字和作品与一种伟大的情感最终地结合在了一起。每个人的得力之作,都是将自己的回忆与人类的一种最美好、最伟大、最普遍的激情结合在了一起。纯粹的天才之举正是来得早不如来得巧,恰到好处地置身于人类精神的转折关口,置身于开天辟地以来男男女女必然经过的隘口处。高尚的说法是:这些伟大的人就像负责瞭望的水手精灵,是生命的哨兵，正因为如此，我们在阅读或欣赏他们的作品时，才会对他们怀着感激之情。庸俗的说法是：他们利用这种方式，从属于大家的财产中领取感激和光荣的红利；厚着脸皮到想像的专利局去，为生命的活动注册专利，而且从专利局出来的时候说：“每当有人成为英雄，或者获得自由，或者感到虔诚，或者得到精神上的满足时，他们都会向我致敬，都会向我支付捐税，我都会从中得到一份好处。”由此说来，他们并不是精神的守护神，而只是精神的收税人，是精灵鬼怪的看门人。这两种说法都涉及到普遍性。如果说这是给文学的普遍性所下的定义，那么这也许是最容易引起争议的定义。

萨特：纪德的信徒

让我们再回到萨特上来。看一看纪德在萨特的生活和作品中占有什么样的地位。

1939 年，萨特有过一个计划。他向波朗（Paulhan）许诺为《法兰西新杂志》（*NRF*）写一篇文章，论述《伪币制造者》（*Faux-Monnayeurs*）的作者作为“小说实验”的天才，也就是纪德的现代性，在形式上如何大胆创新，如何偏好镜面式的互相映照和深不可测的结构方式，以及在他所有的小说中是如何都包含有“对自身的辩驳”，他如何在小说中使用视角的变换及多焦点的艺术。在那一年，所有这些新的技术都正在成为萨特自己的技术，将来他会声称说这种小说的艺术是他自己发明的，要不然就说是从福克纳或多斯·帕索斯那里得来的，但他明确地感觉到，无论如何不能说是从纪德那里继承来的，因为那样他会走进死胡同。纪德，美国人。在莫里亚克那一代人心中的纪德，成了莫里亚克精神的解毒剂。莫里亚克先生不是艺术家。安德烈·纪德是。萨特约略地瞄准了莫里亚克的天真，对于纪德，他好像要更加谨慎，而且知道他必须妥协。

战后发生过著名的向公众“介绍”《现代》杂志的事件，表现出萨特十分的狂妄和放肆，存在主义的发明者在说一不二的极盛时期，挥舞着大棒见人就打，只有少数人幸免于难，纪德就是其中的一个，这是很能说明问题的。后来，在纪德死后几个月的时候，同一份《现代》杂志上刊登了《活着的纪德》一文，萨特在文中对逝去的伟大作家致以庄严的敬意，以表示对纪德的感激，也承认欠了纪德的情分：“同一个人竟有胆量发表公开表示其信仰的《科利冬》和具有讨伐作用的檄文《刚果游记》”，同一个人，“勇敢地站在苏联一边，而且在他认为自己看错了的时候，更加勇敢地公开改变自己的主意，不管他这样做是对还是不对”；正是这一切，正是这种“混合在一起的狡黠和胆量”，正是这种“顺应时代”，“思考时代”的方式，使纪德成了完美的“典范”。而且更加重要的一点是：十年之后，萨特在《文字》中写道：“无神论是残酷的、长期的事业，我相信我会将这一事业进行到底。”而十年之前，萨特便在《活着的纪德》中说过同样的话，而且说得更加明白，从而与十年之后的话形成呼应，使我们感到愕然：“纪德所给予我们的最为珍贵的东西，是他决心彻底地经历上帝的末日和死亡”——纪德给同时代人和他的继承者所带来的，正是这种“经过缓慢的征服才取得”的无神论，是经过“半个世纪的追求才得到的完美的结局”，这结局已经“成了他的具体的真理,也是我们的真理”。[①]

在这期间,在第一次敬意和最后一次敬意之间,萨特还有一本《滑稽的战争记事》(*Carnet de la drôle de guerre*),从头至尾可以完全被看作是对纪德的《日记》佩服得五体投地的评论。纪德的《日记》(*Journal*)1939 年发表之后,西蒙娜·德·波夫娃放下手头的一切,急忙给萨特寄到了军营中。9 月 17 日,他在记事中写道:“我收到了纪德的书。”而且这本书使他非常高兴。同一个月的 18 日,他在一封写给海狸的信中说:“读着纪德的书,我开心极了。”在此后一些日子里,不管是在写《懂事的年龄》,还是在制定“伟大道德”的结构的时候,他在《滑稽的战争记事》和《给海狸的信》中留下了无数的记载,时而说纪德的“道德情感”与他的十分相近(“纪德和我之间都没有发生过不可弥补的事”),时而又说两人对待人的激情和命运的方式相差十万八千里(“昨天我又翻了翻纪德的日记,他竟然也是个信教的人,这让我感到十分吃惊”。由此他又想“回到我自己的《记事》上来”,看到“我的日记与纪德的日记是多么不同”)。时而又觉得十分相近,几乎显得危险(“这份日记让我对自己提出疑问,在这一点上也和纪德的忏悔相近”)。于是,他又想摆脱迷惑,将自己分别开来(“但这只不过是表面现象”,因为,当纪德向自己忏悔时,他“哼哼唧唧的,态度谦恭”,而我萨特的忏悔是“冷漠的,而且是为了前进”)。我们看到许许多多的记载,每个记载都标志着两个人进行搏斗的一个阶段,我们从搏斗中看

---

① 《活着的纪德》(*Gide vivant*),载于《境况种种》,第四卷,第 86 页,87 页,89 页。

到萨特从思想上走向成熟的过程，先是在纪德的伴随之下（“我越来越认为，要想达到真实，必须打碎某样东西”——这是“纪德从陀思妥耶夫斯基那里得到的教训，我要在小说的第二卷阐明这一点”），寻求与纪德的不同（“我明明白白地看到，我所追求的真实性从哪些方面与纪德的纯洁性不同”），与纪德对立，而且是从纪德开始走向成熟（“所有这些意见”都是为了“对比纪德的道德观和我的道德观的形成方式”），再一次追求与纪德的不同，但这次的追求带有激烈的色彩（“纪德的道德”是“让有钱的商人子弟变成银行家”，是“一个神话，标志着资产阶级的大财产”向“资本主义的抽象财产过渡”），全面地反对纪德（“我原想从纪德的日记中抄一段关于‘不太现实’的内容，我不该不抄”，因为，在对马丁·杜伽尔说的心腹话中，他说“他缺乏现实的意识”，哪怕是“最为重要的事件”，他都觉得是“化妆舞会”，这完全表现出我内心深处的“轻浮”），顺着纪德的思路发展（《滑稽的战争记事》第五卷有一段文字颇使人惊讶，那是未来的革命者赞美拉博小说中的人物巴纳布斯与金钱的关系，也赞美纪德与金钱的关系，而且所说的从始至终都是他自己的话：“超越”财产，将财产“非物质化”……将实际的占有换成象征性的占有……将“不动产的财富”换成“符号的财富”……只保留财产的“抽象形式”，哪怕是以“一捆捆的股票”的形式来保留财产……将“纪德不受约束”的梦想扩展到“不受资本的约束”……）——而且有时还有些奇怪的心里话，我们要时刻记在心里，才能明白几年之后，他在巴黎取代纪德而成为知识分子的典范，对他到底意味着什么（“读着纪德的日记，我不断地感到，我写不出优美的文章”，我的小说“臭得要死”，我的文笔“像病人的口臭一样，散出一股令人恶心的味道”，而“纪德那些美好的句子是没有气味的”……）。

在当时或在此后的时间里，在萨特的全部作品和整个生活中，我们看到他与纪德有过无数次的交汇，虽然重要程度不同，但我们感觉到《存在与虚无》的作者不断地拾起又抛开纪德的思想，不断地从纪德的思想中汲取营养，又不断地从中摆脱开来。《肮脏的手》（*Les Mains sales*）采用的手法，和纪德写的惟一一部政治题材的伟大作品《罗贝尔或普遍利益》（*Robert ou l'intérêt général*）的写作手法一样；《魔鬼与上帝》（*Le Diable et le Bon Dieu*）中关于私生子与背叛的题材，似乎是从《伪币制造者的日记》（*Journal des Faux Monnayeurs*）和《伪币制造者》获得灵感的。《苍蝇》中对真实的、决定性的、无可挽回的行动的怀念，奥莱斯特[①]面对着人和神大声地说“我做了我该做的事”时的心理活动，都明显地带有《梵蒂冈的地窖》（*Les Caves du Vatican*）中拉夫卡迪奥的“行为”的影子；当拉夫卡迪奥即将杀死弗洛莉索瓦之前，喃喃说：“行了，行了，卡迪奥，别再画蛇添足了”，后来又说：“就像下棋时不能悔棋一样，行动是不能再来一次的。”“不能再来一次”不仅指在行动中只能成功，不能失败，而且也成了萨特的一句名言。1938年底，他宣称说《懂事的年龄》将是一本纪德式的小说，[②]其中的主要人物受“完全的、令人陶醉的自由”驱使，他们是成熟的，能够享受“无动机行为所带来的快感”，他有意把这个人物说成是“根据拉夫卡迪奥”而塑造的。比如在《懂事的年龄》中，马蒂厄在餐馆里将一把刀戳进自

① 萨特的剧本《苍蝇》（*La Mouche*）中的人物。——译者注

② 《让－保罗·萨特，哲学小说家》（*Jean-Paul Sartre, romancier philosophe*），克洛蒂娜·肖奈兹收集的言论集，Marianne，1938年11月23日。

己手掌(与《梵蒂冈的地窖》中的情景不同的是,拉夫卡迪奥是将一把锥子扎在了自己的手上),或者达尼埃尔偶然撞见鲍里斯偷一本书(《伪币制造者》和《伪币制造者的日记》中,同样的情景发生在艾杜瓦和小乔治之间;只不过在纪德的作品中,被偷的书是一本阿尔及利亚的旧导游手册,而且没有偷成。在萨特的作品中,被偷的是一本“厚得像一件家具”的字典,而且在最后一刻,在达尼埃尔的眼下把书偷走了——很久之后,到了1975年,[①]萨特在一次谈话中承认,这一场景是直接受到了纪德的启发)。如果我们不知道萨特在写这本小说时,正是第一次看到纪德的《日记》,正在贪婪地读着,而且在写给海狸的信或在他自己的《记事》中发着议论的时候,我们就无法理解马蒂厄这个人物,无法理解他那“没有任何用处的自由”,无法理解他为什么拒绝“参与生活”,为什么“背信弃义”,为什么“感到内疚”,为什么那么“清醒”——在滑稽的战争期间,纪德的《日记》是他的偶像,与他形影不离,是他每天必读的日课,因此必然会对他当时写的东西起到支配、渗透和耳濡目染的影响。最后,作品的情节本身,书中所讲的故事:一个并没有多少爱心的男人,想方设法让一个怀了孕的女人流产,最后又抛弃了她,为了开脱自己而让她在一个朋友的怀中去寻求安慰——萨特肯定记得这也是《伪币制造者》中的情节,而且再一次利用了这个情节……同时代的人们为何没有发现这过于离奇的相似呢?萨特的书中有那么多的地方都是抄袭纪德的,而且是完全照抄,当时的人们根本就没有发现这一点,根本就没有任何评论,这难道不是很奇怪吗?

---

① 1975年12月7日。

还有《文字》。有人曾经证明，[①]当萨特在《文字》中说到要与文学决裂时，他所说的文学实际上是指纪德的文学——书是一种奇妙的模仿，总是要“比新古典主义的旧体走得更远”，用原本就是模仿来的“二手文笔”，将旧时的文章“重新写过”，在与伟大的纪德举行的文笔擂台赛中声称多赢了几分，可即使在决赛的时候，还是要从《伪币制造者》中艾杜瓦说的话受到启发：“当我摆脱自己的束缚，变成随便什么人的时候……”从而最终显得是要与《如果种子不死》(*Si le grain ne meurt?*)或《苔丝》(*Thésée*)算总账。假设：说到底，如果萨特在与《如果种子不死》的较量中输了，如果他最终被他“臭得要死”的小说，被他“像病人的口臭一样，散出一股令人恶心的味道”的文笔所压倒，那会怎么样呢？如果出于这样的原因，萨特在写了《文字》之后，决定搁笔，而且从某种程度上也真的搁了笔，不再写小说，那又会怎么样呢？

在《文字》的不同版本中，萨特好像把纪德和蒙戴朗，以及弗朗德勒的剧作家哥尔德洛德，《奥斯汤德的谈话》的作者，看成是一路货色，说他们是当时最善于“诽谤”或者最善于“说废话”的作者，是最卑鄙的流氓，是人类的公敌，[②]是最无耻的反人道主义分子，他在《菲洛克戴特》(*Philoctète*)中让一只秃鹫在人们的头上盘旋，犯下了大逆不道的亵渎人道主义的罪行——不过，即使在激烈的言辞中，在故作随便的引述中，在公开对他过去曾尊崇的大师出言不逊的咒骂和污蔑中，萨特不是也承认了他与纪德实际上是很相近

① 雅克·勒卡姆，《萨特为什么写，是怎样写了〈文字〉》，见于米歇尔·孔达的文集，第197页。

② 同上，第226—228页。

的吗？甚至到了 1963—1964 年间，他不是还没有摆脱纪德的影响吗？

在此之前，他还发表了《厌恶》，创造出自由、清醒、不会因任何人和任何事而上当受骗的主人公。这是新时代的第一本小说，还是战前的最后一本小说呢？是对存在主义的预感，还是纪德这只河蚌所放出的最后一颗珍珠？

在后来又出版的《圣热奈，喜剧演员和殉难者》中，他围绕着热奈发生了一系列的变化，说热奈拒绝"由于怨恨而作恶"，说这样的恶只不过是赌气，但他倾向于"无动机的"恶，其中的"无动机"变成了最终的目的，而且散发出好闻的味道。这也是纪德的风格。

《家庭白痴》[①]代表萨特的征途走到了尽头。文学的幻想——因此也就是纪德的幻想——在他的作品和整个时代形成了一条长长的隧道。在他生活的这个时期，他也想看到隧道的尽头了。在《家庭白痴》中，他最后一次追忆过去，像驴尥蹶子一样，放肆而愤怒，使我们觉得他理屈词穷，忍无可忍，意识到尽管时过境迁，但纪德的问题仍然没有解决。那是一个时刻萦绕于心的问题，令他心烦意乱，实际上根本就没法解决。他决心向最为隐私的地方发起攻击，因此那也就是最为卑鄙的攻击："他（指福楼拜）不会像安德烈·纪德一样，躲进妈妈的裙子里，大声喊叫：我跟别人不一样。"

最后还有哲学，小说和杂文中的哲学。不仅是在《滑稽的战争记事》中的哲学思想，也包括《存在与虚无》中所表达的对世界的看法。萨特是在形而上学的冒险中搏击的高手，声称他的文字和概

① 《家庭白痴》，I，第 153 页。

念都来自胡塞尔、黑格尔、海德格尔。可是熟悉纪德的人从萨特的文字中能听到纪德的声音：对“真诚”的赞颂和对“态度”的批判带有纪德的烙印；用“即兴之作”反对“习惯”，用“自然”反对“演戏”是纪德式的说法；纪德也提出过，至少和海德格尔一样提出过“本真性”的问题，纪德（或柏格森——这是我们打算放在后面再说的）是将“本真性”和“自动性”对立起来看的；纪德也揭露过“社会的假面具”，说这是真理的坟墓（《伪币制造者》说：“我们生活在为人所接受的情感中”）；一个人是由别人的目光所定义、所确定、所构筑而成的，虽然这一思想从原则上说，绝对是萨特的思想，但也带着纪德的痕迹（纪德说过：“人的大部分行动，也包括那些不受利益支配的行动，都会在别人的目光之下屈服，都会顺从于虚荣和模式”[①]）；纪德描写过要打破“僵化的”世界的激情，萨特的说法是“黏稠的”世界，后来又说是“惰性实践”的世界；发明自我的兴致来自纪德，对毫无用处的自由的恐惧也是来自纪德；在一大堆胡塞尔和谢林的参考书目中，像是故意引证纪德的剧作一样，也出现了《菲洛克戴特》，它显然成了挥之不去的顽念，在《存在与虚无》之后，又出现在《什么是文学?》中，出现在《黑色的俄狄甫斯》（*Orphée noir*）中，出现在《为了一种道德的笔记》（*Les Cahiers pour une morale*）和《圣热奈》中。对两情人间爱情的受虐狂或者对“超越自我”的“苦行道德”的分析还是来自于纪德，[②]甚至有从《窄门》引述的一句话做为佐证……

① 《日记》，第 1054 页。

② 《存在与虚无》，第 437 页。

有人说过司汤达是年轻的萨特处世为人的导师。有人说他那极其特别的清醒来自法国伟大的道德家——帕斯卡、拉布鲁耶尔、拉罗施福高。不错。但在萨特所有的文章中，我们首先听到的，是纪德的声音。当他没完没了地谈起纯粹的文学冒险中的意义和非意义时，我们想到的是纪德，他想到的肯定也是纪德。1972 年，当阿斯特鲁克和孔达向他提出要将《文字》拍成电影时，他之所以同意了，也是因为有纪德在前面做榜样（马克·阿勒格莱制作，1950 年发行的电影《与安德烈·纪德在一起》是为先例[①]）。相反，当他拒绝接受诺贝尔文学奖时，他也是以纪德为前车之鉴的，当然还有阿尔贝·施维泽尔，这两个人是他要驱除的恶魔，他绝不能成为像他们那样的人（他想，纪德这个老鬼，想出人头地都想疯了，从他荒唐地接受了所谓的文学奖之后，在青年和造反的事业中就算是完蛋了……）。

他在《活着的纪德》中说："正像一个法国人在外国，不管他往哪里走，只要迈出一步，不是离法国近一步，就是离法国远一步，思想上的活动也是这样，只能使我们接近纪德或远离纪德。"[②]

后来他又说过一句令人感到不同寻常的心里话，其中的每一个字都是有分量的："过去三十年来，不管法国的思想界愿意不愿意，而且不管它还有什么别样的坐标，马克思、黑格尔、克尔恺郭尔，但法国的思想都应当根据纪德来定义。"

事实很清楚。开始时有个纪德。萨特自己也承认，他生来便

---

① 《萨特的见证》，第二卷，第 1162 页。

② 《境况种种》，第四卷，第 10 页。

受到纪德的影响,便浸润在纪德的氛围中。用萨特的原话说就是,所有年轻的作家都会“受到上个世纪的文学习惯的滋润”,[①]在他还没有定型的时候,虽然心中有目标,但他还不知道自己会成为一个什么样的人,而在这时,他已经受到纪德的美学和道德观的影响。正是《厌恶》和后来的《自由之路》,正是所有这些伟大作品的创作历程使萨特变成了萨特,使萨特变成了成年的知识分子,使他在当时成为无可争议的人物,成为当代人中的佼佼者,让他跨出一步,成为伏尔泰、雨果、左拉和纪德的接力人;所有这一切都可以归结为一件事,我们甚至于可以说是一件很“简单的”事:彻底地克服纪德的影响,从纪德的思想中解放出来。在他头脑中,是纪德在迷惑他,不让他成为萨特,因此他要将纪德从头脑中驱除出去——这是一项长期的事业,正如走向无神论一样,驱除纪德的事业也将伴随他终生……

多斯·帕索斯、乔伊斯、塞林纳

如何摆脱纪德?具体说,如何从纪德的影响中脱离开来?如何在写作的过程中驱除纪德的魔力呢?这项工作可以归结为一系列准确的、有确切日期的行动,而且每次行动都以一个或几个人的名字为标志。

美国小说行动。此条仅供参考。我们不能肯定萨特十分喜

---

① 见于米歇尔·孔达所收集的言论集,载于《小说作品》(*Oeuvres romanesques*),第1726页。

欢——不像他自己说的那么喜欢[①]——伟大的美国作家。不过也没什么。有一条纪德之路可以通向文学的现代性。顺便说说,另外有一个法国人也在同时声称将“分析立体派”和“同时叙述法”的技术引入了法国,而且还获得了不小的成就,这个人就是朱尔·罗曼。事情的经过好像是这样,萨特利用美国人,绕过了纪德(和罗曼),避开了法国人,通过一条与他们不同的途径,找到了“分散”叙述的原则;他使这些原则更加丰富,而且在丰富的同时,使这些原则变成了他自己的技巧。《自由之路》中的对话和戏剧的特点来自海明威。多斯·帕索斯有一种万花筒式的叙述技巧。福克纳当然有点“反动”,“抒情”的味道太重了,而且掺杂着一大堆传统的“人道主义”的残渣,结果最终还是脱离人道主义,但是他对暴力的描写是无可比拟的,福克纳甚至认为文学本身就是一种暴力——此外还有他的语言,那不间断的窃窃私语声,那时时在我们耳边萦回的非人的潺潺声,使他的人物和他的世界充满了魅力……海德格尔具有哲学上的直觉,提出了“常人”的概念,这是指称看起来没有什么,却又振聋发聩。另一个当代人拉康与萨特保持着更加密切的关系,这我们在后边会看到——他们的关系是没有明言的,是神秘的,但却十分地密切——比人们所说的要密切得多。拉康说得更加明确:“永远不会沉默”或者“即使在沉默时,它也在言说”或者“无意识的声音是低调的,但它述说着同样的话”。他通过小说的自由之路,通过《1919 年》(1919)和《42 度线》(*42e Parallèle*)所找到的,就是这一切,是像旗帜一样挥舞起来的杰作,是口令。在评

---

① 见于米歇尔·孔达所收集的言论集,载于《小说作品》(*Oeuvres romanesques*),第 1726 页。

论《萨尔托利》(*Sartoris*)和《喧哗与骚动》(*Le Bruit et la Fureur*)时,萨特通过艺术的途径已经发现了海德格尔和拉康的忠告。通过美国人而不声不响地走纪德的路。借美国人与莫里亚克决裂,但又不能让人看出是在简单地重复纪德。他把美国人当成一群小兵来给他打内战,指挥着他们与法国的小说战斗,万一取得了胜利,那可就完全没有安德烈·纪德的份儿了。打仗就要像个打仗的样子。这是一场硬仗。

乔伊斯行动。萨特是乔伊斯在法国最早的读者之一,当然拉博(Larbaud)也是,顺便说说,纪德也是。马尔罗对乔伊斯一窍不通。普鲁斯特不知道有乔伊斯这个人,乔伊斯也不知道世上还有个普鲁斯特。克洛岱尔将作者签名送给他的《尤利西斯》退了回去,说那是一本“魔鬼的书”。主要的批评家都把乔伊斯的作品看成是蠢话和疯话的大杂烩。可是萨特读了他的书,而且作了评论。不声不响地从中汲取了几点直觉,成了他以后创作的基石。至少乔伊斯的作品反映了他很早之前便深藏于脑海中的心事:比如他始终无法释怀的父子关系;早年丧父或者无法得到父子亲情的那种挥之不去的苦恼,这我们在《文字》中也可以看到些许端倪。从《文字》中,我们还可以看到使他与早逝的父亲从感情上联系在一起的“阿克留斯情结”的观念,[①]我愿意想像,他是把《尤利西斯》中的布卢姆和德达鲁斯所体现的逆向转换的父子关系当作了自己的

① 阿克留斯(Anchise)是希腊神话中特洛伊的牧人,阿芙洛迪(Aphrodite)的情夫,阿芙洛迪给他生了一个儿子。阿克留斯不慎将事情说了出去,宙斯惩罚他,用雷击瞎了他的眼睛。在特洛伊之劫中,被他的儿子所救。——译者注

模式。而且尤其值得一提的是，他从乔伊斯的作品中学到了两三种"形式上"的技巧，至少与从美国人那里学来的东西一样，至少与"分散式"的叙述风格一样，使他的文笔发生了变化，形成了他自己的小说艺术。首先是"无声的独白"这种技巧，后来在勒阿弗尔的一次座谈中——通过在竖琴室里举行的这种座谈会，他试验了未来的文学批评——，他说这种技巧产生于 1887 年，是随迪雅丹(Dujardin)的《月桂树被砍倒了》(*Les lauriers sont coupés*)而出现的，当时象征主义正在盛行，无意识理论刚刚开始提出；但是乔伊斯的《尤利西斯》让他完全体会到了这种技巧的重要性。因此才有了《厌恶》中的独白。有了《懂事的年龄》和《心灵之死》中马蒂厄的独白。人称代词"我"和"他"或者"我"和"人们"的变换，是对乔伊斯技巧的实际应用。他在《什么是文学?》中所说的"没有媒介和距离的、主观性的原始现实主义"是从乔伊斯那里得到的。第二点，乔伊斯是博学之士，通晓多种语言。他的小说中到处是摘录的语录，到处是引述的古旧文章，闪烁着各种语言和风格的光彩，到处是想像的或确实有的书籍。乔伊斯证明，用不着离开文字和施维泽尔爷爷的图书构成的神奇天地，也能够成为一个天才的作家，甚至可以将这个天地当作叙述的原材料。乔伊斯将知识作为资源，将其组合成一个无限的世界，而且他将自己的做法公诸于世——这对于年轻的萨特，对于喜欢用旧文写新事的萨特是多么意外的收获呀！乔伊斯使人看到，小说的原材料是可以无限变化的——萨特喜欢读别人的书，这正是他所需要的！乔伊斯的作品是语音和动作的百科全书，每一项都分得细而又细，都包含着无限的意义——这不正是《延期审判》的叙述风格的源泉之一吗？那么，这一切的真实性在哪里呢？小说这张餐桌上怎么没有肠子、下水和内脏呢？说得对。没有下水。对于猛禽来说，这是个坏消息，因为它们什么都不喜欢，只喜欢吃普罗米修斯的肝：乔伊斯是个与真实性的意识作战的机器……还有第三点，乔伊斯的作品不仅是语言的混合，也是文体的混合——不仅同一种作品里混合着各种文体，而且同一部小说里也有各种文体的混合。小说是什么文体？是什么风格？更加准确地说，什么样的风格从原则上来说是小说不能使用的呢？自从乔伊斯以来，因此也可以说是自从萨特以来，没有任何风格是小说不能使用的。因为乔伊斯和读了乔伊斯的萨特作出了伟大的榜样。正是这样的直觉，使萨特即将借乔伊斯与莫里亚克专断的信念作对，也与纪德的信念作对。小说是一个总体上的文体。是一架杰出的文学机器。这部机器丰富、强大、有天资，可以胜过，而且是远远地胜过哲学和文学的交叉。对话、虚构故事、重新杜撰过去的哲学、无意识的文字、戏剧、戏剧化的杂文、有感而发的思考、抒情的论述、几个人的对话、对现象的归纳、诗歌：对于他来说，任何文体都不是陌生的。他要在《自由之路》中探索、实行和穷尽的，正是这种没有确切文体的文体，正是这种包容了所有文体的文体，他要做出巨大的努力，改变既定的文体，废弃传统的作品观念，放弃他对“伟大的形式”的追求。而这一点，他也应当归功于乔伊斯。

最后是塞林纳行动。

我们还记得《关于犹太问题的思考》(*Réflexions sur la question juive*)中那句至少可以算是一针见血的评断：“塞林纳之所以能够

支持纳粹分子的社会主义论断，是因为他得了他们的好处。”①

我们尤其还记得塞林纳的反击言辞是多么激烈。他的反击文章先是寄给波朗，但是遭到了拒绝，最后以《洗脸盆里的风波》(*A l'agité du bocal*)为题，发表在阿尔贝·帕拉兹的书《母牛的盛会》(*Le Gala des vaches*)后面——我们还记得塞林纳是如何描述咒骂他的人：“有那么一些装腔作势的家伙紧紧跟在我的屁股后面……气喘吁吁，怀着满腹怨恨，一副落水狗的惨相，阴险奸诈，半是蚂蟥，半是绦虫……散发着屁股的恶臭气……狗屎里的绦虫，假装蝌蚪的水虫子……凶恶、肮脏、忘恩负义、仇恨满腹、愚蠢……会吹笛子的绦虫……爱嘲弄人而且懂哲学的绦虫……”②

我们想两人互相对骂的情形，在此后很长一段时间，两人都不作声，互不理睬，互相蔑视，甚至互相再也没有来往过，再也没有谈到过对方。萨特其实写过很多同时代人的文章，为他在人生的路上遇到的人，哪怕只是一面之交的人，写过很多批评文章，写前言，写赞美文字，写应景文章，可他再没有提到过塞林纳。塞林纳后来专门写抨击性的文章，写了《导致一场屠杀的小事》(*Bagatelles pour un massacre*)、《困境》(*Beaux Draps*)、《死尸学校》(*L'Ecole des cadavres*)。海狸在回忆录中写过几句话，几句非同小可的话，定下了最终的调子(“《活着的死人》(*Mort à crédit*)使我们睁开了眼睛”，这本书表示的，是“小人充满憎恨的蔑视之情”，是“亲法西

---

① 《排犹分子的画像》(*Portrait de l'antisémite*)，载于《现代》N°3，1945年12月。

② 多米尼克·德·鲁和米歇尔·博茹，《路易－费尔迪南·塞林纳》，Cahier de l'Herne，1963年，rééd. Le Livre de Poche，1994年，第507—511页。

斯分子的态度”[①])。当我们把这些情形联系在一起看时，我们很难认为《厌恶》的作者会有“塞林纳问题”，“塞林纳之谜”，更不用说什么“塞林纳效果”或者“塞林纳影响”了。

然而，事情并不那么简单……

我们注意到的一些蛛丝马迹：我们也许不该不认真地对待萨特迟来的冲动：“在我们所有的人中，也许只有塞林纳……”

仍然是我们注意到的一些蛛丝马迹：西蒙娜·德·波夫娃在回忆录的同一页上，回忆起她和萨特在《活着的死人》出版时所感到的失望，同时也讲到前一年《黑夜尽头的旅行》发表时他们感到的欢欣：“对我们来说，这是这一年中最有价值的一本书”；我们“能背出”其中很多的“段落”；我们赞成他的“无政府主义”，他对“战争”、对“殖民主义”、对“庸俗”、对一些“陈词滥调”的批评。塞林纳“打造了一种新的工具：一种与话语一样鲜活的文字”。

最后还是我们注意到的一些蛛丝马迹：令人难以置信的《厌恶》的题铭事件——人人都知道，《厌恶》的题铭用的是塞林纳的一句话：“在集体中，他是个无足轻重的小伙子，也就是一个普通的人而已。”为什么令人难以置信呢？第一是因为，我们至少可以说萨特是不常使用题铭的人：《文字》是个例外，上面有一句夏多勃里昂的话（“我知道我只不过是一架制造书籍的机器”），不过那是放在一章的正中间，作为“中间题铭”使用的。因此《厌恶》是惟一采用了题铭的作品，而且选的是塞林纳的一句话。第二是因为那是在 1938 年，此前不久，在《活着的死人》出版之后，

---

① 《年富力强》，第 158 页。

塞林纳又发表了《导致一场屠杀的小事》，这是他的三部仇视犹太人的论战性作品中的第一部：因为这本书轰动一时，作者也刚刚引起了公愤，所以萨特不可能不知道，他进入文学殿堂的第一本书上的题铭，是来自一个被海狸轻而易举地说成是“亲法西斯分子”的人，这还是在《活着的死人》出版的时候，后来的塞林纳又变成了“法西斯分子”，而且从《导致一场屠杀的小事》开始，干脆就被彻底打上了“纳粹分子”的可耻烙印。第三是因为虽然人人都知道那句话是塞林纳的，但是大家所不知道的是，那句题铭并不像人们反复说的那样，不像萨特表面上最终也相信了的那样，是从《黑夜尽头的旅行》中摘出一句话，而是来自于《教会》（*L'Eglise*）。《教会》是一篇没有多少人知道的文章，而且在塞林纳所有的作品中，人们对这篇文章提出的问题最多：这是塞林纳早期的作品之一，写于1927年，遭到《法兰西新杂志》（*NRF*）的拒绝，最后于1933年由罗贝尔·达诺埃尔（Robert Denoıl）出版社出版。人们一般认为，这篇文章是以剧本的形式为《黑夜尽头的旅行》写的草稿和提纲；但很不幸的是，在1933年，这已经是一篇仇视犹太人的文章……萨特后来对孔达说，他是从二手材料中找到这句话作题铭的，并不知道它的确实出处。事情果真如此吗？茹外和迪兰[①]拒绝上演的这个剧本，只印了1800份，因此只有少数人知道。萨特没有看过剧本，不知道用作题铭的话出自何处吗？或者我们是否应当相信雅

① 茹外（Louis Jouvet，1887—1951），法国演员、导演和剧院经理，在两次大战之间法国的戏剧和电影界有过重大的影响。迪兰（Charles Dullin，1885—1949），也是法国演员、导演和剧院经理，法国新戏剧学校的创建人，其艺术观念曾对法国的戏剧界产生过持续的影响。——译者注

克·勒卡姆[1]说的话？勒卡姆说，当时报纸上发表的所有书评都没有提到这句话，萨特只能是读了令人难以忍受的第三幕才看到的。第三幕是最糟糕的一幕，表现的是在国际联盟总部，有着极大权势的几个犹太人于登兹维克（妥协事务部部长）、莫萨依克（过渡事务部部长）和莫依斯（鲁莽事务部部长）如何一点一点地挑起已经在全球各地酝酿着的战争之火，不为别的，只为证明他们的权力是必要的，只为能够永远保住权力。那句话是于登兹维克说的：“在集体中，他是个无足轻重的小伙子，也就是一个普通人而已”，指的是老老实实的巴尔达姆，他被国际联盟开除了，原因是他的个人主义早晚会影响席庸[2]的圣贤们制定的计划……有人——还是勒卡姆——清点了《厌恶》和《教会》之间存在的其它巧合。《厌恶》的结尾——拉格泰姆节奏的乐曲 Some of these days（《有那么几天》）在布维尔酒馆的留声机上最后一次响起来，在指出需要写什么作品的同时，使叙述者看到获得拯救的可能——几乎完全抄袭了《教堂》的结尾——正如《厌恶》中的《有那么几天》一样，另一段爵士乐曲 No more worries（《不要再烦恼》）成了剧本的主题音乐，而且也是于结尾处在郊区一家酒馆里最后一次响起来，同时“舞女”伊丽莎白前来宣布巴尔达姆与世人的和解。而且我自己的记忆中也有两件事，因为属于同一类，所以也应当记录在案。我在日内瓦与阿尔贝·科恩有过一次谈话，他是第一个与我谈到《教会》这个剧本的。他认为“犹太人于登兹维克”这个人物有点像他的索

---

① 雅克·勒卡姆(Jacques Lecarme)，《萨特和塞林纳，二十世纪两个性情暴烈的人》(*Sartre*, *Céline* : *deux violents dans le siècle*)，载于《文学杂志》1990 年 11 月第 282 号。

② 席庸(SION)是耶路撒冷的古都城名。——译者注

拉尔或他自己(尽管年代不对——不过那是另外一回事了!),所以他声称说这个剧本在当时产生了很大反响。后来到了1991年,我在冈城的国家剧院真的看到了这个从故纸堆中翻出来的、已经被人遗忘的剧本,是马蒂奈利(J.L. Martinelli)导演的版本。我还记得看到第三幕时,觉得非常不舒服。后来在落幕时,有一种似曾相识的感觉,的确与我们刚刚看到的《厌恶》的最后几行字十分相近。但是,在此之前,除了叫人不舒服和似曾相识的感觉之外,比我个人的"厌恶"感更加强烈的是,在听到第三幕的某些台词时,我不由地惊叹起来,这样说并不过分,剧本是那样的诙谐、滑稽,戏剧的编排是那样的精巧,显然与作为《黑夜尽头的旅行》的提纲,与被遗忘在角落里的草稿不可同日而语,我比任何人都能更好地想像,萨特看到这里会感到多么欢欣鼓舞,因为我本人就是在那天夜里,就是在看了这个剧本之后,才最终决定开始我自己的戏剧生涯的。总之,我倾向于两种假设中的第二个。我认为没有任何理由怀疑萨特真正地读过并喜欢上了这个剧本,虽然文体不一样,但与《黑夜尽头的旅行》一样属于上乘之作。因此我们不能想像,他是糊里糊涂便从一篇文章中选了一句话,作了自己第一本书的题铭。如果真是这样,那么问题便会更加尖锐:一定是非常有必要,一定是有着非常强烈的联系,他一定是欠着人家非常巨大的、无法偿还的情分,一定是对人家感到非常佩服,一定是非常想表达一份敬意,他才会不顾《教堂》第三幕的作者肯定也会在他心中引起的厌恶之感,抛开顾忌,抛开于登兹维克及其与莫萨依克所策划的可恶的阴谋,不顾塞林纳当时已经令人发指的名声,仍然觉得有必要与他联系在一起。他不是要拿塞林纳当作敲门砖,而是当作一面旗帜,他要挥舞着这面旗帜进入文学界。

因此，萨特欠了人家的情分。

萨特欠了塞林纳的情分。

即使是在主要的作品中（先是《厌恶》，接着是《自由之路》，甚至《存在与虚无》），也可以看出塞林纳的影响在萨特的思想和小说中留下的蛛丝马迹。

政治上的影响：波夫娃谈到的“无政府主义”的确是早期塞林纳的标志。这种无政府主义不是右派的，而是左派的，塞林纳从某种方式上始终忠诚于此。甚至在论战的檄文中，他不是也在捍卫著名的“拉比什的共产主义”吗？况且，还用得着说“甚至在论战的檄文中”这样的话吗？我们知道，塞林纳是个非常悲观的人，他认为在世纪之夜的尽头没有任何光明，确确实实地没有，可他在论战的文章中，尤其是在《导致一场屠杀的小事》中，开始考虑找一条出路，一种可能的共同的幸福——当然，条件是人们愿意事先从社会的机体中清除可恶的犹太人这种病毒，正是这种病毒使我们的社会患了病。眼下，事情还没有到这一步。当时《人道报》上由阿尔特曼或尼藏执笔，正在大肆吹捧《黑夜尽头的旅行》；阿拉贡和艾尔萨·特里约莱不遗余力地将这部作品翻译成了俄文，托洛茨基看后甚至写道：“法国的天才在这本小说中找到了无可比拟的表达方式”。当时，塞林纳发表了《梅塘演讲》（*Discours de Médan*），在演讲中表达了对左拉的敬意；德累福斯事件之后，任何有良心的人都不会不支持左拉。在当时，年轻的萨特声称自己属于“塞林纳的左派”，是很合乎逻辑的事情，塞林纳爱好平等，反对权威，知道什么是贫困,因为他当过为穷人治病的医生,有过亲身体验,而且就在《教堂》中,他揭露了殖民主义和人道主义的双重骗局,对此,萨特和波夫娃与所有的人一样,不可能无动于衷。

然后是小说艺术。萨特的作品仍然是将虚构和杂文混合在一起,将自传和传说,将对文明、对人类、对世界的疯狂指责和诗歌混合在一起。按照萨特的定义,小说是全面的文体,是一架机器,可以让视点旋转起来,使叙述变得不可名状、四分五裂。萨特声称这些技巧是自己发明的,他为此感到自豪,而且这些技巧可以让他与某些法国的才子们决裂……这些革新,这些修辞上和理论上小小的变化,也许是他从乔伊斯和海明威那里学来的。哪怕其中只有一半是跟他们学来的也好,从原则上说,外国人和死人总是强于活得好好的法国人,这条规律好像在当时就已经很流行了。总之是,他想方设法地让人们相信,他的技巧全部得之于外国人和死人。但是当代人知道,这些技巧也来自于下摩东的拉伯雷(Rabelais),来自这个有时还让别人称呼他戴杜什医生的狂热分子。当代人清清楚楚地知道,也听得出来,在《厌恶》的作者这个文学新人的声音中,有哪些东西是从塞林纳憎恨和痛苦的呐喊中,从塞林纳狂放的气息中借来的。萨特与莫里亚克作对,也与塞林纳作对。萨特与法国精神作对,也与《黑夜尽头的旅行》作对。萨特大概会把《境况种种》献给福克纳和多斯·帕索斯:但萨特也许是通过塞林纳呕吐的秽物和他说的疯话,通过他对邪恶的预言家的恐惧,通过他那像猫头鹰似的叫声,他的风景中的淤泥和花瓶,他在垃圾场的神灯,通过他充满激情的、带着喊叫和哭泣的语言,来真正地阅读和评论福克纳和多斯·帕索斯的。

我们在这里恰巧说到语言。文中的语言表面上看起来是天然的，或者是口语式的，但实际上海狸说过，那是下过很多很多功夫的。那种支离破碎，没有主干，像缝补一样连缀起来的句法，在暗中也要遵守严格的规则。风格猥亵而精巧。像在大喊大叫，却写得天外有天。那风格鲜活，有节奏感。词汇有动感。字母和音节的省略经过仔细的算计。那是一种有音乐感的、为众人所抛弃的语言。有一股郊区诗人的味道，语调铿锵而苦涩。那种激情。那种笑。他把句法和词法的领域扩展到文学斗争的陌生地带。“我是一个为文字染色的人，”他在一封写给米尔顿·欣德斯的信[①]中说，他还奇怪地把自己比作马拉美。使萨特感到吃惊的，正是这种“文字的色彩”。他为自己的《厌恶》所捕捉到的，正是这种语言的解构，是其效果的丰富，是对禁忌词的喜好，而且在文字背后所隐藏着的，是罪恶，是无耻，是垃圾。西蒙娜·德·波夫娃还说，“在熟悉了纪德、阿兰和瓦勒里那种冷漠的句子之后，这是令人感到多么轻松的文字啊！萨特在仿效这种写法。”对啊，我们看惯了传统的“资产阶级”文学那一本正经的优美腔调，句子连贯，矫揉造作，崇尚空谈，使用的是陈旧的虚拟式未完成过去时——况且一直到现在我们也没有摆脱这种文风吧？——要有运气，才会看到文学的语言中突然出现了像庙会一样热热闹闹的气氛，我们听到的是切口行话，看到的是将胡涂乱写和精确安排的文字混合在一起的画面，是乱糟糟的文字和节奏。[②] 塞林纳是解毒药。塞林纳是抗

---

① 《我所见过的塞林纳》(*Céline tel que je l'ai vu*)，L'Arche，1951年，第138页。

② 米歇尔·孔达和米歇尔·里巴尔卡，《小说作品》(*Oeuvre romanesques*)，1666页。

体。塞林纳是冲击语言的暴力，通过对语言的冲击，塞林纳震撼了文学中所有僵化的东西。二十世纪有两种暴力的“流派”——所谓“某种激愤的状态”有两种“变体”，成了二三十年代的背景乐曲。一个是超现实主义，但萨特不属于这一派。在当代人中，没有受到超现实主义革命影响的人不多，他是其中的一个；很奇怪的是，直到很晚的时候，他对此都没有反映，这我们在后面会看到。第二个就是塞林纳。塞林纳是当代一个可悲的人物，他喜好极端，是愤怒和悲惨的翻版——阿拉贡在探索如何平平安安地走向全景画的时候，塞林纳却正在别列齐纳河血腥的迷宫中寻找出路……

最后是形而上学。假设——尽管我不相信这一点——假设萨特在为《厌恶》选择题铭的时候，没有读过《教堂》，不知道这是塞林纳最早的仇视犹太人的作品之一。可他读过《黑夜尽头的旅行》。他知道塞林纳的小说从情节上有一种世界末日的气氛。他知道，在塞林纳的眼中，腐败的世界一片凄惨，到处是彻底的罪恶孳生的疫气和病毒，到处是傻瓜和受苦的人们，到处是福克纳小说中的人物和马戏团小丑般的人。而他萨特却毫无保留地，不知羞耻地从这一切中，从塞林纳可悲的滑稽和离奇的诅咒中获取灵感。

当然，我们应当进行仔细的研究，一句一句地比较。应当对照着阅读萨特和塞林纳的书。但是，在作更加细致的比较之前，我们怎么能不对他们两者之间的谐音和共鸣感到吃惊呢？怎么能不对两个比喻体系可以乱真的相似性感到惊讶呢？

萨特的厌恶是对巴尔达姆的呕吐和《活着的死人》中人们在教堂的侧殿呕吐的回应。

萨特的“偶然性”和“虚无”的感觉，虽然不能说是照抄了塞林纳的原文，也是仿效了《黑夜尽头的旅行》中一些精彩的段落。“我原来就总是(这是塞林纳说的，更准确地说是巴尔达姆——不过让人听着像是罗康坦的话)，总是害怕我会成为一个空虚的人，一个没有任何理由活下去的人；现在我面对着事实，确认了我个人的虚无；这里的环境与我日常在平庸的生活中习惯了的环境差别太大，我一下子就融化了；觉得更加接近于不存在的状态，就这么简单；于是我发现，只要别人不再对我谈起日常事务，便再也没有任何事能阻止我沉湎于不可遏制的厌烦，沉湎于一种甜蜜蜜的、可怕的心灵灾难之中；一种厌恶的感觉。”

“软乎乎”和“黏稠”的感觉像挥之不去的顽念一样，我们知道这些感觉在萨特的情感和形而上学的思辨中起着什么样的作用。塞林纳也被这种顽念所烦扰。《活着的死人》中也在“批评软乎乎的东西”；《导致一场大屠杀的小事》中诅咒过“由幼虫军团和黏糊糊的编队组成的布鲁姆大军”，但是在此之前，《活着的死人》的年轻作者就已经被一个“肥胖的、令人厌恶的、长了一身软肉的”女人夺走了童子之身……

我们正好说到女人。女人身上的肉和圣女，使萨特感到“基督徒式”的恐惧(在谈到热奈时，他就是这样说的)。那真是基督徒式的恐惧吗？抑或是塞林纳式的？当然是来自于塞林纳的。当我们看到萨特乱糟糟的描写(但是在塞林纳的小说中，乱有乱的规矩和原则)时，我们仍然可以看到塞林纳的影子：玛塞尔怀孕了，身子“软稀稀的像个烂泥塘”；玛塞尔拉肚子；玛塞尔的呕吐物是“带气泡的混浊的水状物”；一般来说，怀了孕就像“得了淋病”；女人“肚子里生了病，在裙子下慢慢地腐败”，可怜的身体没了形；女人身体里的"体液"、"酏剂"、"荧光剂";"温吞吞"而且"乏淡无味"的女人;发了情的女人"软乎乎的像条毛毛虫";一个女人,"每个月还得尿一回血";"生育的时候像条鳐鱼";"不管怎么洗也没有用",总是"散发着一股气味";"女人的肉"需要像"做面包的面团一样"揉捏;而且,"食道"、"肝"、"肠子",那都是女人在"爱"中的器官。这是塞林纳的话吗?不是,是萨特的。仍然是萨特的话,尤其是在《自由之路》中。但是,我们听着却像是塞林纳的话。好像萨特嘴里说的是塞林纳的语言,眼里看到的是塞林纳的世界。

萨特要否认塞林纳吗?从《活着的死人》开始,在塞林纳的问题上,他便始终腼腆而尴尬地一声不吭。即使在引述塞林纳的话时,也不明说——尤其是在战后,塞林纳真的变得为人所不齿,成了一个既像怪物、又有点神圣的人,像是老虎屁股触摸不得,名字也几乎让人说不出口,活生生地被自己的卑鄙禁闭了起来。这一切都不假。但萨特的态度与阿拉贡的态度形成鲜明的对照;阿拉贡也疏远了塞林纳,但阿拉贡远没有否认自己对塞林纳的敬意,远没有因为塞林纳而感到窘迫,反而到了1968年还坚持说,他年轻时是如何梦想着能在罗贝尔·达诺埃尔(Robert Danoıl)出版社出版自己的作品,只因为第一部伟大的作品是从这里出版的,"这部作品的作者后来的行为"并没有使作品"失去"其华彩。总之对于萨特来说,塞林纳在早期对他产生了耳濡目染的影响。总之,用他的话说,就是"多亏了塞林纳",一切都变得"合法"了:一切,首先是轰轰烈烈地登上了文学的舞台,当时在这舞台上占统治地位的仍然是纪德,仍然是风雅的精神!总之一句话,在刮了这阵名为塞林纳的旋风之后,萨特便成了真正的萨特。

文学就是战争

在早期萨特的家学渊源中，我们还可以列举出卡夫卡，因为《厌恶》第一版在出版时的宣传插页让人想起“无孔不入的变化”，也因为1943年他写过两篇文章，文章写的不是卡夫卡本人，而是加缪和巴塔耶，这两个人是他在卡夫卡艺术上的竞争对手，虽未明言，但他不承认他们有权将《诉讼》(*Procès*)[①]的风格占为己有。

我们还可以列举出巴尔扎克。萨特不声不响地从巴尔扎克那里学来了人物反复出现的技巧，这是巴尔扎克的伟大发明：从《懂事的年龄》到《心灵之死》的一系列小说中，马蒂厄、玛塞尔、雅克、奥戴特、高梅兹、萨拉、帕布罗、布吕奈反复出现，正如巴尔扎克的小说中反复出现的拉斯蒂涅克、纽辛根、毕扬雄等人物一样……某些句子也在作品中反复出现，除了人物之外，这种技巧也营造出了某种象征性的场景，比如马蒂厄和他手上那把刀……

我们可以列出一个清单——实际上已经有人这样做过[②]——，举出哪些地方几乎是从别人的作品中引述的(《欧也妮·葛朗台》、《百科全书》)，哪些地方是仿效(狄德罗、笛卡尔、孔狄亚克、拉辛、波德莱尔)，哪些地方是企图重新审视(普鲁斯特)，哪些地方是真正的借用，哪些地方是假装的呼应，哪些地方是经过掩饰的陈词滥调，哪些地方是老调重弹，哪些地方是剪接，哪些地

---

① 卡夫卡死后所发表的三部未完成的小说之一。——译者注

② 热纳维埃夫·依德，“《厌恶》中的仿效和滑稽模仿”(*Pastiches et parodies in La Nausée*)，Hatier，1971年，第71—74页。

方是滑稽的模仿，哪些地方是改编了的诗句，哪些地方或多或少地承认了不自觉地受记忆中别人的作品的影响，比如《厌恶》就是这样，像五彩的飞虹，像杂耍的游艺会，抄袭里面套着抄袭、想像中套着想像，由此而组成了一张巨大的蜘蛛网，网住的都是从外面借来的意义。

对，我们可以重新阅读《厌恶》，我们可以重新解释《厌恶》中所有恐惧的想像，书中的“栗树”，书中关于螃蟹的场景，罗康坦产生幻觉的时候，看到自己被一种活的物质，一种具有动物性质的自在的东西包围了起来，是动物或者物体，或者两种都是，这些东西在攻击他，变得越来越多，使得语言突然间像发了疯似地大叫起来——我们可以把这一切看作是《马尔多洛之歌》(*Chants de Maldoror*)[①]的一个欢乐的变体，是那些很难说清其种类的野兽的翻版：长着一张大嘴的螃蟹，生有四百个吸盘的章鱼，吃人的蜘蛛，黏糊糊的虱子，食肉而且生有爪子的软体动物，而且在这一切之上的，是“人这个野兽”——这情景是洛特利阿蒙作品中的还是萨特作品中的呢？

人们经常说年轻的萨特“没有风格”。

有人说——塞林纳就这样说过[②]：“风格是很少的；每一代人中也就有一个，两个，三个。作家却有成千上万，都是些不得要领的可怜人，在一堆句子中爬来爬去，重复着别人说过的话，但他们并没有属于自己的风格。”——因此，有人说早期的萨特正是这样，

---

① 洛特利阿蒙伯爵(Le comte de Lautréamont，1846—1870)的荒诞史诗。——译者注

② 见穆罕默德·舒克利的引述，第178页。

而且,如果说他有天才,那也是仿效和假冒的天才,或者,即使是在最好的情况下,也只能说是使旧东西重新复活的天才。

还有人说——瓦勒里就这样说过[①]:“我们这个时代”没有风格。谁也“不敢承认”,但是人们对风格的概念已经陌生了。于是,人们便走向“仿效的语言”,走向“借用的组合”。人们说,在这一点上,萨特比任何其他人都更能表明这种状况:有时候,他写得像乔伊斯,有时候像拉罗施福高、博须埃、夏多勃里昂或帕斯卡,有时候像多斯·帕索斯,还有的时候像马尔罗;这种像剁碎的肉馅一样的东西还能是一种风格吗?现在,世界文学的很大一部分内容,都能通过一本书,像幽灵之舟一样四处周游,我们还能说有什么风格吗?语言不断地在文化的两岸之间滑来滑去,或者几乎可以说是“摇来摆去”,那种种难以辨明的、难以确定的语言算是什么语言呢?而且说到底,“罗康坦”(Roquentin)难道不正是 roquentin 吗?按照十九世纪拉露丝词典的解释,这个词的意思是“指由许多歌曲的片断连缀起来组成的歌曲,像拼凑起来的大杂烩,以通过变换节奏,或在意念的连续中产生令人愉快的意外效果或滑稽效果。”[②]

况且,即使是萨特本人,大概也不会不喜欢关于他自己的这个观念和形象:他在《文字》中说过,作为孩子的普鲁为了变成作家,也就是说为了让妈妈高兴,是如何特别精心地抄写他能拿到的所有的书,有“有悲惨的故事也有吓人的冒险,有奇谈怪论也有字典上的词条”,而且到了七岁的时候,他甚至还抄过“拉封丹的《寓

① 保尔·瓦勒里,《文集》第一卷(*Cahiers, t. 1*),Gallimard,Pléiade,1973 年,第 405 页。

② 米歇尔·孔达和米歇尔·里巴尔卡,《小说作品》,1674—1675 页。

言》”。他明确说过“非常喜欢抄别人的东西”,甚至达到了极致。[①]当他描绘丁托列托时,把他说成是仿效之王,在各种门类的绘画中,他都是模仿别人的专家,是最善于随风使舵的画家。在威尼斯,只有他一个人可以根据别人的要求,画出委罗内塞、提香或是波德诺纳风格的画。

实际情况是,萨特的做法和大多数新生的伟大作家一样。

实际情况是,萨特和塞林纳一样;塞林纳的《黑夜尽头的旅行》也可以被看成是由一系列从别人的文章中引来的东西组成的;有来自拉姆、弗洛伊德、巴比塞的(比如《火线》前一百页对战争的描写,比如参加第一次世界大战的法国兵的对话);也有来自墨朗的(“……我们的作家中第一个使法语带上了爵士乐韵味的人……一个了不起的、真正而神圣的语言大师……一个发现了风格的作家……天生就是作家的人……极为罕见的人……我承认他是我的先师……”[②]);有来自达比(Dabit)的,有达比对郊区生活的描写,有他那些阴险而可怜的人物,他所描写的一幢幢房子里那令人陶醉和厌烦的生活;也许还有来自普鲁斯特的:“你问我读不读书?我读得很多!逮住什么读什么!不管是不是小说!不管好不好。”[③]

实际情况是,萨特和拉康一样;拉康也是有抄袭癖好的人,是不知疲倦的读书人,不断地在从别人那里借来的东西上签上自己的名字,将剽窃的东西变成拉康的文章,并且从某种意义上说,让

---

① 《文字》,第 118 页,126 页。

② 写给米尔顿·欣德斯的信 1947 年 6 月 11 日和 10 月 12 日,见于《我所见过的塞林纳》(*Céline tel que je l'ai vu*),第 143 页和 173 页。

③ 《我的朋友巴尔达姆》(*Mon ami Bardamu*),第 74 页。

自己变成这些文章的最终作者——除非恰恰相反(真的是相反吗?难道不是同一种做法反过来的表示吗?),他将由他发明的风格投射在前辈们的身上,让弗洛伊德、黑格尔或海德格尔在拉康之前就不知不觉地成了拉康式的人物。据拉康说,《释梦》的作者和荣格快到纽约时,在船上面对着自由女神像,说过一句非常有名的话:“他们不知道我们给他们带来了瘟疫”:人们争先恐后地传颂着这句“具有历史意义”的话,谁也没有想过这到底是不是真的。这很可能就是拉康的杜撰[①]……

实际情况是,人们要花很长的时间才能变得年轻,要花更长的时间才能找到或发明自己的风格:人们一向以为作家就这样像奇迹一样诞生了,他的声音会成为权威,他能解决一切难题,他一出现便与众不同——但这是不可能的!如果是这样,那事情就太简单了!作家在开始的时候一般要胆怯得多!要做作得多!而且并不像人们想像的那么有教养!他们的流氓腔调要重得多!他们是掠夺者,抓住别人的东西就不放,大声吆喝着贩卖别人的作品,专门盗掘文学坟墓和沉船,食古旧纸,吮文学之血,吃同类的肉。他们是有生命的蒸馏器,是蜜蜂;他们吃书食字,是——正如贝克特说的那样,也正如萨特后来重复说的那样——由别人的书和文字铸成的人,他们以仰别人的文字和作品的鼻息为生,靠人家养活,在他们编织的故事中,来自别人的句子和情节至少各占一半。实际情况是,当一个作家首次出现,第一次开口讲话时,他很难为自

① 伊丽莎白·鲁迪奈斯库,《雅克·拉康》(*Jacques Lacan*),Fayard,1993年,第349页。

己争得一席之地，很难将他之前的文字清除干净，在很长很长的时间之内，人们透过他的文字所看到的，其实仍然是他之前的文字。他讲话是将现成的话“拿来便说”。应当充分地理解“拿来”意味着什么，有多大的分量。应当想像，实实在在地想像有一种先前便存在的话语，一套库存，一份资产和文字的清单，一个作家——塞林纳，萨特——来了，登记注册，将自己纳入现状，看看仓库里现有些什么，将其据为己有，从中选一套适合自己的东西，为自己打造一种声音，开辟一条道路。我们应当想像，伟大的作家和一个国家的创建人一样，他们所面对的并不是未经使用过的语言，或者语言中一个未经开垦的区域，而是一些已经被占领、已经达到饱和、甚至是怀有敌意的阵地，要经过激烈的斗争去夺取，赶走原先的占领者，才能取而代之。应当知道，写作的行为要从罪恶开始。应当知道，新生的作家就像一个文学的动物，我们能看到他在别人的作品中为自己挖一个窝，打造一个洞穴；并从这个窝开始，从不断的围追堵截开始，才能形成人们称之为的风格——有时候这需要一生的时间！需要漫长的一生的时间！而且，到了生活的尽头，到了老态龙钟的时候，命运的骰子还要最后再转一圈，伟大的作品才会成形，才会真正地诞生，夏多勃里昂的《兰塞的一生》(*Rancé*)，康德的《判断力批判》，塞尚，提香，最后的毕加索，伊文斯[①]的《风的故事》(*Histoire du vent*)以及，我们后面会看到，最后临死之前的萨特——都达到了自由王国。

没有例外吗？当然有。有几个诗人。几个像精神病人一样会

---

① 荷兰著名电影制片人。——译者注

说些癔语的人。也许弗洛伊德算是一个，至少萨特笔下的弗洛伊德，托马斯·曼（Thomas Mann）在一次报告会上所说的弗洛伊德算是一个。1936年，正值弗洛伊德盛行的时候，托马斯·曼在一次报告会上说，弗洛伊德是“独自一个人走完了艰难的研究之路，完全不靠别人，只是作为一名医生和自然的观察者，并不知道文人们为他准备的安慰和鼓励”——他“完全用自己的手段”，“有条不紊地制定了自己的系统”，几乎“没有读什么书”，不知道有些人在他之前就已经有了他的那些“观点”，比如尼采、叔本华、克尔恺郭尔、诺瓦利斯。

但是，从根本上来说，规律就是规律。

一个作家的处境有两个基本的特点，那就是“饱和”和“敌对”。

不是：“请进，请随便，语言在等着你呢。”而是：“语言是从来不等的；语言是粗涩的；敌对的；语言本身就是组织起来为作家制造障碍的。”

有鉴于此，在强行取得自己的风格之前，而且也为了切切实实地用强权夺取这一风格，作家没有第二条路可走：面对这样的处境，他没有别的出路，只有使用狡计、阴谋、暴力、叛乱——抢夺某人的假面具，躲在另一个人的背后，假装与第三个人结盟而使其丧失警觉，一点一点地侵占第四个人的领地，以期能让自己有个立脚之处，生吞活人，占有死人，将文学艺术变成了普遍而积极的模仿。

有人说过，作家是在打仗。①

他们是在不停地打仗，一直到生命的尽头，因为来自各个方面

① 菲利普·索莱尔，《例外的理论》（*Théorie des exceptions*），Gallimard，1986年。

的力量非常之强烈，都想阻止他们生存下去。

但是，战斗最激烈的，莫过于最开始的时候，最开始的时候是为了崭露头角，还不是为了坚持下去。在台上唱曲子的人太多了！已经太多了！你还想让人为一个新来的家伙鼓掌？

因此，我深信，萨特之所以仿效别人，借用别人的东西，粗俗地向别人使媚眼，不带引号地引用别人的东西，野蛮地理解过去伟大的作家和哲学家，他之所以这样做，是出于文学上的考虑，但也是出于军事上的考虑。

为了忘掉纪德而倚靠塞林纳……然后再利用夏多勃里昂或雨果来摆脱塞林纳……向加缪和布朗肖致敬，但目的是为了更好地从他们那里把卡夫卡抢夺过来……用朱尔·勒纳来纠正彭日，再用彭日来纠正朱尔·勒纳……围困福克纳和布朗肖……借加缪来反对梅洛，再借梅洛来反对加缪……利用多斯·帕索斯来对付马丁·杜伽尔……利用马尔罗来对付阿拉贡……派出尼采军团去攻击巴塔耶的城池，然后再用巴塔耶去打纪德和马尔罗……在《延期审判》中，用达尼埃尔的独白滑稽地模仿《内心的经验》（*L'Expérience intérieur*）[①]中写得最好的段落，到了1952年，他在《圣热奈》中又取得了对巴塔耶大陆的控制……避开罗曼……绕过布尔日……将波德莱尔变成萨特的阵地，以便更好地摆脱福楼拜……且不说那些“侦探小说”，那是些“坏书”，可是在滑稽的战争期间，海狸在给他寄纪德的《日记》的同时，一包一包地给他寄过侦

① 乔治·巴塔耶的三部曲《无神论全书》（*Somme athéologique*）中的第一部，另外两部是《有罪的人》（*Le Coupable*）和《论尼采》（*Sur Nietzsche*）。——译者注

探小说，而且他一辈子看了很多很多的侦探小说：那是防治风格呆板的良药，是风度翩翩的文学的解毒剂。

人们以为他是在作文学批评，实际上他是在搞战略。

人们以为他写的是前言、文章，实际上那是战争的机器。

人们说，他的书是发臭了的便壶，是旧货铺子，是由别人的书烧成的节日篝火，是一面能反照出他的书架和我们的书架的镜子，是对别人的模仿和伪造。其实不对，那是一些不择手段的书。是好斗的武士。那是书，也是别动队，他在其中抓住别人的文字，就像巴达扬跳上一匹不管是谁的马，让它跑得累得精疲力尽，口吐白沫，到了下一个驿站便弃之不顾了。

福楼拜——不过彭日、娜塔莉·萨洛特、热奈也一样——是萨特的生活和战争中的一个人物。

波德莱尔和马拉美——也包括贾科梅蒂——是他文学军团中的傀儡，是他在漫长而虚伪的战争中征调来的士兵。

司汤达是他的朋友，是他的盟军——是他精神上的同时代人，在对可怕的夏多勃里昂的大举进攻中，是他最好的支持者，他的游击队员，他的神枪手。

对，夏多勃里昂是个叛徒。是叛军的元帅。而且应当认真地对待与海狸一起派往马尔维纳斯，去向背叛者的坟墓上撒尿的讨伐远征军[①]：这是由愤怒和憎恨产生的激情！要无穷无尽地把战争进行下去！以“表面上的光彩”为同谋，去溅污“美文”的象征！寻找冷酷的流派采用的象征，找到弄虚作假的文学和前后对称的

① 《年富力强》（*La Force de l'âge*），第134页。

动听的句子，好像在精美的西部片中一样，与对手单打独斗，侮辱他，让他永世不得翻身，这就是战士的形象，这就是战争和写作的目的！且不说莫里亚克甚至认为，“在文学的历史上，瓦尔米[①]的大炮对歌德有多重要，萨特的小便就有多重要”，但他并没有说一个“新的纪元”由此开始了，是“在名人的坟墓上吐痰和撒尿的纪元”。我认为这种挑斗性的话，比一群略带醉意的医科学生发出的超现实主义的小小挑衅要严肃得多，医科学生们发誓说要抽阿纳托尔·法朗士的耳光，但那永远只不过是纸上谈兵罢了。

面对着过去的和现在的伟大作品，有些人像马尔罗一样。我非常喜欢照片上他那副样子，他在布罗涅自己的家里，躺在客厅的地毯上，穿着一丝不苟的套服，非常的潇洒，四周是他喜欢的作品的复制品：他既漫不经心，又聚精会神；我们感觉得出他比以往任何时候更加沉浸在梦想和内心的斗争中；所有的作品都在地毯上，有塞尚的，有弗拉·安吉利科的，有普桑的，有高尔高纳的一个头像，有毕加索的《小姐》，有阿兹特克人的一个神像，有夏尔丹的，有拉斯科的野牛图，有米开朗基罗为西斯廷教堂画的壁画，有布拉克的《鸽子》，有上古埃及的一幅浮雕，沙特尔的一座人像，夏加尔的一幅屋顶画的局部；这些作品都在他身边，都是他的，由他摆布，听他调遣；像他儿子们在楼上自己房间里静悄悄地玩的那些铅制玩偶士兵一样，他也可以将这些作品摆好、收起、再拿出来、任意移

---

① 瓦尔米（Valmy）是法国地名，1792 年 9 月 20 日法国军队曾于此大战普鲁士军队，法国军队取得胜利。战斗其实完全是由炮火的轰击完成的。歌德曾经参加这次战役，并说过一句有名的话：“世界历史的一个新纪元今天在这里开始了”。即下文所指的“新纪元”。——译者注

动;他可以通过移动,缩短画面,让它们对话,并可以导致无穷无尽的变化。在我的想像中,萨特面对过去的作品和同时代人的作品时,也像他的老对头置身于自己的收藏品中时一样。

至于哲学家,至于萨特如何对待过去的伟大的哲学著作,这正是我们下面要说的。我们至少有两种方式来阅读哲学家的作品。一种是老师的方式,对哲学家说的话恭恭敬敬,忠实于哲学家的学说,有逻辑头脑,小心翼翼地寻找论证和体系的顺序。另一种方式是哲学家的方式,也就是作家的方式,哲学家和作家之所以还需要仰仗别人的思想,是因为他们现在还没有办法(他们以后会有办法吗?)勇敢地表明自己的思想,提出自己的声音,敢做敢当,以自己的名义来思考。于是便有了野蛮的阅读,掠夺性的阅读,而且还有军人式的阅读。读前人的思想是为了从中找到正在萌生的自己的思想。《滑稽的战争记事》中说,要“以牺牲前人为代价,产生自己的想法”,一直到“陷入绝境为止”。[①] 引述胡塞尔或海德格尔为的是从中提取长矛,武器,援军。用一个来纠正另一个。将两个人合起来对付黑格尔。如果引述的不完全是原文,那也活该。如果在引述的时候将神圣不可侵犯的思想“活动”丢失了,那也活该。甚至如果使这一思想的意义失去了历史的特点,将它安置在九霄云外,完全脱离其背景,也就是脱离其体系,其历史,按照萨特自己的说法,就是脱离其境况,那也活该。而且,如果他所引述的思想像文学文本一样,在他的像马尔罗的藏画一样的藏书中飘浮起来,那也活该。我们闯进伟大的死人的家里,就像进入一座磨坊一样,而

① 《滑稽的战争记事》,第 226 页。

且在磨坊中正在磨着的，正是伟大的活人的思想。人们从别人的思想中取来原料，造成自己的思想，这个别人不管是活的还是死的，而我们自己的思想却永远不会完结，永远处于悬而未决的状态——由此而形成的，正是思想的法则。对别人来说是形式的，对自己却是原料。别人已经结束了的东西，我却要放在我自己未结束的话语这架纺车上再纺一纺。思想总是在掠夺，在说谎，它对待别的思想的态度总是像海盗一样，强行夺取别人的东西，并在夺取的时候顺便将自己的毒素传给人家；思想如果不是这样，那就是没有思想的思想——是死了的思想，是僵化的思想，活着的伟人拥有的伟大思想也就完了。

萨特就是这样的活着的伟人。

他是个野蛮的斗士，是个野蛮的文字的盗贼，他在死人和活人的艺术中，在别人的思想中攫取原料，以铸造自己的艺术和思想。

有时候，斗士做得太过分，将阅读的权利和无限的权势表现得太狂妄，说是在阅读，实际上却完全吸收、摧毁了人家的思想，将人家的思想化为乌有。正如波德莱尔，说是在翻译爱伦·波的诗，但译文却完全抹杀了原文。正如马拉美为他最喜欢的诗人波德莱尔写的悼念诗，说是要用自己的诗为波德莱尔建一个供人凭吊的衣冠冢，但实际上却将他最喜欢的诗人推进了他自己的思想形成的黑洞。热奈的不幸遭遇也是这样，热奈完全被萨特向他表示的敬意压垮了，他身上有用的东西全部被拿走，变得没了任何用处；萨特的《圣热奈》发表之后，热奈几乎再也没有写过东西，因此也就停止了生存；《圣热奈》成了一座坟墓，将他活活埋了起来（尽管热奈背信弃义，胆大无比地指责萨特，说萨特是“一只恭敬的螳螂”，只能“吃掉与它交配的雄性”!)。画家拉普亚德(Lapoujade)也遭到了同样的悲惨命运(这证明萨特是经常干这种事的人,是个危险的惯犯,而且这种死亡之吻,他绝不是偶尔为之,这绝不是由热奈的个性导致的例外,在他与他欣赏的艺术家的关系中,这完全是正常的方式之一);萨特为拉普亚德写了一篇出色的杂文,很有洞察力[①]——但拉普亚德也从此一蹶不振;好像无力成为哲学家笔下那个伟大而模范的画家,无力成为新的戈雅,[②]无力成为那种抽象而具体的画家,“用他的画撕掉艺术家的面具”并“使画还原为壮观但又朴实无华的本质”;于是他不再作画,同样地被一个用文字形成的坟墓掩埋了起来。

战争就是战争。

这就是以斗士的面目出现的艺术家和哲学家。

---

① 《境况种种》第四卷,第 364 - 386 页。

② 戈雅(Francisco de Goya y Lucientes, 1746—1828),西班牙著名画家。——译者注

4 “德国式”的哲学家

哲学。

萨特在哲学上也有他的纪德。

在思想领域中也像在形式和风格领域中一样，他也有作为源泉的作者，束缚着他，拉着他的后腿，使他迟迟不能变成萨特。

这个又是源泉又是障碍的人，这个实实在在的具有惰性的知识分子，这种为了使“真正的”萨特诞生而必须克服的思想原料，这个在哲学上与他的作家生涯中的纪德相当的人物，就是亨利·柏格森。

柏格森主义

人们不太了解柏格森思想在法国的历史。

人们忘记了，十九世纪末有人出来讲话，说要解放哲学，使哲学恢复其绝对的权力，不仅要让它高于科学，还要高于艺术。在这片思想的天空，这不啻是响起了一声晴天霹雳。

人们忘记了这番话的权威。

人们忘记了这番话在当时具有几乎是独一无二的光彩。

人们忘记了法兰西学院的哲学课在上流社会受到怎样的欢

迎，漂亮的女人和文人与街区的大学生挤在一起听课，其中有玛丽·波拿巴和安娜·德·诺阿依，也有《日记》[①]的读者——当时那种虔敬的气氛，颇类似于六十年代的人们像望弥撒一样，聚集在高等师范学院听雅克·拉康的报告会的情景。

人们忘记了1927年的诺贝尔奖：啊，你瞧，纪德、柏格森、萨特，这几个得过诺贝尔奖的人可以组成一个小俱乐部了……

人们忘记了当时专门对柏格森的人身攻击，像后来有人大肆攻击萨特一样，尽管从程度上没有那么严重。有人指控柏格森搞巫术，莫拉（Maurras）辱骂他，马利坦（Maritain）也骂他，并到罗马教廷去活动，想让教廷宣布他为危险人物。

人们忘记了，1914年6月，柏格森的确被宣布为危险人物（柏格森、纪德、萨特——二十世纪三个被宣布为危险人物的伟人），可同时，或者后来，他却被种种荣誉压得喘不过气来（法兰西科学院院士，道德和政治科学院院士，大十字勋章获得者，荣誉军团授勋委员会成员，诺贝尔奖获得者）。

人们忘记了柏格森是外交家，是王子和公主的顾问，是画家的模特，是社会上的头面人物，但同时又是个严格的哲学家，默默地、平静地建树起一部极其严谨的作品。

人们尤其忘记了柏格森在思辨上的壮举，一股自由和新颖的

---

① 《日记》（*Cahiers*），文中没有明说，疑为保尔·瓦勒里的作品，但也可能是指纪德的 Cahier d'André Walter（安德烈·沃尔特的记事本），均为同时代的作品，只是瓦勒里的《日记》在当时的名气大一些。而且这里讲的是来听哲学课的听众，而瓦勒里的《日记》又是理论性和哲理性的思考多一些，而纪德的《安德烈·沃尔特的记事本》多是对早年感情生活的记载。所以这里所指的极有可能是瓦勒里的《日记》。——译者注

风对思想界产生了巨大影响，就连现代文学界也深受其影响。正如我们还缺一部纪德的思想史一样，我们也缺一部柏格森的思想史；通过这样的研究，我们可以了解柏格森的思想在二十世纪真正留下的足迹；今天，人们轻易便将他当成远古的僵尸，说他的思想因袭传统，陈旧过时，于是便将他丢进了地狱；而让·伊波利特[①]却说，柏格森的思想是“在 1925 年占主导地位”的“新哲学”思想……

先说纪德。当纪德的“无动机行为”一提出，同时代的人们便与《论意识的直接材料》[②]中的“自由行为”联系在了一起。

普鲁斯特。在《反对圣伯夫》中，普鲁斯特提出“两个自我”。在《追忆逝水年华》中提出“不由自主的记忆”。人们马上想到——当时人人都想到了——柏格森的两分法：迷失在机械世界中的“表面上的自我”和作为纯粹绵延的“深刻的自我”。

乔治·索莱尔(Georges Sorel)。乔治·索莱尔是提倡“大罢工”的思想家，而且从更加普遍的意义上主张“暴力”。他是佩吉(Péguy)的朋友，政治左翼人物。他将马克思主义带进了法国，后来又成了法西斯主义的跳板。从列宁到墨索里尼形成了他思想上的一条轴线。总之这是一个关键性的人物。索莱尔和柏格森生前的会合在当时是重要事件——只不过是政治上的事件。索莱尔为

---

① 让·伊波利特(Jean Hypolite)，《哲学思想家》(*Figures de la pensée philosophique*)，PUF，1971 年，第 232 页。

② 《论意识的直接材料》是法文原文的书名(*Essai sur les données immédiates de la conscience*)。中文译文的书名为《时间与自由意志》是从英译文来。我们这里按法文原文译出。——译者注

《社会主义运动》写过五篇评论《道德和宗教的两个源泉》(*Deux sources*)的文章,在评论中说自己是柏格森的“弟子”。说柏格森是“法国的马克思”。他说柏格森“将哲学应用于自然科学的努力并不深刻”,希望柏格森放弃这种努力,转而面向“他的哲学能以辉煌的方式阐明的问题”,那就是“伟大的社会运动”。乔治·索莱尔说,至于柏格森本人,虽然他的政治结论“使人感到有点害怕”,[①]并为了保持距离而假装强调柏格森的“与众不同”和“独立精神”,并说他相信柏格森太“自由”了,无法“站在任何人的旗帜之下”,[②]当然也不能归在他索莱尔的麾下。但就是在这几篇文章中,他还是承认他这个讨厌的弟子在引用柏格森的文章,是作为一个“认真地读过”,而且“完全读懂”了柏格森的人来引证柏格森的;因此,他多次很高兴地不仅在自己身上,也在某些伙伴身上发现了柏格森的影响。而他的伙伴名声却要差得多了,比如艾德华·贝特(Edouard Berth),一个“莫拉式的极左派人物”,臭名昭著的《知识分子的罪恶》(*Les Méfaits des intellectuels*)的作者,说柏格森的《创造进化论》(*L'Evolution créatrice*)为马克思主义带来了“自然哲学”,填补了马克思主义的一个空白……贝特 1914 年之前创建了“蒲鲁东俱乐部”,主张“工团无政府主义”,说马克思主义、全面的民族主义和柏格森主义要在这一原则之下联合起来。就是对这个

---

① P.安德勒,《柏格森和索莱尔》(*Bergson et Sorel*),见于《柏格森研究》(*Les Etudes bergsoniennes*),第三卷,第 63—64 页。

② 写给 G.梅尔的信,《蒲鲁东俱乐部记事》(*Cahiers du Cercle Proudhon*),第二卷,1912 年 3—4 月。

贝特，柏格森在很久之后的1936年还写过一封信，[①]在信中坦然地提到他对乔治·索莱尔及其战友们“从精神上具有的好感”……

佩吉。佩吉是《联合笔记》（*Note conjointe*）的作者，他借用了柏格森对“现成事物”的批评，借用了“灵活的道德”和“僵化的道德”之间的对立。佩吉是柏格森在高等师范时的学生，在柏格森被宣布为危险人物时，在《大型学术杂志》（Grande Revue）上发表了《柏格森先生和柏格森哲学的笔记》，接着又给他写了那封有名的信：“人们逼迫我生活在完全的孤独之中，但我觉得你经历的孤独要更加可怕，因为你的孤独中充满了嘈杂。”佩吉是个不安分的弟子，1939年1月，就在他预感到再一次大战即将到来时，他像“圣人”和“英雄”一样地死了；柏格森的最后几篇文章之一就是为佩吉写的：《向佩吉致敬，光荣属于法国》。

柏格森还对马蒂斯（《日记》）、瓦勒里、罗素、萧伯纳、波普产生了影响。

柏格森对三十年代整个反康德和反实证哲学的思潮产生了影响，尤其是让·华尔、加布里埃尔·马塞尔、扬克列维奇所代表的哲学潮流。

巴什拉提出过关于“障碍”的概念。他说，一种思想只要“停止运动”，便会“僵化”，一僵化便会“虚假”。这就是《思想与运动》（*La pensée et le mouvement*）的原则……柏格森将认识定义为连续不断的进步，说认识是一个没有完结的过程，是必要的、不间断

---

① 柏格森于1936年1月14日写给贝特的信，见于菲利普·苏莱兹和弗雷德里克·沃姆斯的《柏格森》（*Bergson*），Flammarion，1997年，第120—121页。

的运动……

还是巴什拉。同一个巴什拉在《绵延的辩证法》(*La Dialectique de la durée*)中,向“柏格森的连续论”,以及柏格森“从内心深处相信”的本体论的连续性发出责难。但是,“辩证法”和“连续性”真是像他说的那么对立吗?他用来反对柏格森的“信念”的,难道不正是与“生命冲动”的理论毫无二致的东西吗?两个人的论战之所以如此激烈,不正是因为论战的焦点完全在柏格森的思想领域内吗?这是柏格森在反对柏格森。

康吉莱姆是个具有批判精神的柏格森弟子(《历史和科学哲学研究》(*Etudes d'histoire et de philosophie des sciences*)或自发的柏格森的弟子(《正常与病态》*Le Normal et le Pathologique*)。

梅洛-庞蒂到了很晚才在《成长中的柏格森》(*Bergson se faisant*)中指出,他的“肉”的哲学,他的意识和世界在肉的观念中“共生”的哲学,应当归功于这个“新的赫拉克利特”。[①]

在最初的形式心理学研究中,“实际经验”和“内在性”占有至高无上的地位。

还有德勒兹。他的哲学是“生命”和“内在”、“差别”和“多重性”的哲学。他对辩证法恨之入骨。他提出了“形象-运动”的概念和电影哲学。他为梅洛-庞蒂主编的文集《著名的哲学家》(*Les philosophes célèbres*)写过一篇题为《柏格森》(*Bergson*)的文章。不久之后又为《柏格森研究》写了《柏格森的差异概念》(*La*

---

① 赫拉克利特是古希腊唯物主义哲学家,主张一切皆流,一切皆变,曾有过“人不能两次走进同一条河流”的名言。——译者注

conception de la différence chez Bergson)一文。这是对柏格森表示的双重的敬意，一再重申的忠诚。他从来没有否认过自己与《创造进化论》的作者所引致的这场悄然的革命之间的密切关系。

最后是班达，是自相矛盾的班达，因为他一向把柏格森的思想看成是“知识分子叛逆”的三大原因之一，而且是主要的原因，另外两个是莫拉的思想和马克思主义。如果说科学家想看到自己的概念“在作为其本质的运动中重新与现实结合”，那是《思想与运动》产生的效果。如果说唯理论的布仑施维格也有了“流动概念”的“信条”，说这种概念适合于“在运动中与实在结合”，那也是柏格森的思想及其对“僵化概念”的怀疑产生的效果。“现代辩证法鼓励人不要太看重存在的‘思’”，而要用全部精神去崇尚行动和愿望，我们之所以获得这种新的“教益”——这种新的反理智主义之所以在二十年代占了主导地位，这仍然是柏格森的思想导致的结果，是《创造进化论》产生的深刻影响。《创造进化论》真正的格言是：“我思故我不在”或者“我扩张故我在”。要问什么是现代的道德吗？那就是处在“永恒变化”中的所谓“动态”的道德及其“运动的”理想，与“目的的性质”无关，而且“也许根本就没有目的”——也包括被歌颂到令人厌恶的“斗士的本能”中“实用的”浪漫主义。这仍然是柏格森的功劳。班达还说，特殊神宠论的说教具有的“另一种形式”，而且是“并非不值得注意”的形式，也是来自柏格森的；我们的历史学家和道德说教家，与信奉基督教教条的神学家一样认为，所谓特殊神宠论，就是指在“诗人”的作品和“文学批评”的最新潮流中，在考察一切事物时，都要与其发生的时间联系起来，都只能根据事物的“历史”和“背景”去看待。班达承认说，这种“从变化中看待一切事物的愿望”也许带有日耳曼特色。这是一种总的趋势，看待一个事物，不是只说它“对不对或者好不好”，而是只能将事物与事物发生的时间联系起来，某一事物只有相对于一定的时间才有价值。要想对这一总的趋势作出评价，必须知道德国那些持发展论(Entwicklung)的“形而上学家们”产生了多大的影响。但是按照班达的说法，亨利·柏格森，这个法国的黑格尔和尼采，仍然起到了决定性的影响。

总之，不管从哪种意义上说，柏格森的影响都是巨大的。

一种细微、沉滞的浸润，一直渗透到法国的意识形态和思想的根基——我想到阿加东就《新索邦大学的精神》(*L'esprit de la Sorbonne nouvelle*)所作的调查。

还想要最后一个证明吗？还想看看柏格森的思想在二十世纪前半叶的影响有什么标志吗？那就是海德格尔在《存在与时间》(Sein und Zeit)中提到柏格森——应当说是处决了柏格森——，海德格尔的《存在与时间》是当时最重要的作品，最具有创新意义，同时也最具有根本的意义，已经预示并包揽了二十世纪后半叶欧洲全部的哲学思考——同时也葬送了柏格森，使柏格森变得陈旧过时，将他甩到了史前哲学的边缘地带，甚至将他打入了深渊。当然，海德格尔只提到了柏格森的拉丁文论文：“亚里士多德是如何设想空间问题的”(Quid Aristoteles de loco senserit)。而且只是为了说“时间可以等同于空间”这个观念是柏格森的；只要读过《意识的直接材料》的人，都会觉得这个观念不仅奇怪，而且荒唐。不过，海德格尔哪里肯费神去引述现代其他的人呢？在所有的现代人中——萨特当然除外——别的法国人他都不放在眼里。他只注意到柏格森，觉得有必要将代表法国意识形态的柏格森结果掉，虽然方式有些轻率，处理中有错误，总之是太过于匆忙，但他选中了柏格森，与之进行讨论，让柏格森代表混乱，他再对之以自己的思想。这恰恰证明，海德格尔将柏格森看成自己的对头，如果不是最值得尊敬的，那么至少也是最为可怕的对手。

二十世纪是柏格森的世纪。

就像在文学上是纪德的世纪一样，在哲学上是柏格森的世纪。

尽管看起来很奇怪，尽管人们很难想像，但柏格森对于整整一个时代的思想、文学和政治历史来说，都是一道不可逾越的地平线。

在柏格森的世纪里，为数众多的、我们并不一定都十分了解的后继者形成了一个哲学的大家庭，和以纪德为中心的文学大家庭有着一样多的悲欢离合，或者更多。我们来看其中的让－保罗·萨特。

柏格森、纪德之流

萨特是柏格森的信徒？

这样的假设显得很奇怪。

这是与事实相违背的假设，因为对于萨特及其同时代的人来说，柏格森的思想是哲学的象征，而他们是不惜一切代价要与这一哲学决裂的：尼藏说柏格森是“看家狗”……早期的梅洛－庞蒂也对他极尽挖苦之能事……波利泽尔说他搞的是“哲学炫耀”；他不仅认为柏格森“优美的文笔”“滑稽可笑”，认为柏格森的哲学“孱弱无力”，甚至说柏格森的“生命冲动”理论是“非理性主义”，启发了“纳粹主义的意识形态”[①]（这种指责是轻率的，因为我们还记得，1937 年的《遗嘱》表现出了令人佩服的坚定：“酝酿多年的反犹太主义的浪潮即将席卷世界，如果我没有看到这一点，也许我就会改变信仰了”；因此，我“要和明天即将受到迫害的人们站在一起”）……就连萨特也在《想像物》中，用了整整一章的篇幅——不算书中其它的地方零零散散的一些暗示——，专门摧毁柏格森的思想，当时在他的心目中，柏格森的思想所代表的，根本就是最坏的东西，是勒塞纳和拉维尔的唯灵论。

然而，我认为，如果我们不知道萨特与普鲁斯特和索莱尔一样，与德勒兹和梅洛一样，与他的祖父夏尔·施维泽尔一样——《文字》中将会讲到他祖父传奇般的回忆方式[②]——，如果我们不知道，柏格森的思想和纪德的思想一样，影响了萨特的思想的形成，柏格森的思想和纪德的思想一样，是萨特生活“境况”中的主要成分，我们就不会理解他在哲学上的冒险历程。萨特自己也承认，就在他努力摆脱柏格森的影响的时候，柏格森也曾是他的“理想”，[③]柏格森的幽灵在他心中游荡。他总是在与柏格森的影子搏斗。萨特几乎从来没有停止过与柏格森争执，而且有时候还站在柏格森的立场上思考，即使是——尤其是——在没有援引柏格森的时候。

---

① 乔治·波利泽尔，《柏格森先生死后》(*Après la mort de M. Bergson*)，见于《文集》第一卷：哲学及其神话(*Ecrits I : La philosophie et ses mythes*)，Edition sociale，1969 年，第 280 页。

② 《文字》，第 26 页。

③ 《辩证理性批判》(*Critique de la raison dialectique*)，Gallimard，1960 年，第 22—24 页。

比如“存在”(Existence)这个概念。当然这是从海德格尔那里拿来的。但在海德格尔之前,他是首先得之于柏格森的。当我们知道——我们在下面会详细说到——萨特阅读海德格尔的方式是多么奇特,而且尤其当我们知道,他用了多少时间就完全掌握了海德格尔的学说时,我们怎么能够不认为,他从柏格森那里汲取的东西,远比取之于海德格尔的要多;而且,人们以为是海德格尔的学说,也许实际上根本就是柏格森的呢。

比如“本真”和“自欺”的概念,难道不正是从柏格森的“时间”(temps)(带有空间性和社会性的特点,因此也就是不真实的)和“绵延”(durée)(充分,自由,有创造性,有发明精神,绵延不断,因此也就是真实的)这两种概念的对立中得来的吗?这至少与海德格尔的两分法是一样的。我们认为萨特是受了海德格尔的影响,但实际上在《存在与虚无》之前,他也许根本就没有读过海德格尔,萨特完全可以从柏格森那里找到这些观念,而且萨特学习哲学的时候,正是柏格森在法国的大学里占主导地位的时候;我们之所以认为他是受海德格尔的影响,只不过是事后的想当然罢了。

“喜剧”的问题。当然是来自纪德,但同样也来自柏格森及其“机械的”事物和“有生命”的事物两者之间的对立。

“分析的”方法将人简化为其状态的总和;萨特则提出与之相对立的“心理整体性”的观念。“心理整体性”优于各部分相加的总和,并能超越总和。这同样是受到柏格森的影响而提出来的。

萨特声称将我们对虚无(néant)的观念的感知颠倒了过来,他说,我们不应当说“开始时只有虚无,存在(être)是在虚无的空隙中出现的”,而应当说“开始时只有存在,在存在的背景上,在存在的实体中出现了虚无”——这同样也是受柏格森的影响；萨特纯粹是重复了《创造进化论》中对虚无的思考；柏格森说，虚无的观念是“哲学思想暗中的动机，是看不见的动力”。

“自在”(en-soi)和“自为”(pour soi)之间的对立，事物的僵化世界和意识的自由之间的对立：当然，柏格森没有这么深刻的二元论；从原则上说，他甚至根本就没有二元论；而且《物质与记忆》(*Matière et Mémoire*)非常强调“物质和精神之间”过渡的“程度是无限”的，并由此而取消了“主体”和“客体”之间约定俗成的形而上的对立。不过柏格森在《精神的力量》(*L'Energie spirituelle*)中说过，“物质是必然，意识是自由”；萨特所提出的对立照样是对柏格森这一论断的呼应；《创造进化论》中提出永恒的冲突，几乎就是二元化，那就是生命(持续、冲动、力量)和对生命的抵制(物质、自然、人类不断地向物质和自然的堕落)之间的冲突；萨特所提出的对立只不过重复了柏格森的这一论断。

对自然的定义。纠缠在萨特心头的自然，总是被形容成是滞重的、像面团似的，粘糊糊的——是令人不安的存在，是无确定形状的团块，是令人窒息的实体，是被憋得透不过气来的厚厚的一团植物，一摊胶状物，是粘上便甩不掉的东西，是溢流而出的东西：这与柏格森对物质的定义并不遥远。

显然，他从胡塞尔的现象学中，后来又从海德格尔的作品中再次发现了对事物(choses)的怀念，更确切地说，是对与事物再次相会的怀念；但是在梅洛-庞蒂的论述中，对事物的怀念在柏格森的思想中是个充满生命力的中心。在这方面，我们也不相信萨特不知道这一点。考虑到当时大学里的气氛、时代的风气以及高等师范学校老师的精神状态，我们不相信，在萨特打算让事物具有发言权的时候，只想到了胡塞尔和海德格尔，而没有想到柏格森。

柏格森还说过，“尽管物质和自由是对立的”，生命总会“有办法让它们协调起来”，因为“生命就是穿插在必然性中的自由，能使必然性转变为对自己有利”。这正是萨特在《存在与虚无》中说的。这是信奉胡塞尔的萨特的立场，而这也正是柏格森的立场，完全是柏格森的立场。萨特有着奇特的信仰，又是胡塞尔的信徒，尽管对“事物”有着极大的喜好，却仍然力排众议，坚持说，当自由与事物发生冲突时，取得最后胜利的，总是自由。

喜欢“体验”，憎恨“老一套”。

在《家庭白痴》中，“体验”取代了原来的概念“意识”，成了存在主义心理分析的原则，用以反对弗洛伊德的无意识理论。[①]

当一种观念变得呆滞或僵化时，那它就要死了。

对“物化”和“停滞”的恨恶。

对语言的指责（柏格森的经典之作便是指责语言）。萨特在一篇年轻时写的文章中[②]说：“我想拥有属于自己的文字；可我使用的这些字和词也不知道已经被多少人的意识践踏过；它们根据在别人那里养成的习惯，在我头脑中自己安排自己。”他的指责尤其见于《厌恶》的字里行间：“啊，怎样才能用文字将这些固定下来呢？”罗康坦在关于栗树的那一幕之后叫道……不远处还有：“我感觉得出，文字像泄了气的皮球一样，以极快的速度将意义倒了出

---

① 《萨特眼中的萨特》(*Sartre par Sartre*)，《新左派评论》(*New Left Review*)，1969 年，第 108 页。

② 《情色层次》(*Erostrate*)，载于《墙》，Gallimard，1939 年。

去。”再往前翻三十页，提到他写罗尔彭先生的书时说的话，书刚一写完，便不再属于他——他“思考过”的“句子”，也曾经是“他身上的一点点东西”，但一旦“落在纸上”，便“成为一个整体”，与他作对，而且凝固起来……再往前翻——对麦克奈的回忆——他看到“文字”“从感觉的网状结构下露出尖头”，而且他“猜到”这个字将很快“占领”好几个“令人喜欢的形象”的位置——“我马上停下来，赶快想别的事，我不想让我的记忆劳累……”还有：文字是“骨架”，是使回忆“凝固”的机器——他后来还用到过这些说法，但是同时列举了是谁启发他产生这些念头的；那是在《什么是文学？》中，他说“作家在本世纪初”发现，自己只会“按照柏格森那句有名的话”——原文如此——来使用文字，“只能认出文字的一半了”。[①]

喜好事件，也就是喜好不可预知的事。

对“异化”的定义：萨特用了很长时间才变成了——才变得有一点是——马克思主义者；有些人暂且认为，“异化”就是“物化”，或者“僵化”，或者“凝固”；萨特就是这样认为的——这仍然是柏格森的思想！

实际上，他所有的政治都受到了柏格森的影响。

他对意识在阶级的形成，在表达阶级意志的政党的形成中所起的作用的阐述，哪怕是在他最后写的文章里，都带有柏格森的印记。

暴力的诱惑，暴力是“不耐烦了的自由”。

---

① 《厌恶》，第 184 页，185 页，138—139 页，55—56 页。《什么是文学？》第 22 页。

他之所以从那么高的程度上接受暴力，是因为他从暴力中看到了冲动、活力、痴迷，从中看到了对停滞的恨恶，看到了有创造性的风险，看到了物种超越自身的运动，他对暴力的喜好使他打开了未来之门：这又是柏格森的影响；柏格森的影响比列宁的影响要大得多。在为《人间受难者》[①]写的前言中，尽管萨特小心翼翼地与“索莱尔的法西斯主义的闲话”保持距离，可他崇拜暴力，说历史是从暴力中诞生的，说暴力具有解放的作用，这其中总闪现着索莱尔的影子，因此也就闪现着柏格森的影子。

萨特有一种观念，认为“革命”就是挣脱“自在”的世界，挣脱实践－惰性，挣脱群集——是流动战胜停滞，是运动战胜凝固。

从《存在与虚无》到《辩证理性批判》，“压迫”的概念总是与凝固、僵化视为同一的——这仍然是柏格森的一些概念。

反对知识分子至上的愿望既不是“萨特思想”中主导的趋势，也不是他最可爱的方面，这我们后面会说到；但这种愿望是有的；它始终贯穿于从《自我的超越性》（现象学意识“具体流动”和“先验”知识的沉滞之间的对立）到晚期具有毛派倾向的文章（在“共产主义社会”中，“传统型的知识分子”消亡了，出现的是“人人都是哲学家”的局面，也就是说，“人人都是脑力劳动者，也是体力劳动者”[②]）当中；也包括《黑色的俄狄甫斯》（从海地到卡宴和塔那那利佛，到处涌现出“俄狄甫斯”的诗，其首要的作用就是打碎西方“文

---

① 法国的心理医生和革命家弗朗兹·法农（Frantz Fanon）的一部理论性著作。——译者注

② 菲利普·加维，让－保罗·萨特，皮埃尔·维克多，《造反有理》（*On a raison de se révolter*），1974年，第101页。

化监狱”的大墙[①]);甚至在《存在与虚无》中也有所表现(“凡认识都是直觉的”);我们可以很容易地看出,这些说法是在重复柏格森的阐述,柏格森说抽象的语言、习用俗语和形式主义是贫乏的,总之,智慧在其中无力扩张自己,无法融入事物、恢复生命的冲动。

一直到融合集团的概念,一直到原子式的个体集合的理论——个体就像“罐头盒里的小豌豆”一样,突然间集合成“一个有生命的、有创造性的整体”,正如人们过去所说过的那样,“这在马克思主义的理论中是找不到的”,但只要同意改变范例,同意从柏格森主义的角度来看,从柏格森对“有生命的、有创造性的整体”的观念来看,这一理论的概念结构就会变得明显得多。

萨特有个观念,那就是,我永远不受事实性(facticité)的意义的束缚,我的自由一直贯彻到底,我时时刻刻都是自由的。

萨特有个创见,那就是一直到最后,我都可以改变我的过去的意义,脱离我的过去,而且在同一冲动中,将命运这个社会强加给我们的负担改变成选择。要真是海德格尔的信徒,那他的想法应当是相反的。在他的心目中,“事实性”的负担恐怕会沉重得多。萨特之所以作出自由的选择,之所以与海德格尔相反,甚至在他信奉海德格尔的时期,也仍然坚持摆脱此在(l’étant)的平庸,是因为他心中仍然残存着柏格森思想的痕迹,虽然他自己不承认。柏格森批驳泛指代词“常人”及其“机械的”低语声也曾是萨特的作品中

---

① 为列奥波尔德·塞达尔·桑哥的《黑人和马达加斯加新诗集》(*L’Anthologie de la nouvelle poésie nègre et malgache*)所写的前言,见于《境况种种》,第三卷,Gallimard,1976年,第231—286页及其它一些地方。

反复出现的话题，是与“存在遗忘”的思想相对立的活力论……

显然，我们可以将这一活力论与其它的来源联系起来。

我们可以说它是来自谢林的，谢林认为，世界是按照一伸（物质）和一缩（精神）的双重运动调节的。

换句话说，我们可以加强正式的版本，为萨特杜撰一个更加高尚，更具有想像力的谱系，因为我们可以把来源指向德国。

但是学校的状况是谁都知道的，学校里的老师拥有的哲学知识不多，能够教给学生的也不会太多，而且按照《看家狗》（*Les Chiens de garde*）中的说法，那还是法国味很重的唯灵论；我们不要忘记，当时的伟大人物还有布特鲁、布隆岱尔、布仑施维格，[①]要说萨特的思想来自柏格森——这个法国的谢林，也是我们的海德格尔——问题就简单得多，也更容易让人相信是真的，而且柏格森本来就是当时无法回避的哲学家。我们可以假设，萨特后来按照海德格尔或胡塞尔的模式重新表述的直觉，首先是来自于柏格森的。这样的假设要可信得多。

从这一点上来说，萨特也是十九世纪的人。

他是十九世纪的人，但他全部的努力是要从中拔身而出，以便像福科所说的那样，“进入二十世纪，成为世纪的思想家”。[②]

正如他在文学上的经历可以归结为一系列的攻坚战，以便从纪德这个十九世纪的文学监牢中摆脱出来一样，他的哲学命运也

① 弗朗索瓦·乔治，《灵魂与神话》（*Manes et fabula*），见于《萨特的见证》，第一卷，第 41 页。

② 《福科与萨特的问答》（*Foucault répond à Sartre*），与让－皮埃尔·埃尔卡巴什的谈话，载于《文学半月刊》（*La Quinzaine littéraire*），n°46，1968 年 3 月 1—15 日。

可以归结为一系列进攻性的突袭，一系列的特别行动，以打破柏格森这个哲学上的纪德所形成的钳制。

事物的成见

首先是胡塞尔。

“胡塞尔行动”。

胡塞尔使人感到“惊叹”、“惊奇”、“惊愕”。

伊波利特说：“当我们的老师列翁·布仑施维格 1929 年告诉我们说，胡塞尔要以‘超验现象学引言’为题，在索邦大学举办一系列的报告会，并说，这将是哲学史上少有的事件之一时，我们很注意地阅读了报告会的大纲。”但是，伊波利特接着说，“应当承认，面对新的语言和新的哲学思辨的方式，我感到非常惊奇，同时也感到摸不着头脑；胡塞尔的思辨方式有时候当然让人想起传统的哲学，但总的来说，那差别是多么的巨大啊。”

我们知道，萨特当时在于尔姆街的高等师范读书，离索邦大学不远，可他竟然错过了那四次“历史性的”报告会。这些报告会的讲稿后来整理成了《笛卡尔的沉思》。

但他与胡塞尔的文章确实有过机缘，只不过对这一机缘有三种说法。我们不知道三种当中哪一种是真的，更难分清其中哪些是编造，哪些是事实，哪些是传说，哪些是回忆，这是我们在研究萨特的过程中经常遇到的事，但我们不得不承认，在如何发现胡塞尔的哲学这一点上，这三种说法惊人地一致。

西蒙娜·德·波夫娃在回忆录中讲到，萨特是通过雷蒙·阿隆发现了现象学的：[1]“我们一起在蒙巴纳斯街的‘煤气灯咖啡馆’度过了一个晚上，要了那家馆子里的特色饮料杏汁鸡尾酒；阿隆指着杯子说，‘你瞧，我的小同学，如果你是现象学家，你就可以谈论这杯鸡尾酒，而且这就是哲学！’萨特激动得脸色都发白了；多少年来，这正是他希望做的：谈论可以实实在在地触摸到的事物，并让这样的议论变成哲学。”

通过勒维纳斯而发现了现象学的说法，与前面一种说法有关联，萨特自己这样说过（“我是通过勒维纳斯发现了现象学的”[2]），西蒙娜·德·波夫娃在同一页文字中也说过：阿隆在谈话结束的时候，好像建议他的“小同学”读一读《胡塞尔现象学中的直观理论》（*Théorie de l'intuition dans la phénoménologie de Husserl*）[3]，是一个名不见经传的作者伊曼努尔·勒维纳斯写的一本书，阿隆认为，要想了解胡塞尔的奇妙思想，这是一本很好的入门作品。萨特当即便跑到圣米歇尔大道的书店里买了一本；在人行道上便迫不及待开始裁开毛边书的端部。海狸说，他简直感到震惊了，突然觉得好像有人“挖了他的墙脚一样”；很久之后，在《告别的仪式》中记载的他们最后的对话中，她还说：“你当时有那么一会儿完全惊惶失措了”，你自言自语地说：“哎，他已经发现了我所有的想法！”

最后还有通过吉拉西发现现象学的说法。实际生活中的费尔

---

① 《年富力强》，Folier，第 157 页。

② 《活着的梅洛－庞蒂》，第 192 页。

③ 伊曼努尔·勒维纳斯介绍胡塞尔哲学的一部作品，发表于 1930 年。——译者注

南多·吉拉西是个年轻的将军，在保卫被围困的马德里之战中，是西班牙共和军的英雄，《自由之路》中的高梅兹的人物原型。但在此之前，他和海德格尔是同学，共同听过胡塞尔的课；他儿子约翰·吉拉西[①]说，好像能和萨特从哲学上进行对话的人并不多，费尔南多·吉拉西是其中的一个，他是个战士、也是个画家。据说有一天，萨特对他推心置腹地说，我“想用哲学描写一块石头”，同时又不能让这块石头“与精神或形而上学的范畴发生联系”；吉拉西回答说：行啊！这“正是”胡塞尔“研究的东西”。

但无论如何，读胡塞尔的书对于早期的萨特来说，是一次决定性的、产生了巨大影响的发现。

他解释说，去柏林之前，在柏林期间和从那里回来之后，他花了很多年的时间让自己沉浸在这种思想里，让它变成自己的思想。

从这一根本的、具有解放作用的思想交汇中，从这次剧烈程度颇为少见的撞击中——尼采和叔本华……黑格尔穿过世纪的时空，以为再一次听到了大卫·休谟和经验论哲学家们的叫喊声……——，我们从文本的结构中至少可以看到四种类型的影响。

1.事物。回到事物本身。忘记，至少是从表面上忘记唯心主义、批判哲学，尤其是柏格森的模式，否则会让人认为“事物”是幻想（贝克莱），是无法达到的深渊（康德），是绵延或纯粹的潜在性表露（柏格森）。重新发现事物的物质性。向事物的“可怕”或“魅力”敞开。换句话说就是拯救事物。从哲学上，也就是说，从现象学本体论的角度上论述客体的“客观性”、“存在”、“显现”、甚至它的发

① 约翰·吉拉西，《萨特，为世纪所憎恨的意识》，第172页。

生或“自我揭示”；胡塞尔是现象学本体论的缔造者，而他萨特是继承者。而各种各样的内在论——首先是我们不得不再一次提到的柏格森的学说——常常令人遗憾地将客体说成是纯粹由意识产生的结果。将“我的咖啡杯子”提高到哲学客体的高度！让我的“杏汁鸡尾酒”成为哲学！这就是《厌恶》中那棵树的“偶然性”！这张“放在我桌子上的白纸”也是哲学！当然还包括工人的贫困、关押犯人的集中营、犹太人或殖民地人民的耻辱、第三世界人民的反叛——这是多么奇妙的事情啊！这是多么深刻的革命啊！这已经远远地离开了唯心主义及其“看家狗们”！

2.主体性。这无疑是一种奇怪的主体性。这我们在后面将会看到，他将不断地挖空这一主体性的内在性、统一性性，哪怕只是为了完全肯定他能够“拯救”对“事物所拥有的权力”（“Zu den Sachen selbst”）。但不管怎么说，他的主体性比一般人们所认为的要更加“现代”，而且摆脱了“主体哲学”的偏见；从笛卡尔到康德的批判哲学，从麦纳·德·毕朗（Maine de Biran）式的内心生活到勒塞纳（Le Senne）或拉施里耶（Lachelier）的心理学主义，所有的主体哲学都勾画出了一道“人道主义”的风景；而他要与这种人道主义决裂：萨特在《自我的超越性》中责备胡塞尔没有跟随自己的直观走到底；萨特感到遗憾的是晚年的胡塞尔——写《大观念》（Ideen）的胡塞尔——与他早期的作品相比向后倒退了，又回到了意识的单子论，而且是自我封闭的、实体的意识。但那终究是一种主体性。是抗拒事物、与事物对立、拒绝向事物妥协的主体性的一部分。创立了现象学的胡塞尔从最初写的文章一直到《大观念》，都在反复说，意识说到底，是事物“惟一原始的构成”，并因此而具有本体论上的“优势”;利科(Ricoeur)在评论胡塞尔时说:“如果你删掉自然,那么还有通过简要的行动进行删除的自我;如果你删掉精神——那么自然就会崩溃,因为没有了意识,而行动是为了意识并在意识中联系起来的。”[①]因此,萨特采用了这个假设。他利用胡塞尔,无论如何也要保住对意识的这一假设。柏格森的思想总是倾向于让意识或者释放在事物中,或者释放在大海一样的生命运动中;各种各样的活力论,不管是不是从柏格森的思想中来的,一直到二十世纪的后半叶,总是倾向于将“整体”和“自我”,将“本体论”和“心理学”统统混合在同一个“内在性的平面”上。他从胡塞尔的学说中选取了意识的概念;当然,意识是脆弱的,几乎是空洞的,但是,尽管脆弱和空洞,这一意识的概念却无懈可击、难以抗拒、至高无上。

3.事物与意识……用事物来反对意识,用意识来反对事物……在这两个行动中萨特都可以利用胡塞尔。他利用胡塞尔及其武器,在世界的逐渐消逝和主体性的逐渐消逝这两条战线上战斗。与所有同时代人不同的是,他说:“我拒绝在实在论和唯我论、唯物论和唯心论之间作出选择——我拒绝这些无益的对立;这些对立贯穿于哲学的历史始终,是主张无意识的世界或者无世界的意识的人们之间的对立。怎么样才能相信事物的物质性,却又不相信我们从事物中感知的东西是完全由事物的物质性主宰的,反映了铭刻在事物的实质上的真理呢?怎么样才能相信意识的作

---

① 见于让-米歇尔·贝尼埃的《现代和当代哲学史》(*Histoire de la philosophie moderne et contemporaine*),第二卷,Le Livre de Poche,1998年,第738页。

用，却又不至于从相反的角度上认为，正是意识的作用使事物具有了根本的真理和意义呢?"从胡塞尔的理论中正好可以找到这种办法。通过胡塞尔可以解决这道难题。柏格森曾以他自己的方式解决这一难题。但是他的解决办法并不令人满意。因为他回避了问题，把问题清除掉了。他将两个项都保留了下来，不至于被逼得二者取其一，但代价是将一个项建立在另一个当中，也就是从本义上说的，将两个项都清除掉了。萨特拒绝接受柏格森的解决办法。他想要一个"真正的"事物，一个"真正的"主体，在两者之间用辩证法来超越物化主义和主观主义无益的对立。他用胡塞尔来对付柏格森，以达到这一效果。

4. 最后是另一个自我(alter ego)的问题。胡塞尔说(《第五沉思》[①])：这"第一个自在"(en-soi)是"另一个自我"(autre moi)。他还说(《欧洲科学的危机和超验现象学》[②])：这种相互的主体性的空间也有其物质性，而且是由自我(ego)"无限的多样性"形成的。它假设有一种"社会的主体性"或一种"共同感知的"世界；变成"人类公务员"的哲学家要承担责任的，正是这一共同感知的世界。人们习惯上是从主体走向上帝的。从人走向超人——人们称之为"超验性"的，正是这一运动。在这一点上，三十年代已经形成的现象学中，超验性仍然存在。例外的是超验性通向"他者"的经验——通向具体的、活生生的、实际经验过的超验性的形成，这样的超验性是以"他者而出现"的，超越了从其自身上属于自我的东

---

① *Cinquième méditation*。——译者注

② *La crise des sciences européennes et la phénoménologie transcendantale*。——译者注

西，甚至是“非自我的世界”成为可能的条件，而非自我的世界就是“普通意义上所说的客观世界”，而且在融合和排斥，亲缘关系和陌生关系的双重作用下，形成了严格意义上说的另一些自我的内在性和超验性平面。勒维纳斯的作品就是从这一点上出发的。他的“他人的人道主义”，“面貌的人道主义”等等都是从这里出发的。萨特全部的“伦理”观也是从这里出发的；萨特没能写出他的伦理观，但他在不停地想这件事，这一伦理观贯穿于他发表的书中，胡塞尔只不过是一个榜样，几乎可以说是一种怀念，使他终生保持了悔恨和愿望。他说过：“自为的责任是沉重的。”或者：“个人要为所有的人和一切负责。”或者：“没有非人力所能承担的境况。”再或者1944 年 11 月他在《行动》上说：“我的每个行为都牵涉到世界的意义和人在宇宙中的地位。”如果我们将自己置于柏格森的视野之内，就很难理解所有这些话。用柏格森的语言和他的活力论是说不出这些话来的。当我们将这些格言与《欧洲意识的危机》（*La crise de la conscience européenne*）之类的作品联系起来，而且只有这样做，我们才能理解这些话的全部意义。等到了后来，当他从政治幻想和血淋淋的神话中清醒过来之后，又回到了道德的领域，在他最后的一些谈话中说：“现在也许我抓住它了……在我的有生之年……”正是通过从一条被遗忘的、被堵塞的、很久很久以来便再也没有任何东西经过的运河回溯而上，他又想起了胡塞尔，正是胡塞尔使这一次行动成为可能了，这我们以后再说……请耐心等一等。眼下我们要说的还是胡塞尔，我们要在胡塞尔这条路上走到底，胡塞尔是这次长途旅行最初的，也是最后的伙伴，这趟刚刚开始的旅行要一直走到世纪的尽头。

从这方面来看，萨特是否“的确”读懂了胡塞尔并不重要。我们可以很容易地责备萨特在某一点上的理解不对，用《逻辑研究》（*Recherche logique*）来反对《大观念》（*Ideen*）的方式是错误的，或者他在很大一部分作品的选择上走进了死胡同——逻辑和数学部分的意义，实际上远远超越了他那感人的，或者浪漫的看法。勒维纳斯在1959年为纪念胡塞尔诞辰一百周年写的一篇文章中问道：对一种“深刻地影响了你的哲学”，你能“记住”些什么呢？是“绝对知识”的真理？还是“任何言论，包括内心的言论都会让我们想起的对话者的音容笑貌呢”？对于萨特来说，回答是毫无疑问的。正如作为作家，他不曾受过良心的责备一样。因为，这仍然是同样的海盗劫掠逻辑。这仍然是同样的愿望：根据对随便选择的语言和声音的几点思考，制造出他自己的语言，他自己的声音，他自己的风格。用胡塞尔——某个胡塞尔——解除柏格森的思想在此时此地形成的压迫。正如德勒兹所说的那样，在胡塞尔的背上生个孩子，并让这个孩子成为反柏格森的颠覆活动的间谍。萨特正是这样做的。

萨特与海德格尔

“海德格尔行动”。

对于萨特来说——但不仅仅是对于萨特——，海德格尔是又一次“惊叹”、又一次“惊奇”、又一次“哲学上的惊愕”。

有个名叫亨利·科尔班（Henry Corbin）的知识分子，正是三十年之后将伊朗的神秘主义引进法国的那个人，1930年从柏林回来之后，在日记中写下了简单的几个字，却像神启一样轰然有声：“读了海德格尔”。而且他完全被海德格尔的思想迷住了，欣喜之余，他开始翻译《存在与时间》最早的一些片断。

还有个名叫亚历山大·科伊雷(Alexandre Koyré)的知识分子，是个天下处处为家的人，在那些年选择了巴黎作为安身之处。他对黑格尔很熟悉，参与了《逻辑学》的作者逝世一百周年的纪念活动，那是一次多么简单的活动啊！科伊雷在纪念活动上大肆批评说，大学是乡巴佬和保守派的天下，总是让柏格森的思想占上风，或者由新康德主义统治——1931年，他在《叉路口》(*Bifur*)杂志的最后一期上刊登了为科尔班的译著写的一篇前言，[①]也在文中痴迷不已地说[②]：海德格尔“第一个敢于在战后时期将哲学从天上拉回到地上，谈论我们自己的事”；他第一个敢于“从哲学上”向我们谈到像“生存”和“死亡”、“存在”和“虚无”这样“简单”的事情；他第一个以“无可比拟的清新和力量”，通过具有解放和破坏作用的陶冶，“再次提出”了“对于一切真正的哲学来说都会是永恒的双重问题，那就是“自我”和“存在”的问题：我是什么？存在意味着什么？”这是多么彻底的解放！多么深刻的革命啊！

文章很难读懂，结构很复杂，而且文章的作者此后不久又接受了弗莱堡大学校长的职务，不仅在工作上，而且也从政治上，在意

---

① 《科尔班译文集》(*Recueil Corbin*)，1938年在Gallimard出版社的“论文”丛书中发表，文集包括：1936年4月的报告会，《荷尔德林及其诗歌的本质》，《存在与时间》的§46—53及§72—76；《康德和形而上学问题》的§42—45；《什么是形而上学？》的全文，《论根据的本质》。

② 《叉路口》，8；亦见于伊丽莎白·鲁迪奈斯库的《雅克·拉康》，第587页。

识形态上，甚至在哲学上与希特勒主义站在了一起；所有这一切都不会阻止这些人对新哲学的探索。二十年之后，博埃姆和沃尔汉斯才首次将《存在与时间》译成法文，但还不是全译本。又等了二十年，全译本才问世（马尔蒂诺的译本出版于1985年，弗朗索瓦·夫赞的译本出版于1986年）。但是在那些年，在新康德思想、笛卡尔思想、柏格森思想占上风的法国，曾经有过一个最初的、真正的"海德格尔盛行的时期"。

萨特参与过这个时期的活动吗？

有些人，不仅是科伊雷，也包括拉康、巴塔耶，甚至梅洛-庞蒂，从一开始便感觉到了海德格尔思想的重要性，并紧紧地抓住了它。萨特也是这些人中的一个吗？

1928年到1934年间，高等师范学校图书馆里的德文本《存在与时间》是借阅人数最多的一本书[①]——他会不会也是那些既不想，也不能等到最终的法文译本出版的高等师范学生之一呢？

后来他说是。

他始终说自己埋头读过海德格尔的书，但不是在高等师范的时候，而是稍后在柏林的时候。

他甚至企图让人们相信，那是一次神奇的，几乎是由上天注定的思想交汇：因为那是他，因为那是我……我在全心全意地盼望他……他在全心全意地向我预示……如果说科尔班翻译了《什么是形而上学？》，那他是为我翻译的，几乎是因为我才翻译的，因为"我和别人不一样，我是早就在等着他的译文出现的公众"……如

---

① 阿娜·博施蒂，《萨特与"现代"杂志》，Minuit，1985年，第91页。

果没有他，我的思想会怎么样呢？我甚至不能想像，如果没有海德格尔的“本真性”和“历史性”这两个“神奇概念”的影响，我甚至不能想像我的思想会变成什么样子……

事实是，他大概又等了一段时间，也就是到了 1940—1941 年间，当他被关押在斯塔拉格（Stalag）的时期，在他写《存在与虚无》的时候，手头才第一次有了海德格尔德文版的书。

他应当在三十年代初期，就有更加便利的条件得到这本书，而且要比别人早得多。因为，1931 年的那期《叉路口》杂志上，发表了科尔班的译文和科伊雷写的那篇前言，但在尼藏的介绍下，也刊登了萨特写的第一篇文章《真理的传说》，这真是令人难以置信的巧合——但奇怪的是，我们刚刚看到，胡塞尔在索邦大学举行报告会时，萨特故意向后推迟了初次接触胡塞尔学说的时间；我们在后面将看到，相同的伎俩在政治上又一次上演，也是做出“错过了机会”的样子，尽管这次产生的效果完全不同；这种伎俩成了他人生在世和他的作品的基本结构；他开始时对海德格尔视而不见，真真正正是与之擦肩而过了。

但实际情况是，当他接触到海德格尔的作品，因此也就是在晚些时候注意到海德格尔，发现了海德格尔的存在，并决定读这个人的书时，当他在斯塔拉格与一起关押的教士马利约斯·佩兰或保罗·费莱——他的第一部剧本《巴利奥纳》就是为他们写的——长时间地谈到海德格尔时，他的读书方法很是奇怪，至少也可以说很轻率，带着一系列的误解，而且比读胡塞尔时发生的误解更加触目惊心。

比如"Dasein"这个概念。他译成了"人的实在"。更加准确地说是他借用了亨利·科尔班的译法；比如科尔班按照传统，根据《纯粹理性批判》中将"Dasein Gottes"译成"上帝的存在"，将"Dasein"译成"存在"(existence)，后来又译成"人的实在"(réalité humaine)。但这样译等于将"Dasein"主观化了，将这个概念重新纳入了人的视角，而海德格尔的全部打算正是要从中摆脱出来。翻译的词中也没有《存在与时间》在这个词的使用中所包含的"涌现"(surgissement)的意思，缺少"在场"(présence)和"涌现"的含义。"Dasein"是"主体"吗？不是，它是主体的忘我状态。是主体的"出神"状态(ek-sistance)。科尔班用的是(他是在以某种方式强调困难和可能的误解)："出神"性(ex-sistence)。严格说是主体，但它不仅是存在的要素中产生的主体，而且是存在问题形成的场所。人在这一场所里只能作为存在"出现"或"启示"的模式才能立足、才有意义。正是"Dasein"("此在")这个词，使我们认为已经从主体的本质问题转向了倾听真理的问题。显然，如果将"Dasein"译成"人的实在"，我们便无法理解所有这一切了。萨特在发现海德格尔时，只是隐隐约约地意识到了这一切。虽然在一篇文章里，在《什么是文学？》的第二章，他好像终于明白了："我们每一个知觉都伴随着这样的意识，即人的实在具有'揭示'的作用，也就是说，由于有了人的实在，才'有了'存在，或者还可以说，事物是通过人这一手段才得以表现的……"①

人道主义。海德格尔对人道主义从根本上的批判。《存在与

---

① 《什么是文学？》，第 45 页。

时间》在有名的第十段说过，基本本体论处在自相矛盾的境地：“是”，同时又“不能是”哲学人类学。但在目前这种情况中，“不能是”比“是”的分量要大得多。海德格尔考察“历史性”的目的，几乎可以说他的目标，就是要摧毁一切看起来像是人类学的东西，如果我们忘记了这一点，便根本不可能理解他在本体论上的打算——海德格尔作品的核心，就是要将存在的问题提高到哲学问题的高度上来，他决心不再根据“自我”或“自我”与“世界”的关系来认识主体（从柏拉图到黑格尔，甚至尼采的人道主义都是这样做的），而是要根据“存在”来认识主体，主体是存在的“住所”，或者是存在的“看护者”，或者是存在“派出的使者”。萨特说，“我们正是处在一个只有人的维度上”。对此，海德格尔用法文，用专门对待蹩脚弟子的生硬口气说[①]：“我们正是处在一个主要有存在的维度上。”萨特当然不是“一般的”人道主义者。我们很快就会看到，他和笛卡尔，甚至和胡塞尔的传统模式保持了极大的距离。但是眼下，海德格尔说了，所谓人，只能是真理、真理的事件和真理发生的场所：萨特怎样处理海德格尔的这个观念呢？在海德格尔的分析中，“人”，或者我们出于习惯而暂时称之为的“人”，成了“由存在开了个头的一首诗”，[②]这首诗可以有诗的下文，也可以迷失在过于人道的白话中，而不幸的是，后者更为常见；萨特怎样对待这一惊人的论述呢？他根本就没有理睬这一点。他没有懂。或者也许是不愿意懂。他仍然把海德格尔的思想看成是人道主义的后形而上学的形

① 《关于人道主义的信》，见于《问题 III》（*Lettre sur l'humanisme*, *in Questions III*），Gallimard，1976 年，第 97—98 页及 106 页。

② 《思想的经验》见于《问题 III》（*L'expérience*, *in Questions III*），第 21 页。

式，在熟悉的视野，也就是胡塞尔的视野中看待海德格尔的姿态。海德格尔想成为赫拉克利特和亚里士多德的继承者，惟一的继承者；可是从好的方面说，他成了克尔恺郭尔，从坏的方面说则是成了圣埃絮佩里……

时间问题。海德格尔的全部计划就是要使时间的观念摆脱“庸俗”的表达；不管怎么说，这是他的计划中最好的部分，至少也可以说这一部分的工作超出了他在1934年的承诺，因此也是在他死后仍然有生命力的部分。庸俗的时间观是随着基督教的产生而产生的，一直延续到黑格尔，今天仍然用“没落”、“衰败”、“起源”、“开始”的语言来表示。然而，这一点萨特还是不明白。实际上，他是被科热夫(Kojève)的《讲义》提供的理解范式拘囿住了；科热夫认为海德格尔从某种意义上是《现象学》的继承者，只不过他比现象学更加复杂一些。难道萨特与梅洛、与年轻的拉康、布列东不一样，没有听科热夫的“课”？不错。但是那些年，正是萨特开始设想怎么写《厌恶》，甚至要动笔写《存在与虚无》的时候，科热夫的课体现着时代的气息，成了当时的哲学风尚。而且很显然的是，当萨特按照海德格尔的思想谈论“历史性”的时候，当他重读自己的记事本，并在1940年1月9日写给海狸的一封信中郁郁不乐地说，他写了好几百页“他的战争”，他努力联系起来的那些“玩意儿”，其实都只不过是炒了海德格尔的冷饭，他几个月来“辛辛苦苦地论述”的东西，海德格尔只用“十页文字”就说清楚了，总之一句话，当他拿自己的模糊不清的思想，拿自己那些不关痛痒的小玩意儿与大师的天才的“历史性”相比较时，或者当他在《存在与虚无》[1]中讲

① 《存在与虚无》，第562页。

到按照海德格尔定义的“原始的事物”,或“原始的存在物”,也就是说,总而言之是没有“历史性”的存在物时,他所说的“历史性”涉及到的,好像仍然是人的时间,是意识和使意识感到焦虑的时间——好像海德格尔的一切努力,好像他的影响和以他的名义发生的哲学革命,不是为了摆脱人类学的所有陷阱,因此也不是为了摆脱历史主义的陷阱。

对这些误解以及由此而产生的其它误解,海德格尔很快便作出了反应。1931 年在写给法国哲学协会的信中,他断然否决了让·华尔对他的思想所作的存在主义的解释。但是对萨特的行动以及这一行动引起的巨大反响,他的反应则更加彻底,而且他的总结也是十分坚定的。一方面是客气的让步:在 1944 年 1 月的一封信中,他故作姿态地感谢了“对作为我思考出发点的领域非常了解的一个自主的思想家”。[①] 但另一方面,谈到作品时,那就开不得玩笑了。“这一切,”他在《尼采》[②]中说,《存在与时间》中所有理论上的努力都是,而且仍然应当被认为是与“存在哲学和存在主义无关的”。在《关于人道主义的信》(*Lettre sur l'humanisme*)中,他说:我在《存在与时间》中所说的“存在”(Existenz)和萨特所说的“存在”(existence)之间,根本就“没有任何共同点”。我虽然在《存在与时间》的第九段说过“Dasein 的本质在其存在中”的话,但是 Eksistenz 的意思,并不是“实际经验”(vécu)和法文意义上的“存

① 1944 年 1 月 19 日的报纸《Frankfurter Allgemeine Zeitung》。

② 《尼采,II》(*Nietzsche, II*),Gallimard,1971 年,第 384 页。

在”(existence),而是指“开放中的人”,是“存在的一块林中空地,人便在这块林中空地上站在此在(étant)的正中间”。[①] 至于“本质”(essence)这个词,在原文中使用的是斜体,这种用法让一切都发生了改变——这个年轻的文人,这个主体性形而上学的信徒和最后的继承者,看到斜体表示的词,就不应当再愚蠢地将它译成“存在先于本质”!

弗雷德里克·托瓦尼基(Frédéric de Towarnicki)说,海德格尔看过《存在与虚无》的“几页”文字,也许是讲滑雪的那几页。他承认,萨特“描写人类行为的文学天才”为他留下了“深刻的印象”。当然他也表示了想见一见作者的愿望;如果萨特 1945 年就来见他,那对他会有很大的帮助。但是从根本上说,海德格尔觉得萨特的文章很乏味。实际上只看了四十几页。[②] 若说当时在法国最盛行的书,他认为只有一本,那就是圣埃絮佩里的《小王子》(*Le Petit Prince*),也是博福来(Beaufret)送给他的,他在书的空白处写满了笔记。他尊敬的、并觉得和他有些相近的法国当代哲学家肯定不是萨特;这个萨特上蹿下跳,显得很荒唐,反反复复地表示什么敬意,张口闭口把他海德格尔挂在嘴边,也不管人家愿意不愿意——萨特以后不会害了他吧?不会连累他吧?有了纳粹这件“大蠢事”,他已经够烦的了,还要打官司,人们普遍地对他怀有敌意,战后时期本来就够让人沮丧的,难道还要让这个惹是生非的家

---

① 弗雷德里克·托瓦尼基,《马丁·海德格尔,回忆及传闻》(*Martin Heidegger, souvenir et chronique*), Bibliothèque Rivages, 1999 年, 85 页。

② 汉斯-乔治·伽达默尔,《*Das Sein und das Nichts*》,见于 Traugott König,《*Sartre, ein Kongress*》, Rozohlt, 1988 年, 第 37 页。

伙给缠上吗？再有就是《自由之路》……怎么能把一本小说叫成“自由之路”呢？这人一定是个冒失鬼，才会一边声称自己只喜欢“死胡同”(Holzwege)，即所谓“没有出路的路”，[①]另一边又发明了《自由之路》这种愚蠢的说法。如果他觉得法国有谁能算得上是个人物的话，那就是梅洛-庞蒂，对，是梅洛-庞蒂，虽然这个人的书他读得不多，梅洛-庞蒂也没有读过他的书，梅洛-庞蒂在那里独自论述自己的思想，与他海德格尔的思想完全无关。不过无关就无关吧！或者说无关也好！他还是更喜欢这样。萨特是个热情高过了头的人，只会搞政治宣传，让他生厌；与萨特相比，他还是更喜欢将他和柏格森混为一谈的很有法国特点的思想家，(《符号》的作者为现代思想画了一个神奇的三角，三角的顶端是海德格尔、胡塞尔和柏格森……)，或者将他与胡塞尔混在了一起(整个《存在与时间》都产生于胡塞尔的一句话，而且总起来说，只不过是对natürlicher Weltbegriff[②] 的解释[③]……)，因此，他当着目瞪口呆的另一个人，不无暴戾地说，梅洛-庞蒂是“他最忠实的法国弟子”，[④]是法国活着的最好的哲学家：“一个自由而坦率的人”，知道“什么是思想，知道思想要求什么”！是“朋友”(他们从来没有见过面，梅洛-庞蒂和萨特不一样，从来没有去过弗莱堡，不过没有去

---

① 《没有出路的路》(*Le chemin qui ne mène nulle part*)是海德格尔1950年发表的一部作品。——译者注

② natürlicher Weltbegriff 是德文，意思是“自然世界观念”。——译者注

③ 莫里斯·梅洛-庞蒂，《知觉现象学》(*Phénoménologie de la perception*)，Gallimard，1945年。

④ 亚历山大·阿斯特鲁克，《海德格尔曾对我说……》(*Heidegger m'a dit...*)，Combat，1946年7月5日。

过也没关系！梅洛-庞蒂照样是他的“朋友”！)，是“从来没有受到惟利是图影响”的朋友。

当拉康也对海德格尔权威性的思考着迷，赞颂了他的文笔是多么有力[①]之后，他也以同样的方式对待拉康：“你一定也收到了拉康那本厚厚的书，”他写信给精神病科医生梅达·博斯说(Medard Boss)，“显然这是一本很怪异的书，眼下我还看不进去”，但好像这本书“在巴黎引起了很大的反响，正如过去萨特的《存在与虚无》一样”；后来，在几个月之后，他又对同一个人说：“随信寄去拉康的一封信；我觉得心理医生需要心理医生。”[②]他很难更刻薄地羞辱萨特。他很难以更加深刻的方式摆脱这位不安分的小兄弟。而且萨特最终也明白了他的意思。1952年，萨特到弗莱堡海德格尔家里去拜访；据高(Cau)说，萨特回来时脾气很坏，也许受到了羞辱，或者被气坏了——“对牛弹琴”……“一本正经的东西”……就像“《魔山》[③]里的那个老头一样”……“我是在对着一顶帽子讲话，对着一顶打岩羚羊的猎人的帽子……”

从这天开始，萨特明白了。从此以后，他几乎再也不提海德格尔。《辩证理性批判》上提到过一句，其实也只不过是加了一条注释：“海德格尔的情况过于复杂，在此不能详述”[④]——要想说明海

---

① 雅克·拉康，《开篇辞》(Liminaire)，见于《心理分析》1956年第1期，第VI；《心理区分》(*L'instance*)，见于《心理学》1957年第3期，第528页。

② G. 格拉奈尔及S. 韦伯，《拉康与哲学家》(*Lacan et les philosophes*)，第52页及224页(亦见于伊丽莎白·鲁迪奈斯库的《雅克·拉康》(*Jacques Lacan*)，第306页)。

③ 《魔山》(*La Montagne magique*)是德国作家托马斯·曼发表于1942年的一本小说。——译者注

④ 《辩证理性批判》，第26页。

德格尔的问题，尤其是他与国家社会主义的关系，这句话太简单了。1961 年在高师举行的一次报告会上，他又提到这一句，承认说他当时“完全误解”了《存在与时间》的作者。同一年在悼念梅洛－庞蒂时，[①]他还说过一句，说他在德国哲学家“对于存在的惟一的关心”中，“觉察”出有些像是“异化”的东西，还说他的朋友梅洛在后期的确“接近”了《存在与时间》的作者，但应当（原文如此）把这种接近“看成”是“他母亲的死”导致的结果，是他的“童年与母亲一起消逝了”，是“亲人去世”以及在“缺席与此在，存在与非存在”之间所产生的新的混淆……在与维斯特拉登的谈话[②]中，萨特也提到过“异化”这个词，他在谈话中讲到他与《原样》（*Tel quel*）杂志代表的文学潮流的争论，顺便还将这一潮流与结构主义和新小说混淆在了一起；他说，现代的趋势是要“创立”一种文笔的观念，而且是“以海德格尔的哲学为基础，至少是以海德格尔最后的哲学方向为基础，在海德格尔时代的哲学中，存在通常被理解为文笔或者语言”；“对于我来说，这就代表着异化”，他又重复说：“一切相对于存在的逆向关系，或者说，一切相对于存在的开放，并将开放之前或之后的存在作为开放的条件的，我觉得都是异化”。仍然是在同一次谈话中，在回答有人对他翻译海德格尔的一些重要概念的方式提出的问题时，他表示了一些一般的意见，总的来看没有什么特别之处，他讲到语言之间的“对应性”，说从一种语言翻译到另一种语言时，必然会有一些“强制性的改变”，而且当时，除了将

---

① 《境况种种》，第四卷，第 275 页。

② 《境况种种》，第九卷，第 52 页。

“Dasein”译成“人的实在”之外，他没有别的选择。后来，在《家庭白痴》[①]中又提到过海德格尔的“non-vorbeilagen”，用法文说就是世界的“沮丧而冷漠的实体”，“渐渐”被福楼拜所“发现”，那是他分析的顶峰之所在。但是除此之外，萨特便再也没有提到过海德格尔，或者几乎再也没有提到过。他写过那么多的文章，涉及过那么多的事，有过一次又一次的声明，一次又一次地练习过佩服别人、掠夺别人，经过那么多年假设的“痴迷”之后，就这样默默地与海德格尔决裂，分道扬镳了。

尽管如此，我们知道萨特对待海德格尔和对待别人一样，他读书的方法就是那样，也就是说，他是按照他自己的方法去理解、去选取、去掠夺的。应当说明的是，他读书像班达一样，一目十行，浮皮潦草，经常是读上“半个小时”，为的是找几句他需要的语录，以支持自己要说的话；[②]应当说明的是，萨特在回忆战后最初几年的情形时说过，海德格尔和胡塞尔一样，本来就是过河的桥，[③]谁也用不着对桥保持忠实。应当说忠实不忠实在这里仍然并不是根本的问题，而且海德格尔对萨特的作品实际产生的影响，不管怎么说，并不像人们说的那么深刻。但我们还有个问题，那就是，具体地说，他究竟从海德格尔的作品中得到了些什么，将他得到的东西派了什么用场？为什么在那个时候，在他的生活和作品所处的那

---

① 《家庭白痴》，第 137 页。

② 让·科，《记忆的概要》(*Croquis de mémoire*)，Julliard，1985 年，第 200 页及 248 页。

③ 《活着的梅洛－庞蒂》，见《境况种种》，第四卷，第 190 页。

个时代，他需要说自己是海德格尔的信徒？

1. 事物的优先权。当然，说回到“事物本身”的是胡塞尔，而且表面看起来，萨特根本用不着海德格尔便可以听到这个口号。只是胡塞尔和胡塞尔也有不同。一个是晚期的胡塞尔，写《欧洲科学的危机和超验现象学》(*Krisis*)以及后期未发表的作品的胡塞尔，说“世界是没有动机地冒出来的”胡塞尔，但这些，当时的萨特是不可能知道的。另外还有一个胡塞尔，那就是早期的胡塞尔，从原则上提出了所有意识知识的先验还原，而且我们已经看到，这种意识在很多方面仍然拘囿于存在与意识的形而上学的模式中。从某种意义上说，萨特对此感到很高兴。但同时，他不能不看到，在主体性和事物两相抵消的关系中，给予一方的，必然取自其另一方。可是海德格尔就不同。信奉胡塞尔的海德格尔通过把自我还原掉，加重事物的分量，使自己的立场变得更加彻底。用他的话说是提高了事物的厚度、加大了事物的力量。这是事物的“自我声明”，事物自己开始诉说了，并要我们在话语中做出回应，而我们是这一诉说的“此地”。这一最初的诉说约束我们，让我们欠了债，传唤我们，就像在法庭上传唤证人一样。《存在与时间》的作者正是将优先权给予了在诉说和存在中双重出现的事物。他指的并不是此在使事物得以诉说，或者将自己的声音假借给事物，那样会更糟——而是事物本身的此在之“此”，是事物正在诉说的深刻。海德格尔是超级胡塞尔吗？从某种意义上说，是的。这也许不是真正的海德格尔。但这是萨特所读到的海德格尔。这是他动员起来的海德格尔。使他从 1936 年便“思考事物本身的色彩和光艳，树叶的绿和麦田的黄，乌鸦的黑和天空的灰”。[①] 让他与胡塞尔一起，并在胡塞尔之后说出事物本身的魅力和丑恶、野蛮、抵制、愤怒。

2.“事实性”(facticité)的概念——萨特还提出了“偶然性”的概念。一个主体只有在偶然性或事实性的本质(fond de contingence ou de facticité)基础上，才能成为主体，并让自己保持在主体的地位上，这一本质无理由可找、也没有理由。萨特称这个偶然性的部分为“境况”。这将是他的计划——向着未来的投射，向着未来的冲动，自为的不倦的变化——的基础，他称之为“介入”。但这也是“Geworfenheit”，那种“投射出的存在”，那种“总是已经”投射向世界的事实，海德格尔使这一事实成了“Dasein”的决定性结构之一，而最初的翻译者们将这个词译成了(精神上的)“孤独感”。两个概念并不具有同样的意义；海德格尔所说的向着“常人”的堕落，是必然导致存在走向死亡的一个方面，而萨特则认为是随时可以逆转的；萨特认为，主体对给予其事实性的意义具有无定限的自由，而海德格尔却认为，对于“Dasein”(此在)来说，根本不可能绝对地完全从中脱离出来；在“虚无”或“焦虑”的现象究竟具有什么样的意义这一问题上，两个人的思想体系走上了不同的路(一个认为是内心生活的范畴，另一个则认为是“此在的滑落”；一个认为是“自由对自己反省性的捕捉”，[②]另一个则认为是整个此在的

---

① 马丁·海德格尔，《什么是事物？》(*Qu'est-ce qu'une chose?*)，Gallimard，1971年，第217—218页。

② 《存在与虚无》，第77页。

“消失”,是世界本身在其物质性中的震动[1]),这是可以肯定的。但是,在两个人对问题的研究中,又有着共同的思想意念:介入与事实性之间的关系,或者与“境况”之间的关系,倾向性只有与一种“此在”联系在一起才有意义,此在不管是不是可逆,总是先于倾向性,象征着给定的人的条件;显然,萨特是按照他自以为从《存在与时间》里得到的模式,按照《存在与时间》中“Entwurf”(“投－射”)对“Geworfenheit”(存在－射出)作出反应的模式来思考这些的。

3.最后是未来的意义。人的命运不是根据他的过去来决定的,而是根据他的未来,这种直觉非常具有萨特的特点。将主体定义为“存在”,这种“存在”与“自在”(en soi)不同,自在“只不过是主体现在是什么”,而“存在”是指“主体现在还不是什么”。因此,“人的实在”是根据自我的“前瞻”,自我的“预测”来确定其时间的,“是将自己投射向一种可能性”,[2]而这种可能性会变成他的“计划”。换句话说,存在就是时间,要根据时间来完全地重新思考存在,但是,与柏格森的思想不同,使未来有了力量的,并不是作为这一时间的某一个维度的过去,并不是过去养育了未来,使未来有了力量和意义,而是相反:是未来给了过去力量,使过去磁化,使过去具有了意义,并按照存在的秩序,先于过去……当然,我们总可以认为,海德格尔的概念被萨特曲解了。我们可以——我们应当——反复说,柏格森的存在和生命冲动的形而上学是一面棱镜,萨特是透过

---

① 《什么是形而上学》,见《问题 I》,1990 年,第 61 页。

② 《存在与虚无》,第 604 页。

这面棱镜阅读海德格尔的。虽然他最终还是将棱镜打碎了，虽然他从早期的柏格森的思想中摆脱了出来，虽然他的道德，他的政治，他对革命或反叛的设想到了一定的时候，最终仍然也不会只是围着柏格森的"生命冲动"或"运动"这些概念转圈子，而是重打鼓另开张的新东西，那也是根据海德格尔的文章具有了往回追溯的作用，尽管他没有读懂或者曲解了海德格尔。是海德格尔让人认为，正因为存在知道如何投射向未来，所以才能在此在中开始，人们相信这一命题，是因为这一命题是荒谬的。他将存在定义为"目的"或"打发"，即使曲解了这一概念，那么也可以将人定义为未来的存在。而且《存在与时间》中本来就是这么说的，萨特只要将那些话原文照抄过来就行："人的实在总是已经在其预先的存在之中了"；或者："如果说命运构成了 Dasein（此在）原始的历史性，那么历史的基本重要性既不在其过去，也不在其今天，也不在其与过去的联系，这一联系是从 Dasein（此在）产生的"；或者还有："历史的起源（Geschechen der Geschichte）就是在世的起源"[①]……

对萨特的这种阅读方式，我们可以无休止地讨论下去。我们可以找出更多的萨特在阅读海德格尔时的误解和错误。我们还可以像阿兰·勒诺（Alain Renaud）一样，写一本洞察一切的书，分析得更加细致，考虑这些误解是不是故意的，《存在与虚无》的作者是不是有意"搞乱了"海德格尔的概念。但问题并不在这里，从来就不在这里。海德格尔自己也说过："伟大的思想家们永远不会从根

---

① 见艾马努埃尔·马尔蒂诺的译本，Authentica，Paris，1985 年，第 266—267 页。

本上互相理解，不正是因为他们虽然伟大的方式不同，每次想要的却都是同样的东西吗？”[①]海德格尔在这篇文章中讲的是黑格尔与谢林的关系，以及使两人分别——或者说是联系在一起——的一系列令人吃惊的误解……一直到黑格尔的逝世。但也许他像勒维纳斯一样，还想到了与他否认的老师胡塞尔的关系，只不过没有明说。而且在他之后，人们不能不想到他与萨特的关系，不能不想到萨特对《存在与时间》那种野蛮的、肆意歪曲式的领会。

萨特不是“法国的海德格尔”。《存在与虚无》不是一本“海德格尔式"的作品。但是，这仍然是一本伟大的作品。这部作品表明萨特摆脱了，尽管是部分地摆脱，是不完善地摆脱，但终究是摆脱了“早期哲学”的传统——对于他来说，柏格森是这一传统最后的化身。萨特在此之后读了马克思的书，遇到了弗洛伊德——或者说与弗洛伊德进行了一场论战，不过不管怎么说都是一样的。他与黑格尔发生了很特殊的争论，一场精神上的肉搏战，我们后面会介绍这场争论的几个阶段，因为这从很大程度上说明了萨特后期为什么会“迷失”。自由像谜一样纠缠过他，“牵涉到道德和整整一生的选择以及自由决定的时刻”像顽念一样地纠缠过他。他之所以曾相信，“人”即使是“被抛弃到世界上”来的，被迫无奈地承担“他本不愿意”承担的东西，“人家给予了什么便接受什么”，但人仍然是“自由的”。他曾说，人“不是别的，只是他自己行为的结果”，人“首先是存在，遇到自己，出现在世界上”，“然后”才“为自己下定

---

① 马丁·海德格尔，《谢林。1809 年关于人的自由本质之论述》(*Schelling. Le traité de 1809 sur l'essence de la liberté humaine*)，让-弗朗索瓦·库尔蒂纳的法译本，Gallimard，1977 年，第 32—33 页。

义”。他相信了历史性。他反复说过,一直到《辩证理性批判》,他仍然说,惰性实践也有历史性,而且无论何时何地,任何物质都永远已经是人化了的物质,甚至维苏威火山的爆发都证明,哪怕是最呆滞的物质,[①]都证明着这种“为了人的存在”(être-pour-l'homme)。他有很多像这样的说法,而且他还有很多别的格言式的话,这是萨特的思想的特点。实际上,所有这一切表示的,都是事实性和投射之间错综复杂的关系。所有这一切无不来自于他与海德格尔错过了的约会。

萨特与尼采

最后还有尼采。

加奈迪(Canetti)说过,我们可以根据下面这个惟一的标准,重新书写当代哲学史:谁读过尼采,谁没有读过尼采?谁的思考是在尼采的推动之下进行的,谁的思考没有借助尼采的推动?在第一类人中,那些没有也不愿意抵制尼采的思想影响的人,又可以分为两类,一类是仿效查拉图斯特拉的人,另一类是通过尼采的思想真正地丰富了自己,使自己受到了启发,让自己的思想得到了充分发展的人。

萨特,年轻的萨特是属于哪一类的人,这是很清楚的。他没怎么引述尼采的话,这倒是真的。与胡塞尔、海德格尔,甚至克尔恺郭尔相比,他很少提到尼采。但这又能证明什么呢?难道拉康的

① 《辩证理性批判》,第 247 页。

作品中引述过尼采的话吗？引述过巴塔耶的话吗？拉康没有引述过巴塔耶和尼采，但他的思想和作品的文字中仍然闪现着他们的影响。因此，早期的萨特和他早期的一本小说《一次失败》也是这样。《一次失败》是受尼采、科西玛和瓦格纳三角恋爱的启发[①]——作者显然是跟尼采学的。雷蒙·阿隆也讲到过两件事，可以作为见证；一件事是在列翁·布仑施维格的研讨班上，他的“小同学”作过一次《尼采是哲学家吗？》的演讲；在演讲中，萨特远在发现海德格尔之前，第一次提出了偶然性的思想。另一件事是有一天晚上，萨特像往常一样，“从尼采出发”，在尼采身上“试验”一种新的概念，论述了“自为”和“事物荒谬的惰性”之间的对立。萨特零零散散地提到过、影射过尼采，也包括在他生活的后期。比如他提到过尼采“在道德上的孤独，在文学上的失败，他觉得他要发疯了，几乎双目失明，这都是他‘想要的’，而且通过他的痛苦，他追求的是整个宇宙”。[②] 再比如，1966 年，他在《境况戏剧》（*Un théâtre de situation*）中提到过“阿波罗”和“狄俄尼索斯”[③]之间的对立。[④] 相反，有些意见却表述得很简单，甚至可以说轻率，好像

---

① 瓦格纳是德国著名音乐家，科西玛是他的乐队指挥和原来的学生布鲁的妻子。科西玛很早便爱上了瓦格纳。这种三角爱情的关系搞得瓦格纳焦头烂额，再加上政治上的对头对他的排挤，最终使他不得不离开慕尼黑。瓦格纳到瑞士后，科西玛与布鲁离了婚，来与瓦格纳相会，并最终嫁给了他。尼采与瓦格纳和科西玛都是好朋友。——译者注

② 《圣热奈，喜剧演员和殉难者》，第 387 页。

③ 阿波罗是太阳神，狄俄尼索斯是酒神；在尼采对艺术的分类中，太阳神阿波罗代表的是中庸和调和，而酒神狄俄尼索斯所代表的是激情和狂热。——译者注

④ 让－弗朗索瓦·鲁埃特，《萨特与尼采》（*Sartre contra Nietzsche*），Presses universitaires de Grenoble，1996 年，第 58 页。

突然之间要与之保持距离了。比如在对布里斯·帕兰的书[①]所作的评论中,他说:“帕兰从《权力意志》中看到了对‘cogito’作的可悲的分析,便毫不担心地照抄了来。我们知道,尼采不是哲学家;为什么哲学上的行家里手帕兰要拿这些无稽之谈往自己的脸上贴金呢?”但更主要的是还有萨特那些伟大的作品,首先是1938年发表的《厌恶》,让我们觉得像《存在与虚无》或者《自由之路》一样,到处都是从《查拉图斯特拉如是说》的作者那里摘来的语录,只不过经过了改头换面,没有言明出处而已。(是不可告人吗?)

在1938年,要作尼采的信徒,可以有好几种方式。

有纪德式的尼采——《地粮》和《新地粮》所隐含的,《给安吉尔的信》和《陀思妥耶夫斯基》中所明确提到的尼采:他“无情”,他“反叛”,他要摧毁一切为人所接受的“偶像”和“价值”;他“讨厌休息,讨厌舒适和一切使生命衰退、呆滞、睡眠的东西”;他“摧毁”一切事物,“破坏”一切事物——“但是,他在这样做的时候,并不是一个灰心丧气的人,而是一个无情的人。他以高尚、光荣、超人的方式这样做,就像新的征服者粗暴地对待旧有的事物一样……”[②]

有柏格森式的尼采——但是,请注意,这里说的柏格森更加自由,更具有批评的勇气,而且也散发着一股火药味;大致来说,这里说的柏格森具有真实的一切好处(“透视主义”,拒绝抽象的“理解能力”,公开昭示的“反康德主义”,“生命冲动”换了个名字,叫作

---

① 《去和来》(*Aller et retour*),见于《境况种种》,第一卷,第217页。

② 安德烈·纪德,《给安吉尔的信》(*Lettre à Angèle*),见于《借口》(*Prétextes*),Mercure de France,1973年,第82页。

“权力意志”，可以与当时“自由思想”的主要敌人——也就是“迪尔凯姆主义”[①]——进行斗争），却没有任何的坏处（制度方面，看门狗和法兰西学院的教授，夸张，奢华，令人太难捉摸的概念，在沙龙里成为受太太们欢迎的红人）。查理·安德勒（Charles Andler）在传记中不是把他说成是哲学的先驱者吗？他的哲学在他身后获得了生命力，并“超越”了他，这也正是“《物质与记忆》和《创造进化论》”的作者的哲学，这当然是不言而喻的。[②]

有德国的尼采，深深地扎根于德国的思想当中，受到其他德国人的评论；比如卡尔·雅斯贝尔斯从《论道德的谱系》（*La Généalogie de la morale*）中看到的，是“伟大政治”的基本原理，是悲惨的、反法西斯主义的政治：对于某些人来说（与“法国行动”或远或近地有些联系的知识分子[③]），这显然是一个致命的弱点，而且马上就出现了一些诽谤性的文章，把尼采推到有害的浪漫主义一边，说他——原文如此——与法文的明晰、合理、传统的情趣和有节制的精神是水火不能相容的。对另外一些人（让·华尔[④]，格洛埃图依森[⑤]这

---

① 迪尔凯姆（Durkheime）是法国著名的社会学家（1858—1917）。——译者注

② 查理·安德勒，《尼采的生活和思想》（*Nietzsche, sa vie et sa pensée*），第三卷，Gallimard，1958 年，第 227 页。

③ E.塞依埃尔，《阿波罗或狄俄尼索斯，弗雷德里克·尼采及帝国主义的功利主义研究》（*Appollon ou Dionysos, Etude sur Frédéric Nietzsche et l'utilitarisme impérialiste*），Paris，1905 年；第·拉塞尔，《尼采的道德》，Mercure de France，1902 年。见路易·班多，《查拉图斯特拉的侄儿们，法国是如何接受尼采的》（*Les Neveux de Zarathoustra, la reception de Nietzsche en France*），Seuil，1995 年，第 60—61 页。

④ 《雅斯贝尔斯的尼采》（*Le Nietzsche de Jaspers*），载于《哲学研究》，第六卷，1936—1937。

⑤ 《尼采以降的德国哲学引言》（*Introduction à la philosophie allemande depuis Nietzsche*），Stock，1926 年。

些大学里的反叛分子和自由射手们)，相反，这正是他的美德，他的功劳，说明更应当专心钻研他的作品——对于这些人来说，尼采的学说与黑格尔或海德格尔的学说一样伟大，与齐美尔或狄尔泰的哲学具有一样的作用，要好好地利用，它能帮助我们打破学院派土里土气的因循守旧和哲学上的排外做法。

亨利·列斐伏尔(1939)把尼采说成是社会主义者，约莱在战前于日内瓦举行的那次失败的报告会上所说的，大概也是这样的尼采。

有人把尼采说成是极端自由主义分子，是政治无政府主义的理论家，当时有人甚至将他与巴枯宁和马克斯·施蒂纳相提并论。①

也有人把尼采当成是个赶时髦的学者，比如朱尔·德·戈尔梯耶。有人把尼采当成不道德的人，丑恶的人，持这种意见的人并没有真正读他的书，但他在这些人中却很流行，尤其是在年轻人中。

当然还有人把尼采当成法西斯分子。比如他的妹妹伊丽莎白——他自己说过，为了反对永恒轮回的理论，这是惟一严肃的论据。法国人也利用尼采，以在莫拉主义内部与莫拉保持距离，梯耶里·墨尔尼 1933 年的论文就是这样写出来的。乔治·瓦鲁瓦的《走来的人》(*L'homme qui vient*)也是。德里耶为了对付"法国行动"的创始人，在尼采之后，并按照尼采的学说，提出一种神秘的联

---

① A. 列维，《施蒂纳与尼采》(*Stirner et Nietzsche*)，Alcan，1904 年；让·托雷尔，《无政府主义的先祖：巴枯宁、施蒂纳、尼采》(*Les Pères de l'anarchisme：Bakounine，Stirner，Nietzsche*)，载于《蓝色杂志》(*La Revue bleue*)，N°51，1893 年。亦见路易·班多的《查拉图斯特拉的侄儿们，法国是如何接受尼采的》，第 47 页。

系，区别“罪恶”和“生命”。[①] 还有更加复杂的说法，比如艾德华·贝特将尼采看成是与乔治·索莱尔一派或是左翼莫拉派的人物；艾德华·贝特是“蒲鲁东俱乐部”的创始人，而且，我们前面已经说过，他还是柏格森的弟子。[②]

但是，在对面的阵营里，还有人把尼采当成是激进的反法西斯人物，是三十年代先锋派用以向敌人进攻的武器，他们的口号是什么也不能留给纳粹，要对他们竭泽而渔，尤其是不能把尼采留给他们。比如卡依瓦、巴塔耶。比如出版的四期《无首群龙》(*Acéphale*)。1945年，他们又通过《艺术周刊》(*Cahiers d'Art*)中的其它文章，以《论尼采，机会意志》(*Sur Nietzsche, Volonté de chance*)为题再次发起进攻。社会学院的研究工作也属于这一类。这是一场残酷的、无情的争夺战，在这场发生在三十年代的欧洲和法国的战争中，尼采的名字成了胜败之所系。巴塔耶毫不隐瞒尼采对民主的批评，强调了尼采曾揭露过“人道主义的温情”或“自由的理想”；尼采拒绝“停滞”或是“像羔羊一样的道德教授们的美好环境”。只不过巴塔耶也表明了所有这些题材应当——而且也能够——在反法西斯的一般战略中应用。

1938年的萨特正处在这一切的交汇点上。

他正在受到纪德和柏格森的影响，同时又想通过种种努力摆

---

① 写给夏尔·莫拉的信(Lettre â Charles Maurras)，1939年9月25日；亦见于弗雷德里克·格洛佛的《德里耶·拉罗施尔》(*Drieu La Rochelle*)，Gallimard，1979年，第130—131页。

② 齐夫·斯坦海尔，《不左不右，法国的法西斯意识形态》(*Ni droite ni gauche. L'idéologie fasciste en France*)，Seuil，1983年，自81页之后。

脱这些影响。

他正在与格洛埃图依森和让·华尔接触，并通过尼藏与列斐伏尔接触。

他与社会学院的人没有什么来往，但是，我不相信他不知道这场旨在与纳粹的思想阵营和伊丽莎白·福斯特的争夺中，将超人、对虚无的超越、永恒的轮回这些伟大的思想抢夺过来的斗争。

事实是，《厌恶》是一部浸润着尼采的思想影响的作品。而且除了《厌恶》之外，萨特早期的作品，也包括很久之后的有些作品中，都带有青年时期尼采对他的影响的烙印，尽管这烙印是暗中的，没有明确昭示的，这一点我们在前面已经说过了。

要具体的实例吗？罗康坦具有政治上的无神论。他对社会和一切群体心怀恨恶。他心目中的孤独的人，孤零零呆在山丘上，远离星期天的人群，远离人群凶险的熙来攘往。他对乱糟糟的人群感到无尽的烦恼，非常讨厌。他的选择不是单独从如何对人有好处出发，而是从众多的数量出发。人生来是自由的，但从权利上却有了分别。人单独来到世界上，却处处聚集成群体。萨特信奉完全的无神论。这种无神论的伟大冒险就是他生活的冒险，他说纪德将这种冒险"一直体验到了生活的终点"，那是他的光荣。就在同一篇文章中，萨特说过，纪德在这样做的时候，吸取了尼采的教训。在《厌恶》发表五年之后，他写过一篇评论巴塔耶的《内心的经验》的文章；[①]在这篇不大引人注意的文章中，他再一次说他对尼

① 《一个新的神秘主义者》(*Un nouveau mystique*)，见于，《境况种种》第一卷，第166页。

采是非常关注的；他说尼采是“一个无神论者，也会艰难而必然地承受他的无神论所产生的结果”。萨特拒绝普遍主义。恨恶生殖。即使在《波德莱尔》中，在《巴利奥纳》和《自由之路》中，都有他对不育的颂扬。像斯威夫特、萨德、叔本华一样，他想从此断绝人的丑恶规律，但我们从中听到的，却是尼采的话。无邪是罪恶。怜悯是精神上的疾患。与未来的萨特相比，与伟大的萨特，与提倡倾向性、达到成熟阶段的萨特相比，这时的萨特提出的那种景象是多么奇怪啊：一群痛心疾首的人，简直不能容忍自己之为人，而且这样还很好！用邓斯·司各特（Duns Scott）的话说，这难道不正是在“经历最大的孤独”吗？

自学成才者有着温和的人道主义和“僧侣般的心理状态”。罗康坦则有高傲的贵族气质，后来的马蒂厄也有这种气质，尼藏时期的萨特也是同一种气质的人，这是他自己承认的。他们的道德也是我的道德。我崇尚自由，他们则囿于群体性。我们都喜欢独处和逃避。都讨厌祖国、价值、宗教。挑战。讽刺。我们都对社会抱有彻底的怀疑。把不负责任的态度提升到原则的高度。我们讨厌艺术。超人。作品中连尼采的原话也有。不仅仅是尼采的观念，而且连原话也有。萨特，伟大的萨特，未来的马克思主义者和共产党的同路人，全心全意为工人阶级服务的人，年轻时候的确说过“超人”的话。是在提到尼藏时说的：“我清楚地看到，我们之所以达到了这一高度，是因为我们在超人的观念中孕育了一段时间的结果。我还看到，我们对人的蔑视使我们从人的行列中退了出来。因此，我们一下子便失掉了我们的人性。”[①]在《阿拉伯亚登》的前

① 《滑稽的战争记事》，第107页。

言中,仍然是谈到尼藏时,他提到"十六岁"时有一天,[①]他的朋友"曾建议他成为超人",他"很高兴地同意"了。后来还有一天,"超人们有空了",爬上圣心教堂所在的山顶,像巴尔扎克小说中的拉斯蒂涅克一样,对着巴黎大叫:"咱们来拼一拼吧!"在他们心目中,这样做既表达了对文学的了解,又表现出他们荒唐的野心。《希洛斯特拉特》(*Erostrate*)中也提到过超人,这是萨特青年时期的一部作品,主人公保尔·伊尔贝尔将自己看成超人,早晚有一天,当他"阴郁的生活"到了尽头,他会"用像镁光灯一样强烈而短暂的火焰"照亮世界。(尼采在《人性的,太人性的》第 II 第 § 66 中说过:"极端的希洛斯特拉特主义[②]——有些希洛斯特拉特可能不惜放火烧毁自己的时间……")[③]在《家庭白痴》中也有这种观念,但和别处不一样,不是从好的方面去考虑的:"超人的思想,是将对人的恨颠倒了过来,是机械进化论和内在化的进步神话相交汇的场所……"[④]

是不是超人,是不是从好的方面去看,这都没有关系:他描写了布维尔的资产者,展示了到处是污泥,或者到处是牛的城市[⑤]里那种滑稽而可怕的景象,城市里住的都是"下流坯子",长着"像驴一样的下巴",肌肉"浮肿","口吐涎沫",满嘴的"臭气",这些行尸

---

① 《境况种种》,第四卷,第 144 页。

② 希洛斯特拉特是古以弗所人,为了出名而放火烧毁了世界七大奇迹之一的 Artemis 神庙。——译者注

③ 让-弗朗索瓦·鲁埃特,《萨特与尼采》,第 30 页。

④ 《家庭白痴》,第三卷,Gallimard,1972 年,第 264 页。

⑤ 法文的 Bouville 中,bou-可以令人想到"污泥"(la boue),也可以让人想到"牛"(bovin)。——译者注

走肉一样的人面目冷酷，让罗康坦恶心；他们本想说出自己的爱和激情，话一出口却无一不是下流言语；我们很难说这不是尼采笔下那些“最为卑劣的人”，最“丑恶”的人，“一心只想报仇”的人，“心怀怨恨”的人。萨特描绘出与伟大的非道德主义者相反的形象，他自己就是描绘的模式，而且还大胆地说（仍然是借罗康坦之口说）：“我是属于另类的”，或者：“一想到我会再看见他们那肥厚而坦然的脸，我就恶心”，或者还有：“我做梦都想将我的刀戳进那善良而空洞的眼中，那眼里流露出人的爱心”；我们不难看出，这正代表了尼采那些“高贵”或“真实”的心灵，《权力意志》中有一段就说过，“非常健康的身体”是用不着“隐瞒”什么的。萨特的作品还有对自我的永恒发明，雕塑自我的计划，时时刻刻重新创造自我，超越既定的事实、伪装、虚情假意。这是纪德说过的吗？无疑是的。是柏格森说过的吗？当然也是。但也是来自尼采的。首先来自尼采。同样，当他将主体性定义为自我的产生，不间断的涌现时，他想到的，我们想到的仍然是尼采。同样，《懂事的年龄》中始终贯穿着一种争论，那就是“没有目的的自由”和“实际的”自由、“有目的的自由”之间的争论；没有目的的自由永远悬在那里，不为西班牙，不为玛塞尔，也不为共产党，像是为永远也不会到来的事业保留在那里；而“有目的的自由”关键在其“目的”，哪怕是“为了共产党”也行（布吕奈所说的自由）。这两种自由之间的对立不可避免地让人想到《查拉图斯特拉如是说》中的骆驼、狮子和孩子的比喻。萨特有一句有名的口号：“在和我们自己的对立中思想”；他一向说这是他自己的话，甚至在《文字》和《家庭白痴》中仍然这样说。但我们从中也能听到尼采在《观点与箴言杂记》中的声音[①]——尼采说过要“反对自己；当我们表示反对自己时，我们的拥护者绝不会原谅我们”。这是在《厌恶》之后很久的事了。这时的萨特已经远不是年轻时的萨特。但最初的影响是强大的，尼采对他的吸引力是顽强的，哪怕到了最严峻、最教条的时期，仍然可以看出一些蛛丝马迹，因为这一影响从《共产党人与和平》开始露出端倪，一直延续到毛派时期。

我们知道萨特受过马克思主义的影响。我们知道萨特受过海德格尔和胡塞尔的影响。萨特利用了海德格尔和胡塞尔，以便回到事物本身，摆脱笛卡尔的思想。其实还有另外一个萨特，不是那么鲜明，显得更加隐秘一些——我不知道能不能说那是一个带些贵族气质的人，是个纨绔子弟，是个最终的反叛者，极端的个人主义者，是艺术家，美学家，异端分子，是个浪漫的人，摧毁偶像的人，悲惨的人，是以感人的方式反对古板学问的人，坚决的反康德主义的人，洒脱的悲观主义者；我更喜欢说的是：他是受尼采的思想影响的人，像与他同时代的人莱利、卡依瓦一样，尤其像巴塔耶一样，尼采的思想曾在他的心中时时萦绕：况且他与巴塔耶有过论战，萨特发表于1943年的《南方记事》[②]是这些争论的见证，后来巴塔耶写了《关于尼采》，对萨特的《波德莱尔》和《圣热奈，喜剧演员和殉难者》写过书评，算是对萨特的答复。但是，如果我们不知道萨特与尼采的这种关系，我们就根本不会理解两人的论战，我们会对这

① 《观点与箴言杂记》(*Des opinions et sentences mêlées*)，Denoıl，Médiation，第166页。亦见于《萨特为什么写，是怎样写了〈文字〉》，米歇尔·孔达的《文集》第288页。

② 第260、261、252则记事，亦见于《境况种种》，第一卷，第133—174页。

一论战的深刻意义视而不见，我们也不会注意到萨特与加缪，与梅洛-庞蒂，与阿隆的谈话，而他们谈话包含的内容要丰富得多，而且也能够说明很多问题。

萨特无情地攻击巴塔耶的《内心的经验》，说这是一篇“受难者”的论文：“他就这样出现在我们面前，悲切而可笑，像个无以自慰的鳏夫，为了怀念死去的老婆，还穿着黑色的丧服，便玩起了手淫的把戏……”

他还怀着恼恨，残忍地将对手当成精神病人：“剩下的就是心理分析的事了。大家请不要大惊小怪，我在这里想到的不是弗洛伊德、阿德勒或荣格之流主张的粗俗而可疑的方法；还有别的心理分析……”

他尤其还挖苦说，巴塔耶的文章是“连气都喘不过来的胡言乱语”，是“带有偏见的象征主义”，他说《内心的经验》中充满了“预言家说教的口气”，像耶稣戴着荆冠，穿着紫袍出现时，约翰说“那就是他”的口气一样，就像《权力意志》的口气一样……

最后，他用尼采来反驳尼采的信徒巴塔耶，说他是“另一个世界的梦游者”，用白话说就是，他是个基督徒。这是尼采骂人骂得最狠的话——自从三十年代开始领头“为尼采恢复名誉”以来，巴塔耶便成了尼采在法国的正式代表，萨特这也算是用尼采的话给了巴塔耶一次教训……

毫无疑问，问题的焦点就在尼采。在“萨特思想”形成的过程中，尼采具有决定性的意义。为了控制尼采这片阵地，发生过一次战斗。这次战斗在早期萨特的心目中，与围绕胡塞尔和海德格尔发生的战斗具有同样的重要性。要想长久地占住绝对的知识分子这把交椅，这第三次战斗的胜利至关重要。但更加重要的是，正是这次胜利为“早期”的萨特，为作为共产党同路人的萨特定了调子，我现在想说明的是，这时的萨特正是自由的化身。

5　关于海德格尔问题的笔记

但首先，我们最后再说一下海德格尔。

不管尼采怎么样，萨特是通过海德格尔，通过尼采和胡塞尔，才摆脱了柏格森的思想的。

但是还有福科，虽然福科和萨特一样，从更大的程度上是尼采的信徒，而不是海德格尔的信徒，但他是通过海德格尔去认识尼采的，而且一有机会就说海德格尔是他反人道主义的根源。

还有拉康，拉康 1955 年竟然将海德格尔对赫拉克利特第五十残篇的评论《逻各斯》翻译成了法文，说海德格尔的思想是“世界上最高傲的思想”，具有“至高无上的意义”。[①]

德里达从 1972 年便在《立场》(*Positions*)一文中声称说，他的所有思想都得益于海德格尔，的的确确是所有的思想，首先是对理性中心主义的批判和超越辩证法的思想。

巴特也是步海德格尔的后尘，宣布说“作者死了”。

勒内·沙尔(Char)[②]说与海德格尔有着“天生的情谊”。海德格尔几年之前受到他极力反对的体制的牵连。

---

① 《文论集》(*Ecrits*)，第 528 页。

② 法国诗人，早期曾受超现实主义的影响。——译者注

在《未来是久远的》中，阿尔都塞想描写是什么样的“哲学环境”让他出来干预生活的，提到《关于人道主义的信》，说这篇文章“并非没有影响他的论断，说马克思从理论上是反人道主义的”。①

据博福来(Beaufret)②说，勒维纳斯通过1932年在《哲学杂志》(*Revue philosophique*)上发表的文章，第一个将《存在与时间》引入了法国——不管海德格尔“出了什么事”，勒维纳斯都不肯断绝与他的联系，1933年(也许还在此前)他就说过：通过“已故的亚历山大·科伊雷”，我了解到“海德格尔对国家社会主义抱有同情心”；但这并没有阻止我在战后最初的时候，仍然将《存在与时间》看成是“当代本体论上重大的新理论”；尽管我后来不得不保持了一定的距离，尽管我迫不得已参与了一些争论，不赞成某种本体论认为“与别人的关系从属于与普遍意义上的存在的关系”，从而再次导致了“专制，而这种专制并不是完完全全地将技术扩展到被物化了的人”，但我从来没有后悔过，没有否认过年轻时对海德格尔的仰慕。③

换句话说，整整一个时代的人都声称曾受到过海德格尔的影响，而且第二次世界大战一结束，人们就知道，用勒维纳斯半遮半掩的话说就是，他对国家社会主义有同情心。

整整一个时代的思想都承认曾受到过《存在与时间》的影响。

---

① 《未来是久远的》(*L'avenir dure longtemps*)，Stock/IMEC，1992年，第168页。

② 《存在主义哲学引言》(*Introduction aux philosophies de l'existence*)，Denoël，Médiation，1971年，第20页。

③ 艾马努埃尔·勒维纳斯，《整体与无限》(*Totalité et Infini*)，Le Livre de Poche，Biblio，第38页。《好比赞成了可怕的事》(Comme un consentement à l'horrible)，载于《新观察家》杂志，1988年1月22日，第82页。

也许人们不知道他在生活小节上的迷失(有些小节,人们只能等到雨果·奥特的书和后来维克多·法利亚的书出版之后才能了解,比如“二十世纪最伟大的哲学家”自豪地将纳粹的证章别在西服上衣的翻领上,在多少年期间他的信结尾处都有一句“希特勒万岁!”,等等),但当时人们就知道,他的的确确是在党内注了册的,至少在弗莱堡大学当校长时期,他是个狂热的希特勒分子,把当时使整个欧洲处在战火中的事件,看成是德国人民在阿道夫·希特勒的领导下实现“国内团结”和“革新”的希望(详见科伊雷在解放时发表在《批评》上的文章,以及从 1946 年开始,在最早三期《现代》上刊载的论战文章,攻方有艾里克·维尔、卡尔·洛维特;辩方有阿尔冯斯·德·沃尔汉斯、弗雷德里克·托瓦尼基、墨里斯·德·冈迪拉克等等)。

这个时代离我们并不太遥远;这个时代所有的思想潮流,也包括勒维纳斯,甚至汉娜·阿伦特,都承认海德格尔是他们的导师,而海德格尔不仅拥抱了二十世纪最为罪恶的意识形态,不仅仅对这一罪恶没有说过一句悔过或者否认的话,一直到最后(不是一直到战后,而是一直到他生命的最后),他的立场始终没有改变,我们至少可以说他没有表示过丝毫的后悔。他仍然从根本上批评现代世界;反复表示他厌恶“有教养的人”(die Gebildeten)、“知识分子”(die Intelligenz)和“无根的人”(die Bodenlosen);一贯憎恨自由主义、和平主义、永恒的和平计划、普遍主义、天主教的普遍性、第一国际,总之是憎恨一切被认为是从民主派人士的教会理想中产生的东西,一切违背他始终认为取得了胜利的“民族”(völkisch)精神的东西。最后,他还揭露民主理想本身具有的弊端——1966年，在与《镜报》的谈话中，他仍然明确地说，他始终“不相信”民主能够对“具有决定性的问题给予答复，[能]让我们知道如何从普遍的意义上使政治制度与技术时代相对应，而且究竟是什么样的制度”。到了1974年，在写给他的弟子和朋友，艺术批评家海因里希·维甘德·佩策特(Heinrich Wiegand Petzet)的一封信中，他还援引布克哈特(Burckhardt)的一句话来支持他的信念，说“我们的欧洲”正在由于民主的原因而“像一条船一样地沉没”。[①]

显而易见，这一切都是有问题的。

我认为非常明显的是，在萨特思想的核心，更确切地说，在萨特世纪的核心，有一个“海德格尔问题”，与“马克思问题”同样棘手，甚至更加棘手。

我想至少把问题提出来。除了对萨特的分析之外，也借在萨特的世纪游历之机，关注一下海德格尔的纳粹主义究竟是一种什么样的思想，为什么当时的人们，也包括那些最毋庸置疑的思想大师们，明明知道海德格尔是纳粹分子，也要承认自己曾受到过他的思想的影响。

马克思之后最有影响的是海德格尔吗？因为马克思主义已经失去了威望，所以海德格尔可以在时代的话语结构中部分地接过马克思主义在批评和怀疑上的功能吗？也许是。如果是，那就要对整个思想结构进行调整。而且不能像阿伦特的《海德格尔八十年》(*Heidegger a quatre-vingt ans*)一样，仅仅满足于搜集在他之

---

① 海因里希·维甘德·佩策特，《走向星球》(*Auf einen Stern zugehen*)，Societäts-Verlag，Frankfurt，1983年，第231—232页。

前与“专制”有牵连的所有哲学家的前科:好像希特勒成了另一个锡拉库萨的德尼斯[①]一样,好像《大学校长的演说》(*Discours de Rectorat*)成了令人难忘的《第七封信》(Lettre VII)的现代翻版,只不过口气要稍微强硬些……

证据

首先是事实。我们再说一遍,事实是人所共知的。事实早就是人所共知的。我从中只举出任何人都无法提出异议的事实,只举出不仅萨特知道,而且勒维纳斯、福科、阿尔都塞、拉康、德里达也都始终就知道的那些。

第一个时期是所谓的校长时期。伟大的哲学家为三项服务而大唱赞歌:“工作”、“知识”和“保卫”,这是落在大学教授们肩上的重任,他们要感觉到自己也为“德国此在”的“荣誉”和“命运”负有共同的责任。他向大学生们发出号召(1933 年 11 月 12 日的讲话),请他们为建设“具有德国精神的未来的高等学校”而努力;要求他们在“拒绝”,在“忠诚”和“服从”(Gefolgschaft)中表现得越来越“坚定”,越来越“明确”,越来越“可靠”;总之一句话,他要求他们站在“元首”一边,参加“正在进行中的革命”;“元首,只有元首才是德国现在和未来的现实,是德国的律法”。他赞扬“士兵施拉格特”(Schlageter),这个 1914 年的青年志愿兵,1918 年参加了反对法国人占领鲁尔地区的“游击队”;后来被占领军以搞破坏的罪名

① 历史上有大小德尼斯(Denys),均是古都城锡拉库萨(Syracuse)的专制君主。小德尼斯尤其是个资助文学艺术发展的君主。——译者注

逮捕，1923 年在杜塞尔多夫被枪毙："士兵施拉格特"是纳粹党早年的象征；希特勒从《我的奋斗》时期便实实在在地崇拜这一象征，明确地说他是"德国国家社会党的第一个战士"。而海德格尔，《存在与时间》的作者，不久之后又发表了权威的《尼采》，却也像希特勒其它的宣传家一样，大肆鼓吹"德国的青年英雄"，说他"意志坚定"，"心地澄明"，他"单独一个人"，"挺立着"，"手无寸铁地面对法国人的枪"，在"黑暗、屈辱和背叛"中，"死得悲惨而伟大"。[①] 他向纳粹当局揭发后来得了诺贝尔奖的化学教授赫尔曼·施陶丁格。他写了有名的"鲍姆加登报告"，寄给格丁根国家社会党教授协会的主席，在报告中揭露他在弗莱堡的邻居和朋友鲍姆加登博士，说他的家庭关系复杂，"是围绕马克斯·韦伯所形成的自由民主派知识分子小圈子里的人物"，与"犹太人弗拉恩科尔有密切的联系"，因此，他若是进入"冲锋队和教育界"是不可想像的。他全心全意地希望大学革命化，为"新的帝国"服务，为新帝国的"存在意志"服务。有人曾经"大肆吹嘘大学的自由"，其实那只不过是"具有负面作用的不真实的自由"，看到这种自由从大学里被"驱逐"了出去，他感到很高兴。他支持与"一千八百万海外德国人团结一致的运动"，这些德国人"尽管是人民的一部分，却不属于帝国，因为他们生活在国境线之外"，他几乎不加掩饰地呼吁将捷克斯洛伐克和波兰归入德国。他赞成元首"撤出国际联盟"的决定，只有这样，才能将"我国人民的命运掌握在手中，负起责任"。这也是明显带有政

① 维克多·法利亚，《海德格尔与纳粹主义》(*Heidegger et le nazisme*)，Verdier，1987 年，Biblio 再版，1989 年，第 117—124 页。

治色彩的姿态，支持法西斯制度，支持其战略和战争目的。总之，他远没有被动地等待风暴过去，远没有埋头于知识分子或是教授的工作，对意识形态上的事不仅仅是应付，而是全心全意地参与其中，写了很多的笔记和通知，一次次地对工人和大学生发表演说，写了很多热情洋溢的文章和指令，发表了很多情绪激昂的声明——他表现出一个希特勒的大学校长应有的活跃，应当说是个很积极的人。

在紧接着的一个时期，过了 1934 年 6 月 30 日这个被称为“长刀之夜”的关键日期之后，但也包括此后一段时间——这是他在战后交给儿子海尔曼的亲笔手稿回忆录中坚持说明的——，他的幻想破灭了，看到他“辞去校长的职务”之后“没有出路”，看清楚了他曾与之为伍的那些人的真正嘴脸。在他不当校长的那段漫长的时期，人们以为他为当局效犬马之劳达一年之久，是犯了大错，因而以为他与当局保持距离，但实际情况却对他更加不利。他将自己的命运与“勒姆的势力范围”联系在一起，这从他选择与冲锋队发生联系的具体日期，从他坚持强调这一日期当中就能看得出来；勒姆的冲锋队是纳粹最为强硬的羽翼，他是通过亨利·冯·至尔·妙仑和弗莱堡大学生冲锋队的首领们与这一组织发生联系的；这一切都证明，他是一个激进的纳粹分子：使他感到不舒服的，不是人们的狂热情绪，而是这一情绪冷落了下去，不是当时的意识形态，而是这种意识形态变得一般化了。按照法利亚的说法（法利亚的说法是很难辩驳的），他之所以离开了国社党，并不是因为他觉得国社党的领导人陷入了纳粹主义，而是正相反，他觉得他们背离了纳粹主义，背叛了国社党成立时的原则，资产阶级化了。再说，他虽然与纳粹保持了距离，却仍然与戈林、戈培尔、罗森贝格(Rosenberg)或鲁道夫·海赛(Rudolf Hess)一起，在纳粹最重要的柏林"德国高等政治学院"做报告。他仍然与战争罪犯汉斯·弗兰克或者柏林人类学和人种卫生学院的院长欧根·费雪发生或保持联系。欧根·费雪的助手约瑟夫·门吉尔，[①]是党卫队从事令人发指的"医学试验"的罪魁祸首；一直到五十年代末，海德格尔还与他有联系。他妻子埃尔弗莱德发表了一篇纯粹带有国社党倾向的文章，呼吁德国妇女承担起"日耳曼宝贵的种族遗产"，并在文中说，在有"人种和民族多样性的地方"，如果"相信所有的人都是平等的，那就犯了致命的错误"。[②] 他虽然与纳粹保持了距离，但他并没有感到惶惑，并没有改变他的生活方式，当卡尔·洛维特鼓励他重新振作起来，承认自己迷失了方向时，他回答说，他用不着重新振作，用不着承认错误；他戴着纳粹的证章叫道：让我遗憾的事只有一个，那就是大学里的先生们自以为了不起，都来参与政治，结果我不得不孤军奋战，净化纳粹的革命。[③] 他写信给他的一个学生，参加了东线战斗的加尔·于尔梅，冷静地说，他做得对，他的生活是"一个德国人应该有的惟一的生活"；[④]给当了政治清洗委员会主席的另一个学生[⑤]写信说，他始终相信，希特勒既然在1933

① 让-皮埃尔·法依，《陷阱》(*Le Piège*)，Balland，第80页。

② 维克多·法利亚，《海德格尔与纳粹主义》，第281—283页。

③ 卡尔·洛维特，《1933年前后我在德国的生活》(*Ma vie en Allemagne avant et après 1933*)，Hachette，1988年，第78页。

④ 雨果·奥特，《马丁·海德格尔，写一本传记的素材》(*Martin Heidegger, éléments pour une biogrqphie*)，Payot，1990年，第165页。

⑤ 1945年12月15日写给康士坦丁·冯·迪耶兹的信，见于《马丁·海德格尔，写一本传记的素材》，第338页。

年“承担了一个民族的责任”，也完全能够承担起对整个“西方的责任”；他仍然相信——而且有白纸黑字的记录为证——他参加纳粹的活动，一向只有一个目的，那就是致力于拯救西方！

反犹太主义问题。人们一般认为，海德格尔不是一个反犹太主义分子。五十年来，海德格尔的信徒们向我们反反复复地说，对那些用“血统”、“种族”和“头骨大小”之类的话语解释德国民族优势的说法，提出了“此在”和“忧虑”的哲学家是不可能赞成的；他们强调说，他根本就不可能认为某个民族具有生物学意义上的优势。这种想法属于“形而上学的主观主义”范畴，而形而上学的主观主义是他理论上的主要敌人，所以他根本就不可能有这样的观念。况且他的整部《尼采》，他从1936年到1941年期间所做的大量思考，目的就是要批判这种生物优势的诱惑，《权力意志》的作者向这种诱惑屈服了，纳粹党人把这种学说当成了自己的理论基础。人们甚至主张说——比如雅克·德里达在《论精神》(*De l'Esprit*)一书中就是这样说的——，在他最明显地受到牵连的一些文章中，尤其是在他作为大学校长的言论里，他反复强调能够使欧洲获得新生的“精神”(Geist)，并没有用引号标注，而在哲学文章中，“精神”这个并非海德格尔特有的概念，都是用引号引起来的，从而有了相对的意义；因此，真正的海德格尔不会使用这样一个庸俗的唯灵论的概念，“犯大错”之前和之后的海德格尔会第一个站出来嘲笑这种概念；而且显而易见的是，海德格尔的理论框架中绝不会有这种东西，这只能是做应景文章的“狡猾人”使用的作战手段，用以反对以生物优势，以自然主义为基础的国家种族主义。就算是这样。但他告密的行为又作何解释呢？佩策特在一本经过埃尔弗莱德正式校阅过的书中披露说，“西方一些大的首都有些犹太人的小圈子”，其中的“上流社会精神”是海德格尔非常厌恶的，[①]这又作何解释呢？他确实帮助过的几个犹太人朋友，比如谭豪瑟和冯·赫维西教授，但因为那是两个“有价值的犹太人”——原文如此——，他在1933年的一封信中企图说明他们的价值，但同时又没有忘记说明的是，他丝毫不怀疑“与重新组织公共服务相关的法律”有什么问题，只是开除这些人对德国科学的声誉不好，对新帝国的声誉和帝国的使命不利；[②]他还救过他的学生艾莱娜·魏斯。可我们能够因此而忘记鲍姆加登的事吗？我们能够因此而忘记他的另一个学生马克斯·穆勒吗？海德格尔曾认为有责任向当局指出，马克斯·穆勒是个对社会不利的人物。在纳粹主义上台之前，海德格尔还写过一封可怕的信。在这封刊登于1989年的《时代周刊》（*Die Zeit*）上的信中，《存在与时间》的作者说，有必要反对“德国精神生活”中“从严格和宽泛意义上所说的”越来越大的“犹太化倾向”（Verjudung）。他赞成第三帝国实施的限制自由的措施，而且在弗莱堡执行了让犹太教员提前退休的指令，对这一指令他虽然热情不是很高，却也毫不抵抗地执行了；对此我们又作何解释呢？他禁止犹太大学生联合会的活动；按照规定，凡家长在1914—1918年第一次世界大战中为祖国流过血的，子女上大学享有优惠待遇，海德格尔发通知取消了犹太学生的这一待遇；他撤销了《存在与时间》上写给胡塞尔的献辞（这是他最后惟一承认犯了“过错”

---

① 维克多·法利亚，《海德格尔与纳粹主义》，第289页。

② 同上，第153—154页。

或“有违常理”的行为)；对这一切，我们又作何解释呢？此外，他一辈子非常奇怪地忠实于圣克拉拉的亚伯拉罕，这是十二世纪奥古斯丁教派的一个僧侣，在奥地利宫廷当过传教士，是个死心塌地的反犹太分子；这又作何解释呢？在《大学校长的演讲》中，他说“一个民族的精神力量”不仅仅是“文化的上层建筑，也不仅仅是一系列可以使用的知识和价值”，而是“深刻地保存这个民族的土地和血统力量的因素”(ert und bluthaften Kräfte)；对这话又该作何解释呢？

这虽然不是最正统的反犹太主义，却是不可否认和十分恶毒的。海德格尔从来没有否认过这一切。他不仅不否认，1952 年以“形而上学导论”为题，发表 1935 年夏天的研讨会讲稿时，还坚持说国家社会主义运动是“内心的真理和伟大”的运动——那是在 1952 年，是在集中营重见天日，毒气室的真相被披露七年之后，他竟然还在说国家社会主义运动是“内心的真理”，是“伟大”的！还有更能说明问题的事。1966 年，他最后接受《镜报》采访，采访的内容是在他死后才发表的，所以从某种意义上相当于他的遗嘱。[①]在访谈中，讲到胡塞尔时，他提到“过失”，“错误”(Versagen)之类的话，但仍然说：如果时代的全部问题是“人在完全技术世界上的处境”，如果最紧急的事真的是“帮助人建立起令人满意的与技术的关系”——技术实际上有两张面孔，一种是“美国的方式”，一种是“共产主义运动”——那么“国家社会主义的确是朝着这个方向

① 《马丁·海德格尔，对历史和政治的问与答》(*Martin Heidegger, Réponses et questions sur l'histoire et la politique*)，Mercure de France，1977 年。

而去的”，有着无可否认的“内心的真理和伟大”。至于大屠杀，尽管战后人们纷纷向他提出要求，向他施加压力，想让他讲一句话，如果不能收回前言，至少也表示一下同情；可是保尔·塞朗、汉娜·阿伦特、墨里斯·布朗肖、弗朗兹·罗森茨维格都没能让他屈服。最多也就向马尔库塞就同样伤害过东德人的盟军说过一句略微有些不满的话。1949 年在不来梅举行过四次关于技术的研讨会，他在一次会上还说过令人发指的话：“在毒气室和灭绝营中制造尸体从本质上说”，和“让一个国家被迫忍受饥饿”，和“制造氢弹”或者“机械化食品工业”是“一样的事”。

种族灭绝是工业和政治的现象，它的特点是，为了把事情做得更好而采取空前的技术手段，因此也就是工业的手段，采用闻所未闻的措施，发明史无前例的技术设备——比如世界屠杀史上首次出现的毒气室和毒气车——，迫使我们首先考虑事情发生的方式，而不是原因，因为找原因根本就不解决问题，而且通常原因还是很猥亵的，这显然不错，兰茨曼在令人赞佩的《大屠杀》中已经指出并说明了这一点。但是，对待问题的两个方面取其一弃其一，对整个事件只注重所谓“工业”的方面，因此也就是只从技术的视角去看待，完全无视在人类历史上，第一次有人不需要任何政治的或军事的原因、借口或者理由，就打算灭绝一个种族，换句话说，绝口不谈灭绝种族的疯狂意志——要彻底地消灭，想不留任何痕迹和记忆——，这岂不是比缄默更加严重的侮辱？这岂不是将罪恶变成平常事，就像从前人们说的修正主义吗？以海德格尔之流的人看来，这岂不是把“事件”说成是达到虚无主义极致的“西方”的真理吗，不管它是不是“技术”上的真理？

为了海德格尔“反对圣伯夫”?

下面都是事实。我们只选取任何历史学家，也包括萨特时代的历史学家，都不可能提出异议的事实和姿态。这些事实是确凿的，足以使既无“勇气”，“政治上”也不“清醒”的人名誉扫地，正如《现代》杂志为冈迪拉克的第一篇故事写的“按语”中所说的那样。还有另外一个问题，真正的问题，从某种意义上说是惟一的问题，那就是参与纳粹的活动对作品的影响，或者这些活动在作品中导致、产生了什么，有哪些东西是根据这些活动安排的。上述同一篇按语中还提出了另一个问题：“在海德格尔的生活环境中，是什么原因促使海德格尔接受了纳粹主义”，或者反过来说，接受纳粹主义给他的生活带来了什么。也许这篇按语本来就是萨特写的。换句话说，正如阿尔冯斯·德·沃尔汉斯两个月之后，仍然是在《现代》杂志上所说的那样，海德格尔的哲学是不是“从本质上就是与国家社会党联系在一起”的，他的哲学是不是“从逻辑上便能引人走向”国家社会党，我们且“撇开不谈具体个人的反应，不管他是否幸福，有没有正义感，是不是理智，是英雄，是胆小鬼，还是罪犯”。或者哲学和政治这两个范畴，从根本上就是“分开的”。果真如此，那就万幸了。

因为，不管怎么说，具体的个人和哲学家之间是完全隔绝的，这也属情理之中。

我们可以假设一个人具有双重的历史：一个是具体的个人，是大学校长等等，身上带着耻辱的烙印(萨特说过：“海德格尔没有性格，这是实情”)；再一个就是伟大的哲学家，只埋头于自己的梦想，心无旁骛，像泰勒士[①]一样，最终却干了件“大蠢事”，失足掉进了纳粹的井里，但他的梦并没有因此而受到丝毫的玷污(萨特说过：从海德格尔没有性格，我们难道就能够“得出结论说，他的哲学是为卑劣行径开脱罪责的颂歌”吗？难道我们能够因为卢梭遗弃了自己的孩子，就否定他的《社会契约论》吗？[②])

真正的海德格尔是哲学家，是《存在与时间》的伟大作者；我们可以，我们也愿意用他形容亚里士多德的话形容他：“他出生，工作，死亡。”有些人，比如第欧根尼・拉尔修[③]，想把哲学家的生平简化成几个高尚的特点，几个庄严的模式——其它的，所有其它的东西，也包括对纳粹党的参与，都是附加现象，都是发生在“思想之路”上的事故，是偶然现象。我们愿意相信这些人是对的。

人们梦想——应当说做梦并不荒唐——人们梦想有一本新的《反对圣伯夫》能够说明，哲学家也一样，是按照两种体制运行的：一个表面上的自我，在生活中参加纳粹党，必要时也签署一些应景的文章，以说明、以伴随、以配合对政治的参与；另一个自我在内心深处，完整无损，不会受到传染病的伤害，自由自在，而且尤其写得出好文章，如果说上面签署的名字是同一个人，那是误会，文学史上有很多这样的误会，而在哲学上这是一个新的杰出的证明。但

---

① 据传为古希腊第一个哲学家，米利都学派的创始人。——译者注

② 《萨特文集》(*Les Ecrits de Sartre*)，第654页。

③ 第欧根尼・拉尔修(Diogène Laırce)相传是第一本希腊哲学史，十卷本的《著名哲学家的生平、学说和警句》(*Vies, doctrines et sentences des philosophes illustres*)的作者。——译者注

是，有些人假装不理睬这看不见的，却是不可逾越的界线，搞些令人难以忍受的阴谋……有人对思想怀有仇恨，进行可恶的煽动，以作者个人生活上的过失为借口，焚毁其作品……这难道不是一个很容易的办法吗？把大家的责任统统推在一个人身上：阿多诺1934年6月在“第三帝国领导青年的机关刊物”《音乐》（*Die Musik*）上发表了一篇文章，为显然是在戈培尔的浪漫现实主义庇护之下的“新浪漫主义”辩护；后来，当有人问到他写的这篇文章时，他愤然反击，说海德格尔的哲学更坏，作品中“连最为本质的一些材料都是法西斯的”！[①] 正如瓦勒里说的那样，既然不能够“攻击道理本身”，那就攻击“讲道理的人”[②]这难道不是更好吗？多好的运气啊！正因为如此，五十年来，永恒的“海德格尔事件”每次沉渣泛起时，人们讲的几乎都是同样的话，每次从档案柜里的同一份卷宗中拿出同样的材料时，又懒又笨的学生们便会高兴得跳起来，因为终于有了可以不读书的“真正”理由而松了一口气。

但不幸的是，不怕海德格尔本人和他的信徒们不高兴，尽管瓦勒里的格言经常为人引用，但并不适用于海德格尔。

之所以不适用，之所以不能以此作挡箭牌，原因很简单，那就是海德格尔与别的哲学家和作家不同；比如塞林纳说到底是奇迹般地将自己的两面分隔了开来，他开始时的小说，以及在仇视犹太人时期之后写的《利高冬》（*Rigodon*）、《北方》（*Nord*）或《城堡之

---

① 见于菲利普·拉古-拉巴特的《政治的虚构》（*La fiction du politique*），Christian Bourgois，1987年，第150—151页。

② 见于《原样》（*Tel Quel*）杂志上的《其他的罗姆斯》（*Autres Rhumbs*），亦见于《瓦勒里全集》，第二卷，Gallimard，1960年，第685页。

间》(D'un château à l'autre),都没有三本论战性的小册子那种恶毒的疯狂言语,只有《教会》是个例外。海德格尔的特别之处是,他在同样的文章里,用同样的口气,而且实际上也用同样的词汇,表现出他既是天才的哲学家,也是纳粹分子:他的纳粹言论不是出现在一些专为应景写的文章中,他也没有另外一片更加明净的纯思想的天空,以更加泰然的节奏构筑起"真正"的哲学家的作品。他对希特勒的效忠,对战争和德国国家社会主义建设有倾向性的现实评论,总而言之,他的无耻言行就在他的作品中,在那些最令人佩服的文章里,糟粕与精华交融,糟粕就穿插在最为高尚、最为丰富、而且显然也是最为无私的概念构筑中。没有语气上的中断。没有思想上的断层。在大部分文章中,最为严格的思想和最无耻的行为无不惊人地混合在一起,浑然一体,也许只有关于特拉克尔(Trakl)和里尔克(Rilke)[①]的文章以及1935年的《什么是事物?》(*Qu'est-ce qu'une chose*?)是例外:在一页文字里不起眼的地方,在推论的过程中,突然之间就会冒出一些其它的东西,政治行为并没有真正地败坏理论上的分析,从某种意义上说,这两者完全交织在一起。

下面是一些例子。[②]

关于国家社会主义的"内心真理"和"伟大"的话,不是像人们

---

① 特拉克尔是奥地利诗人,一生坎坷。里尔克是奥地利作家。——译者注

② 马丁·海德格尔,《尼采 I》,Gallimard,1971年;《什么是形而上学?》,Gallimard,1992年;《荷尔德林的颂歌,日耳曼和莱茵河》,1988年。道姆尼科·洛苏尔多。尼古拉·特图利安,《文学半月刊》1984年9月15—30日。

想像的那样，出现在一篇宣传性的文章中，而是出现在《形而上学导论》里。

《形而上学导论》是一篇伟大的文章，他在其中提出了"此在之存在"(Etre de l'étant)，因此也就是提出了"基础本体论"问题；但就在同一篇文章中，他也赞颂说"我们的民族处在西方中心的地位上"，有它的"历史使命"，他咒骂"俄罗斯和美国"，说"从形而上学的角度"看，俄罗斯和美国是一路货色——两个一样的典型："执迷于放任自流的技术"，"对标准化的人进行没有基础的组织"。

1942 年夏天，在以荷尔德林为题的课上，在一系列非常有说服力的思考当中，在对荷尔德林的某一段"主题词"(Leitworte)所作的颇有诗意的天才评论当中，他会突然说"布尔什维克主义"也是一种"美国主义"的变种(原文如此)。

1943 年夏天，在以赫拉克利特为题的课上，仍然是在论述存在(Etre)的过程中，他突然说："地球正处在一片熊熊的大火之中，人的本质完全支离破碎了，关于历史和世界的思考只能来自德国人，但条件是他们要发现并捍卫德国的精粹"。

他在《没有出路的路》(*Les Chemins qui ne mènent nulle part*)中也在批判美国方式。

在《赫拉克利特》第 33 残片中，他将战争看成是一切事物之母，在一段颇有理论色彩和诗意的论述之中，他说(当时是 1934 年)："要想真正地懂得赫拉克利特的这些话，必须意识到与我们在去年之前所经历的人和民族的存在不同的另一种存在"；那意思是说，到了 1933 年，等到希特勒上台，纳粹得胜，才能懂得为什么战争是一切之母。

在《荷尔德林的赞歌》(*Holderlins Hymne*)中,他分析了美国参战的事,说:美国可耻(就连语调的抑扬顿挫、遣辞造句、语气都能让我们感觉到,这时候响起来的,是另外一个声音,与第一个声音交织在一起,并有那么一会儿的时间盖住了第一个声音,然后便又撤了回去),因此,这个"缺乏历史性"(Geschichtslosigkeit),喜欢自我毁灭(Selbstverwustung)的民族可耻,只配遭到蔑视!"真正的德国民族"光荣,这个"杰出的形而上学"的民族也许最终能吹响"决定性胜利"的号角!

在《赫拉克利特》(*Héraclite*)中的另一个地方,他警告德国人说,"伟大的,真正的考验" 还没有到来:"除了准备接受死亡之外",他们是否准备与"存在的真理保持一致"? 他们能不能挽救简装素裹的初始元素(das Anfangliche in seine unscheinbare Zier)? 他们知道不知道战争中的德国的土地正是西方"人民神圣的心脏"?

在《巴门尼德》[①]中,海德格尔"对苏格拉底之前的哲学思想进行了伟大的解释",在他死后发表的与《镜报》的谈话中,他说这是1942—1943年之间他所做的主要工作;他认为,研究的严谨足以在他和"事件"之间挖开一道鸿沟。就在这本《巴门尼德》中,有一段奇怪的文字,他提到"一个历史的时刻"正在到来,这一时刻得失攸关,远远超过"历史民族"或"欧洲文化"的"存在"或"非存在",因为它"涉及到存在和非存在的本质,涉及到本质的真理"——而用这些美好的词句,用这些无可指摘的哲学概念,用真正的海德格尔

① 巴门尼德(*Parménide*)是古希腊哲学家,"本体论的鼻祖"。——译者注

的信徒们非常熟悉的分析形式，用带有诗意的严格，用预言式的诗意，用思考式的、几乎像祷告般的口气说的，不是别的，正是德国在斯大林格勒的失败！

从1936年到1940年间以尼采为题的课中，他用大段的文字讲到在斯堪的纳维亚空投伞兵的“纪录片”，把这一事件上升到“形而上学的过程”；海德格尔这时的作为与巴塔耶在战前的努力正好相反：他不是在设法证明尼采无罪，不是要将尼采解放出来，没有对纳粹说：“放手！不许伤害哲学家！”，而是把尼采拱手交给了纳粹，亲自将尼采拉到纳粹的麾下，而且用最为严格的哲学语言这样做。

《尼采》当中还有一段文字，在“装甲战车”、“飞机”、“无线电收发报机”的背景之下——不错，这的确是海德格尔说的原话！而且在《尼采》中，他的确提到了装甲战车、飞机、无线电收发报机！——提出了德国1940年之所以战胜法国的问题，他说：这是“完全而积极的虚无主义”战胜了“不完全的虚无主义”；“新人类”由此而出现了——他就是这样说的！——“超越了现在的人”，达到了“无条件的机器经济的高度”；“国防军(Wehrmacht)完全的机械化”所证明的，并不是“技术主义”和“唯物主义”，而是根本上的“形而上学行为”；从反面来看，法国之所以失败，正是由于法国“没有达到它在历史上曾经有过的形而上学的高度”。

各种技术之间有什么区别呢？为什么德国的装甲战车和飞机会比法国的无线电传输设备具有更加积极的虚无主义的性质呢？问题并没有真正地提出。但实际上这并不重要。我们还可以列举很多这样的例子。例子俯拾皆是。我们可以从另一个方面考虑问题，可以考察海德格尔的弟子们一再推迟发表的那些直接讲政治的文章，说明这些文章里也充满了哲学的内容，正如哲学文章中充满了政治色彩一样。[①] 我们可以重新考察《校长演说》，文章是以柏拉图的一句话结尾的（"一切伟大的事物，在暴风雨中都是能够挺身而立的"）。1933 年 11 月 12 日，他呼吁学生参加德国是否撤出国际联盟的全民投票，并解释说，"知识的愿望"为"知识的要求划定范围"。《对德国教员的号召》是另一篇应景的文章，一篇庸俗的、毫不掩饰的政治文章，即使在这样的文章里，他也用学者的语言细细地分析劳动的"现代形式"，以及这种形式所披露的"本体论上的"断裂，分析"技术"和"生成性"（poiesis[②]）之间的对立，真正的"劳动中的存在"和"被此在所控制的存在"之间的对立；分析的最终目的是为了落实在最为紧急的事情上，也就是为了最终表明立场，赞成最早出现的"劳动营"；他把劳动营看成是"团结"和"牺牲"的学校，说那里消除了"手工"劳动和"脑力"劳动之间的区别——在资产阶级社会的废墟上出现了真正的"人民共同体"。这些例子令人感到沮丧。因为不管从哪种意义上说，规律总是一样的。哲学思想和无耻的言论并存，两种动机毫无保留地，绝对地交织在一起。两种声音混淆在一起，让人根本分不清两种音质的区别。

顺便说一点。我反复读了《对德国教员的号召》和《劳动的现代形式》之类的文章，也反复读了他赞成德国撤出国际联盟的文

---

① 马丁·海德格尔，《1933—1934 年政治文集》（*Textes politiques 1933—1934*），载于 1988 年《争论》（*Le Débat*）第 48 号，弗朗索瓦·费迪埃法译本，第 176—192 页。

② 指创造性地生产和制作某种东西的行为和才能。——译者注

章。除此之外还有1934年1月22日发表的《对工人的演说》。他在文中鼓励人们超越“手工”劳动和“脑力”劳动的对立……他以大学校长的身份说，他相信“大学里的青年同志们”时刻准备着将他们的“知识”带给工人……事实上他们也“准备”倾听工人的“问题”、“需要”、“困难”和“疑虑”，准备与工人们一起“思考”，并“在共同的劳动中让工人们达到光明”……在“手工劳动和脑力劳动之间”即将架起一座“有生命的桥梁”……等到这座桥梁架起来的那天，当我们再用“知识”和“科学”进行思考时，这些词会有新的意义……思辨上的中心转移会使“‘劳动者’和‘劳动’这些词”具有“另外一种意义”……到目前为止，科学始终“属于享有特权的阶层”，而“劳动者”和“拥有真正的科学知识的人”并不是相互对立的，一个学者的知识“从本质上与农夫、樵夫、种地的人和矿工、手工业者的知识绝对没有什么不同”……最后，他坚信“每个劳动者都以其特有的方式拥有真正的知识”，“总而言之，正是由于拥有知识，他才能够劳动”……这是一篇带有纳粹色彩的文章。在文章的最后，他声色俱厉地说：“对于具有这种空前意愿的人来说，我们的阿道夫·希特勒元首是胜利的保证(Sieg Heil)。”然而，细心的人好像从中能听到一些熟悉的、后来也有过的言论。细心的人从中不可能听不出，三十年后的左派或毛派小圈子里的一些言论如出一辙，他们也说文人必须自立，也要消除脑力劳动和体力劳动之间的界限。这种咄咄逼人的，激进的辞藻，就连说话的口吻和遣词造句的手法，就连鼓动知识分子用科学为人民做出贡献的话语，都令人想起路易·阿尔都塞1966年在高等师范学校“为科学家上哲学课”时的基调；阿尔都塞当时用响亮而好斗的口气，用清清楚楚的比喻，鼓励“哲学家”到“科学劳动者”当中去，鼓励“知识分子”与“无产者”融为一体。而且我们不能不想到在纳粹之后四十年，在世界的另一端发生的另一场革命的主题、口号和最终变得血淋淋的梦想，这场革命也想重新界定科学的观念，消除脑力劳动和体力劳动之间的界线，将樵夫的知识与哲学家的知识等同起来，而实际上，是想彻底地与哲学家以可耻的方式从樵夫那里抢夺来的超级知识决裂，这种计划最后又导致了另一场种族大屠杀。柬埔寨的波尔布特分子受到了远方的海德格尔的启发吗？海德格尔在“红卫兵”，和后来的“红色高棉”出现之前就成了他们的理论家，从而也就成了柬埔寨悲剧的罪魁祸首吗？当然不是。如果从这样的角度提出问题，那是没有意义的。不过同时……我们知道伟大的思想是怎样传播的吗？难道真的不能想像一篇文章的星星之火，会在远方神秘地燃起燎原之势吗？海德格尔最后的狡计……他真正狡猾的战略……

请读者不要误会。我显然不是反对从原则上将政治和哲学混合在一起。我并不反对哲学家对劳动营的问题感兴趣，也不反对他关心时事，比如关心德国撤出国际联盟、国防军完全摩托化、1940 年德国的战车向法国挺进、伞兵空投斯堪的纳维亚或斯大林格勒战役等等事件。别人不说，我们只以黑格尔为例；我们知道，黑格尔将读报看成是哲学家的晨祷，将拿破仑从他家的窗口下经过看成是重要的形而上学事件，而且在他为《班贝格报》撰稿时期，对“社会”事件非常感兴趣，对弗里德兰和耶拿战役，对攻陷但泽，对法国远征葡萄牙，对法国海军轰炸哥本哈根，对爱尔福特会谈，对帝尔西特合约也都非常关心。我并不反对哲学家关心政治。我所关心的，当然首先是海德格尔的倾向性——这是他的社会事件，他的爱尔福特和帝尔西特——，他关心政治的方式总是朝着坏的方面发展。他的文章有着非常特殊的结构，因此他的心灵的结构也是特殊的，用普鲁斯特的话来说，这是他的两个灵魂——因为文章和心灵紧密地交织在一起，让你无法像对待黑格尔，或者像对待马克思一样，将两者分别清楚，将他的纳粹思想单独提取出来。

我要再强调一遍。有时，海德格尔为自己辩护时说，他信仰希特勒是上当受骗了。而且他拿出了别人早就说过的理由——斯宾诺莎，还有黑格尔，以及很多很多的别人。他说，当一个哲学家在野蛮人的眼皮底下写作时，不得不隐瞒自己，不得不采用双重的语言或双重的哲学。比如在 1968 年 3 月的一封信中，他对以色列的研究员斯·泽马什[①]说，他的确讲过法国失败、纳粹主义的真理和伟大、斯堪的纳维亚伞兵空投之类的话，但那都是为了扰乱视听，大教室里可能有纳粹的间谍，那些话是说给他们听的。其余的东西，他应当知道该怎么想。这个理由从本质上并不是不可以接受的。而且我们的确可以想像他的文章是写给两种人看的，一种是野蛮人，也就是审查官，另一种是喜欢永恒的哲学的人们，他们可以通过一个更加隐秘，很少有人知道的途径解读他的文本。但问题是，这种说法也站不住脚。因为他的文章显然是一盆搅混了的水，让人根本无法分出清浊。他的文章的结构在思想史上是独一无二的，他不断地在意念和事物、在最为严格的概念和最无耻的政治暗示之间往复穿插。我再说一遍，与黑格尔、马克思或者塞林

① 见于前面所引尼古拉·特图利安的作品第 23 页。

纳、阿拉贡，或任何一个在生活中曾经程度不同地与一些无耻的事件有染的作家或哲学家不一样，海德格尔的概念狂想曲有个特别之处，那就是两种声音融合、交叉在了一起，变得无法分辨。

将德国人民定义为“杰出的形而上学的人民”的，是哲学家还是纳粹分子呢？他认为希特勒运动“尽管有不足和粗野之处，却有着深远的意义，也许早晚有一天，能够让人们思索德国所具有的西方的和历史的本质”；他这样认为，是由于国家社会主义改变了“基础本体论”呢，还是“基础本体论”为国家社会主义制定了计划？[①] 实际情况是，只有一个海德格尔。他只有一支笔，一个声音。或者更加准确地说，的确是有两个。如果非要坚持这种说法，我们可以说，他是个哲学家，同时也是个纳粹分子。但是两者的界限并不是划在作品与作品之间。而是在每一本书里。不，应当说是在每一页文字里，在每一个字上，或者至少是在每一个概念上。我们根本就无法在两者之间划出一条明确的界限。甚至无法想像。如果说有两个海德格尔，那么他们不仅有着共同的名字，共同的头脑，而且他们的语言和思想特点也是共同的。因此，像下面这样的托词和借口就是荒唐的，不可能的：“让我们抛弃纳粹分子，留下哲学家；让我们忘掉告密的劣行，记住他对诗人的分析；让我们剔除他的狡猾和卑怯的行为——剩下不朽的文章，否则的话，思想会长久地遭受损害。”

海德格尔是一个不可分割的整体。

① 马丁·海德格尔，《1933—1934 年校长演讲》，弗朗索瓦·费迪埃的法译本见于《争论》杂志 1983 年 11 月第 27 号，第 86 页。

二十世纪最伟大的哲学家是纳粹分子?

所以最后还有一个问题。

从哲学上说,什么是不可分割的整体?

在具体的思想过程中,这个整体是如何运转的?

在海德格尔的哲学里,就连概念也隔着一道可怕的界限,也是分成两半的,也是双面的,一面是无耻的行径,另一面则是严谨的思想——说它是双面的也算言过其实,因为那是同样的话语,从某种方式来看,只有相同的一面。这一哲学的秘密在哪里呢?

海德格尔的概念一方面让人思考哲学,另一方面又让人想到他的卑劣行径。世纪末的哲学家们(阿尔都塞、福科、拉康,当然首先是萨特)是如何适应了这些概念的呢?在即将到来的新世纪,人们(除了前面提到的人,另外还有几个其它的哲学家)没有海德格尔就不能思考,有了他也不能思考;在这两难当中,他们能够怎么做,又应当怎么做呢?

下面是一些例子。

是文字的例子,或者更准确地说是概念的例子。

我选择了四个,是这种奇特机制的关键性的代表。

1.关于主体的问题。海德格尔的《存在与时间》产生了双重的效果,一是揭示了主体概念的形而上学的假设,二是指出,最重要的哲学问题不是“主体”(Sujet),而是“存在”(Etre)。由此而产生了思辨上的中心转移。他说,是“Aletheia”(“真理”),而不是“Dasein”

(“存在”)。或者也可以说是“Dasein”,但条件是要从一种严格的非人类学的意义上来理解这个词——条件是要完全接受与人决裂的姿态,并彻底地消除像萨特那样的误解:一种没有个性的,没有意识的“存在”;这种“存在”不是指人所固有的特性,因为根本就没有这种“特性”;总之一句话,“存在”从人文主义的障碍中被解放了出来。

这是个现代的姿态。我在前面说过,当代所有的反人文主义都是从海德格尔开始的。后来有人告诉我们说,“在对人的探索当中,最古老,最顽强的问题,并不是针对人而提出的”,而且还说这是发明。但只要我们“追溯”这一发明的渊源,便可以很容易地发现其“前因”和“后果”;像这样的思想潮流真正的起点也是海德格尔。如果你忘记了海德格尔,忘记了这些简单的话:“此在不是别的,就是存在－时间”(Dasein ist nichts anderes als Zeit-Sein),那么整个现代的思想进程都会变得无法想像,变成不可能的事情。二十世纪的思想史上就不会有福科、拉康、阿尔都塞、巴特、列维－斯特劳斯这些人。法国当代一半的思想都会一下子消失,“就像海边沙滩上画的人像被海水冲走一样”……

这是个政治上的姿态,而且从政治上说,这种态度应当是幸运的。首先是因为,如果把主体神圣化,把人变成“劳动的牲畜”,变成“星球上技术演变”的主体,一心只想增加自己的势力,那么最终只能以古时候从未有过的某种形式的“荒凉”和“破坏”而结束,这样说显然是对的——我们每个人每天在自己身边都会注意到这一点。其次还因为,“此在”(“Dasein”)的魅力来自于“实体的自我”或者康德或胡塞尔的“先验的自我”;一旦从“存在”中消除了这种魅力，一旦从世界的概念中去掉所有对主体性和本质的怀念，“存在”中还剩下的与人有关的东西，世界上还剩下的与主体有关的东西，一下子都变得异乎寻常地奇怪，都打上了海德格尔的烙印，也就是他称之为的“每次都是我的”（“le je-meinig”）——这样一来，主体便没有了定义和特性，个人也没有了性别和种属的观念，而这种观念本来是个人的模式，由此而产生的结果，反而更加强了极端主体性的权利，这无疑是自相矛盾的，但这是不可避免的。最后，更为重要的是，专制体制总是以所谓“人的特点”，人的“本质”和人的“真理”为基础，企图清除、清洗、改造人性中不符合这些特点、本质和真理的地方。因此，海德格尔一贯的政治使斯大林或希特勒给“人”所下的理想的定义从理论上站不住脚，因而也就让他们的计划中最重要的内容，所谓的“新人类”行动，从概念上变得无法想像。这样的想法并不荒唐。

但同时，这一姿态也是危险的。既幸运，又危险。因为人成了没有本质的人，因此也就没有品质，没有特性，主体的位置移动了，我们再也说不清楚他是什么，他想怎么样，也说不清楚他身上有哪些东西还是神圣的。那么他还有什么值得保护的呢？还有什么能够保证他不受侵犯呢？我们以什么名义来保证他不受折磨，不受虐待，不被杀害呢？为了回答这个问题，我们在后面会看到，海德格尔“不肖”的弟子萨特说，通过“挽救”主体最低限度的象征，当然是从本质主义的领域中抢夺过来的象征，但却起到了阻止杀戮意愿的作用。新海德格尔主义的信徒勒维纳斯则提出了“特选”主体，甚至是“有灵感”的主体的形象；这一主体所处的时间性不是“历史的”，而是“预言的”，而且其中驻有无限的观念。结构主义的思想家没有回答这一问题，却为此而感到担忧，我还记得福科便与克拉维尔一起带着焦虑之心探寻过，为什么会出现这样的悖论：让他这个宣布“人之死”的理论家，借人权的名义来保护死人的权利。海德格尔没有提出这样的问题。他不可能提出这样的问题。海德格尔从原则上就不承认，主体会为了将自己纳入某种权利的空间而争取自主权，原因是，如果接受这一原则，那就等于为“意志的意志”和“不受控制的技术”打开了通往胜利的坦途。正因为如此，海德格尔的思想帮助人们，而且在很长的时间内仍将帮助人们设想主体莫可名状的特殊性，摆脱了人文主义的普遍性和抽象特点，但同时又在同样的文章里，以同样的概念，让我们无法将这一特殊的主体纳入我们称之为民主的空间和时间。

2.关于历史的问题。西方对自己的历史性视而不见。西方有着漫长而奇怪的天真，将本来属于时代的特性，当成了永恒的或自然的特性。换句话说，这种形而上学的天真让西方“忘记了”每个人与历史的关系，历史与自己的关系以及每个时代与其本质（eidetique）的关系，这种本质将为时代提出规则，以区别哪些东西人们听得见或听不见，哪些东西人们看得见或看不见。

对这些天真的人，海德格尔大体上回答说，一切都是历史。一切。人当然是。人的话语是历史。人所相信并天真地投射给上天的价值也是历史，上天是纯粹理念性的东西。人四周的世界是历史。自然（la nature）也是。他在《存在与时间》最为杰出的段落之一里写道，就连自然也是历史的。当然，“当我们谈到自然历史的时候，自然‘不’是历史”。但是“作为风景，作为设施和经营的领域,作为战场或祭祀的场所,自然的的确确是历史的”。他还补充说:“物质世界里此时此刻的存在就像某一段历史的一样,而且它的历史并不代表‘外在’的框架,纯粹而简单地伴随心灵‘内在’的历史。我们称这种此时此刻的存在为‘世界的历史性’。”①

这也是现代的姿态。福科及其认识型受了这一影响。阿尔都塞在《保卫马克思》中阐述了每个时代是如何为自己的认知领域确定结构的,而这一结构又决定了在这个时代,哪些东西是可见的,哪些是不可见的;但阿尔都塞的阐述与其说是受《资本论》的影响,不如说是受《存在与时间》的影响更大些。认识论的原则,以及当代科学的研究都摆脱不了海德格尔的影响:根据现代科学的说法,任何“知识”,任何“理论”,甚至任何“事实”都是历史地形成的,因此都是可以修正的。在这一点上也是同样,如果你忘记了海德格尔,如果没有下面这些简单的话:“一切都是历史的,一切事物(人……国家……对上帝或魔鬼的信仰……价值……风景……万有引力或相对论,负质量、物质和反物质的概念……)都有始有终”,如果没有这些,就不会有整个六十年代,就不会出现结构主义,拉康,现代人类学,认识论,科学。那会是多么可怕的灾难啊!

这也是一个政治上的姿态。首先因为,将一切事物历史化,能够产生解放的效果:如果一切都是历史的,那些主人们就不能说自己的主宰是永恒的!事物的秩序和状态也同样从本质上打上了历史性的烙印,因而也就变得脆弱!换句话说,我们可以从海德格尔的学说得出这样的结论:造反精神从本体论的意义上是有道理的。

① 《存在与时间》,第267页。

萨特就正是这样做的，不仅仅是萨特，知识分子和大学生运动利用激进愿望所特有的模糊特点，使六十年代充满了活力，并导致了1968年5月的事件。还因为如果一切都是历史，如果每个主体，每个人民都是历史所造就的主体和人民，那么作为结论之一，自然主义不也就终结了吗？我们不也就可以告别生物学主义了吗？生物学主义（biologisme）是过去、现在和未来各种法西斯主义最为坚实的理论基础。虽然海德格尔没有坚持其基础，虽然他没有或者不愿意把政治上的姿态坚持到底，虽然作品的逻辑本身使他本来想说他是反对种族主义和反犹太主义，但在表达的时候又否认了这一点，否认了他从理论上是反对克里克（Krieck）、博伊姆勒（Bäumler）、罗森贝格（Rosenberg）和所有冲锋队的意识形态的。这都是他的死对头。但是我们应当看到，正是从这里开始，从海德格尔学说的这部分内容开始，而且仅仅是从他开始，二十世纪后来的思想家——我们说的仍然是萨特，哪怕只从《关于犹太问题的思考》来看——才将他拒绝的原则，将他反对种族主义和反对反犹太主义的法则联系了起来。我们怎么能够看不到"一切都是历史"的论断在理论机制中的分量呢？这一论断明天仍然能够阻止暴行。

不过请注意！这也是一种模棱两可的姿态！是带有双重意义的姿态！首先是因为，如果一切都是历史，如果不仅仅"人"，而且人所仰仗的"价值"都带有历史性的烙印，因此也就是相对的，那么我们看不出还能够以什么名义禁止杀戮，我们看不出还能有什么东西使此在（ek-sistant）免受它本不应该受到的待遇，也就是说让它不至于像摆脱了历史性的、简单的"事物"一样，像任何其它会衰亡的事物一样。其次还因为"历史性"至少有两种意义。当然指个人，指个别的自在(etre-la singulier)。但同时，怎么能不让它指人们称之为“民族”的另一种历史的一致性呢？海德格尔说，民族这种历史的一致性与集中在一个人身上、一个头脑里的历史的一致性是一样“具体”的，是一样精确地“确定”了的，而且也一样与没有历史的、空虚的人类那种抽象的普遍性相对立。他说的对。但是我们能够喜欢什么或者不喜欢什么吗？存在分析(analytique existentiale)中提出了“个人自在”的概念；当我们将历史性提升为最高原则时，有什么理由选择“个人自在”(etre-la personnel)的历史性，以反对“民族国家自在”(etre-la populo-etatique)的历史性呢？“民族国家自在”被认为是个人的“命运”(destin)，而且要以民族来对付个人，用特殊来反对个别，用“群体”(Gemeinschaft)的情感力量反对“我的”(Jemeinigkeit)激情。我们没有任何理由这样做。实际情况是，在“一切都是历史”这种说法里，我们根本不能避免意义产生可怕的偏移，而且从《存在与时间》的一开始，意义便产生了偏移。比如，当主观主义使人觉得产生了“非本质的迷误”时，[①]没有任何事可以阻止人为了挽救“本质”，用“基础稳固的新的一致性”，克服“此在(étant)中的人”从“精神上感到的孤独无助”。用我们今天的话说就是，再也没有任何事可以不让人用民族来对付主体，用差别和特殊性来对付主体性……还有第三点，也是最后一点，历史性的原则还导致最后一种意义的偏移，而这才是灾难性的偏移。海德格尔问：面对着受机械主义、唯物主义、技术主义影响的“历史境况”，总之是面对着不仅使个人的历史性，也使民

① 《没有出路的路》，Gallimard，1980 年，第 84 页。

族的历史性变得越来越平淡的历史境况，我们应该怎么办呢？当地球上注定要出现托马斯·曼所说的“纯粹的功利文化”，因此而与此在(étants)的历史特点背道而驰时，我们应该怎么办呢？要恢复历史性。要“重新产生”，或者干脆简单地说，要“产生”历史性。要承认这一民族，正如亚里士多德说希腊人一样，正因为这一民族处在“中心的位置”，或者更准确地说，正如布克哈特所说的那样，正因为这一民族处在俄国和美国这“两个野蛮类型”的正中，它便负有了特殊的使命，要“成为杰出的历史民族”，成为“历史性的祖国”，从而成为“西方”的救星。剩下的就是对德国民族的赞颂，而实际上希特勒上台前二十年，极端民族主义的托马斯·曼便已经说过，德国民族是“形而上学的民族”，只有德国民族能够克服西方文明及其希望的一致化的压力。在托马斯·曼之后二十年，海德格尔也是这样说的。这是他决心要达到的目的，只不过在他这样做的时候，“形而上学的民族”正在痴迷、疯狂地向野蛮的于布[①]欢呼喝彩。

3.关于语言的问题。这也是一个天才的想法：语言已经不是“工具”，而是存在的因素，是存在的住所，是我的住所，是形成我的材料，同时也是编织事物的材料。难道不是用同一个词来指事物(“Ding”)，也指这个说法(“dichten”)的吗？除了用话语使其产生

---

① 于布(Ubu)是法国作家阿尔弗雷德·亚利(Alfred Jarry)的喜剧《于布王》中的主人公，一个残忍、胆怯、愚笨而可笑的人物。——译者注

于光天化日之下，难道还有另一种方式来“揭示”此在(étant)的存在吗(揭示事物，但也揭示主体和意识所构成的此在)？

这样一来，语言从其定义上来说，要先于使用这一语言的人。我说“我说话”，好像这个“我”在创造、在行动，是处在指挥的岗位上，而且似乎“我”像拥有某种财产一样拥有语言。海德格尔说，这是多么大的错误啊！这是何等的盲目啊！是语言拥有我。是语言通过我在讲话。是语言在支配我，而不是我在支配语言。我在讲话，这样说也可以。但这个“讲话”总是第二位的。它是在回答永远在它之前的言语。事实上，我是生活在一种流浪的字词发出的嗡嗡声中，一种不间断的，没有真正讲话者的喃喃声中——而且正是这喃喃声，这不间断的、时而由一句个别的话语打断了的嗡嗡声构成了我。

按照这种想法，语言是丰富的，活生生的。语言中的字词像物体一样，是由历史构成的，充满了沉积下来的意义，并与事物失去的存在保持着联系。用海德格尔重新理解的亚里士多德的话说，语言具有判断命题真伪的作用，变成了存在的家，开放的庇护所，真理去蔽的场所。真理是要穿过语言而去吗？不，是要抓住语言不放。是要留在语言中。从字面上来理解字词，因为世界的精灵就在字词里。

拉康说，如果只看希腊人，有两种相互对立的态度，这种态度在语言和实在的关系上产生了两种截然不同的传统。一方面是普罗塔哥拉(Protagoras)、高尔吉亚(Gorgias)、诡辩派，他们比索绪尔早两千五百年强调了能指的任意性特点，说能指与所指之间没有联系，说语言具有偶然性，他们只从纯粹游戏性的表面上来看语言。另一方面,是“柏拉图的对话集《克拉图鲁》”,[①]拉康说,通过这一对话集,柏拉图努力想表明“所指”和“能指”之间的确“存在着一种关系”,“能指本身便有某种意义”,因此将被作为完全的哲学材料来对待:研究文字,研究词源会让人感到惊异,事物与音素之间,与名称相对应的事物和承载着事物的全部重量的名称之间,存在着天赋的默契。

海德格尔也是克拉图鲁的信徒。他也热衷于研究神奇的词源,像古希腊特尔斐城阿波罗神殿的女祭司一样,静静地等着巧妙的词源学研究释放的信息像神谕一样,来到他的头脑里。他研究哲学几乎就像作诗一样,他要把字词掰开,打碎它,强逼它,钻探它,痛打它或逼它说实话,掐住它的脖子,让它把意义吐出来,或者相反,让它把意义咽回去;他有着疯狂的解释的愿望,他认为解释就像施酷刑一样,在字词中打开缺口,突破防线;让那些潜在的、已为人忘怀的能量从字词中喷涌而出,让意义取代真理,用解释的范畴来代替理论的范畴,他用诠释的实践代替了辩证的实践——他没有说自己是在搞诠释,他说是“释义”(“hermeneia”)或者“解释”(“Aus-le-gung”),意思是辨识某种隐藏着的、潜在的、费解的、“但却在昭示于人的”意义——从时间上来讲,他是最后一个努力使古老的克拉图鲁诱惑具有现代意义的哲学家,而且也是最有成

① 克拉图鲁(Cratyle)是赫拉克利特的学生,柏拉图在从师于苏格拉底之前曾跟他学习过。但这里说的《克拉图鲁》即“论名称的确切性”,是柏拉图的一本对话集:艾尔莫吉纳认为言语产生于一种约定俗成,但苏格拉底却坚持说字词表达了事物真正的本质。克拉图鲁说,事物的命名是自然形成的,对此苏格拉底却反驳说,字词与事物之间的联系并不是完美无缺的。苏格拉底不赞成简单地思考事物的名称,主张了解现实(也就是“本质”)。——译者注

效的一个。是走高尔吉亚的路，还是克拉图鲁的路呢？是跟索绪尔走，还是跟海德格尔走呢？这就是全部的问题之所在。这就是贯穿于整个现代思想中的争论，并在弗雷格“伟大的语言学转向”内部，使拉康和福科之流产生了对立。在这一点上，我们也看得出来，如果没有海德格尔，我们会失去什么：我们会失去的不是福科，而是拉康，是拉康的思想中最优秀的部分，是弗洛伊德的思想中最优秀的部分；那些使语言成为揭示历史和真理的优先领域的思想家们都将不复存在。

不过在这一点上也请注意！

从这一点开始，我们也可以得出两种结论，而且实际上也有两条可能的道路——这是两条海德格尔都走过的路。

海德格尔有时候忠实于历史性的原则，说：没有“自然”语言；没有原始的或本质的语言与非历史性的、没有命运的人类性质相对应。语言肯定是深深地扎根于某种基础，而这种基础是共同的。不过“共同的基础”不是“语言”；要想让“语言”发生，必须从“基础”中出来。语言刚一冒出水面，刚一变成主体的语言，或变成主体的群体和民族的语言，它便有了日期，便成了事件，因此而有了历史，仅仅由于这一个原因，它便摆脱了自然性。在这一范畴之内，一个日期与另一个日期是平等的；一个事件与另一个事件也是平等的；在语言与语言之间没有优先权和等级之分。

有时候又是另一个海德格尔说：不对，不管怎么说，也许没有“自然”的语言；但是，虽然不能说有的语言比其它的语言更加“自然”，但至少是更加“古老”，更加“真实”；有的语言要更加丰富，更有生命力，有着更加充实的意义和记忆。尤其是有一种语言，那是克拉图鲁和高尔吉亚的语言，是普罗塔哥拉和亚里士多德的语言，是杰出的语言，是历史性的语言，是历史性的专家们的语言。按照“只要曾经存在过”从本质上说便可以“再一次存在”的原则，按照一种简单的想法，我们可以认为“曾经”存在过，但是已经“丢失”了的东西，能够而且应该可以通过思想的追寻而“恢复”；这另一个海德格尔便开始倾听希腊的语言，并让自己成为这一几乎是神圣的希腊语言的大祭司——不过，另外，他同时还去寻找这一希腊语言的蛛丝马迹，寻找其遗产和继承人，而且渐渐地、自然而然地从德国人那里找到了结果，德国人的语言成了与被忘怀的希腊语言保持着联系的惟一语言。

海德格尔无视我刚刚阐述的历史性原则，首先说，有一个民族比别的民族更具有历史性，更加专长于历史性，那就是希腊民族。其次，他无视上述同一个历史性原则，无视一个“民族”永远不会是一个“主体”的原则，说希腊民族的语言能够留下的最优秀的东西，为另一种语言所收纳，那就是德语。这就是要害。要害就在这一双重的姿态当中，在这条从雅典到柏林的轴线上。要害就在于希腊通过德国而复活了，从今往后，在德国可见的事物中所蕴含着的，是希腊遗留下来的不可见的事物。当然，我们可以批判这种预期理由。可以嘲笑这种做法。正如我们可以批判和嘲笑他 1966 年与《镜报》谈话时还断言说，法国人一思考，便开始讲……德文！但我们不能消除他的预期理由，也不能够认为它不曾存在过。海德格尔的梦想是让德国变成苏格拉底以前的世界，而他是通过混淆负有前述复活重任的民族的“共同存在”（“Mitsein”）和所谓的“本质”，才使这一梦想成为可能的。正是梦想和混淆，使海德格尔的理论机制跌进了卑鄙的深渊。

4.最后是关于存在的问题。关于存在的问题是海德格尔理论中的核心,但也正是这个问题使海德格尔的理论跌进了深渊的。

在这个问题上也是一样,开始的时候一切都很好。

海德格尔以前的哲学只提出了“此在”的问题(la question de l'étant);当哲学提出或以为提出这一问题时,亚里士多德称之为“作为存在之存在的问题”(l'Etre en tant qu'être),这一存在(Etre)只不过是其它“此在”(étants)中的一种“此在”(un étant)而已——也许是第一个此在,是最杰出的此在,但怎么说也是此在:勒维纳斯在《从存在到此在》(*De l'existence à l'existant*)中说,不是“l'être-Sein”,而是“l'être-Seiendes”。不是存在的秘密,不是存在之所以为存在的神秘,而是存在,是人,是世界的微观秘密,是世界的神秘,总之,正如布伦塔诺(Brentano)所说的那样,是“此在(étant)的多重的意义”。

但海德格尔第一次从存在的“意义及其真理”的角度,提出了存在的问题。使他提出问题的存在,既不是原因,也不是基础,也不是上帝,甚至也不是隐藏在现象背后的自在之物(une chose en soi),而且无论如何也不是“此在”(étant)。他研究的领域与胡塞尔不一样,不是每个“此在”(étant)与任何其它此在之间的关系,哪怕它是最杰出的“此在”,也不是每个此在与作为其自身的此在之间的关系;而是每个此在与其它此在的“存在”之间的关系,甚至是每个此在与其“自身的存在”之间的关系。于是真正的问题,他想揭穿的谜，便是对这一存在问题的遗忘，甚至更加奇怪，是自从开天辟地以来，也就是说自从希腊人以来，不断没落的西方人对这一遗忘的遗忘。

我们可以不是海德格尔的信徒。我们可以憎恶弗莱堡的教授那种悲怆的神情或沉思的风格。但要知道，自从希腊人以来，惟有他想办法提出了这一关于存在及其遗忘的问题——但要知道，当代哲学家当中，惟有他提出了这一“本体论差别”的问题，因此也就是提出了关于“存在”和“此在”(étant)的“深藏不露”的问题；而且他在这方面的研究是多么的严格啊！这正是哲学的根本问题。

那么，在以下两种可能性中，我们只能取其一。要么，我们认真对待哲学家的愿望及其目的，我们发现只有这一存在的问题使哲学的话语与众不同，尤其是使哲学的话语与技术和科学的话语不同：在这种情况下，不管以什么方式，总归是要经过海德格尔，那就顾不得他那种朗诵诗般的语调，他那种神圣不可侵犯的样子，他干的那些“大蠢事”等等。要么，我们干脆拒绝与海德格尔一起思想的想法，因他的人格，他的所做所为，他的风格而拒斥他提出的问题；那就要与哲学的探寻告别，这一探寻不是技术主义的形式，而是别的东西，那就要接受康德在哲学的历史上导致的停滞，那就要决心将微不足道的话语称之为哲学，将存在的问题归在不可能解决的问题之列，或者归在柏格森称之为的“伪问题”之列——总之一句话，那就要甘心重新做一个柏格森的信徒。

除非再一次有两条道路出现在我们面前。假设我们对问题的回答是肯定的，假设我们认为，为了哲学的未来，接受海德格尔的卑劣行为是值得的，假设我们决定克服厌恶之心——导致这一厌恶感的，当然不是我们所知道的海德格尔“对政治的参与”，而是他的作品充分而完全地“参与”了希特勒的时代特征，并对此作出了反响，而这些反响留在了作品最为美好，最为有力的段落中——，作出这样的假设之后，又出现了两种方案，分别对应于他提出存在及其遗忘问题的两种方式，或者更准确地说，是对应于他在文章中把“希腊”当作“故乡”来使用的双重的比喻。

一方面，海德格尔向我们保证，他是用比喻的方式指称希腊哲学家，尤其是苏格拉底以前的哲学家的，以确定存在的涌现和存在的遗忘开始的日期。他为自己辩护说，我说的是：“希腊哲学家是一切的开始”。但是，我们不要混淆编年史的范畴和本体论的范畴。我们不要忘记，这一“起源”是存在的一个时刻，而不是时间的一个时刻。不要把我主张的向希腊哲学家的回归说成是复兴或再生。苦恼是向来就有的。衰落是结构性的。衰落是“存在之物”(existential)，它与“存在”(existence)和“事实性"(facticité)这两个存在之物一样，是一切“Dasein”的“存在方式”。[①] 事实上，从一开始，在假设为希腊的起源中，对起源的遗忘和存在的退缩便已经开始了。整个哲学的历史，不仅是希腊的哲学家，也包括后来的哲学家，都证明了本真的东西和非本真的东西是交织在一起的，属于“Dasein”的和不属于它的东西是交织在一起的——“Dasein”中向着存在而敞开的东西，以及相反，阻碍哲学家们完全地打开存在的东西，也纵横交错地交织在一起。换句话说，希腊哲学家们不仅仅

---

① 吕克·费里和阿兰勒诺，《海德格尔和现代哲学家》(*Heidegger et les modernes*)，Grasset，1988年，第82—84页。

有好的一面:他们也错过了起源;他们也是不称职的牧人。反过来,在现代哲学家中,也不都是坏的:他们和希腊哲学家一样,也预感到存在的问题,而且所有伟大的思想家无不身处虚无主义思想的黑暗中,探索了一些“林中小道”,想了一些办法,找出了一些突破口,以通向“存在的林中空地”:康德的“先验”,胡塞尔的“还原”,黑格尔将形而上学变成了本体论,且不说尼采为了超越虚无主义而做的努力。在最初的海德格尔身上,看不出来他对古时候会有任何的怀念之情。如果谁把海德格尔的学说当成是围绕着失去的纯真而出现的第多少种变化,那他们就错了。如果谁从字面上去理解他那著名的为了“回归形而上学的基础”而“退后一步”(Schritt zurück)的说法,那他就误会了。因此,谁要声称可以当场并立即找到回归故土的有效力量,那就要拒绝谁,因为谁也不会再受命去找这一故土,因为它本来就是想像出来的。

其次还有别的文章——或者说是同一些文章,不过人们阅读和强调的方式不同,而且实际上写的方式也不一样——其中的理论背景突然一下子便彻头彻尾地变了。在《校长的演说》中,他要求德国民族再一次投身于“开始的力量”(Anfang),因为,“这一开始是希腊哲学的破门而入”,因为“它已经是两千五百年前的事了”(虽然他还说开始“就在我们面前”,“更先于迎面而来的一切,而且已经深入我们的身体”)。不过也有其它的文章,不一定是他当大学校长时期写的,比如在《存在与时间》的第一页上,海德格尔就说,从前“自明”的存在的问题,“今天”却“晦蔽到了暗中”;而且自从这一问题“诞生于希腊”开始——的的确确是从诞生在希腊时开始的——,便衰败了,变成了传统;我们很可以由此而想像存在的一个新时期，这一时期不仅仅是存在退缩的一种新的方式，通过与起源再次联系起来，从而弥补遗忘。对于这第二个海德格尔来说，起源真的是开始。真的有一个原始的时刻，而这一时刻真的是在希腊。有一个真正的奇迹般的群体，那就是希腊先民，而且是一个真正的群体。从这里开始有一次真正的堕落(Verfall Verfallenheit, Hinfall, vergehen)，是真正的灾难，有着真正的阶段，真正的历史，而且实际上也有着真正的罪魁祸首。从原则上说，凡是历史的，都是可逆的，因此完全可以中断过程，阻止衰败；比如，完全可以(这正是1940—1942年在讲荷尔德林的课上触及的主题)作出“伟大的决定”，清除基督教的传统在“逻各斯”的形象上积淀下来的糟粕，因而与把这个字说成是“秩序”、“戒律”、“话语”的所有解释决裂，恢复其原始的意义——在古希腊人心目中，也就是在“完美无缺”的人心目中，这个词的意思是“存在”(Etre)或“自然”(Phusis)。换句话说，古希腊先民时期，我们是存在的看护者，只是由于我们疏忽大意，才放弃了继续做看护者的意愿；可以设想，我们能够再次变为存在的看护者。为了作到这一点，我们没有任何理由不依靠“杰出的形而上学的民族，历史性的祖国”；正如在语言问题上一样，通过历史性和主体概念的颠倒，以形而上学的方式加强了他政治色彩最为强烈的愿望。按照这个海德格尔的说法，赫拉克利特不就已经是某种形式的德国人了吗(用他的话说就是“西方-日耳曼历史存在的原始力量”—Urmacht des abendländisch-germanischen Dasein)？按照1942年关于荷尔德林的课上的说法，对希腊的“城邦”(Polis)和“德意志祖国”产生激励作用的，难道不是同样的“圣心”，同样的“命运的力量”(das Schickliche)，同样的对"原始"(das Anfangliche)的兴趣吗？以巴门尼德为主题的课不是告诉我们说，存在的末世论(eschatologie)不仅会使德国，而且会使整个日耳曼民族(das Deutschtum)不可避免地取得最终的胜利吗？在这一点上，我们再一次看到，尼采的残酷预言在二十世纪最伟大的哲学家之一身上得到了验证：开始时是去寻找希腊人，最后找到的却是德国人；开始时是去寻找原始意义，却碰上了在公元一世纪便声称雅典的月亮比科林斯的月亮圆的那些人竖起的广告牌子。希特勒的德国不正是伯里克利的雅典吗？

德国人比希腊人还希腊人。

德国是海德格尔梦中"极端的希腊"。

在这一点上也是一样，海德格尔"最为高傲"的思考也堕入了野蛮的行径。

让我们来综述一下。

从某种意义上说，的确有两个海德格尔。

如果你愿意这么说，那的确是有一个好的海德格尔和一个坏的海德格尔。

但是，现在这两者的区别已经不是"政治家"和"哲学家"之间的区别了。

已经不是卑鄙的纳粹分子和沉湎于自己的梦想、对当代的暴行无动于衷的可爱的泰勒士，正如《现代》杂志所说的那样，可以将可爱的哲学家从纳粹分子的魔爪中夺过来。

两者的分别在哲学的内部。

两者之间的搏击，真正的搏击，是在思考的过程中完成的。

这是海德格尔的两种哲学，像一对方向相反的力量，在互相争夺着同一些文章，同一些概念。

一方面是悲观的海德格尔，非常的忧郁，认为衰败是无可救药的，并且不准备将某种优先权给予历史和思想的某种体制，因为那是没有出路的。对于这个海德格尔来说，技术在全球的招摇过市也只不过是主体性形而上学产生的倒数第三位的效果；主体性的形而上学开始于柏拉图，暂时终止于国家社会主义，而国家社会主义也只不过是上述效果的效果，是一根链条上最近的一个环节。国家社会主义本来很愿意成为“希腊的再次开始”。不过，其实从来也不曾有过真正的开始。那怎么可能有真正的“再开始”呢？于是，纳粹主义便成了存在的千年遗忘中的一次事故，也许是最后一次，也许不是。虽然战胜它的希望不多，没有很多的理由与它斗争，但也没有更多的理由参加进去。这第一个海德格尔太悲观了，根本就不会相信纳粹的革命会具有所谓的“再生”作用。

另一方面是更加积极、更加坚定的海德格尔，突然间不甘心于接受他刚才发现的永恒的衰败。这是同一个海德格尔，同样地阐述了“技术的全球化”以及“地球的精神衰落”。这是同一个伟大的哲学家在议论存在的遗忘，以及人类由于这一遗忘而无休止地生活在黑暗中。只不过，他突然之间好像不再满足于这一阴暗的情景，好像他把这悲观的态度看成是某种形式上令人贪恋不舍的快乐，把这种快乐看成是虚无主义产生的效果，他自己就曾批判过虚无主义，而且虚无主义的荒漠正在不断地扩大。难道我也要任凭这荒漠扩大下去吗？他好像是说，不。我厌倦了荒漠。于是他作出了一个“伟大的决定”，稍微改变了一下他的话语，自忖有没有办法开始——只不过朝前迈出一小步，做得令人不知不觉——沿着堕落和遗忘的坡路向回追溯：他放弃了分析“此在”的既得成果，又回到他的历史性的理论，他的语言理论，他的“遗忘存在之开放”的观念上来；他承认德国和德国的纳粹是动力，可以让他走上探寻希腊——思想的黎明——之路。

海德格尔是在乐观的时候变成了纳粹分子的。

他相信衰败是可逆的，相信可以回溯灾难的过程，因此也就成了进步主义者的时候，才与希特勒主义同流合污的。

海德格尔的希特勒主义不是心灵的暗夜，而是一个光明的时刻——在世纪的暗夜之中，他在那一时刻决定引入一线希望和光明。

这就是分开两个海德格尔的原则。

这就是萨特和其他的人从“批判”的本来意义上，从事实上对两个海德格尔进行行为划分的原则。分是分开了，却并不一定昭示于人。

人们说：不能成为海德格尔的信徒，又不能不成为他的信徒。这种说法是个死胡同。为了躲开这个没有出路的死胡同，我们也不得不重新采用批判的形式。

最后，我们从批判中得出的教训是：它让我们从过去的世纪看到了什么；让我们从即将到来的世纪看到了什么；而且专制主义——萨特很清楚地明白了这一点——一向是光明的产物，而不是黑夜的产物。

第二部　公平地对待

让-保罗·萨特

1　存在主义就是反人道主义

不过，我们再返回来说萨特。

我们再回到萨特最初的思想上来，即依靠海德格尔和胡塞尔、塞林纳，尤其是依靠尼采，以摆脱纪德和柏格森影响的萨特。

我们再回来看与共产党人看齐之前，在亲马克思之前，在古巴、苏联、毛派分子等问题上迷失方向之前的萨特。

我们再回来看萨特的思想，我们将称之为萨特早期的思想，但我们并不能够清楚地说明这一思想起于何时，止于何时，因为像这样的思想发展过程是令人很难捉摸的，各种渊源又繁纷复杂地交织在一起。

但总之，我们是要再回到这一点上来。我们甚至想对此作一个详细的考察。我们想试图明确这一思想的范围，还它原有的内容。我们想以另外一种方式恢复其逻辑，而不是只从中看到另一个萨特、“伟大的”萨特、已成为经典的萨特、成熟的而且也犯下重大失误的萨特的雏形和前奏。我们尤其想从一个荒唐的传说开始。自五十年代以降，来自马克思唯物主义的批评和海德格尔学说的忠实信徒们的批评，造就了这一传说，使早期的萨特成了主体的哲学家，略显些陈旧，带有笛卡尔学说的影子，是愚蠢的二元论，对哲学的现代成果充耳不闻，念念不忘他的宝贝“意识”，结果却错过了与事物本身的约会，而事物本应该是一个合乎逻辑的胡塞尔的信徒首先就应该关心的——作为开始，我们想先说明的是，有人把《厌恶》和《存在与虚无》的作者说成是“唯灵论”或“人道主义”的楷模。其实这是一种误解，假如真是这样，那么唯灵论和人道主义就应当遭到二十世纪的遗弃。

事物的偏见

因此，首先是关于事物的问题。

可以肯定的是，早期的萨特有着某种形式的二元论。

在事物与意识的对立中，他倾向于站在意识一边，这我们是可以接受的。

在《存在与虚无》中，甚至也包括在以后的作品里，有一些段落提到，要让主体摆脱消融于物质和自在中的危险，萨特赞颂了自由的，仿佛脱离了世界的意识，他拒绝认为意识是“事物”(res)，哪怕是有思想(cogitans)的“事物”；在有些文章里，我们看到萨特说：“没有意识就没有意义；因此，没有主体就不会真正有事物；事物等待着意识的发现，只有被意识发现，事物才是存在的”；有一个萨特一直到最后仍然将人看成是“在物质的运动之上飞翔着的、具有挥发性的幻觉”，他说马拉美就有过这样的梦[①]——这一切都是毫无疑问的，而且这正是他与海德格尔意见不同的原因。

---

① 《马拉美》，载于《境况种种》，第九卷，第194页。

只不过，萨特的伟大之处就在于，他马上就修改了这一预期理由中可能存在的天真或偷懒的成分。萨特在其它的文章或相同的文章里，将视角颠倒了过来，或者将问题搞得十分复杂，让人很难将这一视角说成是“唯心主义”或“人道主义”的视角。

他强调说，也许意识是有尊严的。也许意识是突出的，不会甘心于消融在事物的连续过程中。但是，事物也存在着。事物不仅仅独立地存在着，而且存在于意识的上游，而意识则将事物记录在案。从沉没于事物的汪洋大海的船上，他挽救出了像岩石一样的主体性，并以此与梅洛-庞蒂相抗衡；但他赞成被感知的存在“先于”感知的存在；对此，胡塞尔的“先验的自我”(Ego transcendantal)的概念倾向于过高地评价意识的作用，同时使作为对象的意识(noeme)失去现实性，因此也就等于使事物失去了现实性，这是具有莫大的欺骗性的。没有意识就没有事物吗？的确如此。不过没有事物也就不会有意识，这几乎更加确实。没有意识，事物会成为一种呆笨、无声、无形的物质性吗？的确如此。但这样的事物终究还是具有物质性的，而没有事物的意识却是一个空洞的场所，是一片虚无——意识需要有事物才能够存在，而事物却只需要自己。《存在与虚无》明确说：“存在是先于虚无的”。不过，存在并不是需要虚无才能够孕育自己；应当说，主体正是从虚无中“假借了存在(existence)”，“从存在(être)中取得了其存在(être)的”[①]……

还不仅仅是如此：“事物”或“主体”当中，谁能够声称自己不仅

① 《存在与虚无》，第51页。

具有在先性，而且包含有更多的存在呢？如果必须把本体论的优先权授予其中的一方，那么该授予谁呢？萨特在这一点上是很明确的。他当然相信意识。他一遍又一遍地强调意识的优先权。不过，他不满足于告诉我们说，意识是第二位的，是迟到的，他不满足于反复说事物在意识"到来"之前便已经存在了，他尤其还向我们保证说，意识是贫乏的，存在的分量、充实、尊严和丰富都是从另一边，从"自在"一边，也就是从事物或身体(des choses ou des corps)的一边回流过来的。事物的"存在"，意识的"虚无"……世界的"超级存在"(Surêtre)，主观性的"脱离存在"(desêtre)——主观性只有让"无"(rien)在其内部，在其四周增长才能存在……人的消极性(nêgativitê)，人是"'无'的存在"——相反，呆笨的、几乎是猥亵的身体却有积极性，不管人们怎么说，他从来没有放弃过使呆笨而猥亵的身体成为存在的中心……这是萨特具有的海德格尔的一面。是萨特的理论中用来对付胡塞尔的海德格尔。是萨特对海德格尔十分随意的解读。(海德格尔在《形而上学导论》中提出，存在和思想具有"首要的和深刻的从属性"，存在不仅从时间顺序上，而且从逻辑上优先于意识。)这时的萨特在《存在与虚无》中谈到"本体论证明"时，并不是为了回归传统的笛卡尔主义：他是为了说"意识一诞生，便撞上了存在，这存在并不是意识"，但这一存在拥有"此在"(ce qui est)的一切尊严。而且，到了晚年，写完《福楼拜》之后，他最后一次从根本上审视了他的计划，而且不仅仅局限于《福楼拜》，他还审视了这种文体的定义；自从写了《圣热奈，喜剧演员和殉难者》、《波德莱尔》，以及《马拉美》的草稿以来，他也许正在使自己的名字和写作方法与这种文体联系在一起；在这样的背景之下，他说了这样一句奇怪的话[①]："一个人的传记应当从下边开始写起，支承身体的脚、腿、性器，总之是身体的另一半"；接着他又补了一句说明，我们认为这说明与他所谓的唯灵论根本是风马牛不相及的："我本来是想这样写传记的，写福楼拜的传记，将他所有的书都放在上面，作为整个身体的综述……"

还不仅仅是如此。他还认为事物是粗暴的，不合时宜的。事物不仅仅是意识之前的"材料"，意识要向其"显现"（présence）看齐，向此在（êtance）的平静的内容看齐。事物是个暴躁的材料。具有破坏力。那是一些"年轻而贪婪的力量"，几乎是野蛮的，它们突然地袭击主体，向主体猛扑过去，强暴它。我们甚至不能肯定，带有被动性，甚至是平和意义的"材料"这个词，还能不能继续适合于《厌恶》中那个骚动的世界：到处是螃蟹，到处是爬行的怪物，树根发了疯，树丛活了起来，绿色的大树呕吐着树叶，昆虫大量充斥世界，一只只手像"一条条白色的大虫子"，叉子显出一副怪诞相，门把手和刀柄像有生命的、发了疯的动物一样，一张张油污的纸被风刮起来，变成了一块块腐烂的肉，如此等等。在他 1927 年未完成的小说《一次失败》中，主人公弗雷德里克就已经说过，事物是"如此的奇怪"，"充满了敌意"！而且正因为充满了敌意，所以又是多么有趣啊！他呼吸着垃圾桶里散发出的气味，非常喜欢这种泥土、"果皮、菜叶和潮湿的略带些臭气的味道"。春天，他在事物组成的景致中散步，事物迎着他扑面而来，通过"震颤"而击打他，侵犯他。《厌恶》依旧是这幅情景。仍然以阴沉而欢快的气氛，描述

① 见《斜线》杂志所载与米歇尔·西卡尔的谈话。

了事物的愤怒,只是少了些天真。扑向主体的存在有着无尽无休的多样性。《厌恶》与《存在与虚无》一样,延伸了对这一多样性的歌颂。不言而喻的是,有另一个萨特,是《厌恶》之前的萨特,将获得"自由之前"的存在描写成一种呆滞的积极性,一种粘液,一种"软乎乎的"呈现,是一大堆面团,是封住了意识的东西,[①]这我们是知道的。这同一个萨特,在《存在与虚无》中,在阐述"漠然、欲望、憎恨、暴虐"之间的关系的那一章[②]里,甚至说到"意识因其事实性(facticité)而变得粘滞","身体被世界粘住了"。后来他在一个注释中又说到"事物的敌对因素"、"粗暴"、"烦人的噪音"、"冷酷"。这都是显而易见的。但还有一个完全不一样的萨特,这个完全不一样的萨特迷恋上了事物,但同时又被事物吓坏了,事物的"魅力"和"丑恶"对他的吸引力,几乎比人的神秘对他的吸引力更大。当他描写存在的沸腾、骚动、不断的泛滥时,他是个唯物主义者,而且从来不曾有过如此的天才——事物无法预料地突然出现,向意识进攻。

这些事物具有什么样的性质呢?它们与意识的关系如何呢?有没有一个秘密的条约把它们联系在一起呢?有没有本质的、实质的共同性呢?既然不管在存在的范畴内,还是在实在的范畴内,事物都是先于意识的,既然这种在先性只有在不可预料的野蛮中才能够得到确认,那么这两个范畴在多大的程度上是一致的呢?能不能够调整呢?虽然意识是第二位的,但为了让意识成为事物

① 《滑稽的战争记事》,第166页。

② 《存在与虚无》,第462页。

的意识，瞄准事物，认识事物，想像事物，这些事物至少应该是相似的，是属于同一类的吧？应该是串通一气的吧？不，萨特又说。我不需要这样假设。这甚至成了他另一个摆脱不开的烦恼。这是他从概念上与乐观主义者——也就是人道主义者，这我们在后边会看到的——相对立的另一个有力措施。或者出于唯心主义（事物是我所看到的；其存在与我对其所做的描述是一致的；正由于事物根据我，而且只是由我而得出其意义和真理，所以我便能够更好地根据事物而调整我自己），或者出于实证主义（事物的真理和意义是写在事物的物质性和实体中的；意识要想认识这一意义和真理，只需临摹、倾听和再现这一无声的话语），人道主义确信被感知的事物和感知的意识之间还存在着另一种亲和关系。[①] 事物的相异性。事物的时间和人的时间是绝对不调和的。这是"存在的两个完全分明的区域"，相互之间"没有沟通"，没有任何"本体论上的联系"。[②] 人们以为萨特是唯心主义者，以为他将心灵放在了指挥一切的位置上，让心灵指挥着对世界的普遍审查，但由此以来，他却成了在拉大两个范畴的差距上向前走得最远的当代哲学家。《一次失败》中的弗雷德里克还说，事物对我不仅仅是"含有敌意的"，而且是"陌生的"；它们不仅仅"向我扑来"，"侵犯我"，而且它们的本质和我的本质根本就不一样；我之所以这么喜欢它们，之所以喜欢看"粘污的鸡蛋壳"和"烂萝卜"的表演，是因为我和它们之间"没

---

① 朱利叶特·西蒙，《让-保罗·萨特，半个世纪的自由》（*Jean-Paul Sartre, un demi-siecle de liberté*），département De Boeck Université，1988年，第17—20页及其以后部分。

② 《存在与虚无》，第30页

有任何亲缘关系”，所以我才能够“爱它们而不至于乱伦”。这就是关键。在这一点上胜负也已经分清。是意识得到了好处吗？不。正相反，事物具有优先权，而且事物彻底的自主性得到了确认。

那么至少两者之间的差距缩小了吗？尽管事物具有另外一种性质，具有莫名其妙的自由，蹦蹦跳跳，但最终不也是要屈服于意识的技术诗意（techné，poiesis…）吗？况且，当我们说，“意识到事物”时，我们的话不正是这样的意思吗？难道不是指征服、驯服、驯化、检查、吸收原本是陌生的，有可能是顽固的，但尚可消融于思想的东西吗？不是。仍然不是。对于早期的萨特来说，能够吞下事物的陌生性质，从而将其“消化的哲学”是根本不能接受的。他是“意识的哲学家”，根本不可能认为，思想所表达的，是从事物中流出的作为其本质的“浆汁”或“白色的浓液”。他说，事物会“任人摆布”的想法，是朱尔·勒纳（Jules Renard）犯下的一个大过错。除了是勒纳的错误之外，这也许是给非常糟糕的文学下的一个最为正确的定义。诗人看不到存在的“超现象性”（transphénoménalité），这是多么大的麻烦——多么大的误会啊！他们以为自己是在描写事物，其实是在拒绝接受显而易见的常识。他的立场和斯多葛学派的人一样，认为语言的所指和事物有着最终的相异性。这与嘲笑高蹈派诗人的马拉美的立场一样。高蹈派诗人认为自己“完全抓住并指出了事物”，这种说法实际上却“错过了神秘”。他的学说与有些诗人的一样——比如彭日——，他们说：“事物有神秘性；事物中有些东西是永远无法理解的”；人们当然可以接近这些神秘的东西；当我们描写牛奶“神秘的黑色”时，我们可以说是从事物的表象和显然性的小圈子里迈出了一步。但是接近并不等于深入；诗人不管有多大的天才，总会遇到障碍，不管什么样的指称都无法冲破这层障碍；有的东西是无可名状的；在这无可名状和一次又一次——却次次徒然——用语言去命名它的努力之间，战争是永恒的，无情的……

最后，事物为什么是不可理解的呢？为什么意识，也包括诗人的意识，说到底都无法识破事物的秘密呢？萨特对此拿出了两种类型的解释。有时候（关于彭日的文章），他说事物的中心是令人看不透的黑暗，事物的内心具有内在性，具有诗意的厚度，是人所看不透的。不过有时候（关于胡塞尔的文章），他又说“自在是没有秘密的”，自在是“呆滞的”，与“不是它本身的事物没有任何关系”，不包含“任何否定”，没有“相异性”。[①] 相反，这种奇异性正是应当称之为超验性的标志。正是在这一点上，这一颠倒显得最为惊奇。正是在这一点上，萨特在别人不知不觉中，对唯心主义的结构模式进行了最为彻底的解体。传统的唯心主义说——当他假装是唯心主义者时，他也说——主体、意识和自我具有“超验性”。实际上他却相反。这另一个萨特将胡塞尔的立场推到了极致，他说，事物不能还原为特征，因为事物潜在的表现和现象是无限的，从而颠倒了关系，扰乱了哲学的规则。真正的超验性是事物的超验性。具有超验性的，不是意识，而是事物；这不同于康德，也不同于胡塞尔。他称之为“事物”的，是绝对的相异性，是无限的显现得以产生的能力，是按照取之不尽的能力和抵抗力的组合与意识相对立的方式。对于彻底的唯物主义，我不知道还有没有比这更好的定义。萨特

① 《存在与虚无》，第33页，66—71页。

不是唯灵论者，不是对意识、对主观性、对人着魔的怪人；他是二十世纪伟大的唯物主义哲学家。

让·卡瓦依埃，用逻辑抵抗的战士

人道主义问题。

大概有一个"人道主义"的萨特。

也许在萨特历史上的某一特定时刻，出于有待我们弄清楚的原因，他变成了这样的人道主义者。

在法国解放时一次著名的报告会上，他是第一个大声呐喊道："存在主义"是"人道主义"。

不过，他只说过这句话吗？在这个问题上，和对待别的问题一样，我们要不要相信他说的话？我认为不能。

对于萨特来说，尤其是对于早期的萨特，人道主义和事物及其物质性的问题一样复杂，一样反常，一样矛盾。

初步说明。第一点。三十年之后，我仍然认为阿尔都塞在《给约翰·刘易斯的答复》(Réponse à Jean Lewis)中说的没有说错，他说斯大林主义从本质上是滋生人道主义的根孽。究竟什么是斯大林主义？斯大林主义宣称了什么？它的话语是如何连贯成体系的？只有两种可能性。要么我们认为它什么也没有说，它根本就没有任何话语，和希特勒主义一样，只不过是野蛮行为的大放纵，是纯粹的武力，是低级警察：若是这样，那么阿尔都塞的话便站不住脚——斯大林主义是可恶的或愚蠢的，随你怎么说都行。要么相反，我们认真地去注意本世纪的专制主义都说了些什么。我们要仔细地分析独裁者说的大话，就像法依(Faye)分析希特勒主义的话语一样；我们也要分析斯大林的信徒们说的话。如果是这样，那么阿尔都塞就是对的。斯大林的信徒们究竟说了些什么呢？在那场令人震惊的大屠杀爆发时，他们在梦想什么呢？他们是想制造新人，彻底消灭旧人，让明天的人在旧人的废墟和死尸之上诞生。所以才有了集中营。古拉格。这是恐怖和暴行的中心。也许大部分时候，那些地方所体现的，纯粹是对残暴和杀戮的喜好。真正的斯大林主义首先是一种兽行，是要把人变成野兽，我们可以同意，也应该同意这种说法。可是说到底……我们也可以听听杀人犯在说什么。当杀人犯觉得有必要向受害者"讲故事"(这是阿尔都塞的另一种说法)的时候，我们可以努力把他们的话当成真话来听。斯大林的信徒们说，如果没有重新给人下定义的愿望，也就没有斯大林主义。斯大林主义就是想改变人的最为深刻的本质。一般来说，如果没有重新塑造人类的打算，也就没有共产主义；而且如果字词有意义，重新塑造人类就是人道主义。真实的历史的人生来就是不纯洁的。于是有人号召人们斗争，以纯洁人的本质，或者像人道主义的萨特自己说的那样，让人的质量更好；如果我们同意将这样的号召叫做"人道主义"，那么红色的专制主义，因此也包括斯大林主义，便的确都是人道主义变种，虽然邪恶，但终究是从人道主义中派生出来的。

初步说明。第二点。关于希特勒的法西斯主义。希特勒主义是人道主义吗？话如果这样说，显然有些下流。但是，列维-斯特劳斯在解释"灭绝营"时，说是因为"人"与"其它的创造物隔绝了"，因此而"缺少了一个防御圈"，而且觉得"自己的权力是无边无沿的”，便开始“自己损害自己”。[①] 这种说法也很下流。不过，希特勒主义也打算创造新世界——创造新世界也就意味着创造新人类——，要重新开始人类的历史，说是强盗行径和纯粹的疯狂并不能完全为他们的行径辩解，这也是很难辩驳的事实。纳粹的观念是要改良人种，这和人道主义的伟大假设有着“形而上学”的相似性；人道主义相信，人类自古以来的厄运终将在另一个世界被战胜，这和希特勒改良人种的愿望存在着共鸣，这我们在上文对海德格尔的分析中得到了验证。只要读一下记录了纳粹分子和希特勒本人的癫狂疯话的文章，我们就可以完全相信这一点。当然他们憎恨犹太人。他们要驱逐犹太人，因为犹太人是病菌、病毒，是有害的虫子，这是显而易见的。但是恨一向只能作为爱的必然的反面才能公开地得到确认：也就是对新人，对新种族（völkisch）和纳粹的爱。机制是无情的。值得永远流传下去的人种只有雅利安人。犹太人是非人的“他者”，只有消灭他们，雅利安人才能出现，才能繁荣。换句话说，这样就建立起了一架可怕的机器，这架机器只有先开始生产“他者”，然后才能生产本元；只有首先产生大量的魔鬼，才能加工出原始的“一”——这架机器必须消灭人类中的一部分人，在它发生变异的黑夜和迷雾中，它必须吞掉这部分人，才能让理想的、纯化的、净化的、大写的人诞生，而且从今往后，这个人就是纳粹的人。

初步说明。第三点。如果事情真的是这样，如果所有这些都

---

① 《近和远》（*De près et de loin*），与迪迪耶·艾里蚌的谈话，Seuil，Coll. Points，1991 年，第 225—226 页。

是狂人的疯话，如果这些疯话的基础是一种新人，或理想之人的形象，或者只不过就是人的某种属性，而他们掌握有这种属性的配方，那又何必用一种属性来反对另一种，用好的理想来反对坏的理想，又何必用带有抒情意味的人性的定义，来反对其可悲的计划呢？又何必陷入属性的形而上学呢？那是专制主义的形而上学，同时也是人道主义的形而上学。在这一点上，阿尔都塞说的也是对的。在这一点上，和德里达一样，他的反应是正确的。我仍然忠实于这种反应，忠实于我二十岁时的结构主义，忠实于阿尔都塞和德里达的教导，及其将人道主义的仪式搁置在一旁的做法；我仍然认为，对人道主义的批判是思想的成果，因为有人幻想人类可以更好，或者人类可以改良、可以再生，而对人道主义的批判与这种幻想决裂了。因为这是“进步主义”的预设，所以对人道主义的批判与进步主义保持了距离。我们可以将哪些东西带入新的世纪呢？人们刻毒地诽谤“68 年的思想”，但在进入新世纪的时候，68 年的思想中有哪些思想应当保留下来呢？有一点是可以肯定的。有些疯子过去和未来都声称说能够告诉我们人究竟是什么，对这些疯子，我们要怀有极大的戒心。因此，我们要毫不含糊地选择理论上的反人道主义。

初步说明。第四点。准确地说，二十世纪有两种，或者甚至于可以说有三种反人道主义。它们之间并不是完全陌生的。它们的渊源互相交叉、互相覆盖或者互相响应。不过说到底，在做总结的时候，试着将它们分别开来，应当是一个很好的办法。首先是黑格尔的反人道主义，其原则仍然与海德格尔的原则一样；这种反人道主义剥夺了人的权利，理由是，人只不过是观念的（idée）工具，是存在或逻各斯的暂时表现：人既不是目的（Fin），也不是绝对的存在者（Absolu），而是目的和绝对存在者互相理解、相互靠拢的场所，是它们的代言人，是它们必要的表现，但这表现是脆弱的，注定了要在闪烁的一刹那灭亡。黑格尔认为，真理和现实，反思的理性和存在的理性，"心灵"纯粹就是一个舞台，在上面演出的是精神的伟大冒险。"人"被设想成"居住于"存在的窗口内，接受"一种势力的控制、指挥、命令，这种势力表现在技术的本质中，是人自己也主宰不了的"——比如在"伟大的艺术"中，艺术家是无关紧要的，"只不过是伟大的作品在诞生时要经过的一个阶段，艺术家本人在创造中消亡"。布朗肖在评论马拉美时说，"就其本身来说，诗的话语已经不是某个人的话语，诗的话语不是任何人说的，说话的也不是具体的某个人，是话语自己在诉说……"其次是斯宾诺莎的反人道主义，用二十世纪的语言来说，就是德勒兹的反人道主义；这种反人道主义认为，在存在这出戏里，你只要让主体扮演一个角色，也就对它作了过多的让步：它甚至算不上是场所；算不上是代言人；更不是"居住"或"牧人"；如果不向存在开放，最后这种特权就什么也不是。不过，这种特权也是要废除的，要让人同意放弃这种特权——让人同意将自己融化在"实体之内"，淹没在其"内在性的平面"里。还剩下一个被摧毁了的主体。也就是非个人的主体。还剩下一个无法触及的主体性，其中的"自我"作为肉体或具体的灵魂，将丧失其恒定一致。我在《人性掩盖之下的野蛮》（*Barbarie à visage humain*）中，揭露了这种过激理论的后果。我没有改变意见，我仍然相信，要想让世界变成可以居住的世界，只有提出相反的论断，只有坚持这样一种假设（想像？）：主体飘浮或佯装飘浮在漠然的内在性的平面里……还有第三种反人道主义，更加羞怯，甚至以本体论上的羞怯为其原则；阿尔都塞是个怪诞的马克思主义者，他为之辩护的，实际上就是这种反人道主义：没有大写的人；没有人的本性；尤其是，作为凡夫俗子的命运或真理的人或者超人的未来，根本就是子虚乌有；人类是四分五裂的；人永远没有本性，永远不纯洁、不完善，永远不可救药地四分五裂；为了想像这些人，为了想像他们最终的无本性，为了行动和干预，为了设想他们的命运，为了设想与他们亲近的人、与他们疏远的人的命运，为了实施有效的抵抗或抗议的战略，以便为这样的人服务，为了设想并理解抵抗的活动，我们必须有一些概念，这是不言而喻的，我们必须有一些概念上的战略。但是这些战略已经不用经过人这个大的概念；这些战略将绕过道德约束的形而上学那庞大而天真的机制——尼采说是"道德元素"(la moraline)。这种形而上学让我们更加清楚地看到的，是发明这一机制的人，是他们不可告人的动机和控制他们的力量，而不是在抵抗者的头脑、身体和生活中发生了什么事。

最后一点说明。我们以让·卡瓦依埃为例。① 他是抵抗运动的领袖，是北方解放组织领导委员会的委员，在地下组织里的化名是"马蒂"，也叫"艾尔维"、"施纳维埃尔"、"卡里埃尔"、"夏尔邦梯埃"。他是个有多重性格的游击队员，胆子非常大，不知疲倦，担负种种非常危险的任务，其中包括破坏第三帝国的海军，破坏德国人设在法国海岸的无线电导航台设施。卡瓦依埃是基督徒。他在高

① 加布里埃尔·费里耶尔，《让·卡瓦依埃，战争中的哲学家》(*Jean Cavaillès, un philosophe dans la guerre*)，Seuil，1982 年。

等师范读书时便与“达拉”组织有了联系，二十年代末期从高等师范毕业后开始以基督徒在德国的使命为题，进行了漫长的调查。但他也是一个非常热忱的数学家，在去伦敦的两次旅行之间，或在与南方解放组织的负责人秘密会见的间隙里，给另一个抵抗战士阿尔贝·洛特曼写信，让洛特曼给他寄哥德尔、胡塞尔或杜布瓦－雷蒙的书。更准确地说，他是在追求抽象的数学集合论、无穷数的计算、函数的增长、无穷和连续；他的热忱，他相信真理将最终降临的信仰丝毫不亚于年轻时对上帝的追求。而且给人留下深刻印象的是，他信仰上帝和数学，相信上帝的超验性，相信他和后来的让－图森·德桑第称之为“数学的理想性”具有另一种形象化的超验性，这种双重的信仰对他产生了深深的影响和限制，使他制定的认识理论根本就没有了“意识”的位置。存在已经丧失了主体性。“具有结构作用的数学主体”和一般意义上的认识主体从结构上被解体了。他年轻时说，“我们在任何事情上都是被动的”。从某种意义上说，从另一种意义上说，在可怕的反抗纳粹时期，他相信的一向是人的被动命运。他被流放，他参加地下活动，遭受酷刑，后来又参加地下活动，参与自杀性的使命，受过十二次审讯，却一句话也没有说，他住过弗莱纳监狱，再一次遭受酷刑折磨，最后，当他面对行刑队，背对万人坑时，他仍然是被动的，他永远是“被动的”。当有人最后一次问他，究竟是什么动机，使他这个大资产阶级家庭出身的人、著名的思想家、一流的大学教授、民族的精英拿自己的生命冒这么大的险，在毫无希望的战斗中葬送自己的生命时，他肿胀的脸上转瞬间又恢复了泰然自若的神色，表情又像过去给学生讲集合论的微妙之处时那样亲切而聪慧，对刽子手们回答说：是真理……是真理这个魔鬼……我在战斗中实现了德国老师的深刻思想,不错,正是这些德国的老师,比如胡塞尔,教育我说,只有为了追求真理才值得献出生命……我们可以想像刽子手们的脸上会露出多么愕然的表情。乔治·康吉莱姆写过一篇文章,说让·卡瓦依埃的抵抗是"逻辑上的抵抗",[①]认为卡瓦依埃的怪诞之处在于,他与康托尔一样认为,"数学的本质就是自由",法国受到纳粹和维希政府的双重迫害,为了挽救那里的男男女女,就要拿起武器,根本不需要意识或者个人的哲学,不需要康德的绝对命令,也不需要假设先验的主体和建构的主体。的确,人们仍然在思考这一奇怪而且非常具有教育意义的冒险:他不相信"人",却又是抵抗运动最重要的英雄;他是道德说教家,从康德的学说中只记住了一个"纯粹思想"的梦;对他来说,思想是"纯粹"的,因而也就是"可靠"的,可他还是冒了最为荒唐的风险;一个严谨的数学家,一心只喜欢真理,而且是作为胡塞尔的信徒喜欢真理,却比任何人都更加切实地想挽救人的微不足道的荣誉;从这一思想出发,"通过逻辑指出的一条条密集的道路",以哲学为武器——康吉莱姆反复说,这种哲学里"根本就没有人的影子",尽管人有道德、激情或英雄主义——,在行动上是那样地彻底,一直走上了"不归之路",在完成任务之后,用卡瓦依埃自己的话说,一个活人还有勇气平静地"看着死亡如何到来,正如他平静地面对其它的事情一样,其泰然和朴实的态度正是按照柏拉图的教诲,不是用精神,而是用整个身心去

① 乔治·康吉莱姆,《让·卡瓦依埃的生与死》,载于《博达塞尔记事》,Villefranche, Pierre Laleur editeur, 1976年,第39页。

寻找真理的人所持有的态度”。

我之所以提到让·卡瓦依埃这个人物，是因为萨特曾经见过他，因为根据见证人的说法，在1943年到1944年间萨特遇到过的所有抵抗战士中，让·卡瓦依埃是给他留下最深刻印象的人。当时萨特在纳依巴斯德中学的学生，后来的电影制片人拉乌尔·列维讲过一件事，初一看来十分滑稽，但事后想来也非常地感人。[①]萨特和卡瓦依埃在瓦尔德格拉斯街的特拉斯旅馆秘密见面。萨特显得不知所措。卡瓦依埃很客气，想方设法不让萨特拘束。可是没办法，他说什么也没用。卡瓦依埃让萨特感到一种无法克服的畏惧。列维非常惊讶，说这是他第一次看到另一个哲学家让萨特感到拘束。这是他第一次，也是最后一次看到萨特感到畏惧……我们还可以举出阿尔贝·洛特曼的见证为例，胡塞尔的书都是洛特曼提供给他的。还有斯宾诺莎，在维特兄弟被杀后，斯宾诺莎想贴一张谴责“极端野蛮行径”的公告。斯宾诺莎不是比康德更具有反叛的精神吗？如果卡瓦依埃建立起来的，不是“逻辑科学”，而是以意识的责任和权力为基础的人道主义，那他也许就不会有那么勇敢的清醒，就不会有那种必死的决心，就不会成为英雄。我这样说，人们不会责备我曲解历史和卡瓦依埃传奇般的生活吧？

我忠诚于这第三种反人道主义。

三十年之后，我仍然在思考这种反人道主义，也正是这种反人道主义促使我思考的。

虽然这种反人道主义并非不能产生罪恶的后果，虽然它有可

① 见于前面所引阿尼·科恩－索拉尔的作品第234页。

能陷入实证主义的泥潭，而这种实证主义以断裂的名义，用纯粹科学的确定性反对意识形态的普遍性，而凡研究认识论的人都知道，这断裂通常只存在于人们的想像当中；但正是这种反人道主义让我理解了各种各样的抵抗和二次世界大战时的抵抗运动是如何具体运作的。

萨特与阿尔都塞

然而，萨特是如何看待这一切的呢？

他是“公认”的人道主义者，声称“存在主义也是一种人道主义”，他是如何看待现代人对人道主义形而上学的批评的呢？

说到底，他是如何看待人道主义的呢——他是如何看待这种关于大写的人的哲学的呢？卡瓦依埃、阿尔都塞、德里达和其他人用行动或作品批判了这种哲学，人们怪罪说萨特是这种哲学的最后一道屏障。

他的《厌恶》写于《存在与虚无》之前十年，《辩证理性批判》之前二十年，总而言之是在著名的、也许可以说是糟糕的《存在主义是一种人道主义》之前很久。他在《厌恶》中为所谓的人道主义描绘了一幅最为滑稽、最为残酷的肖像画。

事情发生在布维尔。

罗康坦在布达奈餐馆里。

“自学成才者”在他旁边，看着他，“大张着嘴”，“嘴里冒出一股臭气”，有点“气喘”，脸上一副“羔羊般的固执”和“不可思议的紧张”表情。

旁边有个旅行推销员，有两个“红脸膛的矮个子”，正在“一边喝白葡萄酒，一边吃贻贝”，一些佯装谈情说爱的人因天气闷热而无精打采，有个蠢呆呆的女招待，“将嘴巴张开噘成鸡屁股状”。

谈话的题目很“高雅”：绘画、文学。

自学成才者自信地拿出一个黑皮面的小记事本，记下那些给他留下深刻印象的话。

自学成才者胆子突然大了，“眼中充满活力”，开始讲 1917 年在德国被俘时的情景——木板棚子，两百名囚犯互相挤在一起，难闻的气味，呼吸声，肉体的混杂，黑暗，令人窒息的感觉，天在下雨。尽管如此（抑或正由于如此？），他感到一种“强烈的欢欣”从心中升起，舒服得身子都要“瘫软”了，简直是心醉神迷：“我喜欢那些人，像我的兄弟一样，”他对罗康坦说；“真想拥抱所有的人”，与他们“融为一体”；我觉得与“围绕在我四周”的所有那些肉体“融成一片”了。先生，我就是在那里，在臭气熏天却又令人愉快的木板棚子里发现了“我对人的爱是多么深”，“我对人感到的冲动是多么强烈”；正是在那里，我发现了对人类的爱具有“神圣”的特点。

罗康坦听着。

但是，这爱的表白中流露出湿乎乎的下流，那双空洞而一本正经的眼睛正怀着荒唐的爱意看着他。面对这一切，罗康坦觉得心中升起一股“莫大的愤怒”：他的手在发抖。他愤怒欲狂，恨不能将那家伙掐死。如果他有胆量，他会大声喊叫起来，将自学成才者痛打一番。他真想将手中吃奶酪用的刀子戳进那家伙的眼睛里。罗康坦脸上的表情一定表露了他的心思，因为自学成才者“嗅出了敌人的味道”。罗康坦的脑海里过电影般地回想起他认识的一个个人道主义者,并诅咒他们。

有的人道主义者激进,是“公务员的朋友”。

有的是“所谓的左派”,“一般是鳏夫”,在周年忌日时会痛哭流涕。

有的是生命之友,喜欢动物,爱猫爱狗,爱所有的高等“哺乳类动物”。

有的“信奉共产主义”,从“第二个五年计划开始”爱人。

基督教人道主义者是“最后才产生的”,会“写些长长的、又哀伤又美好的小说,经常获得费米纳文学奖”。

“人道主义的哲学家”像大哥哥一样关心小弟弟们,而且“很有责任感”。

有的人道主义者“爱人的本来样子”,有的则“爱人应该有的样子”。

有的“不管人愿意不愿意都想拯救人”,有的则想“取得人的同意之后再拯救他们”。

有的想“创造新的神话”,有的则只“满足于原有的神话”。

有的只喜欢“人的死”,有的则喜欢“人的生”。

有的“性情欢快”,永远在说笑话,有的则“性情阴郁”,大都只在为死去的人守灵时才能见到。

有的是爱人的仁者,有的则是“厌世者”。

总之有一大堆“形形色色”的人道主义者,一个比一个滑稽。罗康坦一想起这些人,便感到愤怒、憎恨、绝望,最后是他再一次地感到了“厌恶”。

萨特想到的究竟是谁呢?

他想到的大概是工程师孟西。是得过诺贝尔奖的阿尔贝·施维泽尔。也许还想到了让·吉埃诺，这是人们常说的。事实是，自从巴尔扎克未完成的小说《小资产者》中的主人公佩拉德的戴奥多兹之后，再也没有人如此猛烈地大肆抨击人道主义。

存在主义是人道主义吗?

不是，当然不可能是。存在主义是当代反人道主义的第一次表现。从来不曾有人像最初的存在主义者们那样彻底地清算所有的人道主义，"68年思想"的所有代表们都加在一起，也没有做到那么彻底。

或者更准确地说，还应当有所区别。

也许人道主义有某种最重要的意义，是早期的萨特没有想到的，萨特在不知不觉中挽救了这一意义。那就是《文字》中的最后一句话："任何一个人都是由所有的人构成的，他和所有的人一样，所有的人也都和他一样。"萨特等于是任何人吗？是啊。他心中的某个地方是相信这一点的。他对此怀着美好的梦想。他仍然像纪德一样认为，任何一个人"生来都是为了见证"，而且，虽然人一文不名，但一文不名的人也有一文不名的意义；一切生命，即使是微不足道的生命，或无耻的生命，也有其伟大和尊严。这是对凡人的赞美。对主体之外的这一主体的称颂；谈到这样的主体时，斯宾诺莎会说："就他本来的样子而言，他什么也不缺；正如所有个体的现实一样，他是完善的；因此从尊严上，他与其它的现实一样。"这也让我们想起马拉美的"想与上帝和任何人平等的人"。马拉美说，在这样的人心中，"骄傲"和"屈辱"是如此水乳交融地混合在一起，"任何一个只要有愿望的人——你和我"都会感觉到自己也是这样的人。当萨特说“一个人是由所有的人构成的”时候，他有两个意思，人们正是从这种双重的意义上认为他还是一个人道主义者的。每个人的心中都有完整的人性；在最卑鄙的人心中也有神圣的闪光；在最神圣的圣人心中也有鬼祟的影子。还有：所有的主体都是平等的；都可以平等地成为“处在变化中的主体”，我们后面将看到，对于具体的主体来说，“处在变化中的主体”是最危险、最侥幸的冒险，但也最激动人心。每个人心中都有可以通向真理的道路；每个人都至少可以做一次主体。

但是还有其它的。他还列出了所有其它的人道主义，归结起来，就是说，人就是人，从本质上是，而且始终是。这种本质和不变的特点是最难得的财富，是最珍贵的资本，是真正的人的荣誉——“做人的荣誉”是一切事物的中心、心脏和尺度。他无情地抨击这种人道主义，全身心地谴责它。抨击和谴责的主题甚至从来就没有完全消失过。七十年代初，他还带着嘲弄的口吻对人说，高尔基(Gorki)在官僚主义的朋友们“决定行政拘留一些人”——原文如此——的时候，曾经说过一句有名的话：“人，这个字本身就带着自豪。”[①]我在想，我怎么能在那么长的时间里相信，我的老师们——首先是阿尔都塞——对人道主义的清算是新生事物呢？其实《厌恶》早就这样做了。《厌恶》中写得令人佩服的那些段落我也许根本就没有读，或者没有读懂。这时的萨特是用什么来反对人道主义的呢？第一点：思想并不是心理；人们一向把思想看作是纯粹心理学范畴内事，然而从其机制上，思想在更大的程度上属于纯粹的

① 《境况种种》，第九卷，第245页。

精神现象。第二点：在人性之中有非人性，而人性从来不考虑非人性——对人的看法如果停留在对“非人性”的探索之前，那么这样的看法怎么会有价值呢？如果人道主义闭口不谈性、罪恶或它们之间的神秘默契，那么这样的人道主义怎么会有价值呢？第三点：人真的是这样吗，人真的有荣誉和特权吗？《滑稽的战争记事》中不是说，战争的功劳正是迅速地“败坏人的一切尊严，从原则上说，这并不是什么太坏的事情”吗？[①] 第四点，也是最后一点：我们对人的了解只能是滞后的；我们永远需要努力，需要构筑；我们是在向着一个计划而去。萨特从海德格尔那里得到了，或者以为得到了这一计划。“计划”怎么会有“本质”呢？它本身就是没有终结的，怎么会成为人类和世界的终结呢？且不说——这是第五点，也是我们正要说到的——他的主体的理论比人们传说的要新颖得多，并将成为人道主义形而上学的最根本的反证。

阿尔都塞

我能不能只满足于毫不客气地说：“我仍然忠实于阿尔都塞……我仍然像阿尔都塞一样相信理论上的反人道主义的作用……”

我能对发生的一切故作视而不见吗：杀人，疯狂，痛苦，死亡以及在死亡之后，从墓外突然出现的故事——那么奇特，是过去从未有过的故事，讲述的是那段地狱般的最后以杀人而告终的时期。

---

① 《滑稽的战争记事》，第 28 页。

更具体地说，路易·阿尔都塞把杀人之后写的《未来是久远的》（*Avenir dure longtemps*）公诸于世，是为了掀起那块使他成了“活死人”的“不予起诉”的墓碑（这是他的原话），后来又发表了《致弗朗卡的信》（*Lettres à Franca*），收集了他在生活中，在从事哲学活动的那些年，在享受幸福的那些年写的信；他后来的生活，后来的作品，总之是从那以后，他真实的主体性，他的惶惑、他的恐惧、使他与安托南·阿尔托同病相怜的躁郁症精神病——这幅讽刺性的漫画有时是正常的（《致弗朗卡的信》），有时是病态的（《未来是久远的》），但不管怎么说都充满了人道的激情和痛苦——所有这一切难道不正在驳斥“理论上的反人道主义”的自豪宣言吗？

或者相反：人道和反人道难道不是紧密地联系在一起的吗？反人道主义的先驱在生活中正是一个充满了人道的人，悲怆而痛苦，这难道不是很合乎逻辑的吗？一个人知道自己心中藏着恶魔，所以才声称主体是不存在的，以此来保护自己，这难道不是很正常的吗？如果说这是“正常”的，如果理论与生活之间有着令人悲伤而痛苦的联系，如果反人道主义的构思是为了对付正在逼近的死亡，如果关于“无主体审判”、关于“马克思主义理论中找不到”人的美好的声明，都只不过是理智在受到疯狂的幽灵攻击时，企图驱除这些幽灵而使出的招数，如果人道主义的问题在人的经历中不是“问题”，而是倒霉的阿尔都塞为了晚上能够睡会儿觉、白天能够干会儿活而找出的一种“答复”，用萨特的话说就是一种“出路”，如果开始时真的有对自我的恐惧和憎恨，如果在杀人和不予起诉的墓石之前，真的先曾有过安放在恐惧和憎恨之上的一块石板，一块墓石，如果反人道主义就是这块石板，对主体的清算就是这块墓石，如果阿尔都塞的形而上学就是切尔诺贝利那个应当包住因疯狂而发出可恶的射线的水泥壳,那么我们怎么能够认真地对待那些美好的理论构筑呢?要抵制是多么的艰难啊……要与此保持距离是多么的可怕啊……鬼魂幽灵纠缠过他,他知道得非常清楚……每次他单独一个人时,他不是像兰塞一样,面对自己的激情,而是像陀思妥耶夫斯基描写的人物一样,要面对自己的疯狂。那些幽灵威胁他,他知道它们就在他身边……于是,为了驱除它们,或者至少让它们远离他,让它们安静下来,为了减少不幸在他头脑中产生的不间断的嗡嗡声,为了还能扮演阿尔都塞的角色,哪怕只扮演一会儿,其实他并不知道扮演得像不像,但总之这就是阿尔都塞,整个一代人的思想导师,无可指摘的理论家,这就是反人道主义的寓言,学者的纯理论,是被人们掩埋在概念中,并被人声称不存在的主体:它怎么还不住口?怎么还不躲到一边去?它不能让我平静一会儿,让我得点安宁吗?

我眼前又浮现出高等师范学校时的路易,他那间到处是书和纸的小办公室,那是另一座坟墓。在他心情好的日子,他让学生们到他的办公室里来,人们看见他总是一副神秘莫测的样子。我们总是激动得声音有些发抖地说:“不打搅您吧?”他却做出一副受到搅扰,但作为好心的老师,又小心翼翼地不表现出来的样子,说:“对,我刚才是正在工作;不过没关系……既然你已经来了……那就进来吧,咱们谈谈……”

我眼前又浮现出他办公室里乱糟糟的样子。他的办公室里永远是那样:胡乱放在那里很久不动的纸,总是那几本书,总是翻到同样那几页,小打字机上装了一张纸,让人觉得他刚刚停下手头的工作。我还记得,很多年之后,当我的心怦怦跳着来过多少次之后,我终于明白那是同一架打字机,上面装的是同一张纸,卷到同一个位置,传说那是以前他从戈尔德的家里回来时,在火车上一口气写成的《阅读资本论》(*Lire le Capital*)的草稿。我记得那天我说什么也不信;他的生活怎么会是虚假的呢?那些物体怎么会是没有生命的呢?书架上的灰尘中那些手印大概根本就不是他的吧?我心想,他是一座精神上的庞贝古城……我甚至觉得我曾把这话写在书里,让这座庞贝古城成了《头脑中的魔鬼》(*Diable en tête*)里某个场面的背景……我比喻错了,当然……我说的是"庞贝古城",而不是"切尔诺贝利"……不过那是在切尔诺贝利事件发生之前……而且更主要的是,我远远没有想像到从这个发热的头脑中散发出来的射线具有多么强烈的杀伤力。

我眼前又浮现出那些天里,他坐在我对面一把涂了清漆的扶手椅上,心事重重,保持着可怕的沉默。我天真地想,他神情这么庄严,说明他在听我说话,正在评判我的对错。于是我拼命让自己成为阿尔都塞的信徒:老师啊,您瞧我不是一个彻头彻尾的反人道主义者吗?您瞧我是多么深信人的概念是意识形态的概念,马克思主义中是没有这种概念的!我那天下午在巴尔扎尔咖啡馆碰见了加罗蒂,说他是卑鄙的人道主义分子;还有一天我在比耶夫尔街见到了密特朗,我可以向您证实他在与超级人道主义者卡纳巴一起听关于马克思主义的课。当时提到是不是参加专门研究工人自治问题的专家委员会;委员会每两周开一次例会,星期三在马尔塞伯城的妓女聚集区由密特朗召集会议,从罗卡尔到毕萨尼,从贝雷格瓦到艾尔努、法比攸斯、艾迪特·克雷松都是委员会的成员,里面集中了新一代社会党人中所有年轻的社会党叛徒和公认的修正主义者；究竟要不要去参加每两周一次的会议，我需要听听您的意见才能做出决定：我明知道这对上了年纪的老师有好处，我明白他很愿意成为我们当中的一分子——我很高兴地品味着这个“我们”的含义，心里觉得非常得意——，以对付通过不正当途径超过了他的年轻的谢维纳芒，而且这次工人自治的事好像成了他驱之不散的顽念；不过，对于我们，我重复说了好几次，“对于我们”——对这个使人高兴的、美妙的“我们”，我感到得意非凡——对于我们这些阿尔都塞的信徒来说，好处当然是可以打入其内部，但不是也有风险吗？我们会丧失一点灵魂，使我们受到牵连。路易点点头，没有说赞成，也没有说不赞成。只用那深邃的目光望着我，那意思实际上是在说——不过当时我不知道他是这个意思：“说吧，说呀……随便说什么都行，只要别停止说话就行……密特朗……加罗蒂……卡纳巴……密特朗……随便说什么，我求你了，随便说什么都行，只要别让我再想到正在等着我的艾琳娜和明天的电休克治疗，也别让我再想……”

我记得对他说的是“断裂”和“分界线”，“自我批评的必要性”和“理论的不容置辩”。我还记得我只听过他的一门课（而且是进高等师范前一年听的！因为他虽是高等师范的老师，却不怎么上课，我在于尔姆街读了四年，除了在那间用真皮包了门、充满了不幸的小办公室里之外，在别处从来就没有听到过他的声音），因此，我还记得那门课，他将认识论简化成四个领域的一个论点；这四个领域一个是希腊人开创的数学，一个是伽利略开创的物理学，第三个是马克思和恩格斯创立的历史，最后一个则是弗洛伊德首先提出的无意识；这些东西已经被人们反反复复、用各种各样的口气讲了上千遍；他在这一框架之内给哲学重新下了一个定义，说哲学在面对科学的时候代表政治，面对政治的时候代表科学。我想起他那句清楚而光辉四射的话。我还记得他那些像口号一样掷地有声的概念。他是学者，脑子里有一堆活生生的理论，反对主体学说，我们以为谁若是不小心，胆敢在他面前表现出凡人百姓的感情，比如厌恶、恐惧、对女人的兴趣或欲望，他会将人家一棒子打死；就是这样一个人，谁能相信他会有另一种生活，会有暗中的，凄苦的生活，或者相反，会有惬意的生活呢？谁会相信他是一个交替性精神病患者呢？他思考马克思列宁主义在什么样的哲学和政治条件下才能够走上可靠的科学道路，人们以为他轻视心理学主义，蔑视爱情和对爱情的虔诚，可是有谁能够想到，就是这样一个人，会对女人写出那么情意绵绵的话："我的美人儿，我的爱，你像暗色的琥珀，像沙色的影子，"[①]或者还有："你不知道在这张照片上你有多漂亮，漂亮得叫人透不过气来，叫人无所措手足，叫人心惊，你就在我眼前。"还有更加奇怪的话："现在我从海水里出来，浑身披了海苔，像一只变成了狗的老扇贝。"这就是"生活的第二气息，比第一种气息更加使人感到压迫"，这就是"想让生活步伐加快的愿望"，这愿望攫住了我，"挤得我嗓子和心脏贴在了一块儿"。"你在这儿，你在那儿，我向前走，我的声音撞在墙上反弹回来，在屋子里拉成一条条线，我被蒙着眼睛，寻找这些线将在什么地方断裂，而你就正在那地方等着。你知道手拉手有多难吗？你知道手要拉手

① 《致弗朗卡的信》，第 301 页。

时，也会将其它的东西都拉进来吗……”[①]我们谁能想像得到，就在讲这些充满激情的话的前一天或后一天，他的疯病会再次复发，他会被绑在医院的病床上，嘴里流着涎沫，紧身衣上到处是呕吐的秽物，嘴里塞着一团纱布，防备他咬断舌头。

我还记得那些天的上午，我们在学校的院子里，在卫生所前散步；十年以后，他杀死艾琳娜之后，就是躲在卫生所里，等着警察和医生的到来。他一大清早给我打电话，那语气神秘而不可抗拒。“你来一下。我们得谈谈……”我就来了。我们谈了。更准确地说，是他在不停地讲着话——他迈着沉沉的步子，脸上一副聚精会神的表情，穿着一件大方格子图案的毛线睡衣，两手插在口袋里：一，二……一，二……我是凯旋的阿尔都塞大军中一个勇敢的小兵……我来取路条……来拿给我的命令……勒库尔当时在大学的前线上……德布雷在玻利维亚……阿尔莫加特或布拉克在基督教会……而我……啊哈，我是他的战士中最年轻的人，而且从某种意义上说，是最机动的人：于是，有时候我去见密特朗，有时候去出版社或报社，有时候又被派往《原样》杂志的前线，去侦察索莱尔在搞什么阴谋……我们是一支南征北战的大军，他是我们想像中的将军，而“哲学之战”是我们共同的命运……说到这儿，我又想起另一个形象……不是阿尔都塞，而是德布雷……那是1973年在格雷诺布尔的一家咖啡馆里，社会党召开代表大会的间隙……他穿着一件土黄色卡其布的衬衣，上面的口袋很大，裤子是像军裤的那种。这是他给我留下的第一个印象……在我的思想中，他是个典型的

① 《致弗朗卡的信》，第297页。

“同路人”(Compagnon du Che)……一群年轻人簇拥在他身旁，有高利亚尔，谢维纳芒，贝纳萨亚……他突然间表情果敢，嘴上的胡子向上翘着，仿佛仍然在玻利维亚的大丛林里，在用两张桌子拼成的台面上摊开一张格雷诺布尔的军用地图……这是什么意思呢？这张图会披露未来的哪一场战斗的什么秘密呢？当哲学家在咖啡馆的桌子上看地图，故作一副军事家的样子的时候，他们是怎么想的呢？因为，这正是问题的症结：当阿尔都塞心情好的时候，当他派我和别人向国家的意识形态机构发起进攻的时候，他是怎么想的呢？当时听着他的吩咐，我怎么就没有看出今天我所知道的那些事情的蛛丝马迹呢？他头一天刚刚做过穿颅术；因为吃了大量的安定药，神情显得蠢呆呆的；他还闻得见医院的药水味；他还听得见疯子们发出的叫喊声；他自己也叫喊着要艾琳娜来帮他，后来她成了他的牺牲品；他吐血；仍然头晕；然后不久手便攥得紧紧的；眼睛里露出疯狂的神色；她的眼中也露出惊恐，也丧失了理智；继而又是平静；脑子里一片空白和平静；她再也不需要问他是不是爱她。

所有这一切，我是知道的。

从今以后，我知道阿尔都塞有过两种生活。

我知道他有过两种作品：一方面是《保卫马克思》和《阅读资本论》，另一方面则是暗中的、通常是秘密的作品，有些还是在他死后才为人所知的，其中《未来是久远的》和《致弗朗卡的信》便是极好的见证。

我知道在那同一具躯壳之内，曾有过两个心灵——对理论着魔的心和痴迷而恋爱的诗人之心——但这两颗心是合二而一的，它们互相融汇在一起，互相憎恨，却又不可分割地联系在一起。

在他研究理论时期写的文章中，比如在研究拉康或弗洛伊德的文章中，我学会了倾听他那可怜的、受到凌辱的身体发出的声音，当时那声音是压抑着的、让人听不见的。比如他在介绍“偶然性的唯物主义”时，便带着那么一种神秘的色彩。比如他提到“从出生到俄狄甫斯情结的消失”，是一场“奇异的冒险”，在冒险中“将男人和女人制造出来的小动物，变成了一个人类的小孩”。比如在《列宁》中，他有种轻微的颤音。比如在《给约翰·刘易斯的回信》里，他有种怪怪的浪漫色彩。比如他在1964年写的文章，现在看来，让我感到非常吃惊的是，当时我们为什么没有警觉呢？他在文中想到“那少有的几个人的境况，斯宾诺莎、马克思、尼采、弗洛伊德”；他提到“掩盖着真实”的“墓碑”，他非常尊崇的这几个人“为了写出留给后人的作品”，不得不掀起“一层巨大的碑石”：墓碑！这两个字所形容的，正是二十年以后他犯了杀人罪之后被活活关进坟墓里的境况啊！而且就在已成为典籍的文章里，在那些伟大的文章里，我终于明白他为什么提到斯宾诺莎。说老实话，我始终觉得他引证斯宾诺莎的话很费解：是挑衅？是大师一时的心血来潮？是卖弄风情？其实不是；受诅咒的人之间是心心相印的！受诅咒的人和被排斥的人有着共同的心声；斯宾诺莎“对身体的观念令人感到愕然”。斯宾诺莎这个思想家的“身体内有很多的意志事实上是我们不了解的”，而且他对身体的“观念”对他“非常”适合……阿尔都塞在《未来是久远的》中说，斯宾诺莎的思想也许与我的马克思主义联系不上；但我从中“看到”的，是我个人的“体验”：“身体首先被分裂成碎块，被遗失”，是“缺失的身体，充满了天大的恐惧和希望”:“身体可以通过展示其力量来思想,可以在力量的展示中思想”,这使我感到“赞叹不已”,像是“我亲身经历过的现实和真理,而且这就是我的现实和真理”——虽然这是斯宾诺莎想像出来的。

反过来看,在他发疯以前写的文章里,甚至在他死后,我指的是今天——这使人感到更加震惊——我们仍然可以看到,虽然文字没有变,但那残存的理论思想所表明的,是一个垮了的阿尔都塞,但总起来说,他从没有放下武器:他是个执拗的老头,在《未来是久远的》中,他讲述了十一月那灰蒙蒙的天气,讲述了他是如何跪在艾琳娜旁边,俯身向着她,默默地揉搓着她的身体,掐她的脖子,他承认他是如何极其厌恶与女人从肉体上的接触,不是指艾琳娜,而是指所有的女人;在讲述这些事情的同时,他竟然还能向我们解释说,传统的哲学是“意识形态上的欺骗”,历史唯物主义是这个时代“伟大的哲学”;而且正如在写《保卫马克思》和《给约翰·刘易斯的回信》时一样,唯物主义的惟一定义就是“不搞悬虚”。他是个不屈不挠的人,是个死不改悔的人。思想就是一场永远也治不好的病。

那么,我们要清算阿尔都塞吗?

是要抛弃他那带有动机的哲学吗?我知道他的动机事实上掩盖着什么样的实情。

当然不是。正因为我们不要这样做,才在这世纪之交,在我人到中年的时候,才仍然能像二十岁时一样,像三十岁时一样说:阿尔都塞是我的老师。是他教会了我如何写作,如何思想。是他帮助我出版了第一本书《红色的印度人》(*Les Indes rouges*)(“印度人,真的吗?你要去印度吗?那你就去见见贝特尔海姆,他是我实际上的通信人！他会给你当当向导！运气好的话，他会有些现成的概念给你！”在我的记忆中，贝特尔海姆和他那一双骨碌碌的眼睛，越来越像艾琳娜)；我在紧接着出版的一本书《人性掩盖之下的野蛮》中说过，我现在仍然这么说，因为像这类的话，说过之后是不容易反悔的：“我的一切几乎都是由于他才有的”；是“一切”吗？当然是！我的马克思主义和反马克思主义。我对决裂和中断的喜好。我对事件的感觉。多重的、分成层次和等级的时间。辩证法的终结和历史终结的终结。关于进步的反动观念。历史的悲观主义。没有主体的批判也是对主体的批判，拒绝所有与历史的集体主体相类似的东西。拒绝起始和终结的思想。拒绝所有的末世论(哪怕是民主派或自由派的末世论)，也拒绝用救世主的学说来代替末世论(不过，真正的救世主学说，摩西和布拉格的马哈拉尔的学说告诉我们，救世主没有具体的面目，与世界并没有真正的约会，而是从其本来意义上说的那样，时时刻刻都在到来)。总之我今天知道，他认为，这种思想上的解放与人们最大的恐怖是不谋而合的，但我们中的某些人却摆脱不了这种恐惧。说到底这就是理论上的反人道主义。

什么是主体？

不过，我们再回来看萨特。我们再来看在萨特的理论中处在正中心的问题，那就是主体及其与事物的关系。他所说的“主体”是什么呢？他在讲到“主体”，并将这一说法与杂乱无章的、混合在一起的事物相对立时，他的意思是什么呢？他是怎样给主体下定义的呢？他对主体的定义又是如何与他的反人道主义组合在一起的呢？这才是真正的问题。误解、传说或陈词滥调的影响也许正是在这一点上造成了最大的损害。

一切都是从《自我的超越性》(*La transcendance de l'Ego*)开头的那句短短的、被引用了无数次的话开始的："一切意识都是对某物的意识。"

萨特明确说的是"一切意识"。

他明确说的是：除了对事物的反映之外，没有别的意识，事物不是意识，但它将存在赋予了意识。

他坚持说，意识是从来不会以纯粹的状态存在的，它需要"无情地投进世界"，需要投入星球的"冒险之路"，总而言之，它需要想像与它完全陌生的事物，才能够产生——从《存在与虚无》到《辩证理性批判》，这是他从来没有改变过说法的学说中少有的几点之一。

这大概是胡塞尔的思想。当黑格尔制定他那艰涩而做作的、只能通过它所给出的客体而存在的主体性时，从某种形式上已经有了这样的思想。甚至马尔罗也有过这种思想(一个人是"他的行为的总和")，朱尔·罗曼也有过("人就像蜜蜂一样，其产品比其本身的价值更大")。总而言之，这是一个时代的思想。只不过，是萨特使这个时代的思想，使这种普普通通的、迷失在客体中的主体的思想，具有了全部卓绝的意义。

首先，主体不再有内在性。主体就是主体所朝向的事物。是对事物的朝向本身，是向事物的投入或投射。但是萨特说，只要主体试图恢复自己，试图一时忘掉事物而与自己重合，想关起门窗，暖暖和和地与意识亲亲热热地待在一起时——这时的意识只不过是一个潮乎乎的地方，并从这里开始准备下一次入侵——，这时候，主体就会消失，就会分解，用萨特的话说，"就会变成虚无"。[①]他那句有名的话意思就是这样："由此，我们就摆脱了普鲁斯特"，是"同时从内心生活中摆脱"；他之所以那么不公正地攻击《追忆逝水年华》，其意义也在于此："普鲁斯特对心理的分析是什么呢？连柏格森的理论也算不上，只能是戴奥杜尔·利博的心理分析！"萨特并不是怨恨普鲁斯特。正相反。他曾经常说——尤其是对约翰·吉拉西[②]——他"从内心里理解斯万和夏尔鲁"，说"他们的心情"，他们的"愿望"，他都非常熟悉，他甚至于"把自己想像成是他们中的一员"（他招认得多么彻底啊！）。只不过问题是，他不相信内心的自我。他相信的是自我缺失的我（un moi vidé de soi），是不得在自我中居留的我。在1939年介绍胡塞尔的同一篇文章中，他强调说："意识得到了纯化，明亮得像一阵大风，其中什么也没有，只有逃避的动作。"没有内容的意识。意识什么也不是，只是滑稽地"拒绝成为物质"。哲学家所要接受的，正是这种拒绝。正是他，只有他才会按部就班，一步一步地去攻击普鲁斯特，也攻击阿米埃尔。他呐喊道，杀死内在性！向内心的总司令部开火！这是萨特发动的第一场战争。是三十年代初开始的那场漫长的战争中的第一次战役。从某种形式上，这场战争是随着《存在与虚无》的发表而告终的。

---

① 《胡塞尔现象学中一个基本的观念：意向性》（*Une idée fondamentale de la phénoménologie de Husserl：l'intentionnalité*），载于《境况种种》，第一卷，第29—32页。

② 《萨特，为世纪所憎恨的意识》（*Sartre*，*conscience haïe de son siècle*），第103页。

主体已经没有了身份。我明白，主体的确是正在面向事物。我明白，主体正忙于面向事物。但是，如果理论是正确的，如果作为主体只不过就是面向这种或那种事物的动作，那么我看不出，哪里会有一个超级主体能够将散乱的、每次都与确定的客体联系在一起的主观意识统一起来，综合起来，集中在一起。当然我们可以假装做到了这样。为了得到平静，或者有助于共同的生活，我们可以假设散乱的主观意识之间存在着连续性，并将连续性称为特点或性格。为了防止头晕，我们也可以紧紧抓住我们称之为人物的主体的替代物——也许正是由于这一原因，萨特才接受像演戏一样的光荣，在评论丁托列托的文章中，他清楚地表明了这样的光荣会产生什么样的可怕的邪恶效应。但是，假装是一回事，创立是另一回事。假装连续性的存在是一回事，相信它，并给予它实质的内容是另一回事。最后，让自己具备仿主体性（simili-subjectivité）——那就是作为媒介的自我，社会的自我，人物，假面具，与出现在报纸头条上，或者在大街上卖《人民事业》报的深刻的自我同名的人，正如普鲁斯特说过，而且萨特很可能也会说的那样，他们是"别人的思想的创造物"——总之，使自己具备这些自我是一回事，但感觉到这些它们，让它们与自己重合则是另一回事。萨特说，你可以认为这一主体是存在的；这是"伪主体"，它惟一可以当真的特点就是无法确定，无法琢磨。你可以谈论它；它永远是那么一团氤氲之气，是约定俗成，永远是（作为尼采学说的效应）寓言，是幻影，是喜剧，是习惯，是假设——萨特几乎要说是礼貌，是欺骗。主体也不是场所，自我不是住在这一场所内的小小的上帝，并像拥有形而上学的美德一样拥有自由。主体也没有内在性，自我没有统一性，无法敲响集合的鼓声，召集起散乱的自我。萨特深信，若要严格，谈到主体时只能用复数：意识不是只有一种，而是有多种；主体性不是只有一种，而是有多种；每个人都有无限的意识和无限的主体性，只不过为了生活的方便，将所有这些弄成了一个主体。与无限性相关联的，与具有基础意义的四分五裂联系在一起的，是风格和文笔的差异，我们已经看到，这正是萨特的文学的一个特点。

主体已经没有稳定性。因为，这是萨特的理论导致的另外一个后果：如果主体不是由存在开始，然后又成了存在的本质，如果主体不是以存在和思想作为属性的物质，换句话说，如果主体的存在本身就在于某种存在和思想，而存在和思想的意义不是别的，只不过是对事物和世界的开放，那么，大家公认的主体处在虚无缥缈的状态，等待着存在机会的形象就彻底完蛋了。成为主体并不是处在某种状态。而是行为。是动作。是一系列的行为和动作，阿尔都塞会说，是“过程”（procès），而实际上，萨特完全可以把阿尔都塞关于主体是过程的思想当成他自己的思想，实际上，所谓主体的过程是无主体的过程。人并非生来就是主体，而是变成主体的。主体处在不断的变化中，没有开始，也没有结尾，这就是主体存在的特点。而且，说它是“变成”主体的，也有点过分了，因为有变化，就会有本质或真理，而本质或真理如果不是现成的，也会随着时间的变化而表现出来。然而，正是在这一点上，萨特再一次表示了怀疑。没有物质。没有存在物。没有固定点，没有中心，没有核心，没有原则。主体从字面上来说是无秩序的。主体没有底，因此也就永无休止。人道主义者谈到主体时常说，主体是一切事物的根底(或者说是度量?)。萨特回答他们说,不对!它自己根本就没有底,怎么能够成为根底呢?人们常说:一切都在动,除了我是不动的。萨特说,不对,这话说得更没有道理!我与一切都在动!况且,首先因为我在动,并且意识到了一切,一切才动的!没有承诺,没有誓言,只有对不忠、对朝三暮四的赞颂,几乎是在赞颂背叛。早期的萨特——爱嘲弄人的萨特——得出结论说:"每当有人好像对我的自我的稳定性感到吃惊时,我就会因不安而迷失方向。"

最后,主体没有了持久性。主体就在此时此刻,因为它所面向的,就是此一事物。之所以是此时此刻,是因为它投向了此一事物。不过,如果我们假设主体没有面向此事,也没有面向彼事,假设它没有面向任何事物,或者我们假设——这样的可能性更大一些——主体面向了一个事物,但面向得绵软、无力,没有它在此时此刻之前面向前一事物时的那种活力,那么在第一种情况下,主体根本就没有了:我此时此刻是主体,但此前一分钟我不是,此后一分钟也不是——主体性在我心中熄灭了,就像一个烧断了灯丝的灯泡,在第二种情况下,有主体,但是它孱弱,毫无生气:说是也是,说不是也不是;我并非时时都是主体,我是主体的力量和强度不一样;我不完全是主体,我的一部分可以是,另一部分已经不再是,或者还不是。主体具有脆弱性。我们成为主体的愿望具有间歇性。主体来来去去。我们不是全日制的主体,也不是百分之百的主体。主体存在的发展不平衡。按照行为意图的强度不同,根据主体的内含不同,主观化的比例是可变的。要划出这种比例吗?要计算出内含的变化吗?这是萨特在政治上的全部目标,包括了最糟糕的部分和最好的部分。最糟糕的部分:"融合集团"的理论,这个理论实际上是从这样的思想中派生出来的:主体是一个时刻,而且这一时刻是很少发生的(“系列”历史上一片静默而漫长的死水,继而突然之间,在事件的热烈之中,系列融合了,凝结成另外的样子,并产生出集体的主体)。最好的部分:造反的意识和喜好,对于个人来说,只有事件及其入侵的野蛮特点都有同一种规律时,造反才是可能的(逆来顺受的历史是漫长的;循规蹈矩的生活里惯性的实践占着上风,继而突然之间,生活中出现了一道缺口,一个人说了“不”或者“我”,并由此而撼动了枷锁)。主体性是一种事故。主体性是一个时刻。这一事故和时刻是奇迹,并有着它们的尊严。

萨特与现代人

萨特不动声色地与胡塞尔和胡塞尔先验自我的假设决裂了,卡瓦依埃已经拒绝了这一假设。先验自我虽然纠缠在事物之中,却仍然突出在事物之外。萨特说,我不需要这一假设。尤其是,我觉得这一假设是不合乎逻辑的。因为,为什么不在这个问题上也实行“悬置”(épochê)呢?为什么不把传统意识这最后的象征也还原掉呢?他说“我”也还可以接受。连续性的幻觉以我先恨张三、又恨李四为借口,说这种恨是情绪,因而说我是“厌世者”,这也可以不去管它。但是,我要重复说一遍的是,这种厌世观是推断,而不是结构。是综合,而不是论断。虽然我明白这种综合或假设在日常生活里实际上能给我帮什么忙,可我也知道,在存在中它们没有任何真理或根基。

更有甚者:他与先前的老师——笛卡尔——决裂了,与“我思故我在"的恒久信念决裂了。在他之前,这种信念对于哲学来说是自然而然的。我思,所以我就存在吗?不对。我可以不存在地思想:思想可以穿过我的意识,意念或思考可以像一道闪电一样划破我的意识,但这并不能给予我作为存在的属性的内在性、稳定性、一致性、恒常性——这是从《一个领袖的童年》(*L'Enfance d'un chef*)中得出的教训,文中一字不差地说过:"cogito ergo non sum"。我可以不思而存在:除了思之外还有别的存在方式,比如激动、想像、感觉、幻觉、梦,以及——干脆就明明白白的说吧——非思想,或者对思想的恨恶,我们无论如何也要试着思考这种恨,这是这个世纪,是这个世纪的野蛮行径给予我们的教训。没有存在的思,没有思的存在(Cogito sans ego. Ego sans cogito)。我们要注意的是,萨特没有放弃主体。我们在后面会看到,他有一种主体的假设,根据这种假设,人从原则上永远不能被当作畜生或事物来对待,并且他用这种假设来对抗主体完全解体的学说。我们甚至可以说,他比以往任何时候都更加坚持这一点,他觉得主体是那么可贵,他知道它是脆弱的,容易遭受损害,时时刻刻受到会消失于无形的威胁——那是像流水,像浪涛,像暴雨一样的激情、梦想、"思想的碎片"。但这已经不是笛卡尔的主体,这是关键。这已经不是拉丁文的《圣经》中讲述的作为"自然的主人和拥有者"的人。已经不是哲学的传统制造出来并维系着其幻想的所谓实体的主体,在萨特的看法中,实体的主体成了无用的、寄生的累赘。

从这种程度上来看,如果说谁从理论上和他是相通的,和他是同时代的人,那也不是笛卡尔和胡塞尔,更不是康德和谢林。如果说早期的萨特从理论上有什么亲族的联系,那也不是经典哲学里的任何一种，人们不恰当地简化了他的思想，说他的思想来源于经典哲学，哲学教科书上说他的思想与经典哲学的思想一样，或者完善了经典的哲学思想。正相反，从理论上和他相通的人，是“现代人”。比如维特根斯坦给罗素写信时说“Identity is the very devil”（“同一性就是魔鬼”），信后的签名是“Yours as long as there is such a thing as L. W.”（“存在多久便属于你多久的、名叫维特根斯坦的某种事物”），[①]而且“68年思想”的著名代表们尤其激烈地攻击过他，从《野性的思维》（*La Pensée sauvage*）到《知识考古学》（*L'Archéologie du savoir*）和《给约翰·刘易斯的回信》，都把反萨特的激情当成了他们共同的感情，也招惹得萨特作出过同样粗暴的回击——尽管如此，正是萨特以人为背景，至少是在关于人的这一问题上，在不知不觉中预示了他们最为丰富的姿态：萨特比他们早了二十年，二十五年！简直是天壤之别，是天才的先知先觉！思想史上能有多少像这样的例证呢？

比如阿尔都塞。阿尔都塞在《给约翰·刘易斯的回信》和《保卫马克思》中提出了理论上的反人道主义。每当他批驳所谓人“创造”了历史的神话时，他朝向的目标难道不正是萨特吗？当他自以为向周围“小资产阶级”意识形态中隐含的，或法国共产党的官方思想家罗吉·加罗蒂并未明言的人道主义开战时，虽然未必明说，但他想到的不正是萨特吗？当他批驳英国无名的共产党人约翰·刘易斯，并以此为题写出历史性的小册子时，他不是干脆地说过心

---

① 弗朗索瓦·冯特诺，《沉默的伦理学》（*L'Ethique du silence*），Seuil，1999年，第30页。

里话，说他未曾公开承认的老师名叫——这是他的原话——让-保罗·萨特吗？[①] 然而，阿尔都塞的反人道主义与《厌恶》中的反人道主义相比，并没有什么新奇之处。更准确地说，阿尔都塞的反人道主义是罗康坦所列举的所有反人道主义中的一种。我们很难理解，除了纯粹的相似或因模仿而竞争之外，他还能够有其它的理由把萨特当成优先攻击的目标。

拉康。雅克·拉康，弗洛伊德的读者；是拉康提出了分裂主体的理论，说主体与自我不相干，正是与自我的分隔形成了主体。照萨特来看，福楼拜不已经说过这样的话吗？福楼拜看到自己有"成千上万"的生活，却又无法将它们归纳在一起，看到他的感知和激情是间歇性的，看到他假设的统一性只不过是一块生而有之的创伤时，他感到惶惑了。萨特本人不也是这样说的吗？他在评论福楼拜时，说自我就像某种创造，像某种异族的产品，是由别人的目光导致的一种纯粹的结构效应；他提醒说，福楼拜是在……照镜子的时候，才突然有那么一瞬间，觉得与自我重合了，年轻的福楼拜觉得自己又重新组合了起来，觉得又找回了自己，与自己有了亲密联系并克服了创伤或裂痕。那是他度过的惟一的时刻。在那篇美好的《从窗口看到的威尼斯》中，他说大运河的两岸相似得令人不安，他说："你想像自己走近一面镜子；镜子里出现了一个影像，有你的鼻子，你的眼睛，你的嘴，你的衣服；那就是你，那本应当就是你；然而你从影像中看到某种东西，某种与眼睛的绿色不一样，与

---

① 路易·阿尔都塞，《给约翰·刘易斯的回信》，Maspero，1973 年，第 43 页。亦见于艾里克·马蒂的《路易·阿尔都塞，一个没有过程的主体》（*Louis Althusser，un sujet sans procès*），Gallimard，coll. L'infini，1999 年，第 120 页。

嘴唇的形状不一样，与服装的剪裁也不一样的东西，让你突然说：那不是我的影像，有人往那儿放了另一个影像。"萨特在这里说的，其实仍然是同样的话，只不过是从相反的角度说，而且把机制弄得更加复杂。《厌恶》的开头也是人所共知的：又是一个与镜子有关的场景，又是一个人的脸孔被镜子照得变了样的情形，这张脸迎面对着镜子，靠近镜子，近得一直贴到了镜子上，却与镜中的影像不一样，反而分解了，"一片巨大的淡淡的光晕在光线中消融"。还有《延期审判》中的菲利普："他在镜子中照见自己，他本可以久久地这样看着自己，听着音乐……到了十点钟，他会站起来，用两手拿起自己的影像，从镜子中将它拉出来，像拉扯一张死皮，像从眼睛里拉出一张角膜翳……患了白内障的镜子做过手术了……""镜像期"和"反镜像期"。[①] 萨特与拉康一致，或与拉康对立。在《家庭白痴》发表时，孔达和里巴尔卡问萨特与《文论集》的作者有什么关系时，萨特回答说，"我不太了解他"；[②]我"在描写福楼拜的人格形成时"，并没有想到他。但是，他还是在同一篇文章里，在几页之后提到了拉康，他承认，当然他的话说得有点莫名其妙，他承认说"通过间接的阅读，吸收了某些别人的思想，比如拉康的思想"；[③]或者说，1969 年，在所谓"带录音机的人"的小插曲发生的时候，他提到心理分析家突然之间产生的"奇怪"的感觉，或者还可以再往前回

---

① 所谓"镜像期"是弗洛伊德提出的精神分析发育期里的一个阶段，除镜像期（也称"镜像阶段"）之外，还有"口唇期"，"肛门期"，"男性阴茎期"，"性器官期"。——译者注

② 《关于〈家庭白痴〉》，载于《境况种种》，第十卷，第 99—100 页。

③ 《关于〈家庭白痴〉》，载于《境况种种》，第十卷，第 110 页。

溯三年，[①]当时的拉康说，意识"好比是对他者话语的否定"；在这样的时候，萨特急于说明他与这时的拉康建立的关系，在回答别人的问话时，他说，"拉康澄清了什么是无意识，说无意识是通过语言来进行分别的话语，或者，也可以说是言语的反目的"，而且他"同意"拉康的这种思想。尽管如此，《文论集》的作者（拉康）却反过来向哲学家萨特表示了令人叹为观止的敬意，说萨特"在《存在与虚无》最为精彩的段落之一里"，从理论上将"目光"说成是"一般的客体"（objet petit a）。"萨特设想的目光使我感到吃惊——之所以吃惊，是因为这目光改变了所有的前景，改变了我的世界的框架，这目光从我所处的虚无之点开始，将世界重新排列成生物向外放射的网状结构。"后面他还说："一个人像盯着一个客体一样地看着我，我也看着他的眼睛，目光在这里有着那么大的优先权，使我无意识地就要否认……"[②]我们可以确信的一件事是：《自我的超越性》在《福楼拜》之前四十年，就已经首次表述过这种观念，说主体是失常的，是分裂的，迟迟得不到统一，其结构特点只能是别人的目光产生的一种令人叹服的效果。《自我的超越性》发表于 1936 年，也就是《镜像期》在马林巴德第一次通过演讲而公诸与世的那一年。我们可以确信的另一件事是，1949 年苏黎世第十六届国际心理分析大会召开之后发表的《镜像期》第一个版本明确说是受到

---

① 《人类学》（*L'Anthropologie*），载于《哲学手册》（*Cahiers de philosophie*），1966 年 2 月第二期，亦见于《境况种种》，第九卷，第 94—98 页。

② 雅克·拉康，《研讨班讲稿》，第十一卷（*Séminaire*, *Livre XI*），《心理分析的四个基本概念》（*Les quatre concepts fondamentaux de la psychanalyse*），Seuil，1973 年，第 79—80 页。

了“当代存在与虚无哲学的影响”，[①]虽然书中没有提萨特的名字。福科在一篇有名的文章中把他们两个人说成是“交错的同时代人”，他说的，难道不正是这个意思吗？

正好说到福科。针对萨特“蠢笨而扭曲的思考”，福科说他只能对之以所谓的“哲学的笑，也就是说，在某种程度上是默默的笑”。[②] 而萨特也不甘示弱，口气显得更加激烈，而且我们不得不承认的是，话也说得更加庸俗，萨特在回答福科时说，福科的思想是“资产阶级为了反对马克思而筑起的最后一道屏障”。[③] 当福科说历史性高于本质，实际和生产高于实质时，或者当他认为主体就是“在时间的某一时刻所产生”的东西，是“过程、实践、协议、战略对策或事件”这些多重因素造成的结果时，这些话不是带有很浓重的萨特的色彩吗？福科在作品的开场白里说过一句话[④]：我的一切努力就是为了将正在说话的我分成碎块儿，让它散乱开来，四分五裂——这正是萨特的打算。福科最后还说[⑤]：说到底，我做的一切只不过是“生产了一部由各种不同的主体性模式组成的历史”，并说明这些模式是以什么方式“改变人和主体”的——这难道不也正是萨特所宣称的，而且也在很大的程度上具体做的吗？68 年 5

---

① 贝蒂·加农，《萨特与心理分析》(*Sartre et la psychanalyse*)，PUF，1993 年，第 234 页。

② 《词与物》(*Les mots et les choses*)，Gallimard，1966 年，第 353—354 页。

③ 《与贝尔纳·平科的谈话》(*Entretien avec Bernard Pingaud*)，载于《弓箭》(*L'Arc*)1966 年第 30 号。

④ 米歇尔·福科，《外面的思想》(*La pensée du dehors*)，《批评》(*Critique*)第 229 期，1966 年 6 月。

⑤ 米歇尔·福科，《关于主体和权力》(*Essai sur le sujet et le pouvoir*)，Gallimard，1984 年，第 297—298 页。

月之后，人们看到萨特和福科互相接近了，看见他们并肩战斗，有时候还感到奇怪。可那是因为他们本来离得就不远。他们在暗地里从来都是站在一起的。况且萨特也知道这一点——他打算在《家庭白痴》的最后一卷，用所谓结构主义的方法和技术分析《包法利夫人》。福科也知道这一点——他一生与《辩证理性批判》的作者有着极其矛盾的关系。有的时候，他根本不想知道两个人之间哪些地方是相似的——但其言语的唐突和粗暴令人觉得可疑：比如在萨特的葬礼那天，达尼埃尔·德费尔问他去不去参加，他回答说："我为什么要去？我又不欠他什么！"话虽这么说，但他还是去了，与送葬的人们融汇在一起，大概也很感动[①]……有的时候又相反，他向萨特致敬，尤其是在最后几次谈话中[②]，他说从写了《自我的超越性》的萨特那里得到了些什么：谁也不可能像他那样更清楚地指出下述两个方面之间存在着的异乎寻常的张力，一方面是后期萨特的真实性的道德，以及这一道德假设的与自我的一致，另一方面则是"既复杂，又具有多重性的自我实践"，这一实践强迫我们——这里引用的仍然是福科的原话——"形成、制造、排列我们自己，就好像我们是一部艺术作品一样"……

最后还有德勒兹。在所有的现代人中，德勒兹沿着福科的方向，向前走得最远，他将变了形的主体分解成某种虚构，某种骗人

① 达尼埃尔·德费尔，《写给克洛德·朗兹曼的信》(*Lettre à Claude Lanzmann*)，载于《萨特的见证》，第二卷，第1201；克洛德·莫里亚克，《静止的时间》(*Le Temps immobile*)第六卷，Grasset，第77页。

② H.德累福斯和第·拉比诺，《米歇尔·福科，一条哲学的路》(*Michel Foucault, un parcours philosophique*)，Gallimard，第331页。亦见同两位作者的《与米歇尔·福科的谈话》，载于《新观察家》1984年6月1日。

的把戏，某种比喻——而且一下子便在人们的想像中远远地离开了萨特，与萨特的想法和范畴变得陌生了。然而……我们从图尔尼那里得知，萨特和德勒兹之间存在着某种联系，而且是对反人道主义的传统有共同归属感的联系。图尔尼在《圣灵之风》(*Le Vent Paraclet*)中说，1946 年，他和年轻的德勒兹听说他们崇敬的老师，哲学青年心目中的泰斗刚刚到处声称说存在主义是一种人道主义，从而对主体哲学的古老月亮再一次表示了顶礼膜拜时，他们感到非常失望。萨特曾经教会他们如何摆脱这种哲学。我们从德勒兹那里还得知，这种联系延续了下来，至少是以怀念，后悔，隐隐约约、半遮半掩地感激的名义保持了下来；德勒兹 1978 年对克莱尔·帕奈(Claire Parnet)推心置腹地说过[①]："幸亏当时有萨特；萨特就是我们的'外面'，是后院吹来的过堂风；只有他使我有力量承受新的调整。萨特始终起着这样的作用，他不是典范、方法或榜样，而是一股纯净的空气，哪怕是在弗洛尔咖啡馆，他也像是一阵过堂风一样，他是知识分子，以奇怪的方式改变了知识分子的境况。"我自己也很清楚地记得一件事：那是早些年，我和德勒兹还经常见面；傍晚时分大家一起喝上一杯；毕赛特街的公寓透出一股资产阶级的味道，但又显得很乱。他的脸已经显得很瘦削，头发干涩；他的手长得很漂亮，但因为指甲很长而让人觉得有些不安，他从来不剪指甲。他讲话的声音有些诙谐，显得沙哑，总带着一副贪婪的样子，问我的"新哲学"搞得怎么样了，他说那是一架"奇怪的

---

① 吉尔·德勒兹，克莱尔·帕奈，《对话》(*Dialogue*)，Flammarion，1977 年，第 18—19 页。

机器”:“你说说看……再说说……这一点和那一点之间是什么关系？和另外一点呢？另外还有一点呢？还有那句口号:‘重新研究哲学’,你真的相信这口号吗？你说说看,不过这太滑稽了……这一切都已经结束了吧……哪还有什么哲学,不会再有哲学了……最后一个哲学家是萨特,你瞧,我们的一切都是从他那里来的……”对他的话我是有所分辨的。首先是带有挑逗的意思。但是同时……萨特的思想不是确实预示了德勒兹提出的“分子的”一致性吗？这是他十分珍视的说法,与整体性的大结构完全不同。德勒兹说过,要拒绝被看成是比喻和虚构的“人”(这是德勒兹的原话),这难道不是萨特已经说过的话吗？德勒兹还说,从来就没有“整体”的意识,只有意识的碎片,意识的个性特征;他在这样说的时候,不正是采用了萨特的直觉和——他自己也说过——邓斯·司各特的概念吗？这是毫无疑问的。这是显而易见的事实。这个世纪之所以是德勒兹的世纪,是因为开始时是萨特的世纪。在这一点上,现代主体的瓦解及人道主义信念潮流的瓦解仍然是由萨特开了先河的。

两条阵线的对峙

但是同时,萨特又与此有所分别。

这是他的天才之举,是他的伟大力量之所在,而且照我看,这是他的巨大功劳,他没有停留在半道上,而是在路途到达终点之前一站停了下来。他在主体的理论示范上做得那么彻底,对主体必须承受屈辱讲了那么多,而后却再一次自食其言,中止了他自己正在预审的案件。在所有的现代思想家中，萨特对作为人的真正命运的非人道探索得最为彻底，却又悬崖勒马，当然他没有向后倒退，而是向旁边迈出了一步。

让我们再一次举一些例证。

萨特作品最好的批评家之一提出了三个系列的例证和文章，并分析了它们之间的关系。[①]

他在哪些地方责备多斯·帕索斯呢？他为什么借用了多斯·帕索斯的叙事模式，却从来没有完全地赞成多斯·帕索斯对世界和对主体的看法呢？萨特说，他的人物在大城市的嗡嗡声中变得僵化了。他的主角饶舌，却又不吭声。表面上看他们是在说话，这不假。但其实说话的不是他们。是"常人"在他们的头脑里说话。是"人群"通过他们的嘴在表达。在他们的嘴里和头脑中嗡嗡响着的，只不过是大城市无名的人群发出的不间断的，空洞的声音。实际上，他责备多斯·帕索斯的主体太像萨特笔下的人物了。总而言之，他责备多斯·帕索斯成了彻底的反人道主义者，正像他自己一样。他责备多斯·帕索斯笔下的人物完全地缺失了人性，只剩下了一个自由的影子。

那么福克纳呢？福克纳笔下的意识仍然是空虚的，几乎是空洞的，里面充满了人或土地发出的窃窃语声。他笔下的那些心灵卑微，几乎显得低能的人，与莫名其妙的古老的宿命捆绑在一起。萨特读过《在我弥留之际》（*Tandis que j'agonise*）和《押沙龙！押

① 朱利叶特·西蒙，《让-保罗·萨特，半个世纪的自由》，第63—64页及70—71页。

沙龙！》（*Absalon*）。他赞扬福克纳的这些作品，愿意归在福克纳的麾下，用福克纳的作品反对法国式的蹩脚小说（心灵的激情、资产阶级的悲剧、内心世界，如此等等），对蹩脚的小说发动了无情的战争。但是，他不放过任何一次机会说明，他觉得那些伟大而阴郁小说中有哪些东西始终是让他感到陌生的：那些“蠢呆呆”的人物淹没在翻滚的漩涡里，但那不是事物的漩涡，而是人群的漩涡；主体消失在黑夜和密密麻麻的人群中；瑕疵厚重而可怕；裂痕虽然隐藏在暗中，却是结构上的；绝对的反主体；主体彻底放弃了主观主义的幻想，就连自由的希望也彻底完蛋了。

最后，彭日又怎么样呢？萨特在哪些方面责备彭日呢？为什么他与彭日那么接近，但最终还是与他背道而驰了呢？问题仍然是人与物体融为一体的呆滞的梦。彭日有一个幻觉，人堕落在到处是石头的世界上，正在慢慢地、却肯定无疑地变成一块石头。他用彭日的话责备彭日，但那些话也可以是他的。他责备的，不是事物的偏见，而是事物的胜利，企图用物体扼杀诗歌，用原始的语言淹没人的语言，原始的语言也是“原始的风暴”，是事物的风暴。《偏见》（*Le Parti pris*）中说，“幸福的秘诀”就在于“不把事物对人格的进犯看成是坏事”。萨特回答说，这话说得不对。萨特奋起反对并抵制了这种看法——他否定了主体具有统一、稳定和特性的说法，但同时，他也使事物有了一定的特权。面对着因此而产生的后果，他惊恐地向后退却了。

他在哪些方面对三个人都有所责备呢？他在哪些地方，在什么时候与这三个伟大的人分道扬镳的呢？这三个人是他的先师，但他的思想很快便超出了他们的范围。他以特有的方式让非人道战胜人道，消除了事物与字词之间，世界和意识之间的界限。这些话并不是他萨特说的！这并不是他想要的。尤其是，他之所以与柏格森决裂，决非为了达到这样的结果。所以，仍然是同一个萨特，对人道主义的批驳不减一词，丝毫也不否认，不后悔他曾把作为形式的主体击得粉身碎骨，但在最后，他重申了主体性的权利，也许主体性是破败的，微小的，非常空虚，但主体性仍然面向事物，因此主体性并没有还原为事物——这仍然是胡塞尔的意向性的观念。

如果我们想从更高的层次上看待这一问题，我们可以说有两种大的传统。

从斯宾诺莎到莱布尼茨，一直到德勒兹，形成了一道分水线，从某种意义上说梅洛-庞蒂也在这条线上：他们说的都是均匀的存在，由连续的此在构成的潮流，像是意义的目的论，先诞生在动物界，然后才扩展到人的范围内；像是一条链子，从最卑微到最完善，从最不活跃到最活跃；主体并没有特权；与其它的此在相比也没有特别之处。主体消融在、混合在像软稀稀的面团一样的事物里……莱布尼茨在《单子论》（*La Monadologie*）中说，链条的每一环之间是有差别的，而且是逐渐变化的，开始是“像植物般的呆滞”，继而有了“动物的性质”，最后是意识和记忆。梅洛-庞蒂说，连“开始”、“继而”和“最后”这一类的说法也都是不合适的，这都是混在一起的此在，是纵横交错的状态，是交织在一起的意义和非意义，是精巧的身体和体验的意识，世界使精神变得野蛮，精神也使世界变得野蛮；一方面是人类之前的生活天地所特有的“我思”，另一方面是从反面来看的，被一种精神，一种处在摸索中的，无定形的思想充斥的世界，这两者之间在不断地互相妥协。再说，到了链条的尽头，是德勒兹从莱布尼茨和梅洛-庞蒂那里继承来的内在性平面，普遍化的机械主义，在意愿的安排中，已经说不清楚哪些是属于情感的，哪些是与物质联系在一起的，这些处在变化中的女人，处在变化中的孩子，处在变化中的动物，处在变化中的花朵，奥康海姆在《五月后的动物们》（*L'Après Mai des faunes*）的前言里说，这都是达到了顶峰的欲望——“天地不分的混沌”，“生态理念”突然间都变成了哲学本身要思考的东西。是我在思想吗？不对，思想是本来就存在的，我不是产生这思想的人，而只是这思想的代言人。我不是这思想的原因，而只是其后效。对欲望有效的，对思想也有效，谁也说不清这一思想是从哪里开始，什么时候开始，如何开始的，我就更说不清楚。这是思辨的错位。梅洛-庞蒂又说，这是扩展了的理智，探索理智的任务还是要由理智来完成。这具思想的躯壳，意念的肉体——这仍然是梅洛-庞蒂的原话——是思想的一场伟大的冒险。那么，在莱布尼茨—梅洛-庞蒂—德勒兹这个三人小组中，主体占有什么样的地位呢？根本就没有主体。主体是神话，是梦幻和表象。

第二道分水线是从笛卡尔到勒维纳斯，中间经由胡塞尔和萨特的存在主义，而且萨特哲学传达的信息变成了：也许的确有这么一个链条；也许在所有的主体心中都有在事物中变成事物，使物我相融合的企图（是企图还是风险？还是必然？）；也许主体和事物之间，次心理的地狱和心理的地狱之间并不那么容易分别；但不管怎么说，可以肯定的是，要与大写的人和意识哲学中神圣的自我决裂；不过同时要注意的是，如果顺着这条路走到底，那要当心不能混淆所产生的后果！要当心不要把我们变成石头人，变成花，变成自行车，等等；我说，我，萨特：尽管主体是无法想像的，尽管我相信没有主体，世界就会四分五裂、分崩离析，但是要恢复对主体的假设和想像，还是要一切从头开始！将主体作为一种假设。将主体做为一种安全的屏障。将主体当作开了线的编织毛衣中的一个节点，或者是莱布尼茨和梅洛－庞蒂的链条中的一个中断点。这是主体的痴迷。是需要的外在和凸出。假装——对，就是假装——我们假装可以让主体在这一片烂泥的背景上发生，没有意识的思想和发育不全的意识就是从这片烂泥中共同孕育出来的。以欲望的辩证法来打赌(对，就是打赌，主体已经不是存在，而是赌注)，就像在黑格尔的理论中一样，这种欲望的辩证法使我们从动物和事物的呆滞中摆脱出来，然后再慢慢地产生出“精神”。梅洛－庞蒂说“一个世纪以来哲学上的所有伟大成就都是来自”黑格尔的，是黑格尔让主、客体的两分法站不住脚了。但是还有另一个黑格尔，对于这个萨特声称继承了其衣钵的黑格尔来说，尽管有某种不断往复的运动将事物变成意识，又将意识变成事物，但精神最终还是恢复了优先权，而且通过精神而最终获得了优先权的，与其说像是事物，不如说更像是意识。莱布尼茨—德勒兹—梅洛－庞蒂的信徒们说，“有思想”：我们从这个“有”(il y a，海德格尔的“es gibt”)中听到的，是物化的言语响成一片的嗡嗡声，是没有具体所指的“常人”或舆论的欢呼声。萨特的信徒们回应说，对，是“有”(il y a)思想，但他们强调“il y a”中的“y”，[①]他们强调“y”中所包含的跳

① 表示场所、地点的介词。——译者注

跃;是突然的跳跃使这个词有了冲动感,使它恢复了隐藏的力量,使它具有了突然显现的势力,具有了爆发的力量;一说"有"(il y a)便会有突然的显现,对,是语言的突然显现,不合时宜地出现,成了事件——主体性卑微的光彩突然之间出现了,挣脱了厌烦,从舆论中,从别人的话语中,从被磨损了的文化中挣扎出来,显露出思想的真正踪迹,像一道道闪电,一道道光明,是比夜色明亮的光线,是漂泊、流浪的话语,但却是真正的、有风险的话语。

因此,问题在于萨特和梅洛-庞蒂之间的关系。

我们可以简单地说:萨特与梅洛-庞蒂相对立,或者反过来说也可以。

当梅洛-庞蒂(因此也就是德勒兹)看到主体感人地挺身而起,与世界作对时,他认为那是一种巨大的风险的源泉,我的内心深处不可能听不到他的声音。他说,这最终的主观主义会不会就是专制主义的源泉呢?最大的、最原初的错误会不会是将"自在"(en-soi)和"自为"(pour soi)的世界分开,从而使"自为"拥有对"自在"的一切权力呢?今天的"自在"拥有物质的面孔,可是明天它会以同样的效果成为其它的面孔,因此也就是成为其它的"自为"或其它的意识的面孔。狂热和偏执对人的诱惑,使党派绝对化的诱惑会不会就产生于"我思故我在"的最终的疯狂中,产生于又一次变得神圣不可侵犯的意识和由于意识的神圣而变得没有一定形式的世界这两者的对峙之中,产生于只能在冲突和灾难中相会的两种范畴从根本上的分离中呢?总之一句话,萨特会不会是通过这一点而为他未来的专制主义插下了第一根标杆呢?

更加糟糕的是，我的内心深处不能不完全相信这同一个梅洛－庞蒂（因此也就是同一个德勒兹）的复杂、完善、现代的思想——我只能与他们站在一起，因为他们说：对主体最终的拯救意味着什么呢？与事物的荒唐的对峙意味着什么呢？难道没有世外的桃源？没有历史的象征范畴？难道宇宙是个僵化的空间，“自在”和“自为”之间就没有交换和沟通吗？这种看法难道不是太简单，太天真了吗？我们由此而放弃的，实际上也是惟一要紧的东西，就是世界上这具半自在、半自为的肉体，是我们都要与之打交道的惟一真实的东西。我们所放弃的，正是所谓的“第三范畴”，既不是事物的范畴，也不是心灵的范畴，而是处于两者之间，是“内心的和外部的哲学”摇摆不定的边缘，因为“内心”的可以变成“外部”的，反之亦然，在萨特的信徒们认为是不相干的范畴之间保持着“毫不妥协”的联系。[①] 梅洛－庞蒂比较了历史的神秘和圣子耶稣化为肉身的奥秘（历史中的主体觉得很自在，因为这一历史已经预先就在主体性中塑造好了，从某种意义上说，主体性已经沉积在历史中），他说有一种关于身体的知识，而且在这一知识的内部，好比有着不同的分区一样，有眼睛的知识，手的知识，皮肤的知识，每个器官或每个器官的片断的知识（他解释说，事物是身体的关联物，事物当然是灵魂的关联物，但也是身体的关联物；我们不能不接受这个简单的论断为传统的主体哲学所带来的新东西），最后他还说（那是一句多么好的话呀！），“我们所了解的所有的思想都是发生

---

① 《间接语言和沉默的声音》（*Le Langage indirect et les voix du silence*）（写给“让－保罗・萨特”），载于《符号》，Gallimard，1960 年，第 89—92 页。

在肉上的"。在这样做的时候,梅洛-庞蒂不是开辟了一条最富有成果的道路吗?

但同时,我心中又非常讨厌这种单一性存在的观念,这种观念里没有差别和超验性,它把人、植物、事物、动物都摆在同一个平面上——这个平面上只有许许多多的"裥折",许许多多相同的"个别性",许许多多分散的、纯洁的"特征"。把心理学当成是生理学的一个分区,道德成了在古旧的机械论模式背景之上的一种变幻,对世界的这种看法算得上是真正的进步吗?如果哲学说,一只准备咬人的虱子所遇到的灾难比科索沃人或车臣人的痛苦还有意义,显得还重要,那么这样的哲学还会让人喜欢吗?在这一点上,我在《人性掩盖之下的野蛮》中表示的观点没有变。我仍然非常讨厌自然论和活力论的种种形式,不管它们有多么完善。

由此,我心中不可能不想将梅洛-庞蒂在专制主义问题上对萨特的批判颠倒过来:正如勒维纳斯所说,被认为是充实的、没有缺陷的、自我饱和的存在,难道不正是第一个专制主义吗?在所有的专制主义之前,难道不是有一个本体论上的专制主义吗?那就是从"有"的黑夜里,从逻各斯非人的特点中,从发出簌簌响声的、包围了一切的寂静中产生的专制。在"存在"面前摆放一个"主体",发誓说这个主体是过分的,想像主体可以是话语的源泉,话语随着主体的开始而开始,随着主体的终结而终结,这难道不正是反专制主义的杰出姿态吗?正是萨特做出了关于主体的假设。正是萨特不顾一切地将心灵摆在至高无上的地位,或者让意识高于所有的事物。他探寻说,什么是事物呢?事物就是相对于意识的一段延迟的时间。什么是这一事物的存在呢?那就是具有意识或知识的客体的身份。那么主体又意味着什么呢？那就是意识到，了解到事物，但永远不能将主体与了解或意识到的事物相混淆。人们愿意怎么说就怎么说。但是在我们刚刚过去的这个时代，人的身体被人故意地当成了事物，面对把人变成英雄或垃圾或产品的奥斯威辛或古拉格的世纪，萨特所传达的信息还是值得人们听一听的。

总之，我内心深处的某个地方，还是愿意看到人们承认萨特具有现代性和道德这双重的功劳：他成就了史无前例的事业，让人们从哲学上变得成熟起来，令人愕然地预先看到了结构主义思想和人文科学中最富有成果的直观意识，第一个解构了海德格尔系统中的人道主义，但萨特的解构并不是微不足道的（远在福科之前，一直到他死前不久，他还在不断地提到这一点，也包括在写马拉美的文章中①）；再说，从那时开始，从六十年代开始，从他那篇实际上起了关键作用的关于意向性的文章开始，他就明白，如果宣布说世界上的人真的死了，那些卑鄙的坏蛋们会怎样对待这个世界，因为主体也不过就是个“此在”而已，但它至少还是一个观念——是个“观念”就已经很了不起了，那就是“原则”！是道德的准则！它可以成为权利的载体！正是由于有了这种观念，人虽然不再代表大写的“人”，却能为人的权利而承担责任！萨特解决了一个世纪的难题。他的哲学在智慧和道德这两个层面上进行了思考。在人死之后，要怎样做才能不让人的权利变成死人的死权利呢？办法是有的。那就是萨特，是老而旧的萨特。我们已经不再读他的

---

①　《境况种种》，第九卷，第195页。

书了。但是他用“意向性”的观念和对胡塞尔的赞赏，在很早之前就解决了我们的难题。

2　什么是魔鬼？

自传。人们总是在想：萨特为什么没有写一部他自己的道德经呢？他为什么常常提到在《存在与虚无》的末尾宣称的“伟大的道德”，却只写了几句“注释”呢？还有一个问题也很值得注意，尽管提出这一问题的人很少：为什么除了《文字》之外，他没有留下真正的“回忆录”呢？《文字》中所记述的事件截止于十二岁，到他母亲再婚这一决定性的事件为止。有一种说法用他的生活经历来解释，说是事件使然。像个国王一样受着宠爱的孩子，原打算长大以后娶他的漂亮妈妈为妻，母亲的再婚在孩子心中成了莫可名状的猝然一击；[①]事实上，这一痛苦有可能成了他生活中无法描述的一部分——与波德莱尔的命运近似得令人简直莫辨彼此，他在描写波德莱尔的命运时只是间接地提到过这一痛苦，但除此之外，他写传记的企图却完完全全地被扼杀了，被窒息了。他无法思考，也无法跨越这一事件，所以他的传记只能写到十二岁便戛然而止。但是还有一种说法，与前面的说法当然并不是没有关系：所谓自传，是给自己讲故事，那首先要有个“自己”才行；要写“回忆录”，首先要有“回忆”，是要回想或遗忘什么事；但是萨特没有回忆；他只记

① 《文字》，第 21 页。

得十二岁之前的事;他就是这样的人,他让自己"变成了"这样的人。在关于家庭的小说和其它的作品中,所谓的"我"是事先安排好了的。像讲述自己的生活,把生活综合成故事这一类的想法,根本就是毫无意义的。讲谁的生活?我的?可这个"我"又是谁呢?他的身份是从哪儿得来的呢?尤其是,在讲故事的我和故事中的我之间有什么联系呢?当然,他写了《文字》。在他为《阿拉伯亚登》写的前言中,在《活着的梅洛-庞蒂》中,在许许多多的谈话中,他零零散散地提起过他那令人难以置信的生活经历。但是,要把生活写进一本书里,要写一本他的《忏悔录》,一本他的《成人之年》,[①]这是他的性格和风格都不能允许的。

自省。因此,萨特写了《文字》一书。而且在写《文字》之前,他已经写了《滑稽的战争记事》。不过,正是在《滑稽的战争记事》中,他说:"我有十五年多的时间没有注意我自己是如何生活的",我"对自己一点也不感兴趣",况且,"我不认为翻来覆去地摆弄自己的一生会有什么好处"。后来在稍远处的地方,他注意到自己显然变了,而且在战争的促使下,他正在放弃自己的原则,他又说:"战后我就不再写这个日记了,或者即使要写,我也不再记我自己的事。我不想一直到生命的最后都被自己的事烦扰着。"[②]后来,过了很久之后,在他潜心写《家庭白痴》的时候,他又想起福楼拜的一句话;这句话让他心醉神迷,好像再一次证明,他再也不写自己的

① 《成人之年》是米歇尔·莱利的自传体作品。——译者注

② 《滑稽的战争记事》,第175页。

事的誓言是对的："毫无疑问，你们跟我一样，你们都有着同样的可怕而烦人的深度。"[1]他几乎信守了自己的诺言。除了《文字》之外——我们后面会看到这个例外是如何产生的，是为什么产生的，是在什么样的背景下产生的——萨特再也没有回顾自己的过去。具有阿米埃尔[2]倾向的人道主义者会说："你通过自己来了解自己吧。"而萨特的反人道主义却说："你不要通过自己来了解自己。"你为什么要了解自己呢，你为什么要劳心费力，徒劳地自省呢，既然内心是一片空空荡荡的地方，是个理智的存在，是一阵过堂风，是雁过无声？自我并不可恨，自我什么也不是。它并不是徒劳的，它根本就是无形的。我们用不着装腔作势，摆出一副悲惨的、报复的、帕斯卡式的口气来叱责自我的丑恶，自我的诱惑。只要注意到对自我的观察根本就是一无所获，这就足够了。当尼采说要"与内心深处的野兽清算"时，他说的就是这个意思。当劳伦斯远在马尔罗之前指责"卑鄙的小秘密"时，他采取的也是这样的立场。这实际上也与弗洛伊德的理论正相反，弗洛伊德说，"无意识"就像当代的天文学刚刚发现的具有极大密度的黑洞。尼采（和劳伦斯）与弗洛伊德相对立。萨特和尼采（和劳伦斯）一样，是最为英勇地反对"人格心理"企图的人之一。这是思想与心理的对立。这是用对思想的爱好反对自恋以及由自恋所生出来的是是非非。在自我中，只有在自我之外的东西，只有超越了自我的东西，只有牵涉到世界的东西才是值得关注的——萨特从来就没有放弃过这个主意。在

---

① 《萨特眼中的萨特》，第110页。

② 阿米埃尔（Henri Frédéric Amiel，1821—1881），瑞士法语作家，深受德国十九世纪哲学的影响，其作品反映了强烈的批判精神和真诚的自省特点。——译者注

心灵中，只有那些让我们与“自我主义”的联系相决裂（拉康）的东西，与“古老而显赫的我”的联系相决裂（尼采）的东西，才值得我们记住。

透明。萨特说，我没有任何事要隐瞒。我没有任何事要保存起来，所以也就没有任何事要隐瞒。萨特没有内在性，因此也就没有什么秘密。他没有主体性，没有意识上的褶皱和曲折，因此也就不需要有值得保护的阴暗和隐秘之处。这是萨特反人道主义的极限，但同时也是其后果。这是萨特的反人道主义中让我觉得最为可怕的地方——然而这是多么富有内容的反人道主义啊！我们还记得他和比扬卡·朗博兰第一次约会时，他把她带到旅馆的房间里，她想拉上窗帘，他却对她说：“我们的事应当在光天化日之下干。”他是真诚的魔鬼，他陶醉在纯洁中。他要看到一切，也把一切都展示给人看。他调节非主体之间的非关系，无论什么事必须明明白白。这是萨特要保持纯洁的意愿，是早期的萨特和他后来的专制倾向之间的切点。这是他最为致命的幻觉的源泉之一。只是我们还没有讲到这个主题。在萨特的生活和作品中，有一段想要保持透明的历史。对于这段时期的萨特来说，这种意愿是绝对的，必需的，没有限制的，因此也就是政治上的。但是对于早期的萨特来说，对于作为艺术家、尼采的信徒、叛逆者的萨特来说，对于年轻的萨特，对于他那贵族式的道德来说，所谓的透明，只在平等的人之间才起作用，换句话说，只在他与西蒙娜·德·波夫娃之间，或者在他与几个亲密的人之间才起作用。至于其他的，至于其他的人，所有的男人和女人，人生的道路上遇到的男人和女人，他们两个人的生活的见证人，他们两个人的欲望的对象，有的乖顺些，有的不那么乖顺，一时的情夫或情妇，短时间的朋友或同志，至于这些人，应当以其人之道，还治其人之身，就像茨冈人那样：什么都说吗？真的什么都说吗？算了吧！萨特和所有的人一样，一辈子都在对别人撒谎，对自己撒谎，对有的人要点花招，对别的人拖延点时间，轮流着将他们推进别人看不见的黑暗，自己便过上了三重的、四重的、五重的生活：暗中的和光天化日之下的女人，偶然的和必然的女人——招认得多么彻底啊！

心理分析。当然，一开始时是怀疑。抵制。首先是出于私人的原因：他的传记写到十二岁为止，因为十二岁的时候，母亲突然告诉他说，还有另外一个男人，而且她爱他，但还是说好他可以叫这个人“叔叔”——他与精神分析的关系怎么会简单得了呢？不过还有理论上的原因（而且尤其是理论上的原因）：萨特是一个相信自我超越性的哲学家，他相信他的生活，他从“自在”这片令人恶心的沼泽中最终地挺身而出，那是他最终的尊严。但有的理论却不仅仅想把我们淹没在人格论的深渊中，不仅仅比别的理论更加纠缠于各种各样的秘密，更加注意用什么样的手段将秘密披露给人们，而且还宣扬自我的内在性，说自我是淹没在冲动的海洋中，这些冲动还在不知不觉中控制着自我，对这样的理论，萨特怎么能不感到为难呢？啊，这种黑暗的心灵是多么可怕啊，里面涌动着幻觉和情绪，像是一堆爬虫，令人琢磨不透！啊，那一张张模糊不清的面孔，那一道道令人难解其意的皱纹，是不幸与时光织成的一道道蛛网，是灵魂的陋室，是酒鬼醉态的摇摆，是萨特早期的哲学梦想将他带入他所珍爱的自由的天空中的一切，但弗洛伊德的学说却让他看到了可怕的现实！我想像着当时的萨特。我想像着他坐在弗洛尔咖啡馆里，以他特有的方式读着彭达利给他的论文，他看书一目十行。尽管读得非常快，但他也像所有的哲学家斗士一样，他的哲学长枪上绑着一个可靠的探测器，能立刻告诉他哪个是誓不两立的敌人。不，彭达利，你说这个无意识的故事是怎么回事……说什么我们受制于、附属于这个，又局囿于那个……你这个弗洛伊德哪是哲学家呀，简直是警察……也说不上是警察，是纪律严明的军营……我们要做出选择了……要么是他，要么是我们……要么是他的道德，要么是我们的道德……话语与话语的对立……同行与同行的搏杀……如果他说得对，那我就错了，如果我说得对，那他就错了……因此，我要无情地向他宣战，向他全面地宣战……

由此而产生了最终的宣言："我不相信无意识。"[①]有些意见由于非常武断而显得幼稚：我父亲年轻时就死了，让我永远觉得他是个"早年夭折的年轻人，还没有来得及做我的父亲，而且今天他可以是我的儿子"。父亲的早夭让我产生了"很不完整的俄狄甫斯情节"，结果就像一个"杰出的心理学家"所说的那样，我处在了一种很个别的境况中，没有了"超我"。[②] 有一些评断像一发发的炮弹，显得十分专断，让人觉得不知是该笑、该生气还是该担心——人们没有把这些话当做评断，而是当做征兆来处理的："心理分析没有原则，没有理论的基础。在荣格和弗洛伊德的某些作品中，至多也

① 见于热尔特鲁德·高奇的《银屏上的弗洛伊德》，载于《萨特的见证》，第一卷，第574页。

② 《文字》，第18页，19页，24页。

就是有一种根本就无所谓的方法。”[①]带录音机的人的故事也是这样。这是个已经引证过的故事，说是有个病人违反合同，带着录音机到心理分析医生的诊所里来，打算用这种方法揭穿医生的伪科学和权力欲，揭穿他低俗的探寻人家隐秘的本能。而且萨特还不顾平科和彭达利的反对，恶作剧般地在《现代》杂志上发表了治疗过程中的录音记录，对这件事起了推波助澜的作用。萨特兴致勃勃地说，这事简直棒极了。带录音机的人，也就是让－皮埃尔·阿布拉海姆：“你给人治不好病的，你只能把你作为父亲解决不了的问题转嫁给病人，一次一次地，用这些问题拖着受害者。”X医生慌了，理屈词穷，无话可说，不知道该如何找回失去的权威：“我要给609打电话把你弄走，给609打电话，给警察打电话，我要让他们把你驱逐出境。”带录音机的人：“给警察打电话？是给你爸爸打电话吗？对，你爸爸是警察！你想给你爸爸打电话，让他来抓我！……”萨特说过，他不是弗洛伊德学说的假朋友，而是同路人，[②]他故意作出一副恶棍的神气说：“我根本就无意——再说我也根本就没有办法——嘲弄心理分析，我只不过介绍了一篇资料，一份原始的微不足道的资料，一件有益的、良性的丑闻。”尽管如此，但这份材料确确实实地推动了反弗洛伊德的恐怖主义行动——这还是第一次这类的行动；不管怎么说，这份材料证明他赞成“带录音机的人”的论断；“马克思说无产者是历史的主体”，而带录音机的人就是这样的主体（原文如此）：这是对分析关系的强

---

① 《辩证理性批判，方法问题》，第46页。

② 《带录音机的人》，载于《现代》1969年4月第N°274号，亦见于《境况种种》，第九卷，第329—358页。

暴……是精神分析医生和分析对象之间的封建关系……是放弃意志……是每周一次或每两周一次放弃自己的权力……是令人难以忍受的依附……而现在解放了……这不是阿布拉海姆的话，是萨特在情绪激昂、兴奋地介绍这篇“心理分析对话”时说的话。还有他攻击心理分析的一场场游击战，或阴险或激烈，但是从来没有停止过，“带录音机的人”只不过是最为有声有色的一次。在后来的一些年里，还在很多别的领域发生过类似的事，比如英国就出现过莱恩和库珀的反精神病学潮流。最后还有萨特的抱负，虽然看起来很荒唐，却也直言不讳，而且他认为这是十分重要的事，以至于《存在与虚无》的最后一部分讲的都是这些。因为他想自己搞出一套心理分析的方法，取代弗洛伊德的经验性的心理分析，他的热奈和福楼拜就是弗洛伊德的多拉和斯克雷贝尔，而且他的原则要一项一项地与这种专制的、基础不牢固的、可恨的心理分析相对立：我的右边（弗洛伊德的心理分析）是无意识，是情结，是可怕的利比多，是原因的繁琐，是自己对自己的迷茫，是将主体和未知的力量捆绑在一起，是过去的法律，受制于既定的事，也许简直就是受制于人；我的左边（萨特的心理分析），是透明之梦，是基本的计划和选择，是明智和虚伪，是主体不屈的自由，是心理分析医生和分析家的对峙，总之是另外一种心理分析，光亮，透明，高兴得嚷成一片，这样行吗，妈妈？

但是同时，事情又没有那么简单。

因为，对萨特疯狂的计划，对他那样板着面孔说“我是萨特医生……”的方式，人们认为会有两种非常不同的意义。

人们可以认为：这是多么大的误会呀！弗洛伊德开辟了一片

科学的新大陆，与此相比，存在主义的心理分析简直是拼凑起来的大杂烩，真可怜！首先，他这样做是认真的吗？他弄出来的这些东西有用吗？他认为，由于弗洛伊德的无意识，人的某种莫名其妙的、自然的、本能的东西，甚至是动物的本性奴役着我们，这难道不是很荒唐的吗？他所反对的，难道不正是认真阅读了弗洛伊德的人（首先是拉康）的说法吗？认真读过弗洛伊德的人说，弗洛伊德的研究涉及的，主要是话语的问题，简单说也是文化的问题。三四十年前，正当纳粹处在上升时期的时候，托马斯·曼就比较了弗洛伊德清楚明白的思想和当时开始在德国和欧洲泛滥的隐隐约约的愚民思想，托马斯·曼的看法难道不是更加正确的吗？萨特这样做，会不会错过二十世纪最伟大的事件呢？当萨特说主体什么也不是，只不过是一些意识流，或一个词，说无意识也是一个无定形的蝮蛇结，原始而下流，说他根本就不相信的时候，他会不会脱离整整一个时代呢？而这个时代正在一些重大的理论突破口上探索利比多的作用及其对语言产生的效果。这一点比他对福科，对结构主义的马克思主义，对符号学或列维－斯特劳斯的攻击更能够说明，为什么他的影响从六十年代便开始衰落。再说，他怎么能这样做呢？因为弗洛伊德划时代的学说不符合他的自由的理论，他便轻浮地对待这一学说，这难道不是令人很遗憾的事吗？他是作家，他把自己内心的需要当成了哲学道德，写了一本很难说是好是坏的家庭生活小说，还得了便宜卖乖，到了二十世纪竟然还敢说："在一群背上背着安喀塞斯①的埃涅阿斯②们当中，我独身一人从

① 希腊神话中卡皮斯和忒弥斯之子，与阿佛洛狄忒生了埃涅阿斯。——译者注

② 希腊神话中特洛伊战争中的英雄，罗马的建国者。——译者注

河的一岸到了另一岸，而且我恨那些一辈子骑在儿子身上，让别人看不见的父亲们”，或者后来，在拉康的学说最为时髦的时候，他拿弗洛伊德的电影脚本大纲给休斯顿（Huston）看，人家没有接受，他才不得不罢休——而且那口气是多么地狂妄啊！——“我是法国人，是纯粹的笛卡尔传统的法国人，是受理性主义浸润过的人”，我根本不可能“理解弗洛伊德”；[①]这些话难道不是很可笑吗？萨特和他的自由……萨特和他的主体的哲学……他为什么不干干脆脆地说：“是这么回事，事情简单得很！我想自由！可是在我的路上，总有那么一些弗洛伊德式的老师，一些总想管教我的父亲，一些需要消受的苦难……”？

但是，我们也可以从另外一个方面来看待这些事。首先，在根据琼斯写的传记而改编的《弗洛伊德》的电影脚本中，年轻的弗洛伊德奋起造反，与老师作对，情绪不稳定，苦恼，我们可以认为这个形象是美好的，[②]脚本真正的毛病不是写得不好，或是有违于弗洛伊德的精神，而是长达五个小时。第二，我们可以注意到，萨特对弗洛伊德的态度随着时间的变化也有了改变。他自己说，很显然，他“年轻时对心理分析感到过深深的厌恶”。他强调说，这种厌恶是和他对“阶级斗争”，对“辩证唯物主义”和马克思主义“盲目的无知”一样的；他以这样的方式和口气说这件事，回忆起遥远的过去，说当时“无意识”的观念只能让他这个“以纯粹的笛卡尔传统养育的法国人”，让他这个“充满了理性主义”的法国人感到不舒服，言

---

① 《萨特眼中的萨特》（*Sartre par Sartre*），见于《境况种种》，第九卷，第105页。

② 彭达利为《弗洛伊德电影脚本》（*Le scénario Freud*）所写的前言，Gallimard，1984年。

外之意，现在已经时过境迁了，继之而来的，是存在主义的心理分析时代。第三，我们还可以注意到，存在主义的心理分析看起来好像没有什么，但其实没有像他说的那样，推翻所谓经验主义的，也就是弗洛伊德的心理分析的理论假设：比如说，在训练具有兽性的人时，萨特同意儿童时期所起的作用；在《一个领袖的童年》里，对三十年代一个大家庭出身的人是如何变成法西斯分子的描写，与用"认同"、"内省"、"情感投射"这些专业词语所进行的正统分析差得并不远；他说，"今天只有通过心理分析，才能够深入地研究一个儿童如何在暗中边摸索、边扮演成年人强加给他的社会角色"；他反复说过，心理分析，也只有心理分析才能"告诉我们儿童会不会在他扮演的角色中窒息，会不会寻求从中摆脱出来，是不是能够完全适应这种角色"；最后，他说只有心理分析才能够找出"儿童时期的关键事件，以及围绕这一事件形成的心理结晶。"①在讲这些话时，他无疑想到了"他的"心理分析法，但是我们看不出一个弗洛伊德的信徒对这些说法会有什么不满意。至于他对恶意的分析，至于他描写那个年轻女人假装忘记了自己的手还让追求她的男子握着，这一切与弗洛伊德关于潜意识或无意识的假设有什么冲突呢？（在勒阿弗尔做的"关于内心独白是如何产生的"报告中，他承认过无意识的重要性："无意识是个未知的、尚未探索的世界，无意识是个巨大的浪涛，而意识只不过是这个浪涛的泡沫……"②）最后还有第四点，我们尤其可以认为《自我的超越性》的作者是超级现象

① 《方法问题》，第58页；《存在与虚无》，第629页。

② 见于前面已经引述过的阿尼·科恩-索拉尔的作品第143页。

学者,从深刻的意义上认为自我只不过是纯粹反人道主义的活动,决心将各个角落的机械主义和生物主义的残渣余孽驱除干净(也包括胡塞尔的这些思想——那为什么就不包括弗洛伊德的呢?),总之一句话,他要驱除的是实证主义哲学的残渣余孽,它们污染了现代的思想,表明它们是深深地扎根在十九世纪思想的樊篱之中的,我们可以从相反的方面认为,这时的萨特是在清算弗洛伊德原初的学说里本来就有的,或是弗洛伊德的弟子们自以为从中发现的人格心理学的残余:当他指责人们从心理生理学的角度利用了"利比多"的概念,[①]或"情结"的概念[②]的时候,当他指责人们把弗洛伊德双重的论据表示得太过于具体,几乎是太过于物质化的时候,他说的难道不正是这一点吗?当他在《存在与虚无》中用"欲望"(désir),在《辩证理性批判》中用"需要"(besoin)与弗洛伊德的"冲动"(pulsion)相抗衡时,他说的难道不正是这一点吗?弗洛伊德说过,能够懂得"冲动"的惟一的方式,就是"用心理学或化学的言语去解释它"。[③] 弗洛伊德说,要"借用生理学和生物学的语言"表达他最有革命性,最富有成果的发现;萨特说他对此有反感,[④]这恐怕不能算是庸俗的反弗洛伊德吧?在这一点上,形势发生了反转。萨特在现代性方面是走在前列的。在心理分析领域,他正在驱除神秘学的黑海潮退潮时遗留下来的最后的隐喻。而这一点

---

① 《存在与虚无》,第 629 页。

② 《存在与虚无》,第 632 页。

③ 弗洛伊德,《超越快乐原则》(*Au-delà du principe de plaisir*),载于《心理分析文集》(*Essais de psychanalyse*),Payot,1983 年,第 109—110 页。

④ 《萨特眼中的萨特》,载于《境况种种》,第九卷,第 105 页。

也可以从两个方面来看。

一、现代对心理分析有一种重要的批评，那就是德勒兹和加达里(Guattari)的批评，他们大体上责备弗洛伊德的理论机制过于简单化：《反俄狄甫斯》(*L'Anti-OEdipe*)解释说，无意识产生的东西要丰富得多，远不止像自我、超我、生殖器、父亲的名字这些概念让人想到的！只要我们认真关注欲望的集体配合，欲望所产生的东西，所组织的阴谋，总之，只要我们愿意观察一下它是如何与外部配合的，而不仅仅是它如何与自己配合，那么欲望的真实作用就会变得更加引人入胜！不过，萨特差不多就是这样说的。很可能他批评心理学和元心理学的意义之一，就正在于此。他之所以揭露人格心理学和自我心理学的危险，其根本也在于此。尤其是，这种方式所表明的，正是现象学的忧虑，正是现象学在意识和外部世界之间建立结构联系的忧虑。而且，如果德勒兹和加达里重新引述"带录音机的人"这个故事，并以此证明他们的论述，这并不是偶然的；萨特在介绍这份材料的文章中，提到过"新一代的心理分析医生"，并说新一代的心理分析医生"寻求在他们自己和他们治疗的病人之间建立一种互相的联系"，我们不能不承认，英国(像莱恩等等)和意大利(巴萨格利亚)的反派心理医生跟他们一样，也把德勒兹和加达里说成是自己的派系的创始人。萨特是《反俄狄甫斯》的先驱。

二、他远没有肃清心理分析的影响，反而使这一影响更加深刻。他远没有像人们总是在说的那样，像他自己有时候的话语所流露出来的那样，对弗洛伊德的学说论及了人们内心深处的兽性感到遗憾，而是正相反，他遗憾的是对这一兽性处理得还不够，或者更确切地说，更严格地说，是在处理这一问题的时候，没有设法避免落入当时的科学设下的最为粗俗的陷阱。萨特是弗洛伊德的超级信徒。萨特比弗洛伊德本人还弗洛伊德。在《心理分析导论》[①]中，弗洛伊德不是说，凡不是“纯粹心理学的概念”，都必须放弃吗？萨特正是冲着这个方向而去的。当他说他“不相信”无意识时，实际上他的意思是说，他不愿意用弗洛伊德允许的神经生理学论、机械论、心理生物论来解读弗洛伊德的学说；他的意思是说：我要用弗洛伊德来反对弗洛伊德，用好的来反对坏的——有一种“无意识的神话”是我不能接受的，因为这种神话将无意识说成是神秘的目的论和愚蠢的机械论的混合物。[②] 弗洛伊德的伟大功劳，难道不正是打破了神圣的“自我”的统一性，并表明关于“主体”的说法根本就文不对题吗？萨特也是朝着这个方向努力的。弗洛伊德批评了我思论，在这一基础上，萨特又在胡塞尔之后，按照自己的理解，补充了对自我的不可避免的重塑。顺着这种假设，他本应该作出某种姿态，但功劳却被后来的雅克·拉康夺了去，雅克·拉康实际上是将现象学和弗洛伊德的学说联系了起来——有点像陈育滔[③]“试图将胡塞尔的理论附属在马克思的学说中”，[④]当然他们所起的作用是不一样的。萨特所赞成的弗洛伊德的学说，会不会一

---

① 《心理分析导论》(*Introduction à la psychanalyse*)，舒齐娜·扬克列维奇译，Payot，1922年，第11页。

② 《萨特眼中的萨特》，第105—106页。

③ 陈育滔(Tran Du Thao，1917—1993)，越南籍哲学家，学过胡塞尔的现象学，曾为《现代》杂志撰稿。该杂志上还刊载过他与萨特谈存在主义与马克思主义关系的谈话记录。——译者注

④ 《活着的梅洛-庞蒂》，第243页。

开始就具有拉康的特点呢？在后来写的一篇文章中，在发表《家庭白痴》时与孔达和里巴尔卡的谈话里，他说："我始终不相信以某些形式出现的无意识，尽管拉康关于无意识的概念要更加令人关注……"①

最后的话是彭达利说的——在发表《带录音机的人》和由此而引起的一些主要争论的那期《现代》杂志上，彭达利说："早晚有一天我们要写一部历史，说明萨特三十年来与心理分析的模棱两可的关系，萨特既受心理分析的吸引，又对心理分析有所保留，但这两个方面都是深刻的，甚至有必要从这个角度去重新解读他的作品。"②

写字的怪物。是减掉心理内容的思想吗？作品。生产文章的机器，打字机。因为萨特对自己不感兴趣，因为他向内心的力量和形式全面地宣战了，他的经历就像一架真正的创造的机器，一架积累文学的机器：当然还有生活；还有其它的欲望的范畴，他的际遇和命运就在那些欲望中上演；尽管如此，他的经历仍然像是一座全速运转的工厂，将别人的文字加工成自己的文字，我们看到他在勒阿弗尔漫长的成长年代里积累别人的书，别人的梦，别人的东西，别人的废物，别人的个人故事，别人的感知，他积累了所有这些原材料。"我很清楚我只不过是一架制造书籍的机器"：这是夏多勃里昂的话，在《文字》一书第二部分中间引为文中的题铭；但这句话很能说明那种让自我成为纯粹的工具的意愿，让时间、生活、生活

① 《境况种种》，第十卷，第110—111页。

② 《彭达利给萨特的答复》(Réponse à Sartre par J.-B. Pontalis)。《现代》杂志第247号，1969年4月，亦见于《境况种种》，第九卷，第360页。

中的事件、女人、肉体统统为惟一而单独的目的服务，那就是组成和加工成文字。“我必须建设，不管建设什么，但是必须建设”，这话是他自己说的，是1926年对西蒙娜·约利维讲的心里话。[①] 就在他言词的含糊和目标的不确定中（建设，是啊……可是建设什么呢？），他表明了他要策划，要图谋的愿望——他说到作品，或者当时还只是作品的计划时，就像是一些机器的压缩、膨胀、积累一样，那是疯狂的、巨大的、隐隐约约相互联系在一起的、乱七八糟的破烂，有铁砧，有轧机。他还说过：“问题是要充分利用机器。”这句话是兰茨曼转述的，[②]虽然说的是他和毒品的关系，像患了神经病一样，像要自杀一样，但也很能够说明他之所以过量地服用苯丙胺，是因为他把自己看成是一架纯粹的机器，是用来处理文学材料的，用不着节省，要不间断地让这架机器吐出文学的材料来。最后，在讲到马拉美这个纯粹的诗人，绝对的艺术家时，他说了一句话，如果我们考虑一下，会觉得这句话很奇怪：“在技术大发展之前不久，他发明了一种诗的技术；就在泰勒打算将人动员起来，让人的工作效率达到最高的时候，他动员了语言，让文字发挥充分的效益……”[③]马拉美念念不忘的是一张白纸，这和他萨特的差距是多么的巨大啊（他是要把一张白纸涂成黑色才罢休的）。但是马拉美也是加工文学的机器（萨特以为是），从这一点上，他们离得又是多么近啊。

---

① 《给海狸和其他人的信》第一卷中引述过，详见该书第9页。

② 《萨特的见证》，第二卷，第1246页。

③ 《马拉美》（*Mallarmé*）一书的前言，Gallimard, coll. Poesie, 1966年，后收入《境况种种》，第九卷，第201页。

毒品。我们还记得他年轻时在圣安娜,拉加什医生给他注射过麦司卡灵,毒品产生了不同寻常的效果,他眼中看到的都是:螃蟹、章鱼、鞋和骷髅、雨伞和秃鸠、鬼怪一样的脸孔、巨大无比的东西——很多年之后,海狸在《年富力强》中讲述了这场视觉的暴风雨。再说,我们还知道他写过一本小说,讲他与紫堇丁的关系——当初就有人传说他吞食神奇的药丸,像这种见不得人的故事,现在仍然有人在传说:他大把大把地吃,有嚼的,有吞的,就像巴尔扎克一杯接一杯地喝咖啡一样。你疯了,你这样会丧命的!我才不管会不会丧命呢,死就死,只要"我脑袋里装上一个太阳";就算把脑袋敲碎了,让神经和身体都垮了,又有什么要紧,只要能够超速运转起来,能够超能力发挥,能够达到过热的状态。波德莱尔和十九世纪那些贵族诗人们说,生活是一件"破坏的工具",[①]只要能够写出《辩证理性批判》,我宁愿把自己毁掉,甚至夭折……在两种情况下,都是充分利用时间的理论占了上风。只有文学才是重要的。文学的数量。对,对,说的就是数量。流量。要大量的文学,大堆的文学,像海,像山一样多的文学。要有墨水和文字的喷泉,让文字一股一股地往外冒。要不间断地往外涌,像炼铁炉一样呼呼地向外冒气。萨特的心中也有这样的一个方面,这样的一种想法——是反纪德的挑衅吗?——要通过数量达到文学的优秀,只有通过大量的作品,才能够达到优秀。"我向来认为丰富是一种美德,"他在 1940 年 3 月 23 日写给海狸的信中说。我一向认为一个伟大的艺术家,从本义上来说,也是一个有着宏大目标的艺术

① 《什么是文学》,第 134 页。

家——比如丁托列托就画了全世界最大幅的画(总督府的《天堂》),最大的壁画(圣罗科学校旧食堂里的《耶稣受难像》,面积达六十平方米),威尼斯最大的绘画都是他的,如果让他“由着性子来”,他会把“城里所有的墙壁”都涂上他的画。毒品就是起这个作用的。总而言之,他是为了这一点,为了让眼里看到的都是大的,为了作出来的都非同小可,才必须用毒品。他好像在说,我不知道早年的染匠们用的紫堇丁什么样,但我知道我的是什么样。我在使用这种东西,而且是在过量地使用,因为只有这样,才能像《文字》中的普鲁模仿的那样,达到涂写癖的状态,久而久之,这也就成了我的病。

还是怪物。这种通过数量从文学上达到优秀的看法,我们可以认为很奇怪。我们可以厌恶这种没完没了的啰嗦,这种贪婪,这种东一榔头、西一棒子,有点像发了疯一样的激情,有点像发育得过于肥胖的身体,像心灵和肉体混合在一起而大量外溢一样的文笔,这是一种释放自己的方式,用雄辩来掩盖文笔,是一道激流,是一种不协调的流淌,是迁移,是沸腾的火山岩浆,是感觉和思想的穿梭往来,是泛滥成灾,是一种强制性的措施。面对着这种肥腻的文字,像乱树枝子一样,七出八岔,处处离题,朗兹曼说是像轮胎上鼓起的一个个包,面对着这些,人们可以发抖——本来是要写一篇文章,后来却写成了一本书,本来是要写一篇前言,后来却写成了杰作,萨特像个专栏作者一样,他写作的主题五花八门,无所不包,他在实现疯狂的计划,要把他周围让他感到厌恶的一切生活都用文字捕捉起来。但是我们也可以认为,从这片文字的混沌中,我们看到了一种不一样的文学，与当时和现在那些“孱弱”的作家们主张的“白色”和“中性”的文学不一样的文学。我们还记得有人责备伟大的作家拥有的力量，比如本·琼森就正是这样责备莎士比亚的（有一千多行诗是多余的……一部显得笨拙的作品，到处都是毛病，而且“缺乏艺术”……）。我们可以认为，这种滔滔不绝的言语，即使像鬼怪一般的丑陋，与文学上的最低限度派不一样，但也还是有风格的，而且二十世纪末也部分地承认自己是属于这种风格的时代。诗歌，默默无言或犹犹豫豫，简洁的诱惑，气哼哼的简洁，房梁露在外面，而且浸满了啤酒，邻近的文学，村野的幸福，细微的、含含糊糊的抒情，朴实无华，冷漠而少见，语言是寂静的极限（帕兰），或是寂静的丧礼（荷尔德林），只是荷尔德林和帕兰都离得太远，可惜了：我们本来想从这些微不足道的人看到违反常规的重大表现，二十世纪最新的重大事件之一。面对着这些东西，我们很难不怀念萨特这台写字的机器——萨特是一架旋转着的电动机，它不停地旋转，永远不会停息，这也表现了他心地宽厚的一面。

寂静。乔伊斯离开爱尔兰时，发誓说要利用他手中还剩下的三件武器——寂静、流放和狡诈——来锻造永恒的作品时，我们看到了寂静和怀旧的美。

高速运转和低速运转。作出了相反选择的作家也是伟大的，这些作家决定低速运转，尽可能少地产出，换句话说，他们尽可能长时间地呆在作品之外，站在作品门槛的外面：这就是那些花花公子作家，首先是波德莱尔。萨特和波德莱尔通过他们的母亲有着相近的地方：安娜-玛丽就是卡洛莉娜；奥比克就是孟西；他们有过同样的遭到背叛的感觉，他们都是从温情母爱的绿色天堂中被生生拉了出来，继父死后，他们又以同样的方式恢复了母子的亲情，一个是在翁弗勒尔，另一个是在圣日耳曼交道口的公寓里。从对大自然的厌恶上，两个人也有相近之处：他们都觉得世界就像是粘稠的液体，总是摆脱不了那种暧昧的腻乎乎的感觉，他们都憎恶人身上与生理有关的东西，讨厌肉体和肉欲的环境，讨厌偶然性，讨厌动物性——与此相对的是，他们都有性虐待狂和观淫癖，都喜欢苦行，但并不针对世界和自我，他们喜欢性冷淡或是没有生育能力的女人，喜欢化妆品和女演员，把世界看成是游戏，是骗人的把戏。那么他们有什么区别呢？波德莱尔从反自然主义中推导出了一种独到和冷静的美。而萨特则通过令人眩晕的回归，从中摆脱了出来，好像他在文字中模仿了大自然那种狂乱的丰富：滑稽的模仿，挑衅，像狂欢节一样的战略安排，夸张的文字和形象，以恶制恶，一百八十度的大转弯，不断增加的要求——这是他们的误解的真正原因，正是由于这个原因，据萨特自己承认说，[①]《波德莱尔》是一本写得很糟糕的书，狠巴巴的，说到底也没能理解像镜子一样的波德莱尔那令人感到不安的奇怪之处：总体上来说，波德莱尔大概是"罪有应得"，因为是他自己"选择了"要过像地狱一样的生活……

仍然是高速运转和低速运转。有些作家认为只有一种速度，那就是将作品和生活交织在一起。有些很伟大的作家——司汤达

① 《萨特眼中的萨特》，载于《境况种种》，第九卷，第113页。

等等——认为只有一种节奏，所谓节奏只有一种意义，写作就意味着纳入这一节奏，顺应其纯粹的持续时间，如果它隐藏了起来，那就再找到它。而萨特认为有两种节奏。在这一点上，他和普鲁斯特一样相信，虽然两种节奏互相对应，互相对话，互相重叠，但它们仍然是互相分别的。他甚至很愿意承认不止有两种节奏（实际上，有多少个作家，就有多少种节奏，而且每个作家的节拍、风格、时刻都不一样，包括作品的时刻，每一本书的时刻，每一页的时刻）。但总的来说已经有两种节奏了，一种是作品的，另一种是生活的。一种是正常的运转速度，另一种是超速运转。他相信，为了进入第二种节奏，以超常规的速度运转起来，因为超常规运转是第二种节奏的特点，为了能够做到这一点，必须来一次政变，必须进行强攻，必须使用每次都具有创建意义的暴力：像福楼拜，像塞林纳，因此也就像普鲁斯特一样，萨特相信，接受这种看破红尘的写作节奏，是再"自然"不过的事了，也正是由于这个原因，他才使用，他才不得不使用精神上的粒子加速器——毒品。萨特吸毒吗？当然。这是不可避免的。因为他不相信文学能够通过别的途径使生活继续下去。因为必须采取强行的措施才能进入第二状态——从严格的字面意义上说的第二状态，那就是文学的状态。毒品会让人变蠢吗？这是康德和其他几个人的意见，康德在《道德形而上学基础》中强调说，毒品与"发酵饮料"和其它"植物系的产品"一样，能够产生"自我的麻木感"。萨特和波德莱尔、戈尔梯耶、德·甘塞、鲁塞尔、米肖一样，是站在一条相反的战线上的，他认为对于文学创作来说，人造的天堂是必要的。

还是毒品。对于萨特来说，真正的毒品不是麦司卡灵，也不是紫堇丁，而是写作。他用写作给自己注射毒品，用文学吸毒。海狸是给他提供毒品的人，战争期间，海狸将墨水、笔记本、书籍、纸张给他送到布鲁马特、阿尔萨斯，必要时她亲自去送。他不读书，他只写。他不是写一点半点，而是不停地写。他的手不停地写，飞快地写，从不为追求效果，或者为了寻找漂亮的句子而停止。讲到临死前的普鲁斯特时，莫里亚克说，“他简直成了一只不停地写字的手”。同样，萨特在《文字》[①]中也说过，有时候，他的笔写得“如此之快”，让他感到“手腕痛”，因此在这一点上，与人们的期待完全相反的是，他与普鲁斯特疯狂的姿态也完全是一样的。他也感受到那种强制性。那种受支配感。像机器一样的，因此也就是机械的写作几乎显得猥亵，不受控制，信笔疾书。他像水一样向前不停地流逝，使写作成了一种奇怪而陌生的实践，几乎没有特点，也根本就没有个性。继而，过了一会儿之后，又会让人觉得好像书中的形象在颤抖、在沸腾、在互相融合，互相组合，而这一切都完全是手写出来的，都完全是文字和文字之间的摩擦产生的力量。说写作像是神经症吗？萨特是会这样说的。他会说：那是一种“病”。或者是“像疝气一样鼓起来的包”。或者是“扩散了的癌症”。而且，我们后面将会看到，这甚至于是《文字》的主题。但是，他已经说过，他始终在说，他一直到最后都在反复说，写作是毒品。是真正的毒品。是作家通过自己，是文学通过其魅力和毒素不断地对自我进行的毒害。所有的作家都知道这一点。所有迷恋文字的人都体验

① 《文字》，第 148 页。

过这种文字和文字的聚合作用。只要我处在正常状态下,那便是零文字。所谓"零文字",不是说"较少些的文字",而是"零",真真正正的"零"——文字变得越来越衰竭,句子站立不起来,破碎了,衰败了,变冷了,继而,突然之间,当文字四周形成一片真空,只剩下了文字时,文字在经过离心处理的灵魂的真空里,换句话说,当过热的状态出现之后,音节凝固下来,句子站了起来,有了一定的形式,作家的想像开始沸腾——这与所描述的苯丙胺和毒品在人的头脑里产生的效果一样。萨特在和西卡尔的谈话[①]中说,"我写作时很少思考;我一开始工作,便一边写,一边分析,一边提炼,使意念更加清晰,更加合理";后边他还说:"所谓灵感并不是意识中突然产生一种想法,再生发开来;灵感就在笔端;我认为发明细节和写作并没有区别,从时间序列上来说甚至也没有不同。"所以只有文字。写作是对文字的提炼。像有怪癖一样念念不忘提炼文字的数量,提炼出的文字就是毒品。波德莱尔说:"要始终处在陶醉状态,这就是关键,这就是惟一的问题。"陶醉于什么呢?如果你愿意的话,可以"陶醉于酒"。或者紫堇丁。但是,也可以"随心所欲",陶醉于"美德"或"诗歌"。萨特即属于此列。

萨特的疯狂。他那散发着臭味的旅馆房间——他有时候借用海明威讲到在古巴的住处时用的一个词,说是"遁世之所"[②]——,

---

① 《写作与发表》(*L'écriture et la publication*),与米歇尔·西卡尔的谈话,发表于《斜线》(*Obliques*)杂志,第 21 页。

② 原文是 querencia,是西班牙文。海明威喜欢斗牛,他用这个字来形容自己的居所,意思是指公牛在斗牛场上处于防御地位时所处的位置。——译者

后来他在布鲁马特租住带家具的屋子，在那里度过了奇怪的战争期间大部分时间。他单独一个人。什么人都不见。只在吃饭的时候才停一会儿。他对海狸讲述说，因为他的两只手脏得发黑了，所以人们都称他是“戴着黑手套的人”。因为他仍然在写。他永远在写。从某种意义上说，他一会儿也不停地在写。于是，他没有时间洗手——也没有时间劈柴生火取暖。有一天早上，人们不得不阻拦他，因为，为了争取时间，他正打算把房子里的家具都烧了——“正如过去有人为燃起伟大作品的高炉，将家具和房梁都烧了”（马拉美）……他与凡人的社会隔绝，全心全意于另一场战争，只不过这是一场民事战争，他的敌人也只不过是别人的文字和他自己的文字。在那几个星期里，他完全成了一座神奇的冶炼炉：催化、水解、电解、合成另外一种有生命的分子——文字。

萨特和女人。今天是这个，明天又换成另一个。哪一天要和阿尔莱特一起吃午饭，什么时候要留给早先的女友雯达和米歇尔，什么时候要见漂亮的艾芙莉娜。他常对莉莉亚娜说，“你来得太晚了，我没有空了，不得不用工作的时间来见你。”莉莉亚娜把萨特的规定当成法规一样，有一天带一个木匠来修书架，还小心翼翼地说明：你别担心，我让他来是“占用我的时间”！还有他在美国的情人多洛莱斯，惟一一个让西蒙娜·德·波夫娃感到嫉妒的女人。还有俄国人列娜，不期而至，而他的时间表已经排满了，他便挤别人的时间：“你星期二的时间撤销了”，他对一个人说，“你星期四的时间也取消了”，他对另外一个人说。他生活中还有毛派的人来见他，莉莉亚娜说，他没有时间了！他所有的空闲时间都被占满了！

于是他就用“我的时间来约见他们”！他念念不忘的，永远是时间。他念念不忘的，永远是效率。永远是收益。永远是生产力。永远是经济效益，因此也就是时间。他永远把自己设想成一台发动机，一台装在生命体上的机械，一台加工的机器，但这架机器加工的不是生命，而是将文字和时间加工成文学。在他奉为先师的人中，我提到过塞林纳、乔伊斯、柏格森、黑格尔、海德格尔。还应当把拉美特利也算在其中。拉美特利把人看成是一种“机器人”，是用弹簧组合起来的，是一架过热的钟表，萨特便是这种“机器人”的极好体现。[①]

萨特的潇洒。同时，令人感到吃惊的是，萨特对作品的态度之轻浮。所有的见证人都这么说。出版商和他的秘书让·高都证实了这一点。[②] 他的草稿从来不看第二遍。校样也几乎不怎么改动。对引述的文字从不核对出处，也不管是否准确。有些错误、薄弱点、重复，本来再看一遍就能发现，他却等到发表了才注意到。[③]他知道《辩证理性批判》写得很糟，如果他“再重新读一遍，删减一下，简化一些，这部作品就不会显得乱成一团”，[④]他知道，可他不在乎。有些作者不厌其烦地修改自己的文章：比如博尔赫斯 1943

---

① 拉美特利，《文选》(*Textes choisis*)，《民间经典文集》丛书，Edtions sociales，1954 年，第 178—179 页。

② 让·高，《回忆录草稿》(*Croquis de mémoire*)，见于《萨特的见证》，第二卷，第 1107—1136 页。

③ 《关于家庭白痴》(*Sur L'Idiot de la famille*)，与米歇尔·孔达和米歇尔·里巴尔卡的谈话，第 93 页。

④ 《作家与他的语言》(*L'écrivain et sa langue*)，与皮埃尔·维斯特拉登的谈话，第 75 页。

年借口将《布宜诺斯艾利斯的热忱》和《对面的月亮》合并成集而进行了大量的修改；布朗肖在发现了德里达之后，将《无限的谈话》中的文章都重新写过；重新修改《失足》中于战争期间写给《辩论报》的一系列批评文章时，删掉了海德格尔的名字；还有很多别人也是这样……萨特却不这样做，在发表之前，他几乎连第二遍都不看。这架写字的机器用一点时间减低速度，冷却下来，将产成品登记注册。而后呢，写完的文章就算完了。在文字工厂的记录中已经登了记。至于如何投放市场，如何让书进入轨道，很多作家都认为这也是作品的一部分。批评家给正文配上一些辅助性的文字，让文章再戴上一圈光晕，或多或少地控制着意义，使作品最终完成，获得一个固定的轮廓。萨特却根本不在乎这些：他根本不看批评文章；不审查翻译的版本；根本不关心出版的印数，以后的销售账他也从不过问；他从不和人讨论出版合同；不要求出版商做广告，也不要求特殊的待遇；当然，他接受记者的采访。根据别人的提词讲话，或者临场发挥，他是最喜欢这种语言游戏的作家之一；但那都是政治采访；是像战斗一样的发言；当他接受尚塞尔的邀请时，他提出了明确的条件，那就是要宣传他刚刚同意当主编的《解放报》，而且不能谈刚刚发表的《家庭白痴》，尤其是不能谈这本离他已经那么远了的新书。这是他慷慨大方的另一面。是他的主体性观念的另一种后果。书籍一旦出版之后，就不再受他的控制。就已经脱离了他的双手。好像已经变成了另一个人的作品——况且，那也的确是另一个人的作品，因为按照自我与自我不相重合的原则，根据主体与自我永远不会一致的定律，评论作品的萨特和作品的作者萨特的确已经不是同一个人。既然没有自己的面孔，那何必还要像"作者"一样地经历自己的生活呢？如果连自己也控制不了，那还有什么理由跟在作品的后面跑，并试图来控制它的命运呢？

视作品如粪土。他将作品到处乱扔，有忘在这儿的，有丢在那儿的，有送了人的，这也是一种形式的潇洒；还有一些文章根本就不是他写的，可下面签的是他的名字（比如他在巴西作巡回报告时，佩茹和兰茨曼写的那封支持让松组织的公开信），或者有些文章是他出的主意，但并不是他写的，他也签名（很多文学幻想的草稿、设想、计划、提纲都是这样，《滑稽的战争记事》里有很多这种东西），肯定有些文章是萨特写的，但最后署的不是他的名字（文学上的考古学家们早晚有一天会从某男或某女的文集里辨认出来）。他潇洒，所以也视作品如粪土。他是一架写作的机器，因此他自己的作品也可以与别人交换。萨特在不停地写，写，就像人们会忘记了时间一样，他也会忘记自己写的东西。比如说，他会记得自己写过《滑稽的战争记事》吗？阿尔莱特·埃尔卡依姆－萨特说不一定。[①] 很难说他还记得。因为有一天萨特让阿尔莱特去"42 号"找一些材料，是她偶然发现了手稿，挽救了这部作品。她根本不敢肯定萨特关心这些手稿的存在，他甚至根本就不记得了。在他死之前几个星期，让内特·科龙贝尔问他："你现在在做什么？""我和维克多正在研究马赛尔·墨斯和'奇异思想'。""这是你已经研究过的东西啊！三十年前你就写过长达一百页的文字，论述墨斯的伦

① 米歇尔·孔达，《萨特为什么，是如何……》，第 465 页。

理问题和奇异思想!""噢,是吗,我忘记了……"幸亏科龙贝尔还奇迹般地保留着这百十来页文稿的复本,又给他送了来。他看了以后说,"这真不错,我都不记得了……"[①]我们想到博尔赫斯在《永生不死的人》[②]中,幻想荷马忘了希腊人,也忘了曾写过《伊利亚特》,看到一本自由的翻译本,赞叹不已。面对着这种不同寻常的遗忘,我们想到了很多,遗忘不是弱点,而是作品的必须,与他的原则是一致的,是本来就已经包含在他的计划之中的。萨特是个多题材的作家,他不控制自己。但是他也不愿意将自己的书作为资本。萨特反对那些另类的靠年金生活的人,那就是在文化上吃老本的人。这些人更可恨。

未完成的作品。萨特说,我的特点是,大部分"研究工作干到半途就放弃了"。我的《存在与虚无》没有写完,《自由之路》没有写完(书中尚缺"最后一次机会"),《辩证理性批判》没有写完(第二卷没有写),《家庭白痴》也没有写完(第四卷没有写,这一卷本来是专门研究《包法利夫人》的,而且已经发表的前三卷只不过是一篇长长的"前言"——萨特甚至于说过这部作品的第五卷……),我对丁托列托的研究也没有搞完("搞到一半就中断了")。他本来还可以再补充说,我论述威尼斯的文章也没有写完,《阿尔布玛尔王后》没有写完,《马拉美》没有写完,而且《马拉美》的主要部分被我搞丢了。他还可以说:《厌恶》没有写完,《论想像》也没有真正地写完,

---

① 《萨特的见证》,第二卷,第 1140—1141 页。
② 博尔赫斯,《迷宫》(*Labyrinthes*),卡依瓦译,Gallimard,1953 年。

这部作品的最后一句话和《存在与虚无》一样，是“我们将在另一部作品中探索这一点”。就连《间隔》也是一样，最后一句话是：“那就让我们继续下去吧。”总而言之，他本来可以说他的任何一部作品都没有结束，而且在他的计划当中，有一种奇怪的急迫感，堪称是他的特点。为什么呢？有很多可能的解释。我们可以说：是因为急着结束，因为有别的更加紧急的事。我们可以像《文字》中那样说[①]：“我把写满了字的本子扔在地板上，最后都忘在了脑后，这些本子都失踪了；出于这种原因，我什么事都做不完：一个故事如果连开头都找不到了，那何必还要讲它的结局呢？”我们也可以像德尼·奥利耶[②]一样，说：这是小孩的把戏，就像过去一样，晚上为了睡觉，给安娜玛丽讲故事，每次都是讲到最让人挂念的地方便“戛然而止”——等等！先别走！还没有讲完呢！且听下回分解。我们可以说：那是讲故事的人要的花招，是像舍莱拉扎德（Scheherazade）一样的哲学家要的花招，通过暂时中止故事，以推迟最终审判的时间：请饶命吧，批评家和公众老爷们！请不要下判断！请不要行刑！好东西还在后面呢！我们可以说，那是卖弄风情，是讲究片断的美，是在作品中追求无限，因为无限就等于是说，好东西还在后面呢；有限是系统精神的体现，而系统精神就是呆滞——难道完成了不就等于是死亡了吗？achever（结束）在法文中的意思不就是“完成”（finir）和“杀死”（tuer）吗？线条最后断了，隐隐约约的轮廓和最后一行字都没有了，不等于是放弃了作品的生命吗？

---

① 《文字》，第148—149页。

② 《散文的策略》（*Politique de la prose*），第62—72页。

或者还可以解释成害怕创造力的贫乏；因害怕看到源泉的枯竭，害怕终有一天会真的完蛋而胆战心惊；于是便有些储备，便留些后手；内心深处某个地方在说，只要不完成，那就是有储备，存些余粮以备不时之需吧。内心深处某个地方在告诉他说，如果一本书结束了，不管是哪一本，那就意味着整个作品的结束。还可以用“痛苦”来解释，写作是可怕的“痛苦”，是向全身扩散的癌症，是文学细胞的疯狂繁殖，癌细胞一旦没人管了，就会该死的时候不死，该结束的时候不结束——他抱怨说，写了不到一页我就觉得很累；写不了几句话就会精疲力尽；所以我就要用些心思；尽量节省力气；最近一段时间，当我觉得热情一高涨起来，便宁肯人为地中断，搁笔不写了。所以所有的书才都半途“悬”在那儿。或者还可以简单地解释说：“有的书写着写着就放弃了，因为不知道下边该怎么写。”[①]所有这些解释都有道理。每一种解释都说明了一种奇怪的症状，他一辈子无法将一本书写完。但是我们也可以简单地说，从作品中也看出了作者的不完美。作品不完美，是因为作者不完美。作品缺乏活跃的气氛，是因为文不对题。系统的支离破碎，是主题的支离破碎产生的效果，或造成的笔误，而主题之所以支离破碎，又因为作者本人就被认为是支离破碎的。如果他的书都没有完成，如果他的书都给人那种信马由缰的感觉，都是自由自在的，处在奇怪的，甚至是令人感到不安的散乱状态，那是因为作者本人的经历、追求和理论建树就是这样的。他是一个有破绽的作家，一个

① 《与玛德琳娜·夏普萨尔的谈话》(*Entretien avec Madeleine Chapsal*)，第96页。

散漫的作家，从内心就不一致，对自我和世界都没有一成不变的主意；他彻底地放弃了自己本身的逻辑性：从逻辑上说，他根本就不可能完成自己的作品。1970 年他在最后几篇“真正”的文章之一里说，一个人的生活是一块充满了破洞的织物。一个主体就是一片真空，是具体体现出的一片巨大的空白。这篇文章是一本小说的前言，而这篇小说就叫《未完成的作品》，讲的就是一个作家无法完成其小说的故事，[①]这大概不是偶然的吧。

未完成的作品。**第二**。传统上人们都认为未完成的作品会遭受噩运。萨特以为他是惟一不怕这种噩运的人。其实不然：卡夫卡的三部伟大的小说就和萨特的作品一样，也是没有完成的。姆齐尔(Musil)也和他一样，《无个性的人》(*L'homme sans qualité*)是典型的未完成的伟大小说。还有司汤达，萨特那么喜欢的司汤达有近半数的小说跟他的作品一样，都没有最终完成。他甚至不是惟一一个考虑过这一点的人，远远不是：博尔赫斯在瓦勒里的《海员墓地》(*Cimetière marin*)西班牙文出版前言中写道，“的确，一切都是草稿”，而且“最终文本的想法”只不过是从“宗教或疲劳”中产生的；贾科梅蒂(Giacometti)发动了一场针对“形式”、“造型艺术”、“美学”的战争，并声称说，“一件雕塑不可能是完成的和完善的”[②](我们可以顺便说说的是，贾科梅蒂对“未完成”的喜欢，与萨特对此的

---

① 《我、你、他》(*Je-Tu-Il*)，安德烈·布依格的小说《未完成的作品》(*L'Inachevé*)前言，Gallimard，1970 年；后收于《境况种种》，第九卷，第 277—315 页。尤其参看第 286 页。

② 《文集》(*Ecrits*)，第 135 页，见于《未完成》(*L'Inachèvement*)，载于《心理分析新杂志》第 50 号第 11 页；亦见于克洛德·洛兰的《未完成的作品》，Grasset，1984 年。

关心难道没有关系吗？萨特在《现代》杂志上[①]说，贾科梅蒂的雕塑是“虚无的创造”，他赞扬贾科梅蒂的雕塑在表现人的时候，“对身体的局限性没有丝毫的强调”，他说：“有时候，沉重的肉体隐隐约约地、阴险地迷失了边缘，被一片似有似无的褐色的光晕所遮掩，消隐于纵横交错的有力的线条中，有的时候，又没完没了……”他所说的，是《迭戈》(*Diego*)，也是他自己，是他自己的小说，也是那些隐隐约约迷失于无形之中的青铜塑像)；当然还有扬克列维奇(Jankélévitch)，恶毒的老对头，在与贝阿特莉丝·贝洛维兹(Béatrice Berlowitz)的谈话《没有完成的作品》(*Quelque part dans l'inachevé*)中，论述了未完成的形式。但这和萨特说的不一样。萨特说的话要彻底得多。未做完？草稿？不是的。草稿有卑琐的意思。有负面的意义。在“草稿”和“未完成”的概念中，有一种偏见，让人觉得作品本来是可以完成的，完成了以后会更好。然而，他的未完成是有幸的未完成。是与意识的光荣的未完成相关的。于是，他也成了光荣的。他也是光明的。那是尼采的未完成，而尼采是片断的大师，生来就要“将宇宙弄成碎片”，要“丧失对一切的尊敬”。斯宾诺莎讲到“无限”时，说过：词汇的前缀“in”所表示的，不是剥夺，而是极端的开放，是丰富。我们很想说，萨特的未完成也是这样。

历史。主体性不仅没有根本，也不是永恒的。主体只不过有时候是主体，偶尔是一会儿，有时候是，有时候不是，几乎就像痉挛

① 《贾科梅蒂的画》(*Les peintures de Giacometti*)，载于《现代》杂志第 103 号，1954 年 6 月，后收于《境况种种》第四卷，第 355 页。

一样。由此而导致不可避免地从某种角度去审视历史及其进程。不管是“新历史”观还是“旧历史”观，不管是费弗尔(Febvre)还是福科，是拉维斯(Lavisse)还是米什莱(Michelet)。人们经常混淆“史实”和“事件”，不加区别地认为，历史是由史实和事件组成的。勒维纳斯在评论萨特时说，萨特是反对这种历史观的。在评论梅洛-庞蒂时，萨特也说，当“他自己还只是在探寻史实的时候”，梅洛-庞蒂“已经在让事件说话了”![1] 首先，“史实”(faits)只能是复数的，而“事件”(événement)则是单数的。史实构成一块“平面”，一道“经纬”，一种“情节”;而事件则在平面上，在经纬中，在情节中构成一种“突破”(它“像强盗一样向我们冲过来”[2])。史实是不可计数的，而事件则很少。史实是模糊的，而事件则是光明的。史实成就了历史，而事件则毁坏了历史，或者是首先将历史撕碎，然后再将其重组起来。我们可以写某些史实的编年史，那是对待历史的某种观念，是由某些无名的事件、规律、必要的重复组成的历史——没有任何意义！我们可以甄别出其它史实，将其确定下来，只讲述这些史实，我们也可以站在这两者的分界线上，找到那么一个神秘的点，在这个点上，我们会看到史实的逻辑突然转变成事件的逻辑，某种规律性会突然使史实变成事件:这时会出现另一种历史观，细心地关注突然出现的事实，关注进程的中断，事件的爆发，事件的个别性——持有新、旧历史观的史学家们对所有这些都不感兴趣，而萨特却对此非常的热衷。亚里士多德说，只有普遍

---

① 《活着的梅洛-庞蒂》，见于《境况种种》，第四卷，第207页。让·华尔，《存在主义的历史观初探》，L'Arche，1949年，第95—96页。

② 《活着的梅洛-庞蒂》，第208页。

的才是科学的。所有传统的历史学都是由此而来的。萨特说，我只对一种历史感兴趣，那就是事件的历史，或者围绕着事件而发生的史实组成的分化的历史——不科学就不科学吧！让亚里士多德的学说见鬼去吧！从《存在与虚无》中，本来可以产生出一种新的“新史学”。

什么叫做思想？人们以为思想就是思考，就是挖掘某种观念，让它变得深刻，坚持下去，让它成熟起来。人们将沉思、耐心、忍耐、顽强、集中精神、倔强的形象与思想联系在一起，有人把反复思索，深思熟虑也认为是思想。萨特认为根本不是那么回事。因为如果主体像他说的那样，如果像他愿意的那样，只有个别的事件才能构成历史，那是因为思想是跳跃着产生的，是一下一下地出现的，跳跃、回跳、冲击、反冲、颤动、爆发、突燃、炸响，仍然是事件，永远是事件，思想中有意义的只有事件，因此也就只有中断。思想，真正的思想从来不是通过用心，通过聚精会神，通过深思熟虑产生的，而是像所有的事件一样，是通过事故，是在暴风雨中产生的。这个“有”(il y a)是思索的、深刻的思想之所在——也就是说，随着萨特渐渐从海德格尔的思想中摆脱出来，他越来越认为，“有”(il y a)也是“非思想”之所在。那种“偶然发生的事”，大张旗鼓的，不期而至的事件，对于局势来说是画蛇添足的耻辱——而思想的冒险正是在这样的情形之下发生的。

仍然是中断，最后的中断。我们看到再一次出现了两个学派。一个学派主张三位一体：他们口口声声是连续性；念念不忘神秘而深刻的统一;他们说,别中断联系,尤其是不能中断联系;世界是一个链条;存在是此在的连续体;发生中断时,我们——莱布尼茨,梅洛-庞蒂,德勒兹(恐怕还要加上柏格森)——,我们就要恢复潮流,修复断裂。喂?有断裂发生吗?好吧!我们马上就来!我们是制造单子的机器,我们是生活的电气师!什么都不应中断!一切都应当联通!世界是个交换台,是一个电话网(柏格森在《物质与记忆》中的原话是一间"电话的办公室"),而我们就是接线的小姐。另一个学派则赞成事件而反对史实,拥护冷漠的文学而敌视"通讯说",敌视"比喻"发出的优雅的闪烁之光;笛卡尔和他的爆炸;胡塞尔;巴塔耶与布列东相对;萨德(Sade);洛特利阿蒙(Lautréament)对比喻派的学者大发雷霆,说这些学者有一张"可笑的大嘴","大得能吞下三条抹香鲸";而萨特就与萨德和洛特利阿蒙站在一起——这些可恶的理论家们说,放弃一切吧!切断一切吧!切断吧!短路是多么美好啊!伟大的中断发出多么好看的光辉啊!轰炸吧,把通向存在和此在之空地的桥、跳板和道路都炸断吧!向类比及其"坚韧不拔的统一的意志"开战!向"神秘而深刻的统一"开火!让"神圣的牧羊铲"见鬼去吧,马拉美就是用这样的一把铲子"将事物像羊群一样地集中起来"的,或者,普鲁斯特,这个宇宙大电话的接线生,也是用这样一把铲子"拉紧了"过于松散的现实之间的"联系",并竭力在"没有秩序的事物之间寻找秩序"!让维克多·雨果见鬼去吧!让招魂的灵桌,让鬼神的声音,让阴阳界的对话见鬼去吧!一切都要炸毁!一切!在我们看来,能够得到宽恕的,只有分裂、中断,只有主宰分割、间歇、阻隔的神灵!萨特的第一定律再一次得到验证:胡塞尔先于列宁;先打击鬼神的声音，然后再打击资产阶级国家；总之一句话，政治是听凭形而上学摆布的。

"我"是一个"他者"。萨特于1964年将《共产党人与和平》收入《境况种种》第六卷。这篇文章初次发表于十五年之前，是他的第一篇列宁主义（应当说是柏格森学说和列宁主义）的文章，这次再版，他没有写篇前言，也没有根据新的形式做点解释和评论（他知道这篇文章将永远被看作是他的耻辱之一）；如何解释这一姿态呢：是漠然？是不在乎？是大人物的傲气：对啊，是这么回事，文章是我写的，我承认，但你们不会再来侮辱我，逼着让我说为什么写这篇文章吧？这几个原因多少都有一些。但也从实际上说明了自我与自我并不是完全重合的，说明他自己前后并不是十分一致的，说明他和自己的过去从方法上是有区别的，过去的他和后来的、理论上的他之间并没有连续性。《共产党人与和平》？啊，对了……我想起来了……过去有个叫萨特的人大概是写过这种打嘴仗的文章……不过，你为什么要让我觉得今天的我与这个萨特是有联系的呢？我为什么要评论、解释、证明、道歉呢？萨特的怪诞之处就在于："我觉得没有任何东西将我与我写过的文章联系在一起；但反过来，凡是我写过的东西，我一个字也不否认。"[①]

自我批评。当人们犯了大的错误——海德格尔说是"干了大的蠢事"——时，一般有两种态度。一种是索尔仁尼琴在回忆年轻

① 见弗朗西·让松的《生活中的萨特》(*Sartre dans sa vie*)，第232页。

时所犯过失的态度:“这是我的错误,我的过失——请允许我解释一下,解释过错就证明我改变了,而且在改变的同时,我赎回了过错。”另一种是海德格尔的态度:“无可奉告,不管是对朋友还是对敌人,不管是对巴不得我后悔的战胜者,还是对塞朗、阿伦特、费迪埃、洛维特、托瓦尼基、小小的萨特,我一句认错或后悔的话也不会承认;因为我太骄傲?因为我坚持错误?因为,正相反,罪大恶极,所以不能承认,不能救赎?解释也是辩解,是要求找到可以减轻罪行的情节,因为这一罪行,我和你们一样清楚,不管情节如何,都不能减轻其罪责。谁愿意怎么想就怎么想吧。我什么也不想再多说了。”萨特提出了第三种态度。他有时候漫不经心地拒绝,丝毫不为之所动容,几乎像患了健忘症;有人问他:“二十年来,你有没有采取过后来又感到后悔的政治立场呢?”他回答说:“没有,根本没有。”[①]但是,和人们可能相信的情形相反,这个“根本没有”表示的,既不是狂妄,也不是顽固,甚至连武断的意思也没有,而是相反,只是轻飘飘的,根本不在乎的意思。有时候又是另外一种情形:“你想自我批评吗?”“是啊,那还用说吗!是这样,今天讲话的人从原则上说,与当时讲话的人是不一样的,说‘我犯了错误’的人和真正犯错误的人并没有任何共同之处,要满足你们是再简单不过了,这根本不会产生任何后果,你们愿意让我做什么样的自我批评,我都可能做,说什么都不要紧;我可以做很多自我批评,可以事先就做,可以做一长串,因为从根本上说,不管你们怎么样说,都无

---

① 卢森堡广播电视台(RTL),见米歇尔-安托万·布尔尼耶,《萨特的遗嘱》(*Le Testament de Sartre*),Orban,1980年,第162页。

法再触及我；说一些招认过失的话很不错，首先能够让你们感到高兴，而且又表明我与自己决裂，证明我发生了变化，帮助我洗刷了过去，几乎获得新生，变得更年轻了……”

自我批评。有两种自我批评。一种是道德说教式的：“不管是谁，只要发表过有关生死大计的意见，后来又改变了，那就有义务说明，并说清楚为什么改变；在这方面，一个作者没有权利像火车头冒烟一样不负责任地四处散播他的想法。”（见梅洛-庞蒂《辩证法的冒险》）或者还有：“错误在哪里呢？因为错误是存在的，我们能够感觉到纯洁，也能够同样感觉到错误；错误就在我们以为如此幸福的世界内部；错误突然之间把空气污染得臭了；让我们无法再呼吸了。”（布朗肖①）萨特从来就不喜欢这种抱怨式的自我批评，或者相反，他根本不在乎，人们想让他怎么样他就怎么样，有时候也假装做点自我批评。另一种是积极的自我批评，有具体的行动，有积极的意义。有时候并没有说什么话，但这种自我批评能让你摆脱自我，或者与过去的自我相对立，或者临时建立起另一个自我，我们可以推而广之地说，这个新的自我是对前一个自我的批评，因为新的自我否定了以前的自我。萨特不仅仅在实行这第二种自我批评，这根本就是他的思想风格。他的呼吸中，他的一举一动中都蕴含着这种自我批评。他在《文字》中说，我只要一转眼就能完成一种转变，就像《苍蝇》中的奥莱斯特一样。他本来就是个

---

① 《没有跟随我的人》（*Celui qui ne m'accompagnait pas*），Gallimard，1955 年，再版为《想像物》（*L'imaginaire*），1993 年，第 121 页。

变幻不定的人，常常做180度的大转弯，喜欢决裂，相信只有新的思想才是正确的思想，而新的思想就是要打碎原来的正确思想，他在转眼间就能完成思想的转变，让自己改头换面，绝不在心中吃老本。那些“官员式的知识分子”是耻辱的。那些从文学上和思想上一成不变、甘心做“实体词”和“鹅卵石思想”的人是耻辱的，用福楼拜的话说，这些所谓的“实体词”和“鹅卵石思想”本身就是愚蠢的定义之一！萨特写过一篇文章，虽然是很久之后写的，但也证明他永远不会完全地放弃这个题目和这种爱好；萨特在这篇文章里评论说，有些人，如果在审判的那天你可以说：“他们的头脑有病，找出来的根源却在膀胱：那里有块石头！”[①]这些人是耻辱的！

作品。卡夫卡说：只有“像悬崖峭壁一样突然矗立而起，能将我们头脑里和精神上的坚冰击得粉碎”的作品，才是重要的。萨特说，有的作品使写作之前的我和写作之后的我不一样了，只有这样的作品才是重要的——只有那些能够打碎我头脑中的砾石和凝结块的作品，才是重要的。在萨特的说法里，与“砾石”、“凝结块”并列的，还有“骨头”。1961年，在向梅洛-庞蒂致的悼词中，他说：“我的脑子里也长有骨头，要弄碎这些骨头并不是轻而易举的事。”[②]十年之后，一些毛派人士想说服他放弃《福楼拜》的写作，他说了同样的话，或几乎是同样的话：“写这本书的人是个传统的知识分子，为了跟上你们，他正在打碎头脑里的骨头。”[③]这是萨特在

---

① 《来自寒冷的社会主义》(*Le socialisme qui venait du froid*)，1970年，载于《境况种种》，第九卷，第245页。

② 《活着的梅洛-庞蒂》见于《境况种种》，第四卷，第250页。

③ 加维—萨特—维克多，《造反有理》(*On a raison de se révolter*)，第104页。

一生中少有的始终不变的事。可能也是极端自由主义的萨特和专制主义的萨特之间的一个接触点。

仍然是自我批评。骨头？石头？是身体里的和脑子里的骨头和石头？成见是“骨头”。观念虽然只是我自己的，但那也是成见，而且也像陈规旧习一样地起作用。已经变成了骨头的观念是现成的观念，虽然是我创造的，虽然只有我一个人相信，只有我一个人能让这种观念运转起来并起作用，但它也是陈词滥调，因此也会禁锢我的思想本身的力量、运动、自由。[①] 有些陈词滥调是没有作者的，但对于某些陈词滥调来说，我既是作者又是起源。萨特讨厌的，就是这些。他要向个人的陈词滥调，向他自己的陈规旧习无情地宣战。在反对自己的过程中思想。让本来已经变得容易了的姿态和话语再次变得困难起来。切断已经划定的道路。让已经习惯了的链接短路。如果把思想比作一列列火车，他就要变成火车的制造者，然后再想办法让火车脱轨翻车。《文字》中说，要站在相反的立场上思考，以衡量观念的有效性，不怕养育了这一观念的人不高兴。总之，用尼采的话说就是，哪怕“站在与自己的喜好相反的立场上”，也要寻求真理。思想就是为了在我没有任何倾向的地方考虑问题，否则思想还有什么必要呢？萨特思想的一切努力都在这一点上。今天和明天读萨特的书的人们，我们中的每一个人，都应当知道这一点。要不要带着他的陈词滥调进入二十一世纪呢？

---

① 勒内·谢莱，《略论德勒兹》（*Regards sur Deleuze*），Editions Kimé，1998 年，第 109 页。

爆炸。爆炸式的思想家。所谓爆炸式的思想家，实际上是形容笛卡尔的话。但也可以用来形容萨特。他可以用这话来形容自己，形容他永远也不会否认的艰巨的任务：为了批判自己而思想，必要时在两本书里可以说得不一样，在同一本书的两页上也可以说得不一样——只有通过矛盾的精神、悖论、反义，有时候还要通过无意义，思想才能够进步。总之，思想进步需要矛盾和不合时宜。因此，萨特才竭力反对"骨头"、"石头"和他自己的已经变成了成见的观念，才不断地赞扬"具有批判意义的思想"，尤其是"批判自己"。一分为二。所有的肯定都是否定。尼采还说，真理的最大的敌人，不是诺言，而是信念。作为尼采的信徒，萨特接着说，思想的最大的敌人，是紧紧地抓住自己不放，这比信念更糟。"好"思想的第一动力，其首要的，也是最后的命令，就是"向一切既定的思想，也就是向一切蠢话的大本营开火！"从理论上说，正好比只有野火烧过的土地才会有新生一样，思想也要被火烧过才会有生命力；从实践上说，矛盾是时时刻刻都存在的，就像人们说的革命一样。思想的舞台，真正的思想，就像是常演不散的暴行之戏。萨特错过了阿尔托（Artaud）吗？他从来没有谈到过阿尔托吗？这倒是真的，但说不说都是一样的。因为对于他来说，思想本来就是个害人精，是时不时就会跳出来猖獗一阵的。因为他认为，思想就是给自己正在思想的头脑戴上枷锁，或者就是不再思想。让内特·科龙贝尔还说过他透露的一句心里话："《存在与虚无》的本体论一文不值，我要把它完全抛弃掉。"[①]或者："从前，我的最首要的道德观是

① 《萨特的见证》，第二卷，第1139页。

唯我主义，主体只不过在唯我主义里遇到了他者而已；可是今天，我认为他者是人为构成的东西。”后来，到了生活的后期——我们后面会再详细讲到这一点——他又全部放弃了自己的思想：我的哲学该扔到垃圾堆里去，我要重打鼓另开张，一切从头来。是生活和思想的海关关员要我们与我们自己和我们的身份一致、统一和同一的。他没有身份。因此，他觉得自己的过去和将来都是可以不算数的。他有权不忠诚于任何事，首先是不忠诚于自己。有些画家一辈子都在反复地画同一张、也是惟一的一张画；有些作家一生都在反复地写同一本书。他则相反：他不断地重新发明自我，不断地与自我决裂，走到哪儿说哪儿，不断地否认自己，这些都被认为是最美的美术。

福科。福科是萨特历史上的对头。福科攻击过萨特，也被萨特攻击过。然而……在《卢汶谈话》(*Entretien de Louvain*)中，福科说：“在人类的实践中有那么一刻，人们看到明显的事实锈蚀了，光明熄灭了，黑夜降临了。人们会发现自己是在盲目地行动，因此，他们需要新的光明，新的指导，新的行为准则：正是在这样的时刻，人们才会把客体看成是问题。”为了打碎自己思想中的石头和骨头而斗争的萨特，本来也会说出一模一样的话，这难道不正是萨特的计划吗？萨特要反叛，萨特肆无忌惮得令人难以置信，但也正因为如此，他才有了创造性，才有了天才，他一生都站在现成的概念的废墟上，等待着新的客体和问题发出光彩。

帕索里尼。他有一首自传体的诗，名为《我是谁》(*Qui je su-*

is)。诗里有另一个"戴黑色手套的人"。那不是萨特。那是一个强盗。那是一个诗人。他生就一副诗人的样子，因此也就像帕索里尼。可是帕索里尼在文章里说过这样一句话，如果说是出自萨特之口，那么萨特是不会否认的："对，共产党人也是资产者。"或者还有："从今往后，资产阶级成了人类的种族形式。"帕索里尼是另一个放弃了自我的理论家和实践家。帕索里尼也像萨特一样，主张应当和波德莱尔一样拥有讲话自相矛盾、甩手而去的权利。

萨特的羞怯? 我感到奇怪的是，既然萨特把系统的、彻底的不忠奉若神明，极力坚持不与自己一致，从始至终地认为，惟一有价值的思想，是能够以批判自己的方式进行思考的思想，是能够打碎由自己的观念形成的石头和骨头的思想，我感到奇怪的是，他为什么没有像加里(杜撰了"阿伽尔")、佩索阿(异语同义的眩晕)、杜勃林("如果我的小说能够留存下去，我希望将来的人们会认为是由四个不同的人写的")他们那样。萨特有不为人所知的作品吗？他采取极端的做法，是想成为另一个人吗？谁知道……我们可以想像……虽然我不相信……因为，仔细想来，萨特还是经历过冒险的，但那是公开的冒险。他同时过着多重的生活(女人……)，先后经历过几种生活(《存在与虚无》一文不值……)。他的命运千变万化(先是尼采的信徒，是艺术家等等；但是紧接着又成了另一个萨特，成了专制主义的同谋……)。加里想在一生中出生两次，于是杜撰了阿伽尔；司汤达想"感觉几种不同的生活方式"，于是使用了一百多个化名。萨特既不需要阿伽尔，也不需要化名。他用同一个标牌容纳了多种人物和不同的命运。

普鲁斯特。我们还可以感到惊奇的是，尽管如此，他还是从根本上与普鲁斯特有着强烈的区别。因为，自我与自我的不一致，今天的我会让昨天或前天的我觉得奇怪，谁还能像普鲁斯特那样，把这一切描写得入木三分呢？普鲁斯特小说里的叙述者接到一封电报，下面的名字错署为“阿尔贝蒂娜”，开始时觉得松了一口气，但马上又感到了深刻的悲哀，若是从前，这本来是他非常盼望接到的东西，可是今天的他，却变得漠然了。这种体会，还有谁能比普鲁斯特形容得更加真实呢？有的人一生中想获得多次新生，萨特是将这种态度从理论上进行了总结的哲学家。普鲁斯特之所以想像了这样的态度，不是为了忘掉过去，而是为了忘掉这段过去中的自我，“至少从表面上忘掉”，从而在理论上总结说，“我们在一生中不断地死亡着”；他认为人的天才不仅仅表现在一辈子活好几次，而是死好几次，不过这是一样的。萨特和普鲁斯特一样。他太像普鲁斯特了。却又像抵制纪德、塞林纳或柏格森一样，抵制着普鲁斯特对他的影响和控制。

誓言。不忠诚于自我，因此也就不忠诚于别人吗？对，这是必然的。私生子当然会叛逆。他们怎么能不叛逆呢？这是《魔鬼与上帝》（*Le Diable et le Bon Dieu*）中一个人物的话。后面还有，“我是由粘不到一块儿的两半组成的，其中的每一半都让另一半感到厌恶”。1958 年，他给戈尔兹的书《叛逆者》（*Le Traître*）写了一篇前言，顾名思义，他的文章是对叛逆原则的捍卫和赞誉。因此，也是对背叛的赞美。是对私生和背叛的赞美。那些话就好像出自阿拉贡这个真正的私生子之口：“我时时刻刻都在背叛自己，都在揭穿自己的谎言，在讲一些和从前讲过的相矛盾的话；我是个连自己都信不过的人。”分成两半的自我中有一半讨厌这一切，听到这种背信弃义、对万物一概不忠的宣言，我们不可能不像马尔罗一样想：像这样“既积极又悲观的人，如果现在不是，那将来也一定会成为法西斯分子，只不过在他背后所掩藏着的，是一份忠诚。”[①]自我的这一半不可能不寻思：如果一个人完全地、绝对地自由，能够切断从习惯上束缚他的所有的联系，没有传承也没有标志，没有过去也没有无意识，没有孩子也没有朋友，正像《存在与虚无》中所说的那样，如果他成功地自己为自己找到了基础，他的存在用不着求助于任何外在的形式，一个这样的人，不是人们称之为的“混账东西”，而正是所谓的“粗俗”或“恶毒”之辈。然而自我的另一半不可能不为这种奇妙的自由所吸引，只能赞美作为个案和绝对典型的萨特。他是法西斯分子吗？不，我们不怕马尔罗会不高兴，但萨特不是法西斯分子。他最多会成为某种意义上的法西斯分子，在斯大林时期和后来的毛派时期。只不过这时的萨特，红色法西斯的萨特又放弃了悲观的形而上学，在《辩证理性批判》中制定了所谓的誓言理论。斯大林主义的萨特是宣了誓的萨特。由于萨特的无赖，违背誓言，不受任何事物的约束，从而也就弃绝了尼采把人定义为“有希望的动物”的话，但又恰恰相反，也驱除了斯大林的诱惑。卑鄙的萨特，可恶的萨特，为人面兽心的暴徒们代言，却又在《辩证理性批判》中发誓要永远地保持对人类的友谊。萨特本来就是个厚颜无耻和悲观的人，本来就是个极其自由的艺术家，他实行

① 《希望》(*L'Espoir*)，载于《马尔罗全集》(*OEuvres*)，Pleiade，第 558 页。

贵族式的道德，公然漠视人类社会所要求的联系，对于这样一个人，你不能对他有任何这一类的责备。在形而上学的叛逆者们组成的伟大而美好的部落中，萨特是神圣的领袖。他实行着叛逆的艺术，但就像1789年革命的贵族，或者像二十年代红色的侯爵，或者也像替人扛箱子的阿尔及利亚籍的法国人：他背叛了自己，也背叛了别人，因为这些别人都说自己就是他，他背叛了自发的团体和天然的宗教，背叛了所有那些本应当主宰他的集体——这是多么深刻的教训啊！

萨特的穷困。萨特是一个光荣的人。一个有成就的作家。是受到出版商吹捧、溺爱的作者，他写的剧目在全世界上演，即使到了最后，到了写《福楼拜》的时期，他也像提香一样，成了国宝，人们连看也不看便为他的作品欢呼，单是通过戏剧他就能挣到大笔的钱。然而，最为可靠的见证人——比如朗兹曼——仍然说，萨特生活在穷困中。他们说：萨特变得越来越穷困。他们坚持说：如果他的生活还有意义，那就是朴实无华，那就是艰难困苦，是越来越极端的清贫。矛盾吗？不。因为这里说的是另一种穷困。是精神上的穷困。是存在上的穷困。一个一辈子都在努力不与自己保持一致的人的穷困。他在斯塔拉格当"自愿的乞丐"时，就已经体会到这样的穷困，和他一起当俘虏的马利约斯·佩兰描写说：寄生虫，脓包，用指甲挤死黑脑袋的虱子，并看着指甲上留下的一小片血时所体会到的混杂着苦涩的胜利之感——好像他一辈子都想彻底地战胜这种形而上学的贫困。

萨特和金钱。他不无天真地对孔达说,他有很多很多的钱,对。经常有一百多万。是现金。手头就有。也就是说伸手就拿得到,就像香烟、眼镜、打火机或甚至于"日常的衣服,总是一样的"。[①] 而且一直到最后几年都是这样。后来他眼睛看不见了,开始混淆种种钞票时,才很不情愿地放弃了这种习惯……那不是在攒钱,而是大把地花钱。他在《滑稽的战争记事》中说,"我需要大把地花钱。不是为了'买'什么东西(引号是他自己加的),而是为了让钱的能力爆发出来,从某种意义上说是为了摆脱钱,把钱像手榴弹一样扔得远远的。钱有一种容易消失的特点,是我很喜欢的。我喜欢看着钱从我的手中流失,消失得无影无踪。我想让它像烟火一样灿烂地消失,不留痕迹。比如花在一场'晚会'上。"[②]我们用不着再强调这些比喻是多么奇怪。重要的是我们从中看到的萨特与钱之间的关系。有了钱不是为了拥有,而是为了让它脱手而去。不是为了积累,而是为了把它扔得远远的。钱不是要存起来的东西,而是要流通的,不是为了攒起来,而是要让它散失。疯狂的金钱来而复去。他喜欢看着它"烟消云散",而且面对着"用钱换来的东西",他有一种"不自在的感觉"。[③] 金钱与损失。他把金钱看成是与人交换的礼物,是负值的货币。金钱是"非财富","非价值",是过分的小费。是奢侈(烟火),但也是暴力,是破坏的力量(手榴弹)。钱,最好是现钱,是为了清算现实用的。如何把最大量的现实变成可以流通的东西呢?通过钱。而后,如何再烧毁这可

① 《境况种种》,第十卷,第202页。
② 《滑稽的战争记事》,第297页。
③ 《滑稽的战争记事》,第300页。

以流通的现实呢？如何让它“化为一阵烟雾”[①]呢？通过钱。萨特从来不是在挣钱过日子，而是在挥金如土。萨特既想挥霍大量的钱财，又想让社会翻天覆地，他不认为这两者之间有什么矛盾。这与新教的伦理正相反。那些急着下结论的传记作家们说，他具有新教严格的道德观念。事实却恰恰相反。他像波德莱尔一样，是一个资产阶级作家。《什么是文学？》表明他是在模仿贵族的炫耀作风，模仿他们的寄生生活和他们挥霍钱财的方式（所谓“用火烧钱”，“因为火能纯化一切”）。萨特是个“挥金如土的人”。

萨特与家。萨特从来不喜欢家。但是和传说相反，他的的确确有过一个家：那是他继父死后买的公寓，他和母亲从1945年到1962年在那里生活了17年。不过他并不喜欢这个家。他之所以不喜欢，之所以从根本上从来就没有喜欢过一个家，是因为家是存在的库房，是身份和生存的积淀。人们以为家的房子是用石头盖起来的。其实不对。作为家的房子是由回忆组成的。是由过去的一些片断组成的。是由死去的灵魂和怨恨组成的，不管人们是否愿意接受这一点。萨特无家无业。萨特无固定住所。在这一点上和在别的方面一样，他也拒绝所有会让他局囿于一处的东西。他愿意让生活处在流动中，所以害怕一切有可能让存在变得僵化和固定的东西。他不要呆滞，所以也不愿意拥有。他要尽可能少地处在呆滞的状态，所以要尽可能少地拥有。《文字》开始时的题目本来应该是《没有土地的让》。草稿上有一段说：“我从来不曾拥有

① 《什么是文学？》，第139页。

过金钱和财产，什么都不是我的——我只不过是这个世界上一个有用益权的人。”[①]《苍蝇》里的奥莱斯特就说过：“我想做一个没有土地和臣民的国王。”

萨特与旅馆。萨特喜欢旅馆，喜欢旅馆里的生活。喜欢旅馆里的气氛，谁也不认识谁。他喜欢谁也不认识谁的境况带来的自由。因此，他喜欢的情形和家正相反，人不会觉得旅馆是归宿和定居点。最后，他喜欢“一无所有”，喜欢“摆脱事物的纠缠”，一辈子沉沦于“让一切变为虚无的孤独”，这是他的“自为”，从某种意义上也是他的“自傲”；由于在孤独中一切都变得虚无了，所以他可以自由地接触“整个世界”：“我要拥有的是全世界”，是真真切切的世界，而“不是象征性的替代物”。[②] 我记得保罗·鲍尔斯（Paul Bowles）向我说过心里话，说他在丹吉尔时，觉得自由的负担太沉重，所以就定居了下来。“正如《红色大丛林》（*Jungle rouge*）中雷恩曼特尔对斯拉德承认的那样：在旅馆里过日子，会让人丧失身份。”[③]萨特也是一样。只不过萨特一直到最后仍然喜欢这样。萨特是客人。是流浪者。只要能够，他便生活在旅馆里，从一家到另一家，要不然就临时借宿，走到哪儿住哪儿。他到处游历，不在任何地方长呆。他有两条腿，他不愿意扎根。或者他的根不是扎在某个空间上，而是扎在时间里。萨特以四海为家，永远在不停地迁移。萨特是主张世界化的精英们的典范，在疯狂的沙文主义猖獗

① 米歇尔·孔达，《萨特为什么写，是如何写了〈文字〉一书的》，第 10 页。

② 《滑稽的战争记事》，第 306 页。

③ 见于穆罕默德·舒克利的作品第 105 页。

的二十世纪末，这些精英好像终于取得了胜利。那些自称为“民族共和”或“主权派”的人，在世纪末挑起令人遗憾的争论；对这些，萨特会怎么说呢？萨特不是民族主义者。也不是共和派。他只拥护一种有价值的共和，那就是《阿尔布玛尔王后》的共和：威尼斯、纽约、巴黎、马拉喀什、希腊、里斯本、哈瓦那、又是威尼斯——他很老了，眼睛看不见了，可他还有最后一个愿望，那就是再看看威尼斯，他的愿望得到了满足……

书籍。有一次，我要为《文字》的再版写前言，希望听听他的意见，便到艾德加·基奈大道去见他。艾德加·基奈大道墓地边上的房子里有个小小的套间，他最后终于在这里定居了下来。屋里没有什么摆设，家具也不多。一张白色的密胺桌子。几个烟灰缸。让人觉得里面很乱，很朴素。但我觉得最为吃惊的是，屋里几乎没有什么书，没有他的书，也没有别人的书。只在主要的房间里摆了一个书架，上面按字母顺序摆放着一套七星丛书。像在自学成才者的家里吗？像在穷人的家里。他是真正的穷人。他是从逻辑上拒绝接受私产的人，就连精神上的私有财产也不要。或者我们还可以做另外一种假设，但结果是一样的：他把精神上的财富看得那么高尚，认为那根本就不是可以论价买卖的；因此，他把精神财富当成私产，拥有一部作品，那从根本上就是十分可笑的。他从来就没有想过拥有一幅画，不能因为自己的拥有而使公众失去它。那么对书籍也是一样，我想他大概认为，书籍放在图书馆里让公众看，才是适得其所，要不然就应当在头脑里，与特有的、处在运动中的思想材料融合在一起。“我认为，一本读过的书就是一具尸体。

只能把它扔了。”[①]或者像笛卡尔一样，笛卡尔也没有书，并引以为荣。萨特的屋里只有一只取暖的炉子。萨特的桌子上干干净净的什么也没有。

荣誉。由于萨特在抵抗德军占领期间的功勋，[②]1945 年便有人提议授给他荣誉军团勋章，他拒绝了。四年以后，莫里亚克提议让他申请加入法兰西科学院当院士，他又谢绝了。他不愿意当法兰西学院的院士。文学奖、奖章、荣誉他一概推辞（惟一的例外是在 1968 年 5 月之前几个月，他接受了“国家功勋奖”的二级奖章）。他拒绝进入七星丛书。[③] 他写信给罗贝尔·伽利玛说，那是一座“坟墓”！被收进丛书等于是“让人家活活埋掉”！若是博尔赫斯，会把这看成是绝好的机会，可以相会知己，与天下的朋友和精神上的同时代人聚谈一处。他则和米肖（Michaux）一样，首先认为这是一个大大的圈套，是想谋害他视为最神圣的东西，也就是他的自由（米肖在写给克洛德·伽利玛的信[④]中说：“……这套有名的丛书，简直就是把人关进监牢的案卷，这是我最讨厌的印象，我一辈子都在为克服这一印象而斗争。”）。只有到了最后，当萨特觉得真的要“搁笔”了，觉得作品已经“基本上定型”，因此也就是“木已成

① 《滑稽的战争记事》，第 305 页。

② 见于约翰·吉拉西的作品，第 305 页。

③ 七星丛书（*Pléiade*）是伽利玛出版社的一套经典系列丛书，用极薄的铜版纸印刷，装潢精美。作者都以能够进入这套丛书为荣。但丛书只收已有定论的名著。故有下文的“把还活着的人当成经典”之说。——译者注

④ 见于奥利维埃·罗兰的《1899 年的作家》（*Ecrivains de 1899*），载于 1999 年 8 月 27 日《世界报》。

舟"时,[①]他才接受。每次都是同样的反应。每次都像个无政府主义者嗅到了危险一样。他深信,人们可以用多种方式摆脱某一个作家。当人们试图丑化他,诽谤他,说他邪恶、有暴力倾向、早年通敌、动不动就跟人上床、满嘴喷粪时,他都能笑脸以待,而且人们对他的这种做法还颇有好感。自从《什么是文学?》出版以后,他每次都有一种直觉,觉得对那些坚持要活下去的作家,对那些写"过于直白、充满活力而且使人感到压抑"的作品的作家,社会的真正的梦想是把他们归在死人或正在死去的人之列,社会对这些作家提出的要求是:"别闹得太凶了,从现在开始就要努力像死后那样!"要做到这一点,可以采用一系列的办法,从"精炼"、"制革"、"化学处理",一直到屡试不爽的武器:"把还活着的人当成经典。"[②]萨特每次都是那么狂妄,都有着贵族式的自爱,正是这种自爱,让他即使在参与社会斗争最为激烈的时期,也是高高地远离红尘,因而也就远离了使红尘中的人感到得意的荣誉:"又是科学院,又是荣誉军团,要保持谦虚啊!"[③]波德莱尔在《我的一无遮掩的心》(*Mon coeur mis à nu*)中说:"接受了勋章,就等于承认国家或君主有审判你的权力,拿你给他们作装潢。"萨特响应了波德莱尔的这些话。萨特同意主持一些从事"社会斗争"的组织。他接受人们的请求,在"和平大会"、"法-苏协会"、"罗素法庭"以及在后来类似的一些毛派组织里,充当一个"有用的傻瓜"的角色。他还接受过以色列一座大学的名誉博士的头衔。但是,他对待荣誉,对待真正的荣

---

① 《境况种种》,第十卷,第206页。

② 《什么是文学?》,第35页。

③ 与玛德琳娜·夏普萨尔的谈话,第96页。

誉,即使是在他的书,尤其是《福楼拜》,在市场受到欢迎,表明"社会"承认了他的文学天才时,他也是漫不经心的。因此,由他蔑视的机构授予的可怜的荣誉,他自是不会接受的,而且永远也不会接受,凭什么标准只将荣誉授给莱布尼兹而不给斯宾诺莎,或者只授给斯宾诺莎而不给莱布尼兹呢?他是造反的萨特。是苦行的萨特。是奉行一无所有和形而上学之贫困的萨特。当然他还是个不可救药的柏格森的信徒,他讨厌一切使事物变得呆滞和僵化的东西。

诺贝尔奖。萨特拒绝诺贝尔奖,导致了一场多大的风波啊![①]引起了多大的公愤啊!过去有个格拉克(Gracq),曾拒绝龚古尔奖。米肖也曾拒绝接受文学大奖。可这是诺贝尔奖啊!萨特,萨—特,圣日耳曼德普里的领袖人物,文学界的混账东西,哲学上的超级明星!他到底中了什么邪!本来一辈子向媒体献媚讨好,却又突然像格拉克或米肖,一声也不吭了,这是不是太不像话了?有人说:他太狂妄了!也有人说:他太混账了!逼着他也要让他接受!不许他干这种蠢事!不许他对瑞典科学院如此大不敬!不能因为他的愚蠢连累了法国!你想想,要是有一天管诺贝尔奖的人再一次考虑把奖金给另一个法国人呢!给他诺贝尔奖,他不接受,这不是把人家惹翻了吗?这不正是人们说的"往井里吐痰"吗?真是个混账东西。只想他自己。他不愿意要这笔奖金也就算了。如果他像莫里亚克,不愿意用这笔钱翻修家里花园的围栅,或者更换

① 见让-雅克·布洛谢,第37页及以后部分。

洗澡间的地砖也就算了。可是我们怎么办？伙伴们怎么办？奖金是给他的，但荣誉是给永恒的法国的啊！他会不会像萧伯纳一样——萧伯纳才是个知识分子！是个孤独的人，伟大而谦虚！——萧伯纳开始时也拒绝接受奖金，后来又不拒绝了，把奖金给了一家瑞典的文学慈善机构。就算萨特不喜欢瑞典文学。不过，他不是很喜欢南美洲的游击队吗？为什么不可以把这笔意外之财给游击队呢？对，对，对，我说的就是给游击队！如果他不愿意要这笔钱，可以把它给游击队！可以把钱给穷人，好像也有穷人给他写了许多信，[①]对他说，作家竟然挣钱，这就够气人的了，更何况给钱还不要，这岂不是更气人……！如果他能找到一个斯堪的纳维亚的恐怖分子小集团，他甚至可以把钱交给他们。哪怕把钱交给想在瑞典建立共和国的某个党派。他想干什么就干什么。文学界有人上蹿下跳，像无头苍蝇，无论你说让他们干什么，他们都会接受的。只要萨特"能配合"。

诺贝尔奖。**第二**。萨特当然坚持自己的意见。说什么也不肯向威胁他的人让步。他为什么要如此固执己见呢？在他交给出版商博尼埃驻法国的代理人卡尔－古斯塔夫·比犹斯特伦的那份尽人皆知的声明中，他说是出于"个人"原因而拒绝的，但人们很难相信这个理由。他说，他是有所顾忌，不愿意"拖累"官方机构去支持委内瑞拉游击队的正义斗争，这是他非常珍重的事业之一——萨

---

① 萨特，《托词》（*L'alibi*），载于 1964 年 11 月 19 日的《新观察家》杂志，后收于《境况种种》，第八卷，第 144 页。

特这是在戏弄人，很难想像，他之所以拒绝这份荣誉，是因为他对诺贝尔奖评奖委员会怀有怜悯之心，不愿意让这个委员会在一场左派的可疑的斗争中受到牵连，换句话说，怕影响这一委员会神圣的"中立性"。我也不相信——我是不敢相信——除此之外的"客观"原因：诺贝尔奖是西方的奖金……它是反对东方世界的，可是东方世界与他萨特是一家人……他说的是"东方世界"……他确确实实是在向诺贝尔奖评奖委员会宣传"东方世界"的魅力，瑞典人是道德观念很强的人，继承了瓦伦贝里的精神，是社会民主派，是自由派，是贝里曼的信徒，是人道主义者……一架多好的打字和思考的机器呀，就这么突然停了下来，出了故障，干出如此大的蠢事，多么丢脸啊，简直令人难以置信，可悲可叹；当他在同一篇文章中因为诺贝尔奖"在授给肖洛霍夫之前"，先授给了帕斯捷纳克而感到遗憾时，人们觉得那是多么可悲啊，宁肯不相信他这些话……不。实际情况是，在公布获奖人之前八天，他在写给瑞典科学院秘书的第一封信中就已经说过，他不愿意被列入"诺贝尔奖候选人名单"。后来他又重复说过，现在仍然在说。他的选择之所以如此坚定，如此明确，还有一个更加真诚的，纯粹属于他个人的原由，因此也就更加具有决定性的意义：凡是能够让他变得僵化，从而会让他窒息的东西，他一概怀有疑虑。十年以前，另外一个施维泽尔，阿尔贝·施维泽尔，施维泽尔家的不肖之子，仪表堂堂的施维泽尔心甘情愿地出人头地，从而成了典型，或者说是反面的典型，这是萨特念念不能忘的。总之一句话，他拒绝的，是"提香的办法"：作为艺术家的提香，被人家涂上香料，做成了木乃伊，变成了国家财产，或者是博物馆里的展品，然后就被人忘记了。萨特已经老了，这他知道。在别人的尊重之下,他已经感到窒息。外出旅行时,他不是也很想摆出一副重要人物的样子,好与其它的重要人物平起平坐吗?但他知道,真正与他平起平坐的人,是法农、热奈,不久之后还有毛派的人。因此,他在抵制着这一恶魔。当他感觉到这一恶魔的诱惑时,他竭尽全力拒绝当院士革命家;其它的人——阿拉贡、马尔罗——都接受了这样的角色,也都被这种角色害了。萨特是软硬不吃的人。萨特顽固不化。萨特从始至终是个天生的反叛者,不仅反对当木偶,也在反对心中的木乃伊。所以他才拒绝接受诺贝尔奖……他死时阿尔都塞说过一句话。是阿尔都塞凭着记忆引述的马克思的一句话。人们总是将萨特与伏尔泰相比较。那是错误的。萨特更像卢梭,因为他像卢梭一样,有着"从根本上不妥协的精神",他从没有接受过任何与"既定权力的妥协"。[①]

最后,萨特与时间。如果主体是一个破破烂烂的、离散的、支离破碎的、未完成的实在,如果主体的使命就是不忠实于任何事物,首先是不忠实于自我,这只能对他关于时间的观念产生决定性的影响。

首先是没有了过去。根本就用不着忠诚于过去,而恰恰是要与过去分离。你不要试图对他说:"你的现在是你的过去造成的,你是你的过去的产物!"或者:"过去使我们有了经验!过去给了我们智慧!"因为这是那些"混账东西",那些生着牛头和奴隶心性的资产阶级说的话,"想让我们相信他们的过去没有丢失,他们的回

---

① 《世界报》,1980年4月17日。

忆都神奇地变成了智慧”。正相反，萨特的整个体系就是要说明，主体是如何跳出过去，如何摆脱过去，如何从过去中冒出来的；《存在与虚无》说，过去“一向就是‘自在’重新抓住和淹没的‘自为’”①……

瞬间(instant)。只有瞬间才是重要的。只有“存在的永恒的空洞”才有价值，存在的空洞“时时被填补，但又在不断地重新产生”；他称这一空洞为“现在”(présent)。只有不断摆脱过去的过程才是重要的，才是他感兴趣的；所谓摆脱过去，就是摆脱“自在”的困境，按照他的说法，这是爱好现时和瞬间的标志。这是萨特的思想中所包含的马拉美的特征(“纯洁的、富有生命力的、美好的今天……”)，但这也是他喜欢的司汤达的特点(桑丝芙丽娜“全心全意地沉浸在现实当中”)。所不同的是，这是一种惴惴不安的司汤达主义。这是在追逐沸腾的、鲜明的、动荡的瞬间，追逐随着决裂、爆炸、中断的节奏而存在的瞬间。瞬间像是眩晕。瞬间像是来自充实的事物中心的一阵旋风。完全沉浸在瞬间里的时间是没有持续性的时间。

最后还有第三个观念，虽然有点怪诞，却十分出色。人们习惯上认为，过去(le passé)使现在(le présent)充实，使现在有了意义和价值——过去有推动作用，有力量，使现在有了某种形式，并且由此及彼地也使将来有了一定的形式。在萨特的理论中，过去什么也不是。过去不再重要，它已经没有分量，没有推动力。以至

---

① 《存在与虚无》，第164页。

于，如果想让现在摆脱纯粹的虚无，如果不想让现在成为胡塞尔在《论时间的内在意识》(*Leçons sur la conscience interne du temps*)中所说的那样，成为一种“无穷小”的现实，一个“没有维度的点”(萨特在《存在与虚无》中说，好比“无限划分中的一个理想的阶段”)，如果想让这一现在成为人的现在，真正为人所有、纳入人的生存，而且也被人这样去体验，那没有别的办法，只能转而面向另一面，也就是转而面向未来，并使未来具有一定的身份。是未来造就现在，而不是现在造就未来；是未来对现在施加了压力，而不是像柏格森说的那样，现在像一个沉重的点，压在未来上。人们相信过去产生未来；但实际上远不是这样，实际上是未来“决定”过去，而且尤其决定“过去是有生命的还是死亡的”。[①] 一般常识和萨特之前的大部分哲学家都认为，我的过去是什么样，我也会准备让我的未来什么样；但萨特的说法相反，他认为此时此刻的我是什么样，决定于我即将是什么样，因此，也就是未来将其力量、意义、味道赋予了现在和过去。我有现在。我有过去。我有一系列从过去继承来的“条件”，这些条件形成了我的“境况”(situation)。重要的是我如何对待过去对我的影响。重要的是“谋划”时时刻刻在超越过去，使过去变得更加美好，并有能力重新成为过去。重要的是——他在所有存在心理分析的论文中都将论述这一点——“那种小小的运动，使一个完全受条件限制的社会存在，成为一个人，而这个人并不能完全再现他所接受的一切。”[②]我们理解当代人为

① 《存在与虚无》，第165页。

② 《存在与虚无》，第580页。

什么会感到目迷心眩。我们理解为什么人们面对这些观念会赞叹不已;我们觉得这些观念显得陈旧、过时,但这正是自由本身。也许萨特是某种形式的恶魔——是个奇怪的、与众不同的、超越了常规的思想家,有点发疯,他的很多话要是换了别人说出来,会产生灾难性的后果。我们想到明智的阿隆在《费加罗报》的办公室里平静地思考,当教授的梅洛-庞蒂每天在固定的时候步行沿着学院街而上,还有好心的加缪,急急忙忙把一天的文章写完,然后到鲁尔马兰体育场去踢足球;也许像他们那样做人要更加复杂、更加痛苦、更加危险。不过哲学史上的怪诞人物并不是很多。而萨特还有个特别之处,那就是,他是将自由思考得最为彻底的思想家——他的功劳至少是,在现代思想中,他将自由的假设推向了极致,直到让人感到晕眩,让人觉得荒唐。这一假设成了其他的反人道主义者,成了那些自以为超越了他的后来者在前进的路上必然会遇到的障碍,正如他们必然会遇到未曾料想的东西一样。萨特之所以能够做到这样,因为他不是人道主义者,因为他拒绝接受人的本质的观念,因为他提出的哲学是自由的哲学。实际上,我觉得萨特身上最为可贵的,正是这一点。

3　彻底的反法西斯主义者

因为，这是阴险的传说仔仔细细地隐瞒起来的东西。差不多五十年以来，传说中的萨特是个典型的迷途者，传说使萨特成了驯服的、折衷的哲学的楷模，使萨特变成了政治马戏团里的一只动物，受专制指使的知识分子叛逆的象征。用不了多久，就没有人再读他的书了，没有人再真正地读他的书了——他只是一种标签，一种活的或死的比喻，一个惨淡时代的见证人："你瞧瞧，对于历史上的时间，人们是有可能搞错的……你瞧瞧，那个丢人现眼的家伙，本身就是一个莫大的错误，脚上捆绑着镣铐，被人丢在地牢的角落里，这回是肯定不会再迷失方向了。"

但是，传说的不幸在于，还有另一个萨特。我当然还会再回来分析所谓的错误问题。我会说明萨特及其整个世纪是如何迷失了方向的，他们为什么会迷失方向，是什么样的形势和激情导致他们迷失了方向。我尤其要说明的是，为什么随着所谓的"历史的终结"，迷失方向的传言却远远没有告终。不过现在，我们先来看一看这另一个萨特。我们可以称之为"早年的萨特"，或者"年轻的萨特"；这样说是为了论述方便，也是由于约定俗成，但更主要的是因为，那是《厌恶》和《存在与虚无》时期的萨特；但条件是不能把这种界定完全理解成年代上的划分，不能到老年的萨特身上去寻找年轻萨特的影子。这个早年的萨特，年轻的萨特，是反人道主义者，他激进，悲观，不愿意被好人的神话陶醉；这时的萨特还局囿在柏格森和纪德的思想里，但他正在从中摆脱出来；这时的萨特心中念念不忘的是尼采和塞林纳，但他迟疑着不愿意承认；这时的萨特是无政府主义者，是极端的自由主义者，是真正的萨特之前的萨特，把思想上的朝三暮四看成是最为神圣的使命；这时的萨特还不是《辩证理性批判》时代的伟大的意识——也还不是专制的知识分子，那是人们后来把他僵化之后的形象，当时的萨特甚至恰恰相反：当时的他反对专制。当时的萨特是自由的冒险家，从他的悲观主义来看，从他的反人道主义来看，从他的反人道主义在哲学和政治上得出的必然的结果来看，他是知识分子当中最适合思考专制主义的人，各种各样的专制主义，也包括法西斯主义和斯大林主义。法西斯主义和斯大林主义当然也是一种专制主义。他是最适合对种种专制主义提出问题并拒绝专制主义的人。

喜欢争吵

让我们从头说起。这是第一个定理。因为，专制主义的罪魁祸首们在向全世界举起屠刀之前，在将世界投入火海之前，在彻底消灭犹太人、古拉格、资产阶级和其他“生于人世便是罪”的“虱子”和“害虫”之前，他们最初的打算都是要造就新人，因此也就是要造就一个更好的世界；如果我们忘记了这一点，我们便无法理解专制主义为什么会让二十世纪成为血迹飞溅的世纪，我们尤其便无法理解专制主义的罪魁祸首们，为什么会对人民起到那么大的迷惑作用。

那无疑是一些杀人的凶犯。是邪恶的刽子手。他们中的有些人——那些纳粹分子——要灭绝欧洲的犹太人。这样的罪行史无前例,独一无二。纳粹失败之后,他们的罪行也就变得空前绝后。对于这些人,我们简直不知道该用什么样的话形容他们。然而,事物的规律就是这样。用不着比较,它就能帮助我们思考,告诉我们这些罪行在哪一点上有了最终的区别,它们各自有什么特点,纳粹灭绝犹太人的打算又有哪些根本上的特点,但同时,这一规律又能让我们抓住此罪行的共性。这些杀人凶犯之所以有力量,原因就在于他们首先是以人类的朋友的面目出现的。他们的艺术,他们的天才,就在于能把最卑鄙的愿望装扮成粉红色。他们最重要的,最可怕的秘诀,就在于说服同时代人,让人们相信他们手中掌握着秘方,只要应用得当,就能够克服原罪。对于一个社会来说,这原罪就是分裂和战争。而他们的秘方可以让我们进入没有阶级的社会,千年的帝国,信徒的天国……

到目前为止所有的社会都是分裂的社会,所有的专制主义领袖们差不多都是这样说的。人在这样的社会中分成了互相斗争的派系;因此,在这样的社会制度下,在这样的伪秩序中,在这些不完善的、不纯洁的、支离破碎的国度里,我理解你们为什么从来不愿意屈服。可是你们看看我可以给你们带来什么。你们看看我的理想国。你们瞧瞧我设计的蓝图,如果我们把这一设计蓝图付诸实施,就能消除纠纷和争吵,使可怜的、四分五裂的社会弥合在一起。你怎么能不同意呢?如果真有这样的国度,如果我给你拿出一个模式来,你怎么会拒绝参与呢?你怎么能够拒绝接受好东西,怎么能够抵制理想呢?

萨特就能抵制。他不会加入这一类的事业或者说赌博。并不是因为他怀疑某种制度能不能够像吹嘘的那样,体现人类共同的理想,或者体现理想的社会。他并没有说:"如果真是这样,那倒也好!如果有一种社会能够彻底解决人与人之间的纠纷,那我会高呼万岁!但那是从概念上骗人!你向我提出的社会并不是真正完美的社会。"他从更加深刻的意义上怀疑这一打算是不是有效。他反对的是"美好的社会"(la bonne communauté)这一概念。而且是从本体论和伦理的双重意义上反对的。不管是什么样的社会,他认为根本不可能达到那样的纯洁、统一和对自我透明的状态,不可能有那样的纯洁和和平;其次,即使那种纯洁是可能的,即使我们这个世界上会有那样的纯洁,即使最终能够达到那样的纯洁,他也不认为我们这个世界像人们说的那样,会那么需要这种纯洁。

"美好的社会"的假设,从本体论上就没有意义,这是从早年萨特的形而上学中已经可以得出的结论。他怀疑人:《厌恶》反复强调的,正是这一点。他怀疑到底有没有纯洁:这是《厌恶》的另一个主题,也是后来的《自由之路》的主题;《肮脏的手》尽管是晚些时候的作品,但主题也是一样的。他怀疑真理:这是《存在与虚无》的教诲之一,在这部作品里,他和拉康一样,认为真理不可能"是完全的"。他怀疑一切,更准确地说,他抨击《精神现象学》的前言中所说的,他怀疑一切和真理之间的联合——"真理就是一切"(das Wahre ist das Ganze),只要有耐心,只要有勇气和时间等待,到时候就一定会看到真理光荣地出现:这简直是在开玩笑!正像拉康一样,萨特在《存在与虚无》中所批判的,不正是这种想法吗?总之,他怀疑这一系列早先的幻想，或者说是寓言，那又怎么能不与这种毫无瑕疵的、自发的社会的观念保持距离呢？有人许诺说会有那样的社会，充满了和平，克服了纠纷，说那是和解的社会，是理想的社会，是真正人道的社会，是到目前为止所有社会的真理，是始终没有建立成功的社会；对这种诺言，他怎么能不嗤之以鼻呢？他怎么能不认为这种完美社会的假设是根本无法实施的，是荒唐的呢？

除此之外，在本体论的范畴之内，在《存在与虚无》中“他为”(Pour autrui)一章里，他还讲到过主体间的关系，以及这种关系构成的冒险。“为了”他人而存在……“通过”他人而存在……这些著名的话被一代一代的教授们在课堂上反复讲过许多次，但我们知道，在这些话的背后隐藏着的观念，是“没有”他人的存在……萨特大概是在解释说，人们完全可以梦想融合。他们完全可以像柏拉图《会饮篇》中的情人一样，努力从感情上一致，在拥抱中融成一体。他们的努力是徒劳的。他们的孤独是无可救药的。就像是令人不可抗拒的魅力，或是命中注定的一样，当一个主体接触到另一个主体时，当这个主体倾听另一个主体的话，看着另一个主体时，只能使另一个主体堕落成客体，除非另一个主体，除非变成了客体的主体也反客为主，也回望对方，把堕落的关系颠倒过来：这时，失掉了自我超越性的，是第一个主体，堕落进自在之中的，也是第一个主体；异化了的第一个意识只有将形势颠倒过来，将它与对方的位置异化，才能从其异化中解放出来……

在萨特的眼睛中，或者用萨特的话来说，这就是叔本华的伟大教诲，法国伟大的道德学家们也是这样说的，首先是罗施福科(Rochefoucauld)：目光就是侵犯，我们都是受到了迷惑的迷惑者。

这是霍布斯(Hobbes)就“独特性”提出问题的方法:由于我周围的人是独特的,所以必然是我的敌人,由于弗洛伊德的弟子们称之为的“荒诞的游戏”,由于缺乏规律,人与人之间必然是分离的,恨先于爱而来——人与人之间既不可能和谐,也不可能融汇。

黑格尔在“为得到承认而誓死斗争”的思考中也是这样想的,只不过他将这种想法推向了极致,因此而不得善终。萨特相信黑格尔说过的话,如果两个意识不是外在的,而是互相作为构成对方的一个部分,那么在两个意识之间便存在着“综合而活跃的联系”;萨特承认,在与他者的搏斗中,因此也就是在争吵和战争中,黑格尔明白了究竟是什么使自我成为主体的。只不过,黑格尔只把搏斗看成一个简单的时刻,《精神现象学》按照“绝对”(Absolu)的观点,已经看到了其它时刻的到来,看到了下一个时刻的到来,分离将在这下一个时刻里消除;萨特则把搏斗看成是人与人之间的关系的常态,是最终的耻辱。与黑格尔相反的是,萨特认为,意识只要遇到一起,立刻就会打起架来,而且会打得毫无章法——在他的设想中,凡是人的目光,都是宣战,凡是对他人的动作,都会导致意识间的激烈争吵,意识只要互相接触,就会永远地丧失自由……

总之一句话,这就是萨特的法则。一种真正的法则。而且也和所有的法则一样,包含了论述主体之间的关系的所有领域。他所说的关于爱情或性爱的话就是证明——爱情或性爱不是别的,是把身体当成另一种手段,从而进行的另一种没完没了的冲突,是另外一种使“他者死亡”的方式,是“灵魂之战”的继续。这种规律甚至超越了萨特早年的思想——在他心中深深地扎下了根,与他的思想紧密地结合在了一起,甚至打乱了编年史的规律,到了他的晚年，又出现在他写的另一篇很少为人所知的文章中（是对早年思想的重申？），晚年的哲学家在文章中答复《解放报》就女权主义提出的一个问题，在一大堆左倾的空泛议论中，在谨慎而不乏战斗的激情中，他用反诘的形式表示了自己的信念，他说："性行为难道不就是得到对方同意的强奸吗？""尽管是在某种方式的遮掩之下，但那难道不仍然是强奸吗？"好心的梦想家们想像，"在今天的反抗中正在出现一种新的女人和男人"，但不管他们怎么想，不管人们怎么说，"凡是性器官的插入"，难道不都是"侵犯"吗？他大声地说："我们要确定性行为是不是强暴，或者有没有以强暴的性行为作为基础和平衡的非强暴的性行为，从革命的观点来看，这是很重要的。"最后他归结说："我认为在性行为中是不可能完全消除侵犯的，"最后，他还对被他惊得目瞪口呆的人们说："《解放报》的大部分人"从来没有想过"一个女人在性关系中会有什么样的感觉"，因为在这场爱情的肉搏战中，在这场人人参与的、没完没了的战争中，"这是男人们不怎么感兴趣的问题"①……

梅洛－庞蒂曾多次责备过他的这种说法。梅洛－庞蒂说：他始终认为，两个既是主体又是客体的人之间的关系根本就是不可能的；在互相领会的过程中保持着各自的尊严和自由的两个人，是根本就不可能相会的。的确，萨特早期的人物，从罗康坦到奥莱斯特，再到高埃斯，都是孤独的人，他们都在体会着各种不同形式的伤心、分离、对立。仅此而已。但那也是他的运气。正是出于"本体论"的第一个原因，对于萨特来说（对于雷蒙·阿隆来说也是一

① 详见1973年11月15日的《解放报》。

样，而且这两个人具体体现了同一种悲观主义的两张面孔，极端自由主义和宽容大度），美好社会的观念是不可能有什么意义的。

第二，从伦理学的角度来看。这种前景不仅仅是荒诞的，而且还根本就是不受欢迎的；根据他对生活的理解，这一前景让人感到厌恶，即使假设会出现没有张力和分歧的社会，他也觉得这种观念本身就是非常下流的，总而言之，美好的社会不仅仅是幻影，而且还是陷阱，它只能产生更多的悲惨和卑鄙。他在三个系列的文章中就是这样说、就是这样论述的。

他写过一些文章，赞扬争吵，并认为战争，认为社会的战争是令人向往的状态，可以说是健康的状态。他在《存在与虚无》中说，如果取消分歧，如果消除"被统治者"和"统治者"之间存在的巧妙的对立，社会就会丧失生气，就会慢慢坏死，社会的政治就会成为警察的变种，这是柏拉图和马基雅弗利早就明确看到的，柏拉图为此感到高兴，而马基雅弗利则感到悲哀。

对"一致"(consensus)的谴责。"一致"这个词，让人一看就知道不是个好词，而且他在那时便嗅出"融合"("共同的感觉")和"奴役"("同意"[①])的双重味道：哈！他憎恨成双的男女，因为那两个人是"一致"的！他和乔伊斯一样，把两个"一致的"的人描写成一个单一的动物，"四只胳膊四条腿摸索着互相感觉、体验、嗅吸和接触对方"！在社会和心灵的生活中，他都喜好分裂，在与人对话时

① 括号里的说法是从法文词源上来说的，consensus（一致）由 con（共同的）和 sensus（感觉）组成，所以有"共同的感觉"（sentir ensemble）的意思，但从形式上也与 consentir（同意）同源，而"同意"又有"接受奴役"的意思。——译者注

显得寡廉鲜耻——萨特是个好决斗的人！是分裂之王的使者！

最后是对“融合集团”的谴责。是啊！萨特在早期的文章里批判过的东西，不久之后又被他像宝贝一样的珍视了。在早期的文章里，他说，融合集团所代表的，正是奴役。在《关于犹太问题的思考》[①]中，仇视犹太人者被描写成“集团的一个人”，这个人梦想着自己“忽然之间熔化在集团之中”，时时“怀念原始社会突然再次显现，并达到了熔化温度的危机时期”。他说的明明是“熔化”，是“熔化的温度”。就在这篇《关于犹太问题的思考》中，他说，在“瞬时的社会”里，“社会的联系便是愤怒”，这愤怒会在“某次暴动，某次罪恶，某次非正义的行为”中产生。只不过“瞬时的社会”的的确确产生了，“瞬时的社会”就是“集团融合”的另一种说法，成了仇视犹太人的集团暴力的温床。

不幸的是到了后来，他否认了这种分析和批判。

后来他又有了另一种哲学，那就是《辩证理性批判》的哲学。在《辩证理性批判》里，他使这种巧妙的对立，使战争的社会性具有了最为直接的政治上的意义，最为庸俗，因此也因其粗鲁而显得最为愚蠢的意义：“人民战争”，这在六十年代的西欧被看成是“阶级斗争的最好形式”。[②]

这第二种哲学从头至尾地拾起了“融合集团”的思想，以攻陷

---

① 《关于犹太问题的思考》，Gallimard，coll. Idées，1954 年；亦见于克洛德和雅克·布鲁瓦耶尔（Cl. Et J. Broyelle）的《失而复得的幻觉》（*Les illusions retrouvées*），Grasset，1982 年，第 228 页。

② 《帕尔米洛·托格里亚迪》（*Palmiro Togliatti*），刊载于 1964 年 10 月《现代》第 221 号，亦见于《境况种种》，第九卷，第 14 页。

巴士底狱为例，描写了其诞生、功能和衰落的全过程，不仅仅是在赞扬这种思想，简直是为其大唱赞歌；集团成了使人抛弃群集，成为真正的人类的契机。瞬时的社会在人民的愤怒之火中锻造，为真正的革命提供了最好的场所。在《辩证理性批判》中，他甚至分析了仇视犹太人的运动，分析了集团暴力和屠杀犹太人的现象；我们从字里行间还可以看到他对1938年德国“水晶之夜”的分析。我们十分悲哀地感觉到，他的整个理论体系颠倒了过来：他用“外部条件”和“集团对群集的连续影响”的理论，说明“人们太倾向于将某些集体的行动看成是在突然之间形成的群集的产物”，或“群众自发行动”的产物（不过，这个“人们”指的是谁呢？难道不就是《关于犹太问题的思考》中的萨特吗？）……

不过，他心中总有某个地方永远也不会完全相信这种方向性的变化。他的心灵深处有个想法，认为在人的社会上有着某种野蛮的、令人不安的东西，抵制着透明和纯洁的愿望。因此，在斯大林主义鼎盛的时期，在他认为找到了美好社会的密码的时候，他在用论战的口吻写成的《给克洛德·勒弗的答复》中，透露过这样的心里话：“我在哪篇文章里说过党和阶级是一样的呢？那就好比把捆芦笋的绳子说成是一捆芦笋一样。”如果字词有意义，那就是说他把阶级称为“芦笋”，党则是捆住“芦笋”的“绳子”。那么，我们要提出的问题就是，不管怎么说，为什么要用一根绳子来捆住这些“芦笋”：因为有绳子才会有芦笋吗？因为如果没有绳子，芦笋们会再次落入原有的“群集”之中吗？或者那一捆是假的，捆在一起只不过是为了拦着、掩盖着、也许是阻止尚未割下来的芦笋的野性？不管答案是什么，隐喻的意义是一样的。也许他说的是“阶级”，而且在这篇文章里的意思和在别处一样,“阶级”和“融合集团”有着明确的分别。不过,说到底……在其它的“思考”中,我们很难看到他对集合在一起的人表现出乐观态度或不可动摇的信念。我们很容易地感觉到,面对着“无产阶级”的人群时,他多少都怀有一些疑虑,不管这人群是不是融合在一起的。我们很难不想到,虽然后来这段时间他从原则上是乐观的,他在早期哲学中表现出的那种尼采式的、非集体的、艺术家的悲观主义仍然留有某些蛛丝马迹。

而且,不管发生什么事,不管这个早期的萨特后来变成什么样,不管他是走向灭亡还是继续活下去,不管他是继续发表这类关于男女关系的话还是自己清算自己,不管他开始恨自己还是一如既往地感到遗憾,他就是他,永远地年轻,真正地年轻,不仅他的正确思想是永远年轻的,而且他的代表作品也永远年轻——《厌恶》、《关于犹太问题的思考》、《存在与虚无》——可以说,他在这些作品中将自己树立了起来。有一段时期,萨特相信社会没有基础(在这一点上他是真正的无政府主义者),这是谁也不能否认的。因为社会是某种模糊的契约的产物,而契约靠心照不宣来展期,因此脆弱、不稳固(与靠誓言联系起来的融合集团恰恰相反)。有一个时期的萨特对所有的社会团体(布维尔),尤其是对所有企图以“理想”的形式出现的社会(谦虚、精确、形式主义、死扣法律条文、像德国占领时期,像写《社会主义与自由》的时期制定的法国社会改革计划一样极端)怀有彻底的疑虑,这是无论如何也抹杀不了的。有那么一个时期,萨特是悲观而自由的,因为悲观而自由,这就从形而上的角度决定了他喜欢分裂,给后人留下了这样一种结构:萨特与黑格尔对立;萨特与胡塞尔对立,并提出了“游民社会”的说法;

萨特与海德格尔对立，并提出了“向着死亡而存在”的思想，并把“向着死亡而存在”想像成是通往“真正的共同存在（Mitsein）”的途径。萨特是主张争论的思想家，他主张人与人之间应当有分歧，有分歧是好事，是很好的好事。萨特是谢林的信徒，萨特再一次发现了与黑格尔对立的谢林；《埃朗根的教训》的作者谢林说，“对立”是有“客观原因”的，是“建立在事物的本质基础之上”的，“不能让一种制度主宰所有其它制度，从而永远地结束冲突”。①

如果世界上相互对立的东西不能协调，如果我们约定把这样的世界称之为“悲惨”（tragique）的世界，如果“悲惨”指的是这种对分歧的非辩证的观点，那么我们应当说，早期的萨特就是一个持悲惨看法的思想家。

所有的独裁主义者都是从否认这种悲惨观念开始的，如果我们同意这种说法，如果我们把疯狂地否认多样化、幻想让事物趋于一体或统一的人称为独裁者，那么我们的结论就必然是，这种悲惨观的思想，这种把人说成是虚无的、消极性的存在的定义，是萨特为遏制独裁的诱惑而进行的反宣传。

自然的社会是不存在的

独裁者会说：好吧。就算你拒绝接受超级领袖掌握有天堂钥匙的观念。但我们是专制君主，我们知道应当造就什么样的社会，这是任何人都不曾见过的社会，我们要求你在这一社会的祭坛上

① 谢林，《埃朗根的教训》（*Leçon d'Erlangen*），库迪纳-马迪诺译，第272—274页。

牺牲自己。就算是这样的冒险让你害怕了，你又怎么看待秩序呢？秩序的模式不是将来才有，而是过去就有过的，我们用不着重新去发明它，只不过是要重新找到它。如果有人悄悄地对你说："我向你提出这种秩序，可我并不会强加于你；这种秩序不是我随心所欲编造出来的，也不是我靠聪明才智想出来的；这是自然的秩序，你听见了吗？是'自然的'；我的功劳只有一个，那就是重新发现了这种秩序的秘密法则，破解了它的密码，并谦卑地把它奉献出来。"听到这样的话，你该怎么办呢？总之一句话，如果有人向你表明，某一种谐音本来就是自然之声的再现，你将如何回避呢？

这是形形色色的专制主义的第二条定律。

这是各种各样的法西斯主义、原教旨主义要把卑鄙的规律强加给我们时，所采用的第二种思想上的诡计，或者说是花招。

萨特知道，最初的法西斯主义采用的就是这种诡计，因为夏尔·莫拉的信徒们在三十年代就是这样说的；后来，存在了四年的贝当政府也是这么说的，只不过贝当政府提出这种论调的背景更加现实，也带上了行会主义和社会有机论的色彩，并与所谓的自然主义社会联系在了一起。

夏尔·莫拉的信徒们说，你们是没有选择的。就连我这个受了夏尔·莫拉学说启发的专制暴君也没有选择，因为，我不就是倾听了家庭、地区和民族的伟大声音吗？除了倾听这些声音，并像乐队指挥一样让这些声音协调起来之外，难道我还有什么别的功劳吗？人们佩服我、服从我难道还有什么别的原因吗？如果我向你们指出，这种秩序比你我要古老得多，是先于我们而存在的，接受这一秩序就是忠实于你们最好的存在方式，同时也是忠实于存在本身的真理，你们还能回避得了吗？

萨特回答说，如果是这样，那就更糟了。

那就更加荒唐，更加可恨。

他在反驳的时候没有说："你是在欺骗。你口口声声说这秩序是自然的，可你明知道这是你编造出来的东西！"而是说："就算你没有欺骗我们，当你把你自己统治的法则说成是自然的法则时，就算你是真诚的，那就更有理由拒绝这些法则，那就更有理由痛恨这些法则——原因有两个。"

从本体论的角度来看，他一时一刻也没有相信过这些自然的故事。《存在与虚无》的作者说，根本就没有"自然的状态"。根本就没有"先于"人类社会的"自然"的联盟。社会化的人重新找到，或依稀看到自然时的"惊奇"也根本就是子虚乌有的。我们已经看到，自然是恶劣的，是怀有敌意的，它性情粗暴，动不动就暴跳如雷：我们不要忘记，这与希腊那种温顺的自然恰恰相反；与海德格尔那种令人目迷神醉、充满诱惑力的神秘的自然恰恰相反；与开始时的夸张相反，与存在朝阳般的光彩相反，那都是海德格尔笔下的自然，却不是萨特的。在萨特的笔下，自然什么也不说，什么也不要，什么也没有规定。自然不是可爱的，而是可恨的。自然不是神秘的，而是令人感到不安的。他觉得不可能指望通过自然把人们联系在一起，不可能指望人可以永恒地共享某种"本质"，不能认为自然是将人联系在一起的原因。正如作为人们的共同偶像的"理想"是靠不住的一样，"自然"也是靠不住的。换句话说，正如刚才他经过分析，认为"美好的社会"根本就不可能存在一样，他同样认为"自然的秩序"也是不存在的。指望通过某种本质，将人们的共识建立在自然之国的可靠的土地上,是没有意义的——那无异于将其投射在想像中的光辉的未来。

但是,从伦理的角度来看,从他的好恶、他的本能的反应来看,从道义的角度,因此也就是从肉体的角度来看,他走得更远。所有自然的东西都是令人憎恶的。所有自称是自然的东西都是令人反感的。我们可以假设,与逻辑和本体论的结论相反,自然社会的思想最终是有意义的。我们可以像政治生态学所要求的那样,假设可以发明一种社会联系,比别的联系更加忠实于"自然"的规定。我们不能为了这种前景而卑躬屈膝。说到底,这只能是让我们抵制的又一个原因。人世间的法则是从来不会骗人的,不能为了忠实于这样的法则就唯唯诺诺,正相反,这样做只能让我们感到厌恶,让我们反感,让我们拒绝。还可以举出维希政府的例子,以说明一些大的行会有可能是按照现实的意图模仿出来的,但以这样的行会为基础的经济,远不能让人觉得可爱,或让人感到心安理得,而是按照法国的方式给法西斯主义下的一个定义。萨特与夏尔·莫拉对阵。萨特与波德莱尔站在同一条战线上。波德莱尔憎恨自然中与原罪相似的地方,憎恨原罪在自然中留下的痕迹。萨特像波德莱尔一样,与夏尔·莫拉正相反,主张坚决的反自然主义。因此他绝不会接受专制主义的第二条法则。

一个小故事。按照萨特的说明,波德莱尔"喜欢吃浇汁肉,而不喜欢吃烤肉","喜欢吃罐头食品,而不喜欢吃新鲜食品";海狸说,萨特和波德莱尔一样,在食堂吃饭时,总是要"罐头食品",而不喜欢"天然食品"。这让人想到波德莱尔。想到巴尔贝·道尔维利

(Barbey d'Aurevilly),想到十九世纪的纨绔子弟。让人想到在地下室或船上的雷蒙·鲁塞尔(Raymond Roussel)。还让人想到蒙德里昂(Mondrian)——如果在吃饭时,有人把蒙德里昂的座位安排在花园或一棵树的对面,他便要求人家给他换座位。

另一个小故事。萨特喜欢女人。有些没有读过他的书的人所说的话是不足信的,他的作品里对女人有一些很美的描写。比如《自由之路》里的伊维奇和洛拉;《死无葬身之地》里的露西;《魔鬼与上帝》里的依尔达("要么喜欢一切,要么什么也不喜欢");《基恩》(*Kean*)中的阿娜。还有他和波夫娃之间的关系,那是互爱和尊重的典范。但相反,他的问题是肉体。他的问题,他所厌恶的,是马塞尔那种"幸福的"、"欺骗人的"肉体,是洛拉那种"贪婪的"、"吸血鬼一样的"肉体。于是他说:我喜欢穿着衣服的女人(在这一点上,他仍然与波德莱尔很相近。波德莱尔大肆赞扬过化妆)。我喜欢女人抵制肉体的冲动(波德莱尔赞扬性冷淡的女人)。或者:我喜欢女人的聪明,我相信情人的聪明能激起男人的性欲(他把自己和《烟火》的作者区别了开来——不过,对于他来说,"聪明"难道不是"冷静"的另一种说法吗?这样一来,他不是变得比波德莱尔有过之而无不及了吗?)。

另一个小故事。萨特是城市哲学家。是典型的马路上和酒馆里的哲学家。他喜欢的不是安静的图书馆,图书馆是自学成才者的天地。他喜欢的,是弗洛尔咖啡馆或学士院咖啡馆里的背景噪声,或者,正如和他一起在俘虏营里呆过的马利约斯·佩兰说的那样,他喜欢的是集体寝室里的嘈杂声。当他和人们一般称之为的“自然”在一起时,他一行字也没有写过,至少他自己是这样说的。他所谓的“乡下”也是一个抽象的概念。他在安静中无法集中精神。那么树木呢?树已经变成了城里的东西,已经被驯化了,变得苍白无色,病怏怏——《厌恶》里在城门口像“一团乱发”一样飘飘荡荡的树,已经爬了起来,把城市包围了,只等着城市的死亡,或者说衰落,便要大举进犯了。他在《波德莱尔》一书中说,在大自然中,他“觉得像是被一种死气沉沉的、没有理性的巨大存在包裹着,自己也因这没有理性的存在而变得呆滞了”,而且让他觉得害怕。“相反,当他在城市里时,四周围都是明确的物体,这些物体的存在因其作用而变得确定了,而且个个都闪烁着某种价值或价格的辉光”;这时他会觉得放心:这些物体“反照出他的希望,让他成为确凿无疑的现实”。他与贝尔尼斯和伏尔泰是属于同一类的人,跟伟大的讽刺作家一样,他鄙视自然,认为自然压抑人,永远贪得无厌,会置人于死地。按照拉奇的说法,过去的先知讨厌自然和神圣的树林,绝不会在其中扎根或常驻。萨特便是这些先知们最后的子孙。让－保罗·萨特的犹太人形象。只要是犹太人,就一定会是反自然的。克拉维尔说柏拉图的老师是“犹太人苏格拉底”,说他是个“丑八怪”,是“让青年人走邪路的教唆犯”。同样,萨特也是“犹太人萨特”——坚定的反自然主义者,因为他在反自然的道路上从来就没有妥协过,因为他面对大自然的芬芳时会感到恶心,而且这种病从来就没有治愈,所以一直到最后,他都选择了流浪,选择了避难,选择了不把自我和事物当成财产。大自然就是生命吗?不,大自然就是死亡。

另一段小故事。这段故事与萨特没有直接关系，而是与波夫娃有关系。那是波夫娃与科莱特的相会，是《第二性》的作者如何取代过去的女作家，从而走向胜利。科莱特是个讨人喜欢的人。疑心重，但是讨人喜欢。海狸说她“化妆的色彩十分浓艳，头发乱蓬蓬的”，大概身边总是簇拥着一群猫，算得上是个半残废的人，眼中怀着疑虑和好奇的神色，盯着漂亮的年轻后辈。突然，她问波夫娃说：“夫人，您喜欢动物吗？”年轻人说：“不，我一点也不喜欢。”回答的口气有些突兀，间杂着无所谓和淡淡的气愤，我甚至想像得出，她好看的嘴唇还厌烦地撇了撇。可她没有发现，她刚刚说的话严重地亵渎了对于科莱特来说是最为神圣的东西，她成了大大的异端。他们两个人——波夫娃和萨特——从来就不相信猫、毛丝鼠和其它所谓的家养小动物会成为人最好的朋友。他们两个人从来就不曾有过这种无聊的崇拜，把人的鬼脸假借给动物——除非是从人的脸上还可以看出“作为我们的祖先的动物”那种假笑和怪相。科莱特喜欢动物，这是她始终如一的自然主义的另一种表现。萨特在《文字》中记述了一个小故事，说他和一个“美国朋友”——大概是纳尔逊·阿尔格林——一起，在一个埋葬狗的墓地里转悠，他被碑文上的蠢话气坏了，对着一只水泥做的狗踢了一脚，踢掉了狗的一只耳朵，最后说：“如果太喜欢孩子和动物，那么这喜欢就会伤害到人。”

另一段故事。正好是与孩子有关的。孩子。这是一种符号。是一种检验。首先是文学的检验。因为，你看那些写儿童文学的作家们。两个世纪以来，儿童文学专门成了一类，专门讲迷人的儿童故事。差不多可以肯定的是，这种对儿童和儿童天真的崇拜，会产生幼稚的文学，而幼稚的文学一般来说是很糟糕的文学。但人们不太了解的是，这也是一种政治上的检验。因为如果专制主义，从其最激进的形式来看，真的是“美好社会”的梦想，摆脱了与人的境遇联系在一起的噩运，如果专制主义的目的真的是让人类没有罪恶和罪孽，没有差别，没有模糊性，总之一句话，是让人类纯洁，或者能够变得纯洁起来，那么它迟早会遭遇到有罪的儿童的形象，儿童带有原罪的烙印，多少个世纪以来，所有大的宗教都强调说，人之初，性本恶，而且是根本上的罪恶。专制主义一定想为孩子正名，让孩子恢复其天真和权利。专制主义就像一个人面的蛮子，所谓人面，也就是看起来像个孩子，看起来天真。专制主义早晚会说：“解放孩子！孩子没有犯罪，没有过错，却非要给他们打上罪恶的烙印，我们要彻底放弃这种愚蠢的信条，否则我们就无法梦想没有罪恶的社会！”凡是真正罪恶的政治，真正为了反对犹太人和基督徒与人为善（“你绝不会杀人的”）的心理而奋起造反时，早晚有一天都会“为了达到某种目的”，而为受了屈辱的孩子们恢复名誉。想到“没有接受洗礼的孩子会被罚入地狱”，陀思妥耶夫斯基发出了惊恐的呐喊，他认为被圣奥古斯丁理论化的这种说法，是所有的神秘奥义中最为可耻的。伊万·卡拉马佐夫对阿廖莎说：“如果为了得到永恒的和谐，大家都要受苦，这关孩子们什么事？我理解男人对罪孽负有共同的责任，可我不理解何以孩子们会对男人的罪孽负有共同的责任。”除了陀思妥也夫斯基之外，所有的知识分子都有这种发自内心的反基督教的情绪，都或多或少地涉足过专制主义的冒险，而且在他们的反基督教之战中最为关键的，就是奥古斯丁的这个儿童事件；他们明明知道，只要这个信条还没有摧毁，这个儿童事件就是一道障碍，阻挡着他们的强大意愿：如果孩子注定是有罪的，如果连孩子的天真中都暗藏着罪恶，那么人永远也不会完全从罪恶中解放出来——从相反的一面来看，只有证明奥古斯丁错了，襁褓中的孩子是天使，或者是无罪的，人们才有希望从罪恶里解放出来，才能够希望让梦中的美好社会出现于人世。塞林纳就是这样，他写的那些论战性的文章，尤其是《困境》(*Les beaux Draps*)，虽然有仇视犹太人的激烈言辞，但也是一篇对儿童的颂歌：神奇的儿童……儿童是我们的希望……既然一定要爱什么东西，那么爱孩子的风险会小一些……——路易－费尔南多·塞林纳会因为贝贝尔(Bebert)和对孩子的爱而重新恢复其名誉吗？当然会的！环境自然主义说，一个喜欢孩子和动物的人从根本上不可能是坏人，也不会是彻底的坏人①……

萨特没有染指于这一切。他一时一刻也没有参与过对儿童的崇拜，他也不会去对儿童唱伟大赞歌。要恢复孩子的精神吗？世界要由孩子们来挽救吗？光有人权还不够，还要有儿童的神圣权利吗？首先他自己就没有孩子。他的小说里也没有孩子。《延期审判》中倒是穿插了一个令人难以置信的影子。但那是一个似有似无的人物，他根本就没有在意要不要让这个人物活起来，甚至半道上给他换了个名字(开始时叫“帕布罗”，一百页之后又变成了“佩德罗”)。在《波德莱尔》、《圣热奈，喜剧演员和殉难者》、《福楼

① 菲利普·姆莱，《十九世纪的各个阶段》(*Le XIXe Siècle à travers les âges*)，Denoël，1984年，第556页。

拜》和其它的作品中，他不得不描写主人公的童年。那童年具有决定性的意义，也为后来的生活所“充分利用”。有一次，在《圣热奈，喜剧演员和殉难者》中，他情不自禁地说，“孩子很有乐感”，几乎让大人给毁了。但是除此之外，我们看到的只有“精神有点失常……苦恼……神圣的悲剧……训练中的强暴……被训练的动物茫然不知所措……他们后悔制造出了这个怪物……被成年人的目光和欲望射穿了的空壳……人们拿过一个活生生的小孩子，将他缝在死人的皮囊里，让他在这种衰老的童年里窒息，除了一点不差地重复叔叔和婶母的姿态之外，他什么也不能干，除了在死后再毒害将来别的孩子之外，他什么希望也没有……一个孩子在黑暗中摸索着，想扮演成年人强加给他的社会人物，却不懂那是怎么回事……罪定终生的话令人眩晕……有个人的声音当众对热奈说：你是个贼……有个人的声音对马拉美说：世界是可恶的……”最后，他的《文字》从某种形式上说，是真正童年的小说吗？他把童年描写得那么阴郁，把童年说成是一种痛苦的经验，而且实际上显然也是非常可恶的经验，那简直是在唾弃永恒的童年，是在辱骂最初的天堂——这本书不是在歌颂什么，而是在驱除童年对成年人造成的可悲的迷惑！在这一点上，萨特也和波德莱尔一样。正像雷蒙·阿隆所说的那样，萨特一辈子从来就没有正眼看过一个孩子。[①]萨特对孩子根本就是无动于衷的，正如笛卡尔对动物根本就没有感觉一样，而且也是出于同样的原因。萨特和雷蒙·阿隆一样（也

---

① 雷蒙·阿隆，《暴力的辩证法与历史》(*Histoire et dialectique de la violence*)，Gallimard，1972年，第212页。

是出于同样的原因吗？同样的家庭角色的混乱……另一个被母亲当做小弟弟一样养大的法国的伟大作家……），雷蒙·阿隆在很长时间里始终认为，“看一个人有多少孩子，就可以知道他有多么流氓”，而且只要具有“父亲的身份”，在“司法的犯罪推定中就应当占有很大的分量”。[①] 萨特还对吉拉西解释说，有些夫妻通过“想念孩子”来“掩盖夫妻生活的失败”，他觉得这些夫妻真是可怜透顶——可怜的生活，失败的生活，幼稚的共识，在一连串的失败中，共同守着一个小小的孩子，通过这个孩子来延缓死了的生活……[②]当然并不是说对童年的崇拜一定会从根本上导致产生纯洁的意愿。并不是说规律（如果不把童年视若仙境，就不会有社会的自然主义）从严格的意义上说是可以逆转的（把童年视若仙境，等于是以自然为基础的社会联系，因此也就等于是专制主义）。可是说到底……我们不能太过分了，不能让萨特的口中说出这样的话：倒霉的童年，下流的童年。某个主体或某个社会之所以有魔力，其原因都在童年的幻影上，都是因为“人之初，性本善”，也就是因为自然是善良的，社会是美好的；我们不能说萨特会向这种说法开战，或者对这种说法无动于衷。童年是可恨的，因为它和自然相近；反过来说，自然是可恨的，因为它有着童年的气味。

我们可以认为，这种悲观主义太冷漠了。

我们可以说，我们很希望实事求是，很希望《自由之路》里有几个描写得很好的儿童形象。

---

① 路易·阿拉贡，《为无限辩护》（*Défense de l'Infini*），Gallimard，1986 年，第 181 页。

② 同上，第 247 页。

我们甚至可以用古老的“生殖恐惧”来解释这种对童年的恨。圣奥古斯丁把这种恐惧看做是大多数邪恶教派的特点，当时的邪教和现在的一样多如牛毛。而做心理分析的人则把它看成是对“父亲身份”的厌恶，这种看法虽然很可疑，却也很传统。[①]

可以肯定的是，说到底，萨特与“诺斯替的信徒们”是一伙的，把大自然看成是所有妖术的起源。他是个形而上学的人，好像并不打算轻率地对待“年龄”（童年……）和“领域”（自然……）之间的界线，这界线虽然很细微，却具有决定性的意义，如果两者之间没有这个分界，那就谈不上什么主体了——可以肯定的是，我们无法像所有的法西斯主义，尤其像法国的民族法西斯主义那样，对萨特说：“服从我吧，因为服从我，就是服从自然，就是服从我们的主宰，人之初的善良。”

关于罪恶

第三条定理。比童年的问题更加深远的是一般罪恶的问题。各种宗教的教义中都以各种方式说，罪恶是有的。不管人们怎么做，不管人们怎么想，现在有，将来仍然会有“残余的”罪恶，按照《申命记》里的说法，这种“残余的”罪恶永远也不会从地球上消失。不仅在社会上，而且在全世界，总有一种消极性，一种有限性，一种缺失和不幸，从《创世记》开始便始终与人如影相随，而且这有一个很大的好处，那就是不让人们梦想会有过于完美的社会。

① 吉拉尔·哈达德（Gérard Haddad），《有撕书癖的人》，Grasset，1990，第232页。

于是，专制的暴君回答说，没有什么罪恶。

不应当有什么罪恶，因为，在这个世界上，没有什么东西是我不应当，是我不能够战胜的。

为了起作用，为了创立我的计划并将这计划进行到底，为了破除最初的、也是最终的阻碍，释放出我无限的权力，总之一句话，为了以两种形式中的任何一种——观念的或是自然的，向着下游的冲击或是对上游的回忆——来创立美好的社会，作为开始，我需要的是堵住这种古老教条的后路，古老的教条不仅是与神秘的教义同时产生的，而且也是与那些伟大的神学同时出现的。这种教条就是原罪的教条。

或者还可以说得更加准确：事情搞错了；那本来只是一种病，却被人说成是罪恶；人们瞪着惊恐不安的眼睛，告诉我们说，那是永恒的罪恶，因此也就是无可救药的，像古老的诅咒一样，压在人们的心头。可是只要我们假设人只不过病了，事情会变得多么简单啊！我说是生病了，是患了某种病。既然是病，那就完全是可以治愈的。

或者还可以说：罪恶是不存在的，我们看到的只是疾患。世界是可以救药的。没有什么是不可救药的。到目前为止，哲学家们解释了世界，改变了世界，他们还要治疗这个世界。换句话说，政治只有变成诊所里的一个科室，才会有用处，才能自救（我们马上就可以看出，这一定理能够导致什么样的必然结果：有疾病就会有医生；有医生就会有诊断；而且所谓诊断就是寻找、确认、最终还要清除导致疾病的病原体；如果你是斯大林主义者，那么病原体就是资产阶级，如果你是纳粹分子，那么病原体就是犹太人，如果你是伊斯兰的原教旨主义者，那病原体就是有教养的西方白人。从这一定理中我们也可以看出，罪恶变成了疾病，诊所和政治混淆在了一起，君主变成了医生，权力的愿望变成了治病救人的愿望，所有这一切十分具体地为灭绝种族的理论和集中营提供了根据……）。

在这一点上，萨特也奋起反抗了。

当然，他并不是时时刻刻都在反抗。

有的时候，他也穿上了治病救人的哲学家的外衣，而所谓治病救人，也就是灭绝种族。

但是现在，他奋起反抗了。

而且根据一种同样无情的逻辑，他也只能反抗，拒绝这种方案。

他通过两种方式这样做，这是显而易见的，只要看看《厌恶》，哪怕是一目十行地看一遍就知道，这一点足以使他和当时的思想家们泾渭分明。

第一，很简单，他相信罪恶。他是相信存在着善、恶两种原则的最后的哲学家之一，像摩尼教徒或是卡塔尔派的教徒一样，他认为善和恶统治着世界，既互相补充，又互相对立。他和有些人一样，并没有完全放弃这样一种假设：远在专制主义出现之前，整个哲学的历史就是迫害人的历史，是令人束手无策、没法解决、没法处理的罪恶的历史，尽管他有时候说"正如存在先于虚无一样，善也先于恶"，说恶是善的"寄生虫"，说恶"因其虚无才令人感到目眩"。[①] 他认为罪恶不是神秘的，而是显而易见的，罪恶不应当引起人们的"公愤"，罪恶是有权威的，其目的不是要在辩证的综合中

---

① 《圣热奈，喜剧演员和殉道者》，第 176 和 182 页。

与善良调和。他认为在世界上，在人们心中总有那么一个黑暗的角落，那里的黑暗无法驱散，无法美化。那些信奉卢梭的俗人说，人心里的黑暗是与文明有关的，是由文明所导致、所引发的；萨特则认为相反，这个黑暗的角落实际上是与生俱来的。而且，他不仅仅这样“认为”，他不满足于为了让人们承认这个令人诅咒的角落而从理论上大声疾呼，说那些为专制主义唱赞歌的人给社会涂上了一层迷雾，而这个黑暗的角落就是社会的反面和真理，他还描写这一黑暗的角落，将它搬上舞台。在他的小说和戏剧中，这个角落成了他追寻的目标。人们经常说他津津乐道于肮脏的东西和令人恶心的事物。人们责备他是专门研究“排泄物”的思想家。不错。事实就是这样。他专写肮脏的东西和令人恶心的事物。专写黏糊糊的东西、粪便、令人作呕的东西、令人厌恶的东西。他感兴趣的只是人心中黑暗的角落。他喜欢人渣。他像马克思一样，认为“腐朽是生命的试验室”。即使在搞政治的时期，甚至在搞恐怖主义的时候，他的这些想法也仍然在起作用，他也在为犹太人、黑人、无产者、殖民地人民、世界上受苦受难的人们和疯子恢复名誉，后来他也关心过同性恋者。总而言之，他关心的是社会的反面，是人类的阴暗面，是“被隔离的人”，是“无法融入社会的被排斥的人”，是“不受欢迎的人”，是“各种各样失去了社会地位的人”。他认为让·热奈从始至终就是一个最好的代表，热奈被判了刑，是个注定了会作恶的人，“还没有出娘胎，欧洲所有的监狱便给他留好了地方，所有运送囚犯的车便给他预留了位置”。[①] 在这一点上，我们用不着米歇尔·福科，就看到了人的另一张面孔，看到了与一般人截然相反

① 《圣热奈，喜剧演员和殉道者》，第41—42页。

的人物。我们用不着看《癫狂的历史》，在萨特的作品里就看到了政治的理性如何产生巨大的分裂，看到了西方最暧昧、最无耻的一面。这是作为神学家的萨特。是仍然虔诚的萨特。《圣热奈，喜剧演员和殉道者》是他对"隐隐的，有生命的躁动"探索得最为彻底的作品。在这部作品中，他不厌其烦地引证圣约翰的话。[①]"正人君子"排斥这种躁动，他也极力否认。但正是这些东西在他心中抵制了无神论。在《文字》里，他说无神论是"残酷而漫长的"冒险。二十世纪的后半叶，欧洲有两个思想家试图直面罪恶，同时又彻底地探索了无神论，却并没有取得成果。传统上从瓦勒里和柏格森到超现实主义，人们总是理想化地看待世界，总想美化世界，把世界说得奇妙无比。但有两个伟大的作家，真正地思考了宗教，与很有法国特色的思想传统背道而驰。一个是乔治·巴塔耶——"无神论"的使徒，向我们揭示了"肮脏、衰老、带着腐败的油腻味、卑鄙、下流、痴呆"的世界（这是安德烈·布列东在《第二次宣言》中说的话，让人听了，还以为是《巴黎期刊》在无情地批驳萨特！）另一个就是让－保罗·萨特，写了《厌恶》和《间隔》的萨特——一个"十分可疑的"无神论者，他的大部分信条，都是基督徒"用不着改变太多的东西"便可以原封不动地接受的：没有骨气的、痛苦的人类，虽然被抛弃，却时时在怀念过去，虽然被上帝遗弃，却一心只想着天堂（这是朱利安·格林的话，但说是巴塔耶的话，也未尝不可）。[②] 巴塔耶，萨特，两架机器，两种反专制主义的诱惑。

---

① 让－弗朗索瓦·鲁埃特，《萨特的沉默》（*Silences de Sartre*），Presses universitaires du Mirail，1995 年，第 53 页。

② 《日记》（*Journal*），1951 年 6 月 12 日和 1953 年 5 月 17 日。

第二，他相信人和世界之间存在着毫不妥协的、最终的、无可救药的分歧——他在作品的第一部分用三种互相映衬的特点，给自己下了个定义，从中也可以看出这一点。这三个特点是：严肃的精神，“流氓”和资产者。

第一，什么是严肃的精神？也就是《存在与虚无》中提到过的咖啡馆服务生的精神，也指在喜剧里以牺牲自由为代价，认认真真地扮演规定的角色——这里的所谓自由，就是不断地、令人赞叹地创造自我——，但在此之前，所谓严肃的精神，首先是指下面这种人的精神：他认为规定的角色是存在的，认为这个角色有意义，认为世界是由一系列事先规定好的面具组成的，这些面具互相配合得天衣无缝，一个连一个，一个接一个：这是一个“相信世界”的人，[①]他不接受偶然性和厌恶的经验，他生活在幻想中，认为社会是一架好看的，善良的机器，而他则是这架机器上的一个活塞，因此他要把大部分时间花在维护这个活塞上，花在维护他这架小小的机器上：“我用眼睛寻视着屋子里，”罗康坦说，“这是一场恶作剧；所有的人都神情严肃地坐在那里；他们在吃东西；不，他们不是在吃东西，而是在恢复体力，以便很好地完成交给他们的任务……”

第二，什么是“流氓”？在成为一种道德的类别之前，在成为品德词典里的一个词条，用来形容用酷刑折磨别人的刽子手、杀人犯、一般意义上说的法西斯、邪恶的人等等之前，“流氓”这个词是一种形而上的类别，用来指那些对什么事都不怀疑的人。这种人尤其不会怀疑在广而大的社会上，自己渺小的生存是必要的，他在

① 《存在与虚无》，第641页。

社会上找到了自己的角色和位置[①]：这是布维尔市的一类人的精神，这样的人难以理解罗康坦的教训，按照现实的、与自己一致的、显而易见的模式，认为有存在（être）总比什么也没有好，而且正因为如此，正因为一开始时就缺乏惊奇，缺乏提出问题的兴趣，缺乏哲学的意识（存在是明摆着的，像一个庞然大物，模模糊糊，奇丑无比：难道不正是因为人在面对这一切时感到奇怪，所以才有了哲学的吗？）。对于这样的人来说，社会具有什么样的风格，支配着这个社会的制度具有什么样的性质，以及他在这个社会上占的地位是不是重要，这些都是无所谓的。这样的人把他的存在看做是应当的，把世界看成是一种秩序，把他在世界上的位置看成是绝对的必须，他会把事实上的特权看成是权利，谁想算计他的权利，他就会打碎谁的脑袋，这是自然而然的。

第三，什么是资产者？萨特和福楼拜或波德莱尔一样，对资产者的憎恶远远先于严格的政治话语，而且一直到他生命的最后一刻，这始终是他最为稳定的情绪之 。到底什么是资产者呢？严格说，这不是一种政治类别。和社会阶级也没有任何关系（马克思：资产者是“拥有财富”的人，或“压迫者……”），和文化也没有关系（福楼拜：“我把思想下流的人称为资产者”），和他自己的经历关系也不大，尽管不能说完全没有关系（仍然是“波德莱尔症候群”；是《延期审判》中的菲利普面对他的岳父将军时的症候；我之所以恨资产者，是因为我恨我的岳父孟西，恨拉罗舍尔的大地主们，恨

① 艾田·巴利利耶，《小同学》（*Les Petits Camarades*），Julliard-L'Age d'Homme，1987 年，第 39 页。

那些看"饱食终日"，只会看《费加罗报》的"讨厌的"人们。正是为了反对孟西"这家伙"，我才"一生都在写"[1])。这是本体论上的一种类别。是在"存在"(être)中安身立命的一种模式。如果不是担心会重复海德格尔的误会，我们几乎想用萨特的原话说：这是向"存在"(être)开放的一种模式，是"此在"(Dasein)的一种存在方式。每个人心中都有"严肃的精神"和像"流氓"那样什么都不怀疑的散漫。他把这一"重"一"轻"两种态度的结合称之为"资产者的态度"——有的人不怀疑社会在运转，(严肃的精神)，也不怀疑这一运转是正当的(流氓)，他把这种人的态度称之为"资产者的态度"，虽然这样的人从社会学的角度上，不是人们一般称之为的资产者，但他们也会在三个不同的方向上让人仍然产生这样的幻觉。

第一个方向是过去。谁认为事物的现有秩序是必须的和合理的，并极力维持现状，谁就是资产者。谁像《一个领袖的童年》中的西尔文·弗洛里耶一样，企图确信"远在出生之前，他在天下，在费罗尔的地位就确定了"，谁就是资产者。世界不仅仅早就给他规定好了角色，不仅仅能够保证他一定能够取得这个角色，而且还在"等待他的到来"，虽不是自从开天辟地以来就在等，至少也是等了好几代人。资产者相信自己"受命于天"。与一般的定义联系在一起的，正是这种令人难以忍受的"生而有之"的特点，而萨特也正是由此而发现了其必然性。

第二个方向是将来。不怀疑事物的既定秩序，对自己神秘而深刻的合法性没有丝毫的疑虑，并极力让这些东西延续下去，这样

---

① 《告别的仪式》，第186页。

的人就是资产者。深信世界是一架美丽而善良的机器，而他又在这架机器上占有一个很好的位置，所以便自然而然地竭力支撑着，好让什么也别动，别出现会把现状搞得天翻地覆的情况。这样的人就是资产者。这是资产者“保守”的一面。他们倾向于让现有的事物保持现状，有可能的话永远也不要改变。这一分析的功劳是指出了保守和抗拒历史发展的态度的深刻根源。

最后一个方向是存在的深处。有的人觉得自己的根不仅深深地扎在社会里，而且也扎在世界里，不仅扎在世界里，而且也扎在存在中，这样的人就是资产者，哪怕他是“工人”或“无产者”。有的人认为存在是充实的、不透明的、没有断裂也没有缝隙，如此“人生在世”，不管社会地位如何，都像“一块石头，坚实，呆滞，不透亮，持这种看法的人就是资产者”。从这种意义上说，《文字》里的西默诺就是个资产者，甚至是个典型的资产者。[①]《文字》里的萨特还是个孩子，有一天下午在实用语言学院过节，安娜·玛丽弹钢琴，在场的人玩得都很开心。儿时的萨特还叫普鲁，几个漂亮的妇人正在哄着他玩，却听见祖父夏尔·施维泽尔用令人羡慕的口气说：“这里缺一个人，那就是西默诺。”晚上有的时候，“安娜·玛丽没话找话地问他是不是喜欢巴赫，是喜欢海还是喜欢山，对故乡的城市是不是留下了很好的回忆。”他又想起那时的情景。那时的西默诺便有着与众不同的特权，可以“不慌不忙地思考”，用他“内心的目光”去探索“他感兴趣的像花岗岩一样坚硬的问题”，最后再用沉稳、动听的声音回答人们的问话。别人聚会时，如果他不在场，会

① 《文字》，第 75 页。

让人引以为憾，他越是不在场，人们就越是能够感觉到"有血有肉的他"，这在世界上恐怕是独一无二的，人们会说，"我们想念西默诺"，"真可惜西默诺没在"。西默诺先生丝毫也不怀疑自己的兴趣，丝毫也不怀疑自己在这个世界或社会上的地位——他有权利对人们说："这就是我的兴趣，我就是这样的人，这就是我，我就是西默诺。"这也是一个十分宽泛的定义。所谓"资产者"不是指一个社会阶层，而是一个存在（être）的阶层。三十年代的萨特不参与政治，这历来是令人很费解的一件事。这也许是一个解释：如果他瞄准的目标是本体论，那又何必去参加斗争，支持人民阵线和参加游行呢？

萨特既不是"严肃的人"，又不是"流氓"，又不是"资产者"。在萨特的作家生活中，有一半的时间，而且还不只是一半，用在了勾画这三种反派人物的形象上，将自己和这样的人物区别开来。与西默诺相反，萨特很早就觉得谁也不会想念他，谁也不会等待他，谁也不会需要他。就像做了父亲的尼藏一样，他的存在好像是多余的。[①] 这种感觉当然是痛苦的，可怕的，但却无可辩驳。萨特当然也有一些兴趣，但那都是散乱的，不确定的，无法统一或归结在一起，无法让他用崇高的，阳刚之气十足的话说："我是西默诺，我要你们听着我说的话"或者"我是萨特，我存在"。萨特的信念恰恰相反，认为人与人之间，人与世界之间的关系根本就不是自然的。他相信人对存在有恶意，存在对人也有恶意。他相信人是多余的存在。在各种各样的存在中，人是额外的，而且"所有存在物

---

① 《保尔·尼藏》，载于《境况种种》，第四卷，第 162 页。

(existant)的产生都是没有道理的，都是由于怯懦而延续，由于遭遇而死亡的”。在为《关于犹太问题的思考》所记的笔记中，他像乔治·巴塔耶一样相信：“在人这一事实中，普遍存在着一种必须克服的、累赘而令人恶心的因素。”[1]他也可以像马拉美一样惊呼：“我们都是失败者，默克莱尔！我们生来就是注定要失败的人！”——而且一直到他生命的最后，或者说差不多是一直到最后，他通过马拉美所歌颂的，正是这种“悲观的形而上学”，正是把人看成是“失败者，是狼群里的一只狼”的定义。[2] 他也可以像拉康一样说，人们之所以聚集成群，人和人之所以形成群体，这本身就说明了人的某种怯懦。我想再说一遍，那是因为他相信，失败是无可救药的，因为他深信与偶然性的关系永远不会完结，而且不管是在什么地方，将世界从堕落中挽救回来，使世界不再失落的计划是根本不存在的。总之一句话，因为他相信罪恶，他不相信疾病——他注射了疫苗，暂时还不会产生为二十世纪的专制主义治病的幻觉。

萨特的丑陋

人们有时候说，萨特不愿意说自己长得丑。

这是多么奇怪的想法呀！他说自己长得丑。他在不停地说。而且甚至很可能这是他哲学上重要的顽念之一。

在《文字》里，名叫普鲁的孩子像七岁以前的海明威一样，始终

---

① 《萨特全集》，第十一卷，第 226 页。

② 为《马拉美》写的前言，载于《境况种种》，第九卷，第 195 页。

被人当成个小姑娘，至少被打扮成个小姑娘。有一天，可怕的祖父夏尔带他去理发，他看着金色的卷发掉在地上，突然间意识到自己失宠了。

他在通信中说："五岁之前，我是个讨人喜欢的乖宝宝，传统的样子很招那些普通的妈妈们喜欢。从五岁开始，我的头发被剪掉了，随着被剪掉的头发而去的，还有那短暂的辉煌，我变成了一个像癞蛤蟆一样的丑孩子，比我现在的样子还丑得多。"

在《家庭白痴》中，他在提到福楼拜的一个题为《闻香》的短篇小说时，间接地谈到了这一点。这个短篇小说讲的是一个名叫玛格丽特的小姑娘的故事。玛格丽特样子丑得吓人，因为丑而遭人唾弃，并因此而变得心性歹毒。由于不知道该往哪里发泄，便转而折磨自己，最后终于自杀。

在和约翰·吉拉西的一次谈话中，他讲过十二岁的"普鲁"是如何梦想有个"女朋友"。他发现了一个姑娘，名叫莉塞特，一头漂亮的金发，跟他岁数差不多，人很随便，她父亲专门卖船甲板上使用的东西。他观察她，昼思夜想她。拉罗舍尔海边有一条开满鲜花的散步大道，叫梅尔大道；有一天他在梅尔大道的树荫下看见她靠在自行车上，身边围着一群男孩子。他骑着自己的小自行车靠近她，在她四周转来转去，想方设法吸引她的注意，可又不敢和她说话。突然，漂亮的姑娘不知对谁叫道："那个斜眼的家伙是谁？"引得一伙人哈哈笑了起来。

在《厌恶》中，罗康坦面对镜子发现自己的那一幕是很著名的："镜子里露出一团灰蒙蒙的东西……那是我的脸孔……脸颊软绵绵的……这一切都没有意义，甚至没有人的表情……我小的时候，姑姑毕茹瓦对我说过：‘如果你长时间地照镜子，你会在镜子里看到一只猴子……’可是我所看到的，却比猴子难看多了，是个处在植物界边缘的东西，像是一块息肉，尤其是眼睛，从这么近的地方看去，真是可怕……呆滞无神，软乎乎的，什么也看不见，四周一圈红，就像鱼鳞……眼睛，鼻子和嘴都消失了，再也没有任何带人味的东西……”

在《告别的仪式》中，他又一次提到他那非同寻常的、令人厌恶的丑模样。那是一幅奇妙的自画像，让人看出《厌恶》的文笔，同时也让人隐隐地联想到他年轻时十分佩服的莱利的《人的时代》开始部分的描写："我的丑模样是女人们帮我发现的。"后来是照镜子时的可怕体验："那东西还是那样"，奇丑无比的"斜眼儿"。我一下子就看到眼睛是斜的。后来又出现了一片"泥沼"，深深地吸引着我那儿童的目光。我看到的是零零落落的一堆线条，这些线条"拼不成一张人脸"。之所以这样，"因为我的眼睛斜视，因为我很快就长了皱纹"。"那不是一张人脸，是一块被翻过来的土地，我用肉眼能看到别人的脸，可在镜子里却看不见我自己的……"

雷蒙·阿隆在回忆录里讲过一段奇怪的话[①]："我们聊天时常常谈到漂亮的小伙子。这跟他自己的丑模样如何协调呢？萨特心甘情愿地说自己长得丑（我也说我长得丑）……"

《滑稽的战争记事》中说："现在 T 把我看成是一个下流坯子，这让我非常气愤，好比看了很多认识朱尔·罗曼的人写的文章之

---

① 见阿兰·布依齐纳的《萨特的丑样子》，Presses universitaires de Lille，1986 年，第 54 页。

后，也把朱尔·罗曼看成是个麻风病人。我在镜子中看到自己时，和当面看到朱尔·罗曼一样，总感觉到有一种无可宽恕的缺陷，但从各方面都不受约束。我有点恨自己，尽管我知道这责备是不公平的……”

除此之外还有大家都知道的《阿尔布玛尔王后》。在谈到这本没有写完的书时，萨特总是说，这本书应该是对“旅游意识”的控诉，或者是他“成年之后的《厌恶》”。但他突然又对阿斯特鲁克和孔达推心置腹地说，这部作品本来也可以成为对丑陋的思考，对“人们和他们身体的关系的思考”，对“什么叫丑，什么叫美”的思考……

从这些文章中，我们可以看出年轻的萨特所感受到的痛苦。

我们可以看出他做了多大的努力，好在这张丑脸上贴一丝笑模样，自己忘掉，也让别人忘掉一片烂泥塘的景象，好控制那双斜视的眼睛、多余的赘肉和时而过分张扬的表情。

我们可以看出，而且他自己几乎也是这样说的，他不得不从具体的哲学上做出巨大的努力，才能超越命中注定的丑，才能接受它，把不得不接受的可怕的丑模样改变成积极的决定，将它的意义颠倒过来，不是要把它变成“美”之丑（浪漫派的文学家们有一个伟大的观念，那就是丑可以是美的，然而萨特说不上是个浪漫的人），而是要把它变成一种“诱惑人”的武器（克服继父的可怕的断言：“你永远不会讨女人的欢心”①）：萨特像苏格拉底，像孟戴斯·法朗士，但也像司汤达，而且尤其像，历来就像。司汤达也曾和他一

① 《滑稽的战争记事》，第327页。

样练习着怎么做鬼脸，怎么掩人耳目，怎么颠倒角色，怎么做出种种滑稽相来寻开心——这些五花八门的计谋都是为了不让别人把注意力停留在他那令人难以忍受的、不公正的丑模样上。萨特当然还没有像他那样染头发，小心地摆正头顶上的"假发"，或者弄一大堆假面具。但心思是一样的。目的都是要一些花招，化解他的丑相，让人们看不到他的丑模样。

但在此之前，我们尤其可以理解的是，这种丑模样最先让他体验到的，是一种形而上的教训。

早期的萨特最为优秀、最为丰富的思想之一，就是哲学上的反本质主义，而这种形而上的教训如果不是这一思想惟一的源泉，至少也是其源泉之一。"人并非生来就是犹太人，而是变成犹太人的……""女人并非生来就是女人，而是变成女人的……"人除了会变成犹太人，女人之外，还会变成同性恋、自由人、奴隶、移殖民、作家、傻瓜或流氓。而这一切的源泉，则是他母亲决定嫁给海军工程师孟西，并剪掉了他的像女孩子一样的卷发时，他发现"丑模样不是生来就有的，而是后来变成的"。

他还有一个与此相关的思想，认为人总能顺应变化，做一些不得不做的事，重新塑造未来，让未来经受无限自由的考验。"从四十岁开始，一个人要对自己的脸负责。"因为这句话，人们对他发出过多少责难啊！这句话引起了公愤，在此之后的一次采访中，他还以同样的口吻，说弗朗科长了一张"拉丁人的混账脸"，脸上的"皱纹又难看又凶恶"，说他的混账脑袋该"用刀砍或上断头台"！① 虽

---

① 《萨特口中的西班牙》，菲利普·加维采访记，见于1975年10月28日的《解放报》。

然他后来在《告别的仪式》里承认说，那是在“气头上说的话”，而且这一类的话“照原样写出去时，总会产生另外的意思”，但萨特从来没有否认过这些话的实质内容。他说的是他自己。在讲这些话时，他知道自己在说什么。一个人在经历了许许多多的苦难，在经受了磨练之后，其外表应该是什么样就是什么样。人长什么样，不是生物宿命论的表征，而恰恰是人的自由不断作用的表现。他喜欢的司汤达不也是这样认为的吗？拉克鲁在谈到梅特依时说，由于不断地修练自己，换言之，由于有了自由，她会控制自己的脸孔了，让自己的脸成了一架战争的机器，服务于她对别人的诱惑。而光荣的大师，令人赞叹不已的悲剧大师高乃依在《招摇撞骗者续集》[①]中，借多朗特之口，在说到“好心肠的人们”时说：“这些人是什么样的人，都在脸上写着呢。”

最后，萨特之所以觉得生活是一场悲剧，觉得主体和世界不一致，原因大概也在于此。人的脸面成了一片乱糟糟的风景，七出八差，两只呆呆的眼睛斜瞪着，自己跟自己过不去，人们都觉得他的两只斜眼从生理上就会把一个东西看成两个。长了这么一副嘴脸的人，对世界的看法怎么能够不混乱，他怎么能够不痛苦呢？而且他动不动就与人争吵，甚至好斗，像赫尔曼·梅尔维尔的小说《白鲸》[②]中的大鲸鱼一样，两只眼睛之间的距离太大，向大脑传递的映象完全是两个系列，互相之间没有联系，相互矛盾。萨特对吉拉

① 第三幕第一场。

② 赫尔曼·梅尔维尔(Herman Melville，1819—1891)，美国小说家和诗人，曾当过捕鲸船上的船员。这里提到的小说《白鲸》，是作者为人所称颂的作品之一。——译者注

西说，正因为他生得丑，才没有成为“改革家”或“修正主义者”。[①] 从严格的意义上说，这话很值得怀疑：梅洛-庞蒂说过，虽然战前的萨特对政治“不闻不问”，但也有“同情心”，因为“同情”而成了贝日莱[②]的拥护者。当时的“贝日莱是激进党的成员，和另外几个人共同被人称之为党内的青年激进分子”。[③] 但是，相貌的丑陋使存在的和谐和结构产生了绝对的灾难。显得过分的，不是亚里士多德说的“质料”，而是“偶然性”，这使萨特深信事物的阴暗是不可战胜的，因此他与世界之间的和解也就成了不可能的事。正因为萨特生得丑陋，所以才有了免疫力，不像别人，不像加缪那样相信社会融合的梦，也包括其中最为完美的革命之梦。这才是符合事实的推测。

萨特的丑陋与世界的丑陋不无关系。

一个人长得难看，普天之下的人也就最终地都成了瘸子。

萨特，我们指的是早期的萨特——正因为他正视丑陋，正因为他在自己的身上，在自己的脸上，在镜子中看到了丑陋，所以才比别人更能够抵御幻想，不相信社会是圆润的、半透明的，不相信社会彻底摆脱了罪恶和错误。

萨特的丑陋是他的另一种运气。

---

① 见约翰·吉拉西的作品，第 77 页。

② 加斯东·贝日莱(1892—1974)，法国律师和政治家，1928 年为激进派议员，曾创立反法西斯的共同阵线，在维希政府期间曾任法国驻莫斯科和安卡拉大使。——译者注

③ 莫里斯·梅洛-庞蒂，《做男人没有什么好方法》(*Il n'y a pas de bonne façon d'être homme*)，1959 年 5 月与乔治·夏波尼埃的谈话，重刊于 1980 年 7—8 月号的《精神》杂志，第 41 页。

正是任何计划都无法克服的混乱和暴力，正是象征着世界的最终罪恶的混乱和暴力，导致了萨特的自由。

神学家、哲学家和专制者

不过，这还没有完。人这种动物的问题是，他可以接受原则，却又不赞成其结果。想到社会可以摆脱罪恶，从而与起源或终结联系在一起，他会感到欢欣鼓舞，但想到需要为此付出的代价时，却又被吓得向后倒退了。于是专制的独裁者又卷土重来。所以，他又提出了第四个，也是最后一个定理。

代价将是沉重的，不错。你们觉得我给你们的生活不人道，多灾多难。不过，你们先变换一下视角。你们先放弃狭隘的、自私的、有限的个人的观点，站在奇妙无比的世界的观点上来看待问题，将来这个世界会是你们的。你们先放弃自己的观点，用我提出的伟大的乌托邦的观点来看待问题，正是为了这个伟大的乌托邦，我才要求你们接受独裁、集中营、系统的杀戮、酷刑、劫掠。你们将会看到，所有这一切都是一套完整计划里的一部分。你们会理解，劫掠，也许还包括屠杀，是属于更高一级的秩序。你们觉得这很残酷，很荒唐吗？不是的！这是有意义的！这是必然的！这是要求你们做出的牺牲，好实现乌托邦，让幸福的时代到来。

这是宗教的道理，当宗教放弃了伟大的神学假设，把它们的力量与恺撒的力量联合在一起，并对我们说："上帝是完美无缺的；上帝的创造物也是完美无缺的；你们认为难以忍受的不完美的事物，也是由于完美而导致的"，或者"此生就是流泪谷，是一场噩梦；但是等着瞧吧；请你们耐心地等到最后；等到最终审判之日，你们会看到痛苦将产生什么样的结果；你们要明白，你们此生是在为来世的幸福付出代价。”

一些重要的哲学体系也是这么说的。用科热夫的话说，哲学家和专制暴君之间好像没有什么根本的区别，[①]早晚有一天都会不厌其烦地对我们说：“你们觉得自己的命运荒唐吗？你们觉得善恶的分配不公平吗？要改变的，是你们自己的愿望，而不是世界的秩序”（笛卡尔）；善和恶的分配不是平等的，你们要用这种“概要”的看法去看待世界（柏拉图）；用实体，用实体样式之必然发展的观点去看待事物（斯宾诺莎）；用上帝的观点去看待事物，那是至高无上的单子（monade），是完美无缺的理智，是所有视角的综合（莱布尼茨）；你们想想未来，精神将在未来实现，使所有可怜的波折都有了意义，而作为精神实现的前奏的，正是所有的盲目、痛苦、自我意识的缺乏、神秘，甚至杀戮、劫掠、暴力；这些行为“导致的惟一结果”，“就是心如铁石、视死亡为粪土，杀人就像砍白菜，喝凉水一样，没有别的意义”（黑格尔）；总而言之，你们换个视角，就会明白，刚才还觉得不公正的事，实际上都是天意的秩序决定的——你们将会明白，那些数不清的痛苦、罪恶、混乱，都只不过是圣灵的另外一面，或者是通向圣灵的最长、但却是最为可靠的道路。

福楼拜曾带着嘲讽的口吻说：“什么时候能以‘高等玩笑’的观点来写作呢？也就是说，什么时候能写出和上帝从天上看到的一

---

① 《专制与智慧》(*Tyrannie et sagesse*)，Gallimard，1954年，第252页。

样的事物呢?”[①]事实上,以这样的角度写作的人是有的。福楼拜好像没有注意到,但是的确大有人在。而且在福楼拜之后,这样的人更多了。因为,多少个世纪以来,所有的大哲学家都是这样写作的。不久之后,那些奴役人民的专制暴君受到哲学家们的启发,也开始这样写作——包括处在专制主义阶梯上层的独裁者和处在下层的极端自由主义者,这两者是不可能混淆的,但他们有一个共同的特点,也是惟一的共同点,那就是他们都在要求人们:变换一下你们的视角吧!请你们站在不可避免的全球化的角度上看待问题!自发的和谐是由世界市场这只看不见的手决定的,请你们站在这个角度上看待问题!你们会看到,你们在生活中之所以疲惫不堪,失业,颠沛流离,受尽屈辱,丧失希望,那是由某种计划决定的,华尔街或加利福尼亚退休基金会的大亨们掌握着计划神圣的处方。

然而,信奉福楼拜的萨特比任何人都更加讨厌这种机制。

他比任何人都更加憎恨这些概念上的阴谋。有人假惺惺地拿这些概念来安慰人们,说服人们放弃反抗,极力让人们变得俯首帖耳。

我说的是“他比任何人都更加憎恨”,之所以把早期的萨特说成是从形而上的角度反对专制主义的第一人,也有两个原因。

首先,当然是因为他自己这样说过。他给《解放报》写过一篇很好的文章,题为《什么是法奸?》。[②] 当时有些人想把萨特说成是

---

① 居斯塔夫·福楼拜,《作家生活的前言》(*Préface à la vie d'écrivain*),Seuil,第90页。

② 见《境况种种》,第三卷,Gallimard,1976年,第51—56页。

罪恶的历史主义的追随者，并把他和颇得人心，或至少从道德上无可指摘的加缪相对照，这些人应该早就看过萨特的这篇文章。

在这篇文章里，萨特一开始就说，有的人认为，既然“德国人胜利”了，那就“必须顺从于帝国”。我称这样的人为法奸。

有的人以其“个性”为“基础”，做出“深刻而原始的决定”，乖乖地“顺从所有的既定事实”，之所以“接受已经完成的事件，完全是因为事件已经完成”。我称这样的人为法奸。

有一种“被误解的黑格尔哲学”让人们以为，“最后的历史事件是最好的事件，只是因为它是最后的”，如果这事件导致不正义的行为、酷刑、暴力，那也活该，因为“所有的伟大变化都是以暴力为基础的”。我把追随这种学说的人称之为法奸。

他按照这样的思路说下去，思考人们到底为什么会在内心深处接受这样的暴力，又补充说：“法奸患了知识分子的病，我们可以把这种病称之为历史主义”；法奸“在评断自己的行为时，站在尽可能远的未来的立场上”；这种“用未来烛照事件的方式”，这种“先跳过几个世纪，然后再回到现实中来”，“从远处观照事件，再把事件重置于历史中”的方式，这种“把事件推向过去”，并由此而“掩盖事件令人难以忍受的特点”的方式，是典型的法奸的思想方法——何必去杀德国人呢？何必抵制和憎恨他们呢，五年之后，我们不还得和他们做生意吗？

在这种观点的变换中，他看到了法奸精神的关键所在。正如莱布尼茨指出的那样，“同一座城市，从不同的方面去看，会显得完全不一样，好像有了多重的远景一般”，那些本来令人难以忍受的痛苦或苦难的命运，换个角度来看，会有完全不同的意义。他明白了逆来顺受的精神原则，那正是上帝看待事物的角度，虽然在适当的时候变成了世俗的东西，现在人们称其为"历史"，但那做法是完全一样的。如果有人说："你们站在神，或者实体，或者绝对精神的观点上来看待事物，你们会看到……"，或者换一种方式说："你们站在历史的观点上，也就是说，把现在当成过去，你们会看到耻辱、失败、死亡的集中营、被酷刑折磨的抵抗战士、巴黎街头的德国士兵、在维希电台讲话的法西斯老头子元帅，所有这些屈辱的、可恨的现实，突然之间都变得符合秩序了，因此你们也就会觉得可以接受了。"这两种说法之间有什么区别呢？

萨特在这篇文章中想到的，当然是与德国人合作的法奸。

他所想、所说的那些人之所以甘心情愿地接受德国人的胜利，不是由于他们多么喜欢德国，而是由于他们喜欢历史。

但是，我们应当看到的是，这些话也可以原封不动地适用于那些与一切专制主义合作的法奸们，当然也包括苏联的专制主义。

当然，作者后来又否认了自己的立场。问题是，他怎么能在那么短的时间里，在几个月之后，一提到苏联，就忘记了自己那明明白白的阐述，"在评断自己的行为时，站在尽可能远的未来的立场上"，通过"跳过几个世纪"，"从远处观照"，并"重置于历史中"，来"掩盖"集中营的"令人难以忍受的特点"。但是，文章是他写的。这篇文章的存在是最终的，无可辩驳的。而且很难说《反抗的人》和《人道主义和恐怖》对专制主义第四定理批驳得更加彻底。

不过，我之所以说他反对专制主义是最彻底的，还有第二个原因。

不管怎么说，上面那篇文章可以被看成是应景之作，但他还写了另外两本重要的作品：《厌恶》和《存在与虚无》。这两部作品共同的原则就是，偶然性是绝对的，苦恼是最终的，生活的困苦是不可救药的。不管在什么地方，现在没有，将来也不会有什么好的观点，可以让主体和与生俱来的痛苦协调起来，和压迫造成的痛苦协调起来。由压迫造成的痛苦是人为的，更加暴烈，因此也就更加不可能与主体协调。

重新构筑过去，通过记忆的灵感使过去产生当时所没有的意义的，是普鲁斯特，而不是萨特。

在《厌恶》中梦想"完美时刻"的，是安妮，而不是罗康坦。[①]

只有游客才喜欢"世界像一幅古画一样的永恒的时刻"。[②]

只有原来的萨特，只有《文字》中描绘的、被成年之后的萨特清算掉的儿时的萨特，才会按照"命中注定的样子"生活，才相信他的"不幸"只不过是一些"考验"，预示着他"辉煌的死亡"，是他取得"死后胜利"的条件，是生活成功之前必须攀登的阶梯。

在罗康坦的梦想中，生活的时刻"依次相连，排列有序，好比回忆起前生"，但他很快又得出结论说，那样的希望是注定要失败的。他说，"那无异于想抓住时间的尾巴，让它停下来"，这是以小说的形式预示了他后来在《滑稽的战争记事》和《文字》中所说的心里话：当然，我心中曾经梦想过，生活就像按照"提纲写文章一样，提纲里已经提供了一大堆的说明，只要把这些说明串起来就行"。但

---

① 见于《厌恶》第 204 页和第 208 页。

② 《阿尔布玛尔王后，或最后的游客》，Gallimard，1991 年，第 133 页。

这只不过是一个荒诞的梦，生活的考验使我不得不放弃这个梦……

换句话说，早期的萨特认为生活没有意义。生活没有任何希望。没有什么看不见的手在冥冥中为生活指引方向。生活是混乱的。是无定形的。是纯粹的混乱和迷雾。是乱成一团的各种时刻。混乱。一团糟。那么，怎么能说人的痛苦，尤其是把人关起来，或者折磨人时所造成的痛苦是有意义的呢？

主张偶然性的哲学家一字一顿地说，不管从哪个观点来看，你都不能说压迫是好的。

不管站在什么样的角度上，我们永远也不能够得出这样的结论："对，这样好多了！只要换一副眼镜，或调整一下目光，便能够看出，那些专制暴君表面上看是在作恶，但实际上是在为我们造福呢！"

无论如何，我们永远也不能够说："等着瞧吧；请你静观其变。让历史自己去发展，让历史完成其使命；等到最后，只有到了最后，等期限到了，在融合的痴迷中，你们才会明白那像河一样的血、汗和眼泪是流向何处的。"

总之一句话，他根本就不相信"辩证"的思想，黑格尔的左派和右派的信徒们，马克思主义者和历史主义者们都认为，辩证法具有神奇的功效，能将卑劣的痛苦之铅变成精细的金子，让没有意义的东西获得意义。

萨特从内心深处排斥这样的思想。对这种抓住别人的痛苦，用辩证法去分析的观念，他深恶痛绝。他后来写过一篇很奇怪的文章，知道的人不多，是他在参加社会活动的时期写的，是从共产党的同路人走向与毛派结盟的半路上写的。他在文章中讲到那些人类的殉难者，讲到历史是如何“选择他们，以他们为坐骑，并让他们被压得不堪重负而死”，以及“想让社会发生哪怕一点小小的变化，也要付出艰难、汗水，甚至流血”。但令人气愤的是，“死亡是微不足道的，死亡简直就像被历史扫荡的一根小小的麦秆”，他情不自禁地在文章中说，这是一个“没有答案的问题”，或者是“纯粹的损失”，而这种损失是“谁也补偿不了的”，“用辩证法”就更无法“解释”。①

他有时候也说“辩证法”。

这是不言而喻的。但正因为如此，他说的是一种新的辩证法。一种奇怪的辩证法。他有时把辩证法比喻成“陀螺”，有时比喻成“螺旋线”，甚至比喻成“有几个中心的螺旋线”②（是柏格森的最后的影响？还是普鲁斯特思想的残余？）。他的辩证法与所有其它已知的辩证法都不一样，而且特别是在这一重大问题上，与黑格尔的辩证法也不一样，这就使一切都发生了变化。其运行的机制像一个两冲程的发动机。萨特的辩证法有两个项，而不是三个。他不说：“x 与 y 首先对立，然后又统一，共同构成 z”；而是说：“x 和 y 相对立，而且没有休止地对立着；甚至在螺旋线的每个螺旋上都有新的上升，或推动力，而新的上升或推动力不是由超验性的原则或上帝产生的，而是由隐藏于存在（être）内部的内在动力产生的，这就使得辩证法成为可能。但是，虽然有上升，或进步，虽然对立的

---

① 《关于〈伊万的童年〉的评论的讨论》（*Discussion sur la critique à propos de L'Enfance d'Ivan*），Unita，1969 年 10 月号，亦见于《境况种种》，第七卷，第 332 页。

② 《家庭白痴》，第 657 页。

运动在陀螺旋转的每一圈都会过渡到更加复杂的层次上，但是，他没有第三项可以让前两项取得一致，并最终使无休止的运动停下来。”因此，他的辩证法是既无法化解，又无法解决的辩证法。是既没有依托，又没有综合的无可救药的辩证法。那纯粹是一个原地转圈的发动机。所有其它的辩证法都会牵涉到直线性，因此也就牵涉到神意学说。而他的辩证法与这些彻底决裂了。

这是一种无法解决的困境。由此而让人体会到无法排解的压迫感。

把主体禁闭在黑格尔所说的“恶的无限”里。但是——祸兮福所倚——那些专门制造痛苦的专家们无话可说了。他们不会再来对我们说，这一罪恶是为了人们还不知道的善而存在的。

你对早期的萨特说：“应当辩证地想想斯大林，或希特勒。应当想一想集中营、酷刑和大规模的屠杀会导致什么样的结果。”你说：“他们的疯狂是有意义的，那只不过是表面上的疯狂而已。”你也步二十世纪的宗教感情之后尘，也说：面对毒气室，面对烧死人、也烧活人的炼人炉，面对被活活剥了皮，或者被扔进尿桶里溺死的儿童的照片，面对为了不让孩子再受一夜折磨而亲手吊死孩子的父亲，面对到了世纪末又像幽灵一样在波斯尼亚、科索沃，或者东帝汶、车臣再现的反人类的罪恶，面对这些对人的绝对的亵渎，面对这些让人无法理解的野蛮行径，面对邪恶的凶手——他们在特雷布林卡的一个火车站画出骗人的立体画，以给即将被杀害的人造成错觉，或者故意给即将被处死的人五分钟时间，让他们整理行李，却不让他们知道，一出城他们就会被打死在已经挖好的万人坑里——，而对着这一切，你还敢让人假设所有这些可耻之极的暴行，是上帝的选民或上帝本人一时疏忽，是上帝暂时地或最终地放弃了其职责，或者相反，说上帝的选民或上帝本人就在旁边，就在毒气室里，正在眼睁睁地看着孩子们用小手的指甲无望地抓挠着毒气室的墙壁吗？萨特根本就不相信这种残酷的神正论，因为他认为，偶然性是至高无上的，因为他相信罪恶是无论如何也不能宽恕、赎回和弥补的。这是他反对法西斯主义的最终理由。

4 关于维希问题的笔记

说到这里，过去的生活问题是不可回避的：萨特面对显而易见的法西斯主义将采取什么样的态度，这里说的不是理论上的法西斯主义，而是实际上的，同时我们也会从不同的程度上谈到西蒙娜·德·波夫娃的态度。

我们知道官方的说法。我们知道知识分子一再重复的老调子。知识分子总是走错路，在抵制维希政府，抵抗德国人的问题上也和其它时候一样，丢尽了自己的面子。

我们知道弗拉基米尔·扬克列维奇别出心裁的，或者是有违常情的说法；弗拉基米尔·扬克列维奇在临死前说，整个介入哲学——萨特的哲学，而且从更大的程度上也包括梅洛-庞蒂的哲学——只不过是"一种病态的理解，一种后悔，是在寻找战争期间他们不愿意接受的危险"。萨特和梅洛-庞蒂一样，"在战后投入了全部心思"，因为在战争期间，在他应当"尽职尽责的时候"，他"什么也没有干"，甚至在解放的时候，也只不过满足于在街垒上当当"游客"，只满足于"体验"而已。①

---

① 让-皮埃尔·巴鲁和罗贝尔·马吉奥里采访记，见《解放报》，1985年6月10日。

除了弗拉基米尔·扬克列维奇之外，还有很多人反复说，萨特虽然用不着因为在德国占领期间态度暧昧，或者胆小怕事而自责，但他也没做什么事。知识分子是迫不得已才介入的，根本就没有他的什么功劳。他并没有把作家们动员起来，并指挥着这支由活的和死的作家组成的大军与温和派作战。他并没有可笑地吹捧一些人，批驳另一些，让人家回首往事，由于对人类的命运无动于衷而感到羞耻。

总之，介入哲学是个圈套，从严格的意义上说，是个托词，因为该介入的时候他没有介入——人们开始从方方面面怀疑萨特：他在斯塔拉格写了《巴利奥纳》，在被德国人占领的巴黎写了《苍蝇》，为帕戴写过电影脚本。海狸为电台写过广播剧本。这些都算不上是正经参加抵抗运动，或者说他们根本就没有参加。再说得严重一点，再歪曲一下情况——而且说到萨特时，不幸地是人们总难免会有歪曲的时候——有人会把萨特当成是法国拥护贝当的第一人……

但愿有一天历史学家会澄清这些污蔑之词。

但愿有一天人们能够实事求是地谴责萨特在德国占领时期对维希政府的态度，但是这一天什么时候才会到来呢？

我本人既不是历史学家，也不是法官。但是，说到底，事实是有的。事实俱在。只要愿意，谁都可以重新审查这些事实。而且，如果平心静气地把事实一件一件地分析之后，我们从中看到的，当然不是一个英雄的面目，但也没有任何可以让人感到可耻的地方，而且离他的哲学所宣称的并不是那么遥远。

战前

首先是战前。在战前那段滑稽的时期，他讲究时髦，也在理论上有着左派的主张，这是我们前边说过的，所以他才不愿意有什么明确的立场，对即将发生的大事懵懂无知(既然他的概念——“混账”或“资产者”的概念——让他把让·雷诺阿的电影中的主角和《资产阶级梦想家》中的人物看成是一丘之貉，那又何必去投票赞成左翼联合政权或者人民阵线?)。

他在德国呆过一年，但是，和他的同学马厄及雷蒙·阿隆不一样。马厄和雷蒙·阿隆也是从德国的柏林和科隆留学回来的，他们深信世界将发生重大变故，整个西方的文明都将因此而受到动摇。萨特却好像什么也没有看到，心思不为任何事所激动，用他自己的话说就是，他是在德国“度假”，①他看胡塞尔的作品，也初次接触了海德格尔的哲学，好像又回到了在高等师范读书时那种不用为任何事负责任的轻松愉快的时候。

他回到巴黎，1934年夏天又去了勒阿弗尔，不过这时的萨特同样与阿隆不同，与尼藏不同，与同时代的高师毕业生们都不同。别人都在互助会②欢呼纪德和马尔罗，为新创立的知识分子反法西斯警戒委员会成立地方支部，而萨特对互助会不感兴趣，对警戒委员会也不感兴趣。

---

① 《滑稽的战争记事》，第100页；亦见让-弗朗索瓦·西里奈利的《二十世纪的两种知识分子，萨特和阿隆》，Fayard，1995年，第119页。

② 互助会(Mutualité)是巴黎的一个地名。——译者注

这个时候出现了人民阵线：按照西蒙娜·德·波夫娃的说法，[①]当时的事件虽然激起了他的“热情”，但他还是与她一起跑到罗马去玩，后来又去了那不勒斯，在那不勒斯写了《背井离乡》，也给奥尔伽写了一封长长的文字优美的情书，详详细细地讲述那不勒斯古城的小街，小街里的马赛克和壁画——却一句也没有谈到政治。[②]

西班牙战争爆发了。当时他想到了这场战争，也许意识到了战争可能导致的后果；海狸也说这场战争“是一场悲剧，在两年半的时间里，成了我们生活中的主要事件”；[③]尽管如此，当萨特“最喜欢的学生、至死不悔的左派小博斯特”说他想去参加国际旅[④]时，萨特心不在焉地听着，时而为《墙》里的某个短篇记记笔记。他打发小博斯特去找尼藏，好像在这个小组里，凡是事关政治、干预生活和一些严肃的事，都归尼藏管——恐怕也只有尼藏才有“严肃的精神”吧？

人民阵线的败落——对当时所有的左派知识分子来说，这是一次灾难，列翁·布鲁姆代表的希望先是变得半死不活，后来又彻底地完蛋了。1938 年 7 月 14 日他给海狸写了一封长长的信，告诉她说，第一，“天气阴沉沉的”；第二，空气中带有浓重的“共和党”的气味；第三，他在于尔姆街读高等师范时的同学阿尔弗莱·佩隆

---

① 《一个循规蹈矩的少女的回忆》(*Mémoire d'une jeune fille rangée*)，第 271—272 页。

② 《给海狸和其他人的信》，第一卷，第 63—89 页。

③ 《年富力强》(*La Force de l'âge*)，第 315 页。

④ 见前引阿尼·科恩-索拉尔的作品，第 170—171 页。

刚刚离开了他，“扣眼上带了一个小小的红色标签”，他认为这不是什么好事，正如罗康坦觉得自学成才者发出人道主义的誓言也不是什么好事一样。

最后，在围绕慕尼黑协议发生的争论中，他的立场显然不是主张教条主义的和平，但是，与西蒙娜·德·波夫娃所说的恰恰相反，[①]他也没有站在纯粹的反法西斯主义的阵线一边。在与阿隆的谈话中，他大致说过[②]：“我不愿意支配别人的生活，我不愿意考虑对希特勒采取强硬态度会产生什么样的政治后果。”后来，在过了很久之后，他又像平时一样，向孔达讲过心里话[③]：“我在个人主义的和平主张和反对纳粹的主张之间左右为难。”（虽然他又补充说：“但至少在我的头脑中，反对纳粹是已经占了上风的……”）

如果萨特也有“后悔”，那就是对这件事。如果萨特要弥补什么，如果说“介入是托词”也不完全是非难，其原因也正是在这里。他在这个时期的态度不明朗，在《尼藏》一文[④]中，他说是“不问政治，反对任何介入”。我们可以提出的问题是，很久之后，他在1973年《现代》杂志上发表的《选举是给傻瓜设的陷阱》一文，会不会是与当时的事件遥相呼应——是事后为自己开脱罪责，因为按照为他写传记的人们的说法，1936年他大概没有参加投票。

对于其它的事，对于从那以后的事，我们就不用多说了。从

---

① 《年富力强》，第345页。

② 雷蒙·阿隆，《暴力的辩证法与历史》（*Histoire et dialectique de la violence*），第271页。

③ 《境况种种》，第十卷，第178页。

④ 《境况种种》，第九卷，第182页。

1940年开始,他发表了《厌恶》,后来又发表了《存在与虚无》,便名声大振。他所说的每一句话都会产生过去所不会有的反响,五十年来对他不利的荒唐材料,都用不着保留了。或者几乎都用不着保留。

越狱之谜

他被囚禁在特雷夫的俘虏营里,后来又"越狱"了。在这个问题上,人们什么样的话都说过,什么样的文章都写过。有人说他之所以被放了出来,是因为他和布拉齐亚奇一样,德里耶·拉罗舍尔在巴黎为他说过情。有人写文章说,如果他在德国军队里没有后台或同谋,是不可能离开斯塔拉格的。反过来也有人说——西蒙娜·德·波夫娃本不该第一个提出这种说法——他确确实实是越狱出来的,虽然没有什么英雄的行为,但不乏越狱的浪漫和危险情节。实际情况要简单的多。能够切实证明这六个月的俘虏生活的,只有一件事,那就是马利约斯·佩兰神父第一次听说德里耶·拉罗舍尔说情的那天,决定发表的一本书。[①]"士兵让-保罗·萨特"之所以被释放,是因为他,马利约斯·佩兰,改动了他的军人证,说他"患有斜视症,会导致方向感的错乱"。他之所以离开了俘虏营,是因为德国人以为他是被"误征"入伍的人,对于这些人,德国人一律释放。当然,这样一来,他不会有"伟大"越狱的光荣了。

---

① 《在斯塔拉格12D与萨特在一起》(*Avec Sartre au Stalag 12D*), Ed. J.P. Delarge, 1980年。

但也并不丢脸。就在那些年，有不少人经过颠沛流离，越狱出来，但是刚一脱离了纳粹的虎口，就又躲进了维希政府的狼窝。我倒更喜欢像萨特这样，与他一起被囚禁的人出了个假证明，让他平平淡淡地离开了斯塔拉格，也不愿意像密特朗一样，越狱的时候虽然不乏英雄气概，但一出来，便去接受了维希政府的战斧标志。也许密特朗本来就该是维希政府的人。

《巴利奥纳》

《巴利奥纳或痛苦与希望的游戏》是为庆祝 1940 年年底的节日所写的一篇圣诞节故事，并在斯塔拉格搬上了舞台。这时候的萨特和在莱利家时一样，仍然是个给大家逗乐子的人。

有很长时间，这篇文章找不到了。

有很长一段时间，萨特不让上演这出戏，甚至不让发行剧本（只在六十年代印行过 500 本纪念册，而且是不上市销售的）。

事实是，萨特的窘迫感，至少是保留态度，使人们更加怀疑。人们怀疑的，当然不是剧本写得好不好（今天我们知道萨特真正关心的，就是剧本写得好不好。他说过：剧本“不好”，“抒情的大段道白”太多了[①]），而是剧本的政治意义，是他内心深处的意图，也许还包括由此而牵涉到的一些问题（在俘虏营里，在德国人的控制之下编写和上演的剧本，难道不该有很多令人担心的东西吗？更何况剧本讲的是“在古罗马人控制下的犹太地区发生的故事”）。

---

① 《情景戏剧》，Folio essais，1992 年，第 266 页。

今天，剧本就在我们面前。[①]

即使我们对当时上演的具体情况了解不多，对演员的演技、布景和服装、剧作者的说明、导演的风格或问题、演出时所受的限制等等情况知之甚少，但我们可以想像得到萨特的伙伴们在 12 月 24、25 和 26 这三天的时间里，在肮脏和寒冷的战俘营里所看到，所听到的是什么。

但是，这个剧本的内容是什么呢？

剧本讲的是犹太地区在罗马人占领时期发生的故事。

故事说，罗马人决定增加税收，反对罗马人占领的犹太抵抗运动成员，村长巴利奥纳鼓动同胞们停止生孩子，从而与罗马人抗争。

然而就在这个时候，巴利奥纳的妻子萨拉告诉他说，她怀孕了。同一天，从一个叫伯利恒的邻村传来消息说，也有一个孩子降生了，当地的术士和巫师宣称说，这个放在马槽里的婴儿是救世主。

巴利奥纳该怎么办呢？村里的巫师已经向他预言了这个孩子的未来，也包括他将被钉死在十字架上，而后又复活。巴利奥纳还要坚持杀死这个新生儿吗？还是相反，改变自己的信仰，保护孩子不受罗马人的暴力危害呢？罗马人因当地的动乱而警醒，也决定要除掉这个孩子。

经过考虑之后，巴利奥纳保护了这个孩子。为了让救世主活

---

① 《萨特文集》，七星丛书(Pleiade)即将出版的《萨特戏剧集》中有米歇尔·里巴尔卡整理的该剧的一个新的版本。

下来，他牺牲了自己的生命，也牺牲了村民的生命。他拦住罗马人，争取了时间，让玛丽和约瑟夫带着他们的新生儿逃走了。在最后一场动人的戏中，萨拉向他告别，他对萨拉说，他改变主意了，让她把孩子生下来，将来告诉孩子，他父亲在死的时候很高兴！

这个“神秘的故事”提出了文学上的问题，甚至也提出了形而上学的问题，这是一回事。

熟悉萨特文笔的读者一定会对这个故事感到惊异：里面好像突然没有了“对性的变态恐怖”的主题，而且和《自由之路》的故事不同的是，母性成了一种幸福的际遇。

巴利奥纳把世界的前途交给了一个新生小儿。按照萨特的原话说，这个小儿是“为世界上所有的孩子”出生的。《厌恶》的作者从来没有如此高看过儿童，对此，读者一定，而且也应当感到惊奇，这是毫无疑问的。

况且，我们不久就会看到，萨特的生活和作品的转折，正是发生在创作《巴利奥纳》的时候，正是发生在这个奇怪的剧本内部——我们会看到，第二个萨特正是从斯塔拉格的经历中，正是在斯塔拉格写的这个剧本里诞生了。正像救世主降临一样，新的萨特是乐观的，他获得了新的意义，突然之间背弃了悲观主义的形而上学。而这悲观主义的形而上学正是使他避免从政治上误入歧途的护身符和疫苗。

至于其它的方面，至于剧本的意义——我们不是指形而上学的意义，而是指政治上的意义——，至于剧本与俘虏营及当时的境况是如何契合的，故事的影射明明白白：公元一世纪犹太人区和二次大战中纳粹占领下的国家，从生活上有很多相似的地方。因此，剧本所传达的信息是清楚无误的。

《巴利奥纳》是一篇德国占领和抵抗运动的寓言。

通过发誓再也不生孩子，通过发誓让救世主活下去，《巴利奥纳》两次颂扬了反叛的精神。

《巴利奥纳》以悲、喜两种方式，阐明了萨特的论断：英雄主义的行为什么时候都是可能的，不管在什么情况下，人的自由都是不可战胜的，只要人们决定向压迫者挑战，那么他们就有权力这样做。

最后，《巴利奥纳》是个滑稽的剧本，充满了幽默感，同时也不加掩饰地用讽刺的武器对付敌人，对付罗马官员勒利于斯。“神圣的恺撒”刚刚创立了“社会人的纪元”，所谓新社会，就是“文牍如山”的社会。勒利于斯对此赞叹不已。这显然是可笑的。他被派到这样的“穷乡僻壤”，这样的“农村”里来，而他的表兄比他“当官”晚，却比他“运气好，被派到希腊去了”。他整日污言秽语地抱怨自己命苦。那是被抛弃在殖民地的白种小人物典型的牢骚——这也是可笑的！剧本里也骂犹太人，反对萨特的人只看表面文章，说这就证明作者是反犹太人的（“当了十五年的野人……我知道：这能锻炼人的性格……再给我倒点酒，这能锻炼人的性格，可这还是……”）。至于他所描绘的贝特苏的犹太人（“那一张张苦涩而滑稽的大嘴……真不像样子，亲爱的，不像样子……啊，什么时候才能够再见到罗马的人群和自己人的脸呢，自己人脸上的表情多么平和啊！”），还有勒利于斯在巴勒斯坦的荒漠中怀念小小的罗马祖国，并因为流落到遥远的穷乡僻壤而牢骚满腹（“应当告诉罗马那些准备考殖民地学校的年轻人，殖民地总督的生活简直是他妈的受罪”），只有根本就不怀好意，或者眼睛彻底瞎了，才会不明白，这些描写是为了让愚蠢、狭隘、怯懦的殖民地总督成为一个滑稽可笑的人物——而且勒利于斯也并不是没有意识到这一点。（巴利奥纳带着极其狂妄的态度特地来感谢他，说罗马为巴利奥纳的家乡做了很多“好事”时，勒利于斯听了，说：“唔……我怎么觉得他是在嘲弄我呢”……）

当时在场的德国人对这些讥讽难道无动于衷吗？

很可能。

但是，马利约斯·佩兰说，也许他们的想法和勒利于斯一样：“不管他们，就让他们有点幻想吧，如果他们愿意，那就给他们点可怜的自由，让他们笑吧！”

他还说，之所以用神话的方式掩盖故事的寓意，就是为了能够顺利地通过审查，也许掩盖起了作用，弗尔德维尔德把“所有这一切”，把所有狂妄的话，所有的嘲讽都当成是“文学”，认为没有什么了不起。

也许我们可以想像俘虏营里极端混乱的气氛：有人想方设法活动，有人妥协；有人越狱逃跑；有人倒卖民用服装和饼干；有人进城去服劳役；有人逃跑了，点名时没人应，士官只在名字旁边写上一个“已逃走”完事；“偷猎的人”肆意横行，狡猾的投机商人控制着一班人马，只要给钱，什么东西都能偷运进俘虏营。在这种八仙过海、混水摸鱼的气氛中，在这种混乱里，一个小个子法国人编个滑稽剧，逗伙伴们开开心，又有什么了不起呢？

不管怎么说，重要的是有关人的反应，也就是俘虏们的反应。

重要的是，据见证人说，当费莱、佩兰和六十名群众角色上演萨特的剧本时，大棚子里一片肃穆。

在一片静穆中人们听到了什么，萨特的战友们实际听到了什么，他们从精神上和实际上得出了什么样的结论，是无可置疑的。

当巴利奥纳对手下人喊道："难道你们希望你们的孩子像你们的父兄一样，被开膛破腹，被扔在两道铁丝网之间暴晒而死吗?"台下的听众不可避免地想到的，如果不是当时人们已经知道的集中营，至少也是他们亲身经历的俘虏营里的情景。

勒利于斯希望巴利奥纳"合作"。他向税吏解释说，"尊重当地的首领，对罗马政府来说是有好处的"。他认为"有义务遵守"所占领地方的"风俗习惯"。听到这一切，人们不可能不想到特雷夫的纳粹分子是如何用心地尊重当地的首领拉瓦尔和贝当，或者如何以法国的风俗习惯为基础，颁布并执行迫害犹太人的法令。

在最后一幕，当巴利奥对村民们发表演讲时说，"陶醉在葡萄酒、希望和战歌中的人们，前进吧(言下之意:向罗马人进军!)"，当他决定死，但死时手里仍然握着武器，对必然到来的明天充满希望时，只有聋子才会听不出这些话所传达的信息。我们知道，萨特那些为海德格尔大肆鼓吹的朋友们，那些学艺术的寄宿生们等等，都只不过是一些什么也听不出来的聋子。

既然这是一个"让人猜不透的谜"，我最后还想补充说，这个谜的关键，是犹太人和基督徒之间的关系。在当时的条件下，这一点在政治上的重要性是不言而喻的，剧本的文字已经对这个问题给出了决定性的答复。犹太人巴利奥纳"被钉死在十字架上"……犹太人卡依夫(Caïphe)像使徒一样宣布，一个"名叫基督的救世主"在伯利恒降生了……犹太区的人民，包括贵族和平民，都去救助圣婴……这个论断当然也是可以讨论的。不管是从犹太人的角度还是从基督徒的角度上看,都可以认为这个论断荒诞,简单化,从神学上显得离奇古怪,或者是把各种学说愚蠢地混在了一块儿。但这个论断不乏新意,而且考虑到它出现的场所,我们尤其可以说,这是一个有胆识的,在政治上颇有效率的论断。因为它所瞄准的,正是灭杀基督的人民。它再一次确认、证明并指出了基督教的犹太根源。面对着主要是由基督徒组成的观众,这一论断显然指出了反犹太偏见的中心问题。

让我们最后再听一听马利约斯·佩兰神父的话。

让我们听听这个在俘虏营里当过囚徒的人是如何说这出剧的具体效果的。

"《巴利奥纳》演出之后,一切都变了。好像萨特引进了'某种病毒'一样。多亏了他,使人无法反抗的漫长的酝酿时期结束了。"

他还说,牢房里人们都在谈论"越狱"。有人送来卡片,文字是"用密码写的","告诉还留在俘虏营里的人们说,某某人逃跑成功了,已经回到了自己的村子里——或者去参加了戴高乐的抵抗运动"。

他还说:"巴利奥纳的人也许是在走向死亡",但是剧中说得很清楚的是,他们是"为了让自由的人们不再被杀害"而死的,这样一来,我们可以说,萨特让俘虏营里的人们"在瞬间发现了自由"……

还需要更有说服力的理由吗?

还需要更能让人信服的见证吗?

马利约斯·佩兰神父是直接的见证人,从人品上让人无可怀疑,他和萨特一起在斯塔拉格的俘虏营里共同生活过。还有什么样的担保比这更加可靠呢？

《苍蝇》

萨特回到了巴黎。

萨特也许认为《巴利奥纳》是个不成功的剧本，或者认为这个剧本在他的作品中具有战略性的地位，但是——我们后面还会再讲到这一点——却名不正言不顺，因此萨特否认自己写过这个剧本。

所以他才通过西蒙娜·约利维——从今以后，在萨特走向戏剧的道路上，总是离不开女人——，向夏尔·迪兰提出了他的第一个剧作，但实际上这已经是第二个了。

他同意在被占领的巴黎，在城市剧场，即原来的萨拉·伯恩哈特剧院上演这个剧本，这显然是无可辩驳的。

根据纳粹“宣传部”（Propaganda Abteilung）的档案材料记载，巴黎有44家剧院被认为是“对德国友善”（Deutschfreundlich）的剧院，可以接受德国剧团的巡回演出，城市剧场算是其中的一个，而且排名还很靠前。这事也不假。

迪兰像所有没有去参加游击队的导演一样，也必然办理了例行的手续，也就是将剧本送给德国审查办公室审查，将演员和有关技术人员的名单也交给了审查办公室，并以自己的名誉发誓，其中没有犹太人，保证在海莱中尉认为有必要时修改剧本，保证剧本上演时，在德国人办的演出指南类杂志《德国指南》（*Der Deutsche Wegleiter*）上刊登收费广告。所有这一切，也都是无可怀疑的。

最后，等所有这些困难都克服了，等演出的消息公布了，剧本排演之后，首场演出的晚上一般要在戏剧之家举办一个"酒会"。有个传记作家[①]毫无根据地说，这个酒会的确举办过，而且萨特也参加了酒会。参加酒会的还有戏剧界的特约人士松德费雷尔·卢赫特（Sonderfuhrer Lucht），博伊曼（Baumann）和拉德马赫（Rademacher）——酒会期间有自助餐和香槟，气氛活跃，萨特也很高兴，很放松，他不是像高克多，忙着在上流社会人面前展示自己的才华，而是向德国人表示亲近……想到这些，我们也会感到非常不舒服，这也是不言而喻的。

但是，首先，虽然这个小小的场景被人们反复提到过，被人不厌其烦地引用来攻击萨特和波夫娃在占领期间的生活，却从来不曾有人做过调查，也没有人做过反调查，根本就没有任何可靠的证明为基础。我们知道，专门制造流言的机器从他们一走上文学的舞台，就在不断地追着他们不放，用污言秽语攻击他们，也有人讲了无数有关他们的故事，一个比一个滑稽，一个比一个荒唐。对于这些，难道我们不应当谨慎对待吗？

第二，剧本就在那里摆着。像《巴利奥纳》一样，有事实，也有人们写的文章。我们希望攻击萨特的人能够注意到这些事实和文章。

从内容来看，从剧本的宗旨和表达的意思来说，只有心怀歹意的人，才会看不到剧本的内容反映的是当时的现实问题，这是我们

---

① 吉尔贝特·约瑟夫，《温馨的占领时期》(*Une si douce occupation*)，Albin Michel，1991 年，第 265—266 页。

今天仍然可以看得出来的。一个人(奥莱斯特)回到家乡,为被害死的父亲报仇,要除掉城里的两个坏蛋(埃吉斯特和克利特奈斯特)。我们可以很容易看出,这一对坏蛋指的就是德国占领军和法奸。城市(阿尔果)只要不放弃那对坏蛋强加给它的罪孽和悔过的思想,便只能承受着坏蛋的蹂躏。一望而知,这是在影射维希政府的"痛苦有益论",影射维希政府让人悔过自新的说教,以及政府强加给法国的令人作呕的忏悔气氛。俗权和教权联合在一起,共同构成剧中的人物朱庇特所说的"道德秩序"(我们从墨里斯·德·冈迪拉克的回忆中得知,迪兰按照作者的说明,让这个人物在舞台上穿的是天主教教士的长袍)。这难道还不够清楚吗?奥莱斯特做到了"彻底的自由","敢作敢当"。这让人情不自禁地想起当时巴黎对"恐怖主义"的争论,有人说搞恐怖主义的行为有可能导致德国人报复,引起冤冤相报。奥莱斯特大声呐喊,以夸张的口气呼吁人们争取自由。他已经自由了,但是他想让人们也拥有自由,这样就可以为阿尔果报仇:"我是自由的,我是厄勒克特拉。自由像雷霆一样落在了我的身上。"他还在别的场合说:"我自由,轻盈",我觉得自己自由自在,"在离地两尺的地方飘浮",我"比一根线还要轻,我要向空中飘去"。这难道是在讨好敌人,是法奸作品吗?

然后我们再来看剧本的形式,看一看在巴黎的舞台上演出这样的剧本是不是适合,换句话说,看一看观众是如何接受剧本的台词的,看一看当代人是如何理解的;当然,我们在任何一点上都不能够肯定,但是很难认为所有的观众和剧评家都没有理解剧作的信息。在这一点上,我们仍然应当以档案材料为准。一方面,有加斯特洛在《文学世界》上对剧本的攻击("超现实主义的破烂","对可耻行为的偏爱”);罗布洛在《小巴黎人》上也有批评(“立体主义和达达派的陈旧货色”),后来又在《我无处不在》中说,这“真丑陋!真陈腐!”罗兰·布尔纳在《戏剧杂志》上恶言相向(“一心只想着吃屎”),乔治·利库在《社会主义的法国》中也有恶语(“变臭了的趣味”),但与杂志的名字相反的是,这也是一本法奸的杂志;除此之外还有德国的杂志(阿尔贝特·比施在《巴黎报》上发表的文章,后来又在柏林戈培尔把持的周报《帝国周刊》上写过文章)都没有受到蒙蔽,都从《苍蝇》的上演看到了一个事实,证明人们在巴黎也可以为抵抗运动而鼓掌(原文如此)。这难道还有什么不清楚的吗?德国人的杂志或者是亲德国人的杂志,把《苍蝇》的作者看成了敌人,那些话说得还不够明白吗?

另一方面,利奥奈尔·德·鲁莱在伦敦的《自由法国》杂志上发表文章,强调了戏剧对痛苦有益论和贝当派意识的批评。加布里埃尔·马塞尔的一篇文章也强调指出,萨特的戏剧是对悔过自新意识的强烈批评。后来,到了 1943 年 12 月,在秘密出版的《法国通信》第 12 期上,出现了米歇尔·莱利那篇著名的文章。[①] 这本杂志是抵抗运动非正式的机关刊物,我们可以想像,如果对这个剧本的意义和政治影响稍有疑问,刊物是不会发表文章表态的:“我们每个人都会像奥莱斯特一样,不怕冒险,自己决定在危险中走上由此而开辟的荒凉之路”,文章还说,“奥莱斯特从命运的受害者变成了自由的冠军,他杀人,但那不再是被无名的力量推动之下实现

① 《奥莱斯特与城邦》(*Oreste et la cité*),后收于《决裂》(*Brisées*),Mercure de France,第 74—78 页。

的行为，而是在深知底细的情况下采取的行动，那是正义的行为。正是通过这一英勇的决定，他终于以人的身份存在于世了……”

最后还有台下的人们，还有观众。尤其是年轻人，我们知道那些年的年轻人都喜欢戏剧，而且年轻人是既不盲从，又不健忘的。我们至少有四个见证人。一个是亚历山大·阿斯特鲁克，他曾热情地说：“一个新的伦理，几乎完全以行动为基础，并牵涉到反叛和自由……”[①]第二个见证是波朗写给福特里耶(Foutrier)的一封信，信中说：“我们昨天看了《苍蝇》，我认为这出戏很好，莫里亚克一点也不公平；戏中的悔过之邦，就和维希一样！”让·迪维尼奥(Jean Duvignaud)也说[②]：“我们为迪兰导演的《苍蝇》鼓掌了，我们从中看到的，是对‘新秩序’怀有敌意的抗争，所以鼓起掌来就更加热烈。”杜萨纳(Dussane)也在《戏剧笔记》[③]中说：萨特的戏剧表现了对“更加热烈的生活，因危险和行动而更加紧张的生活的偏爱，我不知道戏剧检查部门是把这种偏爱看成了悲剧艺术呢，还是只当成了修辞上的技巧”，但是，“我知道年轻人从中看到的是自己的激情，并且完全听懂了戏中向他们发出的号召”。

因此，人们接收到了萨特发出的信息。

人们也接收到了《间隔》发出的信息。尽管《间隔》的信息更加难懂，更接近于《存在与虚无》的主题。但是《间隔》里也充满了对

---

① 《信息，1943年》(*Messages, 1943*)，亦见于亚历山大·阿斯特鲁克的《从笔到摄像机，从摄像机到笔》(*Du stylo à la camera et de la camera au stylo*)，L'Archipel，1992年，第54页。

② 《现代》，《萨特的见证》，第二卷，第1208页。

③ 《戏剧笔记，1940—1950》(*Notes de théâter, 1940—1950*)，Lardenchet，1951年，第124页。

当时的政治和意识形态的影射。加尔森的怯懦……世界像一座监牢……通过艾斯戴尔为女性的同性恋恢复名誉……对贞洁至上论的批评……砍掉“将军”、“主教”和“海军上将”们的脑袋(依奈的歌:影射两年前,也就是 1942 年圣诞节时被暗杀的达尔兰海军上将)。首场演出的时间是盟军在诺曼底登陆前几天。巴黎的青年人对剧本的上演又一次表示了热烈的欢迎。以安德烈·加斯特洛为首的拥护德国人的法奸报纸,自然又会说这部剧作是“垃圾”,是“臭水沟”,并呼吁成立一个“剧作家惩戒委员会”,“不是要禁演庸常之作,而是要杜绝有害的丑恶之作,禁演像《间隔》这种令人作呕的垃圾”。[①]

我们是关注作家,还是应当关注思想的历史呢?如果我们关心的真是思想,如果真正想知道,人们在那些年里有过哪些想法,是什么样的思想帮助人们思考和斗争的,那就必须承认一些显而易见的事实:在巴黎上演《间隔》和《苍蝇》也许算不上是什么英雄行为;算不上是能够危及生命的重大事件;但是,毫无疑问的是,用萨特本人的话说,这是“作家对敌人的抵抗”。

两个年轻的野心家

《戏剧杂志》是德国占领时期的文学窗口。

这是一份极右派的杂志。极右派想摆出一副继续写作和思考

① 英格利·加尔斯戴,《让-保罗·萨特的戏剧及其早期的评论家》(*Le théâtre de Jean-Paul Sartre devant ses premiers critiques*),Jean-Michel Place,1986 年,第 70,218 和 219 页。

的样子。

1941 年 6 月 21 日，在“新版”杂志第 1 号的第 1 页上，在瓦勒里、马塞尔·卡尔内、让－路易·巴洛、奥迪贝蒂、奥内格尔的名字旁边，在杂志上经常出现的一些法奸的名字当中，也出现了让－保罗·萨特的名字。先是他评论《白鲸》(Moby Dick)的文章(1941 年 6 月 21 日)，后来在《苍蝇》上演时，他又接受了采访(1943 年 4 月 24 日)，再后来，到了 1944 年(2 月 5 日)，又有杂志的主编坚持让他写的一篇赞颂吉洛多(Giraudoux)的文章。杂志的主编爱才，而且还是布雷克尔、勒内·德朗日艺术展名誉委员会的委员。[①] ——一共就这样三篇文章，里面没有说过任何让人感到丢脸、让将来的萨特感到脸红的话，但人们还是相信，这三篇文章要是发表在别的地方会更好，这倒也是事实。

除此之外，德朗日大概还施加过影响，但让·德拉努阿肯定说过情，让萨特于 1943 年以两万五千法郎的月薪在帕戴的来稿初审部任职。

还有西蒙娜·德·波夫娃，当时的教育机构对她的看法很不好，给她的评语也很糟，早就认为她是个“坏老师”，教唆年轻人，通过纪德、普鲁斯特、弗洛伊德的作品向年轻人散布有害的思想意识。1943 年 7 月，在写给负责国民教育的国务秘书阿贝尔·鲍纳的一份报告里，她受到指责，说她与一名叫娜塔莉·索罗金娜的学生搞同性恋，因此而被开除了公职。她不得不找一份能够“维持生

① 见前文所引让－弗朗索瓦·西里奈利的作品，第 179 页；洛朗斯·贝尔特朗·道勒阿克，《失败的艺术》(*L'Art de la défaite*)，Seuil，1993 年，第 188 页。(布雷克尔是纳粹时期希特勒政权的官方艺术家，勒内德朗日也是亲德的艺术家。——译者)

计"的工作；最后接受为电台写音乐剧。

这是三件得到证实的事。

在传说中这显然是被人忽略的三件有损于名誉的事。

但是对这几件事也要实事求是，既然涉及到的是作家，那就要看看他们在文章里说了些什么。

对于波夫娃写的故事，广播剧的脚本还在。我们可以读。而且也有人读过了。① 有人说作者想保护自己，说她有意地清理了为顺应当时官方的政治而写的一些东西。事实是不可否认的。令人感到吃惊的是，这些广播剧本没有什么意义，与当时的形势没有任何关系，是将鲁特博夫的散文，弗朗索瓦·维龙和贝朗瑞的诗，与一些恶作剧，一些庙会上的民乐，一些中世纪的诗歌混合在一块儿而成的大杂烩。"亲爱的听众们，你们怀着如此大的热情为这个剧鼓掌，可你们知道，这些音乐剧是怎么来的吗？"在节目第一次播出时，在爵士乐的背景中，编号为"1"的声音说。然后是"在时光中遨游"，参加朗诵的，有一些当戏剧演员的朋友（奥尔伽·高萨基耶维奇），也有一些关系疏远的演员（让·维拉尔）。这种遨游的原则可能会让人感到遗憾。我们也可以责备海狸为了生活而接受在德国占领时期写一些娱乐之作。但是剧本中没有丝毫与敌人串通的迹象，没有向德国人献媚的词语，更没有哪些话表明她接受当时的意识与精神。

对于萨特在帕戴的电影杂志上发表的作品，事情更加清楚。

① 英格利·加尔斯戴，《西蒙娜·德·波夫娃与维希政府的电台：重读某些广播剧的脚本》，见《西蒙娜·德·波夫娃研究》，第13卷，1996年，第103页。

因为萨特不仅没有向占领者和维希政府让步，似乎还借这个机会，借他的“地位”，表明了他的自由，把他的自由强加给了别人，并传达了他表示反叛的信息，事情做得多少有些夸张，而且也符合他始终不渝坚持的存在主义哲学。我们说的是什么呢？不是海市蜃楼，不是已经丢失了的文章，或者子虚乌有的东西。而是五个实实在在的剧本，白纸黑字，有的甚至排演过，和海狸的广播剧一样，是看得见摸得着的东西，而且完全是萨特的风格。正是在帕戴那里工作时，他发表了剧本《木已成舟》（*Les Jeux sont faits*），后来由让·德拉努阿导演搬上了银幕。他还发表了《提费斯》（*Typhus*），一份纪德式的反对种族主义和殖民主义的檄文，后由奥朗施和阿勒格莱改编成了电影《骄傲的人》（*Les Orgueilleux*）。他还写了三个剧本，虽然付了稿费，但是没有拍成电影，这三个剧本的名字是：《巫师学徒》（*Apprenti sorcier*）、《巨大的恐惧》（*La Grande Peur*）和《抵抗》（*Resistance*）。我们至少可以说这三个剧本与当时的主流意识形态没有什么关系。《抵抗》讲的是一个年轻的资产阶级分子，《一个领袖的童年》（*L'Enfance d'un chef*）中的主人公吕西安·弗洛里耶的孪生兄弟，打破法奸家庭的枷锁，参加了抵抗运动的故事。

至于在《戏剧杂志》上发表文章，《厌恶》的作者在杂志上把自己的名字与一些法奸的名字摆在一起，人们可能会觉得很不舒服；我本人首先就有这样的感觉。但是，我们同样需要指出的是，萨特在《戏剧杂志》上发表的三篇文章，无论是在解放时，还是在以后，用不着删除一字一句。关于《苍蝇》的采访，正如这个剧所起的作用一样，使萨特有机会抨击维希政府灌输给法国的“悔过病”：考虑到发表这一文章的杂志的背景，我们感到吃惊的，倒是萨特的言语之无所畏惧。评论小说《白鲸》的文章，是他抄录别人的文字，以做自己的文章的一个例子，这在他已经习以为常：他把梅尔维尔的思想据为己有，为此，他首先把梅尔维尔和写前言的吉奥诺分别开来，说吉奥诺是“乡村诗人”，是“村子里的学者”，是“通过发布政令的方式让自己当了耕地的农民，有点像通过发布政令，才成了洛林人的巴莱斯”，而且“一旦僵化在田园圣人般的神话里”，便成了农民，成了“梅尔维尔极其蔑视的农民”。然后，萨特又把梅尔维尔和两个“同类人”进行比较，一个是乔伊斯（因为乔伊斯写了不朽的《尤利西斯》，因为“两本书都同样地不同寻常”，同样地伟大），另一个是洛特利阿蒙（因为他们有同样的“气息”，都有“像汹涌的海浪一样的文句，起起落落如排山倒海，又散碎成无数奇怪而美妙的意象”……）；总之，他在维希攻击维希政府，他就在维希的地盘上，或者至少是在维希政府的一份报纸上抨击维希的精神。再说，人们不该忘记的是，虽然萨特向德朗日妥协过，的确向《戏剧杂志》作出过保证，但他的重要文章都是在地下出版的《法国通信》上发表的[①]：1944 年 4 月的第 15 期发表了他从根本上抨击维希政府电影政策的文章；一年之前的第 6 期发表了他那篇有力的《德里耶·拉罗舍尔或对自己的憎恨》，与很多战斗的传单相比，这篇文章让人们深刻地理解了什么是法西斯主义，从而让人们与法西斯主义更好地进行斗争——德里耶，是啊，“这个瘦高个子的人，表情幽凄，大脑袋上疙里疙瘩，挺年轻的脸上一副憔悴相，好像是在本不该衰

① 见前引让-弗朗索瓦·西里奈利的作品，第 177 页。

老的时候变老了”；德里耶，这个没有任何标志的人物，像流动的液体，满心希望“某种秩序从外部强加给所有的人，规范弱小而无可战胜的、他未能克服的欲望；愿一场流血的灾难填满他没能填充的空白；愿政权的动荡，像从前战争的嘈杂一样，比可卡因和吗啡更有效地转移他用来思考自己的头脑。”①

总之，如果有什么值得谴责，那就是野心，生活和成功的欲望，也许还有一些轻浮，有些厚脸皮。人们会指责这两个年轻的野心家有些迫不及待。他们年轻，他们对天发誓说巴黎是属于他们的，说终有一天，他们会誉满天下；但他们眼看着日子一天天过去，荣耀却总是往后躲。他们也许不愿意，也不能够再等下去了。正像萨特在一封信中对波夫娃说的那样，他们在这个时候告别老师，离开了学校，人们对此会感到遗憾。我们很遗憾地注意到，萨特的大部分资本都是在这几年积累的。我们甚至可以谴责这样的一种态度，认为重要的不是写了什么，而是在哪儿写的。我们可以反驳萨特说——而且这也是根本上的反驳——，发表文章的媒体有时候比人们想像得要重要得多，把自己的名字和有问题的人摆在一起，是不可能有好报的。人们说他不重视媒体，对他说，媒体也是一种信息。其实他常常对自己这样说。这难道不正是，或几乎就是《什么是文学?》的主题吗？人们甚至可以谴责他的“性格”和“性情”，或者展开一场有关道德的讨论：为了生计，除了拿广播电台的工资，海狸难道就没有别的出路吗？萨特难道应该接受帕戴的脏钱

① 《德里耶·拉罗舍尔或对自己的憎恨》(*Drieu ou la haine de soi*)，见于《萨特文集》(*Les Ecrits de Sartre*)，第1090页。

吗？哪怕是为了写《抵抗》？再说，他玩的这种鬼花招，向这边保证这样，又向那边保证那样，一边与德朗日保持着接触，同时又把真正的好文章送给地下刊物发表，在这样做的同时，他这个未来几代反叛青年的思想导师，不是也和波朗一样了吗？波朗晚上是抵抗战士，白天却与德里耶共用一间办公室……当然，我们可以这样谴责。但是我们不能忘记，回首往事，他们在那些年写过的东西中，在他们做过的事中，没有一句话，没有一件事能够让人认为他们是赞成法西斯主义的。

无缘无故的指责

他真的从来不曾有过丢脸的行为吗？

他从来没有告过密吗？没有干过无耻的勾当吗？在他教过书的各个中学里，他与占领军从来就不曾有过牵连吗？

有人曾试图说，恰恰相反。

一般来说，人们总是把萨特和波夫娃说成是一对邪恶的人，说他们时时刻刻想干下流事，想背叛，一心追求光荣，想方设法让人感激。1940 年 6 月，他们抛弃了一个名叫比扬卡 · 朗博兰的犹太人朋友。事情好像纯属偶然，但由于他们的过错，这个朋友遭受了迫害。

有人说，让－保罗 · 萨特在帕戴那里还接受了一项任务，重写皮埃尔 · 德 · 艾兰(Pierre de Hérain)根据阿尔冯斯 · 德 · 夏多勃里昂(Alphonse de Châteaubrillant)的小说改编的电影剧本《德 · 鲁尔迪纳先生》(*Monsieur de Lourdines*)——从艾兰(贝当的女婿)和阿尔冯斯·德·夏多勃里昂(《文学世界》的主编,亲纳粹分子)的人格来看,这件事对萨特的名誉至少是有影响的。

在工作上,据说有两件令人感到耻辱的事,他是负有责任的。一个是1941年,他在龚多赛中学取代了"高师文科预备班年轻而出色的老师"——阿尔弗莱德·德累福斯的侄孙,德累福斯·勒福瓦耶;另一件事更加严重,涉及一个名叫维尔的学生。这个学生1943年失踪,萨特只在学生登记簿上写了"缺席"两个字,仅此而已。

不幸的是,所有这些指责都是没有意义的。

朗博兰事件纯粹产生于情色纠葛,这无疑令人遗憾,但却是常见的事:首先是他们不知羞耻。萨特和波夫娃是一对不同寻常的情人,像梅特依和瓦尔蒙一样,这是我已经说过的。萨特先是引诱了那姑娘,后来又离开了她,但是,任何表示,任何事实都不能证明这件事的动机像人们想像的那样令人感到耻辱。

在帕戴事件中,人们的指责是如此轻率,简直令人感到愕然。因为,只要看一看日历便知道,萨特根本就不可能知道艾兰的剧本,这在事实上是不可能的:有雇佣合同作证,他于1943年10月被帕戴雇用;这时候不仅剧本早已经完成,而且电影也拍摄、剪辑完毕,已经出品了。总之,电影五个月之前就已经完成,而且首场演出的日期是……6月9日![①]

至于其它的事,至于人们对他作为教师的生活和行为表示的怀疑,那也十分明显是污蔑,是对他的诋毁,也都是荒诞不经的。

---

① 阿兰和奥戴特·维尔莫,《电影界新秀》(*Jeune Cinéma*)第231号,第27页。

因为，只要在龚多赛中学的地窖里仔细找找，用不了多少时间，就可以了解到最简单不过的事实……[①]萨特1941年取代的并不是德累福斯·勒福瓦耶，而是费南德·阿尔基耶。费南德·阿尔基耶除了正常的教学之外，还是高师文科预备班的老师，所以希望推掉额外的工作。萨特从来没有当过小维尔的老师，所以学生登记簿上的签注根本就不是他的笔迹，而是一个名叫让·洛比耶的老师写的。让·洛比耶也是哲学老师，是他于1943年在被流放的学生名字旁边注了“缺席”两个字，在后来掀起了轩然大波。

在这一点上，人们仍然可以随心所欲地指责他。可以责备他没有采取更多的行动，如果他知道孩子要走，他本该把自己绑在中学大门的栅栏上，以阻止他们把孩子带走。人们可以感到遗憾的是，萨特，萨特的同事们，也包括工会、党、学生家长和学生为什么没有想到上街游行，以表示和被迫戴黄色星状牌的犹太学生站在一起。那些年只有过一次游行。1940年11月11日，数千名年轻人，也许有一万人，和少数教师勇敢地来到香榭丽舍大街，庆祝对德国取得“重大胜利”的日子，向“无名战士墓”致敬，向路过的戴高乐将军欢呼。当时萨特不在巴黎，但波夫娃在。令人遗憾的是，波夫娃认为这次游行不好，没有去参加。

但是，我们不应当因为他没有写某些文章，因为他没有做某些事而感到惋惜。

令人感到痛心的是，一些“历史学家”不经审查，便相信了那些

---

① 雅克·勒卡姆的调查，《萨特研究组情况通报》第12号，1998年6月，年刊，Boulevard Auguste-Blanqui，75013，Paris，第94—95页。

荒唐的流言飞语。

大家都知道，法国当时要求所有的老师必须“声明”自己不是犹太人，不是共济会的会员。我们可以认定萨特没有签署这种声明。但是总有些精明的人，[①]眼里透着怀疑的神色，笔下迤逦歪斜地仍然说，谁知道呢，也许好好找找，没准儿能……

要找细节吗？魔鬼就在细节中藏着呢。

拥护萨特的人更有理由步步为营，在这一点上，首先是在这一点上，公正地对待细节。

原则问题

萨特本该不当老师吗？本该不上演他的剧作吗？本该不发表作品吗？1944 年 2 月，他帮助姆鲁齐获得了七星丛书奖。他本该拒绝参加评奖委员会吗？本该放弃 3 月 5 日在马塞尔·莫雷家里与巴塔耶就原罪问题展开公开讨论吗？高等师范学校有个“科学哲学会”，在 1943—1944 学年期间，请他在会上发言；因为领导高师的是亲贝当的加尔科毕诺，他本该赌气不去吗？在 1942 至 1943 年期间，他本该拒绝在夏尔·迪兰的戏剧学校教授希腊的戏剧艺术吗？

总之一句话，他本该保持沉默，沉默就能保护他吗？

有些人就是这样做的。

有些人曾发誓保持沉默，发誓只要德国人还在法国，就不在法

① 见前引吉尔贝特·约瑟夫的作品，第 187 页。

国发表任何作品。

首先是“可怜的吉埃诺”,《厌恶》中嘲弄的那个“左派人文学者”。他给整个知识阶层上了一课,告诉他们什么是尊严。1940年11月,当他在笔记中写下这样一段话的时候,他还不知道他的话说得多么有道理[①]:“文人在人中不算是一个大的种类,这种人不可能藏在暗处生活很久,为了让自己出名,他会出卖自己的灵魂……”

但是,如果这些人是法国文坛的骄傲,如果在他们保持沉默的愿望中有着某种十分高尚的东西,如果所有的人都跟他们一样,所有留在法国的作家都一致选择沉默,我们可以想像这会让德国占领军和维希政府多么威信扫地。可我们不得不承认,实际情况并不是这样,难得找出明确选择了保持沉默的作家:维尔科尔也许算一个……马尔罗算一个(马尔罗的作品是在瑞士发表的)……那么其他人呢?站在另一边的,几乎是所有的文人,他们都认为用不着改变什么,他们本来就是作家,他们仍将是作家。这些作家大都是抵抗运动战士,他们认为“法国文学应当继续生存下去”,这是十分重要的,因为,不管怎么说,在战争期间,一个国家的知识生命是不能停止的。因此,在其他人组成的大家庭中,如果只算反法西斯的作家,我们可以注意到,让·波朗仍然留在了NRF的审稿委员会;圣埃絮佩里发表了《战机驾驶员》;恺塞尔尽管发誓在维希政府

① 让·吉埃诺,《黑色年头的日记》(*Journal des années noires*)(1940—1944),Gallimard,1947。亦见于吉尔和让-罗贝尔·拉加什的《德国占领时期作家和艺术家的日常生活》(*La vie quotidienne des écrivains et des artisistes sous l'occupation*),Hachette,1988年,第59页。

统治时不发表任何作品，但还是出版了《王子之夜》和《方方正正的财产》；德吕雍在恺塞尔的鼓励下，到伦敦之前把《梅加拉》的剧本交给了法兰西喜剧院审阅，并在蒙特卡罗剧院上演；艾尔萨·特里约莱在德诺埃尔出版社也发表过作品(1941 年发表了《莫大的遗憾》，两年之后又出版了《白马》)；阿拉贡发表了《双层马车上的游客》；阿拉贡还在“子夜出版社”出版了一些很优美的政论文章，当然用的是化名(弗朗索瓦·拉科莱)，像特里约莱一样，但他并没有因此而忽视他刚刚为人所知的文学作品；戴斯诺斯和特里约莱，和阿拉贡一样，同时在公开和地下两条战线上发表自己的作品，在地下发表的有《警戒状态》和后来紧接着发表的《诗人的名誉》；公开发表的有《今天》中的文章和小说《箭已在弦上》；巴塔耶发表了《艾杜瓦达夫人》和《内心的经验》；著名的反法西斯战士莫里亚克，曾经被德里耶说成是“红色西班牙的拥护者”，利巴戴要“强迫他闭口”，可他的《伪君子》还是躲过了出版审查，1941 年 9 月出版时，他认为应当签名送给刚刚派到宣传部任职的海莱(Sonderfuhrer Heller)一本，以示“感激”；莱利也在 1943 年将《癫痫》交给了伽利玛出版社；最后是加缪，道德说教家加缪，1942 年 7 月发表了《局外人》，三个月之后又发表了《西西弗的神话》，而且为了顺从德国人的出版检查，同意从《西西弗的神话》中把关于卡夫卡的一章撤出来，在南方单独发表。我们还没有说到画家，最伟大的、最无可怀疑的画家们——毕加索在大奥古斯丁街的画室里照样作画，好像什么事也没有发生一样，海莱或恩斯特·容格(Ernst Junger)来了，他照样开门待客；总之，所有的知识分子，只要是没有选择逃亡到伦敦或纽约的，在德国占领时期该干什么就干什么，不管是哪个流派的。

有人会说，不能以此为借口。当然不能！但是由此可以看出，该责备所有的人时，不应该只责备一个人。我们这样说，当然不是要把错误相对化，而是不想让萨特一个人成为集体的替罪羊。当然，萨特本不应该让剧本在《戏剧杂志》上发表。正如西蒙娜·德·波夫娃在回忆录中说的那样，[①]根本就不应当与"德国占领区的报纸"打交道。如果他不花力气写那么多的剧本，也许会有更多的精力去抗议巴斯德中学和龚多赛中学的犹太人同事被解雇的事，这是扬克列维奇责备的实质内容。他写作和发表作品，渴望名誉和光荣，他是一个文人，完全和共产党里的阿拉贡及特里约莱一样，也和将《误会》(*Le Malentendu*)搬上舞台的加缪一样。他曾接受参加七星丛书奖的评奖委员会，把奖金授给了马塞尔·姆鲁齐的《恩里科》(*Enrico*)，于是抓住他这一点不放的人便说，这是他的生活中的另一个污点；但我们应当指出的是，就在同一个评奖委员会中，还有马塞尔·阿尔朗、莫里斯·布朗肖、乔·布斯恺、阿尔贝·加缪、保尔·艾吕雅、让·格列尼耶、安德烈·马尔罗、让·波朗、雷蒙·格诺、罗兰·图雅尔——若说与"贝当分子"为伍的人，何止这些！

最后我还想补充说，保持沉默并不一定就比开口讲话好。不应当根据这种预期的理由，根据一种惟一的、简单的要求来评断一个作家。保持沉默也有不便之处，也会遇到另外一个无法解决的问题，而这个问题也同样是十分重要的，那就是，你无法知道讲话

① 《年富力强》，第 498 页。

的人到底说了什么，以及他们讲的话在实际上有多大的分量。假设一个思想家宁肯讲话，而不愿意保持沉默。那么通过这一行为，他到底说了什么，到底做了什么呢？我们假设一个老师决定继续教书，并像萨特一样，让学生们讨论的第一个题目是“后悔”。这难道不也是在参加反对维希政府的斗争吗？有些哲学家，比如艾玛努埃尔·穆尼埃，虽然参加了游击队，但他们仍然坚持反民主、反自由的偏见。这些人保持沉默是最好不过的。也有一些莫拉主义的人参加了抵抗。这些人之所以参加抵抗，是因为他们是莫拉主义分子，他们的莫拉主义就是对德国人的恨，对被占领的祖国的爱，他们的行动是对的，但他们的话说得不对。帕克斯东(Paxton)说，有些抵抗组织甚至到了1942年11月，法国南部地区被占领之后，还打着贝当派的“劳动-家庭-祖国”的口号捞取好处，并规定在他们的组织里，犹太人不能超过一定的比例。这些人虽然参加了反对贝当派思想的斗争，但他们自己在思想上并没有道德的勇气。还有冈迪拉克(Gandillac)，人们始终把冈迪拉克看成是与萨特相对立的，因为他是在萨特之后才到柏林来，他发现了当时正在形成的阴谋规模是多么巨大，但同时，他又在写给《精神》杂志的一封信中承认，“领袖”对他有着多么大的诱惑力。还有阿尔芒·布迪让(Armand Petitjean)，波朗说他在军队里表现出了史无前例的勇敢，是个真正的“英雄”，[①]1944年他在孚日受到过嘉奖，参加过巴黎解放，但他还是上了“全国作家委员会”(CNE)的黑名单，因为他在维希政府的报纸上发表过十二篇令人恶心的文

① 《给海狸和其他人的信》，第一卷，第369页。

章。对这些人,该怎么说呢?萨特从来没有写过这样的文章。无论是在他发表过的作品里,还是在他写的信和记事中,我们都找不到一句同情维希政府,或者与维希政府的意识有同感的话。他发表的文章,他的剧本,他后来写的《存在与虚无》,没有任何可以指责的地方。凡是读过,听过,懂得了这些作品的人,无不进一步加强了他们的抵抗精神。

人可以不是英雄,但可以成为一个自发的、彻底的反对贝当主义的人——我甚至想说,可以成为一个"自然"的反贝当主义的人,只不过"自然"这个词有点反萨特的意味。

人在生活中,可以没有特别出色的英勇和忠诚的行为,但却从思想上捍卫和阐明了勇敢和忠诚的哲学,用萨特的话说,就是自由。

人可以不是卡瓦依埃,但可以写出一本书,可以写出《存在与虚无》,使卡瓦依埃(Cavaillès)在孤独和后来的黑夜里为自己的思想、生活和战斗找到其它的理由;让-图森·德桑第(Jean-Toussaint Desanti)当时还是一个年轻的抵抗战士,正要加入共产党,1943年6月正在焦急地等待着《存在与虚无》的出版,据他讲,当时在巴黎大学做代理教授的卡瓦依埃希望萨特把这本像炮弹一样的书当博士论文。还不仅如此,他还说,这是卡瓦依埃这个伟大的抵抗战士在被捕之前所看到的最后一本书,或者说是他最后所看到的书中的一本。①

---

① 让-图森·德桑第,《〈存在与虚无〉五十周年》,见1993年7月2日的《世界报》。

最后，我们可以试着想一想最明显不过的事，也就是说，正如萨特自己所说的那样，“勇气有各种各样的形式，这是因人而异的”。[①] 这话在萨特的文章中说的是纪德，说他“穿着三层的背心和法兰绒的衣服，生活得很危险”，很多愚蠢的人都认为这说法很可笑。但是，我们怎么能不认为，他也是在说他自己，甚至首先是在说他自己呢？还有一些愚蠢的人，也许和前边说的人一样，从五十年代初就开始散布流言飞语，说萨特是个行为不轨的人。我们怎么能不认为萨特在说这些话时，也是从侧面来回击这些人呢？我们不能不承认，勇敢有几种意义，在被占领的巴黎上演颂扬自由的戏剧也是，而且无可争议地是某种形式上的勇敢。

抵抗战士

更何况萨特也是从 1941 年就参加了积极的抵抗运动的人之一。

谁？萨特？他参加了抵抗？而且还是积极的抵抗？你不是在拿别人当傻瓜吧？人们总是说萨特是无可指摘的，却总是受到一些人的恶意中伤。其实他只犯过一些由于性格而导致的错误。你难道比萨特还要萨特吗？萨特在说到战争期间他如何发现了“英雄主义”的时候，又急急忙忙地补充说：“我可不是英雄，我只提过几只箱子。”[②]如果从他写过的剧本来看，他发表在《戏剧杂志》上

① 《活着的纪德》，见于《境况种种》，第四卷，第 86 页。

② 《萨特眼中的萨特》(*Sartre par Sartre*)，见于《境况种种》，第九卷，第 101 页。

的《巴利奥纳》和《苍蝇》，基本上还没有什么可指摘的。但除此之外，萨特和波夫娃在战争期间不是过得很舒服吗？他在帕戴那里任职，她给广播电台写稿，他们在弗洛尔咖啡馆的一楼上，守着火炉子取暖，天气好的时候骑着自行车到南部风景优美的公路上去转转。这难道不是事实吗？

事实恰恰不是这样。

我的话也许有的人不喜欢听，我的说法也许会有违于所谓"温馨的占领时期"的说法，但我深信萨特和波夫娃在这一点上也成了某些人颠倒黑白的受害者。而且只要我们平心静气地分析事实，真相就会大白于天下。

"社会主义与自由"。那是1941年3月。萨特刚刚从斯塔拉格出来，回到被德国人占领的巴黎。然而，他回来之后做了什么事呢？他在蒙巴纳斯区的一家旅馆里召见了最忠实于他的人，所谓"大家庭"里的几个人：博斯特和奥尔伽、布庸、雯达、海狸。几天之后又在盖卢萨克街与"铁蹄之下"抵抗小组的负责人开了第二次会议。这是最初成立的抵抗组织之一，1940年10月份就在活动了。组织的负责人有多米尼克和让－图森・德桑第，莫里斯・梅洛－庞蒂，哲学专业的大学生西蒙娜・德布和依芙娜・毕卡尔，物理学家乔治・夏兹拉和他的弟弟让，数学家雷蒙・马洛，弗朗索瓦・古赞。他和一些人一起，成立了一个新的组织，名叫"社会主义与自由"，参加这个组织的也有他的学生和原来巴斯德中学的一些学生，比如让・卡纳巴和拉乌尔・列维。所有讲到法国抵抗运动的历史中都提到过这个组织，而且一直到1941年底组织解散之前，始终在从事一些活动，包括宣传、情报、印制和散发传单、对形势的思考和分析等等。这些活动虽然不大，也算不上轰轰烈烈，但的的确确有过。活动的目的正如他自己所说的那样[①]，是为了“捍卫新闻自由”，并由此而捍卫“一切其它的自由”。行动有些“天真”，一个“小小的组织”，活动能力有限，“在热情中诞生”，“一年之后由于不知道该干些什么”而自行消失了。那是些年轻的知识分子，办事不是十分谨慎，一看就知道不是行家，而且有的时候不够负责任，把油印机或是装满了传单的书夹子当玩具，满巴黎跑着玩，这一切，萨特自己都说过。[②] 这个组织到底起过什么作用，组织的口号和行动计划是否严肃，在萨特和卡瓦依埃有数的几次会见中，萨特所提供的情报是不是可靠，是不是有用（据阿尼·科恩－索拉尔的考证，[③]他们至少在丁香园或小卢森堡公园见过两次面），关于这些问题，有各种各样的说法，人们也可以明确地保留意见。但是事实俱在。而且是无可争议的。当时只有极少数法国人抵抗德国的入侵；共产党在庆祝法国和德国工人阶级的兄弟情谊，并主张向穿着党卫军制服的无产者伸出手去；整个法国都在承受着失败和悔罪意识的冲击；而刚刚从俘虏营回来的小个子萨特，却决心成立自己的抵抗组织，义无反顾地投身于地下的活动。没有风险吗？有人这样说过。但说起来容易。而且他们这样说的惟一标准是他们自己根本就没有冒过任何风险，只不过事后待在舒舒服服的环境中说漂亮话：“哼！‘社会主义与自由’，那是弗洛尔咖啡馆里的抵

① 《活着的梅洛－庞蒂》，见于《境况种种》，第四卷，第 193 页。

② 同上。

③ 见前引阿尼·科恩－索拉尔的作品第 233—234 页；亦见西蒙娜·德·波夫娃的《年富力强》，第 552 页。

抗运动!"(雷蒙·阿隆[1])或者:"萨特参加过抵抗吗?那只不过是无谓的玩笑而已!一群不负责任的知识分子,只会说漂亮话,根本就不懂地下活动是怎么回事,以为未来的法国是像写作业一样写出来的!"(娜塔莉·萨洛特[2])我们愿意提醒说这种话的人不要忘记乔治·夏兹拉,也不要忘记依芙娜·毕卡尔和阿尔弗莱·佩隆;乔治·夏兹拉在张贴传单时,被德国警察抓住,被关了六个月的监狱,传单是他和萨特一块儿写的,号召人们用手榴弹暗杀德国人,破坏德国人的设施。贴传单的本来可以是萨特和他,或者是萨特一个人。依芙娜·毕卡尔和阿尔弗莱·佩隆也是当时文学界所说的萨特小组的成员,他们的活动完全和萨特一样,却在 1941 年底人类博物馆组织被破获时遭逮捕和流放,其中一个死于流放营,另一个因流放中患病,回来后因病而亡。

1941 年骑自行车在南方地区的游览。这是反对萨特的人们玩的经典把戏。几十年来被人当成说词,开下流的玩笑,会心地嘲弄他们。你想想!几个知识分子,骑着自行车……是去晒太阳,去度假吧……在草垛里睡睡觉……弄些奶酪和苹果馅饼大吃一顿……两个知识分子,在大太阳地里打着灯笼去找抵抗组织,这情景不是很滑稽吗?一个喝得醉醺醺的小个子,笨手笨脚,一看就知道是个休带薪假的人,四处忙着找空调房和给养,这情景不是很可笑吗?但问题是,那些嘲笑萨特的人从来不问萨特和波夫娃忙里偷闲的目的是什么,他们在罗阿纳、里昂、塞文山脉、蒙特利马尔、

① 见前引约翰·吉拉西的作品,第 261 页。

② 阿尔诺·利科奈,《娜塔莉·萨洛特》(*Nathalie Sarraut*),Seuil,1991 年,第 174 页。

马赛和蓝色海岸这几个地方待了两个月，在这两个月的时间里，他们到底干了什么？他们到底走的是哪条路线？他们到卡布里去找纪德，想说服他支持“社会主义与自由”。但当时纪德情绪低落……然后他们到格雷诺布尔去找达尼埃尔·麦耶，麦耶是人文主义左派的宗师，自从列翁·布鲁姆被捕之后，就成了社会党的主心骨。但达尼埃尔·麦耶的情绪也不高，在两个小时的谈话时间里，他念念不忘的只有一件事：列翁被关在监狱里，应当给列翁寄些明信片去……最后他们还去了马尔罗在卡普戴尔的别墅，去见了伟大的马尔罗。三个星期之前，马尔罗也是在这里接见了他儿子的教父皮埃尔·德里耶·拉罗施尔，吃的也是“美国式的烤鸡”。但是，他们在马尔罗家里也碰了钉子：“抵抗？现在？哎呀！你们怎么想起来的！你们是好人，有热情，可你们太天真了！在俄国的坦克和美国的飞机参战之前，干什么都没有用。正因为如此，眼下我还是更愿意埋头写我的《假想博物馆》（*Musée imaginaire*）！”也许马尔罗是对的。也许的确还不到时候。马尔罗和漂亮的约塞特打发小个子萨特出门，约塞特认为萨特弄脏了她家的地毯，在饭桌上也不如德里耶有风度。也许那情景太可悲，没有可以让人佩服的地方。但是在这一点上，我们也应当认真一些。对形势从战略上分析得对不对是一回事。萨特的反应则是另一回事。事实是，当很多伟大的人物都在谨慎或明智地观望的时候，不管他们是对是错，当西班牙战争的权威，塔尔曼和迪米特洛夫委员会原来的委员马尔罗认为法国已经彻底失败了，已经没有什么事可做的时候，一个名叫萨特的小个子却认为仍然有事情可做，而且努力地说服比他年长的同行们……这有什么可笑的呢？他失败了，这到底是他的错，还是打发他走的那些人的错呢？

与共产党的关系。1941年底，当国内的抵抗运动终于组织起来，并以戴高乐派和共产党人为核心，逐渐凝聚成两个派别时，“社会主义与自由”解散了。萨特与共产党的关系的问题，也许正是这个时候提出来的。可以肯定的是，萨特不是戴高乐派的人。当然他也不是共产党。但是，他自己觉得，与戴高乐派相比，他更接近共产党。他意识到从今往后，像“社会主义与自由”这样孤立的小组织已经没有什么前途，便从1942年1月或2月开始与共产党接触。第一个阶段：波朗非正式地与共产党接触，遭到了雅克·德古的拒绝：“你那个萨特背景不清楚……有人说他是德国间谍……况且还有尼藏……萨特年轻的时候不是叛徒尼藏的朋友吗？他们两个人之间的友谊不是很可疑吗？”第二个阶段：雅克·德古死后，尤其是在斯大林格勒战役之后，共产党人开始转向民主，选择了主动与萨特接触。萨特开始时说，你们是在拿我开玩笑吧？我看过让·马斯纳克写的一份小册子，在南方散发的到处都是，说我读海德格尔的书，所以就是个可耻的纳粹分子。如果是这样，我们怎么能和你们一块儿工作呢？《法国通信》的主编克洛德·莫尔冈从中作了调停。他代表共产党表示歉意，让萨特消了消气。萨特便开始在这家杂志上发表文章，加入了全国作家委员会，与吉埃诺、莱利、莫里亚克和德布-布利戴尔一起参加在皮埃尔-尼高尔街艾迪特·托马家举行的会议。萨特在战争的第二个阶段比第一个阶段精力投入得少吗？他为写《苍蝇》和《间隔》的剧本并把剧本搬上舞台花的时间，比参加斗争的时间多吗？的确如此。不过，首先从大局来看，他这样做效果更好。早期还没有人组织抵抗的时候，他身先士卒地这样做了，总比后来大家都上了街垒，他再跟着去凑热闹起到的作用更大。再说，投入的时间“少”并不是说没有投入，阿尼·科恩-索拉尔还讲过一个小故事，也证明了这一点。这个故事知道的人不多，涉及的事却不同寻常。那就是皮埃尔·卡昂的故事。

皮埃尔·卡昂是萨特在高等师范学校时的一个同学，后来成了法国中部一个抵抗组织的负责人。卡昂在圣太田-德-卢达莱有一座小房子；在卡瓦依埃的建议下，萨特骑自行车出游时，在那里见过卡昂。卡昂后来在抵抗组织的军队里位置越来越高，成了全国抵抗委员会的秘书，在让·姆兰身边工作。1943 年 5 月卡昂来到巴黎，打算成立一些“技术行动组”，主要任务是破坏占领者的基础设施和后勤基地。在完成这次具有决定意义的，也是非常危险的使命之前，他见了什么人，和谁联系的呢？高等师范科学专业的学生，爱冒险的狂热分子，与卡瓦依埃或罗吉·维博接近的人。他见了大学生独立组织“自由”的一些代表，见了一些懂行的人，这些人已经搞过一些具有轰动效应的爆炸事件，只要给他们一定的手段，就可以进一步加强他们的破坏活动。但是，他与这些人的接触，他与这些人商议的事，绝不是像在弗洛尔咖啡馆喝咖啡那样，绝不是纯粹的知识分子的争论。他要想方设法保护一些像皮埃尔·布罗索莱特之类的重要人物，或者炸毁韦尔农大坝。但尽管如此，他还是多次去见了《存在与虚无》的作者，听他谈话。萨特说：“现在正是行动的时候……我和一些朋友联系过，他们在犹太人城和阿尔卡依的采石厂里存有大量武器……只要我们有手段，我们可以发动其它的恐怖活动，炸火车。我对此有很多想法……”

这的确是萨特说的话。萨特也热衷于军事行动，醉心于搞爆炸。是个焕然一新的萨特，尽管显得很奇怪，但这时的萨特的的确确像《苍蝇》中的奥莱斯特一样，是在采取直接行动。当时，让·姆兰手下那些搞爆炸活动的人丝毫没有对此感到惊奇。虽然计划再一次半途而废。因为发生了大学生独立组织“自由”里的41名年轻人被枪毙的悲剧。卡昂被逮捕，被流放，后来也没能活着回来。抵抗组织还没有真正活动就解散了。但难道这也是萨特的过错吗？由于别人先遭了难，使他没来得及走向受难之路，这也能怪他吗？他的很多同学由于参加抵抗而付出了生命的代价，而他最终毫发未损。死去的朋友们在他的头脑里久久萦回（卡昂死了；卡瓦依埃成了阿拉城堡万人坑中的第五号无名氏尸骸；与他同届的同学波利泽尔受到德国人残酷的折磨；他在高等师范时的同班同学查理·勒科当过摩洛哥步兵队的队长，1944年7月死于意大利战场；安德烈·戴勒阿日是他在高师预备班时的同学，“法国国内武装部队”的军官，在圣诞节那天倒在了阿尔萨斯的战场上；高师预备班时的另一个同学雅克·莫诺也于同一年战死沙场；还有依芙娜·毕卡尔、布尔拉、佩隆）。萨特也像加里在布拉柴维尔面对着戴高乐将军时一样，像马尔罗站在装修豪华的文化部里一样，非常想对自己说：“那些最出色的人最先离我们而去了”；但是，难道能够因为这一切，就对萨特说：“你的错误是，别人都死了，而你还活着。你的过失，你最大的过失就是没有死”？总之一句话，以这样的方式责备一个人没有成为英雄，这难道不是很下流的行为吗？

5 萨特的思想

不过，我们最后再一次来看看“年轻”的萨特的思想。我们想最后再一次确定这一思想的范围，把这一思想单独勾画出来。当然不能把这一思想与生活的其它方面割裂开来，不能让它变成抽象的思想，更不能让它成为绝对的思想。我们想就这一思想本身来一番考察，把它当成是一个完整的思想体系，考察它的法则，它的逻辑，它确立自己的方式，它的命题，它的一致性。人们一向以为只有一个萨特。人们以为萨特的思想是一个不可分割的整体，要取一起取，要舍一起舍，没有差别，没有争论的余地，好像早期的萨特只不过是后来的萨特的一个草稿，是先期的预兆，是尚未捏成人形的泥土。实际是有两个萨特，确确实实的两个，分得清清楚楚的两个，各自服从于不同的原则。实际是，即使两个萨特之间有一座天桥，即使在早期的萨特身上有些双重的，模棱两可的命题，即使主体的解构，或者完全透明的理想，或者内外界线的消除（至少从贡斯当以后，内外的轮廓就是民主的一个条件）后来与专制主义的计划组合在了一起，但这个早期的萨特的确存在过，是个实实在在的人。而且我们最后还想指出的是，早期的思想，早期萨特的思想，那种自由人的哲学，在此时此刻，在新的世纪之初还能告诉我们一些什么。

反对贝当政府

维希。我不知道“维希”这个词对明天的男男女女们还意味着什么。也许什么意义也不会有。也许历史的这一页终究会翻过去，也许罗兰·巴特过去说过的“悲惨惨、冷冰冰的噩梦”真的会结束。或者相反，在某些民族共和党人和黑红党人的帮助下，法国这段法西斯历史会永久保留下去。有一件事是我们可以肯定的。《苍蝇》和《厌恶》的作者在德国占领期间就批判过悔罪意识和自然主义思想，提出了“谋划”的理论，是个彻底的世界主义者，根本不相信对所谓“根”和“民族”的崇拜，不相信“土地不会说谎”之类的口号，不相信血统论或本质论，可是到了最后，他仍然对贝尼·列维说：对于他，空间“永远不是封闭的”，他只喜欢旅行和“游荡”，他梦寐以求的是一种人道，人们早晚有一天会说，这样的人道盛行于世。说这些话时他是那么天真，简直令人震惊。但这时的他与年轻时的他是一致的。我们相信这样的人是我们忠诚的同盟，能和我们一起思想，一起斗争，一起防止法国的恶魔再次死灰复燃。

莫拉(Maurras)。巴莱斯(Barrès)。一种过时的基督教。反基督教的思想也是陈旧的。一种爱国的共产主义。一种社会的个人主义。佩吉(Péguy)。还是佩吉。人们说是“第二个佩吉”。是后期的佩吉。爱国主义诗人，战士作家，陶醉于痛苦和憎恨，梦想着在杀人的鼓声里，在马车上见到约莱(Jaurès)。他给阿勒维(Halévy)写信说，他认为，道德只存在于扎根在同一块土地上、梦想着同样的末日的邻里之间：“出身决定一个人”，或者“只有同乡才能成为朋友”。一个完整的计划。整个法国。索莱尔说，法国发霉了。而我就是“法国的意识”。可是说到底，他们就那么肯定有两个佩吉吗？两个佩吉，最后的佩吉，和反叛的、支持德累福斯的佩吉，贝尔纳·拉扎尔(Bernard Lazare)的朋友，不都是赞成“文盲的形而上学”(metaphysique inalphabete)，不都是与“文字”，与“权力”，与“智慧”，与“知识分子”，与“民主”相对立的吗？但是，我敢肯定的是，有两个萨特。因为，有一种形而上学，像一把利刃一样，把萨特分成了两半，成了两个完全不同的萨特。这是不容置疑的。萨特是乐观主义的，因此也是专制主义的：请耐心些，我们在后面会讲到这两者之间的联系。萨特年轻，或不那么年轻了，萨特是悲观主义却又乐陶陶的，萨特绝望却从不伤感，看不到有什么办法可以医治一盘散沙一般的灵魂，而且正因为如此，他才反对法国，反对使莫拉、巴莱斯、佩吉、维希等等成为历史的法国。

我们有三篇文章。

三篇或三个系列的文章，内容都很明确，讲的事件也很有针对性，但今天的人们看了，不可能不受感动，只是受感动的程度不同罢了。

有一篇很不错的文章，战争期间发表在秘密出版的《法国通信》上，是写皮埃尔·德里耶·拉罗施尔的。讲了这个新入门的法西斯分子对自己的恨。与生俱来的苦恼。一种“奇怪的隐喻，把法国和德国的关系比成发生性关系的男女，法国在其中扮演的是女性的角色”。这话概括了一切。这话说出了关键。所有的法西斯主义，尤其是法国的法西斯主义心中都隐藏着这样一种两性关系的内容；而萨特的话是对这一内容的最为有力的分析之一。只有德里耶是这样认为的吗？当然不是。还有成千上万的人可能有着和他一样的想法，而且都是一些熟悉的面孔。

《一个领袖的童年》(*L'Enfance d'un chef*)描绘了人从精神上是如何走向法西斯主义的，对于文章里所说的话，不管是在当时，在现在，还是对于萨特将来的继承者们来说，几乎都用不着再补充什么。弗洛里耶在面对自由的考验时，表现出无所适从的慌乱。当他明白，他必须创造自己，而且要时时刻刻这样做时，他显得惊恐万分。于是大更衣室里才摆放了那么多的装备。那里有一系列道德和政治上的外衣，其中有一套是铁石心肠的专横领袖穿的衣服，穿上这样的衣服，他感到心安理得，能稳稳地把持着自己的身份、自己的种族——这让人感到多么省心呀！

《什么是法奸？》(*Qu'est-ce qu'un collaborateur?*)是五十年前写的一篇文章，像前一篇文章一样，这也是为历史而写，也是在激烈的历史进程中写的。然而，对于什么是真正的维希精神，维希政府有哪些矛盾和不合情理之处，萨特在文章中的分析之深刻也是空前绝后的。不能把"与德国人合作的法奸"与法西斯分子"混淆在一起"。由于"公认的法西斯分子"认为，当时"疲弱的、被占领的法国"不"适合"产生法国式的法西斯主义，所以才"没有向敌人妥协"。他们原来是"蒙面党徒[1]，后来又变成了抵抗者"。这些"社会主义者或者和平主义者"认为，"法国被德国占领算不上是什么罪恶"，而且"和德国人相处得还很好"。这话也概括了一切。对1945年形成的传闻，驳斥得清清楚楚，有理有据，而且预见了未

① 1934—1940年法国的法西斯组织"革命行动秘密委员会"的成员。——译者注

来。有人说贝当分子是有挡箭牌的；不是有十万人被枪决了吗？不是也有戴高乐派的群众在抵抗吗？外来的法西斯主义难道没有民族的根源吗？有的人虽然与德国人合作，但是并没有支持维希政府。有人说被占领的法国之所以成了法西斯，是因为法国被德国人占领了，被德国人占领是惟一的原因。请说这种话的人读一读萨特的文章吧。我读过萨特的文章。而且即使在三十五年之后，在我写《意识形态》（*L'Idéologie*）时，也没有多少新的东西可以补充。

还有一系列别的文章，构成了《肮脏的手》的哲学。如果有谁想驳斥所谓的“纯洁意识”或者“纯洁愿望”，这些文章也是很有价值的。这种意识和愿望是所有教旨主义的基础。纯洁的土地的观念。有些人说土地是神圣的。“纯洁”和“神圣”当然不是一回事。但是，要想让一片土地纯洁，最好的方法难道不正是让它变得神圣吗？那些想主张“大以色列”的人，宣称的正是神秘主义的神圣论。那些相信自己的国家是世界革命发源地的人，是在搞世俗的，或者表面上看起来是世俗的神圣论（比如苏联）。有的人把某块土地或某块土地上的石头看成是民族的摇篮（比如科索沃的塞尔维亚），他们搞的则是历史的或者纪念的神圣论。最近，我们甚至见到过共和派的神圣论（从朱尔·费里到谢维纳芒都把法国说成是人权的祖国和圣地）……这些为某个地方而痴迷的种种形式，实际上并没有多大的区别。有些人把这种痴迷当成了排斥他人的仪式。由于对某个“地方”的崇拜，圣地的土壤中在整个二十世纪浸满了不洁的血。有一种哲学，萨特的哲学，有力地驳斥了所有这一切。一个人的身体可以是神圣的。只要那是一具有灵魂的躯体，那么我们甚至于可以说,这躯体从根本上就是神圣的。但是如果从身体扩大到地方,从心灵扩大到场所,说一个地方,一块土地,一堆石头或者一堆烂泥具有记忆和精灵——那岂不是亵渎!认为某个地方神圣的观念是没有意义的,说我和许许多多别的人出生的地方是神圣的,这无异于偶像崇拜,这就是萨特在讲到以色列时说的话,他用有力的声音反复强调这些话,因为他支持在这块土地上诞生的国家,可以说他的支持从原则上从来就没有动摇过。

我当然知道,对信奉弗洛伊德的人,这种不以某地为根源的愿望可以有特殊的意义。大家都知道,如果某个不受任何联系约束的主体患了神经官能症,那么它会想方设法维系这种不滞留于任何地方的愿望。有人说是没有土地,没有根源,没有孕育的母体。那么……是没有孕育的母体或者母亲吗?如果没有母亲,那么孕育他的,只有他自己的行为?那么圣父呢?圣父的名字呢?没有圣父,也没有上帝?上帝没有父亲?圣父没有上帝?父亲太多了?萨特干脆地回答说:人不会从父亲那里继承什么。只有死去的父亲才是好父亲。当他在《文字》中说,他始终认为自己就是自己的老师和渊源,他说他自己就是自己的原因,过去是,现在仍然愿意是,他自己产生了自己,自己继续着自己,从这个“per se”中,我们听到的是另外一种否认:珀尔修斯(Persée),达那厄的儿子,处女的儿子,母亲自己的行为产生的儿子。不过说到底,这都不要紧。“不要自己给自己编故事”是一回事。拒绝这种神经官能症给每个人带来的政治上的好处是另一回事。萨特没有固定住所。萨特无法无天。萨特没有国界。萨特的行为再一次具有无限的自由。对明白人,这是不用多讲的。

萨特与福科

种族主义。种族主义的疯狂的行为将来还会有，我对此毫不怀疑。人的幻觉始终是，而且首先是对主体性的幻觉（恨别人是为了更好地确立对自己的爱），每当一些重大的传统的主体受到更大的威胁，或者似乎受到了更大的威胁时（欧洲建设、大量移民——所有这些由于自恋而造成的伤痕，对原来的群体构成了威胁：有的人动不动就说，"法国人应当优先"或者"我是法国人"，这些人除了是法国人之外，大概一无是处……），幻觉就会再次出现。这样的幻觉将来一定还会有，在法国有，在其它的地方也会有。面对这一切，我们有一本非常好的书，名叫《殖民地人的画像》（*Portrait du colonisé*）。这本书的基本思想是，怀疑前边所说的群体到底是不是真的存在，怀疑组成这一群体的主体是不是真的存在，并始终不懈地认为，不能把人简单地看成是集体的或是个体的本质。总之一句话，这种观念相信，"我"在成为一系列的特点之前，首先是一系列的动作。在成为某种类型或某种团体的代表之前，"我"首先是具有特殊性的个体。这种观念绝不接受把主体简化成黑人、阿拉伯人、比利时人、法国人。

谁把世界看成是由不同的人群、不同的部落组成的，谁认为人群和部落的共同点不是他们对人的看法，不是对社会契约的观念，而是肤色，是在某块土地上的根源，是先祖，是祖传意识，那么谁就是种族主义者。在这一基础之上，谁说：人无法摆脱其部族，人只能局囿于其世袭和遗产，最能够确定人的特性的，不是人的特殊性，而是他的肤色，他的鼻子的形状，他的基因，谁这样说，谁就是种族主义者。有的人像前边说的那样为主体下了定义，认为这些主体代表的是假设为自然的类型，从而相互对立，认为对立也是自然的，因此也是永恒的，把原本只是权力和利益上的争吵变成了几乎是神学上的冲突，这样的人就是种族主义者。这一切对于萨特来说都是没有意义的。萨特是二十世纪的哲学家，他认为，把本质看成是自然的，然后又把每一个人简化成这种假设的本质，然后又把简化的结果看成是永恒的，将其投射到历史之外，这一切也许根本就是没有意义的。

人们大概会认为，种族主义不是二十一世纪所要面对的首要问题，也不是最重要的问题。但是如果人们不这样想，如果人们像我一样认为，正相反，种族主义是人们互相憎恨的形式之一，或是惟一的形式，注定会产生重大危害，那么除了重新拾起从实质上具有三种意义的话语之外，不会再有更好的办法克服这种憎恨。首先，存在先于本质；本质没有存在；你怎么能先假设阿拉伯、黑人、美国人的本质是什么，然后又把这些人简化成主体，然后又说主体的惟一本质就是没有本质，因而种族是不存在的呢？第二，即使我们假设种族是存在的；就算我们承认人有一些共同的特点，形成了一些不同的类型或种类，那么这些特点也没有人们想像的那么重要；主体也根本就不是由这些特点决定的。想把极端的个别性，把一个人，把不断变化的、令人难以琢磨的个体思想简化成某种类型或某种种族，这样的打算是荒唐的。第三，最后一点是，一切都是历史；一切都是境况，因此也就是历史。因此，没有什么冲突——不管是个人的冲突还是集体的冲突——是不可以超越的；没有天生的敌人;没有永恒的战争。如果有冲突,我们可以再一次倾听康德和启蒙时代的思想家们的劝告:你们可以互相憎恨;只要你们愿意,你们也可以互相打仗;但你们在这样做的时候,一定要想到你们早晚有一天要成为你们恨的人的同盟……

这是不是说萨特在向我们宣布永恒的和平?这是不是说通过反种族主义,并由此而使冲突非本质化,我们可以回归古老的、没有冲突的、和平的人道之梦呢?但我们知道,这样的梦想也从某种程度上与纯洁的愿望联系在一起,从而也是与罪恶联系在一起的。萨特说的不是这个意思。正因为如此,早期的萨特才了不起。他的话不同于所有的人,而且具有无可估量的价值,其原因也正在于此。他把冲突看成是历史的过程,这是一个很好的看法。他把冲突看成是相对的,这是一个基本的看法。在这方面他比福科做得好。就在福科像布兰维利耶[①]那样,受不住"种族战争"话语的卑鄙诱惑的时候,萨特摆脱了所有自然主义和种族主义话语的诱惑,因此也就摆脱了灭绝某个种族的话语的诱惑。但在这样做的时候,他没有落入田园歌式的自然主义当中,说:"好消息,要和解了!再努一把力,克服了冲突的世界就会诞生!"换句话说,别人以为是相互矛盾的两种论断,他认为是共同的,互相补充的。首先,憎恨和冲突不是第二位的,而是第一位的。憎恨和冲突是随着人类社会的产生而产生的,而不是随着某种类型的社会的出现而产生的。正因为有了这种信念,他才坚持不受黄金时代和美好社会的诱惑,

---

① 亨利·德·布兰维利耶(Henri de Boulainviliers, 1658—1722),法国历史学家,鼓吹封建主义制度。——译者注

不至于愚蠢到像自然主义一样，相信某个高等的人种被隐藏了起来。第二，冲突是一回事，冲突的形式则是另一回事；冲突的原则是永恒的，但这并不意味着冲突的这种或那种形式也是永恒的。正因为冲突不断出现，而且一个接一个地出现，这个刚完，另一个接着就又来了，正因为如此，我们才不能相信到了某个时候就会没有冲突。争执永远都会有，所以才要永远保持相应的反种族主义。

我们并不认为萨特自己始终忠诚于反种族主义的观念。也许他背叛了自己的信念，比如在他写的《黑色的俄狄甫斯》(*Orphée noir*)里，在为《人间受难者》(*Damnés de la terre*)写的前言里，甚至是在专门分析殖民化的《辩证理性批判》[①]当中。但那是原则。早期的萨特认为反种族主义的原则要贯彻到底。年轻的萨特为我们提出了这种理论，使我们可以面对未来的反种族主义的斗争。萨特的反种族主义不是建立在宽容的基础之上，也不是以热爱人类为基础。有的人认为社会群体之间应当客客气气，应当让这些群体学会互相了解和互相热爱。萨特的理论与此没有任何关系。他在实质问题上与弗洛伊德一样，假设将人与人联系在一起的，不是爱，而是恨。他正是从这一假设里得出了所有的结论。这是一种原则上的反种族主义。康吉莱姆(Canguilhem)说卡瓦依埃从逻辑上是反法西斯主义者；从这种意义上说，萨特从逻辑上是反种族主义的，而他的反种族主义是以对主体和社会的定义为基础的。正因为如此，萨特的反种族主义是可贵的，是非常有效的。

---

① 第二部分，第C节。

萨特与犹太人

反犹太主义。从某种意义上说，萨特的学说与此相反。种族主义不正是憎恨对方最明显的差别吗（这种差别虽然很明显，但是没有意义）？与此同时，反犹太主义也害怕看不见的差别，也紧紧抓住这种差别不放，只要他能够，他会明确指出这种暗中的差别，进而消除它（正因为差别没有明确的标识，所以就更加阴险、危害更大，有人以为这样的差别能够悄悄地腐蚀世界——扬克列维奇在评论弗洛伊德时说：种族主义是"对他者的恨"，而反犹太主义则是"对不知不觉中的他者的恨"）。在这另一条战线上，萨特在思想上和斗争中也是一个很好的伙伴。因为他还写过另外一本书，名叫《关于犹太问题的思考》。我们还没有，还远远没有吸取这部作品给我们的全部教益。

我们当然可以认为萨特的"思考"过于仓促。

书中从始至终没有提到过奥斯威辛集中营的名字，我们可以为此感到遗憾，而且很多人已经表示过这种遗憾。（但是，这本书写于1944年，在当时这不是很自然的吗？在书中提到马伊达奈克[①]的毒气室，难道不是已经很了不起了吗？）

我们可以感到遗憾的是，文章是"一口气"写成的，写的时候根本就不知道《圣经》上的人民[②]的"命运"和"秘密"，他"没有查阅资

① 马伊达奈克（Maïdanek）是波兰卢布林市郊的居民集聚中心，德国纳粹曾在此设立大型犹太人集中营，规模仅次于奥斯威辛的集中营。——译者注

② 指犹太人。——原注

料”,“没有读过一本犹太人的书”。但他自己已经说过了,虽然是在与皮埃尔·维克多(Pierre Victor)的谈话里说的(维克多问:“那你是根据什么写的呢?”“没有什么,只是根据我想反对的反犹太主义”①)。

除了对犹太人历史的无知之外,我们还可以对萨特当时的许多偏见感到遗憾;也许正由于无知,写《关于犹太问题的思考》时的萨特,也就是写《自由之路》时的萨特显然是受到了这些偏见的局囿。《懂事的年龄》中的第一个犹太人是个“给人打胎的人”;萨拉“头发乱蓬蓬的,一副好心肠的样子透着心术不正的打算”,是一幅犹太人的讽刺画,就像夏尔多纳或皮埃尔·柏努阿笔下的人物一样。在《延期审判》②中,钻石商人比南夏兹对女儿的美貌赞叹不已(“真真正正的法国人的面孔”),手下的职员魏斯来向他告别,一副卑躬屈膝的样子让他心烦(“他不怎么喜欢魏斯,因为这家伙的命运如何,都在脸上写着呢”),那情景都是令人难以忍受的。在萨特的生命快要终结的时候,他的养女阿尔莱特·埃尔卡依姆(Arlette Elkaïme)和朋友艾利·本·加尔(Ely Ben Gal)把这些文章摆在他眼前,非要他再看看对比南夏兹的描写,看看她那“一双惊惧而又无可奈何的大眼睛”时,当他们向萨特说明,他的文章里这一类的讽刺性描写比比皆是,一直到《关于犹太问题的思考》时,萨特好像咕哝了几句,提到施维泽尔家里“一般”总有一种“淡淡”的

① 《萨特与贝尼·列维》(*Jean-Paul Sartre et Benny Lévy*),见于《现在的希望》(*L'espoir maintenant*),Verdier,1991年,第74页。

② 《延期审判》(*Le Sursis*),第814页。

反犹太主义，[①]并再一次辩解说，“人并非生来就是反犹太主义者，而是变成反犹太主义者的”。

因为，时代会给一个人留下遗产；在这一点上，萨特的确是三十年代的人，会局囿于三十年代的条条框框，会陷进这些年头最可恶的偏见之中，这也正像尼藏一样（见《阿拉伯亚登》中对布仑施维格的描写）；这是一回事。但一个人如何对待继承来的偏见，如何处理偏见，如果改变偏见，那就是另一回事了。一代人如何具体地对待这种遗产的遗产，那就又是另一回事了。而正是在这一点上，萨特既是个令人佩服的人，又是个十分可贵的人。

萨特是个什么样的人呢？就在谁都不愿意认为流放犹太人会有什么问题的时候，就在人们把犹太人的命运与纳粹主义的其他受害者的命运混为一谈，把“为了法国而死亡的人”和“爱国者”都混在一起，统统归在模糊得令人气愤的同一类中，认为这样做对于所有的人都说得过去，或者说起来更加好听的时候，就在这些人的名字也叫人无法说出口的时候——更何况是他们的苦难！更何况是他们受苦受难的理由！——，就在最好心的人，怀着最美好愿望的基督徒也只能把纳粹灭绝犹太人的大屠杀（La Shoah）看成是又一个“骷髅地”，[②]是耶稣受难的翻版，是犹太人的奥秘，是可怕的，但又是赎罪的行为，是牺牲，而且实质上具有慰藉作用的时候

① 见前引艾利·本·加尔的作品第316页；亦见于《萨特的见证》，第二卷，第1285页。

② 即“骷髅地”，传说为古代犹太人的刑场；《圣经》称耶稣被钉在十字架上，死于该地。——译者注

（正如莫里亚克在给艾利·维塞尔的《黑夜》所写的前言中说的那样，“一切都是圣宠”），萨特的书第一次打破禁忌，再一次正视了丑恶。我们应当向这样的书欢呼，我们应当不厌其烦地为这种书的胆识欢呼。

萨特和阿隆想，难道就没有一个人写文章说：欢迎犹太人回到民族大家庭里？难道就没有一篇文章，打破奇怪的沉默，指出人类历史上最大的灾难，最大的罪恶？[①] 有。有一篇，而且作者就是萨特。先是一篇文章，《沉默的共和国》（*La République du silence*），他在文章中大胆地写道：“我们是劳工，是犹太人，或者是政治俘虏，我们被大批地流放了。”“犹太人”这个词是多么有力量啊！终于有人大胆地把它说出口了！这个“我们”显得那么奇怪，但又用得多么巧妙啊！此后他又出了一本书，《关于犹太问题的思考》，从源头上深刻地分析了犹太人的问题。他从一开始就勇敢地说，反犹太主义不是一种“观点”（“有一种主张明确地以某些特别的人为目标，要取消这些人的权利或者要灭绝这些人，我绝不能说这主张是一种观点”）。

哪怕《关于犹太问题的思考》只是说了这样一句话，在法国也是一声炸雷；在四年的时间里，法国的犹太人根本就不存在了，法国宁肯忘记那些被遗忘的人。而萨特却在文中说：“在这个国家，有些男人和女人被你们称为犹太人；他们中的很多人因为是犹太人，仅仅因为是犹太人，就被消灭了”；“纳粹分子让犹太人流血”

① 莫里斯·扎弗兰，《法国政治中的犹太人》（*Les Juifs dans la politique française*），Flammarion，1990 年，从第 55 页开始的部分。

的罪责"落在了我们的头上",[1]萨特只是让法国人意识到自己的罪责。哪怕这本书只是起到了这样的作用,我们也要感谢它。

当时的法国是个奇怪的国家,为了不承认当时漠视了犹太人的流放问题,人们制造了谎言,说是被流放的人保持了沉默,说他们的痛苦是无以言表的。在法国,当人们将十五个纳粹受害者的尸骨聚在一起,要在无名战士墓的圣火旁举行哀悼时,还要小心地审查其中是否混进了因种族问题而在流放中死亡的人;在法国,要面子,虚伪,当然还有隐藏在暗中的反犹太主义奇怪地混合在一起,竟使最终采取的办法的确有"最终"的意义:一种完美的罪行,做得人鬼不知,就像杀亲罪一样,不仅要完成杀人的动作,还要抹掉杀人的痕迹,连记忆也不能留下——党卫队想尽了一切办法掩盖他们的杀人罪行,1945 年的民主派人士又试图忘记这些罪行,因而从某种意义继续犯下了重罪。还有让·波朗(Jean Paulhan),在 1941 年便向如昂多(Jouhandeau)许下了奇怪的诺言:"至少我可以保证一件事,德国人失败之后,犹太人又大肆杀戮德国人时,我会像憎恨他们今天的刽子手一样地憎恨他们。"另外一个存在主义者加布里埃尔·马塞尔认为,人们对生还者的关注太过分了,认为这些人让人讨厌;1946 年 4 月他在《费加罗报》上发表过一篇文章,后来又在《基督教证言》报上发表过另一篇,批驳说,集中营的生还者太过分了,请他们知趣点,他威胁说,要让"中央政府和专业团体为了法国人的利益"而学会如何"阻止"他们那

---

① 《关于犹太问题的思考》(*Les Réflexions sur la question juive*),第 165 页。

种“已经十分明显的侵犯别人权利的意愿”。[1] 就在这样的情况下，萨特愤然而起。用两百来页的篇幅横扫人们的虚伪和邪恶的怜悯。对于当时所有的犹太人来说，对于克洛德·朗兹曼(Claude Lanzmann)、让·达尼埃尔(Jean Daniel)、罗贝尔·米斯拉依(Robert Misrahi)、贝尔纳·法朗克(Bernard Frank)来说，他们一下子被解放了，好像又有了“活下去的兴趣”；朗兹曼赞叹道：“世界上至少有一个人和我们在一起，理解我们。”[2]

对于我来说，对于像我一样，在大屠杀之后，在那本书出版之后出生的犹太人来说，这本书过去有，现在仍然有三个功劳。

他在书中描绘了一个反犹太主义者，尽管这个人更像是爱德华·德吕蒙，[3]而不像福里松(Faurisson)，虽然作者选择的首要目标不是纳粹主义，而是莫拉主义，但五十年之后，书里的描写仍然没有失去其现实意义。反犹太主义是一种“激情”，是一种“信仰”。反犹太主义不顾一切“明显的事实”，不顾一切“理性”。我们真的已经摆脱了这样的反犹太主义了吗？我们需要面对的，难道不仍然是那种疯狂的激情吗？只不过从字面上说那是“宗教”，有新的面孔，有别的口号，也发生在别的地方而已。萨特的描写准确得让人觉得残酷，带着幽默，让我们有愿望，有力量，也让我们气愤得想与之而斗争(贝尼·列维 1982 年说：“在反犹太主义的法国，《关于

---

① 见前引莫里斯·扎弗兰的作品第 55 页。

② 同上，第 58 页。

③ 爱德华·德吕蒙(Drumont，1844—1917)，法国政治家，基督教派记者，具有反犹太主义的倾向。——译者注

犹太问题的思考》支持着我参加反对暴力的斗争”[①])。理查德·赖特[②]说:“美国没有什么黑人问题,只有白人问题。”萨特的意见大致也是如此。他最后又一次提到海德格尔对“本真”和“非本真”的区别,就像两年前在《存在与虚无》中分析的那样,他描绘了“空洞”式的犹太人,那是反犹太主义者眼中看到的犹太人,犹太人没有别的选择,要么做一个反犹太主义者眼中的人,要么逃避那目光:他是犹太人,因为别人认为他是犹太人,他从拉辛(Racine)那里听说了耶路撒冷,而不是从《圣经》或《塔木德》中;犹太人小时候听人讲滑铁卢之战时哭过,但听人讲圣庙被毁时却没有哭;在别人对他说“你是犹太人”之前,他从来没有把自己当犹太人;正如萨特在很久之后对阿尔莱特·埃尔卡依姆说过的那样,[③]这个犹太人“可以是随便什么人,只不过身上带着个犹太人的名字”。现代犹太人在生活中并不认为自己与别人有什么不同。那么他是什么样的人呢?在五十年代和六十年代,犹太人还莫名其妙地被纳入另册,当他们看到:“是犹太人就意味着被排斥、被抛弃在犹太人的境遇之中”,或者:“人之所以是犹太人,是因为别人都认为他是犹太人,这就是我们看待这个问题的出发点!”看到这些话,还是青年人,或还是孩子的犹太人,会长长地舒一口气,有一种被解放了的感觉。总之,犹太人觉得终于被解放了!

继而还有第三部力作,这部作品知道的人不多,评论家们还想

---

① 《萨特与贝尼·列维》,在 Radio communauté 电台与所罗门·马尔卡的谈话;亦见于洛朗·迪斯博 1982 年 1 月 16 日发表于《巴黎早报》上的文章。

② 理查德·赖特(Richard Wright, 1908—1960),美国黑人小说家。——译者注

③ 见前引艾利·本·加尔的作品第 319 页。

掩盖它，五十年来始终在反反复复地说，萨特这种“别人眼睛里看到的犹太人”的理论，放弃了“犹太教中积极的东西”，因此萨特是在致力于“从精神上进行清算”。但实际上，萨特的书没有放弃任何东西，至少在第二章，他先是批驳了硬把具体的犹太人当成想像中的“犹太人的差别”，然后又转向第二条战线，表面看来第二条战线是与第一条对立的，但实际上却互相联系在一起，那就是在奥斯威辛之后“犹太人命运”的两重性。他说，法国有很多人愿意再次欢迎犹太人，但条件是他们要忘记自己是犹太人。法国是个滑稽的国家，像1789年的格雷格瓦（Grégoire）神甫一样，法国的犹太人作为法国人，你给他什么都行，但是作为犹太人则什么也不能给。对此萨特回答说，自在的人是没有的，自在的法国人也是没有的；令人很愿意认为，很愿意接受的是，有一些人的境况使他们成了“法国的犹太人”。萨特反对共和派想让犹太人融入法国社会，让法国社会消化犹太人的模式。萨特反对抽象的普遍主义，因为这种学说一边大谈“人权”，同时也在通过其它的途径准备一个没有犹太人的世界。萨特历来坚持一分为二，坚持与自己的思想对立的选择，哪怕是在作品的同一页上也是这样，他向来不一定非要忠实于自己，不一定坚持自己开始时的思想，所以他绝不混淆“境况”和“差别”，他认为“反犹太主义者”（将犹太人简化为其差别，以及这种差别的具体体现）和“民主派人士”（让人们在普遍概念的祭坛上，为某种境况，也就是某种特殊性献祭）是一对孪生子，没有什么两样，而且大致说：是犹太人，那就必然不是一个有理性的人，不能成为一种形象；反犹太主义者正是在消化作为犹太人的积极意义的同时，歪曲了这种积极意义，他们将犹太人的特点组合在一起，形成了一个令人憎恨的整体，尽管如此，这种积极的意义仍然是存在的，它有自己的形式和历史，这种形式和历史不是反犹太主义者造成的，而是犹太人自己的功劳。那么，虽然这本薄薄的小书没有过多的参考资料，虽然它没有看到犹太人的积极性（它只是隐隐约约地感觉到了，但没有明确地说出来），而且仍然是用讽刺的方式来描绘犹太人的，但如果你讽刺这本书，无视它所披露的东西，那就是十分可悲的了。我认为事情很简单，萨特不信教，是个无神论者，施维泽尔的家教对他有影响；《圣经》、《塔木德》、马丁·布伯、犹太人对《旧约全书》的传统解释、门德尔松（Mendelssohn）、罗森茨维格（Rosenzweig）这些人是另一片思想的大陆，[①]尽管萨特的思想与这片大陆的关系不大，尽管在很久之后，为了"摆脱黑格尔想要强加给我们的历史"，他也思考过"犹太人的形而上学特点"，也思考过犹太教的作用，比如在他与列维-维克多的谈话中。但是，到了七十年代末期，在勒维纳斯的影响之下，当我想通过《圣经》，创立一种抵抗的哲学和一种道德观时，[②]我想到的确确实实是萨特和《关于犹太问题的思考》的第二部分。

萨特从始至终对犹太教怀着一种深切的同情。

据贝尼·列维说，萨特曾经在一次谈话中对他说，"当他描写犹太人时，他是在刻画自己"，因为"犹太人"和"靠笔来生活的知识分子"的命运是相通的。[③]

---

① 亨利·梅肖尼克，《萨特与犹太问题》(*Sartre et la question juive*)，见于《萨特研究》，第一集(*Etudes sartriennes, I*)，1984年，第140页。

② 《上帝的遗嘱》(*Le Testament de Dieu*)，Grasset，1979年。

③ 《萨特与贝尼·列维》与所罗门·马尔卡的谈话。

萨特是个犹太人。

梦中的萨特

最后是专制主义……

尤其是斯大林主义；纳粹失败，苏联取得胜利之后，斯大林主义成了专制主义的一种形式，并于突然之间出现在欧洲。

“如果斯大林主义者从苏联的胜利中得出结论，认为必须屈从于莫斯科的淫威，那是因为他们心中作出了深刻而原始的决定，这一决定构成了他们的人格基础：屈服于既成事实，不管是什么样的事实。

“斯大林主义者说这种原始的倾向是‘现实主义’，这种倾向在我们这个时代的意识中有着深刻的根源。他们患了一种可以称之为历史主义的知识分子病，他们喜欢接受既成的事实，仅仅是因为那是既成的事实。他们把那种历史的哲学当成了自己的哲学。对于他们来说，事实上的霸权是与某种模糊的对进步的信仰联系在一起的，他们乖乖地顺应未来，他们放弃了打造未来，只满足于推测未来。

“被人们误解了的黑格尔哲学当然也有话说。人们之所以接受暴力，是因为所有大的变化都是以暴力为基础的，因为人们认为暴力有着某种说不清的道德上的作用。因此，斯大林主义者是站在最遥远的未来的角度上评价他的行为的。尽管他生活在我们这个世纪，却将自己置身于未来世纪来判断，正如历史学家现在判断弗雷德里克二世的政治一样。

“站在将来的角度看待事件对于所有的斯大林主义者来说，是一种诱惑。跳过几个世纪，再回过头来，从远处审视现实，将现在置于历史当中，这样做会把现实变成过去，会掩盖现实令人难以忍受的特点。选择历史主义的态度，不断地把现实变成过去，这都是典型的斯大林主义的手法。通过服从于事实，斯大林主义制定了一种颠倒过来的道德。他不是按照权利来判断事实，而是将权利建立在事实之上。他那没有说明的形而上学，将‘实际是什么样’与‘应该是什么样’混为一谈。所有存在的都是好的。好的就是存在的。他借笛卡尔的名言：‘不要想去说服世界，还是想法先说服自己吧’，认为服从事实是一种勇气，一种具有男子汉气概的冷酷。

“对于斯大林主义者来说，别人对形势进行客观的估计时，只要和他的出发点不一样，那就是女人的梦想和空想。他解释说对斯大林主义的抵制不是来自于某种肯定的价值，而是来自于对已经死亡的习惯和意识的依恋。”

这篇短文是萨特写的：内容公正，不乏道德上的严格和远见；分析了斯大林主义的原因，他指的不是莫斯科的斯大林主义，而是巴黎的，也许这就显得更加神秘。从文字上看，几乎与写前边已经详细引述过的《什么是法奸？》时的萨特一样。其中只有一个区别，而这一个区别就改变了一切。我把文中所有的“法奸”都换成了“斯大林主义者”……

这样做是为了说明两件事。

1944 年是萨特最痛苦的时候，也许还是最疯狂的时候，他正在变成一个他刚刚描写的斯大林主义者。他不顾自己的原则，身先士卒地走在他那一伙人的最前头，正如二十年代一样，他又开始看到一片光亮从东方升起，便与其他的人一起，发明了一种新的法奸精神。这种新的法奸精神将在欧洲大肆泛滥。

但是——事情令人费解的地方也正在于此——，他的作品中有，或者本来应当有，或者差一点就会有，并从某种方式上曾经有过的所有理论概念，让人能够，或本应当让人看到即将到来的新法西斯主义。别人可以想不到，但他应当想到这一点，抵制这种新的法西斯主义。曾经有那么一闪念的时间，也就是说他写过一篇短文，一篇令人感到痛心的，但又是十分宝贵的文章，创造了抵制新法西斯主义的机制，虽然很快就又被他忘记了，但他终究给后人留下了这么一种机制，和加缪在同一时期所建立的机制一样，甚至更好，都可以用来与刚刚出现的，并将持续到二十世纪末的丑恶行径进行斗争……

加缪

到目前为止，我始终避免从正面接触问题。

当时到底发生了什么事呢？我一直拖延着没有提出这个问题，因为这是最难回答的问题之一。

然而……

我们先来看事实。

萨特有一天对米歇尔·孔达（Michel Contat）说，加缪“也许是最后一个好朋友”。[①]

---

① 《七十岁的自画像》（*Autoportrait à soixante-dix ans*），第 196 页。

萨特一向是个只喜欢和女人在一起的人。对于他来说，加缪也许不仅是最后的朋友，而且也是惟一一个真正的“伙伴”。

也许加缪给予他的，是尼藏和阿隆都不曾给过他的东西：男孩子之间的友谊，在帕莱特自助餐馆或者在利普餐馆吃晚饭，和姑娘们玩、狂欢，在王家桥酒吧激烈而友好地争论，入夜前去舒伯特舞厅，那儿有人随着查里·特奈的歌跳慢狐步舞；或者在弗朗西娜和西蒙娜·德·波夫娃的陪伴下双双外出——“他是个很逗的人，我们在一块儿可开心了。他说话很粗鲁，其实我也一样，我们经常讲下流故事，他妻子和西蒙娜·德·波夫娃假装气得要命……”①

还有尊重。萨特一般不怎么赞扬自己的竞争对手和同时代的人，可他好像很佩服加缪的作品。

1945 年，在纽约的第一次演讲中，他提到有些作家“在地下发表了很多文章，一般情况下那是很危险的”，这些作家“养成了习惯，认为写作是一种行为”，并“对行动有了某种喜好”；他说的难道不正是加缪吗？

当他说，与纪德、阿努伊、吉洛多这一代作家不同的是，在那些英勇的年轻人的意识中，“每一行字都会危及作者的生命”，他说的不仍然是加缪吗？

后来，台下听讲的人只想看到两个新生的明星打起来的时候，台上的萨特却用同样权威的口吻说：在“加缪纯洁而阴郁的作品”中，我看到了“未来法国文学的主要特点——加缪的作品一定会成为经典的文学，那里没有幻想，却对人类的伟大充满了信心！”萨特

① 《七十岁的自画像》(*Autoportrait à soixante-dix ans*)，第 196 页。

是在向加缪致敬，表示了他与同时代的加缪团结一致，表示了他的宽宏大量。

最后，到了1951年，正是两个人论战最激烈的时候，正是两个人快算总账，要了结冲突的时候，正是他一心只想用最毒辣的招数置人于死地的时候，他在这一年写的《答复》中，最后一次提到加缪对于他代表着什么，对于他这一代人代表着什么，他写道："战争来了，你毫无保留地参加了抵抗"，后来又接着说："你亲身经历"了那一时刻，"比我们中的很多人（比我自己）更加深刻，更加彻底"——这是多么大的敬意啊！

总之，两个人之间的联系是坚实的。

那是经过公开证实的真正的兄弟情谊。我们很难把这种情谊简单地说成是文人之间的客套。

那是由朋友之间的深重友情和尊重铸成的情谊，经受了抵抗运动这场伟大的政治斗争的考验。他们刚刚一起参加了抗德的斗争，而且，萨特从来就没有否认过，加缪像马尔罗一样，在这场斗争中比他要强得多。

那么到底发生了什么事呢？

两个人的关系如此亲密和高尚，那么到底是什么原因让他们的关系破裂了呢？

萨特在一次谈话①中解释过：加缪很"怪"；不是动不动就"一本正经"的人；他会讲下流的笑话，与克斯特勒（Koestler）比赛，看谁能四肢着地最先爬过米歇尔广场，这时候，他是那种典型的好伙

① 见前引约翰·吉拉西的作品第268至269页。

伴，能让人与他一起开心地大笑。可是他的《局外人》大受欢迎，而且原本挺讨人喜欢的“阿尔及利亚小痞子”——这是萨特的原话——把自己当成“一个正南八北的哲学家”，《现代》杂志的一伙人本来指望他会永远当一个讨人喜欢的业余爱好者，可他却不甘心于扮演这样的角色了。

女人——奥尔伽，还有雅尼娜·伽利玛，[①]当然还有海狸，加缪恨透了海狸，因为他恨透了女权主义——也有她们的解释：萨特是“嫉妒”了；是嫉妒，根本不是别的原因；因为加缪“变了”；加缪变得“严肃”了，变得“装腔作势”了。但是，如果没有女人的问题，所有这一切也许算不上什么，加缪成了受女人欢迎的人，尤其是受其中的一个，奥尔伽的妹妹雯达的欢迎；萨特迷上了雯达，而加缪差点从他手中抢走她，奥尔伽特意插手干预，加缪才没有得手。萨特在还没有从气恼中摆脱出来，仍然感到伤心和怀疑的时候，问西蒙娜·德·波夫娃[②]：“她想跟加缪去干什么？她想从他那儿得到什么？我不是比他强得多吗？我对她不好吗？让她小心点。”

还有哲学。还有纯粹哲学上的意见不合。不管萨特怎么说，不管时兴的说法、当时的气氛、当时人们对所谓的“存在主义”——当时所有的新思想家都自称是存在主义——所持的一些平庸的看法维持了怎样的迷雾，有一些酝酿了很久的冲突是确实存在的。其实，《婚礼集》（*Noces*）的作者和《厌恶》的作者在“荒诞”哲学和“偶然性”哲学的问题上，从一开始便发生了对立：加缪在《厌恶》

---

① 艾贝尔·R.洛特曼，《阿尔贝·加缪》（*Albert Camus*），第518页。

② 《给海狸和其他人的信》，第二卷，第320页。

发表之后说，他与萨特之间有一个很大的区别，那就是，加缪认为，荒诞从事物开始，但他转一圈再回来的时候，并不打算再见到这种荒诞。[①] 他对萨特的“自在”和“自为”之间的对立经常表示自己的保留，认为这种对立太僵化。反过来，萨特责备加缪对连续性(continuité)兴致过高，说他痴迷于类比和联系。萨特把决裂摆在了神圣的位置上，加缪却对此充满疑虑。如果有谁和加缪是同时代的人，从精神上和他更近的话，那这个人不是萨特，而是梅洛－庞蒂。

最后还有最根本的分歧，也就是政治上的分歧。因为，不管奥尔伽怎么说，在一般知识分子的生活中，尤其是在萨特的生活中，人们可以随意地将思想冲突的比重摆在相对的位置上。人们可以反复地说：“在观念的斗争中，真正的观念总是不如人们想像的那么重要。开始的时候，会有另一场斗争，那就是世界观、身体、风格的斗争；观念上的冲突只是后来才出现的，只是把身体上的冲突表现出来。”但是萨特和加缪之间的冲突也是政治上的冲突；在政治上，他们争论过苏联的集中营是否存在，以什么名份存在，具有什么样的性质。加缪的《反抗的人》(*L'Homme révolté*)与萨特的思想也是对立的，萨特更喜欢压抑本能，控制本性，进行苦修。与此同时，两人之间又发生了最具有决定意义的冲突：不仅是知识分子的争执，不仅仅关涉到一时的观念上的争论，而是涉及到成千上万个男、女的生、死和尊严。

---

① 1938年10月29日的《阿尔及尔共和报》(*Alger républicain*)，亦见于《随笔》(*Essais*)，Gallimard，Pleiade，1990年，第1417页。

第一个阶段。1946年12月12日。鱼市街维昂的家里，当时在场的有博斯特、阿斯特鲁克、格诺、彭达利、布庸、梅洛-庞蒂、西蒙娜·德·波夫娃。加缪来晚了，脸上神色阴沉沉的。那天晚上，阿尔及利亚的小痞子闷闷地坐在一边，没心思与别人逗笑。但突然，他活跃起来。那是为了斥责梅洛-庞蒂。梅洛-庞蒂刚刚交给《现代》杂志一篇题为《信奉瑜伽的人与专员》(*Le Yogi et le commissaire*)的文章，是第二年发表的《人道主义和恐怖》(*Humanisme et Terreur*)的雏形；按照加缪的意见，这部作品"为谴责找到了理由"。他非要梅洛-庞蒂做出解释不可。有些人甚至说他揪住了梅洛-庞蒂的衣领子，要揍他。后来，别人把他们两个人拉开了。正如萨特夸大其词地说的那样，"梅洛-庞蒂没有炫耀武力"。[①] 加缪意识到当时的情形有多么可笑，便放了手，脸色苍白，混身发抖，甩上门便走了——萨特和博斯特不情愿地(也许根本就不愿意?)跟在后面，想让他恢复理智。就是这样……我原来就说过……加缪又表现出在阿尔及利亚出生的法国人的性子……动不动就打架，解决思想上的争论也像在巴布瓦迪一样，诉诸拳脚……这样的伙伴真让人没办法！加缪那天晚上在写道："令人难以忍受的孤独，我既不相信，也不甘心于忍受这孤独。"萨特也说[②]，"想起这件事我心中并不愉快。想给人家帮忙，那是多么愚蠢的打算啊！我当时在梅洛的左边，加缪的右边；也不知心情为什么那么坏，竟想在两个朋友之间作调停人，后来他们两个人先后责备我对共产

---

① 《活着的梅洛-庞蒂》(*Merleau-Ponty vivant*)，第215页。

② 同上，第216页。

党人的友情，而且他们没有和解就都死了。”

最后一幕是在五年之后的孔德街，在《现代》杂志那次有名的编辑委员会会议上，会议期间提到《反抗的人》的出版。与会的人经过讨论之后得出结论说，这是一本不错的书。口音动听。是那种谁也学不来的声音，充满了真正的苦恼，那是加缪的声音，是大家一向都喜欢的声音。但是同时，书里的内容却又是乱糟糟的一堆！乱七八糟的伪哲学！这个加缪啊，为什么不做他擅长的事呢？他的荒诞小说写得多好啊！再说，公众对这本书的欢迎……那是在欢迎一本令人感到不安的书……新闻界的热情难道不是很可疑吗？《费加罗报》用大幅标题说：“战后最伟大的作品之一”；“法兰西科学院的”艾米尔·昂利约(Emile Henriot)欢迎反叛的伟大作家改邪归正；“法国行动”的机关报《法国面面观》欢迎作家回归法国和文明的永恒价值。这样的评论难道不会引人思考吗？这一切都不是好征兆。因此，大家几乎经过投票做出决定，第一，《现代》编辑委员会不喜欢这种哲学上的大杂烩，也讨厌围绕这个大杂烩而闹起来的喧嚣。第二，既然如此，既然杂志对此的感觉是这样，那么装聋作哑等于是根本不把人放在心上，还不如明确地把感觉说出来。第三，这个任务落在当时的活跃分子，也就是弗朗西·让松(Francis Jeanson)的头上。我们知道弗朗西·让松从政治上是无可指摘的(二十岁就在北非参加了自由法国的军队，参加过那场……美好的战争)，和萨特比较接近(他不是写过一本薄薄的《活着的萨特》，而且也取得了老师的出版许可吗？)，无所顾忌，不会胆小怕事(西蒙娜·德·波夫娃说[①]，他一开始交给编辑委员会的文

---

① 《事物的力量》，亦见于艾贝尔·R.洛特曼的《阿尔贝·加缪》(Albert Camus)，第510页。

章口气更狠),最后,像所有秘密帮会里要取人性命的暗杀事件一样,动手的人还应当与要被除掉的目标不曾有过任何接触(他们是在很多年之后,才第一次偶然在王家桥酒吧见的面[①])……

因此,文章是让松写的:"加缪真的希望通过拒绝世界上的所有的行动,而取消世界的进程吗?"或者"您不是在右翼,您是在空中。"

加缪的答复很气愤:"总编先生……在从前的斗争中,我和一些老战士从没有拒绝过什么;那些一向只会把自己的扶手椅顺着历史的方向摆的审查官们,却不断地教训我们,说我们效率不高;我对此开始有些厌烦了……"(影射的是1944年,萨特被派去看守法兰西喜剧院,别人却发现他坐在乐队的一张扶手椅里睡着了。)

萨特被激怒了,也拿起笔来回击:"加缪先生,请你告诉我,为什么一讨论你的作品,你就会神秘地丧失像人一样活下去的理智呢?为什么一反驳你的意见,别人的话就会奇迹般地变成对神灵的亵渎呢?啊,上帝啊!加缪,你是多么严肃啊,用你的话来说,你是多么的浅薄啊!可是如果你错了呢?如果你的书证明了你的哲学能力不够呢?如果你的书中的知识,只不过是急急忙忙拼凑起来的东西,而且还是二手货呢?"

当时的新闻界,不管大报小报,从《星期六晚报》到《世界报》,都抓住这件事,呼风唤雨,挑唆着两人之间的争吵。

从这天开始,两个人的关系彻底完了。

---

① 艾贝尔·R.洛特曼的《阿尔贝·加缪》,第521页。

萨特对《法国观察家》[①]说："一场争吵算不上什么——虽然不再见面了；那也只不过是另一种共同生活的方式，我们生活在一个小小的世界上，我们还是互相关心对方的。"萨特的话讲过之后如石沉大海。

后来，他似乎要强调两个人是怎么也分不开的，对西蒙娜·德·波夫娃说："尽管如此，我还是想他，还是感觉得到我读的书或报纸上有他的目光，我还是自言自语地说：'他对此怎么想呢？他现在怎么看待这事呢？'"萨特的话没有产生任何反响。

加缪惊呆了，也想避免恨上添恨，结果却是徒劳(玛丽亚·卡扎莱对奥克塔维奥·帕兹说："他像一头受伤的公牛一般在家里走来走去")。

他用自傲来回答恶毒，用缄默来回答咒骂，结果还是徒劳(让·达尼埃尔讲过马提尼朗姆酒店发生的情景[②])。

事情的的确确是完了。两个人之间再也没有直接的对话。正像布列东和阿拉贡一样，正像谢林和黑格尔，或胡塞尔和海德格尔一样，正像他们之前那些作家和哲学家一样，萨特和加缪也选择了"另一种共同生活的方式"，"还是互相关心对方的"：长长的无言的对话，在暗中较量，在默默中感到极端的忧郁，憋得透不过气来，而较量到最后，活下来的人总是怀着激动的心情，向死去的人缴械，或者假装缴械，顺便也喃喃道，说到底，这友谊在他的经历中是最好的……

---

① 《法国观察家》1960年1月7日第505号；亦见于1994年6月15日的《新观察家》和《境况种种》，第四卷，第126—129页。

② 《拜访让-保罗·萨特》，见于《萨特的见证》，第二卷，第1194页。

梅洛－庞蒂死时，他就已经说过："那种懊丧的感情，哀凄中又带些温情，让累得精疲力尽的朋友们觉得更亲近了……"；那些朋友们，"相互攻讦，他们之间共有的，只剩下了争吵，而且终于有一天，他们的争吵也不再是目的"。[①]

而现在，他又说："使加缪命丧黄泉的事故，我称之为激起了公愤的事故……对于所有爱过他的人，他的死是令人难以忍受的荒诞……人们在生活中可以接受或者不接受他在作品中表现的思想——尤其是《堕落》，在他的作品中，这是最美，但也是最不为人所理解的一部——，但人们在生活中却离不开他的思想……"

萨特与加缪的是是非非

从一般人的角度来看，从双方投入的精力，从争吵中披露出的每个人的脾气禀性来看，加缪显然更惹人同情。萨特扮演了恶人的角色。他扮演的之所以是恶人，是因为不管从哪个角度看待这件事，不管是出于嫉妒，还是政治上的原因，不管是由于新的，还是旧的误解，他心中当时占主导地位的，是一种类似于蔑视的感情。

高师的毕业生蔑视自学成才的人。出生在法国的法国人蔑视从阿尔及利亚回来的法国人。文化上的强者和贵族，施维泽尔家书香门第的继承人，对"又滑稽又无赖的假装哲学家的阿尔及利亚小痞子"[②]的蔑视。罗昂公爵让手下的人痛打伏尔泰。萨特让弗

① 《活着的梅洛－庞蒂》，见于《境况种种》，第四卷，第281页。

② 《境况种种》，第十卷，第96页。

朗西·让松臭骂加缪。仅仅是如此,就已经足以使受害者显得无限地可爱了。

是萨特可爱还是加缪可爱?当然是加缪可爱。他显得宽厚,高尚。他向笨拙而偏狭的杀手报复的方式,用他自己的话说,“合适得不得了”。而萨特却暴跳如雷,毒辣凶狠:《给阿尔贝·加缪的答复》(*Réponse à Albert Camus*)不仅表现了作者极端的轻蔑,还表现了作者的恶毒(“……你有可能曾经很穷……”),而且背信弃义(“……这种沉闷的夸张言语掩饰着你内心的困难,我想你把这种困难称之为地中海的节制……”),无端地残酷(“我不敢建议你去看一看《存在与虚无》,你会觉得那书很难读懂:你厌恶思想上的困难,张口就说没有任何值得理解的东西,为的是事先就堵住别人的嘴,不让人家说你没有理解……”),权威的狂妄(“……可是,你这是得了什么怪癖啊,怎么不到根源上去看看呢?可你明知道用‘闸’是刹不住世界上真正的力量的……”),幼稚而伤人的幽默(“就像一个小姑娘,把大脚指头伸进水里,同时又问:‘这水热吗?’,你也带着怀疑的神色看待历史,伸进一根手指头,又很快地退回来,问道:‘历史有意义吗?’”),总之,萨特表现出的,是一种卑劣的行径。

其次从政治的角度来看,从他们双方捍卫的各自的政治立场来看,也没有什么问题。面对专制的争吵,面对这种向知识分子发出的挑战,反叛的精神和荣誉都在加缪一边,问题是人们承认不承认以新的面孔出现的野蛮行径。

正是加缪,《反抗的人》的作者,听到了阿瑟·克斯特勒(Arthur Koestler)或马加莱特·布博－纽曼(Margarete Buber-Neumann)的证词。1951年，当切斯瓦夫·米沃什(Czeslaw Milosz)离开共产党的波兰，官方左派的正统思想家们说他是卖国贼时，正是加缪向他伸出了援助之手。抵制“历史主义”，抵制对权利和事实的混淆，抵制“仅仅因为木已经成舟，便接受既定的事实”(萨特刚刚说过，这是卖国贼精神的精粹)的诱惑。人们出其不意地看到，萨特表现出来的，正是这种卖国贼精神，这种与刽子手站在一起的立场，这种将“必须服从事实”和“从道德上赞成事实的倾向”混淆在一起的做法，总之一句话，这种认为“一切伟大的变化都是以暴力为基础”，并“给予暴力某种说不清的道德作用”的“黑格尔的哲学思想”：他认为集中营是“令人不能够接受的”，但“所谓资产阶级的新闻每天都在制造着集中营，他认为这也是让人不能够接受的”；他谴责让“土库曼人”受那样的罪——见鬼！为什么是“土库曼人”呢？——但是，在《给阿尔贝·加缪的答复》中，他主要思虑的，是不让人们“以土库曼人受的苦为理由，证明我们让马达加斯加人受苦是有根据的”。他谴责古拉格，但他并没有因为这一“谴责”而不去参加几个星期之后在维也纳举行的和平运动代表大会。他细致入微地分析了人们是怀着什么样的心态接受罪恶的，可是历史又回来了，他却掉进了陷阱——让加缪获得了看得准、说得对的殊荣……

况且，这一切他是知道的。这正是区别两个萨特的分界线。早期的萨特知道第二个萨特来了，知道第二个萨特正在慢慢地渗透进来，就像病毒一样，让早期的萨特发生错乱，与加缪作对，从而犯错误。加缪与他对立时的反应是对的，萨特知道这一点。他知道，或者很快就会知道的证据，是在加缪死后的第二天，他便决定向加缪表示敬意。正如在梅洛死后，正如在尼藏死后一样，他也为

"逝去的朋友竖起了墓碑",[①]这是他的绝招,他也喜欢这样做。

萨特说:向逝去的朋友那种"固执,狭隘而纯洁的,严格而发自内心的人道主义"致敬!

向加缪从始至终"紧紧握在拳中"的"人文价值"致敬!

"在我们这个时代的重要时刻",加缪反对"马基雅弗里的信徒们",反对"现实主义的金牛犊",坚持不懈地向人们证明"道德事实是存在的";我们向他的勇气致敬!

加缪是"历史悠久的道德家族"的"继承人",这些道德家的作品是"法国文坛"上最有特色的创作,我们向这个继承者致敬,光荣属于他!

为他和让松在八年前批判、讽刺、嘲弄、毁损、污蔑的一切而向加缪致敬!

上帝知道,如果加缪能够活着听到这些话,他会多么高兴!上帝知道,他是多么希望听到这些话啊!在死前不久出版的《堕落》中,他用克拉芒斯的名字表现萨特,借克拉芒斯之口,让萨特说了一段话,一段奇怪得令人震惊的话,因为他好像完全预感到自己死后,萨特会向他道歉。时日无多的加缪借克拉芒斯之口说:"我们的先师嘴里塞满了泥巴,不能再说话了,我们会赞美他们!我们会自然而然地向他们致敬,他们等着我们的敬意,也许等了一辈子……"[②]敬意终于来了。而且不仅仅是表示敬意,而是一种缴械投降的方式,几乎是自我批评。这样的表示萨特只有过一次。正

① 见前引《阿尔贝·加缪》。

② 阿尔贝·加缪,《剧作、故事和短篇小说》(*Théâtre*, *Récits et Nouvelles*), Gallimard, Pleiade, 1974 年, 第 1492 页。

如二十年之后,他参加抵制莫斯科奥林匹克运动会的活动,也如他和阿隆在安德烈·格鲁克斯曼、克洛蒂、雅克·布鲁瓦耶尔的带领下,到爱丽舍宫为从共产党统治下的越南逃出来,淹死在中国海的船民们辩护时,他身边的人不是阿隆,而是加缪。那是加缪的魂灵。那天,我们很多人都在喃喃地说或大声地喊:"这是加缪的报复!"我们很多人都听到了后期萨特的声音,听到了萨特在1960年的声音:"向加缪赔罪! 显然,与其跟着我走错误的路,还不如跟着加缪走正确的路!"

不过说到底,还有第三种看问题的方式。既然是哲学家们在争论,那么问题还应当涉及争论的哲学基础——还有双方另外的性格,也就是形而上的性格问题……

我们还记得格拉克(Gracq)的文章;在《偏爱》(*Préférence*)中,格拉克说萨特代表了一种"否定的情感",这种情感不是在他的思想体系中,而是在他的内心深处。在格拉克的分析中,萨特否定自然,否定物质,否定与物质的一致,否定社会,否定各种可能的社会,否定人类,否定生殖,否定别人以及像地狱一样的别人的目光,否定布维尔的栗树,否定自学成才者的人文主义,否定一切。否定否定。

我们还记得,在这篇文章中,萨特反对那些动不动就点头称是的人,反对什么事都接受的人,反对毫无保留地肯定一切的诗人,反对欢天喜地、绝对地肯定一切的作家,反对像作家那样从总体上贪婪地对待上帝的创造物:"肯定上帝,肯定上帝的创造物,肯定教皇,肯定社会,肯定法国,肯定贝当,肯定戴高乐,肯定钱,肯定收入高的行业,肯定老人的子孙满堂,肯定人口众多的家庭,正如他自己说的那样,他是当着公证人的面娶了这样一个大家庭"——总之一句话,我们还记得他说自己是与保尔·克洛岱尔(Paul Claudel)相对立的。

那么,我们可以在同一篇文章中,将保尔·克洛岱尔的名字换成阿尔贝·加缪。我们可以用《婚礼集》或《西西弗的神话》代替《对东方的认识》(*Connaissance de l'Est*),两者之间一项一项的对立关系仍然是成立的:萨特喜欢否定,加缪喜欢肯定;一方否定自然,另一方肯定土地;一方是悲观的感悟,另一方是宇宙的欢欣;一方将世界描写得可怕之极,人们分明感觉得出世界的可怕,世上的人们永远也无法一致,对事物感到恐怖,对肉体感到厌恶,时时事事让人感到恶心,对世界和世界上下流的生物怀着敌视的心情;另一方则是近乎神秘的痴迷,阿尔及利亚的风景美丽得令人难以言喻,石头和肉体随着太阳和季节的变化而进行着不同的对话,满含了汁水的果实,土地及土地养育的万物,宇宙的永恒和美好,柏树代替了栗树,充满了预兆的夜,布满了星星的天空;像希腊石雕一样的大力士代替了罗康坦式的恶心,在阳光中陶醉的身体,肉体神圣的秘密,肉体的芳香、颜色,肉体与精神的结合,干爽与黏稠的对立,光彩夺目的肉体与多余而极其丑恶的肉体之间的对立,享乐至上的纪德与萨特笔下的政治第一的纪德之间的对立,"金黄色的大柿子,从破开的果肉中流出黏稠的液体"。

这种对立,我们是很清楚的。

从中我们可以看出一神论(monothéisme)时代不信教的传统和犹太基督教的新世界之间的重大冲突。

我们在这里看到的分歧,正如亚历山大·科热夫在《黑格尔导读》(*Introduction à la lecture de Hegel*)中所说的那样,会将哲学领域划分得越来越细小:那是一种传统,认为自然是善良的,只要顺应自然,就能过好生活,而且人根据在自然中所占的位置来确定自己;另一种传统却正相反,认为自然并不"恶毒",只是"怀有敌意",应当将自然用来对付我们的力量,反转过来对付自然;要想得救,就必须转变,通过法律和洗礼——法律和洗礼都是文明——,达到某种秩序,使人类摆脱奥古斯丁说的那种人类在获得圣宠之前走向堕落的混乱。

从某种意义上说,那是生活的艺术和欢乐的秩序。人们也许仍然会认为加缪是对的:幸福,欢乐,与事物友好相处,和谐,享乐,对世界充满好感,喜欢现实,以眼前的利益为道德标准——与此相对立的萨特,却把世界说成漆黑一团,或是支离破碎,像奥古斯丁那样说"苦涩而伤痛的心",目光紧紧盯着人与人的关系中随时可能出现的憎恨和下流行径。

但从另外一种意义上说,从原则和其它道德基础的意义上说,从过滤掉本能的反应之后,由概念而构成的政治的意义上说,我们很难不认为萨特说的是对的,我们很难不于突然之间站在萨特一边,反对他的老朋友的立场:是什么样的伦理让人屈从于自然的呢?从什么时候开始价值植根于人的欲望,而欲望又是以世界的秩序为基础的呢?如果一种道德观重视的是幸福,而不是正义,那么这还是道德吗?如果一种政治只满足于崇拜世界,因此也就是只满足于瞻仰世界,唯唯诺诺地接受世界,祝福世界,那么这还算得上是一种政治吗?

这种瞻仰式的政治可以遏制革命的政治,因此也就可以遏制独裁政治那种杀人的本能，这倒是真的。可是还要不要反对这些政治的斗争呢？还要不要反叛呢？与事物至少要保持一定的不一致，才能让人们敢于挺身而出，与杀人的凶手进行斗争，或者与既定的秩序进行斗争。当人们这样声称自己是世界的朋友，与事物、与太阳友好时，当人们除了自然的神圣法律和大自然自发的和谐之外，再也不承认有别的什么法律时，当人们唱道："接受吧！接受吧！最美好的品德就是天真地接受世界的美好！"当人们像尼采一样，像与萨特所信奉的尼采不同的另一个尼采那样，只坚持"虔诚地肯定生活"，[①]坚持"身体的伟大理智"或者与土地、天空或海洋的"结合"时，当人们歌唱"那令人赞美的意志不与任何事物分别，也不排除任何事物"时，或者歌唱"这种意志过去和将来都将使人的痛苦的心与世界的春天融合在一起"[②]时，人是注定了会什么也不干的；表面上虽然看不出来，但人在这样做的同时，又孕育了另外一种罪恶；这种对自然的盲目崇信会成为专制主义和谋杀的另一个重大源泉。

况且，《局外人》……加缪先生，你说，你的《局外人》……这本薄薄的，清楚而明了的书，这本小说，我当时就表示了我对它的敬意[③]……实际上这本书讲的，难道不正是一个谋杀的故事吗？你在《局外人》中不是说莫尔索是"因为太阳"和罩在他头上的"像铙

---

① 《权力意志》(*La Volonté de puissance*)，法译本译者毕扬基，Gallimard，1942年，第二卷，第345页。

② 加缪，《夏日》(*L'été*)，载于《随笔》(Essais)，第844页。

③ 《局外人的解释》(*Explication de l'Etranger*)，1943年2月，载于《境况种种》，第一卷，第112页。

钹一样嗡嗡响”的阳光而杀人的吗？难道不正是对太阳，对阳光灿烂的南方，对宇宙的“肯定”才让你成了谋杀犯的吗？还有你的玛尔塔不也是这样吗？《误会》（*Malentendu*）中的主人公几乎和卡利古拉[①]一样恶毒：她难道不是说，她梦想的“太阳”能够“消除人们所有的问题”，让“人的心灵死亡”[②]吗？而且自从该隐犯下首宗谋杀之罪，自从该隐杀害了他的弟弟亚伯之后，所有的谋杀总是千篇一律：该隐也认为你只要在那儿，走近同类的身边，叫他一声，这就足够了；他也说：“相互主体性是现成的东西，用不着什么‘法律’去创立它，有现成的自然之法和太阳之律，只要服从自然和太阳的古训，就足够了”；就是这样，所有的行为都是从中引申出来的！而且很快，一下子便完成了！杀人是多么容易的事情啊！杀人的事总是会有的，这是圣经说的话；你加缪在文学里，也就是在你的形而上学里说的，也是这个意思——当人们像该隐，像玛尔塔，或者像莫尔索一样，依靠“自然”和“光明的突然溅射”，来制造对话和人性的时候，杀人的事总是会发生的……

当然，事情并不总是如此清晰明了……

而且这场对话的最终结论也并非如此。

首先还有另外一个萨特，曾幻想过与罪恶和解，并完全从罪恶中解放出来的社会。这是加缪在他的太阳的形而上学中从来没有想过的。“萨特怀念的是普天之下共唱一首田园牧歌的情景，”这是加缪说的话，而且加缪说得对。

---

① 卡利古拉是加缪的剧作《卡利古拉》（Caligula）的主人公，古罗马暴君。——译者注

② 《戏剧、故事、短篇小说集》，第 1787 页。

还有另外一个有违常理的加缪，我们应当分析这个加缪与前一个加缪的联系。但是，在二十世纪的思想家中，能够怀着最大的毅力正视恐怖，让那些发了疯似地想彻底清除罪恶的巫师学徒们丢尽了脸的，也许正是这另一个加缪：加缪也把所有的罪恶称之为历史主义；他和汉娜·阿伦特（Hanah Arendt）一起猛烈攻击的，正是这种政治上的先知先觉；他呼吁人们采取“希腊人的节制”时，还有另外一种意义，那就是要以此来限制对“历史”的崇拜；卡利古拉要“将哲学变成死尸”，而加缪的呼吁是要抵制卡利古拉的疯狂，用另外一种方式禁止杀人。①

第二个加缪是悲观主义的加缪，是从字面的本来意义上说的阴暗的加缪，人们有时说他是“帕斯卡式的人”（寄予希望的批评），或者是“陀思妥耶夫斯基”式的人（不管人们怎样整治无限混乱的事物，伊万·卡拉马佐夫那永恒的“为什么”依然回响着），或者是“奥古斯丁”式的人（“惟一正视罪恶问题的伟大的基督教思想家”）；充满疑虑的加缪让那些荒唐的、非要让世界与自己调合起来的革命家们感到羞愧。他有一个伟大的论断，那就是，即使人真的能够打破社会的束缚，那么还有另外一种束缚是人摆脱不了的，巴塔耶称之为“人对人的诅咒”，那是形而上学的，更加深刻的诅咒。第二个加缪如今仍然是“坏”萨特最好的解毒剂。所谓“坏”萨特，指的是作为同路人的、与历史的崇拜结成同盟的萨特。他说：“活着就忍耐，死了绝不妥协，怀有欲望的精神和让人失望的世界之间

---

① 艾里克·维纳，《从暴力到专制主义》（*De la violence au totalitarisme*），Calmann-Lévy，1972 年，第 51 至 58 页。

的离异是永恒的"[1]——好像《反抗的人》事先就答复了《造反有理》中的疯话……

不过,事情就是这样。还有另一个加缪。尤其是还有另一个萨特。而且正是这第二个加缪,让人们不能够忘记《西西弗的神话》最后的话是"一切都是好的","应当想像西西弗是幸福的","荒唐的人才会肯定一切"。[2] 第二个萨特颠倒了第一个萨特的原则,以他的方式探索了"肯定一切的深渊",让他的追求者们感到惊恐不已。但无论如何,第二个萨特并不就真的是全部的萨特。现在我们所看到的,仍然是第一个萨特。萨特和加缪一样,也不是只有一个,而且这第一个萨特在不多的几部作品中便把主要的思想都表达了出来;这个功劳是谁也不能否认的,哪怕是第二个萨特也不能否认第一个萨特的功劳。

如果我们确实理解作品的意义,我们在萨特的作品中,在《厌恶》和《存在与虚无》中就已经看到了意识和事物的矛盾。因此,这种起码的背信行为,这种对决裂和冲突的喜好孕育了反叛的精神。

如果我们从字面上理解科热夫的话,如果我们想表达一般的哲学争论,特别是萨特和加缪哲学争论的神学维度,从而也表达其形而上学的维度,我们可以看到,萨特没有忘记让人从束缚人的根源、自然和根基之法则中解放出来。萨特是自由的哲学家。

换句话说,如果我们不从严格的政治角度看待问题,而是从哲学的角度,从神学的角度看待问题;如果我们还记得二十世纪和以

---

① 《西西弗的神话》(*Le Mythe de Sisyphe*),见于《随笔》,第 135 页,139 页,143 页。

② 同上,第 197 至 198 页。

前的专制主义的症结，总是围绕着这些问题——自然、罪恶、人离开上帝后的悲惨——而形成的，如果我们努力想一想，我们就会知道，反自然主义的源泉是犹太教和基督教，它在人和世界之间维系着一定的距离和最终的疏远感，如果没有这种反自然主义，就不可能有反专制主义。如果我们还记得，民主的契约是，而且只是这样一种契约："在组成这契约的联系中，没有任何东西是自然的。没有任何东西是天生的和命中注定的。恰恰相反，这是人为的联系，是脆弱的联系。因为这种联系是不完善的，所以需要不断地修改。之所以不完善，是因为没有基础。"如果我们还记得这一切，我们必然得出这样的结论：为了思考这一切，萨特的偶然性的哲学比加缪的《夏日》中普天同庆式的狂欢或呢喃的祝福有着更多值得我们借鉴和思考的内容。

第三部　时代的疯狂

1 另一个萨特

维也纳。1952年12月。世界和平运动——也就是斯大林的共产国际——召开代表大会。那是东方镇压民众最为惨烈的时刻。苏联的国家机器像发了疯,在自己人中乱咬,清除“兄弟党”的领导人,被清除的人大都是国际旅的老人,或反纳粹战争的老兵。当时反犹太主义也搞得十分过火,据说是要将“犹太民族主义”或“犹太复国主义”阴谋扼杀在萌芽状态;镇压活动不仅莫斯科有,布达佩斯、布拉格、布加勒斯特也有。白衣队事件(affaire des “blouses blanches”)的骗人把戏一个月之后才发生。不过斯兰斯基(Slansky)的审判案却是刚刚结束的。那是一次大张旗鼓的审判案,目的就是要在整个自由的欧洲,激起所有同路人的想像力:捷克党的总书记鲁道夫·斯兰斯基被处以绞刑,一同处死的还有另外十名罪犯,几乎都是“犹太人出身”。而且代表大会开幕前几天,刚刚把这些人的骨灰撒在布拉格郊区的一块地里……然而,萨特也参加了这次会议,这一切他都知道,可他也参加了代表大会。像所有还记得三十年代莫斯科审判案的人一样,他知道这些事先安排好的审判案是怎么回事,知道那些罪行都是在酷刑或要挟之下屈打成招的,可他还是参加了那次代表大会。他感到窘迫吗?显然没有。就连与臭名昭著的法捷耶夫(Fadeev)一起坐在主席台上，他也没有感到难堪；几年之前，法捷耶夫在一次类似的会议上说他是“会写字的土狼”，是“拿着笔的豺狼”。与法捷耶夫坐在一起，他看起来很满意。心花怒放。他简短的讲话结束之后，与会的活跃分子们起立向他欢呼。全世界无产阶级亲如一家的代表们承认这个“资产阶级”的知识分子是自己人，这使他感到欢欣鼓舞……惟一的问题是《肮脏的手》。因为《肮脏的手》从时间上很巧合，正好同时也在维也纳的一家剧院上演。而且这个剧本历来就让共产党人感到很恼火，共产党不喜欢把讲究实际的、专业的、粗暴的，总而言之是严肃的战士（赫德莱）的理想，与年轻知识分子（雨果）的理想对立起来；年轻的知识分子心里只想着英雄主义，光荣伟大，直接行动。不过，好吧！没有关系！他不会让雨果这个小无赖嘲弄维也纳的赫德莱们而不受惩罚。他不会让人们说他是主角，是惹人同情的主要人物。当然更不会让人们说他萨特写了一部反共产党的剧作。于是他给出版商、代理人、剧院经理、导演打电话。想方设法提出要求，让人们禁演他的剧作。为了把话说得更加清楚，为了让以后不再发生类似的事件，他借此机会制定了一条规定，一条他的出版商从今以后必须遵守的规定：从今以后，你们给我听好了，从今以后，不管是在什么地方，没有有关国家共产党的明确同意，不得上演《肮脏的手》！那正是野蛮的行径和斯大林的愚蠢行为登峰造极的时候。那也是很多知识分子开始疏远的时候。可他恰恰相反。在此之前，他是有所保留的，他不像梅洛－庞蒂之流的人牵涉得那么深，可他选择了这种时候，采取了梅洛－庞蒂正要放弃的立场，并向全世界宣布谁是他的新同志，他的同路人和一起战斗的伙伴。从今以后他萨特发誓再也不会得罪的人是聂鲁达(Neruda)、阿马多(Amado)、爱伦堡(Ehrenbourg),还有哥特瓦尔德(Gottwald)和约瑟夫·斯大林。如果有人对此表示怀疑,如果有人认为他是糊里糊涂地跟在别人后边,如果有人想像——当时是有人私下里这样说的——他是受了阿拉贡的操纵,他会对这些人说,“不管人们如何恶意中伤,维也纳的这次代表大会现在是,将来仍然是一个重要的历史事件”,而且对于他个人来说,“他作为一个男人的一生中,有三个事件最为重要”,这次大会是“其中之一”,其重要性与“巴黎解放和人民阵线”是一样的——毫不逊色!

对自己的恨

《肮脏的手》。在《肮脏的手》这件事上,最令人难以置信的是,几年之前,早期的萨特在1948年创作剧本的时候,说话的口径明显不同。他说,戏剧是杂交的文体。一种引人入胜的,但却是杂交的文体。之所以说它是杂交的,大致来说,就是因为戏剧比小说从更大的程度上同时属于接受的人和创作的人。他在接受《战斗报》的一次采访时说,“我并没有表示赞成什么或反对什么,我尤其不能够表示这样的意思”。因为一个好的剧本应该提出问题,而不是解决问题。从这种意义上说,如果雨果占了上风,那更好。如果人的悲剧,真正的悲剧,人们都有切身体会的悲剧成了雨果的悲剧,如果赫德莱在人们心目中显得是一个更阴暗,更有负面作用的人物,那更好。伟大的作品之所以有力量,难道不正在于它能够摆脱作者的意图,能够挫败人们真心诚意地为它安排的计划吗?

更有甚者，几个月之后，剧本以《红色的手套》为名，在纽约再次上演，早期萨特的倾向表现得更加明显，他进一步表示了他给予剧本的意义，但这种做法与在维也纳时的做法恰恰相反。他对新闻界说："我写的是关于一个人的剧本，这个人叫雨果。"接着，他又大声说道："我想，你们一定注意到了，赫德莱不是我的剧本的主要人物。"剧本的改编者塔拉达什（Taradasch）把内容表现得更左一些，并自以为做得对，他则对此感到气愤，几乎是恶狠狠地说："塔拉达什改编之后，我的雨果几乎所剩无几。塔拉达什的雨果没有像在原文中那样最终成为赢者。"当采访的记者不敢肯定自己是否真的听懂了萨特的意思，最后又问他是不是可以认为，《肮脏的手》批判的是"历史环境决定人对共产党的观念"，而且从这种意义上说，这个剧本是不是可以被看成是"反共产党的剧本"时，他张口便说："对，从这种意义上说，我的剧本的确是反共产党的"……

总之，过了四年的时间，一切都变了。萨特变成了同路人。他极其镇静地转变了自己的思想，也不顾这样做是不是合乎逻辑，是不是真实。现在他辩解说，《肮脏的手》是一个亲共产党的剧本。对，谁也不要怀疑：这是一个同路人写的剧本，是在共产党处于困难的历史时期，给共产党帮忙的；因此，在我的心目中，你们听清楚了，主要人物从来就是共产党人赫德莱。然而，这个剧本突然间表示了与它应当表示的相反的意义。在维也纳和其它的地方，这个剧本打碎了我给它加上的意义的枷锁。这个剧本就像个女人一样——纯粹是想得罪党，是要把我这个可爱的作者的生活搞得复杂化——先是受到雨果这个流氓的侵犯，后来又被他诱惑，雨果这个虚伪的哈姆雷特，小脚的坏人洛伦佐。[1] 啊！哈姆雷特的故事谁不知道！坏人洛伦佐诱惑人的故事谁不知道！雨果原本是，应该是故事的次要人物……！不对！雨果应当突显出来！要让他把戏拉过来，成为这个重要剧本的主角，我向你们发誓，法官先生们，这个重要的剧本是为了给真正的共产党增光，才从形式上写成反共的！我要让雨果受到惩罚。我要惩罚《肮脏的手》。我成了文坛苦狱场的看守，而且首先就要看守自己的作品。请各就各位。谁也不许再动了。你们是雨果、赫德莱，但只要还有我在，你们也是布吕奈、鲍里斯、吉西卡、马蒂厄，是一个更大的戏台上的木偶，这个大戏台就是世界和我对世界的干预。如果你们当中有谁忘记了这一点，如果有谁胆敢演他自己的戏，或者演我的戏，或者两个都演……老实说，我的生活变成了狂舞乱跳，在这片狂乱中，连我也说不清楚到底谁是谁，谁该演谁的戏了——我被迫否认的，是作品本身……

1964 年 3 月，当这个剧本在都灵再次上演时，他与《辩证理性批判》的意大利文译者保罗·卡鲁索(Paolo Caruso)谈话时，他的疯狂达到了顶点，他对自己、对“资产阶级”关于人物自由的偏见达到了顶点，他像这样自己打自己的屁股的事，在历史上也达到了无以复加的地步(虽然文学史上有很多人否认过自己的书，不承认自己写过某部书，甚至焚烧自己写的某部作品，但惩罚自己的书，曲

---

① 阿尔弗莱·德·缪塞的同名五幕剧《坏人洛伦佐》(*Lorenzaccio*)中的人物。洛伦佐是个有道德的年轻人，立志杀死专制暴君亚历山大，为民除害。为了取得亚历山大的信任，他故意堕落，成了一个道德沦丧的人。但亚历山大死后，另一个暴君继位，人民的命运并没有什么改善。——译者注

解书中的意思，强加给作品另外一种意思，好像作品的作者是另外一个人，有谁见过这样的作家呢?)。随着年龄的增加，萨特变得越来越严厉了，他说，我是最后一次试图这样做。我最后一次让这部可恶的《肮脏的手》自己证明，这是一部“同路人的作品”。但是请注意!“如果这部剧作在都灵会成为反共的作品，如果我与左派力量的一致，还不能阻止右派的新闻界和资产阶级认为这个剧作是反共的，那么问题将以最终的方式得到解决，《肮脏的手》将再也不会上演。”换句话说:“这是最后一次机会，是我宽宏大量地给《肮脏的手》的最后一次机会。但是，只要这个剧本胆敢背叛我，只要舞台上的雨果与赫德莱胆敢再一次相互对立，也就是说，让我和我自己对立，让坏萨特(敏感的，脆弱的，花花公子式的，哈姆雷特式的萨特)与好萨特(狠心而可怕的战士，我一再声称我已经变成了这样一个人)相互对立，那它可就要倒霉了:它将归于虚无，或被关进牢狱，本来就是我把它从虚无或牢狱中拉出来的……”人们以为是在做梦。但那不是梦。这话的确是萨特说的。的确是写《厌恶》和《自由之路》的艺术家说的。但他同时又是一个爱打人屁股的严厉的父亲，有点别人看不出来的神经，而且特别爱打他自己这个自由艺术家的屁股。

反对美国

维也纳。1953 年 6 月。萨特从报纸上听说朱利叶斯和埃塞尔·罗森堡(Ethel et Julius Rosenberg)被处以死刑。他当即拿起电话，给《解放报》口述了一篇口气异常激烈的文章。这篇文章并不是什么耻辱，不管这件事的实情如何，萨特说这一事件是“合法的集团暴力行为”，他的说法并没有错。他大声疾呼：“罗森堡事件是我们的事；将无罪的人处以死刑，这件事关系到全世界。”他这样做是对的，他做得完全对。现在再回过头来看，他对麦卡锡（McCarthy）极端反共思想的反诘是相当雄辩的：“你们以为我们是想捍卫麦卡锡的文化，麦卡锡的自由，麦卡锡的正义吗？你们以为我们会让欧洲成为战场，好让这个嗜血的傻瓜烧掉所有的书，处死所有的好人，并把所有表示抗议的法官们都关起来吗？”这篇文章里使人感到尴尬的有两件事。首先当然是同时在另一个“阵营”里，另一些嗜血的傻瓜们也在处死像斯兰斯基（Slansky）及其同案犯之类的无罪的人，可他一句气愤或同情的话也没有——他本来是个无可指摘的哲学家，认为没有任何“好”的观点，可供人们评价人的呻吟和痛苦，可他突然间开始选择哪些人该死，哪些人不该死，开始像加缪说的那样，认为有些受害人可疑，有些刽子手有优先权；当莫里亚克就这一点向他提出质问，对萨特在许多问题上表现得那么尖刻，对苏联的反犹主义却奇怪地一声不吭而感到惊讶时，萨特表现出至少可以说是不合时宜的傲慢，并回答说“杂志之所以默不作声，就是因为报纸都太饶舌了”。[①] 其次，令人感到尴尬的另一件事是，除了麦卡锡之外，整个美国都在谴责他和他说的《美国式的死亡》——这是他的文章的篇名。他喜欢读多斯·帕索斯（Dos Passos）和福克纳的作品，喜欢爵士乐，喜

① 米歇尔·孔达和米歇尔·里巴尔卡，《萨特文集》（*Les Ecrits de Sartre*），第263页。

欢旅行，1946 年第一次看到纽约的摩天大楼时感到惊奇不已，当时梯耶里·墨尔尼（Thierry Maulnier）说他的《恭敬的妓女》（*La Putain respectueuse*）是反美的戏剧时，他觉得有些尴尬地说："我一点也不反美，我不知道什么叫反美"，而且两年之后，剧本在纽约出版时，他又一次说"我不知道'反美'这个词是什么意思"，[①]但此时此刻的他，却声称说："美国变成了一条疯狗，切断我们与这个国家的一切联系吧，否则被它咬一口，我们也会变疯了的"；在别的地方他还说过："有一种美国病毒有可能很快地传染给我们，那就是知识分子的悲观主义"；[②]他就这样变成了一个狭隘的反美派人士，而且他明知道自从三十年代以来，极右派的标志之一就是反对美国……

苏联人是否有批评的自由？

1954 年。由于纪德（和塞林纳）的文章，写苏联游记成了文学上约定俗成的风格。由于苏联，也由于纪德（和塞林纳），萨特也要试一试这种风格。他的游记是在第一次苏联之行回来之后，在 7 月 15 日到 7 月 20 日之间，以和《解放报》记者谈话的形式来表现的……记者问他："你觉得苏联有所谓的'新人'吗？"是的，萨特回答说。那是不容置疑的。仅仅是那些美好的"少年先锋营"就能说明这一点。孩子们"从七岁开始"，便在里面养成在"斯大林的巨大

① 见前引让－弗朗索瓦·西里奈利的作品第 281 页。

② 见前引阿尼·科恩－索拉尔的作品第 405 页。

画像”下“跳舞”和“游玩”的习惯。你觉得那里和“我们这里”一样，也有十分尖锐的“社会特权”问题吗？不，决没有！只有“少数精英”企图“形成一个阶层”；而且对这个精英阶层也是可以批评的；而且他们也在不断地进行着自我批评，完全愿意放弃他们的特权。与法国的关系怎么样？照你的看法，这个伟大而勇敢的人民如何看待与我们这个小国的关系？满怀善意，萨特又回答说；满怀善意和宽容。但“1960 年左右”……他又改口了，我们感觉得出，他想把话说得清清楚楚：1966 年“之前”，法国“仍然停滞不前”，可我萨特却要告诉你们说“苏联的平均生活水平比我们的要高 30% 到 40%”。那么，那里的人们有没有批评的自由呢？苏联人觉得能够随便评论、赞成，甚至是批评马林科夫时代的变化吗？当然可以！苏联公民拥有“完全的批评的自由”。苏联公民比“法国工人”的批评“更多，更有效”。因为那里的批评不是“在咖啡馆”里进行的，而是“公开的”，同时要充分地、自由地承担其“责任”——总而言之，“在苏联人们完全有批评的自由”，这是他五篇谈话中第一篇的题目。至于那些受到检查的，被流放的，被关进古拉格的作家，至于被苏维埃体制这个清洗机器的“巨大的排水沟”“排放”（索尔仁尼琴语）出来的第一批持不同政见者，萨特说，他们“仍然可以写作”，而且他还建议他们“写一些新的作品，以赎罪”。就在他说出这种无耻言语的时候，正有成千上万这样的人被关在莫斯科的监狱里，或者“在强迫劳动的渠道里被带进阴暗而发臭的排水沟”（这仍然是索尔仁尼琴的话）；他难道不知道，如果这些人听到萨特的话，他们会认为那是在辱骂他们吗？他难道不知道，尽管斯大林死了，但除了作家之外，在古拉格的劳动教养营里，还有两百五十万囚犯，或失踪者吗?[①] 他难道没有听说过,斯大林时代曾经流放过两三百万特殊的移殖民吗?被流放的人大都是巴尔卡尔族、车臣族、印古什族、卡尔梅克族、克里木的鞑靼族和其它接受惩罚的民族。他五月份在苏联时,难道没有听说过哈萨克斯坦肯吉尔集中营暴动的事吗?[②] 难道他忘记了过去形影不离的朋友尼藏?他说尼藏是他的好朋友,是他"青年时期惟一的朋友";莫斯科传出污蔑尼藏的流言飞语,说尼藏是"资产阶级叛徒",是"警察",是一心只想背叛的家伙,是《阴谋》[③]中的普鲁维纳日的原型,是阿拉贡的小说《共产党人》[④]里的间谍记者、卑鄙的帕特里斯·奥尔费拉的原型,他难道没有听到这些流言飞语吗?他怎么能没有想到纪德,没有想到塞林纳呢?萨特在《什么是文学?》[⑤]中曾经写道:"执行斯大林的共产主义政治,就不能老老实实地行使作家的职业";他还说:"如果我有这个权力,我宁肯亲手将文学埋葬掉,也不愿意让它用于斯大林的目的";他还说:"既然我们还是自由的,我们就不会去和共产党的看家狗们站在一起";说这些话的萨特到哪里去了呢?难道他不知道,难道他没有意识到他现在说的那些话,不仅与他自己不一致,而且与他自己的哲学也不一致。梅洛-庞蒂1950年1月写过一篇文章,他作为共同著作人也签了字。[⑥] 在这篇文章里,

---

① 斯特凡娜·库尔图瓦,《共产主义黑皮书》(*Le Livre noir du communisme*),Robert Laffont, Bouquins, 1998年,第278页。

② 同上,第297页。

③ 《阴谋》(*La Conspiration*)是尼藏写的一篇小说。——译者注

④ 见所引约翰·吉拉西的作品第229页。

⑤ 《境况种种》,第二卷,第287页。

⑥ 莫里斯·梅洛-庞蒂和让-保罗·萨特,《我们生活的日子》,载于《现代》杂志1950年1月。

他与皮埃尔·戴(Pierre Daix)意见相左,认为古拉格是有的,里面“至少关着一千万到一千五百万囚犯”。他在文章里清清楚楚地说,“如果二十个公民里面就有一个被关在集中营里,哪里还谈得到什么社会主义”——使人感到更加遗憾的是,他与苏联领导人的精神状态也不一致,与赫鲁晓夫不一致,甚至与在整个旅行期间关照他的爱伦堡也不一致,当然与波兰和匈牙利的暴动更不一致。他难道不知道这一切吗?也许他知道。也许他是在胡说,而且也知道自己是在胡说。也许他想到了纪德。也许他仅仅是想到了这一切。他一心只想与别人不一样,一心只想也成为“苏联归来”派,但他要以自己的方式表示出来。也许他脑子里想的不是“一千万到一千五百万囚犯”,而是《苏联归来》。二十年以后他说:“1954年,我第一次从苏联访问归来之后说了假话。[①] 总之,说是‘假话’也许夸大了些:我写了一篇文章——文章的最后部分是让·高写的,因为当时我病了——,文章里对苏联说了一些客气话,其实我心里并不是那么想的。我之所以那么做,是由于,一方面,你是被人家请去的,总不能刚一回来就骂人家吧,另一方面,我当时摆不太清楚我和苏联的关系,对我自己的思想也理不太清楚……”对这种解释,对这种将不诚实和狡猾的轻浮混合在一起的说法,我们该怎么想呢?这些话能够使他得到谅解,还是使他的罪责更重了呢?

---

① 见所引阿尼·科恩－索拉尔的作品第457页。

法国的最后一个斯大林分子？

赫鲁晓夫的报告。斯大林派的老领导，国际共产主义的领袖赫鲁晓夫，在1956年2月24日到25日的夜里，登上苏联共产党第二十届代表大会的主席台，在内部会议上揭露说，“镇压和党内专制”使成千上万的人成了“受害者”，“我们现在知道”（原文如此）这些人是“无罪的”，他们是“诚实的”，他们“忠实于党，忠实于革命，忠实于建设列宁主义和共产主义的事业”，而共产党却要了他们的命。[①] 赫鲁晓夫这样做的真实意图和内心想法并不重要。在很多年的时间里，赫鲁晓夫对乌克兰大屠杀是负有责任的，但不管他有着什么样的过去，在为了控制国家机器而进行殊死斗争的背景之下，赫鲁晓夫玩弄了一个阴谋。不管这个阴谋的意义如何，不管其目的是不是想让斯大林承担所有的罪责，从而洗清继承者们的罪名，使整个制度延续下去。赫鲁晓夫的报告内容1956年6月初在西方一透露出来，便产生了巨大影响。对于整个知识阶层来说，尤其是对于同路人，这个报告证实了对共产党体制的指责。早就有人提出这样的指责了，有的人甚至在1917年十月革命之后不久就说过。对于听不进这些指责的人，对于充耳不闻，视而不见，把揭发索洛韦茨基、卡拉干达、科雷马、沃尔库塔集中营式的“联合企业”的话，当成是帝国主义和反动派的卑鄙阴谋的人，对于辱骂

---

① 尼基塔·赫鲁晓夫，《回忆录》（*Souvenirs*），Robert Laffont，1971年，第239页。

赫鲁晓夫的人，对于污蔑大卫·鲁塞(David Rousset)，对于像《现代》的读者们一样，嘲笑加缪和加缪短视的道德说教家们来说，这是清醒的开始。要清醒当然需要时间，但赫鲁晓夫的心里话成了第一个真正的导火线。但是，有一个知识分子，好像根本没有因赫鲁晓夫的报告而受到丝毫触动。这个人就是萨特。六个月之后，在苏联干涉匈牙利的第二天，他在接受《快报》杂志的采访时，竟令人难以置信地说，他从"内心深处"觉得发表这个报告是苏联犯下的"最大的错误"，说斯大林"在很长时间里代表了苏联，是个神圣的人物。把他的罪行详详细细地公诸与众，简直是发疯，更何况这种坦率的基础并不是因为人民的生活水平已经有了大大的提高"，而且这一事件产生的惟一的、令人遗憾的"结果"就是，"把真实情况披露给并不适合接受这些情况的群众"。[①] 把真理摆在首位的萨特哪里去了呢？仇视所有僵化的语言，主张透明的萨特哪里去了呢？对这种奇怪的观念，对是否传达真理要看人民的生活水平如何的观念，另一个萨特，反叛的萨特，无政府主义的萨特，奋起反对所有权力、所有社会的萨特会怎么想呢？他认为这一真理太残酷了，人民大众受不了这样的冲击，换句话说，最好还是接着干无耻的事。他在这样说的同时，怎么会不觉得是在打自己的嘴巴呢？

---

① 《布达佩斯事件之后，萨特的声音》(*Après Budapest*, *Sartre parle*)，见于《快报》杂志 1956 年 9 月号。

布达佩斯之后

匈牙利事件。对于欧洲的整个知识阶层来说,至少是对于法国的知识阶层来说,这是又一次严重的打击。在苏维埃化了的欧洲冻成冰块的历史舞台上,公众舆论和人民群众一下子沸腾起来——对于所有以为这段历史已经成为过去,以为共产主义已经不可逆转了的人,问题又一次提了出来。人们又一次开口说话了。人们的理解力又一次醒悟过来,活跃起来。《费加罗报》又刊登了左派知识分子的请愿书,《法国观察家》和《证据》报表面看偃旗息鼓。强硬派的代表人物,全国作家协会原来的主席,指责克拉夫琴科的马丁-肖费耶(Martin-Chauffier)情绪激昂,甚至不怕在主席台上与鲁塞采取一致行动,知识阶层的各个派别都在请愿,揭露用装甲车对付手无寸铁的平民的"社会主义"。总而言之,那段时间是知识分子的历史上少有的时刻,既可怕又壮丽。那是一次重大的事件,面不改色心不跳地屠杀群众的事件,直看得欧洲人目瞪口呆。1956 年 11 月的那些日子里,受害者成千上万,被捕的人成千上万。面对所有这一切,人们选择了先忘记表面上的争执,先忘记个人或邻里之间的争吵,忘记虚假的隔阂,团结起来共同反对无耻的行径。萨特也和别人一样气愤填膺。他的气愤表现在他参加了一次请愿,请愿书是维尔科尔(Vercors)写的,但签名的人当中他的名声最为显赫。几天之后,在接受《快报》杂志的采访时,他"毫无保留地,完全地谴责苏联的侵略",对"那些不谴责(或不能够谴责)匈牙利杀戮事件的苏联作家朋友",他"遗憾地,但是彻底地与他们断绝了关系”。说到法国共产党的领导人时，他说，“他们的每句话，他们的每个姿态，都是三十年谎言和僵化的结果”；由于说谎的人，由于僵化的事，他“现在不会，将来永远也不会恢复与他们的关系”。这是确确实实的好事。他的否定表现出了力度和激烈的情绪，使《共产党人与和平》的作者脸上有光。看到《厌恶》的作者，战前的无政府主义者，自由人，这次又占了上风，战胜了似乎已在他的心中扎下根的偏激情绪，我们只能感到高兴。只是，很可惜的是，事情并没有这么简单。别的且不说，加缪派的人们在请愿书中说，“克里姆林宫的领导人派坦克和飞机去镇压暴动的人民，使莫斯科像沙皇时代一样，成了专制主义反动派的首都”。他们没有那么小心翼翼——而且这也和签署马蒂内－莫兰－布尔戴（Martinet-Morin-Bourdet）请愿书的人们一样[①]——直截了当地就“要把屠杀者拉上审判台，谴责自由国家的共产党领袖，因为他们跟着莫斯科，用双手掩盖匈牙利人民的血。”但是，萨特的请愿书口气有节制。几乎很谨慎。总而言之是含糊得多。当然，萨特的请愿书也在谴责，而且从题目开始就在谴责：“使用大炮和装甲车镇压匈牙利人民的反抗和独立的愿望。”但我们很难过地感觉到，文章中很大一部分是在说明自己不是右派，尤其是说明自己没有和资产阶级站在一起，是在谴责——当然，这部分的篇幅和谴责屠杀人民的刽子手不一样，但是……——是在谴责“胆敢在今天表示气愤的伪君子们”的表演。而且，我们尤其感觉到，萨特所有的政治活动，他在后来几个星期和几个月所做努力的惟一目的，都是在调整傲

① 见1956年11月8日的《法国观察家》报。

慢的态度，在组合激烈的言辞，在小心翼翼地不让人认为他“改换阵营”了，而且实际上是不想让人觉得他的决裂是不可逆转的，不管他在接受《快报》杂志的采访时说了什么。他谴责动用武力，但他说武力“有可能彻底清算人们所说的那种制度的社会主义基础”。[①] 他与法国—苏联决裂，但并没有与和平运动决裂，也没有与全国作家协会决裂，从这个角度看，他还不如维尔科尔。[②] 他交给弗朗索瓦·费热托（François Fejtö）一份为《现代》杂志准备的“匈牙利的材料”——但在同一期杂志上又发表了一篇赞扬苏维埃，说匈牙利人民“不成熟”的文章。接着，在后来几个月，甚至是几年之内，他渐渐地做了许多让关系正常化，或者是缓和关系的姿态：他又恢复了与爱伦堡的关系；他参加了在苏联驻巴黎大使馆为赫鲁晓夫举行的鸡尾酒会；他同意在莫斯科上演《涅克拉索夫》（Nekrassov），《阿尔托纳的囚徒》（Les Séquestrés d'Altona）和《肮脏的手》；他甚至同意让人重新改写《恭敬的妓女》的结尾，好让这个剧本变得更“乐观”一些；最后，当米歇尔－安托万·布尔尼耶（Michel-Antoine Burnier）就“布达佩斯的冲击”向他提出问题[③]时，他隐藏起所有的情绪，回答说：“我们没有借此机会与共产党断绝关系：我们认为那既不是计划之内的事，也不是经济上所必需的。在这个问题上受形势所迫，也算是一种革命的不幸吧。这并不能说明社会主义不好。”同一天，在同一次接受记者采访时，当苏

① 《布达佩斯事件之后，萨特的声音》，见《快报》杂志 1956 年 9 月号。

② 皮埃尔·格雷米翁，《对反共的理解》（*Intelligence de l'anticommunisme*），Fayard，1955 年，第 260 页。

③ 《萨特的见证》，第二卷，第 913 页。

俄的装甲车仍然停留在布达佩斯时，他还说："我们完全可以想像，在建设社会主义之初，有一种多变而且漫长的恐惧。"以至于渐渐地，由一小步一小步的试探到彻底的否定，应该发生的结果终于发生了：他本来"虽然很遗憾，但却彻底"地断绝了所有与苏联的联系，他这个自由的大天使，曾经自豪地宣布说，他"再也不可能恢复那些关系"。可是到了 1962 年的初夏，他又去莫斯科了，后来 7 月份又去了一次，后来又去过七次，也就是到 1966 年为止一共去了九次。从根本上说，莫斯科没有任何改变，他却宽恕了一切。到了 1963 年，正是阿尔及利亚战争时期，正是投票决定是否授予莫莱(Mollet)特别权力的时候，也是法国共产党对待有权利不服从的人表现出的态度至少可以说是怯懦的时候，萨特却表现出了奇怪的忠诚。他在文章中说，苏联是"惟一伟大的国家，只有在这个国家，'进步'这个词才有意义"。同一年，当捷克的大学生在一次卡夫卡的研讨会上，请他在查理五世大学发表演讲时，学生们愕然发现，他们原以为他是自由的哲学家，原以为从书上看到的他的存在主义是反叛的哲学，原以为他是救世主，是先知，以为他主张反抗，而且多少年来他们都在手抄他的《自由之路》，而且那天，成千上万的学生是不顾监视，冲破警察的拦阻来听他的报告的，可他却对学生们大谈他的《辩证理性批判》和如何将存在主义与马克思主义结合起来。但是，学生们认为，马克思主义无异于蠢话和压迫！① 学生们对老师说："你那个萨特在当局面前把裤子都脱干净了吧"，

---

① 阿尼·科恩－索拉尔所引述伊利奥·扬纳卡基提供的见证，见前文所引阿尼·科恩－索拉尔的作品第 581 页。

"萨特主观和客观上都和统治我们的那些铁石心肠的人串通一气"。即使我们实事求是,说他年底时在参加《普拉芒》(*Plamen*)杂志组织的一次讨论会上修改了自己的观点,明确说,从根本上来看,他是"通过看了弗洛伊德、卡夫卡和乔伊斯的作品",才"走上了马克思主义道路"的,因此,有人说这些作者"堕落",对此他是不能接受的。但是那些大学生们说得对,如果只剩下一个同路人,那就是他,让-保罗·萨特。

索尔仁尼琴

我们暂且不提这第一个时期了,虽然这个时期一直延续到1968年,延续到苏联对捷克斯洛伐克的武装干涉。那些最早反对苏联体制的人,我们也暂且不提了,包括马加莱特·布博-纽曼、鲁塞、西洛内(Silone)和很多其他的人。在很长一段时间里,萨特曾经很快就不再对苏联"社会主义"的真正性质抱有幻想,但是冷战时期的气氛和习惯还在,人们对一般意义上的战争记忆犹新,75万人被枪决的传说和斯大林格勒的阴魂还没有散去,另外还有一种思想,正如海狸说过的那样,[①]认为暴力应当与"所追求的结果"相比较,而纳粹主义和斯大林主义之间很大的区别是,纳粹主义是要贬低人,而斯大林主义却从来没有忘记最初的理想;这段漫长的时期我们也不提它了。对结果和手段哪个在先、哪个在后的争论,

---

① 《暧昧的道德》(*Pour une morale de l'ambiguïté*),Gallimard,coll. Idée,1974年,第211页。

有点像讨论先有鸡还是先有蛋，影响了整整一代人，这能说明可怕的宽容为什么能够持续下来，但并不能说明宽容是对的。对此我们暂且也不提了。可是此后一个时期呢？当谁也不再相信，就连他自己也不再相信苏联所谓的建设新世界的愿望时，萨特又作何反应呢？从《辩证理性批判》和《文字》的内容来看，萨特是马克思主义者，或者是想让别人成为马克思主义者的人，可是我们后面将会看到，最后他又成了信奉黑格尔的人，布拉格事件和68年5月事件之后，他又是如何适应当时出现的新气氛的呢？他是如何对待最后一个时期来到法国的持不同政见者，尤其是如何对待索尔仁尼琴的呢？那是在1974年。毛派人士已经做了很多工作，包括对斯大林派的"修正主义"的批判，也就是说，法国"共"产党——引号是原文加的——变成了保守势力，反对在法国展开革命，反对批判苏联的思想。萨特终于在毛派人士之后，也采取了疏远的态度："共产党客观上与戴高乐串通一气……西方的共产党，尤其是法国共产党，被斯大林主义训练得不想掌握政权了……"[①]这时候，毛派的人们恰好与他走到一起了。菲利普·加维(Philippe Gavi)在《造反有理》[②]中提到了索尔仁尼琴的名字，并问萨特，根据他(萨特)目前对苏联的看法，根据"无论在哪里都没有自由，即使在领导人家里也没有"这一事实，萨特要不要支持他。不管怎么说，这个人难道不也是在对"官僚主义的社会主义，或者说苏联的非社会主义"提出异议吗？虽然我们不同意他说的话，但他不也是在寻求自

① 在接受《镜报》的采访时的谈话，见于《境况种种》，第八卷。

② 《造反有理》(*On a raison de se révolter*)，第347—348页。

由吗？我们难道不是“从客观上”联系在一起的吗？这时，萨特说：“索尔仁尼琴代表的是19世纪的观念，他的思想与现代的社会不适应。因此对于发展来说，他是一个有害分子……”后来他还说：“真正反对派的思想产生于重大的事件，仅仅有索尔仁尼琴这样的人是不够的。”他的观点少说也是轻率的，但最后，为了说明这一观点的理由，为了说明索尔仁尼琴要说的话根本没有任何意义，总之不值得哲学家去思考，他又说：“他在集中营里待过，因此算是彻底地忍受了苏联的意识形态。”我们可以拿这种逻辑解释其它的事件。首先，列维(Levi)的事没有任何新鲜之处，因为他在德国人的死亡营里待过，并因此而彻底地忍受了纳粹的意识形态。罗贝尔·昂戴尔姆(Robert Antelme)对纳粹主义也不能说三道四，因为他也在死亡营里待过，并彻底经受了纳粹意识形态的影响。我们所面对的，仍然是一派纯粹的荒唐言。萨特的固执后来变成了令人难以理解的盲目，可他竟然坚持这一立场，简直令人惊愕。萨特却坚持不懈。他在很长时间里怀着居高临下、厚颜无耻和蔑视混合在一起的态度，对待人们称之为“持不同政见者”的那些人。对从1917年便想方设法要把这些人置于死地的国家、制度或意识形态，他在很长时间里，甚至一直到最后都保持着某种好感，或至少是某种想讨好的愿望。毫无疑问，他与苏联保持了距离。过了几年之后，他的疏远甚至越来越明显。他为卡谢克·卡雷尔(Kasek Karel)写过文章和请愿书(1975年)，为普里乌切奇(Pliouchtch)也写过(1975年)，为米凯尔·施特恩(Mikhail Stern)和爱德华·库兹涅佐夫(Edouard Kuznetwov)也写过(1976年)，1977年他参加了抗议勃列日涅夫来巴黎的活动；1978

年，他对胡安·戈伊蒂索洛（Juan Goytisolo）说，虽然“我们不能接受索尔仁尼琴的观点和目的”，但他提供了“有关古拉格的基本见证”。[①] 他参与毛派的活动，显然与他慢慢地向后倒退是同步的。他的倒退也是小心翼翼的，而且他从来就没有承认过是在倒退。但倒退究竟不是转变。向斯大林主义转变的萨特，说自己和奥莱斯特一样的萨特，眨一下眼睛就能转变态度的萨特，却从来没有走上这段回头路，也从来没有真正地转变态度。虽然1970年，他在为安托南·利姆（Antonin Liehm）的《三代人》（*Trois Générations*）写的精彩的前言里说，“人们不会去修理坏了的机器”，各族“人民应当抓住它，把它扔到废物堆里去”；虽然他和毛派人士一样认为“左派联盟比戴高乐派好不了多少”，而且总起来看，共产主义变得比资本主义更坏；[②]但十年之后，当伊万·勒瓦依（Ivan Levaï）在欧洲一台采访他，问他为什么在抵制莫斯科奥林匹克运动会的请愿书上签字时，他仍然说：“我不认为苏联是法西斯国家。”后来终于出现了一个名为“新哲学家”的组织，这个组织经常提到的话题，就是如何支持持不同政见者，甚至可以说，这是维系这个组织的惟一内容。他又像在最糟糕的斯大林时期那样，竟然在一次接受采访时，指责我们是美国中央情报局的间谍！我还记得那天在《世界报》的最后一页上看到那段消息时的情景。当时我们和让－玛丽·伯努瓦（Jean-Marie Benoist）正在特威克南酒吧。这个酒吧是我们的大本营。我当时感到愕然。让－玛丽·伯努瓦也感到愕

① 与胡安·戈伊蒂索洛的谈话，见于1978年6月11日的El Pais报。

② 见前面所引《镜报》的文章。

然。我们都不敢相信。应当感到好笑？感到不安？感到生气？打电话叫蒂埃里·列维(Thierry Lévy)？去打官司？我们最后决定就事论事：把这件事当成是令人遗憾的谩骂，有些荒唐，但不会产生任何结果——后来看，在一个年轻知识分子心目中，这件事只能说明当时萨特的行为有些丢脸罢了。我当时只在一点上真正感到有些担心，那就是如何保住酒吧的服务生雅克对我的好感。雅克那时是我们一个忠实的服务生，但也因为"过去"在帕莱特自助餐馆为萨特服务过而感到十分自豪。他十分看重的两个客人突然间成了死对头，我们恐怕得帮他二者择其一了……

宽宏大量的人

萨特的宽宏大量。萨特是个非常大度的人。他在生活中宽宏大量，他的朋友们对此都多少知道一些，他的女人们也知道；西蒙娜·约利维老太太一直到死之前的生活费用，都是他承担的。有很多报纸都得到过他的鼎力相助。有时陌生人来找他，他也接待、赞助、鼓励，也给钱。他花钱像流水，谁要就给谁，给朋友，给奉承他的人，给各种各样的革命组织，给各种委员会，给跟他的女人，给原来跟过他的女人，给一些小团体。他在作品中也是个宽宏大量的人。比如在他的传记作品中，他表现出极强的情感同化的能力(情感同化是精神上宽宏大量的一种形式)，他知道波德莱尔心里在想什么，能够重新恢复马拉美的意识活动，或声音的抑扬顿挫，能够再现让·热奈对社会拒绝、接受、再拒绝的态度，向所处的境况挑战的奇特的心路历程。还有福楼拜！一本《家庭白痴》长达两千三百页；儿时的福楼拜觉得没有人爱,觉得被人爱得不够,觉得自己的生存没有理由,觉得自己是个多余的孩子。萨特花了十年的时间探索这个孩子的梦想,探索他的无助,他的疯狂,他的走投无路,他的“被动的行动”,他的“愕然”,他的“喜剧”。两千页的作品和十年的探索说明的,难道不是话语的友情,因此也就是宽宏大量的典范吗?还有他写的前言。他喜欢写前言,他是写前言的行家里手。他通过写前言,表明是在以非常特殊的方式献身于某篇文章或某个人物!有两种对待前言的态度。一种是福楼拜的态度(他宁肯吊死也不愿意写前言……),也是布列东(Breton)的态度(布列东在门上写道:“本人不写前言!……”);另一种态度恰恰相反,像马尔科姆·劳里(Malcolm Lowry)(“我喜欢前言,喜欢读”);萨特无可争议地属于马尔科姆·劳里一派;从这一点上也可以看出,他随时愿意深入别人的作品,与别人的作品对话、发生冲突或融为一体,换句话说,他时时刻刻愿意把读者带到一个神奇宫殿的大门口。这毫无疑问是一种宽宏大量的表示。从某种形式上来看,萨特甚至从政治上也是宽宏大量的:对,我说的就是政治上。他为朱利叶斯和埃塞尔·罗森堡写的文章,的确表现了他的伟大和宽宏。在《人间受难者》出版的时候,他从根本上救助遭受百年屈辱的受害者。他从政治上表态,反对阿尔及利亚战争。他向西班牙的共和党人表示美好的敬意,说他们像“德国的犹太人”一样,也像后来的“奥地利人”,“捷克人”和“波兰人”一样—— 可是请注意,这些战前的人,他们的敌人不是斯大林,而是希特勒——,也“前仆后继地死了”,最后的“呐喊者”都死了……但是,还剩下“一本书”……还剩下“印出来的文字,让我们这些自己把自己的耳朵堵起来的人们知道,他们是如何喊出‘希望的终结’的”。[1] 这些话的确表现了他的伟大和宽宏。萨特思考过这种宽宏的意义，而且认认真真地实行它：他在《存在与虚无》中解释说，当人在赠与的时候，内心里有一种权力的愿望，甚至是奴役的愿望；他还分析说，如果东西不“属于”我们，我们是不能“送给”别人的。我们甚至可以说，“馈送”是最高形式的“拥有”……总而言之，萨特是宽宏大量的。他的宽宏表现为各种各样的形式和状态。只不过，有那么一段时候，他宽宏的源泉好像是枯竭了。而奇怪的是，这段时候正是共产主义受害者的形象——或者说他们的幽灵，也可以简单地说他们的话语——出现在他和西蒙娜·德·波夫娃的意识中的时候。比如索尔仁尼琴。他们不仅拒绝考虑索尔仁尼琴的话，甚至连听也不要听到他的声音。萨特每次一提到苏联的持不同政见者，一提到他们的命运，便显得极端的残忍。或者时间还要早得多。西蒙娜·德·波夫娃1947年3月写信给萨特说：“我读了一本令人吃惊的关于俄国的书。是克拉夫琴科（Kravchenko）写的。克拉夫琴科在苏联驻华盛顿大使馆呆过，最近这些年离开了共产党。他讲的经历与克斯特勒（Koestler）讲的事完全一样，我认为应当在《现代》刊登一些选段”。但是，当克拉夫琴科“选择了自由”，来到巴黎时，当他面对共产党凶猛得令人难以想像的污蔑时，当他要证明自己既没有歪曲事实，也不是希特勒分子，也不是美国中央情报局的特务时，他是孤独的，萨特和西蒙娜·德·波夫娃都没有和他站在一起。[2]

---

① 为胡安·艾尔马诺的《希望的终结》（*La Fin de l'espoir*）（Juliard 1950）所写的前言，见《境况种种》，第六卷。

② 米歇尔－安托万·布尔尼耶，《萨特的见证》，第二卷，第932页。

他们本来是愿意帮助人、救人的，普天之下受迫害的人来找他们，他们的门总是开着的，他们认为这是自己的责任，甚至是自己的职业。但是，从本世纪地球上以最不人道的方法迫害人的地方来了一个人，整个进步的新闻界对他却是一片污言秽语："这家伙是什么人？苏联的士兵们正在挫败纳粹的军队，他却在盟军内部挑拨离间，玩弄希特勒和戈林的把戏。"面对这种不公平的事，面对迫害和诬陷，他们一句话也不说，一个字也不写——萨特和西蒙娜·德·波夫娃没有为克拉夫琴科说过一句好话……

想像

皮埃尔·皮舍(Pierre Pucheu)是贝当内阁的内务部长，曾经下令处死了很多抵抗者和人质；到阿尔及尔来之前，他终于良心发现，他曾为临时政府效过劳，后来被判处枪决。当时巴黎的知识界在争论该不该处死这个维希政府的高级官员。加缪对这个人本来既没有感到恨，也没有同情，但他在《法国通信》上发表了一篇写得很好的文章，说皮舍的死是罪有应得，但皮舍真正的罪恶，真正值得判他死刑的过错，不是因为他害死了那么多的男男女女，不是他背叛祖国，或通敌，或与敌人狼狈为奸，而是在一间"舒舒服服的，并不张扬的办公室"里犯下了罪恶；他只是心不在焉地，也许还有些厌倦地签署了命令，没有想到，也没有意识到此举会让那么多无罪的法国人送命，让他们在晨曦时分体会到临死前的恐惧；他没有用"肉体的眼睛"，"用肉体的正义观念"去"接近"那些被他送上了死亡之路的人——总而言之一句话，他最大的罪恶，他最不可原谅的过错，是他没有“想像力”。这篇文章在当时很让人吃惊。《法国通信》编辑部甚至觉得应当加一条支支吾吾的注（大概是艾吕雅的手笔），以表明对这种把通敌者的顶级罪行当成是“缺乏想像力”的想法保持某种距离……然而，加缪那天指出的，难道不正是后来人们称之为的“办公室罪恶”吗？人们谴责艾奇曼（Eichmann），或布斯恺（Bousquet）或帕蓬（Papon）之流的话，不是都被他说中了吗？他在无意中还指出，在与缺乏想像的世界发生的关系中，萨特真正的错误是什么。现代世界是个没有想像力的世界——要思考这个世界，需要做真正具有想像力的工作。也许他不知道，他的这些话比所有论战性的文章，比《给“现代”杂志主编先生的回复》之类的文章起到了更大的作用。萨特的第一本书是《想像的现象学心理学》（*Psychologie plénomélologique de l'imagination*）。后来他又写了《想像物》，这本书本来可以成为他获得国家博士的论文。在分析“激情理论”和“想像”这一特殊的激情方面，他是无可争议的专家。的确，在苏联的时候，他老老实实地跟着穿便装陪他的军警四处转，人家让他看理想化的情景，甚至是伪饰的情景，他信以为真，他在乌克兰或西伯利亚游历，好像连想也没有想过伪饰的情景背后到底掩藏着什么。在这种时候，他和皮舍一样，根本就是缺乏想像力的。因为他没有别人的好奇吗？因为正像人们常说的那样，现实世界不如思想更能激起他的兴趣吗？因为他一点也不敏感——这是让·高（Jean Cau）的论断——，因为他在生活中驱除了所有表面化的情感，已经不会动情了吗？因为——这仍然是让·高的话——由于“精神上的过分发展”，他涤除了所有的感情因素，他让自己的宽容成了“头脑”的宽容，只符合“道德上的要求，只符合经过大脑思维过的规范"吗？凡是看过他写丁托列托，威尼斯，甚至是中国的文章的人，凡是看过他那些美妙而众多的，很有司汤达风格的意大利书简的人，都不会说萨特是个缺乏好奇心的人。那又是为什么呢？这才是我们应当搞清楚的。这也是有关萨特的一个很大的谜团。

萨特与卡斯特罗

古巴。他从古巴访问回来之后，文章都像发了疯，令人难以理解。那是1960年的春天。新制度还不到两岁；但是萨特从最初的报道中，就已经看清了那种传统的，越来越激进的制度。由于不为人的意志所转移的机制，古巴社会的基本特色中，已经包含了中欧和东欧社会主义制度的所有弊病：特别法庭，新闻审查，哈瓦纳和圣克拉拉的监狱里草菅人命，集中营，在大造声势的审判大会上，歇斯底里的人群像古罗马时一样，伸出大拇指向下戳，用这样的手势，将可疑的人判处死刑；逮捕于贝尔·马托斯(Hubert Matos)；所有民主派的领袖，或者只不过是反对卡斯特罗的人物都成了边缘化的人，或者受到清洗；总而言之，在开始几个月用来掩饰专制主义的民主外表垮塌了。萨特这时候又一次站在了风口浪尖上，和西蒙娜·德·波夫娃一起，由卡斯特罗陪着，在古巴岛上游历了三天。回来后在《法兰西晚报》上写了十六篇文章，讲述他的神奇之旅：张口闭口都是卡斯特罗……白天夜里都是革命，没有空闲的时候，也没有喘气的时间……新时代和世界革命的第一年……城里和乡下都是卡斯特罗……开吉普车的卡斯特罗……穿军装的大胡子卡斯特罗……卡斯特罗和农业改革……卡斯特罗是人民的朋友，卡斯特罗蹲在地上修冰箱，或者画蓝图……以战士和农民的形象出现的卡斯特罗……神圣的卡斯特罗，他在演戏，他完全是在演戏……萨特和海狸什么都同意，什么都接受，因接待他们的主人到处受到民众的欢呼而赞叹不已——两个国际大傻瓜，新信仰的和尚：萨特不厌其烦地对和他谈话的人说，"通过你，我向人道主义致敬"。西蒙娜·德·波夫娃则激动地拍着手，用拳头轻轻捶着他说："有这事！我们可以说有这事！"而他，可怜的是，他又一次找到了灵感，就像他写那些灵气十足的文章时那样，"为了与自己对立而思考"，非要"撞个头破血流"，但这次却让灵感变得滑稽可笑了："革命就是给马医病"，"是社会用锤子自己打碎自己的骨头，破坏自己的结构的运动"。是暴力吗？这场革命是一剂"猛药"，必须"通过暴力来施加"，哪怕是"彻底消灭对手"（古巴的当权者听懂了这个信息，因为他可以吹嘘的是，自从上台以来，已经有一万五千到一万七千所谓的"敌人"被枪毙，有十万人被送进了集中营、监狱或"劳改场"[①]）。是共产主义吗？"我们不得不重复说，古巴人不是共产党人，他们从来没有想过要把俄国的导弹基地设在他们的国土上"（尽管如此，前边说的古巴人还是投进了苏联人的怀抱，而且几个月之后爆发了导弹危机）。为什么总是费德尔·卡斯特罗？费德尔是天使……费德尔是"眼观一切的人，而且不忘细节"……费德尔代表的"是古巴岛，是所有的人，是牲畜，是植物，是土地，是整个古巴岛"……我看到了在古巴人簇拥之下的费德尔——"古巴

① 见前引《共产主义黑皮书》(*Livre noir du communisme*)，第779页。

人一个个都睡着了，但是费德尔却在不眠之夜将他们团结在一起：民族之夜，他的夜……”年轻人的精力在爆发——在爵士乐“萨尔萨”声中，面对着巨人般的年轻人，他赞叹不已，他们的革命精力恰恰让他想起“司汤达惹人爱戴的活力”，[①]年轻人们要上天：“他们不要老人当政！领导人中，我没有看到一个上年纪的人；我在古巴岛上见过各种各样的领导岗位，从上到下见到的人，请恕我大胆直言，年龄都应该是我儿子一辈的人……”两年前的同一个萨特，在写给《快报》的一组文章中，批驳了一群高卢的小蝌蚪们想要个国王，并为反对戴高乐主义的个人崇拜而斗争。也正是同一个毫不容情的萨特，在为《人间受难者》写的前言里，嘲笑了“在软绵绵的左派矮子里拔将军拔出来的强硬派”人物，说他们让一个“大魔法师当了头儿，大魔法师的作用就是不惜一切代价让我们浑浑噩噩”。到底发生了什么事？在巴黎是对的，难道到了哈瓦纳就不对了吗？对大魔法师的偶像崇拜在哈瓦纳有作用，在巴黎就不起作用了吗？为什么呢？

暴力

群众的民主。在《共产党人与和平》[②]中，萨特将“群众的民主”与“资产阶级的民主”对立起来。“群众的民主”有什么特点呢？它在哪些方面与另一种民主不同呢？那就是“一致性”。必

---

① 见前引阿尼·科恩-索拉尔的作品第665页。

② 见《境况种种》，第六卷，第373—374页。

要的"一致性"。他说，这种一致性"通过清除反对者而不断地重新形成"。如果反对者抵制呢？萨特毫不犹豫地说："可以对他们采用暴力。"因为，他写道，"在群体的心目中，持不同政见的人是罪犯"。

一条狗。"一个反共分子就是一条狗，我决不放弃这一立场，我永远不放弃。"[①]我们可以想像，萨特在怒气冲冲地说出这句话时，心里仍然想着他的朋友尼藏的"看门狗"。如果把这句话放在当时的情景中去看，我们尤其应该记得，这句话出自《活着的梅洛－庞蒂》，这是他开始与马列主义和法国共产党保持距离时写的文章之一。但尽管如此，他还是说"一个反共分子就是一条狗"！白纸黑字的"一条狗"……萨特比任何人都知道用动物比喻政治意味着什么，在给《人间受难者》写的前言中，他刚刚说过，用动物比喻政治的做法，是殖民主义最恶毒的特点之一，让人一看便知道是殖民主义的标志。但他还是把反共的对头们说成是狗。我们不得不相信这时候又有了一个双重的萨特。我们不得不相信有两个互相打架，甚至是互相交战的萨特。我们不得不相信其中的一个不怕像列宁那样讲话（列宁从攻占冬宫之后的第二天，便考虑要"彻底消灭资产阶级害虫"，或是"蝎子"，或是"吸血鬼"），或者像高尔基（"工人和农民的党要像消灭虱子一样彻底地消灭敌人，这是不言而喻的"），或者像某个法国原犹太事务专员（这位专员 1978 年说，死在奥斯威辛集中营毒气室里的，只有虱子，从而掀起了一阵

① 《活着的梅洛－庞蒂》，第 249 页。

轩然大波）……

《人间受难者》。我想再说一遍，为弗朗兹·法农（Frantz Fanon）的这本书写前言，这个想法本身并没有什么不好。他这样作，是想替古老帝国的那些人微言轻的人们讲话，从原则上与第三世界的无名之辈，与从未被人放在眼里的人站在一起——正像夏多勃里昂说的那样，他这样做，是想把“人民的复仇”担在自己的肩上，为此写一本书，也许还会写其它的书，也许还会拿出他生活中很大一块时间，这是一个很好的姿态，与知识分子的尊严并不矛盾。无论如何总比奥迈·德·布维尔（Homais de Bouville）之流的冷漠强，那些人只顾打着“尊重权利”和“向欧洲最好的道德遗产致敬”的旗号，实际上贩卖的，却是他们的冷漠和蔑视的私货。但是，尽管如此，难道有必要玩弄这种憎恨自己的把戏吗？难道有必要比法农还过分，发出那种奇怪的杀人的呼吁吗？萨特说：“欧洲把手伸进了我们的大陆，我们要在这只手上面划开一道道的口子，一直到这只手撤回去。”或者：“打死一个欧洲人，等于一石两鸟，等于同时消灭了压迫者和被压迫者：剩下的则是死人和自由人。”是什么样的心态促使他发出像疯了一样的叫喊的呢？在写《厌恶》的时代，他能够说出这样的话吗？在写这类的文章时，在他心里占上风的究竟是什么样的情绪呢？是对自己的恨，还是纯粹的疯狂？一个“着了魔”的萨特。

对恐怖主义的赞颂

最后是毛派。对毛派人士和暴力之间的关系，有一种奇怪而顽固的传说。传说暴力对他们有着莫大的诱惑。据说在成立“人民抵抗新阵线”时，他们认真地考虑过采用恐怖主义，作为对付戴高乐派国家机器的最后的武器。据说与他们一起冒险的“民主派”的伟大知识分子——克拉维尔(Clavel)、福科，当然还有萨特——及时制止了他们，而他们在意大利和德国的同伴却高高兴兴地在这条路上走了下去。传说是诱人的，只不过没有任何意义。也许克拉维尔与此事有关……也许福科与此事有关(虽然福科在最后一个时期写的文章，讲的都是历史上令人感到不安和迷惑的暴力，是浴血的战斗和种族战争，这有违于福科温和、民主的形象，不像是能够能阻止伙伴们搞直接行动的人)……但是对于萨特，传说不仅可疑，干脆就是假的。在很多证据当中，有一个是在奥林匹克运动会期间，11 名以色列田径运动员在慕尼黑被巴勒斯坦解放组织(OPL)杀害之后，他发表在《人民事业》上的文章。他在文章中写道：“法国报界和部分公众舆论认为，慕尼黑暗杀事件是令人不能忍受的耻辱”，我认为这本身就是“令人感到耻辱的事”。[①] 以色列和巴勒斯坦正处在“交战状态”，“在这场战争中”，巴勒斯坦人只有“恐怖主义这件惟一的武器”。这个“被人遗弃、遭受背叛、流离失

① 《关于慕尼黑》(*A propos de Munich*)，见于 1972 年 10 月 15 日《人民事业》第 29 号；亦见于尼古拉·维尔发表于 1992 年 3 月 1 日《世界报》上的文章。

所”的民族，“只能通过暗杀，表明它的勇气和仇恨的力量”，这样的暗杀是正当的。“当民族解放阵线（FLN）为反对法国人而搞恐怖主义的时候，那些持赞成态度的法国人，也应当赞成巴勒斯坦人的恐怖主义活动”。他承认，恐怖主义是一种“可怕的武器”。但是，“可怜的受压迫者没有别的武器”。更何况暗杀“发生在有成千上万的各国记者参加的国际比赛上”，“其重要性为全世界所知”，“将巴勒斯坦问题摆在了各族人民面前”，“历史性地向所有的人们披露了巴勒斯坦战士的绝望，以及绝望给予他们的勇气……”当时的真实情况使我们不得不说，萨特在写这些文字时，相信恐怖主义分子原本打算把运动员抓为人质，并把他们带到一个友好的国家去。换句话说，他相信是慕尼黑的警察在冲锋时杀害了他们，慕尼黑警察和联邦警察之间的误会也部分地导致了这一结果。而且文章中还采取了双重的小心——由于当时的气候和环境，尤其是发表文章的媒体是无产阶级左派的机关报这一特点，他的小心便具有决定性的意义——，先说以色列是个“主权国家”，然后又说，我们可以“自问巴勒斯坦人最首要的敌人是不是封建的专制制度，有些人口头上支持他们，同时又在企图屠杀他们”。所谓封建的专制制度，指的就是阿拉伯国家。尽管如此，我们很少看到知识分子用带着辩证法意味的厚脸皮赞美恐怖主义。这难道是《关于犹太问题的思考》的作者说的话吗？这个犹太人民的朋友怎么能够赞成以这种方式提出“巴勒斯坦问题”呢？他犯了什么样的错误？他在耍什么样的花招？是一种什么样的双重人格使他这样做的呢？

让雇主的血流成河

1972年圣诞节之前，布尔尼耶（Burnier）和毕佐（Bizot）问他，是不是仍然“赞成出于政治原因而判处死刑”时，他回答说：“赞成；在资产阶级被赶下了台的革命国家，对发动叛乱或阴谋的资产阶级，就应该判处死刑。”后来他又说：“一个革命的政权应当摆脱某些对它有威胁的个人，除了死刑之外，我看不出还有什么别的办法。关进监狱里早晚还是要出来的；1793年的革命者杀人还不够多。”

1977年，塞尔日·朱利（Serge July）和米歇尔·勒布里（Michel Le Bris）在《解放报》上发表《从狄戎到巴德尔》（*De Tillon à Baader*）[①]的那天，他失望极了。毛派人士，和他一样曾经支持“人民抵抗新阵线”的人，就这样突然改变主意，不顾形势的变化，不顾历史，尤其是不顾恐怖主义的历史，不加分别地谴责革命的暴力。想到这些，他气愤极了：“说到底，是纳粹分子为了恐吓人民，把抵抗战士称为恐怖主义分子的！”

这是在接受贝尼舒（P. Bénichou）采访时说的话，发表在《先生》（*Esquire*）杂志上，据我所知，他从来没有否认过这番话。他赞成把雇主关起来；赞成让被关的雇主被迫在办公室的抽屉里撒尿；不反对烧死教授，因为他们中的某些人是罪犯[②]……还不用说《人民事业》的口气，自从1970年5月号以来，他成了这份报纸的名誉

---

① 见让内特·科龙贝尔的《回忆的迷雾》（*Brumes de mémoire*），第1157页。

② 《先生》（Esquire），VIII，第6号，1970年12月。

主编；从报纸上我们可以看到“让雇主流血”，“吊死他们”，“他们是猪”，活“剥了他们的猪皮”，“处死”议员，“处罚”那些“小头目”，被关起来的雇主要求准许他们去撒尿时，他们回答说：“在裤子里尿吧，你不知道干活出汗时裤子贴在屁股上的滋味，至少也让你尝尝尿湿了裤子是什么滋味……”①

这仍然是暴力，没完没了的暴力。《人民事业》上野蛮的言语连篇累牍，一篇篇“革命女工”的公报，女工们对着工头叫喊：“当心！别以为你会猖狂一辈子！早晚有一天，像你这样的垃圾会被彻底消灭掉。”②由他主编的另一份报纸上的文章，也充斥着同样的野蛮言语，但人们不知道他已经与这些报纸不那么一致了。“如果雇主有情妇，那也要夺过来，以满足人们的要求……”③把当时雷诺汽车联合企业的企业主德累福斯(Dreyfus)画成一只狗，正在与另一只狗交配。另一只狗代表的是比扬古工会的流氓——这种东西好像并没有让他反感。《现代》杂志交给毛派人士主编了一期——那是萨特的杂志，这一期的确是属于他的——，有人赞扬九月的屠杀；有人主张抛弃资产阶级形式主义的司法，只要从法官和律师的角色分配上就能看得出来那是资产阶级的货色；还有的人起劲地鼓吹集团暴力的行为。“新的支持者”盼望发生暴动，等得厌倦了，便与阿图瓦省布律埃的一个倒霉的公证人过不去——有个工人的女儿死了，人们认为他对此应该负有罪责，不用说他是有罪的。“无产阶级”愤怒了，要自己主持公正，《人民事业》报与人们

① 《我控诉》(*J'accuse*)第二期，1971年5月31日。

② 《人民事业》(*La Cause du peuple*)第14号，1969年12月10日。

③ 《我控诉》。

的情绪遥相呼应。我们在报上看到这样的话："让他们把人交给我们，我们用刮脸刀把他割成碎块……我要把他捆在我的汽车后头，以每小时一百公里的速度在布律埃拖他……"或者："要让他一点一点地受苦……把他交给我们五分钟，我们很快就能主持正义，因为我们可不是羔羊……"在这种时候，他当然也呼吁人们别再发疯。正如贝尼·列维说过的那样，[①]他"让人觉得"他是无产阶级左派的领袖。他认为这些态度是"可笑的"。他对"世界报"发表了一份声明，[②]在声明中重申了古老的原则，说"被告在被证明有罪之前，应当是清白的"；他强调说，这一原则是"人民在法国大革命中争取来的"，"人民的正义"如果名副其实，就"不应当放弃这一原则，而是应当恢复它，让它成为自己的武器"。但是不管怎么说，他仍然认为这种"恨"的反应是"正当的"。他没有与同志们分开，没有表示反对，或者与众不同，而是又为他们写了一篇文章，[③]在文章里说人们养成了一种"坏习惯"（原文如此），并把这种"坏习惯"概括为"对敌人关注"不够，换句话说，他从传单和声明中得到了教训，而传单和声明最大的错误就是在战术上不够灵活。在批判坏习惯的同时，他重申自己与整个编辑委员会的意见是一致的，并说他毫不怀疑倒霉的公证人勒鲁瓦（Leroy）是有罪的。我们又看到了另外一个萨特。显然是另外一个萨特。一个发了疯的，令人感到不安的萨特，在不同的情况下，会让人感到恐惧、惊愕或厌恶。总而言之，他显得比以往任何时候更加让人难以理解。

---

① 《萨特与贝尼·列维》，见前引与所罗门·马尔卡的谈话。

② 见1972年5月26日的《世界报》第十版。

③ 见1972年6月的《人民事业》。

一团浑水

这就是事实。

这就是最为可怕的事实中的几个——只是几个。

这是不是说，萨特的后半生完全是在犯错误呢？这是不是说，他在斯大林时期和后来的毛派时期，没有干好事，只不过是让他的名字和他的权威蒙受了世纪的耻辱，成了二十世纪最大的盲目行为的受害者呢？

显然不是的。在这一方面，事情也没有那么简单。就在这同一个时期，我们也可以列举很多情形，说明萨特还是伟大的，宽厚的，清醒的，他是小人物和处在社会底层人们的朋友，热爱正义和权利，热爱自由和友好。他是充满阳光的，时刻准备为受压迫者的事业而燃烧起来，而且事实上，当时代常常沉迷于自私行为的时候，他的情绪是激昂的。

阿尔及利亚战争时的萨特就是这样。

从匈牙利消失，在民族解放阵线（FLN）的法国支部搞地下活动的弗朗西·让松 1959 年请他帮忙时，他应声而至。这时的萨特也是这样。

在如何理解专制现象的问题上，虽然萨特不该与加缪和阿隆对立，但是不久之后，在殖民主义的问题上，他却是对的，因为是他（而不是加缪）毫不迟疑地对恭敬的左派说，阿尔及利亚人民有独立的权利。而且他明确地、响亮地说，非殖民化不仅关系到政治，也关系到尊严、正义和道德。在这一点上，阿隆却不及萨特了——

阿隆也赞成阿尔及利亚独立，但阿隆说法国已经没有办法实现自己的抱负，甩掉这个包袱，对法国来说是有好处的。阿隆的立场是为了法国的好处。

萨特在查理五世大学发表过可悲的讲话之后，还是奋起反对苏联的战车进入布拉格。

萨特表明了自己对库尔德和亚美尼亚问题的态度，而且他几乎是单枪匹马，坚持自己的立场，直到生命的最后一刻。1966 年他全力支持了比亚弗莱一家(Biafrais)。[①]

他崇拜卡斯特罗，写文章说卡斯特罗是"少有的人之一"，说他对卡斯特罗有一种"敬意"。但是十年之后，他签署了为救助帕迪拉(Padilla)而写的请愿书，帕迪拉是在哈瓦那一场既可悲、又滑稽的官司之后，因同性恋而被判处死刑的。

萨特曾经无条件地支持以色列。1974 年，他与阿隆、尤奈斯库(Ionesco)和其他几个人一起签署了一份抗议书，反对联合国教科文组织反犹太复国主义的立场，[②]第二年又与弗朗索瓦·密特朗、皮埃尔·孟戴斯·法朗士(Pierre Mendès France)和安德烈·马尔罗签署了另外一份抗议书，反对联合国把犹太复国主义当成种族主义。[③] 两年之后，萨特又去了以色列驻巴黎大使馆，接受了一个名誉称号：耶路撒冷大学名誉博士。这是他接受的很少几个名誉称号之一，而且之所以授给他这个称号，就是因为他对以

---

① 贝尔纳·库什奈，《解放报——萨特专号》，1980 年，第 40 页。

② 1974 年 11 月 17—22 日《世界报》。

③ 《新观察家》，1975 年 11 月 17—22 日。

色列友好，因为他经常参加反对反犹主义的斗争。[①] 萨特还是《大屠杀》的作者克洛德·朗兹曼的朋友，他把《现代》杂志社的钥匙都能交给这个人。在六日战争[②]期间，萨特热情地赞颂"三百万人对一亿人的抵抗"，尽管这样做对极左派的朋友们很不利。但令人感到更加惊奇的是，他在"赎罪日战争"(guerre de Kippour)期间也支持了以色列人。他看到有人要"摧毁以色列"，并因此而感到不安，甚至从文辞上都和犹太国的立场一样。[③] 很少有知名的知识分子能够像他这样。我们在前面已经看到，不管萨特支持巴勒斯坦人的立场有多么激进，多么激烈，尽管在犹太国的旁边建立巴勒斯坦国让他感到担心，但他从不怀疑，从纳粹的屠杀中生还的犹太人有权建立自己的国家。因此，在《人民事业》上发表的那篇可怕的文章里，在那篇他为在慕尼黑杀害以色列运动员找理由的文章里，他提醒毛派人士说(惊人之举!)，巴勒斯坦人真正的敌人，真正想让巴勒斯坦人永远受迫害的势力，不是以色列，而是那些所谓"进步"的阿拉伯国家。《造反有理》[④]是一本疯话连篇的书，充满了对思想和对民主的憎恨。在书中，菲利普·加维提到将来会废除古已有之的脑力劳动和体力劳动的分工，另一个人插话提到中国的人民公社，说中国正在废除脑力劳动和体力劳动的差别时，他回答说："我举个例子，由于你们对以色列的态度，你们可能不喜欢

---

① 《贝尔纳·拉扎尔手册》(*Cahiers de Bernard Lazare*)，1976 年 10 月—11 月，第 11 页。

② 指 1967 年 6 月的阿拉伯和以色列冲突。——译者注

③ 见艾利·班·加尔为《Al Hamishmar》所写的文章，亦见于 1973 年 10 月 27 日的《世界报》。

④ 见《造反有理》，第 102—103 页。

这个例子”;那就是以色列的“基布兹”合作社,他在那里第一次看到“体力劳动和脑力劳动融汇在一起”。在合作社经常会看到牧羊人“一边放羊”,一边看书,写东西,思考问题。

总而言之,各种情况混在一块儿。交织在一起。我们不能说有一条清清楚楚的时间上的线,把萨特分成了两个人,一个是“好”的,无可指摘;另一个是“坏”的,迷失了方向,十足可悲,不断地犯错误,并引导着时代和他一块儿犯错误。或者更准确地说,的确有两个萨特。因为不管怎么说,大致有那么一条分界线,虽然不是很明晰,虽然总在变化,总是处在不确定之中,但总还是有那么一条线,将他的生活分成了两部分,也将他的作品分成了两部分,一个可以称为“早期”的萨特,另一个可以称为“后期”的萨特。到目前为止,我是把萨特分为“年轻的萨特”(大致来说是写《厌恶》和《存在与虚无》时的萨特,严格说,写《圣热奈,喜剧演员和殉难者》和《什么是文学?》的萨特也可以算是“年轻的萨特”)和“另一个萨特”,或者说是“后期的萨特”(作为苏联和共产党同路人的萨特,写《共产党人与和平》、《人间受难者》的前言和《辩证理性批判》时的萨特)。但是,这两个时期是有交叉的。前后两个时期紧紧地胶合在一起。好像两个萨特在不停地互相腐蚀,互相传染,互相控制。就像两个互相干扰的无线电台,两个对立的焦点,但两个焦点是同时存在的,不断地互相交叉,互相干扰。早期萨特身上的一些特点,预示了后期的萨特会是什么样的人。比如说早期的萨特喜欢透明,或者拒绝自我批评,或者像尼藏一样,总想着回归事物。这些特点都预示着后期萨特的狂热和对暴力的喜好,或者对主体的蔑视(他说过一句奇怪的话:“我脑子里有骨头,我忍着疼痛把它们弄得咔咔地响。"就连这句话也表明他会改变信仰，相信共产主义……）。如果要描绘后期的、专制主义的萨特，显然应当在早期的萨特身上搜集一些特点。同样，《存在与虚无》中把"自在"描写成纯粹的堕落和粘度，这与他在《给克洛德·勒弗的答复》中赞美一党制是不无关系的，他说一党制能够将另一种"自在"，也就是把作为"分子的漩涡"的"群众"变成阶级[①]——反过来也是一样，为了描绘早期的萨特，如果我们不得不违反年代上的界限，不停地提到尼藏或梅洛－庞蒂，不得不回到他写丁托列托或是《阿尔布玛尔王后》的时候，不得不回到他写《文字》和《家庭白痴》的时候，那是因为后期萨特的心中仍有留恋或怀念，或者至少是诱惑，我们不能不把这些看成是早期的萨特发出的遇难信号，年轻的萨特，彻底反叛的萨特，不合群的萨特仍然活着，尽管生命不是很顽强，但他仍然在专制主义的萨特心中活着。

冒险家的诱惑

首先是冒险家的诱惑。那是1950年。是在进入第二个时期之前，是一个承前启后的时刻。他在《活着的梅洛－庞蒂》中说，经过长期的"思考"之后，他转向了共产主义。不管怎么说，他从意识上已经变成了一个守纪律的战士，成了某种形式上的马克思主义者。他为路易·达尔玛（Louis Dalmas）的《南斯拉夫的共产主义》（*Le communisme yougoslave*）写的长篇前言就是证明。在这篇前

① 《境况种种》，第六卷，第210页。

言中，他满口是“苏维埃的堡垒”，“革命群众”和“作为历史主体的无产阶级”，“上升的阶级”和“没落的阶级”，“历史进程的客观性”，《人道主义和恐怖》中说的“政治失败”，罗莎·卢森堡和列宁的理论中说的“夺取政权”等等。总之，他的历史观已经是一个战士。几个月之后，他就要正式成为这样的一个战士。然而，这个时候出现了罗吉·斯戴凡纳(Roger Stéphane)。罗吉·斯戴凡纳是马尔罗的伙伴，抵抗运动战士，后来创办了《法国观察家》；这个时候罗吉·斯戴凡纳写了一本薄薄的小书，也来请他写前言。萨特像平时一样接受了。也像平时一样，他借这个机会展开了一场“大讨论”，他喜欢这样的讨论，而且他觉得自己正处在时代的中心，正在开始的时代是他的时代。他说那是两个互相竞争的人之间的讨论，一个是“冒险家”，一个是“战士”。他的心正式地倾向于战士一边。文章的主要部分用来赞美战士朴素的伟大，他“知道自己是创造了历史的阶级和党的一个成员”，他知道“自己是由一些明确的任务和某种伟大的希望而确立的”。他强调说，战士“不管怎么说都是对的”。而冒险家却相反，只是战士的“寄生虫”。这些亡命徒是多么的悲壮啊！他们像劳伦斯或马尔罗一样，为了某种社会而斗争。可是，这样的社会实现了，却又没有给他们留下任何位置，甚至“会把他们忘得干干净净”。冒险家的命运是多么可悲啊，历史注定了他们的命运，他们是“资产阶级”的近亲，而“资产阶级”被他描写成“疯子”，是“被遗弃的野兽”，是“一堆杂草”。初一看，他最多是愿意通过外交辞令将两种人综合起来——战士好心好意地接受了“冒险家的品德遗产”，战士的“纪律性”明智地吸收了冒险家不安于现状的“消极性”……

但是，这篇文章还可以从完全相反的角度来看。只要我们从文章本身来看，只要我们仔细注意文章的前后、节奏、风格，像戏剧一样，我甚至想说像情节剧一样，像《肮脏的手》一样，文章好像是在情不自禁地颂扬冒险家。冒险家在“社会主义社会”也许没有地位了。冒险家也许有着一切“资产阶级的坏毛病”，从“自私”到“骄傲”和“不真诚”。但在这几页文字中，却有某种我们不可能觉察不出来的口吻和语气，说明作者最终所偏爱，所同情的，是冒险家的“豪放”。萨特正处在转变的边缘。他正处在决定性的俯冲之前，他以为就要义无反顾地扎进社会斗争的天地里。总而言之，他是决定——他在同一篇文章中这样说——走上与他的同学乔治·波利泽尔（Georges Politzer）一样的道路，只不过是在三十年之后，像乔治·波利泽尔一样放弃自己的意愿，为党服务。然而，他选择了这个时候，选择了这篇文章，最后一次不受任何限制地赞扬这个奇怪的、荒诞的人物，这个“非存在”之王，一心只忙着准备自己未来的葬礼的人物，萨特毫无分别地称这个人物为“英雄”或“冒险家”。我们且听他是怎么说的：也许冒险家“错”了；但是，在“为战士的胜利欢呼过之后”，我照样会“跟随着孤独”的冒险家而去。还有：“我看着他远去，他是被战胜者，又是战胜者，他在都市中已经被人忘怀，都市里没有他的位置，而且我认为他既表示了人的绝对存在，也表示了人的绝对荒诞。”后来还有：“我认为，未来的劳伦斯们在社会主义的都市里从根本上就是荒诞的。我觉得这样的都市是贫瘠的。而且即使社会主义者认为劳伦斯是罪恶，我仍然坚持认为，目的不应当是消除罪恶，而是在善良中保持它……”

意大利之爱

罗马和威尼斯的诱惑。我说过，当萨特口述关于朱利叶斯和埃塞尔·罗森堡的那篇文章《患了狂犬病的动物》(*Les Animaux malades de la rage*)时，他正在威尼斯。但当萨特听说"迪克鲁(Duclos)被捕，迪克鲁的记事本被盗和用信鸽传递信息的滑稽故事"时，也就是萨特开始写《共产党人与和平》的第一稿时，准确地说，他不是在威尼斯，而是在意大利。1954 年 7 月，他在意大利口述了《对艾琳娜和皮埃尔·拉查莱夫的答复》(*Réponse à Hélène et Pierre Lazareff*)，艾琳娜和皮埃尔·拉查莱夫几乎与他同时去了苏联，但他们得到的对苏联的印象却与他的相反。1956 年秋天匈牙利暴动时，他还是在意大利。匈牙利的这次暴动是一个契机，使他第一次与共产党突然断绝了关系。他是在威尼斯为塔尔科夫斯基(Tarkovski)开始了漫漫的征程，他给《优尼塔》(*Unita*)写了一封言词雄辩的信，在信中为《伊万的童年》辩护，顺着这封信的思路，他不由自主地写文章说——那是在 1963 年！——"进步这个词"只有在苏联"才有意义"。1958 年夏天，他在罗马写了《蔑视的宪法》(*La Constitution du mépris*)，这是一系列对戴高乐宣战的文章中的第一篇，语气令人难以置信地激烈。1964 年 7 月 12 日，他在罗马听说了墨里斯·托莱兹(Maurice Thorez)的死讯；也是在罗马，他口述了哀悼死者的一篇文章，这是他写过的语言最为僵化的文章之一："……国际工人运动最伟大的人物之一……他的聪明，他的精力，他的勇气和他的远见卓识……尤其是正因为有了他，法国共产党才成了法国的第一大党……”[①]最后，1968年，布拉格事件发生时，他还是在罗马，他对事件最初的反应发表在意大利的报纸上——共产党的晚报《国家晚报》（*Paese Sera*）：“我认为这是一次真正的入侵，是国际法中称之为的战争罪行……”从这一系列的偶然中，我们可以得出好几种结论，按照情绪的不同，这些结论不管是放在一起来看，还是单独来看，都是站得住脚的。第一个结论：萨特的大部分时间都是在意大利度过的，仅此而已。自从司汤达以来，他是最喜欢意大利的法国作家。而且他的意大利语讲得非常好。在谈到罗马，谈到威尼斯时，他说那是一个快乐的城市，他是少有的几个这样说的作家。他说：那是“最为快活”的城市之一，是“意大利惟一快活的城市”；是有活力的城市，是微笑的城市。与缪塞、曼、图格涅夫、洛蒂（Loti）得出的意象完全相反[②]：威尼斯的死人，可恶的情人，像守灵人一样穿一身黑装的威尼斯轻舟，阴沉沉的泻湖，哀凄凄的风，石与水的梦，石棺和沼泽，经过防腐处理的尸体，冷冰冰的坟墓，可悲的乐趣，像巴莱斯一样，[③]见到威尼斯时心里充满疑虑，嘴里满是厌恶，人在那里待久了会发烧，在清醒中就会发谵妄，会消沉得打喷嚏——这一切都结束了！让人觉得多么轻松啊！第二个结论：两者之间是不是有什么关系呢？在意大利和在政治上采取激进的立场——不管这种立场有什么意义——这两者之间是不是有因果联系呢？当他在拉费尼斯（la

---

① 《人道报》1964年7月16日。

② 《阿尔布玛尔王后，或最后的游客》（*La reine d'Albemarle ou le Dernier Touriste*），第64—67页。

③ 让·吉埃诺，《暴君的话》（*Caliban parle*），Grasset，1927年。

Fenice)或在西班牙广场的楼梯上突然听到发生的事情时,他的情绪之强烈,他的气愤,他的立场之激进,促使他写《共产党人与和平》的那种"窒息感",会不会是以前从来没有过的呢?他是不是因此而受到了损害呢?会不会是他为政治付出的代价太沉重,让他想逃避呢?会不会是在罗马或威尼斯体会到的快乐像可怕的病毒一样,让他有一种负罪感,因此情绪上不由得不变得激烈,不由得不变本加厉?再有就是第三种结论:萨特心中有两"面"。一面是莫斯科,一面是罗马和威尼斯。他到威尼斯来是为了逃避莫斯科,而莫斯科又追着他一直追到威尼斯。莫斯科(或是古巴,或是北京)在诱惑着他,也就是他在《厌恶》中批得体无完肤的那种严肃的精神,而现在这种精神反过来报复他。威尼斯(或罗马,或波伦亚)让他感到幸福。他每年都去神奇的威尼斯,一直到他生命的晚期,他的眼睛已经看不见了,他的腿脚也走不动了,但是这都不要紧,他在威尼斯,在卡萨·弗洛罗的小房间里听威尼斯运河的潺潺流水声。当人们带他出去时,他体会着有形的光线;从前他写文章说,这种光线在威尼斯比在突尼斯或巴勒莫更加充盈。威尼斯的河水像镜子。威尼斯的运河与天空和泻湖融成一片。还有威尼斯的群岛,他年轻时说,这些群岛的形状和他的精神形式一样。他是在自己家里,仅此而已。他是在自己心中。这是他心灵的另一种企盼。政治反对意大利,但意大利是与政治对立的。司汤达在《罗马,那不勒斯和佛罗伦萨》(*Rome, Naples et Florence*)的前言中已经说过:"这是我们这个世纪的一颗不幸的星星,作者本来只想开心地玩玩,可他的画卷却因政治的可悲的色调而变黑了。"

写完《福楼拜》之后，此生再无憾事

最后是福楼拜的诱惑。毛派的朋友们问他：他为什么要写那么一本厚厚的关于福楼拜的书呢？为什么要写一个资产阶级味道那么重、那么保守的作家呢？福楼拜信奉为艺术而艺术，对镇压巴黎公社保持沉默，从而负有罪责。你为什么要写他呢？你自己写文章说，你认为“福楼拜和龚古尔对巴黎公社之后的屠杀负有责任，因为他们没有写过一句话来阻止屠杀”。既然如此，那为什么你还要整日整夜地关在屋子里写这个没有用的、反革命的、负有罪责的作家呢？为什么要写福楼拜，而不写战斗的新闻界呢？为什么写福楼拜，而不写一本大众化的小说呢？或者写个剧本也行啊。对，对，这是个好主意！你过去写过剧本！你给俘虏营的伙伴们写过《巴利奥纳》！为什么不为新的无产阶级的伙伴们写一个新的剧作呢？为什么不另写一个《巴利奥纳》，为比杨古注入希望呢？萨特每次都道歉说：“我老了……请理解我，我年纪太大了……如果是在五十岁的时候，那自当别论……可是我六十五岁了……你们不会逼着我现在，到了六十五岁上再改变自己吧……这本书就像一根拐杖……一种早就形成的习惯……或者，谁知道呢，也许是一种病……对，就是这样，有些人老了会瘫痪，我却相反，我的病是手不受控制，像舞蹈病一样，我的手一拿起笔就不受控制……想停也停不下来……你们要强迫我停下来吗？要从我手里强行夺走笔和纸吗？那就太不人道了……我会死的……”但是，我们明明感觉到，他说的并不是实话。他对任何人都不能够说实话，除了对海狸。他之所以不放弃《福楼拜》,的确是他做不到。但他之所以做不到,是因为文学也成了他离不开的东西,就像威尼斯的味道一样,就像冒险家的精神一样,就像他要活下去就必须呼吸的空气一样。我们又有了两个萨特。不完全是两种假设,而是两种气息,几乎是两种心灵的速度。有一天,他不是说过,文笔如何,一向是由“节奏”决定的吗?[①] 事情就是这样。这才是事情的关键。他给《人民事业》写的文章是一种节奏——愤怒……雷霆万钧……笔就像剑……或者像锤子……话语表示的是恨和疯狂……他的声音不知停息,从某种意义上制造着死亡……除此之外还有另外一种节奏,另外一种隐秘的,内心里的节奏,与世界的进程不大合拍,而且自从《厌恶》以来就没有变过:那是夜里,当毛派的朋友们走了,只剩下他一个人时,与他的内心和他的手合拍的节奏,这种节奏将他带入另一个宇宙,那里的时间时而伸,时而缩,那里的时间是混淆在一块儿的。乔伊斯又开始——但他什么时候停止过吗?——与弗洛伊德对话,哲学又开始与文学对话,巴达扬(Pardaillan)无法战胜的梦想又开始与儿时的福楼拜的梦想对话——这一切都是为了一本书,他向海狸承认说,这一点他只对海狸承认过,说那是他心中最珍视的部分,是他最后一本重要的作品,作品出版时他感到的高兴,丝毫不亚于年轻时《厌恶》的问世。[②] 普鲁没有死。萨特也没有死。萨特一下子成了海格力斯式的人物。成了有双重性格和两重声音的大力士。年纪太大,再不能改变了吗?简直是开玩

---

① 《家庭白痴》,1,第930—931页。

② 《告别的仪式》,第30页。

笑！他从来没有如此出色！因为，要想过两种并行不悖的生活而不为人所知，需要有非比寻常的力量：夜里他是普鲁斯特，而白天则是战士——夜里他像莫里亚克说的弥留中的普鲁斯特那样，“只是一只会写字的手”，而白天的意识却让他转身背对着自己的文学。

我们当然可以说这是精神分裂症。我们可以对此感到惊叹，感到讶然，感到愤慨。我们可以说，我们不能接受作家生活的时间和时代与我们一般人不一样。我们可以把萨特的两重性、多面性看成是文学上某种形式的阳奉阴违，阴和阳都同样地令人不解，都同样地诱人。我们还记得《文字》中那个奇怪的故事，讲到“像国王一样的孩子”时，文中说：“我觉得我有两个声音，其中一个——几乎不属于我，不受我的意志控制——把要说的话口述给另一个。我敢肯定，我是个双重的人。这些略微让人感到有些惶恐的念头一直持续到夏天：这些念头折磨得我筋疲力尽，我感到厌烦，最后觉得害怕了。我对母亲说：‘我脑子里有人在说话’，幸亏母亲并没有因此而感到不安……”我们从萨特身上还可以看到一个很值得思考的现象：那些伟大的艺术家如何改变自己，如何使自己成为双重的人，如何让他们的生活成为多重的生活。有的艺术家是随着时间的不同而改变的：脱胎换骨的变化，前后出版的作品属于不同的季节，有粉红色的季节，也有蓝色的季节，前后截然不同，完全断开：马尔罗、毕加索、重新开始生活的蒙德里昂（Mondrian）。但也有的艺术家在同一个时候也有变化，在同一个时刻也是双重的，因此，他们变了，却又并没有真正地变，或者无论怎么说是不愿意与过去决裂：卢梭（Rousseau）和让－雅克（Jean-Jacques）是这样；阿伽尔（Ajar）和罗曼·加里（Romain Gary）也是这样；令人感到反常的是,萨特也是这样——萨特的双重的声音,是让-保罗在评判萨特,是让与保罗面对面,是保罗与让面对面。是眨一下眼睛就会改变信仰吗?没有那么肯定吧!或者不管怎么说不总是这样的!还有另外一个萨特,是没有与之决裂的转变之前的原型,是没完没了的双重目光的原型,是具有双重焦点的视角的原型,一种永远不会消失的双重的视角,若想从两重性中摆脱出来,必然会对自己不利……

两重性是不是重复性呢?能不能把两者想像成套在一起的两匹疯马呢?有没有一种现象学专门研究复合名的好或是不好呢:让-保罗·萨特,让-雅克·卢梭,或者皮埃尔-费利克斯·加达里(Pierre-Félix Guattari),德勒兹曾在一篇有名的文章中说到加达里是如何在“pierre”的令人沮丧的沉重和“félicité”那种有福之人跳跃式的欢快之间,没完没了地摇摆。[①] 在萨特身上(当然也包括在另一个让-保罗的身上),他的复合名有没有什么值得特别一说的呢?作为反叛者的让和作为建设者的保罗……感到世界末日的约翰和创建了教会的保罗[②]……一方面是要摧毁一切的末世论,是要时间终结的狂热——时间是指世界重建的时间,是另一个世界的时间吗?他是牧师施维泽尔的重孙,深受新教教义的影响,他看没看过费希特(Fichte)的作品呢?费希特想介绍路德,1804

① “pierre”是石头的意思,与姓名中的“皮埃尔”(Pierre)同音,也是同一个字;“félicité”是有福之人的意思,与姓名中的“费利克斯”(Felix)词形和读音相近,大概也出于同一个词源,所以才有“令人沮丧的沉重”和“有福之人跳跃式的欢快”之说。——译者注

② 这里指的是《圣经》中的圣徒,恰恰也是萨特复合名中的两个字(Jean 和 Paul)法文中的 Jean 一般译音为“让”,但在《圣经》中译为“约翰”。——译者注

至 1805 年以《现在这个时代的特点》(*Le Caractère de l'époque actuelle*)[①]为题做一系列演说时，将“两种形式极其不同的基督教”进行对比，一种是约翰的“最初的和本原的宗教”，一种是保罗的“诺斯替主义”，对基督启示的最初的歪曲，“瓦解基督教教义的基础”，并由此而成了新教的先驱。

第二个萨特就是这样剽窃了第一个萨特，吃第一个萨特的肉，喝第一个萨特的血，却并没有完全消除第一个萨特，并且也像保罗一样，走上了新教的路。这是我们无论如何也回避不了的，我们不能不去寻找这种两重性的深刻原因。我们不能不寻求理解在这个人的生活和头脑中发生了什么事，导致第二个萨特与第一个萨特交缠在一起，让第二个萨特不断地迷失方向，犯下了令人发指的错误。他看到了什么？他感觉到了什么？他到底理解了什么，不是在莫斯科，不是在古巴，也不是在北京，而是在他自己的心中，他为什么会讲那种话，为什么会以那么激进的方式改变自己的立场的呢？这个保罗是谁，他的大马士革又在哪里呢？

---

① Vrin，1990 年，第 108—116 页。

2　知识分子生活中的错误

但是，首先要搞清楚，什么是"错误"？当我们说一个知识分子，说萨特"犯了错误"时，我们的意思是什么呢？我们只管大声地喊："萨特错了！萨特错了！"难道就能说明问题吗？我们只要指出他那些最让人感到不快的文章，他最没有理智的表态，难道就足够了吗？说到底，我们有什么权利表示震惊呢？我们正在以什么尺度来衡量这个"不断地犯错误"的知识分子呢？以什么样的法庭审判他呢？什么样的司法程序才适用于他呢？自古以来便有的思想法庭，为永恒做出裁决，招摇着申诉的理由和控方的见证，招摇着足以致人死地的证明、证据和判决词，好像那都是上天启示的真理，但是到底都有多大的价值呢？因此，让我们再来看看那些文章。所有的文章。不管它们让我们感到多么恐惧，我们要仔细探究它们的内容，画出它们的谱系。也许我们能够破译它们的秘密。好比对海德格尔或塞林纳或其他的人一样，让我们窥测由于压力的差异而导致的内部破裂，或者是眩晕的短暂时刻，这些现象和时刻导致了句子的裂痕，或者将话语的句子撕裂开来，让话语发生颠倒。但是，我们先要解决方法的问题。

“境况”概念的由来

人们始终以为，知识分子要在一个简单和平静的范畴内思想和思维。

人们以为，世界就像一本祈祷书，翻开就能看得清清楚楚，好像只要想看，只要看，只要用一点心思，就能明白世界的正确意义。

换句话说，人们的认识中有这样一条原则，认为知识分子或多或少都是理性的人，他们思维的范畴都是完全合乎理性的，其中的善、恶、真、假之间的关系都是完全透明的和确实的。

然而，实际上显然不是这样。知识分子和所有的人一样，他们面对的是一个不透明的，充满了迷雾和黑暗的世界。行为的历史——萨特说是实践的世界——是一片密林，或是一片矮林，里面到处是深深浅浅的阴影，是互相矛盾的符号和信息，是谎言，是幻影，是真理的碎片，是相互交叉的直线，是正确的思想在前进中会遇到的各种各样的障碍。

要给一个知识分子定罪，哪怕只是在评头品足时，我们要提出的第一个问题，我们要调查的第一件事，就是他具体处在一片什么类型的密林或矮林中：大家都身处暗夜，这话不错。但每个人所处的暗夜都不同，这个人的夜是什么样的？那个人的夜又是什么样的？他具体面对的迷雾到底有多厚，并因此而确定了他是看得见还是看不见，是听得见还是听不见，因此也从某种形式上确定了是说得清，还是很难说清，还是根本就说不清？

这正是萨特用“境况”的概念向我们提示的意思。他在《为时代而写》(*Ecrire pour son époque*)中所说的,也是这个意思;在这篇文章中,他用“肌肉和生命的密度”来定义时代,并说主体是“盲目地,带着激愤、恐惧和热情”来经历这个时代的。[①] 这个原则很有萨特的特点。我们把这个原则应用在萨特身上,应用在第二个萨特的身上,也应用在这第二个萨特的文章所提到的那些属于所谓的斯大林时代的人身上,这难道不是很合理,也很公平的吗?我们能够,我们也应该指责这些文章。《存在与虚无》的作者与他所说的和他的理想相背离的政治结盟,我们能够,我们也应该感到不高兴,感到气愤。但是,除非我们只满足于事后自作聪明地指责别人,除非我们只追求哗众取宠式的思想上的正义,否则在指责的同时,我们还要力图理解,为了理解,我们还要力图进入那暗夜,或者进入那阴影,那里是他跋涉过的地方,因此也是他迷失的地方。是历史还是传说?是世纪的心智还是巫术中的诉讼?如果我们要的是历史,那就没有别的选择:赶紧停下来,不是要把手停下来,而是停下脚步,原地踏步,力图恢复原来的迷雾,恢复原来的范围,几乎也恢复原来的浓度。现在雾散了,露出像奇迹般清晰的景色,但是对于迷路的人来说,当时那是一团迷迷茫茫的雾,挡住了事物的轮廓,挡住了正路,因此也部分地说明了错误的原因。那是雾的睿智。

比如从 1952 到 1953 年间,朝鲜战争开始时,有风言风语说,

① 见前引让内特·科龙贝尔的作品第 176 页。

美国在朝鲜使用了细菌武器。今天我们知道那是谣言。我们知道那是苏联的情报机关制造的流言。谁都知道，苏联的情报机关很擅长混淆视听。事后看，这一类的事显然也让人发笑。但当时却没有多少人知道实情。至少没有多少人敢肯定那是假的。当然，我们没有关于这段流言的专门的历史。我们没有对那段时间的报纸进行彻底的分析，并通过分析，对流言飞语在当时的知识阶层、新闻界和政治阶层造成的影响进行评价。但仅就我们知道的不多的一些情况来看，相信了这些流言的人很多，非常多，都以为那是铁一样的事实，认为美国人使用了只有纳粹才用过的武器。一件事并不能成为另一件事的借口。如果人们指望有一个人能以谨慎和怀疑的态度来对待这类的流言，如果人们指望有一个知识分子，只有一个，会审查一下，或让人审查一下这类的流言，让《现代》杂志的一班人去查一查这类的事，让左派群众疯狂的、激烈的情绪平息一下，那这个人就是萨特。但是说到底，事实就是事实。当他投身于激烈的反美运动时，他心中想的正是这件事。当他像丧失了理智一样，怀着激烈的情绪走上反对美军在朝鲜的总司令，“瘟神将军李奇微”(Ridgway la peste)的斗争之路时，他想表达的正是这种意思。当他大声叫喊说美国“发疯了”，现在回过头来看，如果我们忘记了萨特和当时人们的疯狂和他们眼前的迷雾，我们会认为他的话的确像是丧失了理智，是无法解释的，是荒唐的，从当时愤怒的语气中，我们便什么也听不出来，根本就注意不到他真正想说什么。话语也是事实。流言也是话语。这里有一个话语和流言的事实，一个迷雾的事实。如果真正能够重新恢复并衡量当时的“境况”的实际意义，那么任何思想的历史都不会忽略这些话语和流言。

那是一个道德可悲的时代。首先显然是时代的政治家群体从道德上是可悲的。法国的政治家群体在三十年代本来就不怎么出色，已经受到人们普遍的谴责，也许正是由于这种原因，人们才大批地投向共产主义，投向法西斯主义。但是我们至少可以说，经过战争之后，尤其是经过维希政府之后，法国的政治家群体并没有变得更加成熟。抵抗运动的梦想怎么样了呢？人们在斗争的年代里构思的那些美妙的计划怎么样了呢？人们梦想过新的共和国，并在“社会主义和自由”的遮掩之下，构筑起了非常奇妙的政体计划，为新的外交政策和新的货币，为各种政权之间的新的关系，或者为重新定义司法独立的原则打下了基础。人们自由地畅想过“从纳粹的桎梏中解放出来的法国会有什么样的政治、社会和道德远景”；[①]可是如何将这一切与当时的社会制度协调起来呢？当时的制度令人失望，有时候简直可悲，不管怎么说，距离人们的希望还隔着十万八千里。僵化的诺言。像一颗星星投下的静止不动的影子。社会主义的红色影子在慢慢地消失。人们曾经那么急切地盼望黎明，并因为没有能够拥抱那黎明而极其失望。当时法国参议会的主席竟然是没有彻底改悔的贝当派分子安托万·比内（Antoine Pinay）。当时共和国的主席是勒内·高迪（René Coty），是在1940年7月投了赞成票的人。[②] 当时的法国人人胆战心惊，小

---

① 见前引阿尼·科恩-索拉尔的作品第235页。

② 罗贝尔·O.帕克斯东，《维希时期的法国》（*La France de Vichy*），Seuil，Points-Histoire，1974年，第311页。

心翼翼，老觉得“苏联就要入侵了”，而且已经在“布列塔尼的根据地”组织抵抗的游击队。一个叫亨利·马丁(Henri Martin)的海员因为谴责印度支那战争而被判了五年强制劳动。到处都是一副无精打采的样子——在约莱(Jaurès)、布鲁姆(Blum)和人民阵线之后，整整一代人所看到的，就是吉·莫莱(Guy Mollet)那张丑陋的，简直让人感到绝望的脸孔。萨特看到的也不例外。吉·莫莱给法国左派的历史带来的惟一的东西，就是把马克思主义荒谬的教条，把和平政策的可恶的犬儒主义，与对阿尔及利亚使用火焰喷射器结合了起来——“莫莱先生急急忙忙地背叛了，并在背叛的龌龊行径中如鱼得水。历史上从来没见过有谁像他那样一下子便背叛了那么多的人。”①1952 年春天，萨特说他“急急忙忙地回到巴黎”，并说“他们像孩子一样争争闹闹的可耻行径让我恶心”，“我要写，要不然我会憋死的”；这时候，我们应当相信他说的话是真的。我们应当努力设想当时他感觉到的窒息，那是从字面意义上说的压迫感。就是在这种感觉的驱使之下，他写出了那篇从任何一个角度来看都十分奇怪的《共产党人与和平》。我深信，这篇文章的字里行间表现着因气愤而感到的激昂和窒息，人们从中听到的，正是这种情绪。后来，他在文章中痛斥“资产阶级的臭肉散发出的令人恶心的味道”，或者“在软绵绵的左派矮子里拔将军拔出来的强硬派”，他说“左派”是一块“臭肉”，是“一具仰面朝天的尸体，并且散发着臭味”。一件事不能成为另一件事的借口。时代虽然平庸，却也不能解释他这种几乎想杀人的激烈情绪。他开始与共产党结

① 《斯大林的鬼魂》(*Le fantôme de Staline*)，见《境况种种》，第七卷，第 152 页。

盟，当时左派丧失了信誉，这应当是成全了共产党。但就是这个共产党也投票赞成授予莫莱全权，也赞成在阿尔及利亚实行镇压政策，释放了费尔南德·依夫东(Fernand Yveton)，并因此也批准了“软绵绵的左派矮子里拔将军拔出来的强硬派”的怪癖……可是说到底……我们再说一遍，当时的气候就是这样。这就是他的迷雾。这就是他的夜，至少他当时是这样看的，他当时就是在这样的黑暗中摸索，跌跌撞撞，并且倒了下来的。

暴力。事实上，这些庸才也是性情残暴的人，几乎就是杀人犯。而且他们在阿尔及利亚找到了很好的舞台，可以尽情地发泄杀人的冲动。我们先看法农(Fanon)写的文章。事后再看这些文章时，我们会觉得那简直是满篇疯话。任何理由都不能原谅呼吁别人去杀人的行径。这篇文章成了一代代理智的杀人犯们的圣经，任何情状都不能减轻这一罪责。我亲眼见证过，当这类的文章落入“全世界受苦的人”的代表人物，或所谓的代表人物手中时，会产生什么样的后果。那是七十年代初期，在加尔各答地区，两个孟加拉和更靠南的喀拉拉邦成了嗜血成性的毛派分子打游击的场所，当地有个很特别的做法，那就是拿枪抵着人的脑袋，一枪把人打死，被打死的人是当地人称之为的“地主”，其实也就是家里多少有一点土地，像中国人说的“中农”而已。我穿过国境线，到孟加拉的丛林中去会见这伙人两个领袖中的一个，穆罕默德·托哈(Mohamed Toha)；孟加拉的大丛林是他的神庙。我还记得有个小个子，颇有点圣人的气质，穿西装，很像个法国外省的公证人。我还记得有个管革命和惩治犯罪的官员用十分平静的口吻说，他们上个星期是如何把与他们竞争的党派阿卜杜勒·穆丹党的一些干部用生石灰活活地埋起来。我尤其记得有个大个子病人，患的大概是哮喘病，眼睛和嘴唇凹陷，讲话的声音十分细弱，让人几乎听不清他在说什么，不管到哪儿去都要人背着，像非洲的王后，休息的时候呆在有氧气的帐篷里。那顶帐篷让人不能不想起一些见证人说的弗朗兹·法农(Frantz Fanon)临死前几个月用的那种帐篷。他认识弗朗兹·法农吗？他读过弗朗兹·法农的文章吗？我看见他从行军床上起来。行军床就摆在帐篷入口处的一棵树下。我想有人来见他时，他都是坐在这张行军床上的。他突然又活了过来，眼睛里和脸上又有了光彩，声音也变了，突然间变得有力了，虽然不时会咳嗽，但他耐心地等着咳嗽平息下来，不急不慌，像个新演员在默默地算着时间。我眼前还看得见他那副样子，用很怪的英语，一会儿大声喊叫，一会儿喃喃细语，当他觉得快要窒息时，便加快讲话的速度，很奇怪地将《人间受难者》中的句子整段整段的背出来，接着因为我是法国人，又背萨特的前言中的句子："欧洲把手伸进了我们的大陆，我们要在这只手上面划开一道道的口子，一直到这只手撤回去。"或者："打死一个欧洲人，等于……"如此等等。萨特，伟大的萨特，《厌恶》和《圣热奈，喜剧演员和殉难者》作者的话，却在孟加拉的大丛林里，从那张无耻的嘴里说出来，一个离死不远的人，却又那么激昂，一心只梦想着怎么样才能把杀人的勾当干得更好，这难道不是很滑稽吗？当然很滑稽。既可悲，又滑稽。只不过事情还不仅仅局限于此。我们不能只从效果上看一篇文章，哪怕那效果是经过证实了的。如果要指责，我们也应当把这篇文章看成是对荒唐境况的荒唐回答，这样的指责才公允。当时的法国正处在打得最为激烈的阿尔及利亚战争当中。[①] 有人说死了一百万人。调动了两百万人。有人说动用的酷刑令人发指。法兰西共和国，纳粹主义之后的一代人，重新恢复了特别法，重新发明了集中营，使人想起法西斯的集中营，不管这种联想是不是有道理。1961 年 10 月 17 日有人将上百具尸体扔进塞纳河，三十年之后也没有搞清楚那究竟是怎么回事。但我们不得不承认，这一事件在当时对人们的精神造成了影响。萨特的话正是对所有这一切作出的反应。他在前言里用文字的暴力所回应的，正是这种实际上的暴力。我们不能忘记 10 月 22 日被淹死的人最后的呻吟声，拿警棍打人的凶手们的叫喊声，被酷刑折磨的人发出的哭嚎声，刽子手们淫邪的笑声，穆罕默德·托哈的说话声。如果我们不能再现或想像这些声音，如果我们不能以这些声音作为我们读书的背景声，我们就看不懂萨特的文字意味着什么。

马克思主义。我们现在已经将黑白分辨清楚。我们是已经过去的这个世纪的孩子，对那些血腥的事件，我们是见证人或书记员，我们收集齐了所有记账的凭证。因此，对于我们来说，幻想的时候已经过去了。斯大林的根源在列宁，列宁的根源在马克思。马克思主义的思想远远不是不守纪律或混乱的思想，远远不是鼓励人们造反，与工头或神作对的思想，总之一句话，马克思主义的思想远远不像反马克思主义的思想家们长久以来说的那样，不像

---

① 弗朗索瓦·马斯普洛，《家里的某人》(*Quelqu'un de la famille*)，与贝纳萨亚的谈话，见《萨特的见证》，第二卷，第 1010—1022 页。

雷蒙·阿隆之流认为的那样，之所以值得指责，是因为它主张不服从，并说："你们造反是对的，只要造反就是对的。"正相反，马克思主义的思想之所以值得指责，是因为它主张："永远应当服从，这是一个新的理由，这代表着成千上万的新的理由，让人们接受鞭刑、监狱、恐惧和主子死亡的爱"——因为自从拉鲍埃西（La Boétie）发明了"自愿的奴役"这个概念以来，别人从来没有像马克思那样有效地把自愿接受奴役的动力植根在人们的心中。但是萨特呢？当萨特变成了马克思主义者的时候，他脑子里在想什么呢？他是在什么样的背景下变成了马克思主义者的呢？是要思考主体还是群体呢？是资本的历史还是现状呢？是革命的马克思主义还是管理的马克思主义呢？是悲观主义者还是乐观主义者？是干净的手还是肮脏的手？是用马克思来鼓励人民造反，还是鼓励人民要和平？是造反还是纪律？是要找到所谓的"人的属性"，还是征服人的兽性？马克思是来代替柏格森，还是代替胡塞尔？还是代替海德格尔？他要在重新发现了黑格尔之后，再重新发现马克思吗？问题还有待于研究。雾蒙蒙的问题。萨特的马克思主义还隐藏在迷雾之中。

最后是革命的观念。我们今天知道，真正的问题，是关于革命的观念。如果二十世纪真有什么教训可以吸取，如果有什么遗产值得保留在记忆中，使这个世纪还不至于一无是处的话，那就是革命的观念先是没落，后来又彻底地沉没了。然而，在这一点上也是一样，事情到底是怎么发生的呢？如果我们感兴趣的是真实的现代思想的历史，而不是理想化的、带了梦想色彩的，或者经过伪造的历史，那么人们的幻想到底是怎样破灭的呢？也许有多种经历幻灭和没落的方式。尤其值得一提的是，很多杰出的人没有经历过幻灭，因为他们根本就不曾有过幻想——很多人，很多知识分子用不着去焚烧偶像，因为他们根本就没有崇拜过偶像。但是其他人呢？在这段历史中为历史而生的那些人呢？在当时的语言中占主导地位的，是对1789年的回忆，是进步主义的神话，是改变人的观念，是社会主义的梦，是对美好明天的憧憬，是圣朱斯特（Saint Just）和切·格瓦拉（Che Guevara）。在这样的语言中学会了思想，几乎也学会了讲话的那些人们会怎么样呢？对于这些人，对于怀有这种希望的人们来说，对于那些或多或少地意识到自己是属于这种政治语言——就好比属于某个国家，有着某种童年一样——的人们来说，对于偶然落入了这种环境（人的出身不能选择，人的政治的渊源也是没有办法选择的。像对待出身一样，你可以消除政治渊源带来的不好的迷雾，驱除其灾难性的影响，但是你永远也无法选择政治的渊源……），因此也就是那些恰好置身于这种政治话语当中的人，他们付出了巨大的代价，才得到了这个世纪的伟大教训，才获得了一种观念，那就是：革命的观念就是犯罪的和野蛮的观念。这一教训是与一个重大的事件联系在一起的。更准确地说，是两场革命产生的结果。有人说："所有的革命者，也包括我们，都失败了。他们革了生产体制的命。有时候也革了生产关系的命。有时甚至也革了国家政权结构的命，也包括与此有关的特权和滥用权力。但是，不幸的真正源泉，使一个人屈从于另一个人的真正的原因，是在人的心里，在人的身体里。因为，根源就是人的欲望，是语言的结构，是人占领空间的方式，是城乡之间的差别，是体力劳动和脑力劳动之间的差别。这是奴役的最终动力，是旧世界真正的基础。对此，我们之前的革命者都不知道，或者都不敢触动。我们是第一批敢于触动这一基石的人，我们是第一批不停留在半道上的人。我们让城市变成空壳，规定人们的婚姻和性生活，改革语言，而且我们每次都让自己置身于历史的另一个舞台上。”这些人是这样说的，也是这样做的，他们企图搞一场人类历史上彻底的、让人脱胎换骨的革命。他们想证明这才是问题的关键，也是罪恶的源泉——这场革命，正如一句口号说的那样，“将世界的历史一分为二”，导致了希特勒以来从未有过的野蛮。革命是可能的，只要敢干，就可以到人的心灵深处去拔除不幸的根源。但是，这种做法远远不能解放人类，远远不能使人类进入繁荣和福利的新时代，反而将人类推向了最为黑暗的地狱，并建立了一种规律，几乎是一条定理，这也算是二十世纪取得的真正的成果之一：最野蛮的革命不是失败的革命，而是进行到底的革命。一场革命越是成功，就越是有害，越是罪行累累……总之，从根本上说，萨特不知道这一切。与萨特同时代的人谁也没有想到这个问题，谁也没有得到活生生的，其实也是惟一的证据，说明革命的思想从其内在本质上就是有害的。当时的左派知识阶层分为乐观派和悲观派；乐观派认为革命是可能的；而悲观派则认为革命是不可能的。或者也可以分为狂热的人和懒惰的人；狂热的人倾向于认为革命马上就要发生。而懒惰的人则以为或希望革命还是很遥远的事。或者也可以分成像加罗蒂（Garaudy）和萨特这类的人，以及像托洛茨基分子或社会主义的新托洛斯基分子，或野蛮分子之类的人。加罗蒂和萨特之流相信苏联走上了社会主义的道路。后者则认为人们背叛和歪曲了苏联革命，必须让人们重归正路，也就是要让革命走上另一条路，才能挽救它。或者也可以分成像西蒙娜·德·波夫娃之类和加缪之类的人。西蒙娜·德·波夫娃说：我们什么也不能肯定。但是革命正在进行中，在莫斯科和不久之后的古巴建立的制度，“改变了广大人民群众的命运”，这是无可怀疑的。在判断和接受“斯大林的政策中罪恶的暴力”时，不能忘记当时“追求的目的”，暴力的“意义”和“原因”。[①] 对此，加缪则回答说：“革命也许是可能的。没有阶级的社会，幸福的社会也许早晚有一天会诞生。但对此我并不敢肯定；我也不敢肯定这种事什么时候才会发生。你要我们为了只不过是远景的东西接受巨大的牺牲。但我认为还有疑问，我不愿意接受这样的牺牲。”但是，真正的问题是要搞清楚，革命的原则好不好，改变人，在一张白纸上重写人的历史的想法是不是好的想法。真正的争论不是要说明革命到底是不是可能，是不是马上就要发生，而是要说明到底要不要革命，说明革命是不是本身就带有必然的、可怕的野蛮。这是任何人都没有想到的，或者说几乎没有任何人想到。因为，要想做到这一点，那就必须消除最后一道障碍——革命需要彻底地完成解放人类的计划，因为在为革命而死，却死不瞑目的人们心目中，必须有绝对的证据，证明革命的暴力打击的，真的就是罪恶的源泉。光明的尽头是黑夜。解放的梦想过后是堆放尸体的万人坑。这就是“彻底”的革命给予我们的道德教训。这就是我们的头脑捕捉到的声音和味

---

① 《暧昧的道德》(*Pour une morale de l'ambiguïté*)，见皮埃尔·利古洛和伊利奥·扬纳卡基的《历史上的一块铺路石》(*Un pavé dans l'Histoire*)，Laffont，1998 年，第 21 页。

道。可是萨特捕捉到这些了吗？与萨特一样的人们呢？时代呢？

真理与观念生活

让我们假设观念的历史在本来充满光明的地方又撒下了一片迷雾。

让我们假设萨特、波夫娃、梅洛－庞蒂、让松不得不走过，不得不犯错误的黑夜已经被描写得清清楚楚。

但还有另外一种幻想，更难清除，更加顽固。那不是对世界结构的幻想，而是对在世界上误入歧途的主体结构的幻想。

人们以为主体只不过是一种简单的冒险。

人们以为产生一些话语，并在这些话语的内部区别真话语和假话语是不言而喻的。

我们讲述萨特的冒险，或阿拉贡的冒险，或任何一个沉浸在迷雾中的知识分子的冒险，似乎在参加真理和谬误之间的游戏或是比赛——人们鼓掌，欢呼，叫倒好，给这边加分，给那边减分，捶胸顿足，叫喊让一个人往前冲，让另一个人闪开，有时候我们也进入历史，走到屏幕后面去，与里面的人物混合在一起，与他们一起情绪激昂，陪着他们，把他们变成偶像或木偶，在我们内心的舞台上演出。

总而言之，我们重新上演了这段历史，但我们完全忽略了的，不仅仅是当时的迷雾，而是人的心灵，以及一个人在寻求真理和误入歧途时，他心灵中究竟发生了什么。

斯宾诺莎定理。和“无知的人”一样，“学者”看见的太阳也“像拳头般大小”。他多了一个“真的观念”，但“假的观念”并不会因此而少一个。关于太阳的形状，他产生了一个适当的观念。但尽管如此，太阳是一个物体，是一种形象，这物体和形象对他的肉体产生着影响，也对他的心灵产生着影响，虽然这种影响是以另外一种关系的形式出现的。主体是有限的。主体的肉体经验是残缺的，所以他的能力也是残缺的。人的认识能力是有限的，但人的愿望是无限的，人的物质存在的实在性，决定了人的能力是有限的。学者对物理的规律或者天体力学知道得多一些。但尽管如此，他无法克服幻觉的诱惑，幻觉让他以为在“两百尺之外”看到的，是“无限距离”之外的东西……哲学家也是这样。哲学家可以是天才。不过，一旦从办公室里走出来，他就是个普通人，也会像其他的人一样受到诱惑，也会看到假象、幻影，也会有错觉、幻想和激情。他了解有关死亡的一切，但还是害怕死亡。他对神经官能症了解得一清二楚，但自己也会患神经官能症。他可以比任何人都更清楚地了解天文学的规律，了解专制的历史，或是造反的历史，或是先造反、后专制的历史。但是，如果导致人造反的极其简单的激情困扰他，如果激情让造反的人堕落成专制者，或者促使人参与由激情而导致的专制，他的科学也帮不了他的忙。为什么那么多伟大的思想家在古巴，在苏联的“新人”问题上讲了那么多的蠢话呢？因为激情导致人讲了蠢话。因为在犯错误之前，在我们的精神产生暂时的“不清醒”(obscurcissement)之前，在发生笛卡尔归在错误判断原则范畴内的“错乱”之前，是激情让我们追求普遍的新事物和个别的新人，这与“我们的行动方式上的错误”是无关的。因为，我们发现，不管意识形态上的选择多么完善，一些重大的荒唐行为的原因——不管这些行为是不是已经被记录在案，我们正是依据这些行为，才说某些知识分子“错了”——，往往是简单的感情，这些感情就像盖房子时藏在水泥中的骨料一样，在这一点上，知识分子和非知识分子是一样的，正好比不管是谁，看太阳都像拳头般大小。这就是新人的吸引力。这就是打破一切，或重新开始的诱惑。这就是对力量的崇拜，对纯洁的喜好，人们希望的是清白，是和谐，是透明，是国泰民安，是没有争执、没有冲突的社会。还有青春……啊！青春……知识分子为什么就不能像其他人一样，也受青春的诱惑呢？为什么不能和大家一样，也情不自禁地说青年人是世界的未来呢？[①] 他为什么能比非知识分子更能抵制不可抵挡的诱惑呢？激情是政治理智的基础。是组成政治理智的黑色字母。是政治的真正原则。是内在的根源，是不会枯竭的渊源。假设专制主义，原教旨主义，法西斯主义表面上从公开辩论的场合消失了。假设这些主义受到人们完全的、彻底的、普遍的谴责。但只要群众在绝望或信仰中再度开始甜蜜地梦想具有纯洁、透明、青春等等特点的社会，那么专制主义，原教旨主义，法西斯主义马上就会再次出现。在群众的前头或后头，总会有一些怀有同样纯洁而可怕的梦想的知识分子，将群众的行为理论化，并因此而犯错误。这些知识分子之所以会这样，或者是因为他们忘记了历史的教训，或者是因为不管如何调整知性的原则或指导精神的规则，总还是

---

① 洛朗·迪斯博，《古老的宣言》(*Manifeste archaïque*)，Grasset，1986 年，第 119—120 页。

不足以战胜激情。

尼采(或梅洛－庞蒂)定理。真理不只是有一个,而是有一些。真理的多重性是不能化简的。[①] 即使我们可以补救,即使我们对多重的前景和由此而牵涉到的相对主义感到不安,从而提出假设说,远处有个真理,在我们无知的天边闪烁,指引着迷路者的脚步(萨特在与梅洛－庞蒂的争论中就是这样说的:"……我过去和现在一向认为,真理只有一个……而梅洛－庞蒂却相反,从远景的多重性中得到安全感"[②]),我们仍然会碰到两个困难。第一,这个真理和存在一样,仍然会表达多种意义;我们不说意义具有多重性,但是我们可以说,有多少个思想的主体,有多少个处在思想境况中的身体,有多少个时刻,便有多少个接近真理的道路。正如诡辩派说的那样,人,每个人,也包括每个知识分子,都是衡量这一真理的尺度,任何地方也不会有,永远也不会只有一种机制,能够让所有的人都接受同一个真理,顺我者昌,逆我者亡,并且能够准确无误地惩罚误入歧途的人。第二,真理只是一种前景,一个想法,也许如果非要找一个说法的话,我们可以说真理是指导精神的一种规则。但那就像是虚构的一样,或者是一种不可企及的幻影,或是一种理性的存在。但真理肯定不是受人争夺的财产,不是需要占领的阵地,不是可供抢夺过来、控制在手中的源泉。如果真理涉及

---

① 贝尔纳·波特拉,《太阳的版本》(*Versions du soleil*),Seuil,1971 年;让·格列尼耶,《尼采哲学中的真理问题》(*Problème de la vérité dans la philosophie de Nietzsche*),Seuil,1966 年。

② 《活着的梅洛－庞蒂》,见《境况种种》,第四卷,第 194 页。

的，不是要判明是非的物体，而是一些单纯和从容地思索的大师，那事情该有多么简单啊！如果大家都可以接受的真理，不是那种具有多重性和模糊性，从来就不曾有过权威的东西，而是独一无二的，那事情的进展会多么快和多么好啊！虽然一般人看不见，也找不着，但我们到底可以接近它，我们会努力把它找出来，知识分子的任务就是倾听它的声音，知识分子是时代的掘金人，是寻找迷失的挪亚方舟的冒险家。尼采是这样的人。康德也是。不是萨德(Sade)笔下的康德，而是《论道德的谱系》(*Généalogie de la morale*)的作者笔下的康德。古希腊的诡辩派是。写《活着的梅洛-庞蒂》的萨特也是。仅此而已吗？仅此而已。知识分子会犯错误，因为真理并不只是“一个”，因为真理并不就是“全部”，而且实际上，真理不是“这个世界上的东西”。知识分子会迷失方向，因为真理的路是一条未定的路，没有标志，也没有出口，用普罗塔哥拉的话说，在这条道路上，不能说谁比谁更睿智，不能说张三比李四高明，也不能说甲城邦比乙城邦高明。柏拉图使其突显，而尼采非常佩服的另一个诡辩派哲学家高尔吉亚也说，在“距离”真理还有多远的问题上，任何人也不能凭主观判断就说自己“比别人知道得更多”。[①] 实际上，萨特可以说：我之所以错了，是因为“普遍性的事物”是不存在的，那只不过是个别事物的一些个别情况而已。[②] 但我认为，只要抛弃他的相对论和境况论，他的原话还是可以保留

① 艾玛努埃尔·泰莱，《洞穴政治》(*La Politique dans la caverne*)，Seuil，1990年，第一章《诡辩派的政治》(*La Politique des sophistes*)。巴巴拉·卡森，《诡辩派哲学的立场》(*Position de la Sophistique*)，Vrin，1986年。

② 见前引朱利叶特·西蒙的作品第112页。

的:他之所以错了,是因为普遍性的事物是存在的,只不过是在远处,在无法化简和无法企及的超验性中。他之所以错了,他之所以不停地犯错误,是因为卡斯特罗的革命运动,或者非殖民化的目的和手段,或者1961年支持民族解放阵线(FLN)的号召——这在当时看起来是反爱国主义的态度,甚至是背叛——,所有这些事的是是非非根本就不是昭示于人的真理,而是一场争论的焦点,是各种立场自由冲突的中心,也是舆论斗争的中心。舆论斗争的胜败和民主的斗争一样,本来就是不确定的。让我们忘掉萨特。八十年代初保卫阿富汗人民,反对苏联红军入侵的人,也包括激进的伊斯兰分子,难道他们敢肯定自己一点也没有错吗?十五年之后,当我们赞成将原南斯拉夫的人民一分为二,并以尊重人权和人不被屠杀的权利为名,接受了当时的现状时,难道我们能够肯定我们是绝对正确的吗?我们当时接受的,也可以被看作是一些民族在代表世界主义的两个帝国的进军中觉醒了。我们什么也不能够肯定。我们把真理当做冒险来经历,真理不是方程式。但是,如果历史可以重新开始,我们仍然会那样做的。我们仍然会以同样的困惑,同样的信仰,同样平静的心态去闯荡天下,哪怕犯错误。

苏格拉底(或海德格尔)定理。这是与前面的定理有关联的另一个定理。苏格拉底说:"风险是美好的,希望是伟大的。"海德格尔说:"谁的思想伟大,错误也一定巨大。"第三个定理的意思显然是,走新路去碰运气,总比走熟悉的老路更容易犯错误。冒风险去思考,总比回避思考、逃避思考更容易犯错误。下大赌注,总比不赌更容易犯错误。出头露面,总比躲起来更容易犯错误。为某种希望而努力，总比躺在既得经验和智慧上吃老本更容易犯错误。总之一句话，思想总比不思想更容易犯错误。这个定理的意思还在于，思想，真正的思想不是状态，而是过程，不是停滞，而是运动。正像诡辩派的哲学家们说的那样，只有在有风险的地方，只有在现成的路之外去走新路，才能真正地前进。正是由于这个原因，只要前进就有可能冒险和犯错误，有可能踟蹰和迷失方向。这像一个硬币的两面一样，是紧密地联系在一起的。思想就像一条路。也是一种方法（méthode）。也是一种迁移。因此也就是一条充满了疑问的道路，布满了障碍，有许许多多的叉道口，有的时候走对了方向，有的时候又迷失了方向，漫无目的，向前，向后，不走就得死，又是黑夜，永远是黑夜，无法摆脱的黑夜，无法摆脱的迷失！读者一定想得到，我这样说并不是替萨特开脱罪责。更不是为海德格尔找借口。但是，一个伟大的思想家从来就是一场思想的冒险。与这样的冒险联系在一起的行动，不可避免地具有偶然性，等于跳起来根本就不知道会落在什么地方。这是一种考验，是掷骰子，偶然性是消除不了的，有可能哪里也去不了，有迷路的风险。时代本来就是不确定的，思想家又想与动荡和风暴共命运，所以思想的冒险就会更加阴晴难料，更加动荡，更加悲惨。巴塔耶在《文学与罪恶》（*La Littérature et le mal*）的前言中说："我们这一代人是动荡的一代。"勒维纳斯在《艰难的自由》（*Difficile Liberté*）一开头也说："在任何一个时代，历史的经验都没有像现在这样对观念造成如此沉重的影响。"后来，德堡（Debord）在《我们在黑夜里被大火烧尽》（*In girum*）中说："一个时代的大火就是这样慢慢燃烧起来的，现在活着的人谁也看不到大火的终结。"就连萨特自己在战后最初一段时间，当他和梅洛－庞蒂及其他几个人的争论还沐浴在一片和风细雨中的时候，也说过：在那些年头里，“浪涛先是打得我们头碰头，随后又把我们甩得各奔东西”……当然，我们可以选择回避波浪，我们可以把船锚在理性、谨慎和科学的岸边。我们可以像阿隆一样，更喜欢平静的，不那么颠簸的航行。或者我们也可以像智慧女神密涅瓦的鸟（oiseau de Minerve）一样，在夜幕降临之前，在事件的火焰熄灭之前，绝不起飞。但是我们也可以抛弃一时的平静，选择风暴。我们也可以像圣保罗一样，为了更加大胆的航行付出代价，努力在“暴风雨、沉船、烦恼”中与思想家们同行。换句话说，我们也可以紧紧地跟着萨特的思想冒险。像所有重大的思想冒险一样，萨特的冒险中也有最好的和最糟糕的东西。有极大的清醒，有名誉，有宽宏大量，有勇气；但是突然之间，在令人猝不及防的时候，他又可恶地放手了，他同流合污，他目迷五色：他拥护卡斯特罗，又反对卡斯特罗；他从本能上拒绝法奸的思想和苏联的陷阱；他完全地、无条件地忠实于以色列，也在《人民事业》上写了那些文章。当然，我们不可能把好坏彻底分开，不可能只取好的，放弃坏的；不可能要么全盘接受，要么全盘否定；好坏是搭配在一起的，除了一起接受之外，别无选择。萨特的革命不是铁板一块，但是，与写作和思想上的革命一样，这是一场模棱两可的冒险。宁肯追随萨特走错误的路，也不要跟阿隆走正确的路吗？当然不是。但是，所有伟大的思想都会有其内在的模糊性，不管是过去还是现在，我们都必须接受这一点。正如阿隆在《历史哲学导论》中说的那样，只要思想的骰子一掷出来，迷失方向的事就是不可避免的，不管是过去还是现在，我们都必须接受这一点。

斯宾诺莎第二定理。到了中午，疯子也会说天亮了。疯子和理智的人说的话会一样。从表面上看，他们讲的话意思一样，英雄所见略同。但这并不意味着他们的话是同一个意思，也不意味着我们可以把他们归在同一个真理的麾下。例如：我们刚才说的阿隆和萨特。两个“小伙伴”的意见总是不一致。从阿隆离开《现代》杂志的那天开始，他们几乎在所有的问题上都是南辕北辙。阿尔及利亚战争爆发之后出现了一个例外。表面上看，他们好像一致地谴责了法国，希望阿尔及利亚独立。他们的意见真的一致吗？我们真的可以简单地说：“萨特和阿隆的意见是一致的……萨特和阿隆采取了一样的立场，算是一个例外吧……面对紧急情况时，他们都愿意在一潭死水中搅起一些风浪，或者相反，在暴风雨里呼吁平静，正好比二十年之后，为越南船民的事，他们两个人在爱丽舍宫的台阶上又这样携过一次手……”不，我们不能这样说。因为毫无疑问，他们的一致只是表面上的。话语有一种表面上的价值。而且事实上，从表面来看，两个人说的话的确一样。但只要我们仔细听，只要我们刮掉表面上的那一层东西，我们就会发现他们给予文字的意义几乎是相反的。阿隆是赞成阿尔及利亚独立的，不错。他赞成独立有三个原因，这些原因不仅与萨特赞成阿尔及利亚独立的原因从根本上不同，而且萨特在给亨利·阿莱格（Henri Aleg）的《问题》（*La Question*）一书写的前言里认为，阿隆的这三个原因简直令人发指，两个老同学之间的关系，比他们表面上意见不一致的时候显得更加疏远了。1.独立是不可避免的，而一向讲求实际的阿隆不愿意与不可避免的事背道而驰。那么道德呢？正义呢？独立多少比依附显得更加正义吗？阿隆才不管这些呢。他从来不认为，或者几乎从来不认为应该提出这样的问题。他的问题是历史的意义。他认为，独立符合历史的意义，所以他不愿意也不能够违背独立。2. 战争将要“违心”地打，因此是一场“没有决心”的战争。而一场“违心”的战争“获胜”的可能性很小。那么谁该为这场战争，为战争引起的痛苦负责任呢？怎么解释战争的风格和酷刑呢？还有没有战争的正义和非正义之分呢？这都不关阿隆的事。如果他能够肯定将来的“结果”，如果他不怀疑和平运动会取得“成功”，如果他能够更好地体会到军队和后方的精神状态，他会改变立场，忍心看着战争打到底，并打赢。而眼下，当发生“121 人呼吁书”的丑闻时，他在一篇颇有寓意的文章《论背叛》中，把最刻毒的箭射向了当时主张打仗的人。[①] 3.“地中海两边的人口增长率”“差别”太大，所以（这都是雷蒙·阿隆的原话）“种族和宗教都不一样的人民不可能成为同一个社会的组成部分”。他的话是什么意思呢？为什么用“人口增长率的不同”为独立辩护呢？如果一个社会是由“种族和宗教都不一样的人民”组成的，就会生存不下去，这是多么奇怪的哲学啊！萨特的哲学无论如何不会是这样的。萨特的话语和概念都不是这样的。从概念的角度来看，从原则和形而上学的方面来看，他的观点大致上更接近于主张阿尔及利亚属于法国的那些人。这些人像反法西斯知识分子警戒委员会原来的成员雅克·苏斯戴尔（Jacques Soustelle）一样，责备阿隆，说他拜倒“在历史宿命论的面前”。他们想让法国成为有胆识

---

① 雷蒙·阿隆，《论背叛》（*De la trahision*），见《证据》（*Preuves*）1996 年 10 月第 116 号。

的、“世界性的”和“国际性的”大法国，能给予信伊斯兰的法国人和阿拉伯裔的法国人与法国本土的法国人一样的权利。你说苏斯戴尔是“秘密军队组织”(OAS)[①]的领袖之一吗？你说他是右翼的同盟吗？他比同盟更坏：1961 年和 1962 年两次在萨特和另外几个人的公寓和办公室安放炸弹的那些人，都是听命于他的。当然，思想的历史就是这样，思想历史的节奏和特殊的时间性就是这样，使我们可以在思想上(当我说“在思想上”时，我指的是，当我们讲同一种语言，选择同样的词汇，用同样的语法造出一些意义有可能带有分歧的句子时，我们会有某种极其特殊的亲近感)与对头的距离比与同盟者的距离更近。在这件事上谁是疯子呢？是谁犯了错误，到了中午才说天亮了呢？每个人都有自己的选择。或者说都有自己的游戏。我们可以肯定的是，当我们说实话的时候，我们有可能犯错误。或者相反，当我们说的话从字面上来看与事实相反时，我们有可能是对的。

康吉莱姆定理。巴什拉(Bachelard)也提出过这样的理论，纠正错误是通向真理的道路、条件和必经之路。实证主义哲学说：真理是“永恒”的。胡塞尔接着说：真理是“无时不在”的。其他的更加现代的学者也说：史前(也就是错误)和科学(也就是真理)之间，永远隔着一个“认识论上的断裂”。对此，康吉莱姆(Canguilhem)和巴什拉——与传说相反，这两个人从来没有谈到过“认识论上的断裂”——回答说：有一种科学的历史。真理在科学中是有历史性

① 1961—1963 年间阿尔及利亚反对独立的右翼组织。——译者注

的。错误和真理之间虽然没有连续性，但至少可以说有一条由此及彼的道路，尽管是一条弯弯曲曲的，甚至是无法分辨的，或者是看不见的路，但正是这条路让人从谬误通向真理。从文字的本义上说，没有不经过谬误的真理。谁以为根本不会犯错误，以为要走的路坦荡笔直，谁就会与认识的过程背道而驰，因此而注定了会永远达不到真理。科学有这样的规律。康吉莱姆说，当我们制定人的反应的概念，制定分子理论或负质量的概念时，我们会受制于这样的规律。可是在政治上呢？谁说在科学上有效的规则，在政治上也是有效的呢？不错，谁也没有这样说过。属于“实证主义”范畴的幻觉具有什么样的性质，我们是知道的。它让我们根据在生物学或物理学中寻求真理的方式，去判明城邦事务的是非。但是，无论哪一边都是幻觉，我们必须从中做出选择。因为另一种办法，在这种情况下，也就是超验性的真理的观念——这又是一种幻觉了！——，虽然摆脱了历史性的规律，也容不得人再去争论，但它的规律是只能在取与舍之间选择。因此，它会严格得像是受了上天的启示，或者像是柏拉图的观念，让人不得不接受。从我个人的爱好来说，我更喜欢第一种，我宁肯选择实证主义的风险，也不要处在历史之外的真理。总起来说，我相信的真理与科学的真理从逻辑上并没有根本的不同，也是慢慢变得越来越准确的；因为真理永远不会是现成的，因为真理总是人们争论的中心，不管是公众的争论还是人们内心深处的争论，在经过详细而深刻的争论之前，不会为人所接受。至少萨特的意见也是这样的。当孔达(Contat)以“社会主义或者野蛮”为题，以克洛德·勒弗(Claude Lefort)早期的反斯大林主义思想为题，向萨特提问时，萨特根本就没有想怎么样为自己的错误找理由，或者怎么样自我批评，只是回答说："真理是'变成'真理的，重要的是通向真理的道路，是人们如何改变自己的思想，如何和别人一起寻求真理。如果没有这个过程，真理有可能只不过是一种真实的错误。"[①]萨特这段话说的也是这个意思。萨特在文章中多次提到过这种想法，说真理是"变成"真理的。尤其是在《活着的纪德》中，他说《科利冬》(*Corydon*)的作者是变成无神论者的。这种观念的意思就是：错误是真理的历史，真理的运动。只有像黑格尔说的那样，经过"否定的过程、痛苦和耐心"，真理才会出现。如果没有这种耐心，没有这种痛苦，没有这条由错误组成的，通向真理的"路"，没有像纪德的无神论一样，"慢慢成熟起来"的真理(纪德的无神论是"慢慢才获得的，是经过了半个世纪的寻求才取得的结果")，总而言之，如果没有"一系列经过纠正的、必要的错误，(没有)经过补充的、变得宽广了的偏狭目光"，也就不会有真理。或者也许会有真理，但那也是斯宾诺莎说的疯子，到了中午才偶然说一句：天亮了……

黑格尔定理。这是将前一个定理推到极致的版本。《精神现象学》的作者说，真理永远不是"目的"。真理永远不是"结果"。真理是漫长的、复杂的运动，通过这种运动，"真"已经不再是"主体"，而是"实体"，它从"自我"中脱颖而出，在"它者"里征得自己，通过在"自我"(soi-même)，在"它者之存在"(être-autre)中的反照，变成了活生生的真理，包含着它所超越的、具体的相异性。如果忘掉

---

① 《境况种种》，第十卷，第183—184页。

“相异性”,以为相异性只是在取得现有的知识之前的历史中的事,从而只把精神集中在“目的”和“结果”上,总之一句话,如果想把真理“洗刷干净”,沥除真理在错误之乡经过时粘在身上的带着臭味的脓水,重新改写寻找真理者的传记,就像给一个早年的强盗写传记一样,通过含糊其词或者说谎,抹掉他身上不可避免的污迹,这种做法是人们想“绕过真理而发明的花招”之一,这种做法“表面上严谨,而且也花力气努力从表面上作到严谨”,但事实上,从另一个方面看,“根本就没有丝毫的严谨可言”,[①]结果是,落在我们手上的只是一些毫无价值的东西,一些模糊的概念,用黑格尔的话说,那只是真理的“尸体”。换句话说,错误不仅仅是通向真理的道路,不仅仅是一个已经过去的,已经超越了的阶段。寻找真理的人在到达目的地之后,不是就可以回过头来,心满意足地,或者非常激动地观望过去,好像他与过去已经没有任何关系。错误也不仅仅是能够带来好处的过错,不仅仅是具有积极意义的,祸兮福所倚的错误,像在精神治疗中一样,如果不从错误开始,话语的作用就会中断,也就无所谓真理了。错误是存在的,是永远都会存在的。错误和真理是一个分不开的整体。错误融进了真理当中。真理是“变成”真理的,所谓变成,就是说真理是“通过”错误而来的,也将错误永远地保存下去,将错误深深地铭刻在自己的肉体里,使这肉体不至于成为尸体。忘记了错误的真理是失去了生命的真理。与在错误之乡度过的漫长时日分开的真理,是脱离了躯壳的真理。

---

① 见弗朗克·菲施巴赫的《论哲学的开始,黑格尔和谢林研究》(*Du commencement en philosophie, étude sur Hegel et Schelling*),第142页。

真理是从错误中来的，它曾极力克服错误，如果真理一旦产生，便要在其话语构成的躯壳上消除错误留下的一切痕迹，并以为这样做会让自己更加强大，其结果必然适得其反，会让真理的权威丧失分量、厚度和深度。在这一点上，萨特也举了两个例子。他用与黑格尔相近的说法，举出两个很能说明问题的形神脱节的实例。一个是纪德。纪德是有名的“无神论者”，如果他“在二十岁的时候便抽象地”决定自己是个无神论者，那么这也许根本就是“假”的，因为那会是抽象的无神论。十四年之后，他在为安托南·利姆（Antonin Liehm）的《三代人》写的前言[①]中，又提到赫鲁晓夫的报告，而且说是要解释为什么他一开始对这份报告有那么多的保留意见。他说，“不错，斯大林是下令杀了一些人，把社会主义革命的国家搞成了一个到处是警察的国家”，但是，因为真理是别人送来的，像“一记闷棍”一样，或者像“雷”一样突然落在了苏联人的头上，没有经过任何“分析”或“解释的努力”，而真理只有经过分析或解释，才会有“历史性”。至少在传播这一真理的人头脑中，真理是“变成了”这个样子的，总而言之，因为真理本身是以现成的形式出现，从赫鲁晓夫的头脑里一出来便甲胄齐全，根本不提与斯大林主义混在一起时走过的漫长的错误之路，所以不管它多么“真实”，只能是“为事实所证实了的谎言”，并因此而让人看起来像是一个狡猾的人，或一群狡猾的人耍的鬼花招。这些人不是要产生“真理”，而是想“重建”自己被动摇了的权力，并在建立新的权力时，“清除一个碍事的死人，正如这个死人在生前清除碍事的活人一样”……其中

---

① 《境况种种》，第九卷，第252页。

显然还有恶意的成分,我们就不说了。事后来看,让人觉得他一开始没有反应过来,是后来才又想起来的。这事我们也不说了。不管怎么样钻牛角尖,无论如何不能抹掉这样一个事实:他开始对发表《赫鲁晓夫报告》感到遗憾。尽管如此,这样想也不是没有道理。的确,没有说明用途的真理,有可能只不过是教条或者吓唬人的东西。的确,有的真理是有生命的,有的真理是死的。想让真理死掉的最好的办法,就是重写真理的脚本,抹掉探索的部分。认为真理没有错误的观念是没有意义的观念,就像认为物体没有对抗体,认为同一事物没有它者,认为交换没有相异性,认为光线不会投下暗影一样。

最后,萨特的定理。我们再来看萨特怎么说"社会主义或者野蛮"(Socialisme ou Barbarie)。这是一个奇怪的言谈哲学的时刻,这个时刻远比我们引述的话长久得多。从中我们可以看到,当孔达重新提起这段过去的历史时,哲学老人是如何挣扎的。孔达坚持说,为什么要和"社会主义或者野蛮"论战呢?你自己说过,你之所以和共产党人接近,是由于没有别的更好的党派,如果"战后"有"左派的运动",你"马上就会参加",那你为什么没有与"社会主义或者野蛮"交涉呢?不管怎么说,勒弗不是也有一点道理吗?你今天仍然不承认他和他的朋友们"其实没有犯多大的错误",这不是你的错吗?比如说你的"极端自由主义的社会主义"……"你今天又说"极端自由主义的社会主义"是你提出来的",但我们想一想就会知道,"这其实是他们的思想,而不是你的",难道不是这样吗?这时,我们感觉得到萨特的窘迫。我们感觉得到,面对孔达的穷追不舍，从来就不怎么喜欢自我批评的萨特生气了。但他也从来没有特别讨厌过自我批评。一般情况下，他随着人们的意愿表示一点后悔，因为从原则上来说，后悔的行为对他是没有意义的。但在这时，他什么也没有表示，他一点也没有让步。我们感觉得出他宁肯死，也不愿意对过去的立场表示哪怕是一点点的后悔。当孔达大着胆子说：不管怎么说……勒弗……还是为科恩-邦迪(Cohn-Bendit)或皮埃尔·维克多(Pierre Victor)之类的人争取了很多的时间……这时，我们也感觉得出萨特的苦涩，甚至有一点嫉妒，这是他从来不曾有过的。我们还感觉得出他的怨恨。当他咕咕哝哝地说，"社会主义或者野蛮"只不过是一个"小组织"，或者是"无关紧要的一个小派别"时，我们觉得他流露出的感情像是愤恨了。他最后发脾气说，勒弗的思想在今天看来有可能会"比 1952 年刚出炉的时候显得正确"，可是"当时并不是这样"，而且当时之所以不正确，是因为他的"立场是错误的"。我们很难不认为(而且大致上孔达也是这么说的)："这才是要命的一句话！你当时就不应该有道理。我当时就不应该没有道理……你从精神上错了，因为你从政治上是少数派……勒弗是站在哪儿讲话的呢，嗯？他是站在什么立场上，也就是说，是站在什么地方讲话的呢？当他从客观上站在反动的、反革命的、希特勒和托洛茨基派的阵营里的时候，他是在为什么人的利益服务呢？"这是典型的斯大林主义的话……是让知识分子感到羞耻的语言，事情过后我们再次听来，还是不能不感到战栗。除非我们仍然可以从另一个角度来阅读这篇文章。他是由于窘迫才这么说的吗？就算是吧。是老人不肯妥协，是无论如何也不承认错误，言辞过激了吗？那是肯定的。说到底，也许与勒弗的这次争吵深深地留在了他的记忆中，比他与阿隆、加缪或者梅洛-庞蒂之间的论战给他留下的印象更深，是他从来没有忘掉的一次争执，是他心中一块永远没有痊愈的伤口，是他真正的遗憾。但他顺便还说了两三件别的事，一些令人费解的、有争议的事，也带有恶意攻击的味道，但我们也不应该根本就不听。1."我还没有弄明白的东西"，"社会主义或者野蛮"的人也不一定明白。比如说，他们跟我一样，也没有弄明白斯大林主义到底是怎么回事，而且我们之间的区别，不在于思想的内容，而在于我们为什么会有这样的思想，在于我们在当时那场政治和精神之争中各自的"立场"。2.像科恩-邦迪那样的人的确"读过"勒弗的作品；但是孔达就那么"肯定"，读了勒弗就一定能"争取时间"吗？也可能自以为争取了时间，实际上却失掉了时间呢。也可能自以为失掉了时间，实际上争取了时间呢。我萨特在成为共产党的同路人，走弯路的那三四年时间里，就是这样，在失掉了时间的同时，甚至像有些人认为的那样，在丧失了灵魂的同时，我可能储存了一些信息，到时候会有助于头脑的清醒。3.真理是一种过程（详见前面的论述）。它与人们改变自己，并且和别人一道，为了用话语表达它而做的工作是分不开的。那么在和"社会主义或者野蛮"，和勒弗的争论中，我们应当提出的真正问题，不是"谁在什么时候说了什么话？"，而是"我们从哪里来，我们经过了哪里，在提出我们的真理之前，我们经历了什么样的黑暗，经历了哪一个层次的错误？错误的厚度有多大？"毫无疑问，萨特理解真理的过程，正如基督徒理解基督受难一样，正如马克思主义者理解无产者受难一样。他认为真理具有历史性，在这一观念的深处，还有基督徒和新教徒的偏见，愿意让光明在穿透暗夜时最为强烈，让神圣性在深入卑鄙的深渊时最为纯洁，让光荣——上帝的光荣，人的光荣——在几乎就要淹没于丑恶行径之中时最为光彩照人。这样一来，他对勒弗及其一伙人真正的责备，几乎变成了："对，他们说的是真理。但是，当他们说出这一真理的时候，他们不知道自己在说什么。他们犯的错误还不够大，还不知道他们的真理是多么的真。"而对于萨特，你用不着逼他，他就会说："我曾经是共产主义分子和斯大林分子，我为卡斯特罗辩护过，我说过对越南的轰炸是种族大屠杀，我写文章说过在苏联人们完全有批评的自由，说过持不同政见者说的都是谎话，说过发表赫鲁晓夫的报告是件蠢事，我支持过不该支持的专制制度，我说过反共分子是狗，我骂过大卫·鲁塞和加缪——但是，正是由于积累了错误，正是由于淹没在愚蠢和不名誉的行径中，正是由于曾经与野兽这样亲近，所以当我从中摆脱出来之后，我才知道我在说什么，我讲的话才会有根有据。"但是同时……事情有那么荒唐吗？像这样看待真理的结构，难道不也包含了某种睿智吗？不管怎么说，认为真理具有不可抗拒的、光明的吸引力，那纯粹是神话，而要想与这种虚伪的，或是愚蠢的神话决裂，这难道不是最好的办法吗？拉康说，好心好意犯的错误是所有的错误中最不可原谅的。[1] 实际上，萨特将这个说法颠倒了过来——这样一来，他的姿态并不是毫无意义的。他认为，真心实意提出的真理是不可原谅的。他对"社会主义或者野蛮"的人们真正的责备，是他们当时和现在都满足于一种纯洁的真理，那真理没有压舱物，没有经过

---

① 《文论集》(*Ecrits*)，第 859 页。

恶意的谋划,没有经过受诅咒的自我的加工。我说得夸大了,但夸大得并不多。因为最后一个定理是这样的:真理永远不是自己的证明或索引。衡量一个真理里面含有多少真理的成分,要看它曾经过、抵制过、克服过多少错误,最后又保留了多少错误。没有经过错误,没有保留错误的真理,没有像博物馆一样保留其自身的错误和否定性的真理,总之一句话,当真理只闪烁着突然而来的,至高无上的正面光辉时,这样的真理便是脆弱的,没有防卫能力的,就像一个人的身体失去了免疫力,只要一遇外侵,便会感染。这样的真理又虚又弱,不堪一击,尤其是面对错误的反击时,它根本就是无能为力的。而错误总是有可能反击的。

政治恩惠

但是,问题也还不在这里。

我们不能满足于说历史是黑夜,是迷雾,等等,说萨特和波夫娃正是在这样的黑夜里迷了路。

单说境况不清,说有摸索的必要,说主体看不到自己的动机、自己的行动或者自己采取行动的环境,还不能够解释一切。

我们之所以不能够这样来解释一切,之所以这类的解释,不管是对谁,总显得底气不足,总让人觉得不舒服,让人觉得那不是心里话,哪怕是在与勒弗的论战中,我们之所以分明感觉得出来,萨特犯的重大过错,都不是用当时的环境可以完全解释得了的——当然,对阿拉贡或德里耶(Drieu)就不能这么说——,总之一句话,大家之所以都觉得萨特和德里耶无论如何都应当受到指责,那是因为在各种境况里，都有人违反一般的规律，透过迷雾看清方向。

在法国抵抗运动最初的一些日子里，桑岛[①]上的海员们就是这样的人。

当不仅是德里耶，连整个法国都认为失败、与德国人合作、服从维希政府是不可避免的时候，几个人静悄悄地，几乎一声不吭地辗转去了英国，与戴高乐会合，他们觉得这是极其自然的事，觉得是在尽自己的责任，事后来看，他们的行为令人感到愕然。

1940年夏天，第一个在布列塔尼海岸登陆的自由法国的特工雅克·孟西翁(Jacques Mansion)就是这样的人。

绰号雷米上校的吉贝尔·雷诺(Gilbert Renault)也是这样的人，他令人难以理解地抛开妻子和孩子，走海路到了伦敦。

布尔戴(Bourdet)、卡洛－冬巴尔(Gareau-Dombasle)、帕西(Passy)、维日利的达斯梯耶(d'Astier de La Vigerie)、姆兰(Moulin)，还有很多很多的人，有贵族，有平民，他们来自各个阶层，各有各的信仰，但有那么一天，他们超凡脱俗地站了出来，对命运说了不，究竟为什么，谁也说不太清楚，当时就连他们自己也未必知道为什么，也未必愿意为自己的行为找个理由出来。

但是，从二十年代开始，当全世界都在欢呼东方出现的光明，当一部分“自由的”或是“资产阶级的”知识分子为这一新的曙光而痴迷的时候，当罗兰(Rolland)、巴比塞(Barbusse)、尼藏(Nizan)，后来也包括萨特，把自己的意志和资产阶级的内疚作为牺牲品供

---

① 桑岛是太平洋上的一个小岛，1940年6月18日戴高乐将军发出抗德的号召之后，岛上几乎所有的人都参加了当时在英国的自由法国抵抗运动。——译者注

奉在了无产阶级新宗教的祭坛上的时候，有的人就已经明白这种光明预示着一场可怕的冲天大火，是一个新的黑夜的前奏曲。

维克多·塞尔日（Victor Serge）是这样的人；他早先曾是布尔什维克，大肆吹捧战争和列宁的共产主义，但很快就明白了过来，并揭露了红色恐怖的机制。那是世纪的半夜！我看到夜色笼罩着莫斯科，也从莫斯科向全世界蔓延！我曾经相信那伟大的希望和壮丽的黎明，以为我年轻时“不要上帝，也不要主人”的理想实现了，其实那只不过是一个巨大的谎言——说这话的时候是1929年——，一群厚颜无耻的野心家和腐败的党徒们极力为这谎言粉饰。

鲍里斯·苏瓦利纳（Boris Souvarine）是这样的人。他曾是共产国际执行委员会的成员，是《人道报》原来的主编，因此也是内幕中的人。谁也不能说“苏瓦利纳是右派”，或者“苏瓦利纳什么也不知道，他不知道他在说什么，也不知道他谈的是哪方面的问题”；然而，1935年，他在《斯大林》中描绘了一部完整的布尔什维克的历史，尽管经过了三代人，尽管数百人又提出了新的见证，但从基本的方面来看，他的描绘仍然是完整的。他是个活的奇迹——尽管拥护萨特的人会反驳说，恰恰相反，这正清楚地说明萨特的定理是对的，苏瓦利纳也是在迷失的路上走到了尽头，学会了识别野兽的气味和叫声——他就是这样的奇迹，一下子便明白了一切，在萨特声称“苏联已经消灭了阶级冲突”①之前二十年，已经知道他们的行为会变本加厉地野蛮。

---

① 《法国－苏联》第90号，1953年2月，亦见于《萨特文集》第260页。

安德烈·布列东是这样的人;安德烈·布列东是超现实主义者和革命者。他尽管是革命者,可仍然是超现实主义者,不愿意像艾吕雅和阿拉贡一样,参加某个党派,他坚持住在自己的老房子里,不怕恐吓,也不向信仰让步。“给我们写一篇关于意大利石油工业的报告吧……什么?你不干?噢!我们想提议搞一场彻底的革命,你怎么还能坚持当超现实主义者呢!你听见了吗?我们是要搞一场彻底的革命!从肉体到灵魂的革命,会涉及人的精神,因为它涉及了物质!要改变生活,因为我们首先要改变世界,要教会知识分子与现实做斗争,与物质,与事物无情的相异性做斗争!”布列东嘀咕道,“说的是啊……我不喜欢你们把现实和事物偶像化……在共产主义的学说里,我看有某种暴力,我觉得这是与文化和精神的价值誓不两立的……”因此,1935年在开保卫文化大会时,他坚持要意大利被墨索里尼逼迫得背井离乡的大教授加埃塔诺·萨尔韦米尼(Gaetano Salvemini)坐在主席台上:“如果我非要忘掉苏联政治警察的存在,那我就觉得没有权利反对盖世太保和法西斯的政治警察(OVRA)。德国有集中营,意大利有感化犯人岛,俄国有西伯利亚……”我们向安德烈·布列东致敬。

纪德是这样的人。1936年,他在《苏联归来》中说,我很“怀疑在任何其它的国家,哪怕是在希特勒的德国,人的精神会那么缺少自由,会受到那么大的压抑,会那么胆战心惊(被吓破了胆),会受到那么大的奴役”。[①]

安特·奇利加(Ante Ciliga)、帕纳伊特·伊斯特拉蒂(Panai

---

① 安德烈·纪德,《苏联归来》(*Retour de l'URSS*),Gallimard,1936年,第67页。

Istrati)、奥威尔(Orwell)都是这样的人。正是这些人高声喊道：迫害从1918年就开始了！从苏联革命第一年的8月9日开始，列宁便首先要求在奔萨地区实行"无情的群众恐怖，对付富农和东正教神甫"！列宁下令："把可疑分子关在城市之外的集中营里！"[①]

法国与萨特同时代的一些知识分子，与萨特一样迷失在黑夜中，有的甚至像梅洛-庞蒂一样，把黑暗搅得更浓，但他们后来否定了自己的观点，看到和听到了萨特没有看到，没有听到的东西。

最开始时候的反法西斯战士，像克斯特勒(Koestler)，或者西洛内(Silone)，或者雅斯贝尔斯，在朝鲜战争一开始的日子里，在柏林聚在一起，向全世界解释说，反专制主义就是当代的反法西斯主义。他们说，我们不会反悔，我们不会自相矛盾或背弃过去的战斗，恰恰相反，正是为了忠实于过去的战斗，正是为了坚持反法西斯的文化——反法西斯的文化是三十年代的荣耀，而我们当时也正是这一文化的接受者——，我们才成立了文化自由大会，我们才想通过这个大会与另一种形式的叛变投敌进行斗争。

总而言之，这些人也曾迷失在同样的黑夜里，从原则上说，他们也有着同样的偏见，但他们却从中摆脱了出来，这实在令人感到惊讶，有违所有的规律和定理。

他们为什么能够从中摆脱出来？他们是怎样摆脱出来的？为什么有的人在别人不清醒的时候，就醒悟了呢？大家都处在同样的形势中，大家的信息都是一样的，为什么有的人姿态正确，而有

---

① 《列宁全集》，第36卷，第504页；亦见于前面所引皮埃尔·利古洛的作品第181页。

的人就要深深地陷入谎言和错误的行动中呢(我不是在信口雌黄，这是萨特在《活着的梅洛－庞蒂》中说的话:“……错误的思想和错误的行动一样，都是犯罪……”)? 总之一句话，为什么维克多·塞尔日 1928 年就明白了的东西，萨特到了七十年代末才终于接受呢? 维克多·塞尔日绝望地说，正是“世纪的夜半时分”，萨特回答说，[①]“闪电落不到哪里，哪里就是黑暗的”:他说的“闪电”是一个炸雷，是向共产主义连续的转变。为什么布列东，或者巴塔耶犯错误的时候那么少呢?

有的时候，我们想以卡瓦依埃为例，说，原因在于逻辑，在于科学。压迫有逻辑和科学，抵抗也有逻辑和科学。正是因为塞尔日知道得多，所以才抵制了。当萨特俯首顺从的时候，正因为塞尔日和苏瓦利纳真切地嗅到了野兽那腥臭的气息，所以他们才奋起反抗了。还有皮埃尔·卡昂(Pierre Kaan)。卡昂是在手里拿着武器，参加最后一个阶段的抵抗运动时，也就是在他生命的最后一个时期，才把苏联看成是专制主义的另外一种形式的。[②] 还有克洛德·勒弗。他不仅揭露了斯大林的恐怖主义，还从 1956 年便在《没有斯大林的专制主义》[③]中指出了共产主义学说的矛盾。这些矛盾是无法克服的，而且使得共产主义的社会制度无比脆弱。

但是有的时候，我们又想说:不，不对。抵抗的战士们并不知

---

① 《活着的梅洛－庞蒂》，见《境况种种》，第四卷。

② 弗朗索瓦·乔治(François Georges)，《皮埃尔·卡昂，专制主义的思想家》(*Pierre Kaan, penseur du totalitarisme*)，载于《评论》杂志，1998 年夏第 82 号。

③ 克洛德·勒弗，《官僚主义批判要素》(*Eléments d'une critique de la bureaucratie*)，Gallimard 再版，coll. Tel，1979 年。

道这么多的事情。更何况他们都是一些十分单纯的人，尽管他们是学者。他们是知识分子、教授、作家，但他们也和我们一样，是一些普遍的人。桑岛的海员们当时就明白贝当是法国的耻辱。法国的工人和尼藏一样看出了德国和苏联的和约是犯罪的约定。这些人都是凭本能去抵抗的。抵抗在他们来说是本能的反应。在他们来说，抵抗的精神是无可厚非的，是必然的。反抗的精神不是靠推导得出来的，而是要明确表示出来。那就好像是水泥墙上的一个缺口，是黑夜的一道亮光。克拉维尔（Clavel）说，这种精神也许是推导出来的，但那是"如闪电一般"迅速，自己并不明白是怎么回事，用不着说，用不着解释，而且我们"从外部来看，只看得见电光闪烁"。我还记得克拉维尔说的不是第二次世界大战中对德国的抵抗，而是五十年代以后对苏联的抵抗。他说，有两种类型的人：一种人认为把欧洲分成两部分是不可避免的，认为东欧生活在铁蹄之下也是命中注定的。实际上这些人占大多数。另一种人恰恰相反，他们拒绝接受这种现实，他们不知道自己为什么会拒绝，但是他们好像被人抓住、被人揪住了头发一样，总之是他们拒绝了。他们说开始的时候只是不愿意接受，后来才是理智上的。理性上的拒绝总是随后才发生的，是为最初本能上的拒绝服务的。

不管是科学还是本能，反正事实就是这样。不管出于什么样的原因，反正事实就是事实。"境况"、"黑暗的夜"、"迷雾"、"在阴暗的森林中摸索"，这都是事实。但还有另外一个事实，和前边的事实一样真实，如果我们关心某些思想产生的实际条件，我们也要考虑这第二种事实，那就是行为正确的人说的话。正由于有了这些人，纪德才在战前写道："那些受害者，我看得见他们的容貌，我听得见他们的声音，我觉得他们就在我身边——那天夜里，他们的被压抑的喊声唤醒了我。今天，他们的缄默让我写下了这些文字。”[①]自由的民族就像上帝的女儿，而杀人犯却在打她们的主意。莫里亚克向莫斯科叫喊说，“在革命胜利后二十年，我们看到了那些声称热爱人道的人是如何对待人道的……”面对着显而易见的红色集中营，加缪发出惊恐的叫声；还有奥威尔，《向卡塔卢尼亚致敬》（*Hommage à la Catalogne*）的作者，彻头彻尾的反法西斯主义者，为了阻止纳粹势力的扩张而最早冒着生命危险采取行动的人之一，1945 年[②]便揭露了东方的专制主义权力对精神、文化和荣誉的腐蚀作用，不管他出于什么样的原因这样做，尽管他的行动也像卡瓦依埃一样是超验性的，或者像克拉维尔，如“雷霆闪电”一样无法抗拒。奥威尔说的惟一的迷雾，就是“像乌克兰的饥荒、西班牙的战争和波兰的俄国政治一样，使人们无处躲藏的谎言和假信息”的迷雾，他觉得自己也深深地被这迷雾包围着。所有这一切都是对萨特不利的，所有这一切都在指责萨特，迫使我们重新进行分析。

因此，究竟发生了什么事呢？到底是什么原因，使得别人把问题看得清清楚楚的时候，萨特却迷失了方向？我们必须从零开始。我们必须在“伟大的知识分子”的头脑中去寻找原因，看看当时究竟是什么样的情形。我们必须知道他看到和听到了什么，他体验

---

① 《对我的“苏联归来”的修改》（*Retouche à mon retour de l'URSS*），Gallimard，1937 年，第 66 页。

② 弗朗索瓦·费莱（François Furet），《幻想的过去》（*Le Passé d'une illusion*），Laffont/Calmann-Lévy，1995 年，第 442 页。

到了什么，才能够知道他为什么没有看到正确的事物，没有听到正确的声音，这仿佛是二十世纪的另一场灾难，对于一个知识分子来说，则是最为可怕的挑战。

下面，是我们的最后一部分，哲学探索。

3 心里话

因此，到底发生了什么事呢？他曾经走近的，是什么样的深渊呢？他曾经受到过什么样的考验？他曾经害怕过吗？怕什么呢？他触到了问题的根源，但那是什么问题呢？帕斯卡有过宗教上的"痴迷之夜"，萨特在政治上是不是也有过类似的经历？或者也像弗朗兹·罗森茨维格一样，在柏林一家教堂里待过几个小时之后，便决定改信基督教，后来却又莫名其妙地回到了犹太教，写了《赎罪之星》(*L'Etoile de la rédemption*)？《包法利夫人》的作者福楼拜形象地讲到过自己的危机，而且他的命运也正是在发癫痫的痛苦中决定了的。萨特是不是也有过类似的危机呢？他的作品，他的生活中发生了什么事，能够发生什么样的事，使这个自由的人，这个具有反叛精神的人，这个光彩闪烁的人，这个纨绔子弟，这个坚决的、不肯改悔的反专制主义者，我称之为的"早期的萨特"，背弃了使他具有魅力的一切，彻底迷失了方向，成了罪恶的斯大林分子的同谋？是什么使他从维也纳到莫斯科，到哈瓦那，一次次地表明立场，发表文章的呢？无论是当时的迷雾，还是错误与真理的法则都不足以说明他为什么会这样做。问题也许出在作品和生活的交叉中，出在让人分辨不出那究竟是文本还是姿态的混合中。这是最难以回答的问题。这是最难以探索的秘密，因为一般来说，这是守护得最严格的秘密。我们可以发现他在这儿有一处笔误，在那儿又向人透露了半句实话。在五十年代和六十年代的嘈杂声中，我们可以在某篇文章或某次谈话里捕捉到星星点点的信息。我们必须从这些内容出发。这些难得的心里话是惟一还靠得住的线索。我们必须抓住这些线索。因为问题涉及到萨特。涉及到这个世纪。因为这一切飘飞翻转的形象——灾难让人摸不着头脑，人们的信仰堕落了，群众像发了疯，不管革命是不是彻底，人们都喜欢动乱，文学能起什么作用，中国能起什么作用——，这一切让他感到苦恼，也在我们心中萦绕不已。因为即使在（或者尤其在）如天一样大的疯狂中，他仍然是这个世纪最受关注的人。

萨特的"伟大转折"

萨特当然不会说：我之所以变成了一个反民主主义者和流氓，是因为发生了某一件事。

他不会忏悔说：我原本是一个反法西斯分子；我身上有着所有形而上的免疫能力，能让二十世纪的人驱除诱惑——这些诱惑力是这样消失的。

但是，他说他变了。

他说，他第一个说发生过一件事，是他生活中的大事，也是他的作品中的大事，是他的"转变"的起点，他"脱胎换骨"的起点，或者像他曾在一段时间尊为师长的海德格尔所说的那样，是他发生"伟大转折"的起点。

他说他从精神上受到过震动，而且反复地这么说，说得锲而不舍,终于让我们感到好奇了。受到震动之后,也许当时并没有发生什么变化。其效果也许是很久之后才产生的;但那好像是在深层次里发生的震动,是一颗定时炸弹,是注入他的血管和思想中的一剂慢性毒药。

这件事就是1940年。

并不完全是1940年的纳粹主义,不是法国的失败和流亡,不是被德国人占领的巴黎街头戴着黄色星星的犹太人,也不是抵抗运动。他也冒着生命的危险参加了抵抗运动,也有过激动和遗憾;但是更加明显的,更加奇怪的是,他在特里尔的高地上,在斯塔拉格度过的七个月。

让我们来听听他对约翰·吉拉西[①]是怎么说的:"我在斯塔拉格又体验了集体的生活,从高等师范出来之后,我再没有经历过这样的生活。"我在"集中营"里喜欢的,是那种"属于某个群体的感觉"。可以说,"总起来看",我在那里过得是"愉快"的。

让我们听听他在《文字》中是怎么说的——那是一段有名的文字,写得细腻,很有怀旧感。当时他母亲还不是孟西夫人,她单独带着他去街区的电影院看电影,那里的座位千篇一律,坐着都不舒服,却让他学会了如何淹没在那些身上潮热、情绪热烈的"芸芸众生"当中。他有一种"赤裸裸"的感觉,"隐隐约约意识到做人的危险"。这种感觉只有"到了1940年,在斯塔拉格才再次体会到"。[②]

让我们听听他很久之后,对维克多和加维是如何说的,在这次

---

① 见前文所引让-弗朗索瓦·西里奈利的作品第168页。

② 见德尼·奥利耶的《散文的策略》(*Politique de la prose*),第265页。

谈话中，他提到的不仅仅是被俘期间的经历，也提到了战争："我自以为是个小小的，干干净净的原子"，"强大的力量"捉住了这个原子，"并不问他是否愿意，就把它与其它的原子一起，扔到了前线"。战争和后来的囚禁"对于我来说，是一次长时间地深入群众的机会，我以为从群众中摆脱了出来，其实我从来没有离开过群众"。那次考验让我"睁开了眼睛"。[①]

让我们听听他 1975 年在《七十岁的自画像》[②]中是怎么说的。在这篇文章中，他回顾的并不完全是斯塔拉格，而是"动员"，"战争"，"南锡的军营"，那成千上万的小伙子们，他都不认识，但都像他一样转来转去，他们的命运也像他一样：那一事件"的确将我的生活一分为二"。正是在那里，"我从个人主义者，从战前纯粹的个人变成了社会的人，变成了社会主义者"。那是"我生活中真正的转折点"。那是一个分界线，区别着此前的作品和此后的作品。此前的作品，像《厌恶》之类，与社会的关系是形而上的。我被慢慢地引导着走向了此后的作品，如《辩证理性批判》之类。

让我们听听西蒙娜·德·波夫娃在回忆录中是怎么说的："他在俘虏营中的经历深刻地影响了他"，并"告诉他什么是团结一致"。他根本没有觉得是"失去了自由"，而是"高高兴兴地加入了集体的生活"。他根本没有因为臭虫和跳蚤而感到难受。被搜查和捉虱子的情景，上厕所时不能关门，强迫劳动，坐拉牲口的火车，屁股被人用脚踢，如此等等并没有使他感到屈辱。但是，他觉得自

① 见菲利普·加维和皮埃尔·维克多的《造反有理》(*On a raison de se révolter*)，第 24 页。

② 见《境况种种》，第十卷，第 179—180 页。

己“融合在群体中，跟别人一样，只是一个号码”，并且“从零开始，将自己的事业搞成功”，这“使他感到非常满意”。他“赢得了人们的友谊”。他“让别人接受他的思想”。他“动员起整个集中营的人犯，在圣诞节时上演他写的反对德国人的剧本《巴利奥纳》，并为他鼓掌欢呼”。“伙伴关系的严谨和热烈化解了他的反人道主义的矛盾”。①

最后，1946 年在纽约的一次记者招待会上，他也讲过文笔和《巴利奥纳》的创作问题，讲到过 1940 年圣诞节之夜在斯塔拉格上演的这个圣诞的故事。这是难得的几篇在很长时间里没有用法文发表的文章之一。“那时，因为通过舞台的灯光，我面对的是我的同志们，我和他们说的，是他们的俘虏境遇，当我看到他们突然之间变得那么安静和专注，我明白了戏剧应该成为什么样子：那是一个伟大的集体和宗教的现象。”

上面引的文字有点长了。但是我们必须都列出来，因为这些话的意义正是从反复的强调中显现出来的。我会再讲到戏剧的问题，这是一种参与的艺术，是没有差距，不要媒介的文学，是一种次要的文体，但同时又是神奇的文体。我们还记得，由于这种文体具有神奇的力量，能拉近作者与读者，读者与读者之间的距离，所以战后变成了极好的战斗文体，成了传达萨特思想的载体，成了进行思想斗争的战略工具。他从孩童时起便梦想戏剧。自从他在卢森堡公园躲在一把椅子后面，为了吸引小姑娘们而演木偶戏的时候开始，他就想像自己站在舞台上会是什么情景。但他从来不敢跨

① 《事物的力量》(*La force des choses*)，第 16—17 页。

过这一步。他既没有机会,也没有胆量把自己的愿望付诸实施。因此我们知道,在斯塔拉格,他是想娱乐被一起囚禁的伙伴们,才开始写剧本和演戏剧的。我们知道,萨特之所以写了《苍蝇》,之所以写了《间隔》,他之所以改编了《基恩》,之所以投身于《涅克拉索夫》的冒险中,总而言之,他之所以变成了一个伟大的剧作家,他的剧作之所以在全世界上演,他之所以把戏剧当成传达思想的神奇的工具,这都是因为在斯塔拉格的圣诞之夜,他看到数百个饥寒交迫的人聚精会神地听着他写的剧本里的话。最重要的是,由于有了戏剧,他与波夫娃一起谈到了“欢乐”。按照他们两个人的见证,重要的是,不同寻常的是,他在俘虏营里过得很“高兴”,他在俘虏营里得到了充分的发展,发生了彻底的转变,他完全发现了自己,发现了自己的意愿到底是什么。他们说——我们可以引其它的文章,很多其它的文章,首先是与《新左派评论》(*New Left Review*)的谈话——,在俘虏营里度过的那两百天受奴役的日子,那段漫长的苦难日子,一无所有的屈辱的日子,真正在纳粹军队的“铁蹄下”度过的一段日子对他是个考验,经过考验之后,他的内心变得更加丰富了。如果的确是这样,如果考验是痛苦的源泉,也是享受的源泉,如果任何人都会当做是噩梦一样的这段日子——而且从某种意义上说,那的确也是一场噩梦——给萨特留下的,只有幸福与平和的形象,只有光彩的记忆,是因为他在那段日子里体会到了他从未有过的感觉,这种感觉让他喜出望外。他投身于群体中。他深入潮湿而热烈的人群。包围着他、保护着他的群体让他嗅到了一种芬芳。我们可以大胆地说,那是群体的味道,是群体的意义,是兄弟情谊的功劳。

我们要好好地抓住这一事件的意义。

进入斯塔拉格时，萨特是个人主义者。

他曾经是无政府主义者，纨绔子弟，是司汤达的信徒。

对于他来说，群众只是无定形的群体，让他隐隐约约地感到有些厌恶，他宁愿待在布维尔或勒阿弗尔，高高在上，远远地看着。

他认为集体，集体的观念只能是一架可悲的机器，专门用来奴役人，或者打消人反叛的勇气。

萨特年轻时原本信奉尼采，习惯于高高在上，怀疑一切，不赞成人多势众，不愿意怜悯，他原本是个彻底的个人主义者，觉得所有的群体，尤其是自我感觉幸福的群体，都像是专横的、会置人于死地的畜生。新的变化是，他放弃了尼采主义，并像他自己说的那样，他发现了“社会主义”和“团结一致”——所谓事件（我们知道，他说的是让他转变了信仰的事件，这一事件将他的生活一分为二，此前如何，此后如何，等等），是经过在俘虏营里那段苦难、堕落的生活，经过深入既像群氓、又像社会的群体，经过堕落和受奴役的日子，他接受了一种新的观念。我们只能称之为“群体价值观”。

自学成才者

这个转变信仰的故事，当我们仔细考察时，颇有些特别之处，这一点也吸引了那些出色的文学评论家的注意，首先是德尼·奥利耶（Denis Hollier）。[①]

---

① 《散文的策略》，第265—268页。

当然，这个故事很奇怪，有违常理。这个故事讲的是一段荒诞的经历——一个最为自由的人，在俘虏营里发现了真理——，说这段经历是独一无二的，恐怕也不为过。只不过，这个故事并不荒诞。我们在别的地方已经看到过。我们甚至在萨特最为有名的作品里，在《厌恶》中就见到过。

让我们再回忆一下。

一个散发着臭气的，美妙的“俘虏营”。

俘虏营里有一个大板棚，里面住着“挤成一团的两百人”。

两百个囚徒，不错，是两百个，“一个挨一个地挤在一起”，里面“黑得几乎伸手不见五指”，里面的“气味”和人“呼吸的声音”差点让叙述者舒服得昏过去。

在臭烘烘的大棚子里，在人挨人、人挤人的时候，在觉得透不过气来的时候，“他心中涌起一种强烈的欢乐，充满了他的胸膛，让他感到陶醉了：‘我像爱兄弟一样地爱这些人，我真想把他们都抱在我的怀里。’”

这当然不是在同一个俘虏营里。

而且讲的也不是同一场战争，因为《厌恶》中讲的，是 1914 年的战争。

但形象是一样的。几乎是同样的背景。叙述者也是用“集中营”形容俘虏营的，他原曾是那么“孤独”，在俘虏营里学会了——我们还是引用作者的原话——“相信人”和“热爱人”。

换句话说，都是在被监禁的条件下发现了群体的价值。

那是一个虚构的人物，说他在萨特之前三十年，经历了同样的陶醉，同样的群体的痴迷，而且我们还记得，这个人叫作“自学成才者”。

面对这一不同寻常的相似，面对着虚构的故事和亲身经历的事之间几乎是完全的巧合，面对着萨特在小说中描写的两年之后将要经历的故事，读者可以有两种解释。

读者当然可以感叹作者的先见之明。虚构的境况和后来经历的境况，用来表达境况的话都是如此相似，再一次说明王尔德说的规律，是生活在模仿艺术，而不是艺术模仿生活。读者可以感叹小说、作者和生活的天才。也可以更进一步，跳过几年时间，观察到萨特虽然不露声色，却已经习惯了这样的事：1964 年，他在《文字》中不是描写过失明的经历吗？而他是在十年之后才失明的。《文字》中有那么一段说，普鲁在黑暗的房间里写字，安娜·玛丽进屋里来，惊叫说："屋里这么暗，我的小宝贝儿会把眼睛搞坏的！"——而普鲁却继续写，宣布他在"公元三千年"将"成为残疾人"。我们知道，1964 年的萨特没有任何理由感觉到将来会落下什么样的残疾，但他预测了更远的将来，预见到了他真正的晚年生活，"就像贝多芬成了聋子一样，我也会成为瞎子的"，他"摸索着"写完"最后一部作品"，人们后来将在故纸堆里发现手稿，而且"他的侄孙子们"经过反复辨认，终于认出了是他的手笔，惊呼道："真的，他曾经在黑暗中写过！"

但是，我们也可以更加冷静，不那么浪漫地看待事物（虽然……），不要忘记在《厌恶》中，自学成才者是个极其可笑的人物，是罗康坦嘲笑的对象，因此也就是萨特嘲笑的对象。我们不要忘记，在紧接着的一些段落中，他带着一副滑稽的样子，愤怒地列举了各种不同的人道主义，那都是他自学的，学习时那股认真劲简直是病态和愚蠢，他也体现了这些人道主义。我们还记得，我们应当记得，当他红着脸，带着哀求的神色，奴颜媚骨，又一次激动得浑身颤抖地说，他对群众的爱那么强烈，一看到“集结的人群”便情不自禁地“想钻进去”，他甚至“跟在为陌生人送葬的队伍后面”走过，听到这些，罗康坦是多么愤怒。后来还有在布达奈餐馆里那可怕的一幕：当这个家伙说，尽管集中营里令人厌恶、肮脏、拥挤、令人窒息，他还是在那里觉得很幸福，还是感到了一种痴迷时，作者的代言人被气极了，恨不得把切奶酪的刀子戳进他那潮湿而充盈着柔情的眼睛里。这样，我们可以得出结论说，1940 年，萨特处在令人愕然的境况，接受了他在最为天才的作品中嘲弄过的意识形态——我们应当承认，接受这个滑稽人物的思想，是他生活中最重大的事件，使他受到震动，导致新的萨特诞生，或者像他自己承认的那样，在《存在与虚无》之后，这一事件是改变他的哲学方向的转折点。这个滑稽人物体现了人道主义的愚蠢，他从来就是人道主义的死对头，他描绘了人道主义最为可悲的形象，但就是这么一个滑稽人物，却成了他的布瓦尔（Bouvard），他的佩居榭（Pecuchet）。

当然，他并不是第一个发生如此翻天覆地的变化的人。

在二十世纪知识分子的历史上，有很多人都这样改变了自己的信念，有的令人觉得可悲，有的相当于自杀，而且表面上看来不合情理。

巴莱斯是个无法无天的人，纨绔子弟，像《奥龙特斯河边的花园》（*Jardin sur l'Oronte*）里死不改悔的个人主义者一样，最后却成了愚蠢的民族主义分子——只会贩卖屠杀、法国教会的怜悯、祖国、进步之类的陈旧货色。

纪德，第二个纪德，写《新地粮》的纪德，称纳塔纳埃尔(Nathanaıl)为“同志”，而且我们感觉得出，他可以抛弃梅纳尔克(Ménalque)和拉夫卡迪奥(Lafcadio)的价值观，将他珍爱的个人主义作为牺牲品，献在斯大林主义新祖国的祭坛上。

亲英派的德里耶，阿拉贡和马尔罗的朋友，科莱特·吉拉梅克(Colette Jeramec)的丈夫，后来成了反犹主义分子，而他根本没有理由成为反犹主义者，他知道，不管在社会上还是从精神上，他的行为都是在败坏他。

罗兰(Rolland)是第一个将信仰转变为共产主义的，突然之间就放弃了知识分子“应站在混乱之外”的道德准则，令人难以理解地迷上了红色恐怖。

最后是阿拉贡，年轻的阿拉贡，从超现实主义时期便开始公开地说“莫拉(Maurras)是个没有出息的学生，莫斯科只会装腔作势”，并胆敢把苏联的革命看成是无足轻重的小事，从观念上说，苏联革命并不一定比政府的某个部发生一场危机更加重要。可阿拉贡1930年坐飞机去了一趟哈尔科夫，目的本来是要为超现实主义的立场辩护，回来却突然神秘地完全被人教化了。他推心置腹地说：我原来就像一个病入膏肓的人。我就像那些在别洛莫斯特洛伊(Bielomorstroi)劳动教养院被关起来接受再教育的犯人。在那里，在那座精神的教养院里(像萨特一样，集中营成了转变信念的好地方)，我找到了自己，实现了自己，完成了自己——我在那里治愈了自己的孤独症，从超现实主义的底层摆脱了出来：“今天，我觉得我是一个全新的人，获得了新的力量。我觉得原来的我是一个愚昧的人。"①

但萨特的转变在同类情况中肯定是最为壮观的。

他当然不会像《社会主义的现实主义》(*Pour un réalisme socialiste*)的作者那样写文章说:"当我亲爱的妻子给我生下一个孩子时,我教会他的第一个字将是'斯大林'。"但他也不会满足于更换意识形态。他不像《巴塞尔的钟声》(*Cloches de Bâle*)里的主人公那样,只满足于被罢工工人游行的队伍所吸引,或者是有人当着他的面杀害工人时,他实在忍不住要反抗。他接受了曾经嘲笑过、践踏过、败坏过的意识形态。他接受了曾经在最重要和最美好的作品中反对过的世界观。他冷静地、十分清醒地决定,愿意在后半生陪伴着他曾在前半生残酷地嘲弄、败坏过的思想。因此,另一个萨特诞生了。在前一个萨特看来,这是一个可恶的萨特,表面看起来好像完全忘记了他先前的作为,显得滑稽可笑。如果后一个萨特能够,他会消灭第一个萨特,用枪打死他,或者至少是用布达奈餐馆的餐刀扎向他的眼睛。

这是疯狂的姿态。在世上独一无二。实际上,只有过一个先例——而且和他也并不完全一样!柏拉图在《法律篇》(*Les Lois*)中提出了一种法制体系,按照这种体系,他的所有的对话录都必须烧掉,他也必须赞成苏格拉底的死刑。况且,萨特的同时代人并没有看错。他们分明看出了当时的境况是多么怪诞。我们至少有三个见证材料,说明他们难以相信那是真的,甚至说明他们的惊慌

① 米施丽娜·蒂松-布罗恩(Micheline Tison-Braun),《无神论人道的悲剧》(*Le Drame de l'humanité athée*),第二卷,Nizet,第293页。

失措。

西蒙娜·德·波夫娃首先注意到，萨特“走的时候是罗康坦”，回来却成了“自学成才者”。[①]

埃蒂安布勒（Etiemble）原先在《现代》杂志，后来由于写了一篇评论利巴戴（Rebatet）的《两面旗帜》（*Les deux Etendards*）的文章[②]而被排挤了出来，他说：“青年人的泰斗萨特，你们以为已经消失了的萨特，从今往后，在与加缪决裂，与勒弗决裂，与我决裂的同时，只能向你们表示他的怀疑，只能成为疏远的泰斗，高傲的泰斗。”

我们前边已经引过图尔尼（Tournier）的一段话。图尔尼和吉尔·德勒兹等几个人是一个小组，他们本来认为“人道主义”已经成了“没用的废物”，散发着汗味和内心生活的臭味。他们步大师的后尘，早就把这东西扔进了垃圾箱。可是他们愕然看到，大师又从垃圾箱里把这废物捡了出来。图尔尼说：我们当中有人“认为在1938年发表的小说《厌恶》中找到了一切疑问的谜底”。在这部小说里，我们看到一个“滑稽人物”，叙述者称其为“自学成才者”。这个人物不仅“声称自己是人道主义者”，还说“他是1914—1918年战争期间，在热烘烘、人挤人的一座集中营里发现了永恒的人性那不可言喻的价值”；图尔尼归结说，“事情很清楚。萨特1940年当了俘虏，回来时发生了脱胎换骨的变化，成了自学成才者”……

---

① 见前引德尼·奥利耶的作品第273页。

② 见《脱离政治的文学》（*Littérature dégagée*），Gallimard，1952年，第157页。

《巴利奥纳》

但还有更能说明问题的材料。

萨特并没有说:“我改变主意了,也许我变得更好了,更加宽容——不过说到底,我觉得这个自学成才者并不坏。”

他没有只满足于转而信仰群体,信仰人类的爱,信仰人道主义——可以说,其它的,所有其它的东西,他的哲学中其它的一些重要的概念也都发生了变化。

信仰的转变改变了一切。

信仰的转变影响了一切,带动了一切。

正如所有真正的信仰转变一样,整个的人,全部哲学体系都因此而受到了影响,都受到了彻底的震动。

我想以《巴利奥纳》为证明,这个有名的圣诞故事是为斯塔拉格写的,他说这个剧的上演与他感到惶惑的发现不谋而合——我想以萨特的心路历程为证明,我们可以通过细心地,一段一段地重读这篇剧作看到他的心路历程。这是一篇奇怪的剧本,我不认为人们足够地重视了这个剧作。我把它分成七个部分,或者七个动作。不是剧中的七“幕”,而是相当于萨特的踌躇、六神无主和他的最终变化的七个重大时刻:是早期的萨特和后来的萨特在文本中,并通过文本进行的几场肉搏战……

第一部分。巴利奥纳的讲话。面对着罗马占领军总指挥勒利于斯,面对着贝特苏尔犹太人村聚集在一处的老人们(巴利奥纳是他们的村长),巴利奥纳讲述了一个悲惨的,极其绝望的世界,大致来看与《厌恶》的世界观差不多。“世界只不过是一种无休止的、软绵绵的堕落;世界只不过是一块没完没了地往下掉的土坷垃……”后来他还说:“生活就是失败,谁也不是战胜者,大家都是失败者;一切事物一向就糟糕得很,而且地球上最大的疯狂就是希望。”后来,萨拉告诉他说她要生孩子了,他说:“人们总以为会有机会;每次有人生孩子时,人们都以为这个孩子会有机会,这是不对的。命运已经注定了。痛苦、绝望、死亡就在前面的路口上等着这个孩子。”因此,这是个悲观的巴利奥纳。性情阴郁。和早期的萨特一样,巴利奥纳认为生活是失败的,人是没有希望的。他是罗康坦的远房表兄,我们还记得,罗康坦也非常讨厌把自己的痛苦和失败强加给世界:“要动一下,就会产生一个多余的事件——是多余的,世界上存在的东西已经够多的了。”这个巴利奥纳以非常“罗康坦式”的姿态,将悲观主义——也将对罗马人寸步不让的意愿——一直扩大到发动一场大规模的拒绝生孩子的运动。一方面,代表占领军的勒利于斯慌了神,捍卫“生殖主义”的观点:你不能够不“首先考虑社会的利益”就采取这种决定;如果“罗马胜利的战争由于没有士兵而停下来”,那会多么遗憾啊。另一方面,巴利奥纳像后来的卡塔尔派信徒一样——那些纯洁派的信徒们在接受了慰藉洗礼之后,便实行“恩杜拉”,也就是绝食,一直到饿死,或者极端地节制性欲,一直到绝种——,捍卫“性恐怖”的观点;他说:我不想“给这个世界送去新人,让它没完没了地拖延临终的时日”;我希望罗马人注定了只能统治“一些变成了荒漠的城市”;因此,生殖主义可以休矣;崇尚童年的说法可以休矣;儿童不再是,不应该再是占领者歌颂的世界的未来。我们分明感觉得出,在这第一个部分里,作者同情的是什么。我们尤其分明看得出来，巴利奥纳支持的观点与罗康坦的观点完全一样，与《自由之路》中的马蒂厄的观点也完全一样。萨特戏剧中的人物与小说里的人物性质不一样，戏剧里的人物是代言人。从巴利奥纳的悲观主义和反叛精神来看，从巴利奥纳建立在悲观主义基础之上的反叛精神来看，在这第一部分，巴利奥纳是早期萨特的代言人。这个时候还没有发生“信仰的转变”。

第二部分。牧羊人的话语。我们是在山上，贝特苏尔就在山脚下；山上的保罗、皮埃尔、西蒙、卡依夫正在接待过路人的来访，后来又见了天使，天使告诉他们，有个人在伯利恒神秘地出生了。紧接着，场景又是晨曦时分贝特苏尔的广场，还是那几个人；他们激动地，几乎浑身颤抖着告诉村民们天使在山上告诉他们的事。那是对大自然的颂歌：“咔咔的响声，轻歌曼舞声，到处都在发出婆婆娑娑的声音……好像看不见的树上正在长出嫩芽，好像大自然选择了这些荒凉、寒冷高原，要在一个冬夜里为自己举行春天的盛大欢庆。”这是对希望的颂歌，歌颂因天使报喜而带来了纯洁而又美好的希望。保罗说：“有些天的夜里就好比今天一样；我们当中好像一定会发生一些事，因为气氛是那么沉重，可是最终，到了晨曦时分，只刮了一点点风。”童年的颂歌，爱情的歌唱——歌颂纯粹的童年，歌颂刚刚诞生的婴儿耶稣的童年。天使说：“他就这样出生了！他那无限而神圣的精神被囚禁在了一个孩子的身体里；孩子的身上还是脏的，因痛苦和无知而感到惊奇；就是这样，我们的主人还是一个孩子……”最后是对欢乐的歌颂，对新生，对斗转星移和世界的变化的歌颂——文中这样提到黄金时代："村民们，牧人们，让我们唱吧，跳吧，因为黄金时代又回来了。"自然……童年……希望……我们不用再多说就明白，背景变了，世界观也变了。这与巴利奥纳的精神相反。这与早期萨特的思想相反。作者借这些新的人物之口，表达了一种新的历史观；精明的观众知道，这种历史观与第一部分，尤其是与萨特在《厌恶》中阐明的历史观是相反的。思想的对立。世界观的对立。是早期的萨特与第二个萨特的对立吗？

第三部分。还是巴利奥纳。巴利奥纳将牧人们的话称之为无稽之谈，并对此做出反应，阐述自己的观点，把自己的观点说得非常重要，并占了上风。巴利奥纳气急败坏地说："可怜的疯子们！可怜的瞎子们！"巴利奥纳毫不屈服，在原则问题上毫不松动："我要像柱子一样撑起天空；哪怕我单独去赴死，也决不妥协。"巴利奥纳是无神论者，是彻底的无神论者。他挑战上天，勇敢无畏，像唐璜一样："即使上帝在云层间露出面容，我也不会听他的，因为我是自由的；他可以让我粉身碎骨，可以把我像一把麦秸一样燃烧起来，他可以让我像火中的葡萄藤一样，在痛苦的折磨下扭绞。但他无法触动这根青铜的柱子，这根不屈服的柱子，就是人的意愿。"巴利奥纳是犹太人，是彻底的犹太人，因此也是彻底的悲观主义者："救世主没有来，你们想知道真情吗？他是永远不会来的。这个世界是无休止的堕落；救世主就是能阻止这堕落的人，能于突然之间颠倒事物的进程，并将世界像皮球一样弹向空中"——通过这种假设，他想说的是，那是荒唐的，卑鄙的，是与最为可悲的奴役狼狈为奸。最后,因为巴利奥纳不相信救世主,因为他根本不相信救世主是个别的、具体的、有人格的人,因此,他只能给村民们出一个主意:"你们正视自己的不幸吧,因为人的尊严处在绝望之中"——这多像犹太教的现代思想家们说的话,比如布伯、肖莱姆(Scholem)、伊曼努尔·勒维纳斯;多像早期的索尔仁尼琴说的"正视丑恶"。但我们相信这更像早期萨特"反专制主义的定理"。人们都说斯塔拉格以及在斯塔拉格发现的戏剧是他思想转变的一个契机,可是我们再一次看到,这与所谓的思想转变毫不相干。

第四部分。事情到了这里开始变得复杂了。在此之前,叙述还是十分正统的;而从这一部分开始,我们才注意到星星点点的疑问。这时到了第二幕第五场。村民们都去伯利恒欢呼圣童的诞生,勒利于斯和巴利奥纳在冷清清的村子里单独相对。这个叫"村长",那个称"尊贵的驻扎官先生"……罗马人对犹太人说:"很高兴见到你,村长先生";犹太人回答罗马人说:"我也很高兴……"罗马人接着说:"你恐怕会笑的"。剧本的旁白说:的确,"巴利奥纳笑了"……他再一次问道:"这一切,你是怎么看待的?"巴利奥纳说:"我也正要这样问你呢……"我们感觉得出,两个人都在被痛苦煎熬着;他们在空无一人的村子里转悠,并在转悠中终于认识了对方。就像心有灵犀,虽然没有明说,但一切都在不言中,而且早先的误会开始烟消云散。巴利奥纳是勒利于斯的同谋?为了遏制过度的疯狂和信仰,等欢呼耶稣诞生的村民们走后,犹太人村长和罗马的军团长之间结成了神圣的联盟吗?这是可能的。这是完全可能的。当然,话并没有明说。但两人的对话突然之间让人明白了事情的结果。我们非常不幸地觉得，萨特悄悄地改变了方向，也许是改变了主意，倒向了牧羊人的思想一边。巴利奥纳是他的代言人。巴利奥纳的历史悲观主义，绝望的形而上学似乎表达了他最为深刻的思想。突然间一切都颠倒了过来，将形而上学抛到了占领者的集中营里。是历史的悲观主义，是秩序的思想吗？说"人类是失败"，生活是"失败"，说世界的体验是"无休止的、软绵绵的堕落"，这些令人厌恶的看法不像人们认为的那么彻底吗？另一方面——对救世主的信仰，乐观主义，黄金时代等等——，是真正的自由和反叛的活力吗？也许是。戏剧情节在发展到这个阶段的时候，一切都是可能的。也包括早期萨特的意识形态的失败。

第五部分。修正方向。修正立场和糟糕的印象。这次出面讲话的，是"巫师"。巫师很老了，老得腿脚都不灵活了；村子里仍然只有勒利于斯和巴利奥纳，巫师当着他们两个人的面，开始预言圣童的未来，预言围绕着圣童的摇篮正在形成的奇怪的教派，预言这些教派的未来。他预言说，圣童会长大。他将自愿过贫穷的生活。他将把水变成酒。他将让某个叫拉扎尔的人死而复活。他还将做出其它几项小小的奇迹。最后，他将被捕，受鞭刑，被钉在十字架上，再死而复活。当勒利于斯向他提出问题时，他说，还有两个主要的情况，导致形势发生了完全的变化。首先是反叛吗？这个家伙真的鼓吹反叛吗？他真的会从巴利奥纳脆弱的手中接过造反的旗帜吗？回答是：对；但那是一种特殊的造反，其原则是："是恺撒的就归还给恺撒"——这事初一看来正中罗马人的下怀。那么世界呢？他真的要改变世界吗？他是不是像那些专门给富人和有势力的人找麻烦的人一样呢？回答是：对；但那是在以后，是在天堂里，因为“他父亲的王国可不是人间尘世”——这一点勒利于斯还是十分喜欢的，对勒利于斯也很合适。观众错了。观众过早地得出了结论，没有明白盟约的真正机巧。观众尤其没有明白的是，新的宗教丝毫也没有使恺撒之类的世俗权力感到担心。其实巴利奥纳说了。最后一次带着粗暴的口气明确地说了，而且我们感觉得出来，他再一次代表了作者的观点：“好了，老实说吧：这个救世主是你的人，罗马给他出钱！”胜负好像再一次分了出来，巴利奥纳又一次占了上风。牧羊人的思想、救世说、感情上的天真、乐观主义显然是占领军的把戏，而作者深刻的思想，观众的同情心则再一次倒向了悲观主义。

第六部分。同样。巴利奥纳的思想，也就是早期萨特的思想再一次强烈而突兀地得到了肯定。而牧人们的思想，也就是历史的乐观主义和人道主义，则相应地遭到了贬斥。人们梦想着“有这样一个人，他的目光令人不敢逼视，他身上穿着亮光闪闪的铠甲”，“在一片战斗的嘈杂声中”，他跟着他们，一起砍罗马人的脑袋，就像割掉“一片片的丽春花”一样，想着这些，战斗的村长是多么自豪啊——救世主可不这样做，而是专门让人泄气，当人们觉得心中正在升起一片“人的怒气”时，当人们挨了“耳光”，或是被人“踢了一脚”时，救世主让人卑躬屈膝。巴利奥纳作为萨特真正的主人公，对性具有变态的恐惧感，也像罗康坦或未来的马蒂厄一样，明确地表示决不堕入童年崇拜的愚蠢；他也去了伯利恒。他是跑着去的，所以比可怜的村民们到得还早。他向勒利于斯解释为什么这样做，勒利于斯却踮起脚尖离开了。他说他要去掐断那个孩子“纤弱的脖子”，他自己没有孩子可杀，所以要杀死这个滑稽的圣童——“一具躺在麦秸上的青紫的尸体，”这就是我给他的下场；就让他们跪在这样一具尸体面前拜吧；如果他们非要崇拜，那就让他们崇拜“捆绑起来的尸体”吧，我要留给他们的，就是这样一具尸体。至少我可以将“忍让和牺牲精神的美好说教”都扼杀在摇篮里。接着，村里人们终于来了，他躲在一边，用长袍的衣襟遮着脸，在一片圣诞的歌声和赞美歌声中，说了最后一段独白，之后，他用两句话便说出了心中的一切：“主啊，是你把我创造成一个夜行的畜生，在我的肉体上烙下了这个可怕的秘密，这难道是我的过错吗：晨光是永远也不会有的。”接着，他又说：“我知道你那个救世主是个可怜的乞丐，将来会死在十字架上，耶路撒冷将来仍然是被占领的城市，可这是我的错吗？”这本来可以成为剧本的结尾。这本来可以成为萨特的道德说教。因为，在他转变信仰之前，他的信念正是要拒绝所有的末世论和所有最终的解决方案，他深信专制暴政是永恒的，正如《申命记》中说的一样，“贫穷”将永远不会从地球上消失。这好像也是《巴利奥纳》的作者的信念。

第七部分，也是最后一部分。在这一部分里发生了突然的变化。在第六场和第七场之间有几句台词，使形势发生了最终的转变——本来从整个剧作的结构来看，事情是向着另一个方向发展的，所以这一转变就显得更加使人感到出奇不意。巴利奥纳最终动摇了。他待在那里，正准备跳起来，向马棚的门口扑去，圣童就在里面的一只马槽子里。他没有看到孩子，也没有真正地看到孩子的母亲，他只看到了一个女人的身影。但是他看到了一个像他一样站在夜色中的男人。那人看着自己的孩子。巴利奥纳看着那温柔的目光，想到如果自己真按照计划去做，把那孩子杀了，那人清澈透明的眼睛里会出现无以名状的恐惧，这使他便动摇了，他放弃了杀人的打算。这时候，巴尔塔扎来了。这时候，朝拜耶稣出生的三博士之一来了，不知道刚才他心中经历了怎样激烈的斗争，仍旧怡然自得地给他讲真正的信仰有多么神奇，这个小小的孩子就是具体的体现：这个孩子是为世界上所有的孩子而出生的……从今往后，儿童将是神圣的，每个新生的孩子，都将是基督的再生……所有的人都将欢乐……人再也不像悲观的形而上学所认为的那样，是多余的存在……罪恶本身也不算什么……人们愿意怎么说就怎么说吧……总而言之，悲观主义被战胜了，而且在这个世界上，总有那么一个地方，罪恶也显示出了欢快的色调……这时的巴利奥纳没有动手打人，也没有让这个人住口，没有说他不相信会有什么晨曦之光，过去从来就不曾有过，将来也不会有，耶路撒冷将永远是一座被占领的城市。巴利奥纳听着那人的话，激动得热泪盈眶。村民们走上前来，他们已经听说罗马军团正在向伯利恒前进，并将伯利恒包围得水泄不通时，他们喊道："巴利奥纳，你是对的，这个孩子是受了诅咒的！我们的人民是受了诅咒的！我们本该听你的，不该到城里来！"他接过那人的话，他的嗓音变了，他说的话令所有的人惊愕不止，他轻声慢语地谴责没有信仰的人们先是为了救世主而背叛了他，现在听到一点相反的风声，又背叛了救世主。我还是你们的村长吗？是！你们会盲目地执行命令吗？会的。那你们就听我的命令吧。我们等着罗马人。用我们的身体筑成一道围墙。让我们在欢欣中，为了拯救救世主而死在上帝的心中吧。忧郁而痛苦的村长，犹太人的罗康坦，本来他是把自己全部的救赎寄托在对世界的拒绝和赤裸裸的反叛上的，现在却为新的宗教而歌唱了。

这就是巴利奥纳。

这就是这个剧本的意义，不是指政治上的意义，而是指形而上学的意义。人们对这个剧本并不太了解，这个剧本在外面从来没有上演过，但这是一部重要的作品。

我坚持认为，剧本从政治上没有任何模棱两可的地方。我们根本不可能从中看到任何对纳粹宽容，或与纳粹妥协的迹象。不管是从哪个方面来看，通过号召人们拒绝性恐怖，通过号召人们参加战斗，剧本在当时俘虏营的气氛中，起到的作用只能是让人们鼓起勇气来，甚至是在呼吁人们抵抗德国人。

但这个剧本从哲学上也提出了问题。

因为在剧本中不仅发生了信仰的转变，而且表示了，而且明确说明了这一转变的意义。

萨特不仅在1940年变成了人道主义者，开始热爱社会。他不仅仅满足于以某种歉疚或同情的冲动，与他可怜的“自学成才者”妥协了。他同时还成了一个乐观主义者，一个历史主义者，一个救世学说的支持者，总而言之，他变成了一个“进步主义者”。

返回三十年代

为了看得更加清楚，我们也许还要往回追溯得更远一些，不是往巴利奥纳的心中去追索，而是到萨特自己的心中去找寻根源。

也许我们没法做心理调查，否则我们会知道这个人心中到底发生了什么事，但我们想知道的是，在事情发生之前，在他的意识里到底发生了什么事，使他在斯塔拉格，在斯塔拉格上演的剧中，站在巴尔塔扎王(roi Balthazar)的一边，为自学成才者恢复名誉，站在了乐观主义和人道主义的拥护者们一边，而且首先是站在了他在《厌恶》中大肆嘲讽的群体崇拜的一边。

假设。人的意识太过于脆弱时，便只想屈服，只想决裂。他为主体下的定义本身——缺乏稳定性和确切性，几乎像液体一样具有流动性——使主体在形成的过程中不可避免地是脆弱的，因此也就易受损害，是靠不住的(是宝贵的，但却是靠不住的……)。《存在与虚无》的最后，不是提到一个自由的、自主的主体吗？这个主体从某种形式上胜利了，但又受到了“不幸的意识”分泌的有害的酸性物质的侵蚀，一心只想着再变成“事物”或“自在”，从而解脱，或甩掉负担。

假设。萨特有某种不安的个人主义，他苦恼，充满了奇怪的梦想(螃蟹，伞状的鱼，可怕的幻觉，章鱼……)，那是一种焦灼的个人主义，令人时时感到恐惧，又时时想返回到物质和自在的状态。从《文字》中可以看出，萨特的个人主义始终为某种相反的观念所纠缠：儿时的普鲁被人群的物质性诱惑着，他的厌恶感让他头晕目眩，但又极想消融在其中；我们能够相信那是真的吗？《老鼠与人》（*Des rats et des hommes*）中用隐晦的话说：主体性是破裂的，为“人群的叫喊声”所纠缠，充斥着震耳的回声，充满了各种各样的幽灵。我们能够听明白那意思吗？我们能不能假设斯塔拉格将萨特从这一切当中解放了出来，让他心中嘈杂的声音静了下来，治愈了他的痛苦呢？萨特——至少是萨特心中有那么一部分——在斯塔拉格对自己说：“螃蟹的时候过去了！布维尔的栗树根那种丑恶的形象和从那以后追着我不放的厌恶感消失了？”

还是假设。萨特感受到一种难以忍受的自我的轻浮。那是自由的负担。马蒂厄惊叫道：“你是说我的自由？它沉沉地压着我：这么多年来，我白白地自由了。”[①]再往前边一点，当布吕奈催他赶快行动时，他说：“你让我喘口气吧。”布吕奈说：“喘口气，喘口气，可你得赶快啊，明天你就太老了，你会成为自由的奴隶。”[②]再往前：“你放弃了一切，就为了自由；你再往前走一步吧，连自由也放弃掉……”[③]人怎么能成为自由的奴隶呢？自由怎么能让人觉得沉重呢？这还是阿拉贡的经验。这是德里耶与道里奥（Doriot）到了一起时的感觉。加缪说，所有厌倦的人都会宁肯喜欢“什么感觉也没有”的幸福，而不会喜欢自由压在身上的负担，不会喜欢责任的重担压在心中的痛苦。也许萨特也是这样感觉的。也许，通过强行融合在群体里，变成一个犯人的编号，一个和所有的编号一样的、毫无差别的号码，他在集中营里学会了最终完全放弃自己的意

---

① 《自由之路》，第 525 页。

② 同上，第 522 页。

③ 同上，第 521 页。

愿,体会到了一种酸酸甜甜的感觉……

假设,"化身"说。[1] 作品中从始至终有一种挥之不去的念头,那就是他是某人的"化身"(incarnation[2]),有时候是别人说的,有时候是他愿意的,有时候他希望人家这样说,有时候是他在避免这样说;"你们认为我是雨果的化身,你们错了,因为我是赫德莱[3]的化身"[4]……"真正的"社会主义"在一个特殊的国家"是思想的"具体体现"……政治代表也是一种体现——但那是错误的,是靠不住的,是要以真实的密度为代价的("我认为在一个真正的社会里,代表的概念应当消失"[5])……肉体本身,让人又爱又怕……到了最后,是知识分子"脱离了现实"而感觉到的陶醉和痛苦……总而言之是宗教上关于人的起源的古老争论,是施维泽尔的争论,是他从耶稣教文化中继承来的古老而深刻的彷徨,说不准是对肉体的拒绝(《存在与虚无》),还是对肉体的怀念(《辩证理性批判》)。

假设,对真实的怀念。所谓"真实",用阿拉贡的话说就是"真实的世界"。这个值得为其生、为其死的"真实的世界",与破碎的主体性空洞的天地相对应,与他苍白无力的小说,与他拉杂拼凑起

---

① 弗朗索瓦·努戴尔曼(François Noudelmann),《政治行动人物集》(*Figures de l'action politique*),《萨特的见证》,第二卷,第 982 - 1008 页。亦见于《萨特,想像的体现》(*Sartre, l'incarnation imaginaire*),L'Harmattan,1996 年。

② 法文中的 Incarnation 有"化身"的意思,也有"体现"的意思。下文根据中文译文的需要选择使用两者。——译者注

③ "雨果"(Hugo)和"赫德莱"(Hoederer)都是萨特《肮脏的手》中的人物。——译者注

④ 《萨特文集》(Les Ecrits de Sartre),第 183 页。

⑤ 《造反有理》,第 306 页。

来的作品相对应。[①] 这种诱惑也贯穿于二十世纪的始终——而且在不断地表示着这样的意思：为生存而斗争是冷酷无情的，而与此相比，或者与罢工或战争相比，道德、思想、艺术、文化等等，根本就是无足轻重的。布吕奈还说(但说这话的也可能是赫德莱)[②]："一个肌肉强壮、结实的人"，就可以"通过简短和严峻的真理来思考"；一个"诚实、坚定、自信心强、脚踏实地、能抵制艺术和心理学的美好诱惑"的人；一个"实实在在的人，嘴里有真真切切的烟草味"的人，而且眼睛里所看到的，是比马蒂厄所见过的"更加真实，更加强烈"的形象——这才是一个人！一个真正的人！和这样的人相比，马蒂厄"心神不定，未老先衰，发育不良，所有非人的诱惑都在包围着他"，而且他还惭愧地，可怜巴巴地想，"我，我不像一个人"[③]……二十世纪所有的专制主义都有同性恋的特点，这一点不管怎么说都不过分。

还是假设，对自己的恨。他自己心里恨那些刚开始学着生活的，两手过于白皙的知识分子。这些羞耻的，才思枯竭的知识权威自己打自己的鞭子，今天的斯塔拉格，明天与无产阶级团结一致，后天又驻扎进工厂，这都成了他们赎回自己的机会。他说，"战后"的知识分子由于"思想的过滥"而"完蛋"了[④]——为什么不是思想的罪恶呢？他们的错误扎根在"社会的现实之上"——一个像莫拉一样的人会说是扎根在"云天上"。以至于他不排除这样的可能

---

① 《真实的世界》(*Monde réel*)第一卷编后记。

② 布吕奈是《肮脏的手》中的人物，赫德莱是《自由之路》中的人物。——译者注

③ 《小说作品集》(*Oeuvres romanesques*)，第 522 页。

④ 《造反有理》，第 80 页。

性:“未来的社会”可以“有一天不要知识分子,每个人都为自己完成知识的工作”。[①] 这也是萨特和他的世纪。萨特或者这个世纪。研究互文性的爱好者们是否想到过比较《自由之路》和共产党同路人的其他小说——首先是罗曼·罗兰的小说;上了年纪的克莱朗博不是也在无产者的欲望之泉里汲取力量,让他那摇摇欲坠的毅力重新坚定起来的吗?罗兰说个人主义是荒漠。这也是萨特在斯塔拉格的结论……蒂蒙,《欣乐的灵魂》中的共产党委员,他诱惑了阿西亚并让她改变了信仰:这些人物性情粗暴,既不机敏,也没有情感;这些野蛮的人物只会显示暴力和冲动,这些强盗,难道不正是布吕奈的人物原型吗?年轻的马克对要不要转变自己的信仰而迟疑不决,他说:“我的精神是属于我的。”[②]这时,阿西亚猛地反驳说:“你的自由精神有什么用?”我们从中听到的难道不正是布吕奈和马蒂厄之间的对话吗:“一点用处都没有的自由……自由的奴隶……”

总而言之,我们遇到的还是同一个问题。究竟发生了什么事?他在自己心中发现了什么样的暗藏的痼疾,而且通过在斯塔拉格融入集体而治愈了呢?他是不是在集体中发现了同样是藏在暗中的某种作用,治愈了他的暗疾呢?在他从斯塔拉格出来之后写的故事中,那种像被释放的囚犯一样的感觉,像窒息的人终于喘过气来的感觉是怎么来的呢?在这一点上,我们遇到了一个比任何时

---

① 《左派,绝望和希望》(*La gauche, le désespoir et l'espoir*),卡特琳娜·克勒芒收集的言论集,见于1979年11月10日的《早报》。

② 罗曼·罗兰,《欣乐的灵魂》(*L'Ame enchantée, l'Annonciatrice*),Albin Michel,1933年,II 第46页。

候都更加难解的生存之谜。要想解开这个谜，就只能假设，只能推测。可能性最大的假设是一个大杂烩，混合了青年人永远正确的思想、虔诚的信仰、对现实的崇拜、隐隐的负罪感、追求纯洁、无罪而赎罪、热情，是作为二十世纪情感导火索的真正的思想混合，萨特只不过把混合的浓度提高到了极端的程度而已。

不管怎么说，我们可以肯定的是，新的萨特的确是从这里诞生的。就像是身体里的病毒，潜藏了很久之后才决定显现出来（我不说是为了摧残身体），其效果是很久之后才在文章中显示出来的。但是总而言之，新的萨特诞生了。开始时是悄悄地，几乎令人难以察觉；继而，从《共产党人与和平》开始变得明朗起来，与早期的萨特并肩存在，与早期的萨特互相比赛。从这时开始，有了一个新的意义的焦点，我想重复说明的是，和前后两个柏拉图不同的是，前后两个萨特并不是互相抵消的，并不是互相掩盖的，而是共存的。同一具躯体里有了两个灵魂。是以同一个人的名字发表的另外一部作品。好像从今往后，萨特广播电台是用两个频率或两个波长在发射，一个频率干扰着另一个，一个波长不断地寄生在另一个波长上，有时候这个盖住了那个，有时候那个又压住了这个，一直到最后……

弃绝

按照这样的阅读方法，我们可以重新来看待整个后半部分作品。

我们可以——我们应当——按照这种新的观点重读五十年代

的政治文章，重读《辩证理性批判》，甚至也包括《文字》，这是我们在后面将会看到的。

比如关于人道主义的问题。萨特始终是个反人道主义者。更准确地说，萨特始终忠实于年轻时的反人道主义，正如罗康坦对自学成才者所表示的恨。可是另外一个系列的文章却表示了相反的意思；这个系列的文章也是与“斯塔拉格效果”和“《巴利奥纳》效果”一脉相承的，与《存在与虚无》的哲学从文字上和精神上都截然相反。“是啊，人道主义……没有权利如此轻率地对待人道主义……没有权利像《厌恶》中那样，取笑可怜的吉埃诺……况且，那太简单了……”借用《文字》的最后几句话说，就是：“每一个人都是由所有的人形成的，都和所有的人一样，等等。”1921 年，他在写威尼斯的文章里，曾在想像中对巴莱斯说过“一句普普通通的话”：你“从来没有想到过，一个人的心灵与另一个人的心灵会完全一样吗？”他是无意中又想起了这句话吗？不错！说的就是“两个人的心灵完全一样！”因为，“在心灵的领域里没有处女地”[①]……不管怎么说，存在主义是一种人道主义……痛苦中也有诗……汗水和茅坑里也有小说……两个人的心灵一起共同体会他们混合在一起的臭味，那样子也透出某种奇妙的色彩，我说的是奇妙……还有屁股上挨别人的脚踢！那不是屁股眼唱的十四行诗，是在寝室的门口正在痴迷和陶醉地等着伙伴的时候，为屁股上突然挨了一脚而唱出的歌……萨特是反人道主义者，又是人道主义者。萨特这个

---

① 让·吉埃诺，《“暴君的话”及“向人道的转变”》(*Caliban parle, suivi de Conversion à l'humain*)，Grasset，1928 年，1962 再版，第 151—153 页。

悲观主义者，这个原来的绝望者认为，工人被“异化”了，“工人为自己，为所有的人要求自由”，所以，工人代表了全人类。

群体。他对群体感到恐惧。他有一种思想，认为群体是骗人的圈套，是一个愚蠢而罪恶的梦，是所有专制主义最好的源泉。《圣热奈，喜剧演员和殉难者》中还有这种思想的痕迹。《家庭白痴》中也还有。而且事实上，所有主要以文字或文学为焦点的文章中都还有。但还有另外一个萨特，因为从来没有忘记俘虏们住在大棚子里人挤人的快活，因为他记得和一起关在俘虏营里的伙伴们“融”为一体时，快活得差点“昏过去”，几乎达到了“心醉神迷”的状态，因为在所谓的《巴利奥纳》之夜有过心灵融汇的难忘时刻，所以这另外一个萨特在关于群体的问题上又完全改变了立场，并把这个问题作为哲学研究的对象，开始是《给克洛德·勒弗的答复》，后来还有《波德莱尔》，最后在《辩证理性批判》中得以完成。萨特成了群体的思想家。萨特成了集团和集体的爱好者。萨特原来是只喜欢决裂和分裂，只喜欢分别开来的个别性和破碎的意识，他原来把仇视犹太人的暴乱和造成重大伤害的集会说成是“集团融合”，可是现在，通过对法国大革命和1789年7月14日事件的分析，他重又捡起这个概念，简直就是重新捡起这个词，并把它当成《辩证理性批判》的关键。后一个萨特说，反对支离破碎的意识，反对单独的个人，因为单独的个人，从词源学的角度看，只不过是，而且将来也会永远是个“白痴”，①而且还不只从词源学的角度上是

① 法文的“个人”是individu，而“白痴”则是idiot，看得出来从词形上是有渊源的。——译者注

这样。向家庭白痴开战,向白痴的神圣家族开战——福楼拜、福克纳,甚至波德莱尔……——那些白痴们愿意认为,没有社会关系,也没有性关系。后一个萨特也反对系列化的群体,那是一种假群体,是将白痴们并列在一起,普选投票不仅仅是并列白痴的最好方式,而且也是白痴的制造者和粘合剂。他说:"无记名投票远在所谓的'傻瓜陷阱选举'之前,便使群众再一次深深地陷入了原始的四分五裂中。每个人都是独自一个人,所表达的只是他单独一个人时所想到的,因为他不知道在群体里他会怎么想;比如刚才,在大会上或者在车间里……"[①]因此,群体的融合万岁,个人会在这样的群体里丧失残余的身份,正像攻陷巴士底狱一样,也像1944年8月他给《战斗报》写文章讲的巴黎解放时一样,个人在这样的群体里只是让人感到恐惧的兄弟情谊。我们可以顺便一提的是,雷蒙·阿隆是少数几个看到了两个萨特的决裂的评论家之一,他看到有一条分界线将萨特分成了两边,一边是"没有了上帝"的"孤独的人",另一边是在《辩证理性批判》中重新找到的"我们"。[②] 因此,雷蒙·阿隆在文章中说,第二个萨特是"西方第一个毫无保留地欣赏革命群众的哲学家"。阿隆坚持说,萨特第一个"把集团融合看成是个人取得真正的人性的途径",却没有意识到采取这种粗暴的立场,选择这种让人感到恐怖的兄弟情谊的,是一个法西斯的

① 《共产党人与和平》(*Les communistes et la paix*),见于《境况种种》,第六卷,第374页。

② 《想像的种种马克思主义》(*Marxismes imaginaires*),Gallimard, Coll. Idées, 1970年,第44—45页,第168页。

哲学家。[1] 这是真的，话虽不好听，但诊断是准确的。但是有一个具体的地方阿隆没有看到：那就是，萨特之所以变成法西斯主义者，那是因为他变成了自学成才者和人道主义者。

仍然是主体性。“主体”的问题以及作为问题的主体。《存在与虚无》里那种杰出的解构－重构式的分析或“现象学”的最初表达方式，我们在《波德莱尔》、《圣热奈，喜剧演员和殉难者》中仍然能看到一些痕迹，甚至在有些支持异端的文章里也能看到，他把铁托分子看成是投身于“重新发现主体性”冒险的“南斯拉夫的领导人”，而且他认为这种冒险会产生良好的结果。[2] 他早先曾极力与海德格尔作对，与哲学的现代性作对，与他自己的本体论的直觉作对，而且从某种方式上说是与一切理智作对，以挽救主体性的核心，同时也构筑了一道抵抗的防坡堤。他其实并没有真正看过结构主义的作品，但到了晚年，当他在接受记者采访时攻击那些结构主义者时，他还记得当年的激越。正因为如此，我在介绍早期的萨特，在说明他是将反人道主义和坚持意识这两条线联系在一起的惟一的现代思想家——如果没有这种坚持，抵抗的精神和各种各样的人权都只能是纸上谈兵——时，我使用的材料中既有早期的作品，又有后期的作品。但是，在五十年代的一些重要文章中，我们发现，反人道主义的思想是和把意识看做是超验性和赌注的思想并驾齐驱的，所以，对人的蔑视也就与挽救作为个别人的纯粹的“个别性”和“主体”联系在了一起，所以，人道主义（说到底也就是

---

① 《暴力的辩证法与历史》，第128—129页。

② 《假学者或假野兔子》（*Faux savants ou faux lièvres*），见于《境况种种》，第六卷，第55页。

大写的人对人的偏见)也就起到了相反的结果。自学成才的萨特,参与群体的萨特,总而言之是人道主义的萨特在五十年代一提到“主体性”,便说它是资产阶级的东西。这时的萨特口口声声是“集团融合”,一心只想着群集的集体能为集团的热量所融化,开始怀疑所谓主体的“孤独”是资产阶级秩序为了让“工厂”运转得更好而使出的一个花招,所以才开始称赞马克思把个别的,具有惰性的,总而言之是孤独的工人说成是“低能人”(sous-homme)。[①] 总而言之,进步的萨特想为打碎无产阶级的千年枷锁做出贡献,作为一个革命的知识分子,他觉得自己这个尼采式的艺术家毫无用处,因此想戴罪立功,把单独的个人的权利,也就是人们一般说的人权,更准确地说是所谓的“人身保护法”,“投票权”,甚至“思想自由”和“宽容”,都看成是“形式上的自由,只能使无产阶级更加异化”。[②] 在他最后写的文章之一《造反有理》的一段文字中,一切都说得很清楚。[③] 他在这篇文章里写了这样一段话,是从哲学上为恐怖主义找根据的:“我认为,一个群体中的个人,即使受些恐怖,也比单独的、只想着分裂的个人好”——多么轻飘飘的“受到些恐怖”……在同一个时期写的另一篇极端的文章,《冒险家的画像》前言中,一切也都说得很清楚。我们还记得,那时的萨特还在两种立场之间摇摆不定,但五十年代初期,我们已经可以看到他在《冒险家的画像》前言中所描绘的“战士”的形象:“当然,人们不会要求你放弃你的自我:难道还有需要放弃的自我吗?入党就必须完完全全地接

① 《共产党人与和平》,见于《境况种种》,第六卷,第208页。

② 同上,第125页。

③ 《造反有理》,第171页。

受别人对你的支配；不是要剥夺你的自我，而是给予你一个新的自我；我这样说并不是嘲讽：在别人友好的眼睛中发现自己，无疑是十分温馨的事。”[①]

仍然是群体。萨特始终说有一个领域——那就是思想的领域——，在这个领域里，主体性的规律应当占主导地位，第一句话和最后一句话都应当只属于人。可是在这一点上，第二个萨特改变主意了。在这方面，他也揭露了放任自流的主体性的危险。我们知道，他本来是既不争论也不回答别人的问题的，他始终声称说，宁肯和漂亮的女人谈琐事，也不愿意与阿隆谈哲学。也是在1975年，他对孔达说，[②]他年轻的时候“与阿隆或波利泽尔有过很多很多的争论”，但“争论没有产生任何作用”，他还说无论如何，他始终“讨厌”“知识分子之间的思想争论”，因为人们总是不能“超越自我”，而且“说的都是大蠢话”。可是就是这样一个人，竟然厚着脸皮说他始终认为——对，始终——“集体思想，比人们单独思想好”。他竟然以1973年的“行政区划”为先例，厚着脸皮说，“真正的思想，是脱离了系列，成为团体的人的思想”[③]……他在这里好像是再一次说，单独的个人仍然是，而且永远是个“白痴”。他好像是要抓住机会说，分裂的个人，就是系列的偏见，因此也就是非思想。好像，在这个领域里也是一样，在思想和在革命或暴动上一样，必须从假群众、假情节中摆脱出来——群氓，群众，乌合之众，互相打斗的个人聚集起来的群体，他想把他们从混乱中拉出来，让

① 《境况种种》，第六卷，第8页。

② 《境况种种》，第十卷，第190—191页。

③ 《造反有理》，第170页。

他们在暴动中沸腾。这还是《圣经》中保罗和约翰之间的争论……我们前面已经引述过费希特的话，费希特说，保罗的宗教是“争论”的宗教，是“强词夺理”的学说——而约翰的唯我论宣布的是纯粹圣宠的上帝，“我们都在上帝的心中，我们都活在，都能够幸福地活在他的心里”。

马克思主义。到目前为止，我还没有怎么谈到过萨特的马克思主义，那是因为萨特，早期的萨特根本就不是个马克思主义者。他既用不着，也没有理由成为马克思主义者，因为他当时感兴趣的，只是主体的冒险。况且早期的萨特是个“孤独的人”，写了《厌恶》、《一个领袖的童年》、《滑稽的战争记事》和《存在与虚无》，我们前边已经看到，他刚刚发现了胡塞尔和海德格尔，正在狼吞虎咽地看尼采的哲学，从柏格森的学说中摆脱出来，所以成了难得的几个觉得没有必要成为马克思主义者的人之一，这是不言而喻的。但是现在，突然又有群众了。又有了他在斯塔拉格迎面碰上的这个新的客体，既然经历过了，也就不得不试着想一想。胡塞尔。胡塞尔只能用来思考如何向著名的“事物”回归，如何恢复事物的“魅力”，事物的“野蛮性”，事物的“暴行”等等，但是要想思考关于群众的问题，胡塞尔却一无是处了。海德格尔。海德格尔的思想是存在、起源、时代性的思想，因此也就是历史的思想。但是，如果用海德格尔的思想去对待“共同的存在”(etre-ensemble)这一问题，那就要当心了，那就离纳粹的“天大愚蠢”不远了。至于尼采，我们就连说也不要说了：那是要忘掉的东西，甚至要摧毁它，才能让真正的群众思想恢复尊严。还剩下马克思。实际上还剩下的，只有马克思的作品可以读了，或者以此为幌子，才能在斯塔拉格那段经历之后把觉得应该说的话都说出来。当然，马克思应当是个批评家。马克思根本无视个别性的问题，“根本就丧失了个人的意识”。[①]所以《方法问题》，所以《家庭白痴》才是对马克思主义科学的“补充”……但那究竟是马克思。马克思的目的不是要搞清楚什么是“人”或“历史”，而是要搞清楚什么是“社会”。马克思是他的斯宾诺莎。如果不是为了面对新的挑战，为了理解什么是社会联系，他是绝不会读马克思的。

对性的变态恐惧。这是早期的萨特最为大胆的主题，也是他念念不忘的主题。我很喜欢他像波德莱尔那样，让童年时的信仰，让母性，让生育失去神圣的外衣。但是，《巴利奥纳》的创作标志着一个相反的运动开始了。《厌恶》的作者原本对性有一种变态的恐怖，他向传统挑衅，1944 年围绕一件堕胎案写出厚厚的一本小说，无视传统的观念，说他只要一想到生殖便感到厌恶。可是十年之后，他又写了一些奇怪的文章，开始责备说，资产阶级想阻止人民生孩子，想让人民绝了后代，变成更加群集化的人。“我们的资产阶级从罪犯又变成了天使的缔造者。”或者：“资产阶级想方设法不让无产者出生，因为当今的时尚已经不允许他们在大街上随便杀人了。”[②]这是斯大林主义吗？随便你怎么说。不管怎么说，在苏联的极盛时代，究竟有过一些电影人，而且还不是无名小辈，把生孩子多也誉为英雄。但我们认为重要的是，斯大林主义之所以产生，《共产党人与和平》里提出的论据之所以让人既感到痛心，又让

① 《辩证理性批判》，第 58 页。

② 见前文所引德尼·奥利耶的作品第 291 页。

人觉得从深刻的意义上是反动的，其原因还是出于对人的爱，是大写的人对一般人的偏见，是作为类别的人对作为个体的人的压制，总而言之，简单说就是雨果的战线与波德莱尔的轴心相对抗。《波德莱尔》是1946年写的。因此是在《共产党人与和平》之前六年。这部奇怪的作品中是不是也包含了这样的思想呢？如果萨特原本就是像波德莱尔一样的人——所谓"原本"是指从形而上学的意义上——，他写这厚厚一本书的目的，会不会就是为了摆脱波德莱尔的影响，扼杀心中的波德莱尔，以便最终与人道主义结盟呢？

我们还可以做出很多很多的假设。我们还可以举出很多例子，说明重新发现人道主义、历史的乐观主义和群体的价值，导致发生了一百八十度的大转弯。

美国问题。他喜欢花花公子，喜欢在纽约散步，就像司汤达喜欢在罗马或在佛罗伦萨散步一样——后来，当他发现那也是十足意义上的城市的时候，他也恨那种群集化的特点和孤独的人。

自然的问题。"好心"的萨特，早期的萨特，难道不正是个典型而一贯的反自然主义者吗？他难道不是在尽他的所能，使主体摆脱自然的状态吗？因为他知道，人要取得自由就必须付出这样的代价。过了很多年之后，他在《辩证理性批判》中写道，"人的历史是大自然的一场冒险"，而这不仅仅是由于"人是物质的有机体，有着物质的需要"，而且还因为[①]"加工的物质，作为内在性的外在

① 这一段文字非常拗口，特将原文引在这里：... la matière ouvrée, comme extériorisation de l'intériorité, produit l'homme, qui la produit ou qui l'utilise en tant qu'il est contraint, dans le mouvement totalisant de la multiplicité qu'il totalise, de réintérioriser l'extériorité de son produit. ——译者注

化，产生了人，而人又生产或使用物质，只要人在其综合的多重性之综合运动中，被迫将其产品的外在性重新内在化。”①

最后是自由的问题。《存在与虚无》的第一个和最后一个词……永远能够战胜“自在”的“自为”……“我们从没有像在德国人占领期间那样自由过……”后来，经过斯塔拉格之后，他突然说：我这些蠢话都是从哪里来的？我怎么敢这么说？事实性是规则，自由只是例外；真正的问题已经不是：“假设我的事实性是存在的，我如何从中摆脱出来，并变得越来越自由？”——而是：“假设某种个别性是存在的，我如何超越它，并从中产生出一致性和社会？”

人道主义与法西斯主义

我们要知道自己在说什么。

我并不是说，萨特所有错误的根源都是由于他怀着激情发现了群体的价值。

我并不是想说，因为萨特从自己的经历中受到了教育，因为他在斯塔拉格享受到了兄弟亲情，所以才在生活的后半部分犯了那么多的错误。

但是，这无疑是他迷失方向的原因之一；是他生活和哲学上所发生的事件之一，这些事件由此及彼的联系是可以预见的，是不以人的意志为转移的，导致他写文章说苏联具有完全的批评的自由，或者说卡斯特罗是个令人佩服的人。

---

① 《辩证理性批判》，第186页；亦见于前文所引努戴尔曼的作品第82页。

我们再举三个例子。

另外三个系列的文章，和很多文章一样，也是从第二个萨特的作品中选取出来的，或者反过来形成了第二个萨特的特点；我们希望这些文章能使人们最终相信这一点。

1.透明。萨特始终是，而且也将永远是透明的拥护者。有关这方面的最为热烈的声明，我们是在《滑稽的战争记事》中看到的，换句话说，那是在他的青年时期，在他转变信仰之前："有一种无情的光照亮我的精神，像一间手术室一样，干干净净，没有影子，没有阴暗的角落，没有细菌，到处是一片冷冷的光。"[①]只不过，第一，《滑稽的战争记事》中同一段文字马上就把必要的透明相对化了："因为私生活永远也不会完全被排除掉"，所以我还有一些残余的"不真诚，那是属于我的，那就是我；并不是因为事实上要保留什么秘密，而是从某种形式上逃离这种真诚，不信守这种真诚……"第二，这种原则上的透明并不能够阻止事实上的不透明，恰恰相反：原则上的透明并不能阻止他承认，生活中每个人都有不受时效约束的权利，保有自己的秘密，可以有误解，可以把一部分东西保存在阴影里——正像生活有些复杂的作家一样，他也把生活分隔成几部分，他也说谎，把两重、三重、四重的生活相互隔离起来，比如说，《辩证理性批判》出版时的题铭是献给西蒙娜·德·波夫娃的，他要求伽利玛出版社在印刷时，悄悄地替他印几本，将题铭换成献

① 《滑稽的战争记事》，第329页；亦见于前文所引朱利叶特·西蒙的作品第22页。

给另一个女人。第三，他把这种透明清清楚楚地说成是对自我的透明，在说这话时，他的真实想法是，他把“自我”(soi)当成自己，用他的语言来说也就是，他把“自为”(pour soi)当成自己；他说：我应当在我自己的心目中对自己透明；说到底，这种透明也许不是别的，只不过就是“清醒”的另一种说法而已。可是现在，事情不一样了。他又找到了的群体就像一片强光，他在生活的第二部分将要经历的所有心灵的斯塔拉格也像一片灯光，虽然仍有些跳荡，但已烛照一切；在这些光亮的照射之下，透明的必要性完全改变了意义。从今以后，这种透明成了政治上的必要性。成了意识形态上的必要性。成了道德上的必要性。成了每个人的义务，必须把一切都说出来，都展示出来，什么都不应当脱离群体的意识和警惕。换句话说，在微型的意识(micro-consciences)之间，正是想消除阴影，消除一切阴影，所以才有可能扰乱融洽、情谊、融合。那不是针对自我的透明，而是针对别人。那不是针对上帝的透明(犹太教法典说人有两张面孔，前面一张，后面一张，以便让上帝能从任何角度都看得清清楚楚，连人的内心深处也逃不过上帝的光明)，而是针对神圣的群体，这群体是另一个上帝，它比真正的上帝更加嫉妒，要求更加严格，主宰的欲望更大。他对米歇尔·孔达说，[①]谈到我的私生活时，人们觉得“好像是与其它的生活分别开来的”。然而，“私生活与公共生活是分不开的”。我“不能有私生活，也就是私下里的、秘密的生活”。因为“一个人的生活是一个整体”，“内和外，主观和客观，个人的事和政治上的事必然互相影响”，而且

① 见于《七十岁的自画像》。

"那是一个整体的不同的方面"。"人与人之间的关系之所以被败坏"掉了，就是因为"每个人都有需要向别人隐瞒的事，都有秘密"。这简直令人不寒而栗。我们看到，在清除了"个别"和"公共"之间的界限，让意识相互之间开放，在给人以假象的镜面之间形成无限的反照的时候，萨特是如何在人与人的关系中重又引进了希腊人称之为的"希波西亚"(hypopsia)，可怕的"从下面看来的目光"或者"怀疑"，[①]这也许是心灵对心灵的专制主义真正的开始。但是我们尤其可以看到的是，正是由于在斯塔拉格呆过一段时间，他产生了群体不会有过失、对群体不应当有保留的理想，才产生了这种怀疑的观念，才会把透明看成是一种将每个人都与别人联系起来的可能性，因此也就等于是不管你愿意不愿意，都可以对每个人进行惩罚的可能性：正是这种群体的观念，正是这种认为群体是好的，认为有好的群体的思想，使透明变得那么严格，从而令人感到恐怖。

2.人的特性。我们还记得，早期的萨特，反人道主义的萨特不相信人有特性的思想。人就是人。人只存在于其偶然性、不稳定性和个别性中。人是不完善的。失败的。正像巴利奥纳——早期的巴利奥纳，在伯利恒之前，在救世主降生之前的巴利奥纳——所说的那样，人必然是会失败的，人完全是，而且最终是不完善的。换句话说，萨特的论断曾经是——或者仍然是——：给人下一个定义，假借给人某种本质、某种真理，总之是某种"特性"，然后再规定

① 修昔底德，《伯罗奔尼撒战争》(*Histoire de la guerre du Péloponnèse*)，第二卷。

人必须有这种“特性”，帮助人取得或重新拥有这种特性，这样做首先是毫无理智的，其次也是十分危险的。萨特曾经知道——萨特知道——，如果我们开始规定，大写的人拥有的真理，具体的人也必须拥有，而其实具体的人只不过是毛坯，还不是大写的人；如果我们说：“这个人不是大写的人，他的天职是成为一个大写的人，可他还要走很长的一段路，才能成为一个这样的人”；这时候，我们等于是启动了一台可怕的机器，让具体的人变得纯洁，以便与理想的人更加接近，为了新人而牺牲现在的人，人们以为新人更加接近那种特性；这台机器会把新人揉进现在的人的血肉和骨灰中。现在，他是人道主义者了。也就是说，他相信人的这种特性了。他相信人有某种真理，或者至少是应当有。他相信，与理想的人相比，他认识的，或者在自己身旁观察到的一些人都极其可悲地不完美，不完善。换句话说，他相信这些人的失败是可以弥补的。他相信这一点，相信美好的、无瑕的理想之人就在近旁，伸手可及，便自然而然地呼吁人们去实现这一理想，便一而再，再而三地重新塑造大写的人，以便让他符合这一理想——他要想像“另一个品质更好的人”，这个人将是“我们所知道的人的未来”；在想像时，他以具体的人为基础，通过这些人的境况，这些人受到的压迫，有时候也包括他们的牺牲，他觉得这些人最接近品质更好的真正的人。由此而产生了关于苏联的文章：“我在那里遇到了新型的人。”[①]由此而产生了关于古巴的文章：“在古巴，一种清醒的实践甚至改变了人的

---

① 见1954年7月14—20日的《解放报》。

本质。”当然，在为《人间受难者》写的前言[1]中，他还在谴责“我们的人道主义的脱衣舞”，说这种“骗人的意识形态”终于露出了真正的嘴脸：“用美好的言辞为掠夺找根据”——但那是假人道主义，是糟糕的人道主义，与此相对的，是殖民地人的人道主义；这种人道主义正在改变世界，正在让人的特性成为现实。大家都知道萨特赞颂恐怖主义的那些文章。大家都还记得那些可怕的话，说要“砍掉”欧洲人肮脏的手。对于作为艺术家的萨特来说，对于信奉尼采和司汤达的萨特来说，这些话是不可想像的。只有接受了新人道主义的信仰表白，接受了由此而产生的政治、伦理和社会的人种改良学说，这些话才有意义，他也才说得出来这样的话。

3.最后是人的本质。“好心的”萨特相信存在先于本质。他憎恨被自学成才者捧上了天的人的本质的思想。正如他拒绝大写的思想或大写的理想是主体未来的真理一样，他也拒绝可以使主体脚踏实地的某种根本，因此也是某种本质的观念。他觉得主体是自由的。他想让自己自由。提到自己时，他说[2]他是“一阵风”，让人摸不着，“与任何事物都不联系在一起，甚至与我自己也没有联系”。当他谈到犹太人时，当他在《关于犹太问题的思考》中提到“犹太人存在”的确实性(positivité)时，他说，那是一种偶然的，可逆的确实性，是他们完全可以放弃的，不管怎么说，这种确实性并不是必要的，并不是非要他们接受不可的。有了这种憎恶，有了

① 《人间受难者》，马斯普洛出版社，Cahiers libres，1961年，第25页。
② 《滑稽的战争记事》，第356页。

“能够为一个人下定义的，首先不是他的本质，而是他的行为”的思想，就可以抵制种族主义的诱惑。但是，问题仍然是，他还有另外的哲学。我们还有第二个萨特，“人道主义”的萨特。萨特在变成“人道主义者”之后，开始假设所有人共同的根本，使在此之前始终飘浮着的，没有系泊点的主体也有了根本，让主体的境况成了本质，让主体的偶然性成了命运，在他与民族主义或地区主义接近的时候，与他始终讨厌的一种扎根的意识重归于好——伟大的萨特，原本是只知道《厌恶》中那棵栗树的树根的，却在桑戈尔的一本诗集的前言中令人惊讶地赞颂起黑人的根，而且他把那诗集称为《黑色的俄狄甫斯》(Orphée noir)……那文章写得很美。很抒情。最前面的几句话是伟大的萨特写的：“当你拿掉那些黑人嘴上堵着的布时，你希望听到的会是什么呢?”“那些站着看我们的人”，因为“被人看见”而感到“紧张”；我们的目光在那些“黑色火炬”的逼迫之下，“又躲躲闪闪地回到我们的眼眶里”，这些描写都是真正的萨特写的，是写《存在与虚无》和阐述目光的可逆性的萨特写的。但是文章很快就转了向。通过对俄狄甫斯神话的不同诠释，表示出一些十分奇怪的想法，这一部分则完全是另外一个萨特写的了。正如俄狄甫斯寻找欧鲁狄克(Eurydice)一样，黑人也在寻找黑色的灵魂。正如俄狄甫斯闭着眼睛，背转身下到山洞深处一样，黑人也决定死于白色的文化，以便借着极度的兴奋，借着诗歌、魔法，在其“根源”的神秘中再生。尽管萨特在最后几行字中告诉我们说，这个心灵“不是一种状态”，而是“纯粹的超越自我”。尽管他小心翼翼地明确说，“黑人的文化也是辩证的”，说黑人的文化“不仅仅是，而且主要也不是传统意识的勃发”，必须“彻底地”体验其“特殊性，才能从中找到普遍性的曙光”。尽管他更加清楚地感叹说，“反种族主义的种族主义是惟一能够通向消除种族差异的道路”。但是，白纸黑字不容否认。萨特是在歌颂黑人“古老的价值”。他说要在“心之井中发现黑色的本质”。整篇文章的编排都是为了告诉我们，有一种隐藏着的“黑人的心灵”，一种“黑人的本质”，一种殖民地人的善良的性质，发掘这种本质不仅仅是解放斗争的一个契机，不仅仅是一个辩证法的时期，不仅仅是一个阶段。不是要解放自己，而是要扎下根去。不是要发明自己，而是要发现自己。不是要摆脱根源，超越根源的限制，而是相反，要与根源恢复联系，从严格的意义上与根源融汇在一起。根源再一次被发现了。什么？黑人文化？这里面的一些说法十分奇怪，至少可以说，这与“存在先于本质”离得很远：黑人文化，对于“黑人”来说，好比是“湮没了的童年”，是“其种族的童年和故土的召唤”，是“纯粹的祖先的遗产”，是“本能的涌动”和“大自然不可划分的简朴”——或者：“既然人们在其种族内，并因其种族而压迫他们，那么他们必须首先意识到自己的种族。”这时的萨特是“种族主义者”吗？不是。但这时的萨特相信根源是人的永恒的支撑，在人道主义的引导之下，他倒向了特性论的逻辑。

因文学而得救

我们要不要再一次说，分界线并不是那么准确，也不是，而且尤其不是那么不可逾越的呢？要不要再一次强调，是什么东西使“分隔”（硬性的、独断的划分——对过去认识论上的分割留下的恶劣回忆）和“双重焦点”（所谓“双重”，意思和“双重的播送”中的“双重”意思一样，和“双重的目光”中的“双重”意思也一样）之间有了区别呢？

首先，有时候两种灵感共存于同一篇文章中，好像是在互相嘲弄。举个例子，《什么是文学？》，我们已经说明在核心的问题上，他如何挫败人们对此留下的恶劣印象；但是，在这部作品中，我们还是时时可以看到一些奇怪的句子：文学“只有在没有阶级的社会中才能超越其全部本质”……只有在“没有分化的集体”中，作家才能够真正地成为他自己……还有别的，也许很少，几乎算得上是笔误——但也是白纸黑字，就像灯塔在闪烁着光明一样，是一片片沉浊的光亮，神圣的人道主义者诞生了，和正常的人一样，正在崭露头角。另一篇文章，《什么是法奸？》（*Qu'est-ce qu'un collaborateur?*），这篇奇妙的文章描绘了法国的法西斯主义。里面的每字每句都是正确的。五十年之后也没有任何需要改正的地方，或者几乎没有。只不过，突然之间，他的语言失控了。之所以失控，是因为文字就是精神，而且萨特那总是让人感到吃惊的精神于无意中说出了两句惊天动地的话。“大部分法奸都是从资产阶级中招募的，这是事实”，而“所有的工人，几乎所有的农民都是抵抗者”：为什么？因为土地是不会撒谎的吗？而且“主张教皇拥有绝对权力”，可以说明为什么“某些高级神职人员会有与敌人合作的态度”，而“低级神职人员与土地的联系是根深蒂固的，主张罗马教皇的权力有限制，远离罗马，所以总体上来看都是坚决抵抗敌人的”：这个论断从历史的角度来看是错误的，而且也没有意义，因为早期的抵抗战士们，也就是 1940 年那一批，在为了与法西斯主义进行斗争而不得不离开法国，到伦敦去的时候，从形而上学的意义上来看，恰恰是将民族与土地分离了开来，将爱国与对乡土和根源的激情分离了开来，总之一句话，是将家乡卷在铺盖卷里带着走了；我们很难不认为，如果把“坚实地扎根乡土”作为“彻底抵抗”的条件，（反法西斯的）萨特是让步了，虽然是悄悄地让步，但究竟是向（扎根论的，特性论的）萨特让步了；用贝当主义来与贝当主义斗争，他是故意的吗？或者那只不过是个幽灵目标，是个打进内部的间谍，是个寄生的虫子？

其次还有一些文章，在斯塔拉格之前，因此也就是在他“转变信仰”之前，在根本看不出有任何信仰转变的迹象的时候，他就有那么一点点表示了，像是对战后才明确起来的那种特性论的逻辑有了一点预感。举个例子：1939 年，他写了一篇评论纳博科夫的小说《误会》（*La Méprise*）的文章，说这部作品“没有意义，因为作者在写这部作品的地方是个外乡人”①——巴莱斯能说出比这更绝妙的话吗？其他比较为人所知的例子：他为加缪的《局外人》写的评论，当然是充满了溢美之词，但是文章里的“境况”的概念，说作家必然会“卷入生活”的观念，离他对特性论的辩护离得也并不是很远。1936 年在与科莱特·奥德里（Colette Audry）的一次谈话中，科莱特·奥德里提到希特勒有可能来法国时说，像他们这种人，总还有“流亡”的可能性；主张“境况”论的哲学家说，不，“对于一个作家来说，流亡不是好事”，他必须“与他的现实，与民族的现

---

① 见前文所引德尼·奥利耶的作品第 34 页。

实，与他生存在其中的现实保持联系"；[①]好像"境况"就是"民族的现实"……好像萨特思想上全部努力的目的，还不是要好好地区别"境况"和"根源"这两个概念……但是……他稍一不注意……稍微一疏忽……就像是稍微迷失了一下方向，分了一下神一样，他就成了巴莱斯、佩吉，那还是三十年代，是世纪之初，是他已经摆脱了的一切，或即将摆脱的一切又追上了他，拉着他又悄悄地往回转了一圈，才离去……一个幽灵在纠缠着萨特——这个幽灵就是未来的萨特。

再说，最后还有相反的问题。事实上，在最为黑暗的时期，最为黑暗的时刻，总还是有一个作为作家的萨特，因为他是作家，所以他将在自己心中扼杀第二个萨特的诱惑。所以他才写了《福楼拜》，详细情况我就不说了。所以《间隔》中的加尔森才说："他人即地狱"，如果文字还有意义，这句话刻薄地否认了所有融合、集团等等的说教，也否认了萨特自己，因为他就是这样向别人说教的。因此，《自由之路》第四卷《最后的机会》（*La Dernière Chance*）中描写的故事背景是抵抗运动及后来的解放，作品是打算消除《厌恶》中极端的个人主义，歌颂聚集在一起的人们；《延期审判》停留在了对主体性支离破碎的体验上；《最后的机会》是要超越《延期审判》，让人们体会到什么是他现在称之为的"融合集团"：那是在1945年；因此是在他刚刚转变了信仰之后；但是小说还没有变化；他还没有在小说中写到自己的变化；好像文学的材料在抵制他的计划；在他写的几个难得的片断中，比如在《奇怪的友谊》（*Drôle*

① 见前文所引约翰·吉拉西的作品第209页。

d'amitié)里，小说里的“共产党人”布吕奈显得比任何时候更像“白痴”，“怀疑”折磨着他，“耻辱”感和“孤独”感让他陶醉，惟一站得住脚的“融合”，是他再次发现的“主体性”和维卡里奥的尸体；维卡里奥是共产党的叛徒，他和尼藏一样说：“党，我才不在乎呢，你是我惟一的朋友。”

4　萨特的失败

到目前为止，我还没怎么引述黑格尔的话。我引述过胡塞尔，尼采，海德格尔的话。我引述过笛卡尔的话，笛卡尔是感情迸发型的思想家；我引述过斯宾诺莎的话，斯宾诺莎是理论家，有的时候面向欢乐，有的时候面向群众。还有柏格森，开始时萨特不承认柏格森是他的模式，后来他又否认了这个模式。但是，我没怎么引述黑格尔的话，只是说过，萨特为了得到承认而进行殊死斗争的方式，部分地是从黑格尔那里学来的，或者是他“天才的直觉”——原文如此——，认为“自为的存在只有通过他者才是自为的”[①]……

然而萨特和所有与他同时代的人一样，不可避免地与黑格尔有过联系。

萨特与黑格尔有过一场真正的对话，一场真正具有决定性的，而且萨特最终失败了的较量。

我认为，他不仅仅是在与黑格尔较量，也是在与黑格尔提出的问题较量；经过狂热的，实际上也是绝望的较量之后，他最终失败了。

我想这次失败是决定第二个萨特诞生的第二个重大事件，只

---

① 《存在与虚无》，第293页。

不过这个事件是哲学上的，并与正在变成的自学成才者结合起来，使灾难发展的速度加快了。

事情的经过确实是这样的吗？

会不会像在斯塔拉格事件中一样，萨特有那么一个时候在心里对自己说："我的对手是黑格尔，重要的较量是与黑格尔的较量——在二十世纪和生活的一片浅滩里，黑格尔是最合适的较量对手"，后来又到了一个时候，他退缩了，声称要退出较量："黑格尔是最强大的，我不是他的对手；我试图向黑格尔应战，但是我也像很多人一样失败了，从今往后，我再也没有别的选择，只有缴械投降，保持沉默？"

也许没有。这也许只是一个"寓言"。也许这种说法和他自己杜撰的福楼拜的童年、疾病或命运一样，正如他自己归结的那样："什么也不能证明事情的确是这样的。"但是不要紧。我喜欢这个寓言。而且，我从萨特的时代和生活中看到有很多明显的征兆，足以使我保留了这个寓言。

黑格尔、科热夫和二十世纪

因此，我们来看黑格尔。我们来看当时的黑格尔问题。对于同时代人和后来的人们来说，也包括与萨特同时代的人们，黑格尔具有异乎寻常的诱惑作用，对这一点，我们怎么强调都不算过分。开始是费萨尔(Fessard)神父或者列斐伏尔和古特曼(Lefebvre et Guterman)翻译了一些黑格尔作品的片断，后来让·华尔、乔治·古维奇(Georges Gurvitch)、伊曼努尔·勒维纳斯最先写了一些文章；换句话说，大学里对《精神现象学》和《逻辑学》的封锁一旦被打破（在很长时间里，人们只能看到吕西安·埃尔为贝特洛的百科全书写的词条），翻译的文章和评论一旦传播开来，黑格尔哲学中的重大问题，便从很大的程度上成了人们念念不忘的东西。尤其是 1933 年到 1934 年科伊雷（Koyré）在高等实践研究院的宗教科学系开设了有关的课程；接着，从第二年开始，亚历山大·科热夫也开了一门课，直接以《精神现象学》为课本，用六年的时间，一段一段，一行一行地评论——科热夫和科伊雷两个人，尤其是科热夫，面对着惊愕的听众，引进了黑格尔“关于历史终结”的主题，一个多么奇怪，多么令人不知所措的主题啊，稍微带点世界末日的味道，直截了当，让人深深地感到恐惧。这一切所产生的影响，是怎么说也不为过的。

黑格尔真的从来没有谈到过“历史的终结”吗？

不管科热夫怎么说，科伊雷提到过这个假设，但也只是个假设：“很可能（他重复了好几遍‘很可能’）黑格尔相信过这一点。”“有可能”（他很强调“有可能”……）他想过，这不仅是“体系的基本条件”，而且“这个基本的条件已经实现了”，“历史确实已经结束……”[①]

黑格尔在自己的作品中很少有说这种话的机会，要么是在《历史中的理性》（*La Raison dans l'Histoire*）中（“世界历史是从东方到西方的，因为欧洲真正是这一历史的终点，而亚洲是其开端”[②]），要

---

① 亚历山大·科伊雷，《黑格尔在耶拿》（*Hegel à Iéna*），见于《哲学思想史研究》（*Etudes de l'histoire de la pensée philosophique*），Gallimard，coll. Tel，第 189 页。

② 加斯东·费萨尔神父，《黑格尔面对历史的两重性态度》（*Attitude ambivalente de Hegel face à l'Histoire*），Hegel-Jahrbuch，1961 年，第 54 页。

么是在《历史哲学讲演录》中（“原则已经完成，因此时间的终结来到了”[①]），但这都是根据学生的笔记整理的一些文章。

这一切都是真的。黑格尔没有宣布过“历史的终结”；也没有说过另外一句被人们重复得令人生厌了的神圣格言：“一切现实的都是合理的，一切合理的都是现实的”，对于没有耐心的信徒们，这一句话就综合了黑格尔的所有思想。当黑格尔以自己的名义，用自己的声音讲话时，比如在《精神现象学》的前言里，他却倾向于支持相反的立场：“不难看到，我们的时代是诞生新事物和向新时期过渡的时代”，因为，“精神永远不会静止，精神生来就处在永远进步的运动中”。也许“历史终结”的思想是亚历山大·科热夫作为评论家的发明；科热夫虽然很天才，但人们一般认为他是个异想天开的人，德里达[②]说他“荒诞”，是个“幻想科学的专家”，是个“想入非非的人”。他自己也承认说，有一天早上，他醒来突然产生了一种直觉，觉得《精神现象学》是含有奥义的书，像对待所有含有奥义的书一样，要从字里行间去看；而且，如果这样看，如果像读秘笈一样地读第六章的末尾，我们可以看到一个人的名字，拿破仑。文字上是看不出来的，但是，我们假设黑格尔在这里说的是拿破仑，那么在此之前始终显得十分神秘的一些文章就有了新的意义[③]……“拿破仑”和“普遍和统一的国家”……“耶拿战役”是“严格意义上

① 克里斯托佛·布东的引文，见约斯兰·伯努瓦和法比奥·梅里尼的《历史终结之后》（*Après la fin de l'Histoire*），Vrin，1998 年，第 98 页。

② 德里达，《马克思的幽灵》（*Spectres de Marx*），Galilée，1993 年，第 120 页。

③ 多米尼克·奥夫莱，《亚历山大·科热夫》（*Alexandre Kojève*），Grasset，1990 年，第 237 页。

的历史的终结”……这样一来，绝对的知识在耶拿之后，便被设想成了“时间、历史和人的终结”……由此，当历史停止，当哲学消失之后，圣人的出现便成了“最后的历史事件”……随着“哲学和历史的停止”，“后历史”开始了，在后历史中，“人作为动物仍然活着”，但是“严格意义上的人”，认识、行动、否认既定的事物、犯错误、指挥战争、策动血腥革命的人，将“走向最终的消亡”[1]……最后，事实上，历史的终结就是一切，某种“宇宙的灾难”除外；因为，虽然这一终结牵涉到“哲学的消失”，却没有任何理由改变“所有其他的一切”，也就是“艺术、爱情、游戏等等……”在这些文章中，这都是科热夫说的话。[2] 从 1933 年到 1939 年，面对着挤在高等实践研究院小教室里惊讶得目瞪口呆的听众，一本正经地说了这些话的，不是黑格尔，而是科热夫。这些箴言式的话简洁，意思有时候显得很模糊，但是既有学者的严谨，又像预言一样隐隐约约有些哗众取宠的味道；他根本不敢肯定《精神现象学》的作者会承认说过这些话。但重要的，不是黑格尔说了什么，而是人们以为他说了什么。重要的是，虽然科热夫的阅读正像人们说的那样，是疯狂的，荒诞的，神秘化的，但对于布列东、巴塔耶来说，对于亨利·科尔班和雅克·拉康来说，对于艾里克·维尔（Eric Weil）、让·伊波利特、雷蒙·格诺（Raymond Queneau）、梅洛－庞蒂、费萨尔神父、让－图森·德桑第、雷蒙·阿隆、罗吉·卡依瓦、乔治·古维奇、罗贝尔·马约兰（Robert Marjolin），对于很多其他的人，因此也间接地对于萨

---

① 多米尼克·奥夫莱，《亚历山大·科热夫》（*Alexandre Kojève*），Grasset，1990 年，第 301 页。

② 亚历山大·科热夫，《黑格尔导读》（*Introduction à la lecture de Hegel*），Gallimard，coll. Tel，1997 年，第 434—435 页。

特来说，科热夫对黑格尔的阅读是一个理解的过程，是绝对正宗的。重要的是另一个黑格尔，写《逻辑学》的黑格尔——说到底，《精神现象学》只不过是《逻辑学》的一个序言而已——，其目的既不是“历史”，也不是“自然”，更不是“人”，而是“逻各斯”：黑格尔自己不是说，要使他的作品成为“对上帝的表现”（die Darstellung Gottes），成为“创造世界之前”的上帝知性的代表吗？[①] 难道不正是他在这篇文章中对我们说，“逻各斯”比国家或历史更能够表现普遍的自我意识或绝对精神吗？他不用通过科热夫，也没有滥用科热夫的权力，自己便声称说，要用“逻各斯的逻辑”覆盖人在以往多少个世纪里的一切想像，覆盖人在未来能够想像、能够想到的一切。总而言之，有一种作为“起源”的黑格尔哲学，《逻辑学》的哲学，没有歧义，不用过度地解释，用不着推断，也用不着从字里行间去找寻意义，其本身就是一个真正的体系，详尽、封闭，原则上收集了人世间所有的态度，所有的思想，所有的感觉，所有已知和未知的错误，所有为人依稀看到的真理，因此也包括了在黑格尔之前和之后的种种思想。

黑格尔也许没有谈到“历史的终结”，但他谈到了“哲学的终结”。

他虽然没有说：“现在的世界是这样，将来的世界是那样，而且这个世界不会再变了”；但是他说：“我们见到的世界是这样，我们将看到的世界是那样——那是一种知识体系，调和了主观的自由

---

① 《逻辑学》（*Science de la logique*），Aubier-Montaigne，1972—1981，第一卷，第19页。

和全部的实体，提供了总体上的空间，不仅可以容纳所有过去的理论，而且也可以容纳所有可以想像的理论。”

他没有声称提出一种“更好的”哲学，但他说他提出的，是“惟一的”哲学，或者至少是“最后的”哲学，因为每次提到过去的重大的努力时，他都认为自己在世界历史上第一次能够说：我衡量了你们的努力，衡量了你们的话中有多少真理，但也衡量了你们不可避免的极限……

当我们有幸继承了这样的一种“机制”时，我们还能说什么呢？

在黑格尔之后，我们拥有了一份真理的清单，这份清单继承了亚里士多德和康德的抱负，但是比亚里士多德和康德做得更好，更完善。那我们还能够做什么呢？

科热夫的话大意是说：我们只能重复。

黑格尔到了晚年，成了一个没有精神的老人，只会一味地恭维（但是，既然知道已经把所有的话都说了，那还要灵感干什么？），反复重复同样的课程，或者以看报纸、玩扑克来消磨时间。我们只要像这个晚年的黑格尔一样就行了。

科热夫在高等实践研究院的课上，没完没了，不厌其烦地评论黑格尔的作品，以便让学生们抓住“圣人”理解并推向极致的“深刻真理”、“历史”过程或“精神”过程。我们只要像科热夫一样就行了。

我们只要反复地读，反复地思考黑格尔的书，永远这样做，就像人们对待《圣经》一样[①]；他在战后还写文章说[②]：“世界的未来，

① 见于此前所引亚历山大·科热夫的作品第393页。

② 亚历山大·科热夫，《批评》杂志，1946年第2—3号，第366页。

因此也包括现在的和过去的意义都最终地有赖于我们对黑格尔作品的解读”,因此,正像预言家说的那样,我们必须接受的是,“所有的期限都已经过了”,圣书已经“包括”了一切,已经“穷尽了思想的一切可能”,“用来反对他的一切话语,没有一句不是他已经说过的”,[①]要想发明前所未有的新概念,或新真理,或史无前例的学说,那是徒劳的,是荒唐的,也是庸俗的……

布朗肖在《无限的谈话》(*L'Entretien infini*)中说的大致也是这个意思:“对于所有的人来说,不管是从何种形式上来看,历史终结了”;我们“程度不同地都生活在历史终结的前景中,我们已经坐在河边,或死或生,因充分地满足而痴迷,那大概是宇宙的满足,是福乐和知识的上帝”。

阿尔都塞在转而信仰马克思主义之前,在青年时期写的一篇文章[②]中说的也是这个意思;他解释说,黑格尔已经变成了“我们的世界”,黑格尔在我们中“不仅是真理,也是现实”,而且“当代的思想”都是在他巧妙地称之为的“黑格尔的堕落”中形成的,也包括其否认、无知或“忘恩负义”,不管它是否意识到自己的渊源,不管它是否衡量了从多大程度上“有赖于”黑格尔哲学这一“根本上的真理”。

福科也有着深刻的信念,也像黑格尔和科热夫一样[③],声称

---

① 见于此前所引亚历山大·科热夫的作品第469页。

② 路易·阿尔都塞,《论黑格尔思想中的内容》(*Du contenu dans la pensée de G. W.F. Hegel*),1947年,后收入《哲学和政治文集》(*Ecrits philosophiques et politiques*),第一卷,Stock/Imec,1994年,第210页。

③ 见于此前所引亚历山大·科热夫的作品第395页。

“人死了”，他将余生用来为“话语”分类，划分“认识型”，丈量“知识的领域”，在“狭隘和个别”的“事件”中捕捉“话语”，确认被话语排斥的“表达形式”，总而言之，是用俭朴、耐心而热衷的考古学来代替哲学：如果说他“否认了历史”，他完全可以不接受；[①]他完全可以说，他只不过是“将变化的普遍和空泛的范畴搁置了起来，凸现出不同层次上的改变”；他也注意到了黑格尔的空前绝后；另外，晚年在评论康德的小册子《什么是启蒙》（Was ist Aufklärung）的时候，他提出“现实性的本体论”，也称之为“我们自己的本体论”，或“现在的本体论”，其意义也完全在于此。

拉康在搞图形、节点的时候，在画圆圈、曲线、直线的时候，想说明的也是这个意思。

列维-斯特劳斯之所以默默地放弃了哲学的原则，其原因也在于此。

就连德里达，或者至少是早期的德里达，也声称形而上学的历史已经终结，并将自己关在封闭的，表面看起来已经饱和了的空间里——当然是为了解构它——，从某种形式上其原因也在于此：“我们只不过相信绝对的知识是空前绝后的，要不然就是历史的终结……”[②]

所有的“结构主义者”实际上都是在这样做；他们借口自己是反历史主义者，被人认为是反黑格尔哲学的，而实际上他们是第一代意识到历史终结的人——或至少是意识到了哲学的终结——，

---

① 《知识考古学》（*Archéologie du savoir*），Gallimard，1969年，第261页。

② 雅克·德里达，《声音和现象》（*La Voix et le Phénomène*），PUF，1967年，第115页。

很难说他们是忠实于黑格尔的哲学，还是忠实于科热夫的思想，是信奉基督，还是信奉基督福音的传道士；他们认为思想的时代已经过去了，要研究历史、系谱、解构，成为研究过去和现在的考古学家，研究版本学，当天才的档案员，当放开手脚的符号学家，研究地形学、位相学，研究系统的认识论，研究社会学：所有的假设都是一样的，只要我们肯定能摆脱形而上学的天真，我们深信天真已经随着黑格尔的出现而死亡，已经被海德格尔埋葬——我之所以说"我们"，因为我说的是我的老师们，因此也就是我们这一代人。

背叛黑格尔

但是我要强调黑格尔哲学的"启示"作用。

我要强调黑格尔像基督一样的诱惑作用，以及最初的评论家们像传教使徒一样的感召作用。

科热夫和科伊雷想说明的意思是，你们在等待救世主吗？从柏拉图、亚里士多德、笛卡尔、斯宾诺莎以来，从一个时代到另一个时代，大师们用各种各样的语言，围绕着无法解决的问题，反反复复地兜圈子，就像关在笼子里的鸟一样；你们认为哲学在支支吾吾，在等待救世主吗？那么，好吧！哲学有过大大小小的预言家，有过宣布未来的天使。有过像康德或费希特这样令人佩服的先驱者，预示了好消息。但是，早先宣布的人现在来了。救世主来了，最高的救世主来了，上帝造了人，人是上帝的儿子。他是新的基督，在真正的末世论一声不吭的时候，在奇迹不断出现的典型的气氛中(当他在《精神现象学》的最后一页最后一行写下"终结"这个词的时候，拿破仑不是正巧从他的窗下经过吗？还有我，科热夫，黑格尔的传道士，在一个半世纪之后，不也是在希特勒以极其狡猾的手段向法国宣战的那一天，正巧也结束了对黑格尔学说的述评吗？），他的的确确地宣布，一个精神的新纪元开始了。我们要强调的是，《精神现象学》只不过是这一事件的编年史，记录了导致产生这一事件的一些重大时刻，是这一事件的史诗；但比这部作品更好的是《逻辑学》，《逻辑学》讲的是究竟发生了什么：这是人类的《圣经》和《福音书》，是《新约》、《旧约》之后的第三本《约书》，是"普遍和一致的国度"，是——原文如此——"天国实实在在的现实……"①

在思辨上，这是一个惊天动地的壮举，他震撼了人的意识，搅乱了人的感知系统，动摇了人的思想体系，甚至也动摇了人的想像体系；面对着这样的启示，面对着这一思辨上的壮举，当然有人低头了，接受了权威的意见，开始崇拜偶像。但也有的人抵制了这个消息，并且明确地说了出来。

正像以往任何时候一样，正像每次出现救世主的时候一样，无论如何，正像基督降生的故事一样，当有人说世界要终结了，说自己就是这终结的体现时，有人成了忠实而虔诚的信徒，但是也有人反叛，有的人情绪激烈，不相信真理，或者仅仅是有所怀疑，这些人站出来，表示了自己的意见。

有很多反对的人，持有异议的人，各种各样不肯轻信的人，从

① 亚历山大·科热夫，1936年11月2日写给列奥·斯特劳斯的信，见于《论专制》(*De la tyrannie*)，Gallimard，1997年，第272页。

精神上不肯就范的人，一开始只是被惊呆了，但没过多久，他们便让世人听到了另一种声音——有思想的人不相信"灿烂的曙光"，他们不认为自己拥有"确实的知识"，不主张把他们的知识"上升"到"科学"的高度，也不说那是"时代"的思想；他们只不过是在继续思想而已。

我建议把这些人称为"背叛了黑格尔的人"(Juifs-de-Hegel)。

这些怀疑的人或者反叛的人说："不，不，黑格尔不是救世主！他只不过是个预言家，和别的预言家一样，也许算得上是一个很伟大的预言家，但肯定不是救世主！"我建议把这些人称为"背叛了黑格尔的人"是很合乎逻辑的。

这些人在忧郁或气愤的时候，在六神无主或信仰坚定的时候，举起反叛的旗帜，尽管他们要以自己的信誉为代价，别人会说他们无知和天真，有时候会觉得他们又退回到黑格尔的学说已经解决了的矛盾中，但他们还是决定继续哲学的斗争。

背叛了黑格尔的人分成三种类型。

第一种类型的人认为："的确，为什么不能有个救世主呢？但是你瞧瞧你们找的这个人！一个咽气时也不忘记崇拜普鲁士国的老头子，你们真的以为全人类会拜倒在他的脚下吗？所以应当继续找；再接着找；如果说'精神'在历史上是一个隐藏着的秘密，我们是同意的；但我们不相信黑格尔掌握了这个秘密。"

黑格尔的年轻信徒们就是这样的人。这些人感到气愤的是，黑格尔死后，从帝国的失败中产生的国家的废墟，竟然被人们看成是现实、真理和自由的联盟。

费尔巴哈也是这样的人。费尔巴哈指出说，黑格尔的推论就其本身来说并不坏，错误的是结论。费尔巴哈大声地叫道：让我们把辩证法颠倒过来，让它脚踏实地地站起来！只要把“观念”(Idée)换成“人”(Homme)就行；只要同意“绝对精神”就是“人”，而且也只能是人，就行。

另外一个黑格尔的年轻信徒卡尔·马克思也是这样的人。卡尔·马克思从原则上也不反对救世主降临，从而终结普遍历史的思想，但他不愿意承认救世主会有那么一副可怜相：“要说有救世主也可以……但救世主应当是拿破仑那样的人！或者和拿破仑在德国的继承人一样的人！这是一场闹剧吗？是挑衅吗？难道我们真的是在将现代官僚主义的国家变成历史的光荣圣体，神圣思想的现实，世界的灵魂？”

因此，这些人赞成末世论的前景，却反对这个末世论的日程安排。他们赞成救世主会到来的说法，等到了那一天，在“存在的精神之日”，人终于可以回归自己，在自己的存在中得到证实，获得自由；但是黑格尔不是救世主。他们赞成会有终结的状态，会有历史的终结等等；但是向终结的过渡要由别人来完成——马克思想的是：要由我来完成……

第二类奋起反对黑格尔的人说：“根本就没有救世主；要从原则上反驳有救世主的思想；哲学家怎么能够认为哲学的历史能够战胜一切呢？思想的仆役怎么能够认为真理的作用，因此也就是历史的作用可以综合起来，并可以结束呢？”

从这第二种意义上说，尼采是背叛了黑格尔的人。当“教授”

深信“普遍进程的最高点和终点将是他自己在柏林生存的终点”时，尼采在《不合时宜的思考》[①]中嘲弄了这种可笑的狂妄，同时也向我们兜售了虚无主义时代的救世主降临说，这是一种不用等待，也不会让人感到不安的宗教，是最后一个人的神秘主义，是精疲力竭的哲学。

克尔恺郭尔是背叛了黑格尔的人。他论述了隐藏的内在性，论述了四分五裂的、痛苦的自我，论述了不能简化为黑格尔那种卑鄙的综合性的主体性：嘲弄、怀疑论、哲学的碎屑、生命之金树的绿色、绝望——也许黑格尔在讲到“体系”时是对的，但讲到“主体”时他是错的；也许当他讲到“逻辑”时，他是对的，但是绝对没有什么“存在的体系”；凡是为人所“知”的一切，无一不是“在经验中体验到的”，无一不是“与自我的信念联系在一起的”，而且正是这种对自我的信念，这种顽强、诱人、绝对的主体性令人毫无疑问地证明，黑格尔的体系是行不通的[②]……

巴塔耶是背叛了黑格尔的人。格诺说，巴塔耶“与黑格尔较量过，或者说是与法国的哲学公众轮流发现的一个个黑格尔都较量过”，而且在这场“长达二十年”的对话中，在这场极其“痛苦”的精神肉搏战中，巴塔耶最终发现自己“根本就不是黑格尔的信徒，但是他同时知道，只有在了解了一种学说之后，才能够了解自我，他说，这些与他都是无法进行比较的，因此他又回归了自我，虽然是

---

① 尼采，《不合时宜的思考第二》(*Seconde intempestive*)，Garnier-Flammarion，1988 年，第 118 页。

② 让－米歇尔·贝尼埃，《现代和当代哲学史》(*Histoire de la philosophie moderne et contemporaine*)，第一卷，第 448—449 页。

间接的,但并没有简化";[①]巴塔耶把科热夫看成是"当时最伟大的哲学家"[②](这是巴塔耶的原话),说科热夫"星期一"的课产生的效果"让他筋疲力尽,让他沮丧,让他死过十次,让他喘不过气来,让他哑口无言",但他最终不得不说,自己内心深处的某个地方却在抵制着完全的理性化。他写信给"当时最伟大的哲学家"说:"我同意从现在开始,历史结束了,可是还差一个结尾"。我之所以同意这一点,是因为我把它当成"是一种假设,让人看起来像是真的",而且因为这是你说的。但是同时,难道这种思想就没有"忽视极端"的风险吗? 像这样思想的思想家,难道我们不应当说他"心中已经没有追求",过不了多久,他手里就会只剩下"铁锹把"了吗? 再说,你瞧瞧他说的"我的生活","我的像创伤一样的生活",足以"为我下定义"的"无用的否定性",每天的"流产","神圣的淫秽"——这难道不是在活生生地、激烈地驳斥"黑格尔的封闭的体系"[③]吗?

叔本华是背叛了黑格尔的人。

阿多诺是背叛了黑格尔的人。阿多诺把黑格尔的"普遍事物"称之为"非真实的事物"(le non-vrai),把黑格尔的唯心论看成是反对真实的"疯狂"。

论述解构的德里达也是背叛了黑格尔的人,但是德里达更加

① 雷蒙·格诺,《与黑格尔的第一次较量》(*Premières confrontations avec Hegel*),见于1963年9月《批评》第700—701页。

② 《与乔治·巴塔耶在一起的……五分钟》(*Cinq minutes avec... Georges Bataille*),载于1948年7月17日的《费加罗文艺报》第117号。

③ 《给罗吉·卡依瓦的信》(*Lettres à Roger Caillois*),见马克·里奇尔的《历史的终结》(*La Fin de l'Histoire*),载于《结构》杂志1970年6月号。

狡猾:绝对的知识?好吧;我们可以认为黑格尔留下了绝对知识的规律;但除了绝对知识之外就什么都没有了吗?在看不见的边界线那边,难道就没有其它的思想和话语吗?这些思想或话语与边界线共同起过作用,使边界线处在悬而未决的状态,或者处在危险之中,应该由解构哲学家去探索这些思想和话语。

这个世纪所有活跃的思想家,都在不同的时候背叛过黑格尔。用活来对抗死。用活生生的思想来对抗衰老的哲学。“历史的终结”?尼采说得对。那是老头子的哲学。想到在他之后,世界将继续存在,他的意识僵化了。在濒临死亡的时候,他的心灵想到将来还会产生闻所未闻的事,他感到了人的焦虑,而且这种焦虑带有太多的人性的特点。他想的不是:“我死之后,哪怕发一场大洪水我也不怕了!”他想的是:“可千万别发大洪水呀!”或者:要发洪水也行,但是要在我活着的时候发,由我来宣布它,评论它,伴随它——之后,就让信风幽幽地吹吧……

第三类反对黑格尔的人观察着历史的进程,二十世纪的历史是血和肉的历史,是可怜而悲惨的历史;面对暴行,面对似乎是不可避免的、无以计数的杀戮,他们叫道:“怎么能够把这一系列的屠杀,把那黑暗看成是完美的终结呢?那根本不可能是历史和理性的终结!”

勒南(Renan)是背叛了黑格尔的人。勒南在与他只是听说过,或通过维克多·古赞(Victor Cousin)的《德国回忆录》(*Souvenirs d'Allemagne*)认识的人默默地对话中,就指出说,历史没有进步,理性不会战胜一切,真实无论如何也不会沿着越来越理性化的方向,或者会不可抵御地向着终结的方向发展：雅典被马其顿战胜，希腊为罗马征服，中国被满洲帝国击溃；这不都是低等文明战胜高等文明，野蛮人战胜文化人的例子吗？因此，也是理性失败的例子啊！

弗朗兹·罗森茨维格是背叛了黑格尔的人。弗朗兹·罗森茨维格写了《救赎之星》，1916 年在巴尔干前线的战壕里，他便看到世界正在沦入一场可怕的灾难。真的是历史的终结吗？是理性的发展和人类的结束吗？还有黑格尔关于战争的理论……按照这种理论，战争不管多么残酷，可它的好处是能把主体从"感性、庸俗和个别中"拉出来……他们还那么深信这理论是对的吗？经过这场史无前例的完全的战争之后，他们还坚持说战争的好处是震撼人类的个性论、愚蠢，并使人类上升到一个更高的"伦理阶段"吗？《救赎之星》的作者听到了"像虫子一样躲在光秃秃的大地沟壑里的人发出的叫喊"。他看到被吓得头脑麻木的人在走向战场，他们的心和肉体都因恐惧而揪紧了。在个体的人向更高的"伦理阶段"走去的时候，他看到的只是像畜生一样的人无尽的惊恐，与血和泥混在一起的脑浆，只是屠场的味道——那是向兽性的回归，甚至是向植物性的回归，是人性的零点。1914 年之后，人们再也无法继续当黑格尔的信徒，人们再也不能同意"历史终结了"和"现实是合理的"这种论调。这就是被丢弃在战壕里，连自己的生存都成了疑问的那些人的意思——这就是背叛了黑格尔的罗森茨维格说的意思。

后来那些经历了奥斯威辛时代，并且活下来的思想家们也是背叛了黑格尔的人。他们说，这是多么奇怪的罪行啊！多么丑恶、卑鄙的罪行，但同时又是多么奇怪的罪行啊，绝对地令人感到困惑，而且从很多方面都是前所未闻的！有谁见过一个民族在整个地球上被迫害得无路可逃的事吗？有谁见过一个国家动用那么多的手段，那么多的想像力和科学，那么多的技艺来迫害一个民族吗？我们很难想像，一个战时的国家，到了战败的边缘，不惜停下运送军队和武器装备的火车，也要先让运送流放犯的火车通过，动员成千上万的警察和士兵去追捕孩子。在普里默·列维（Primo Levi）、扬克列维奇、勒维纳斯的心目中，结论是毫无疑问的；《论专制》的作者列奥·斯特劳斯也这样认为。第一，这首先是一个极其野蛮的案例，从根本上就是非人道的：那不是黑格尔的信徒们说的后历史，而是原始历史，或者是动物的历史——是把人性再一次引向了最典型的兽性，像 1914 年一样，而且比 1914 年更糟。第二，那些罪行是疯狂的，是世上任何理智都无法解释的；他们说那是本体论上的罪恶；是形而上的种族大屠杀；克洛德·朗兹曼说，即使打算去理解这种事，那也是绝对的下流行径。第三，问题不是要把这种暴行看成是达成某种“善”或某种“意义”的一个阶段，这根本不可能是“善”或“意义”要在暴行中确立自己。这是所有世俗的神正论的下流行径，而且更加不耻；是所有明确的，或隐含的神意主义话语的失败，“从伊奥尼亚到耶拿”，这些话语到处都在试图让没有意义的事物有意义，并把历史说成是疯狂的，或是邪恶的，或是狡猾的上帝——这是黑格尔给上帝下的定义——导演的一出神圣的喜剧。第四，打这张神正论的牌，以种种方式继续在历史哲学的框架之内，也就是在历史终结的框架之内思想，那就等于注定了要在事件发生时，让自己什么也看不见，什么也不明白——那就等于注定了要在事件再次发生时，让自己仍然什么也不明白；列奥·斯特劳斯写道："当我们原来面对专制时——而且是过去最伟大的思想家在最大胆的想像中也想不到的专制——我们的政治科学不承认那是专制。"[①]第五，这里有一种从未有过的野蛮，这种史无前例的特点又证明历史并没有完结：因此反过来看，列维-斯特劳斯是作为人类学家，才不愿意认为，纳粹灭绝犹太人的决定在人类杀戮的整个历史上，在人类上千年的屠杀记录中具有个别性；因此，福科在晚年（但这也是他的思想总体上的一个框架），也是以同样的方式坚持说，纳粹国是实行种族主义的国家，和别的种族主义国家一样，只不过把十八世纪以来建立的权力形式推到了极致而已，在"最终解决方案"和 1945 年 3 月和 4 月下令摧毁德国基础设施的政府令之间，并没有真正本质上的区别；而且，如何理解政治历史，其原则要在"战争的血和污泥中"去找，在"黎明时分死去的无辜的人"的呻吟中去找；在这样的政治历史的范围内，对犹太人的屠杀实际上也没有特殊性；好像"最终解决方案"的特殊性、个别性、统一性问题，成了历史终结理论的最为棘手的反证，因为最无可争议；好像为了确保历史的终结，必须修正纳粹犯罪的历史，使这段历史庸俗化，让它变成中立的……

关于福科问题的笔记。显然，我的意思不是说福科是"修正主义者"。我没有忘记，他想让自己成为毫无保留的反黑格尔学说的人，因此，他也以他自己的方式背叛了黑格尔；在《词与物》中，他责怪马克思也参与了"历史终结的伟大梦想"，他的话"一口气道来，既有实证的精神，又有末世论的味道"；在他的话语中，人就像是

① 见于前边所引约斯兰·伯努瓦和法比奥·梅里尼的作品第 193 页。

“被简化的，但同时又很有前途的真理”，而且谁赞成十九世纪天真的“进化论”，谁就是这样的真理。[①] 他还有一篇精彩的文章，在文章里解释说，“一百五十年以来”，人们向哲学提出的惟一真正问题就是，“如何不再是黑格尔的信徒”；他提到“始终敢于挺身而出的逃亡者、受害者、持不同政见者，总之，是黑格尔想从黑漆漆的世界上抹掉的白色的图形和血淋淋的人头”——他影射的的确是黑格尔那篇著名的文章：“四周黑漆漆的一片：这儿突然冒出一颗血淋淋的人头，那儿又冒出另一个白色的图形；继而又突然消失了；当我们正视一个人的时候，我们看到的，就是这样黑漆漆的夜……”我要说两点。第一点，不管福科自己怎么说，如果没有科热夫的思想（历史到达了终点，我们再也没有别的任务，只需要像一个新的梅里美一样，无限期地管理没完没了的白纸黑字），我们很难想像福科会成为知识的考古学家，会把哲学家看成是档案管理员，或记录文本的重大事件的公证人或监察员。另外还有一个问题：一提到“历史终结”的思想，人们就会想到纳粹灭绝犹太人的“最终决定”，好像这一件事成了这一思想不可逾越的障碍——正如列维-斯特劳斯一样，所有那些关于历史终结的文章显然也是由此产生的，那是一些奇怪的文章，大致说来，《必须保卫社会》的作者在这些文章里，简单地把纳粹主义看成是布兰维利耶（Boulainvilliers）思考过的那些无休止的种族战争中的一段插曲……

这是一场争论。

这是一个世纪的缩影，这个世纪将会从始至终地生活在黑格

① 米歇尔·福科，《词与物》（*Les Mots et les Choses*），第 331 页。

尔学说的阴影里。

也许这个世纪不是别的，只能是背叛了黑格尔的人们反对黑格尔的漫长而深刻的斗争。

也许在二十世纪，我们什么也没有做，我们只不过是在前辈争论的术语之间挣扎，那场争论是前辈们的大事，但是今天，我们事后来看，那争论显得奇怪，或者根本就是空洞而无用的。

实际上，据我所知，没有哪一个思想家能够摆脱这种气氛，凡自认为是哲学家或诗人的人，都要和黑格尔较量一番，都要衡量黑格尔事件的重要性，都要经过黑格尔向自己提出那些问题，或者把黑格尔变成问题：一直到萨特，又名普鲁（Poulou），又名巴达扬（Pardaillan），又名弗拉卡斯（Fracasse），反叛者之王，哲学家的宗师，在背叛了黑格尔的人当中，他如果不是最伟大的一个，也是最后一个……

如何摆脱黑格尔哲学的魔圈

我已经说过，萨特没有听过科热夫的课。

他没有听过科热夫的课，也没有在索邦大学听过胡塞尔的报告会，没有看过科尔班最早翻译的海德格尔的作品。

在他错过的那些重要的机会中，这既不是第一个，也不是最后一个；我们前边已经看到，不管是从哲学上，还是从政治上来看，这些重要的机会决定了他生活的结构。

但他是知道这些人的。

我不能想像他会不受时代风气的影响，而时代的风气上打着黑格尔或科热夫的烙印,或打着两个人的烙印。

我不相信他没有听说过高等实践研究院的课,至少也应听梅洛-庞蒂说过,梅洛-庞蒂在那里是个勤奋的学生,或者听依芙娜·毕卡尔(Yvonne Picard)说过,毕卡尔是个在高等师范读书的年轻姑娘,后来成了“社会主义与自由”的负责人,后来她被流放,成了战争的受害者,而且就目前掌握的情况来看,她是萨特的忠实信徒,也是科热夫那些名噪一时的课的忠实听众。

况且我们也知道,我们也听他亲口说过,[①]虽然他真正看到《精神现象学》是在伊波利特的翻译和评论之后,也就是在战争刚刚结束的时候,但是通过人们的相互影响,或者听别人说,或者通过各种途径获得的一些零星片断,他在“1939 年”的时候就已经“吸收了很多黑格尔的东西”。

当时的情况好像是,他并没有试图摆脱黑格尔,没有从黑格尔神奇的圈子里跳出来,向旁边或者向前走一步,或者向后退一步,而是在那个圈子里安营扎寨——这更值得我们关注,而且从哲学上来说也更加危险——,从圈子里盗来文字和密码之火,从内部接下了历史终结的思想,向时代发出挑战。

我们还记得萨特曾思考过渣滓、废品、绝对的罪恶——他当时在事实上已经是个反对黑格尔哲学的思想家。

我们还记得萨特几乎是个巴塔耶式的人,无神论者,不惜以哲学家的名誉为代价,也要正视罪恶,因此也就是拒绝美化负面的东西,拒绝将无用的痛苦变成有用的痛苦,使没有意义的东西有意

---

① 与孔达和里巴尔卡的谈话,见于《境况种种》,第十卷,第 110 页。

义——这还是在反对黑格尔的学说。

我们尤其还记得我称之为主要“定理”的政治：这一政治使早期的萨特成了一个不可改悔的以思考悲惨事物为己任的思想家，他反对把历史当成法庭的思想，按照这种古老的思想，只要看问题的角度对，只要按照公平的历史的角度看问题，就能够接受罪恶，就能够服从罪恶；他反对这样的思想——这难道不正是以亲身经历最彻底地反对黑格尔的哲学吗？

但他现在是哲学家，一个真正的哲学家，他将要在他的第一部伟大的作品——《存在与虚无》——中面对面地正视黑格尔的哲学留下的两个问题：历史的终结和哲学的终结；他要慢慢地、巧妙地先从外面包围，我们已经看到，他像个战士一样喜欢这样做，也知道如何做好。

第一步。他要把自己装成是黑格尔。为了更好地让别人听到他的声音，他要让同时代的人明白，他也是伟大的黑格尔的儿子或孙子。他表示自己也是他们一伙的。对于当时的知识阶层来说，你的作品是不是参照黑格尔的哲学，那是说明你的作品是不是有丰富的哲学内容的外在标志；他要让这个知识阶层接受他。这时候的萨特还是在模仿。他还是个仿制和伪造的爱好者。他原来把自己假装成塞林纳或多斯·帕索斯，而现在，他要用演员和高师预备班学员异乎寻常的天才，把自己装扮成黑格尔。

他要像黑格尔一样，先拿出一个“现象学”来。

像黑格尔一样，他要让这个“现象学”以“本体论”作为灵魂和支撑——这是从书的副标题上就已经说明了的。

最后，像黑格尔一样——而且是与笛卡尔相反，与莱布尼茨相反，甚至也与斯宾诺莎相反——，在他称之为“辩证”的，物质本身具有的运动中，他让“否定”负担起一种作用，不仅是逻辑上的作用，而且是积极的，切实的作用。

科热夫在评论中不是已经在呼吁人们制定这种“二元论的本体论”吗？他说“二元论的本体论”已经包含在绝对的知识体系中，圣人是让晚辈们替他写出来罢了。萨特完成了科热夫的计划，写出了黑格尔未完成的作品。如果从第一个层次上来阅读《存在与虚无》，我们会把这本书看成是对《精神现象学》的模仿，或者是《精神现象学》的续集。还有一种阅读的方法，那就是把这本书看成是圣贤的、正统的书，是在谦虚地向二十世纪的伟大思想表示敬意。

书的目录。副标题。在一段文字中，他把“人类的实在”定义成“否定的未完成的总体性”，条件是只要它超越了它应当做为与存在同时出现而存在的一种具体的否定，而且也只能在这种情况下[①]。这里一句黑格尔[②]“解决问题的办法”，那里一句“黑格尔天才的直觉”。这一切难道还不让人觉得他是一个超级的黑格尔信徒吗？这个现象学家告诉我们说：如果我们采用的不是“时序”的观点，而是“不受时间限制的辩证法”的观点，那么，“黑格尔在《精神现象学》第一卷”中为解决“唯我论”提出的办法及其必要的“驳斥”，便会在“胡塞尔办法”的基础上，实现“重大的进步”。[③] 还有

---

① 《存在与虚无》，第 231 页。

② 这同样是一段十分晦涩的文字，故将原文引在这里：... il définit la《réalité humaine》comme《totalité inachevée des négations》pour autant, et pour autant seulement, qu'《elle déborde une négation concrète qu'elle a à être comme présence actuelle à l'être》。——译者注

③ 《存在与虚无》，第 291 页。

谁能比说这种话的人更信奉黑格尔的吗？

第二步。将黑格尔的哲学进行整理。让黑格尔生个孩子，而且如果有可能的话，还不能让他知道。从内部向他提出异议。摧毁它。这是另一个萨特。精明、流氓、真理的烧炭党、狡猾。这是像战士一样的萨特——但是他现在已经到了这个阵地上，现在他骗过了对头的警觉性，抓住了对头的概念，以便更好地挪用，甚至于反过来攻击对手，但总之是他把这些概念当成自己的，歪曲它们。我们已经看到他就是这样对付胡塞尔的。他就是这样对付海德格尔的。我们已经看到他是如何照原样抄袭当时的伟大思想。对黑格尔也是这样。他让海德格尔对付黑格尔。然后又是胡塞尔。然后又是笛卡尔和他的"我思论"。他就是这样，面对着黑格尔，正在把十分厉害的萨特病毒接种给黑格尔……

作品一开始就在向黑格尔宣战，虽然很审慎，但由于明确引用了康德的学说，所以宣战的味道就更加明显：第一部分第一章的整个第三节(《虚无的辩证概念》)都是这样；在这一部分里，他将黑格尔关于存在和虚无的概念分割开来，说那都是空洞的抽象，因为《逻辑学》开头的话就是"对纯粹的存在，没有任何限定"，黑格尔辩解说，我们"什么"也不能说，那和"虚无"是"一样的"：错了！萨特反驳说；这是一个重大的错误；"为了反驳黑格尔，我们应当在此提及的是，存在是'存在'的，而虚无'不存在'"；我们反对黑格尔，但赞成康德，必须再一次说明的是，"不存在"的虚无是从存在中获得其很少的存在的，如果存在突然消失了，那么"存在的完全消失并不等于非存在的降临，而是相反，虚无也会同时消失"。

作品的最后(第四部分第二章的第二和第三节)以对"游戏",甚至是对"体育"的赞美而结束,他甚至赞美"滑雪",赞美一切极其"无理性"的,或者是"非严肃性的"运动;他把这些运动提高到重要的哲学对象的高度上,对于像科热夫那样的学者来说,那只能是挑衅;科热夫的口号一向就是"严肃"("严肃地对待历史"……"没有导致死人的事件不是严肃的事件"等等),尤其是通过这种赞美,很快又过渡到(这是作品的最后一些话)对自由的描绘,是游戏般的自由,仍然是无理性的,既没有使命,也不会产生后果,一种"为了自由的自由",视"自己为价值,而且是作为一切价值源泉的价值",总之,这种自由被设计成只行动而不做任何事,或者是没有目的的目的性,或者是只会空转的实践,已经没有超验性和外在性的光顾,这哪里是《精神现象学》中最重要的概念,负有重任的,面向使命、作用、客体变化和实践的自由,分明是康德的美学享受,或甚至是克尔恺郭尔的讽刺。

在前言和结束语中,萨特打出了康德这张牌,动员了当时一切反对黑格尔哲学的理论,向黑格尔发动了攻击;而在前言和结束语之间,还有六百页有力的哲学论述,至少从三个方面击破了"绝对知识"体系的铠甲。

1. 在论述《他者的存在》一章的第三节一开始,他援引了克尔恺郭尔的话。萨特说:"在这一点上和在其他的地方一样,我们应当以克尔恺郭尔来反对黑格尔;克尔恺郭尔代表了个人作为个体的要求";应当用个体的人来反对黑格尔,个体的人要求"承认其具体的存在,而不是阐述普遍的结构";他是把克尔恺郭尔当做最彻底地背叛了黑格尔的人来引述的——克尔恺郭尔证明,"如果个体不是有目的的存在着”，普遍性就“不可能有意义”。[①]

2.在论述《他者的存在》的同一章里，萨特又接着说，黑格尔犯了“把存在当做认识”的过错，冒着“从双重的意义上被指责是乐观主义”的风险。一是认识论上的乐观主义，这还不太严重：“任何普遍的知识都不能从意识的关系中得出”，而且“在作为他者的客体和作为主体的自我之间”没有“共同点”，正如在“自我意识和他人意识之间”没有共同点一样。二是本体论上的乐观主义，这是更加“根本”的，因为，本体论上的乐观主义声称“结束了意识多重性的争闹”，使“黑格尔的观点”成了“专制的观点”（原文如此）[②]：这个戏法的关键，是要“在开始的时候”，让自己“超越”“多样性”，走向“总体性”，因此也就等于是将“‘我思故我在’的无可怀疑的确实性放在一边”，在最后确认说“真理是一切的真理”。[③]

3.对“否定之否定”概念的批评；萨特知道，这是黑格尔哲学的根本。他相信否定，但不相信否定之否定。在长长的论述中，他反复说明了这一点；他的论述是为了说明，首先，“作为自为之欲望的对象的存在，是一种自在，而这种自在本身就是其基础”，其次，“自为是自在的否定，不可能希望纯粹而简单地回归自在”，因此，否定之否定这个概念本身就是没有意义的，就是不恰当的。那么辩证法呢？我们还记得，萨特有他自己的辩证法。这种辩证法是“被砍掉了脑袋的”。是“没有综合的”。它不是按照“进步”的方式

---

① 《存在与虚无》，第296页。

② 法文中的totalitaire有“专制的”，“极权的”的意思，但也有“全体的”，“总体的”意思。从词源上与后文的totalité（“全体性”）是同根词。——译者注

③ 《存在与虚无》，第296—301页。

运转，而是按照“回转器”的方式运行，而且由于这种螺旋线的形式，他的辩证法有两个特点，一个是要多次甚至是无限地经过同一个点，二是这样的事件的源泉或资源可以不在先前的事件或最近的事件中去寻找，而是有可能在极其遥远的事件中去寻找，是被砍掉了脑袋的辩证法让遥远的事件与当前的事件产生共鸣的。萨特的辩证法与黑格尔的线性的、进步的辩证法只有名字是共同的。萨特的辩证法的确是另一种辩证法。在认识论和本体论上完全是另一种历史辩证运动的模式。但是，萨特绝不怀疑自己与另一种辩证法较量的能力。他绝不怀疑他的模式比前辈的模式更加优越。《存在与虚无》就是《精神现象学》——而且更好。

于是到了第三步——也是第三个操作的步骤。重新建造哲学体系。但是，要以旧的方式来建造。好比黑格尔和科热夫都没有存在过一样。好比尽管有他们，也还是可以从零开始一样。他们已经彻底地让一个体系自圆其说了，但他好像根本就不相信这个体系内在的合理性。“圣人”说再也没有哲学了吗？永远也不会再有哲学了吗？借口拿破仑在耶拿曾经从他们两人之一的窗户下经过，便说从今往后的思想便只能是对圣书或者宣布圣书的文章进行评论吗？萨特说，我拒绝接受这种思想。但是我要从行动上驳斥它。所以我才给你们写了这本厚厚的哲学著作。科热夫和黑格尔的圣书不是把那些最为传统的问题搞得名誉扫地了吗？我就是要从新的角度重新审视这些问题：存在与时间，一和多，形而上学的观念，超验性，生与死，时间，世界，虚无的起源，谎言与真理，观念，本体论和道德，痛苦和欲望，肉体，性，认识，上帝，不错，我说的就是上帝，我要以我的方式重新论述上帝的问题，表明这不是别的，只是“作为自在存在基础的某种意识的理想而已”[①]……

“达到黑格尔的水平”不应当“那么难”吧，萨特还在上大学时，有一回在路上聊天，走到圣日耳曼大道和巴克街的拐角处时，曾对雷蒙·阿隆说。[②] 任务完成了。这个萨特不仅“背叛了黑格尔”，他根本就不相信黑格尔的学说，他胆大妄为，厚颜无耻，狂妄自大，像个赌徒一样，他的的确确违反了禁忌。他声称历史终结的理论终结了。当时哲学上普遍的基调就是悲伤的怀旧情绪；他宣称可以从这种情绪里摆脱出来，而且也表明他做得到这一点。他宣布并用事实表明，哲学可以是别的样子，而不必成为纯学术的，或者像在博物馆里摆弄藏品一样的练习；哪怕是在我们今天，哲学还常常会被简化成这种练习。

他大声疾呼道，哲学的历史不是给我们留下的惟一一种哲学形式。他坚持说，哲学家并不都是，而且也不一定非要是哲学的教授。梅洛-庞蒂和雷蒙·阿隆是教授。胡塞尔，海德格尔和黑格尔已经是教授了。福科，阿尔都塞，德里达后来也成了教授。他萨特曾经是教师，后来不是了。很久以来，而且在将来很长一段时间里，他是第一个说，他已经不是教师了的哲学家，他说他的哲学已经不再是，而且也将永远不会是教授的哲学。当然，他的巧妙之处仍将是重读伟大的作品，使用它们，掠夺、重写、占便宜、表达——但惟一的目的是让它们重新活起来，并与它们一起再次回到我们

① 《存在与虚无》，第 653 页。

② 雷蒙·阿隆，《我的小个子同学》（*Mon petit camarade*），载于 1980 年 4 月 19—25 日的《快报》杂志。

每个人都会向自己提出的,已为哲学家放弃了的重大问题上来。

这就是《存在与虚无》的魅力。

在后萨特主义的信徒们心目中,这就是萨特的事业一宣布,便立即引起异乎寻常的狂热的原因之一。①

萨特最初的思想里洋溢着理论上的陶醉,或学者的天真;其中有着十分美好,十分感人的东西。

每个人都感觉得到,萨特在欧洲是从时间上离我们最近的伟大哲学家——也是最后一个吗?

哲学家的没落

只是很可惜,萨特失败了。

或者更准确地说是:开始他成功了。甚至是大获成功,因为《存在与虚无》是一本出色的作品,壮观,像是一场精神天才的狂欢节,一场闹轰轰的梦,一本伟大的书。但是,他自己好像被这令人难以置信的成就吓坏了,或是感到惊惶失措了——好像面对着从这第一本作品中得出的自由的印象,他心中有什么地方感到晕眩了,他将用自己的余生来否认和忘掉这种印象,并在他其他的作品中消除这种印象的痕迹……

一场行动要想取得完全的胜利,首先要有后续的行动。真正的后续行动。也就是他在《存在与虚无》的最后一行说的"下一部

① 米歇尔·福科,《与让-皮埃尔·埃尔卡巴什的谈话》(*Entretien avec Jean-Pierre Elkabbach*),见于《言与写》(*Dits et Ecrits*),第一卷,第662页。

作品”，他本应在这下一部作品中接着论述“自由”。但是他却没有写这个续。事实是他永远也不会写了。我们知道，临死之前，最后来访谈的人请他对自己走过的路和自己的作品做个总结，他很痛快地说《存在与虚无》“毫无价值”；他说过，人是自由的，人永远是自由的，“不管境况如何”，哪怕是在“德国人的占领之下”，[①]过后来看，他觉得这个论断是“荒唐的”，甚至是“可耻的”，所以他才故意中途放弃了他那重大的哲学计划。

另外，实际情况是，他宣布了要有续集，要在续集里论述自由和道德，但他只发表了，或者更准确地说是只“留下了”《道德笔记》，一篇很长的文章，内容丰富，从很多方面都是十分引人入胜的；但缺点是，首先文章支离破碎，有很多空白，尤其是让人觉得，黑格尔的重大问题还是没有解决，我们原本以为他已经把这些问题了断了，抛在脑后了——而这些问题又出现在新的文章里，像是留恋，或者像是甩不掉的负担。当然，他在文章中坚持说，“存在主义”是“反对黑格尔的”，哪怕是因为存在主义“肯定个人具有不能约简的个体性”。[②] 克尔恺郭尔把主体定义为否定性，不真诚的意识等等；萨特无疑反复强调过他赞成克尔恺郭尔的这个定义，仍然反对黑格尔的“普遍性”概念，说这个概念“由于混淆而荒唐”，尤其是将死亡和有限性混淆在了一起。[③] 当他说到谜一样的纳粹事

---

① 《沉默的共和国》(*La République du silence*)，见于《境况种种》，第三卷，Gallimard，1949年，第11页；亚历山大·阿斯特鲁克和米歇尔·孔达的电影解说词，Gallimard，1977年，第97页。

② 见于前引《斜线》，第251页。

③ 《道德笔记》(*Cahiers pour une morale*)，Gallimard，1983年，第77页。

件，比如说当他追忆奥拉都大屠杀事件时，他的话仍然是有力的——就像勒维纳斯，或加缪，或他自己，萨特，早期的萨特一样，像写《什么是法奸?》的萨特一样，那时的萨特不同意让历史主宰我们的命运，他说，"不能让奥拉都的孩子们免受痛苦"的历史是"没有意义"的历史。[①] 但是，在此之前的不远处，我们在这篇文章中还看到，"如果有历史的话，那就是黑格尔的历史"，而且"不可能有别的历史"。[②] 或者："哲学并非有别于正在改变世界的人"，而且"行动中的人的全部，就是哲学"[③]——这样的话也可以是马克思说的(比如在同一段文字中引述的话："人们在很长时间里都是在解释世界，现在要改造世界")，马克思也可以算是黑格尔的信徒。还有他那段长长的笔记，让人更加感到惶惑，他就像招认了心里话，就像向后倒退了，或者改变了方向："黑格尔到达了哲学的顶峰；马克思又补充了他没有完全发表的内容(对劳动的论述)，但他错过了黑格尔很多伟大的思想。马克思的水平比黑格尔低。然后是马克思主义的衰退。海德格尔和胡塞尔，小哲学家。法国哲学一无是处。粗浅的新实在论哲学。为什么反命题(马克思：唯物论，新实在论反命题：外部关系，内部关系反命题)一定就会高于命题？为什么反命题会包含命题?"[④]

再说，还有《辩证理性批判》，雷蒙·阿隆说那是"一座巴洛克

---

① 《斜线》，第255页。

② 同上，第251页。

③ 《道德笔记》，第15页。

④ 该段笔记曾被让内特·科龙贝尔引述和评论，见于前面所引该作者的作品第139页。

风格的纪念碑，硕大惊人，几乎算得上丑恶”①——这部作品悲观，晦涩，《存在与虚无》有多么欢快，它就有多么阴郁：语调变了，论述混乱，空泛的大段议论，文笔看起来轻盈，实际上却很滞重。在他的作品中，这是标志着他向马克思主义过渡的一本书吗？也许是。战争爆发时，萨特还是“胡塞尔”的信徒，他当时正在通过海德格尔的学说，思考他在战争中，后来又在斯塔拉格迎头碰上的“历史性”，当他发现海德格尔帮不上什么忙时，他又转而投奔了马克思，把《存在与时间》换成了《共产党宣言》，这也是一本解释历史性的手册，告诉人们如何与具体世界保持关系，如何按照习惯利用事物，介绍什么是肉体与现实……这时的萨特所做的传统分析，有些地方无疑是对的。但我相信还有别的原因。我相信他之所以与共产党站到一起，是某个根本的现象所导致的结果。更准确地说，我想应当严肃地对待《道德笔记》中这句“然后是马克思主义的衰退”。总而言之，我深信，《辩证理性批判》之所以成了一本如此沉重的作品，作者之所以让人觉得他常常纠缠在自己的直觉里，作品中之所以十分奇怪地表现出交织在一起的厌烦和无缘无故的狂热，苦涩和压抑着的沮丧，是因为他正好体现了某种现象，而在当代哲学史上，像这样的例子并不多：好像萨特从“欲望”向“需要”过渡，从“Dasein”（此在）向“实践”过渡，从“虚无化的意识”向纳入“社会和物质的世界”过渡，从与“别人的目光”联系在一起的暴力的思想向“独特性”引起的另一种暴力的思想过渡，或者从“地狱即

① 雷蒙·阿隆，《暴力的辩证法与历史》(*Histoire et dialectique de la violence*)，第9页。

他人”的思想向地狱即“工具，或客体，或惰性实践”的思想过渡的时候，为一种新的本体论打下了基础，阿隆看到了这一点；好像在这样做的同时，在放弃《存在与虚无》的形而上学，以便采用另外一种形而上学的同时，他突然间开始否认自己的直觉，开始在大部分根本的问题上与他早期思想当中最正确的论断背道而驰，总而言之，好像他又进入了黑格尔哲学说的循环，他曾经十分出色地摆脱了这种循环，现在他又回来了，只不过是从反方向上把已经走过的路重走一遍而已……

举例。哲学。哲学的定义本身突然间被说成是“当代知识的总和”。《辩证理性批判》说，[①]哲学“以某些主要的模式为基准，统一了所有的知识，这些主要的模式反映了‘上升的阶级’面对时代和世界的态度和技术”。在别的地方他还说：“对有生命力的哲学，是用不着按照世界的进程重新调整的；哲学会采取很多的主动性，通过种种特殊的追求来适应世界，因为哲学与社会运动是一体的。”在同一篇文章的稍远处，他又说：伟大的抱负完蛋了！让伟大的建构见鬼去吧！从今往后，哲学家只满足于做一个“相对的人”，“整理还不为人所知的土地，建起几座房子，有的时候给内部带来某些变化”，但是“从根本上不会有任何更新”。这与主张“从根本上”不会再发生“新东西”的黑格尔的“绝对知识”相差得有那么远吗？一边说的是“整理”土地，另一边，科热夫将历史终结之后发生的事件简化为“排列帝国的省份”，这两份菜单之间有什么区别呢？

① 见于前面所引让内特·科龙贝尔的作品第190页。

举例。存在主义。仍然是在同一篇《方法问题》里，他自问道，在我的生活和作品的这个阶段上，还应当再谈存在主义吗？他回答说，“人们会理解”成我把它当成是“一种意识形态”。他又坚持说，什么是意识形态呢？它是如何起作用的呢？那是“一种寄生的系统，生存在知识的边缘，开始时与知识相对立，但今天却企图纳入知识的范畴”……这也是令人感到可怕的话。令人难以忍受。虽然从上下文看，他说的主要是基督教的意识形态，也就是说，是“软绵绵而阴险的”意识形态，是“雅斯贝尔斯风格”的存在主义；虽然他小心翼翼地说明，他所“仰仗”的，是“另一种存在主义；这种存在主义是在马克思主义的边缘发展起来的，但是并不反对马克思主义”，但他的话还是暴露了他的思想。当他说雅斯贝尔斯式的存在主义是“一种”残余的时候，他采用的显然是黑格尔历史哲学的观念。当他归结说“问题不再是像克尔恺郭尔那样名正言顺地抵制黑格尔理性的唯心论”的时候，我们可以明确地看出他的心，或至少是他的精神是倒向哪一边的。

正好说到黑格尔和克尔恺郭尔的冲突。这是《存在与虚无》无法解决的冲突。这是根本的二元对立：[①]一方面是“泛逻辑主义”和“体系”，另一方面是“存在”，“事物本身”，“存在的事实”这一纯粹的“事件”。[②] 现在萨特说，这一冲突“有办法解决”了。他是在这样的事实中找到解决办法的：人既不是“所指”，也不是“能指”，而是像黑格尔的“绝对主体”一样，虽然从另外一种意义上既是“所

---

① 见伊曼努尔·勒维纳斯引述的乔治·古维奇《存在主义小史》(*Esquisse pour une histoire de l'existentialisme*)，L'Arche，1949 年，第 73 页。

② 见于前面所引伊曼努尔·勒维纳斯的作品第 11 页。

指-能指”，也是“能指—所指”。[1] 他虽然保持了距离，虽然像他每次提到黑格尔时一样，他很谨慎。但这远不是《存在与虚无》中的南辕北辙。这远远不是当时那样，只要一说克尔恺郭尔的名字，就足以表示出他和黑格尔的哲学，和黑格尔总体性的幻想之间的差距。这甚至于也远不像《道德笔记》中那样，通过引述克尔恺郭尔这个丹麦人的话，说主体永远在黑格尔的“普遍性”之外，是纯粹的“否定性”，能打破人们企图将其禁囿在其中的“所有的形式”。这离《圣热奈，喜剧演员和殉难者》[2]也有了十万八千里；在这部作品里，萨特颂扬《繁花圣母院》(*Notre Dame des Fleurs*)的作者，介绍了他那“令人难以想像的”，也就是“独一无二的”，“不可言喻的”主体性，赞美“与普遍性和个别性毫无共同之处”的“特殊的自我”，他说让·热奈再一次激起了克尔恺郭尔反黑格尔的姿态。相反，我们距彻底的否定却不足咫尺之遥：从今往后，萨特开始责备克尔恺郭尔“站在体系之外”，以其反复声称的“信德行为”为借口，躲在“非理性的个别性”中，总而言之，是责备他变成了严格而被愚弄的小资产阶级空洞主体性的模式。[3]《辩证理性批判》发表之前不久，在一次与玛德琳娜·夏普萨尔(Madeleine Chapsal)的谈话中，他说，“黑格尔使历史像悲剧一般撞进了哲学”，而“克尔恺郭尔”却让“传记”撞了进来，“像滑稽剧或者像正剧”。

还是克尔恺郭尔。萨特写过一篇重要的关于克尔恺郭尔的文

---

① 《辩证理性批判》，第23页。

② 详见《圣热奈，喜剧演员和殉难者》，第210—211和第267页。

③ 同上，第129页。

章。[①] 比《辩证理性批判》略微晚一些，因为那是根据1966年他在联合国教科文组织的"克尔恺郭尔日"做的一次报告整理成文的。在这篇文章中，他把话说得更加清楚。当然，萨特在文章里强调了"索伦"(Soeren)[②]的命运具有顽强的"个别性"。他的确表明"虽然已为体系所规定"，但他是如何没有"出现"在"老师给他指定的位置上"，而是像个在"体系和预言家之后仍然活下来的人"，换句话说，像个非同小可的"背叛了黑格尔的人"。但是同时，文章也说，正是有了这种"无可救药的个别性"，"普遍性才来到了世界上"。文章表明，在"黑格尔这盏探照灯的追踪和照射下"，"主体性的骑士"不管做什么，注定了只能在"不幸意识的限度之内活动"，而且只能实现"有限和无限的复杂的辩证法"。萨特在文章最后说的话，让人听了只能觉得是在《哲学的碎片》(*Miettes philosophiques*)[③]的作者死后对他的责备，也是对《精神现象学》的作者表示的敬意："他一头撞在黑格尔身上，太过于偏狭地致力于让人类的冒险具有像他那样人为的偶然性"；他的重大错误，就是"忽视了实践，而实践就是合理性"；我们是两个体系的继承人，我们的任务就是要"把克尔恺郭尔的内在性"纳入"历史的辩证法"，将"历史"和"超历史的事物"，将"历史过程超验的必然性"和"永远重新开始的历史化自由的内在性"放在一起来思考，总之是要让"克尔恺郭尔和马克思"重归于好——用明白的话说，就是要把克尔恺郭尔纳入绝对知识的精神中，因此也就是真正地说，黑格尔是对的，

---

① 《个别的普遍性》(*L'Universel singulier*)，见于《境况种种》第九卷。

② 即克尔恺郭尔，索伦是他的名。——译者注

③ 即克尔恺郭尔。——译者注

而克尔恺郭尔则是错的。

《存在与虚无》的悲观主义。对历史和人的极端的怀疑论，是《存在与虚无》和黑格尔哲学之间的根本区别。在《辩证理性批判》中，萨特的计划变了。比如异化。在此之前，异化始终被说成是两个交汇的、互相征服的目光在搏斗时产生的不可避免的后果。“自为”和“他为”从定义上就是永远也不能和睦相处的；异化是这两者之间恶劣的关系导致的结构上的后果，因此也就是必然的后果。但他突然拿出一个新的概念来解释异化：“稀有性”（rareté）的概念。因为稀有性是一种可以超越的、偶然的现象，因此我们可以认为它终有一天会消失，至少可以从理论上依稀看到在《存在与虚无》中绝对是不可想像的境况，也就是“大家的要求都能满足”的境况，主体在富足中合作，客观化的辩证法不再产生可怕的后果。《方法问题》警告说，“我并不主张说，相互性（réciprocité）的关系在人身上先于稀有性的关系而存在过，因为人是稀有性的历史产物”（这是萨特的反卢梭主义）。但是，他又补充说：“我说的是如果没有人的相互性的关系，稀有性的非人的关系是不会存在的……”[①]在《七十岁自画像》这篇晚期的文章里，他尤其明确地说：“社会的和谐”也许“在今天是不能实现的”，但是，“正如我在《辩证理性批判》中指出的那样，物质的稀有性是过去和现在人与人之间对抗的基础，通过物质稀有性的消除，人与人之间经济、文化、情感关系发生了变化时”，社会的和谐是能够实现的。这标志着从《辩证理性批判》开始，在黑格尔哲学的影响下，他接受了黑格尔的大

① 见于前面所引让内特·科龙贝尔的作品第207页。

团圆的结局，的确把希望寄托在异化将会消失的神奇的世界上，从而再一次与《存在与虚无》中所有的假设相矛盾。

还是悲观主义。早期萨特富含内容的悲观主义中，有一种正在变化中的乐观主义。我想以《辩证理性批判》中的“革命”概念作为证明。在《存在与虚无》中，“革命”的思想带有强烈的否定作用。“革命者”的形象是可悲的，他毫无担忧之意地说，革命者“过的是像石头一样的生活，在世界上的存在是坚实，呆滞，不透明的”，这与“有产者”的形象背道而驰。[①] 他像是有先知先觉，早就看到他的继承者们，先是柬埔寨，然后也许是伊朗，将会对革命的愿望本身产生不良的影响，所以把这一对儿孪生的形象归在《厌恶》中罗康坦抨击的“严肃精神”之列。然而，事情突然间都颠倒了过来。现在，他把革命，而且是暴力革命，说成是工具和场所，能够解决社会或时代最为严重的矛盾。但是，他并不是时时处处都这样说。年轻萨特的两重性还会不时地留下一些痕迹。比如在为罗吉·斯戴凡纳的《冒险家的画像》写的前言里，我们看得出来，他的心不是倾向于战士，而是倾向于冒险家这个赌徒，这个永恒的局外人，这个背弃了所有的人，因此也背弃了自我的叛徒。《辩证理性批判》倒向了另一边。里面有那些写攻陷巴士底狱和产生融合集团的著名的文字。他在赞美——雷蒙·阿隆后来说这是史无前例的——正当的谋杀，而且实际上也是在赞美集团暴力行为。里面尤其包含有群体的概念，从此往后，他就是用这样的概念来思考的。虽然

---

① 《存在与虚无》，第669页。

他说[①]"在认识论上的出发点"仍然是"对自我必然确信的意识"。虽然他在作品中很多地方都说，一个集体不是一个"有机体"，而且永远也达不到类似于人的身体所具有的那种统一性。虽然他区别对待"总体性"和简单的"总体化"，让人们警惕，不要简单化地把总体化看成是"毫无区别的总体性"，像世界末日一样。[②] 萨特在那些年里的基调正是世界末日将临的基调（详见 1970 年接待《新左派评论》采访时的谈话："一种永久性的世界末日的思想显然是十分诱人的"[③]）。因为这时的萨特，提出"实践整体"理论的萨特，的确是在赞美集体，说集体是一个极好的场所，能使主体上升到黑格尔说的"伦理的阶段"：他是在赞美"恐怖"，他自己说是"友爱-恐怖"，这是"自由的专制"，是他与毛派接近的理论基础之一。我们感觉得出来，我们看得出来，他之所以能够这样做，他之所以从理论上走了回头路，实行了与毛派从战略上的接近，首先是因为他又变成了黑格尔的信徒。

最后是马克思主义。的确，《辩证理性批判》标志着萨特站到了马克思主义一边。但是，如果我们忘记了补充两点，我们就无法很好地理解他为什么会站到马克思主义一边，我们就无法理解他这样做的意义和性质。首先，他赞同的马克思主义是黑格尔化了的马克思主义，是通过黑格尔的哲学范畴来看、读和理解的马克思主义：这让我们想到卢卡奇的《历史和阶级意识》(1923)；我们想到，我们不能不想到的"人道主义"，是黑格尔式的马克思主义，阿

---

① 《辩证理性批判》，第一卷，第 167 页。

② 同上，第 484 页。

③ 《境况种种》，第九卷，第 125 页。

尔都塞在六十年代初便以此为基础，建立了他所有的事业，但是，他是从 1956 年开始，[①]便把这样的马克思主义当成是一片神奇的“未经探索的土地”，包含有很多不为人所知的认识论的根源。当我们看到，对于后期的萨特来说，要做一个“马克思主义者”，那就要认为，“只有在未来的总体化的背景之上，我们才能够根据总体化的程度，并与总体化相矛盾地发现并向自我提出历史意义的多重性”，当我们听到这时的萨特说，“我们的理论和实践作用”，我们“在多价值的世界上的历史任务”，是让“每一天都离总体化更近”，是“接近那样一个时刻，从那一时刻开始，历史将只有一种意义，历史将趋向于消失在共同创造了它的具体的人之中”，[②]这时，我们不能不想到，虽然他说的是“马克思”，但在他的内心深处，并且在他的语言中，他想的显然是“黑格尔”。另外，他归顺马克思主义这一事实本身，他介绍这件事及其必要性的方式，总之，他说马克思主义是“我们这个时代不可超越的哲学”的名言，都证明他要像黑格尔那样讲述思想的历史：当然，这句话的意义比人们习惯上认为的要微妙得多，而且萨特历来小心翼翼地说明，[③]马克思的不可超越，完全与笛卡尔或洛克在各自的时代一样，因为每一个时代总有一种思想变成“一切个别思想的腐殖质”和“一切文化的地平线”，只要这种思想“表达”的“历史时刻”没有被“超越”，那么它就会作为地平线而留下来，就会保持着占统治地位的、不可超越的哲学作

① 萨特，《改良主义与其偶像》(*Le réformisme et ses fétiches*)，见于 1956 年 2 月的《现代》杂志第 122 号，亦见于《境况种种》，第七卷，第 111—112 页。

② 《辩证理性批判》，第 63 页。

③ 同上，第 17 页。

用；但是，假设有一种主导哲学的观念，说每个时代都有一种君临一切的哲学、能够综合时代的争论、总揽时代的大部分问题，总之是能表达时代的“精神”，这难道不正是黑格尔的假设吗？这难道不是在证明萨特是作为黑格尔的信徒，是按照黑格尔哲学的范畴和历史分期模式来思考的吗？再说，笛卡尔主义……笛卡尔主义和马克思主义是真正可比的吗？笛卡尔主义可曾像马克思主义一样，打算通过自己的出现这一事实，废除以前所有的哲学？有谁在谈到任何一种哲学时，像萨特说马克思主义一样呢？也就是说，只要“一接触”，“用不着马克思主义者费举手之劳”，“敌对思想”的观念，这里指的是“资产阶级”的观念，就会灰飞烟灭和“死亡”。[①] 在这句很少有人引述过的句子后面，他把存在主义说成是“在马克思主义包围之下的一块飞地”；在同一页文字中，他还说“经常注意到”，有“一条‘反马克思主义’的理由，只不过从表面上让前马克思主义(prémarxisme)变得更加年轻了”；[②]他强调这样一个事实，即所谓对马克思主义的“超越”，历来只是对“前马克思主义”的回归；在其它的地方，[③]他还说马克思主义“是我们的观念的气候，是我们的观念得以滋养的环境”；说马克思主义“就是文化，因为只有通过它才能理解人、作品和事件”；他还明确地引述黑格尔的话，说那“是黑格尔称之为客观精神的真正的运动”；他在这样说的时候，难道不是在说马克思主义有一种任何其它的思想都没有的特权吗？这种特权难道不正是科热夫赋予黑格尔哲学的吗？

① 萨特，《改良主义与其偶像》，第111页。

② 《辩证理性批判》，第21页。

③ 萨特，《改良主义与其偶像》，第110页。

他说“马克思主义”是时代“不可超越的地平线”，这是一桩颇为奇怪的事。首先是话说得奇怪；明显是意义的重复；地平线本来不就是不可超越的吗？所谓地平线，不就是天边的一条线，随着人往前走，也跟着向后退，所以根本就无法超越的吗？其次是他的节制；人们始终说这句话是萨特狂热情绪最明显的标志之一；但使我感到惊奇的，倒是他的谨慎；甚至是他的克制；因为，说到底，萨特本来可以说：“马克思主义是我们不可超越的现实”；他本来可以一字一顿地说：“马克思主义是我们每天的义务，是我们日常的祈祷和任务”；但是他没有这样说，他说那是我们的“地平线”，他说的是：马克思主义会占上风，但那是“天边”的事，也就是遥遥无期的事；言外之意：“耐心些！那不是马上就会发生的事”；从这种微妙的，也许是下意识的话里，我们不可能听不出那是最高程度上的谨慎，或是顾虑，或是早期的萨特在一头扎进后期萨特的天地之时，表现出的最后的惊悸（贝克特在《结局》中说：“可你想让天边有什么？”）。最后，除了上述说的之外，一旦搞清楚了这种双重的差别，还剩下最根本的一点：这句话透露了他的心声；萨特借这句话承认的，是他同意完全按照黑格尔的线性历史分期方法对观念的历史进行分期。早期的萨特，主张回转线和砍掉了脑袋的辩证法，以自己的名誉担保，相信历史不会完结，而且历史从很大程度上本来就是荒诞的；现在却接受了绝对知识的假设，只不过他把绝对知识称之为马克思主义，而这种马克思主义也正像黑格尔的信徒们兜售的绝对知识一样，不允许任何敌对的，竞争的，或者根本就是不相关的，或旧时候的思想作为飞地或保留出现在自己的领域里。

他曾经说过“人的历史是自然的一次冒险”。

他还说过“在黑格尔和马克思之后，人的辩证知识要求有一种新的合理性”，而且“如果不想建设这种合理性”，我们注定会面对这样的境况：“我们说的每一句话，每一个字都是粗俗的错误。”

他还确认说，“人与人之间真正的关系必然是三元的”——言外之意是说，他原来主张的辩证法是二元相辅的，只有两个项，从来不会有三个项，以两个主体或一个主体和一个客体之间永恒的交替或对抗为基础的；现在却转而接受了含有三个项的传统的辩证法。

他还说过“知识会穿透我们，并在分解我们之前确立我们的位置”。他还说“我们是*活生生地被纳入了*——表示强调的斜体在原文中就有——最高的总体化当中”，他几乎原封不动地接过了总体化的命题，可他本来是比任何人都彻底地摆脱了这种命题的：“我们的痛苦，使我们感到不幸的矛盾，是那些因被超越而出现的时刻……”“导致死亡的悲惨经验，痛苦的纯粹体验会被体系所吸收……”

在同一页的注释里，他有点不好意思地招认了心里话，但意思是很清楚的：“毫无疑问的是，我们可以把黑格尔拉到存在主义一边来……”①

黑格尔是魔鬼吗？

是黑格尔的哲学有着邪恶的魅力，还是魔法？

这难道是一个陷阱？谁敢说躲开了它，谁就会掉在里面。

在我们已经引述过的《道德笔记》中，萨特曾在头脑一时特别

---

① 《辩证理性批判》，第22—23页，75页，189页。

清醒的时候说，黑格尔是“最厉害的”，在他之后，法国的哲学只能是“一无是处”；我们能够相信萨特的这些话吗？

事实在那里摆着。

他在黑格尔面前投降了。

他说他的的确确读过黑格尔的书。他终于懂得了什么是真正的辩证法。黑格尔的哲学战胜了他。

他不仅仅以自由的哲学为出发点，也包含有在与黑格尔相对立的关系中思考这一哲学的愿望（以逻辑与逻辑相对抗……以体系与体系相对抗……实际上，他是以对待戴高乐的态度来对待黑格尔：棋逢对手……），但最终他每次都会落在与黑格尔完全一样的立场上。

左派的科热夫

从这时开始又发生过什么事呢？

当你觉得被一个你一辈子都在躲避的影子抓住了的时候，你怎么办呢？

当你不得不做出结论说，与你一向努力相信的结果相反，所有可以说的话都已经被人说过了，所有可以思考的事都已经被人思考过了，在黑格尔之后，再也不可能有什么哲学，这时你怎么办？

首先，你会一声不吭。

你输了，所以你会保持沉默。

你冒了一次险，你在冒险的路上能向前走多远就走了多远，现在，你知道那是徒劳的，于是打退堂鼓。

这是福科在我们已经引述过的谈话中说的意思；福科认为，萨特在1950到1955年“放弃了纯粹的哲学思辨”，把他全部的“活动”“再一次投入”了“行动”的领域，那就是“政治行动”。

但是他自己也这样说过。那是在他临逝世之前，在与贝尼·列维的谈话中，他不无苦涩地说：“我没有写出惊天动地的作品，像莎士比亚或者黑格尔那样的作品，因此，与我的愿望相比较，这是失败”。[①] 在此之前，他还在另外一篇文章里说过同样的意思，那是一篇异乎寻常的文章，是根据《辩证理性批判》发表之前几天，他与玛德琳娜·夏普萨尔的谈话整理的。

在那次谈话中，萨特向女记者解释了他的思想奇特的活动。

他向她讲了他写作的狂热，他的文字、观念像泉水一样，乱糟糟地喷涌而出，一会儿东，一会儿西，常见脱离了主题的大段议论，我们看到，这是他思想的正常模式。

他也许夸大了事实，也许是为了讨好女人，这恐怕也很难说得清楚（“和漂亮的女人谈一些小事或者是与阿隆谈哲学”……可是，当一个漂亮女人请他谈哲学时，那会怎么样呢？）。可是，就在他表现自己的过程中，他突然向女记者说出了一系列非同小可的话。

首先他说，像他那样文如泉涌是一种病。更加准确地说，那甚至是一种“癌症”。对，我患了癌症，这个癌症就是我的哲学写作。

其次他说，他刚刚写完的这本厚书——在他说这话的时候，这本书正在发排中——有一个作用，那就是治好了他的“癌症”。他说，我现在觉得很好。我从来没有觉得这么好过。我知道，从今往

---

① 《权力与自由》(*Pouvoir et liberté*)，第33页。

后，我“再也不觉得有必要在书中东拉西扯了，从前我好像是追着我的哲学在到处跑一样。”

最后是他痊愈的证明，他第一次感到如此舒服的标志是，他觉得“自己心中完全空了，但很坦然”。他说，我的哲学就在那儿，仍然在那儿。但是感谢老天，它不动了。“它将躺在一个个的小棺材里”，永远地睡去……

一个个的小棺材……奇怪的是，他在《什么是文学?》的一开始，也是用这样的话来描写——和嘲笑——当时的批评家们感到怡然自得的陈旧、腐败、阴森的世界：“碍事的人消失了，只剩下一个个的小棺材，放在沿墙摆放的木板上，像骨灰堂里存放的骨灰盒一样。”[①]

一个个的小棺材……萨特是说他当时有一种活生生的思想。一种像癌症一样的，但却是活生生的思想。然而，《辩证理性批判》这本书从癌症中挽救了他，但在将他治愈的同时，却又扼杀了他，或者更准确地说，是扼杀了他进行哲学思辨的兴趣、天才和方法。

我们想到尼采曾呼吁时代“治愈柏拉图的病”：只不过萨特治愈的，还不仅仅是柏拉图的病，而且也有他自己的病。

我们想到马拉美说兰波的话，说他在出发到哈拉尔(Harrar)去的同时，“活生生地将诗从他身上割了下来”：萨特也以同样的方式将哲学从自己的身上割了下来；《辩证理性批判》就是他的哈拉尔；而且事实是，在《辩证理性批判》之后，他沉默了，显然是认为他的哲学冒险完蛋了，已经装进一个个小棺材里了。

---

① 《什么是文学?》，第33页。

在《辩证理性批判》中，就在他解释为什么“在马克思和黑格尔之后”，有必要“建设”“新的理性”的那一页，他在一个注释里说，我的“观念”都“死”了。“有的散发出腐尸的臭味，有的只剩下小小的、干干净净的骷髅。”显然……

再说，现在他不吭声了，思想的裹尸布笼罩着新的、最终的、苦唧唧的沉默；但他还要找点事干，剩下的时间不多了，但他还要尽可能地利用时间——他尤其还要让从今以后将会显得如此平静的真理，让那不可超越的、可靠的哲学变得不仅从理论上不可超越，而且从实际上也是不可超越的。

他要把打算付诸实施。

他要让现实与理性同步。

他要和科热夫一样，不仅仅满足于评论圣人的文章，还在他生活的第二部分，在战后，像他自己说的那样，在一些大的国际组织里致力于“安排帝国的省份”，用明明白白的话说，也就是根据黑格尔的伟大原则来重新塑造地球。

从今往后，萨特也将这样做，尽管他有他的做法。

科热夫从哲学的终结，推断出现在必须让欧洲经济合作组织各成员国的贸易自由化，帮助发展中国家，实现马歇尔计划或者让英国进入共同市场，并在他生活的后半部分，把他全部的哲学智慧都用在制定原材料的价格理论，或者在后台致力于促成关于阿尔及利亚的埃维扬协议；消沉的、有些闷闷不乐的萨特也和科热夫一样，先是为共产党人，后来又为毛派分子效劳，并和他们一起致力于在世界上实现我们这个时代不可超越的哲学。

萨特在《辩证理性批判》之后，也许是在《道德笔记》之后，也变成了一个左派的科热夫。

这个曾经背叛了黑格尔的人，像科热夫一样，自然而然地变成了一个全球帝国的公务员；这个公务员不是像罗贝尔·舒曼或雷蒙·巴尔，而是像托莱兹，赫鲁晓夫，卡斯特罗和贝尼·列维。

整个三十年代他都没有参与公共的争论，与他接近的人，首先是他的秘书让·高，都说他在五十年代仍然把政治看做是"苦役"，是"令人难以忍受的厌烦事"，是"厌恶"无尽的源泉，他甚至连报纸也不看，①即使看也是违心地看；他是个绝对的艺术家，1970 年，当有人问到他的打算时，他仍然回答说：②"我想说明的是，一个人是怎么走到政治上来的，他是怎么被政治抓住的，是怎么被政治变成了另一个人的"，他还说："因为，你们还记得，我本来不是个搞政治的人，可是政治却深深地改变了我，结果到最后，我也不得不搞政治了。"因此他要适应现实的脉搏，现实又以越来越疯狂的节奏逼迫他发表意见，参加游行，对发生的事件发表即时的评论，发出必要的或徒然的挑衅、论战："在观念的荒野上降下文字的大雨"（伏尔泰），请愿的冠军（只在 1958 年到 1969 年期间，来自各个方面的宣言总共有 488 份，他签署了其中的将近一百份，比维护人权联盟的主席达尼埃尔·麦耶多两倍③）——自己感到痛心，也叫别人痛心的萨特，变成了像巴甫洛夫的试验动物一样的活动分子，刚代表一个组织发完言，又跑去代表另一个组织发言，从一个会场赶到另一个会场，为他的新的信仰代言，苏联的、古巴的、毛派的，因时而

---

① 让·高，见于《萨特的见证》，第 1120 页。

② 《萨特眼中的萨特》（*Sartre par Sartre*），见于《境况种种》，第九卷，第 134 页。

③ 见于前面所引让-弗朗索瓦·西里奈利的作品第 336 页。

异……

在《告别的仪式》里记述的最后几次谈话中，海狸有一次问他：我们谈谈文学好吗？最近一段时间，你谈政治谈得太多了！人们总是向你提出同样的问题，而且总是政治问题！而他却郁郁地说：不，不，这样就很好；我们也谈政治吧；因为政治，不管怎么说，“代表了一种我没法回避的事物”；当然我不是一个“政治家”；但是我有过“政治上的反应”；我曾经“深入”政治；“以至于，从广义上来说，也就是从被政治所触动、所深入的人的意义上来说，政治人的境遇形成了我的特点”。

其它的问题：他为什么那么晚才变成“为政治所触动，为政治所深入”的人呢？仍然是在《告别的仪式》中，萨特回答说（他的朋友们也经常这样回答问题，首先就是克洛德·朗兹曼）：“就是这样；没有什么特别的解释；一个男人的生活应该——他说的是应该——就是这样的；开始的时候不是搞政治的，后来，到了五十来岁的时候，就变成搞政治的了；你看左拉；纪德；还有维克多·雨果；我一向就是这样看待生活的；我一向认为，从文学出发，我最终会走向政治。”[①]就算是这样。但是我还记得早期的萨特。我还记得，早期的萨特在写作和进行哲学思辨时是多么幸福。我还记得那时的他可爱的时髦，奇妙的做派和思想上的自由，他当时才不管什么雨果和左拉呢。于是我不敢肯定，而且是一点也不敢肯定，讲究时髦和艺术的萨特，写《厌恶》和《存在与虚无》的萨特会“一向就是这样看待生活的”：显然还有另外一个理由；只有当哲学被宣布

---

① 《告别的仪式》，第474—476页。

为已经完结了的时候，他才会变成搞政治的人。只有当他向那些虽然没有宣布历史的终结，但至少也宣布了哲学终结的理论家们缴械投降了的时候，他才愿意担当一个职业同路人的角色，才会把他的生活，或者说是把他余生中主要的时间用来评论古巴的甘蔗收成，反对马尔罗在巴西的宣传，与铁托、纳塞尔、列维·埃什科尔(Lévi Eshkol)说些外交上的客套话，领导《人民事业》，创立《解放》，主持审判美国在越南所犯罪行的罗素法庭，或者是在"人民"控告朗斯矿负责人的案件中担当检察官的角色。

可怜的萨特。

可怜的萨特，他对自己感到厌恶了，对自己的名声也感到厌恶了。

我看到他 1960 年在哈瓦纳与卡斯特罗面对面地站着——他小心翼翼地笑着，有点蠢，脸伸向为人所宠爱的卡斯特罗，一副毕恭毕敬的样子；他对面的卡斯特罗却结实壮硕，对小个子萨特和萨特所代表的一切，明显是一副瞧不起的神情，似乎在说：能和我接近是你的荣幸，能和我讲话是更大的荣幸。

我看着这张有名的照片上的他，一张照片，我知道，只凭一张照片来评断一个人，那是可怕的，但是，这一张却是如此的意味深长，我又有什么办法呢？因此，我看着照片上的他，他站在一个木桶上，面对着比杨古的雷诺汽车制造厂——他说：那是"受奴役的场所"。他穿着一件塞纳式的羊皮里上衣，鼓鼓囊囊，像脚下的大木桶一样。一只手插进兜里，好像他想让自己更像一个普通百姓，或者更加壮实；他手里拿着一只话筒，脸上的表情紧张得让人吃惊。他是一个战斗的第欧根尼。他是新的"人民的朋友"，正在对听众们发表讲话。只不过不巧的是，照片上看不到簇拥的人群，只有稀稀拉拉的几个人影，而且看得出来都带一副满不相信的、嘲讽的神情；剩下的就是几个记者，漫不经心地将话筒向他伸过去。“公众的哲学家”落入可笑和可悲的境地。他本来是迷恋光明的，是个神奇的高乃依式的英雄，让世人从他的卖弄中得到莫大的乐趣，可现在的他却成了一个可悲的小丑，对着幽灵般的人群说教。他已经不是巴达扬，而是马塔莫罗(Matamore)。他已经不是熙德(Cid)和多朗特(Dorante)，而是撒谎者。况且他也知道这一点。一般来说，照片是骗不了人的。我们从上面明显看出，他再也不相信自己的狂妄：他也疑心重重，眼中六神无主，只有半张脸在那儿，另外半张脸好像不知在什么地方。

我听着他某次在电台上的讲话。[①] 他费尽九牛二虎之力，说他没有什么好说的，真的没有，说他只不过是一个作家，突然对新闻发生了兴趣，而且觉得所有其它的东西，他的作品，他的书都“有点尘封的味道”，“有一点老气横秋”，他觉得“无所谓了”……突然间他的声音变得干巴巴的……话是空洞的，机械的……一架政治祈祷的机器，没完没了地制造神谕和虔诚……本来就是一个咖啡馆跑堂的，又演了一出在咖啡馆里跑堂的戏，用得着费那么大的劲吗？

他在那些年里采取的立场并不都一样，这是显而易见的。

比如他曾经为阿尔及利亚的独立斗争过；这场斗争是勇敢的，这是我说过的，而且我现在仍然这样说。

---

① 电台录音，与雅克·尚塞尔的谈话，1973年2月7日。

后来他又支持过毛派的活动……还用得着再说一遍吗？我和很多人一样认为，他对毛派的支持，只不过是三十年代到五十年代斯大林派那些疯话的翻版而已。

在《辩证理性批判》时期或此后一段时间，使我们感到吃惊的，是萨特的忧郁。是他在讲话中透露出的苦涩的感觉。使我们感到吃惊的，是他过去那么清晰的声音带上了杂音，变得没有特点了，沙哑了，好像因他的变化而黯淡了，甚至不那么蛮横了，或者即使蛮横也是干巴巴的，约定俗成的，为的是说明，面对着五月造反的"青年们"，他突然觉得"胆小了，没力气了，累了，没精神了"。[①] 让人觉得印象深刻的，是他 5 月 20 日到索邦大学的阶梯教室里来再一次表忠心的时候，他显得那么精疲力尽，他眼中的神色那么惶惑，带着一种苦笑："我现在要离开你们了，因为我觉得有点累；如果再接着回答你们的问题，我就该说蠢话了；那么我最好还是走吧……"[②]他曾经那么愉快，那么轻松！他曾经那么充满活力！当他还是哲学家的时候，他的脸上，他的声音里，他扯着嗓子大声思考的方式中有着那么多的惬意和欢乐！

可是现在，他完全成了自己的影子。成了过去残留下来的几个泡沫。成了一个幽灵。让人感到最为遗憾的是，《存在与虚无》的作者成了可悲的欲望的俘虏，认为历史终结了，只能像他说的那样，"作为知识分子，只能消灭自己"，全心全意地"做别人要求他做

---

① 《萨特文集》(*Les Ecrits de Sartre*)，第 463 页。

② 《萨特 68 年 5 月在索邦大学》(*Sartre à la Sorbonne en Mai 68*)，见于 1988 年 5 月 27 日至 6 月 2 日的《新观察家》第 1229 号。

的一切政治上正义的事”，[①]总而言之是完成已经宣布了的终结，让事情有个善终——让人感到最为可悲的是，上了年纪的萨特，想躲在自己的荒漠中，却被人拖到摄像机前来，被人拖去参加游行，又去索邦大学，去互助会，好像他在没完没了地追逐具体的，可能的普遍性的化身。

当然，我并不是在“原谅”萨特。

更不是用想像的“科热夫之过”来代替早先人们说的“卢梭之过”。[②]

我是在力图说明萨特的冒险和堕落，透过萨特，我们看到的是世纪的冒险和堕落。

我是在力图理解并讲述思想的疯狂和恨恶是如何产生的，那也是世纪的疯狂和恨恶，伟大的知识分子当中，很少，的确很少有人能够完全不受其影响。

萨特并不是因为改换了政治才改换哲学的。他没有说：“我先有了新的政治，先成了共产党人和毛派分子的同路人，然后再使自己的选择理性化，再对这一切进行思考。再看什么样的哲学能够更好地反映这些。”实际情况是，他先改换了哲学，从积极、欢乐、赌徒式的、肯定的哲学，过渡到了虚无、阴森、赞成终结论的哲学，所

---

① 《人民的朋友让－保罗·萨特》(*Jean-Paul Sartre, l'ami du peuple*)，与让－艾登·阿利耶的谈话，见于《国际傻瓜》(*L'Idiot International*)，后收入《每天的早晨都是一次对勇敢的考验》(*Chaque matin qui se lève est une leçon de courage*)，Editions Libres Hallier，1978年，第190—202页。

② 意思是把罪责都推给别人，源于雨果《悲惨世界》中加弗洛什唱的一首民谣“那是伏尔泰之过，那是卢梭之过”，说是1789年大革命以来，法国保守派分子把法国的一切不幸都归罪于伏尔泰和卢梭。——译者注

以他才变成了同路人，才变成了毛派分子，最后才变成了专制主义者。

5 文学的坟墓

1964年1月10日，萨特在伽利玛出版社出版了一本简单地题为《文字》的小书，引起了极大的反响。文学界在鼓掌。批评界赞叹不绝。大家都在争着庆贺这一很有法国特点的时刻。天才人物在艺术的峰巅上终于完成了他的代表作。哪怕是那些对头，那些昨天还对萨特污言秽语的人，也向回头的浪子致敬。不管怎么说，他是一个多么好的作家啊！多了不起的人，多好的作家啊！政治嘛，就不说了……可是这本书真了不起……是很美的散文……是心灵的小说……是一个诗人的解放，是啊，一个诗人，嘲笑了那些把他扣为人质的"伟大的事业"。感谢你，萨特。以法国和法国语言的名义感谢你。[①] 啊，若是你愿意更加经常地将你的笔蘸入这种神奇的墨水里，那该有多好啊！若是你愿意更经常地给我们创造一些如此敏感，如此温情感人，如此美好的作品，那该有多好啊！世人都被迷住了。有的想采访，有的想签订翻译合同，信件从全世界四面八方传来。人们甚至于为此给了他诺贝尔奖。这本薄薄的、精美的小书，这次重返文学的故乡，这本终于放弃了介入的纯粹作家的作品，使他获得了最高的殊荣。这一切，这如雨的恭维

① 阿兰·博斯凯，《战斗报》，1964年1月30日。

和荣誉，遮住了人们的眼睛，没有任何人发现，或至少表面上看没有任何人发现的是，这其实是当代文学史上最大的误解之一。就在萨特回归正统、浪子回头的时候，就在萨特后来的信徒们高兴地看到，反对他的人一个个哑口无言了，因而感到痴迷、感到松了一口气的时候，谁也不知道实际情况却是完全相反的：这部作品的发表是促使萨特变化的第三个，也许是最具有决定性的事件。不管人们的意愿如何，正是这一事件让他走进了野蛮人的小圈子。

假自传

因为首先，《文字》是一部什么样的作品呢？

这是一部很美的、精雕细刻的作品，但当你仔细看时，却比表面上看到的奇怪得多；作品说了些什么呢？

表面看来，这是一部自传。

这甚至是一部旧体的童年故事，有内省，有怀旧，有儿童眼里的场景，有急切的或是伤感的心声，有恋母情结和恋父情感，父亲早亡，母亲宠爱，还有祖父和祖母，在他发现自己的丑模样的关键时刻，原来的乖孩子便烟消云散，甚至还有未言明的乱伦。

那是很美好的“忏悔”，有些段落收进了文选中：比如“两鬓的发卷”，漂亮的金色卷发在他的两耳边翻飞，使他的丑模样不那么明显；可是有一天，他祖父厌烦了孙子的小姑娘装束，决定让人把他的头发剪掉，让他的丑模样一下子暴露无遗……被人宠爱的丑孩子在漂亮妈妈惊叹的目光下，正在写《卖香蕉的商人》或《写给一只蝴蝶》——“嘘！请进来，不过走路轻一点！我的小天才，我的神童，我的莫扎特正在写小说呢……”演木偶戏的场面……对巴洛的描述（巴洛是老师，有口臭，让他感到“极其尴尬”，但他觉得这证明了老师的杰出和美德），对西默诺的描述（“五十岁的老头儿了，脸上却像个姑娘似的光滑，往小胡子上抹蜡，额顶的一绺头发是染过的”，夏尔·施维泽尔说过：“这儿少一个人，那就是西默诺”），对毕卡尔太太的描述（家里人的朋友，看到孩子那么迷恋读书，是她第一个说：“一本书只要写得好，是永远也不会有什么坏处的”，而且她还送给他一个“地球仪”，为的是鼓励他，培养他，让他对异国情调早点产生兴趣），最后是对祖父的描述，祖父是个阿尔萨斯的新教徒，自由派的文人，有点狂妄，自认为是维克多·雨果，孩子的父亲不在，他便负责对普鲁的教育（我们在后面会看到，祖父顺便也把写作的病毒传给了他……）。

总而言之，萨特终于写出了自己的《成人之年》（*Age d'Homme*），也有了他亲手在斗牛中杀死的公牛的牛角，以及所有有关的故事。这就是书的内容。他为此花了很多时间，不错。他为这本书已经花费了十年的心思，因为1953年在斯特拉斯堡时，他好像就对海狸说过这本书，那是十分奇怪的一天，他有点心不在焉，面前摆着一盘酸白菜，他一点胃口也没有，只听他嘀咕道：“文学是臭狗屎！”同一年，他好像在意大利对米歇尔·维昂（Michelle Vian）也提到过这本书；他到意大利本来是去休息的，但到了意大利他就开始动笔了。第二年，1953年，他有一次为“亨利·马丁事件”接受记者采访，几乎正式对外公布了这本书，说他认为从性质上这算得上是一本“政治”作品，他要把自己描写成是“经历过1914年的战争、两次大战之间的岁月、德国占领和战后时期的一代人中的一个”；[①]还不用说一年之前，他在写给加缪的《答复》中透露的那句奇怪的心里话——当时谁也没有注意，他虽没有明说，但言外之意指的就是《文字》：“如果您认为我残忍，请不要害怕：不久我就会谈到我自己，而且是用同样的口吻；您想伤害我，那是徒劳；但是请相信我，我要为所有这一切付出代价。”[②]因此，这是一本赎罪的、长期的书。在他所有的作品中，这是他在开始动笔之前，酝酿时间最长的一部。但是，最成熟的歌总是、永远是最动听的。他不是经常说，尽管他很有钱，原则上属于可耻的资产阶级，但他还是对莱利充满了强烈的佩服之感吗？海狸不是始终说，1914年，在《被揪住尾巴的魔鬼》上演的那天晚上，当他们第一次走进莱利(Leiris)一家位于大奥古斯丁沿河街的家里时，她和萨特觉得终于一步迈进了神奇的光荣世界吗？他们两个人不是都认为莱利的《成人之年》(*L'Age d'Homme*)不仅是传记文学的代表作，而且也是整个文学的代表作吗？他把自己的作品命名为《懂事的年龄》(*L'Age de raison*)的时候，不正是对《成人之年》表示的敬意吗？他难道不正是在《文字》之前二十年，以某种方式表示了他的忠心吗？原因我们终于知道了。这是萨特习以为常了的另一种延迟效应：在莱利之后二十年，就连莱利自己也在解放之后把那本书扔在了脑后，自嘲当时的做作，似乎是千钧一发，冒了极大的风险，将自己置于“公牛尖利的角下”，又利落地闪开，却也没有自鸣得意；可是当时的批评界，也就是布朗肖，却从这本书里，从这种文

① 米歇尔·孔达，《萨特为什么写，是如何写了〈文字〉一书的》，第21—22页。

② 《给阿尔贝·加缪的答复》，见于1952年8月《现代》杂志第82号；亦见于《境况种种》，第四卷，第122页。

学的斗牛戏里看出，“我”在逃避，在消失，并慢慢地把位置让给“他”，让给“至高无上的死亡”，而死亡是一座“没有目光，没有表情，也没有名字的巨大雕像”。萨特也是这样，萨特也成了莱利，也像莱利一样，冒着极大而可爱的风险，做了一番文学上的内省……

这是正式的说法。

这是这本书在出版时，人们通常提出的看法。

直到今天，这仍然是人们对这本书一致的看法；这是一本“令人震惊”的书，表现了“他的聪明才智”（布隆丹[①]）——纯粹的“魅力”，是“文学上的伟大成功”，“十分经典的风格与最具有资产阶级作家特点的文学传统汇合在了一起”（鲁阿尔[②]）。

但麻烦的是，只要我们稍微仔细地看一看，只要我们排除了风格上高超的技巧导致的幻觉，只要我们不为萨特讲故事的天才迷惑（从《滑稽的战争记事》之后，他从来没有那么高兴地讲过故事，没有让读者们怀着那么大的悬念看他的故事，也许还包括没有像在这本书里一样，把线索搅成一片迷魂阵），我们不久就会发现一系列奇怪的地方，有形式上的，也有内容上的，让我们觉得那根本就不是他的自传。

首先，与莱利的书相反，与夏多勃里昂的《墓外回忆录》相反，与卢梭和圣奥古斯丁的《忏悔录》相反，也与现代人当中纪德的《如果种子不死》相反，与所有自传体的代表作——所谓自传体，其特

① 《巴黎日报》（*Le Quotidien de Paris*），1980 年 4 月 17 日。

② 同上。

点就是完整地重现一个人的生活，或命运——都不同，萨特的叙述无缘无故地只到主人公的 11 岁为止，只讲到童年结束，恰恰也是真正的生活应当开始的时候。

其次，与同种体裁的叙述，与所有作家的自传不同的是，作家的自传不管有多么奇特，叙述的事实之间总有一定的连贯性和顺序，而萨特的作品在叙事结构上就有很多不正常的地方，重复、表面上的结构错误、虚假的或是做过手脚的回忆、时间上的误差、谎言、在一些细小的地方弄虚作假、似是而非、各种各样的矛盾、[①]离题的叙述、突然之间预想到未来、又无缘无故地回到过去——整个叙述都带着冷冰冰的幽默，有的时候甚至是厚着脸皮，板着面孔，没有真正的感情激动，只有个别的几个地方是例外（比如与安娜·玛丽的关系）；这使得萨特的作品更像是戏仿，或是对自传体的模仿；而不是像一般的传记那样，内心怀有某种莫名的隐情，酝酿了很久，像宝贝或秘密一样地珍藏着，维持在让人不可捉摸的状态，只是在突然之间才下了决心，要表露内情，所以才诉诸文字的。

第三，最后的结尾也是个谜："每一个人都是由所有的人形成的，和所有的人都一样，而且任何一个人也都和他一样"：这是人人皆知的，毫无疑问，写得多好啊；完全是萨特的文笔；二十年之后，与《自由之路》中马蒂厄的姓遥相呼应；马蒂厄姓"德拉吕"（Delarue）不是无缘无故的，意思是"大街上的人"，随随便便的一个人，和萨特一样的人，但也和他一样，是由所有的人形成的，和所有的

① 菲利普·勒热纳，《传记的约定》（*Le Pacte biographique*），Seuil，1975 年，亦见于《我也是》（*Moi aussi*），Seuil，1986 年。

人都一样等等。但是，这与我们期待的自传的结局不是正相反吗？传记体的文学就是要表示遭受折磨的、焦灼的主体，如果可能的话，主体还要有痛苦，但无论如何它要具有最终的个别性——正像纪德和亨利·布吕拉尔说过的那样，一个人如果还不是所有的人中最不可或缺的，那么通过传记，他就是要让自己成为这样的人。萨特的作品与这样的目的难道不正相反吗？总而言之，自传体的口吻最能重现主人公的心声，并同时激起读者的关注，这与卢梭《忏悔录》开篇的第一句话难道不是如出一辙吗？《忏悔录》的开头也同样地无人不知，也同样地强调了叙述者异乎寻常的个别性："这里是这个人惟一的画像……"

第四，还有书中说的话，白纸黑字明确说出来的话——书的真正的主题有时候说得一字一顿，有时候旁敲侧击，我们很难相信当时和现在那么多评论家都固执地对此视而不见：文学是空想，是儿时的梦，是海市蜃楼；文学是陷阱，由于祖父的过错，由于安娜·玛丽和其他几个人的推波助澜，我在八岁的时候掉进了这个陷阱。我本来是下定决心不受诱惑的，可我之所以写这本书，之所以像很多别人一样，把藏着的秘密全都抖落出来，就是为了描写这个陷阱，讲述海市蜃楼是怎么产生的，重新找到导致幻影出现的"先决条件"或"感情投入"，更加重要的是，我要从中摆脱出来，打破迷幻，脱离幻境——他强调说："我想让人们实事求是地看待这本书，这是一次摆脱蒙蔽的企图。"①

---

① 《文字》俄译本前言，见于 *Novy Mir* 1964 年 10 月第 10 期；亦见于米歇尔·孔达的《萨特为什么写，是如何写了〈文字〉一书的》(*Pourquoi et comment Sartre a écrit "les mots"*)，第 456 页。

《文字》到底说了什么

让我们把话说得更明确。让我们更仔细地分析作品。文学从什么样的意义上是幻影呢？当萨特说，写作是长久的幻想，使他苦恼了三十年的时候，他想说的到底是什么意思呢？从很久很久之前，他就为写作付出了那么大的精力，那时他还像拉斯蒂涅克一样，在勒阿弗尔的咖啡馆里等待着光荣的降临；他对作家这个职业到底有什么不满，为什么要怀恨在心呢？总之，他觉得文学在哪些方面，对什么事负有罪责呢？

第一个不满。写作的愿望根本不是天赋的，不是发自内心深处的召唤，不像大多数作家宣扬的那样，不像他自己在很长时间里相信的那样，是自由选择的使命，或者是天降大任于斯人，从而使他成为英雄，成为自由的使徒，而自由是他决策的原则，所以值得勇敢地去保卫，其实根本不是这么回事；他发现，写作的愿望来自外部；那是他在心中回应“死去的老头儿”的呼唤，有名的夏尔·施维泽尔祖父，他也称之为“卡尔”；那挥之不去的祖父的说话声；是祖父抚养他成人，启发他产生了写书的愿望，但祖父当时并没有真正地相信他会做得到。祖父常说，孩子是大人“怀着遗憾制造”的“怪物”。在写于同一时期，发表于《文字》之前四年介绍尼藏的文章里，他已经解释说，孩子是可怜的弱者，父辈“像外来的强国一样占领了他们的心”，并用一些肮脏的计划污染了他们。在他心中，文学也属于这种污染他的东西。在他的心中，文学是别人的愿望产生的结果，这别人不是他的父亲，而是他的祖父。卡尔“驻扎”进了他的心灵，“用手指”指着——即使在死后，那手指仍然在指着——他那胜利的、未来的文人之星。在那些年里，也包括后来，每当他开始写作时，他听到的就是祖父的说话声；而且正是祖父的声音，让他听了心中惊醒，赶快伏身在桌子上。他最后归结说，要不是“怀着惟一的、痴迷的希望，想让祖父高兴”，我是不会“熬那么多的日日夜夜，用墨水涂抹了那么多的纸张，为市场提供了那么多谁也不要看的书”。萨特中了魔。萨特丧失了自己，丧失了他自以为是最珍贵的东西。他自认为是自由的。他认为对文字的喜好是自由的活生生的标志。他和让·热奈一样，有意识地选择了生活在想像的事物里，想像的事物成了他的“出路”和“谋划”。[①] 三十年来，他不断地炫耀这种标志，这种牺牲，用自己的经历说明这样一种论断，那就是一个人，不管其处境如何，永远不会完全地异化。这是错误的。实际上，是别人把写作的命令“缝”在了他的“皮下”。是别人把一份虚假的写作的委托书“当做密封件”，安放在了他的头脑里。那时——现在也是一样——，他只要一天不拿笔，他的疮疤就会疼痛。而且，他内心里的说话声，那个命令他去写，告诉他应当看什么、听什么、讲什么的声音，正是伟大的“祖父”的声音，他把那声音内在化了；祖父曾经摸着他的额头说，“这孩子有搞文学的天赋”。萨特把这声音铭刻在了心中。萨特明白，当做家，以他的具体情况而言，那就是异化。

紧接着萨特在一开始就写道，更何况“死去的老头儿”还有个

① 见《圣热奈，喜剧演员和殉难者》中的《该隐》一章。

倒霉的地方，那就是，他是个人们称之为的“教士”。祖父的家里早先有人当过教师，再后来则有开杂货店的，所以家里人想让祖父去当神职人员。这和波德莱尔的父亲一样——这是萨特和波德莱尔的经历中另一处相似的地方。当然，祖父摆脱了这一命运。不一样的是，弗朗索瓦·波德莱尔发了愿，出家当了修道士；后来还俗完全是为了让《恶之花》的作者出生。夏尔·施维泽尔则是入道不久就放弃了，或者更准确地说，他杜撰了世俗的借口，没有在教会谋发展，而是选择当了德语老师，后来又通过了以十六世纪德国诗人和音乐家汉斯·萨克斯为题的论文答辩，再后来又设计并发表了以“实物教学”为基础的德语教学法。但是两人的相似之处仍然是明显的。况且，萨特有两次很奇怪地假装夏尔到底还是当了牧师。他有两处出现了笔误，不顾传记应当尊重事实的习俗，奇怪地把自己说成是“教士的孙儿”。而且实际情况也差不多，因为说到底，夏尔无非也就是把僧侣的利比多统统灌注进了具有高级神职人员特色的人文主义里；他“保留”了神圣超凡的思想，只是“这种思想体现在了文化当中”；他后来仍然忠实于“圣灵”，只是在他的心目中，圣灵成了“艺术、文学、古今的语言和实物教学法”的守护圣人；由于神圣的使命中途受挫，信条被束之高阁，信仰转向了科学和传授知识的艺术，他认为知识和文学具有神圣性，而且把这种观念传给了孙儿。萨特从来没有完全摆脱这样的观念，而且这也正是他不能原谅自己的地方。在写《文字》之前，他始终认为，有某种“莫名的、神圣而伟大的力量”保证他完成自己的使命，并主宰着他作为大作家的生活。从儿时写的文章开始，一直到作为思想大师写出真正的作品，他始终认为图书馆就是“神庙”，那里祭祀的是书的宗教，那里宣讲的，是他的福音书。他强调说，他是“教会的人”；他从儿时开始，便有一种荒唐的“像僧侣那样的愉悦”。他有一种怀疑的态度，有一种天主教（来自于父亲）和基督教（来自于母亲）交织在一起的思想氛围，有一种“顺从精神”和“批判精神”混合在一起的基调（在他很小的时候，由于母亲信奉的基督教具有的批判和自由思考的传统，家里的气氛便很轻松）；总之，他不信教，由于父亲和母亲各有各的信仰，所以他对所有的宗教感情怀有天生的不信任，他自认为有免疫力，可以不相信天使、圣母以及最终的上帝；但是，这些信仰却“装扮”成新的形式，又回到了他的心中，而他也落入了圈套。他自认为具有怀疑精神，却变成了神秘主义者。他自以为注射了防止迷信的疫苗，而文学却变成了他生活里最大的虔诚之举。正如在纪念纪德的文章里写的那样，在上帝之死和无神论的冒险中，他以为已经做得十分彻底；他在最初发表的一篇文章里断然说，“上帝不是艺术家”，弗朗索瓦·莫里亚克也不是；他以为这句话概括了一切；可他也“入道了”，把“文学和祈祷”混淆在了一起。什么是书呢？是神圣事物的最终形式。什么是作家呢？作家就是基督徒。我萨特是不是作家呢？我是这个时代最后的神甫之一。这是第二个不满。他是个非同小可的无神论者。

第三个不满。什么是神甫？神甫是上帝在人间的代表。是真正信仰的守护人。是天上和人间，是人神之间的代言人。但是，《文字》里还说，神甫尤其还是一个这样的人：不管对与错，他都自以为负有可怕而又可笑的使命，要“担负起责任”，为拯救同胞做出贡献。萨特就是这样做的。他知道，这个很诱人，但也很可恶的计划，激励着他迈出了走向作家生涯的最初几步路，而且后来仍然盘桓他的心中。“与事实并不相符的孩子”普鲁想，假设有“一类人”注定了要沉沦于“兽性”，假设“芸芸众生”在龌龊而可悲的困境中挣扎，有两种办法可以把他们从恶劣的命运中拉出来，而且只有这两种办法。第一种办法是“保留”已经死去的僧人们留下的“圣物——绘画、书籍、雕像”：这是博物馆和图书馆的使命。第二种办法是“至少”还剩下“一个活着的僧人，以便继续完成使命，制造未来的圣物”：这将是他普鲁的使命，他是面对永恒的活着的僧人，是最后一个莫希干人[①]，是古老部落的最后一个见证人——他发誓要成为这个僧人；他要成为被打入地狱的、无助的人类的救星；他的“生活将是典范”，不仅要“教导”苦难的人民，还要“保卫人民不受自己之害，不受敌人之害”；他要把自己的书设计成“庄严的弥撒”，他是上天派来的善良的使者，要把上天的“祝福”送给人们。《文字》里说，“人们是为邻人或上帝写作的”。他萨特很早就“决心为上帝写作，以拯救邻人”。正因为如此，从一开始的时候，他的想法便是，他不是要卖书，而是要用他的“笔”来“拯救”他的人类“兄弟们”；他不是要让人们消遣，不是让人们思考，不是让人们读他的书，而是要把人们从形而上学的苦恼，从道德的绝望中解救出来。他的荒唐，他的狂热，尤其是他的傲慢之处就在于，“每天早晨”，他一睁开眼睛，“跑到窗口”，看到“还有活着的男男女女从大街上走过”，便情不自禁地想，他们之所以能够这样，那是因为，“自日暮至晨曦，有个在室内工作的人——他萨特——殚精竭虑，写出一页永

① 古印第安人。——译者注

恒的文章，才将他们的残喘苟延了一日”。文学是走极端。文学是发疯。文学是偏执狂和傲慢的最高阶段。首先是他居高临下，君临一切的怪僻，他总是自上而下地对待人和事，总之他是在练习着摆出一副蔑视的姿态，在《什么是文学?》中，他已经用这种姿态鞭挞一切，但在《文字》里，他重新勾画了他是如何亲身经历这一切的。一切都开始于勒高夫街那幢房子的六楼上，施维泽尔家，从那套公寓房子里向外看去是“一片屋顶”；小小神童光荣的身体就躺在那里。一切都结束于蒙巴纳斯那座新房子的十楼上，从那里向外看去是一片墓地；半个世纪之后，他成了一个衰老而爱讽刺人的天使，正在那里修改他的书稿。在这两个地方之间，他总是习惯于在高处选择住宅，在一棵“神树”的顶上，那是可恶的优越感的标志，也是他的宝座。他说，尽管我努力过，尽管我“把热情都用在低处”，并为此而穿上“潜水员”才穿的“铅底鞋”，那也没有用。我的“高度表”出“毛病”了。我是“出于习惯”才“住在高处”，而且“不抱希望地向下探看”。真正对人产生影响的，不是童年，而是度过童年的地方；对于萨特来说，那是个“高高在上的地方”，“像鸽子窝一样”位于高处，是个镀金的“笼子”，他在那里，像在天上，处于存在和虚无的连接处，像个瞭望员一样，只身一人关注着人类的二十亿生灵。作家与“芸芸众生”。作家与“鼹鼠洞”。傲慢。轻蔑。丢尽了面子的贵族最终的化身，这才是作家真正的姿态和激情。

这时，我们应当回顾一下萨特的尼采哲学。我们应当记得，在他的意识里，尼采的等级观念很重，他从来没有承认过这种古老的观念，也从来没有否认过，所以就显得更加顽固。这种观念可以回溯到在高等师范读书时,反映在他与尼藏的谈话中,在他们共同“酝酿超人状态”的时期,在他们到圣心教堂一带散步的时候,甚至也可以回溯到他创作《厌恶》的时候。因为说到底……作家的过去……对具有高级教士特色的人道主义的思考……对在俗僧侣阶层的指责……他们有一种幻觉,以为自己生活在世上就是为了拯救同类……天空是大地的背景,承托着大地的卑劣算计……“上”、“下”之分永恒而虚伪……生活的反面与真正的生活背道而驰……这一切都带有尼采哲学的味道。这一切都不能不让人想起尼采称之为“僧侣的理想”的指责。何况,萨特几乎是照原样把那话接了过来。他用来批驳这一理想的口吻,自从《希洛斯特拉特》之后已经被人忘记了;但是,它像旧时候的韵律一样,存在于《论道德的谱系》和《人性的,太人性的》里。因为文字不仅仅有历史,也有逻辑,所以事情的经过似乎是,他又回到了尼采时代,人们以为,尼采哲学的痕迹已经被成千上万页社会斗争的文字掩盖,但其实却辐照了作品的另一个层次,并让我们按照先前作品的线索,看出了他的第四个不满。文中说,文学宗教是“残酷的宗教”,这种宗教是以“怨恨”和“刻薄”为养分的,而怨恨和刻薄又是卑劣的人所特有的。这种宗教“毒害”着人们,“污染”着人们——这是尼采对怨恨的全部批评。作家想让自己成为“人类的朋友”,声称进入文学完全是出于对人的“爱”;只不过,在爱这一“假面具”的掩盖下,在所谓“介入”的人道主义的声明背后,萨特的第三只耳朵,祖传的意识和唯物的耳朵,今天正在致力于揭示“文字”的“神秘性”的耳朵,却听出对现实中的人怀恨在心,或至少是无动于衷的那种嘶嘶声,虽然那声音轻微得几乎难以辨识,却是实实在在的——是利他主义?那是开玩笑！是善良？那是欺骗！是公认的救世主？那是滑稽！就像尼采说的教士一样，作家也是一个作弊者，口口声声说是要拯救别人，实际上心里想的只是他自己——他是个“骗子”，装扮成心灵的医生，而实际上他和所有的人一样，一心只想着“不声不响地拯救自己，用伪善者的话说，是特别地拯救自己”！最后还有对死亡的喜好——他以为从所有的文学努力中，也包括他自己的文学努力，发现了这种可悲的、夺人性命的情调，简直和《曙光》或者《瞧，这个人！》如出一辙：“写的渴望”和“拒绝生活”……“死亡诱惑着我，因为我不喜欢生活……”“写作的荒唐举动，为的是让人原谅我的生存……”“如果我返回到起始点，我会在那里看到为了逃避而向前跑，像个傻瓜一样地自杀；我寻找的不是史诗，不是牺牲，而是死亡……”我们可以把这些话一句一句地连接起来。我们还可以举出其它的话。其意识还是尼采的。这还是尼采对虚无主义，对虚无的意志，对“最后的人”那“疲倦”的生存的批评。我们在这里发现的——这是第四个不满——是，在文学里占了上风的，同样是死亡。

但是，仍然是在这部作品里，如果我们仔细地看，我们还会看到他认为应当对“选择虚构的事物”表示的最后一个不满，而且也许是最为严重的一个。那是文学的真正的罪行，是文学其它罪孽的根源，是放弃文学最为有力的理由。文学是诱饵，因为它是谎言。文学是谎言，因为它让我们把文字当成事物，把现实的图像，把对现实的模拟当成现实。在叙述中，这种想法至少出现过五次。讲到他第一次走进勒高夫街的图书馆，当时他还不认字，希望只要他一打开书，便能听到“小小的植物图集里干巴巴的声音”，他的祖父只要用眼睛一看，便能让那些东西活跃起来；他在后来，在很久之后讲述说，我“很多次听到仇视犹太人的人们责备犹太人，说他们不懂得大自然的忠告和安静”；其实我原来和现在都“比犹太人还犹太人”，因为我也是从书中认识世界的——那些书是“我的小鸟和鸟巢，我的家畜，我的马厩和乡野”。往后翻几页，他在大拉鲁丝词典里漫游，里面有插图，有奇妙的版画，这就是他的“一切”：“有人，有动物，都是活生生的”；那是“真的鸟”，“真的蝴蝶”和“真的花”；猴子比动物园里的猴子“更像猴子”；人比他在卢森堡公园里碰到的人“更像人”；他“从境遇上成了柏拉图的信徒”，他是个孩子，“认为观念比事物有着更多的实在性”；“世间万物”，他是先在书上看到的，然后才在实际中辨认出来，他混淆“书本经验”的“混乱”和“现实事件偶然的进程”。再往后讲到他开始成了一个小作家，在第一个笔记本的封面上，他用紫色的墨水虚张声势地写上“小说本”：他就是这样“以假做真”的，他坚持说，我用笔画出一些符号，而在我的想像的眼睛里，这些符号活了起来；我的荒唐之处就在于，我写出歪歪扭扭的字，便看见“星星点点的鬼火”在我眼前取代了“无趣的物质”；我写了一个贝督因人，一只狮子，一个第二帝国时期的船长，一个年轻的大力士探险家沿着亚马逊河逆流而上，他们活生生地从我的“钢笔尖”下涌现出来；让我“再一次把文字当成了事物的本质”，我认为，只要用事物的名称叫它们，呼唤它们，给它们命名，就足以让它们“钻进”爷爷和奶奶的“饭厅里来”。快到末尾时，他还有一段描写，说大人醒悟了，列数了所有的“原因”，让我们理解“教士的理想主义”，而正是这种理想主义让儿时的普鲁发疯了：“我是通过语言发现世界的，所以在很长时间里以为语言就是世界”；在我的心目中，存在，在当时就是——现在仍然是？——“在一张话语的大表上有一个被控制着的名称”。在书的最后，就在真相即将大白的时候，还有一段描写：“我混淆事物和事物的名称：这就是信仰”；换句话说：作家除了见鬼，迷信，一心只会说教，不是想着怎么活，而是只知道死；除此之外，作家还完全生活在符号的不真实的世界里，他们以为接触到了事物，但实际上他们触摸到的只是影子（在他们的错误中，这才是最糟糕的，在他们的无耻行径中，这才是最可怕的）——他们最终地干扰了感知系统，将主体直接引向不可救药的、可悲的混乱；《家庭白痴》称这种混乱为“精神恍惚”，他根据福楼拜的个案对此进行了分析，正像所有严重的精神病人一样，其根本就是把事物的影子当成事物，把我们的文字当成是陌生的、怀有敌意的、具有威胁力的人。

总而言之，文学不仅仅是幻想，而是神经官能症。

那不仅仅是神经官能症，那是病态，像所有真正的病一样，都应当医治。

萨特在很长时间里以为写作是对病的回应，是治疗，是医药。在《厌恶》中，他甚至写道：“我痊愈了，我要放弃写作。”或者“我想我要感到厌恶了，我觉得通过写作，我向后拖延了厌恶感。”他再也不相信了。他甚至相信事情恰恰相反。总而言之，他相信“文学是漫长、苦涩、温馨的疯狂”，他刚刚开始了解所有的症状，他要治好这疯病，十万火急。

为了医治文字的病，他写了《文字》。

这本书之所以叫《文字》，是因为莎士比亚说的一句话“Words, Words, Words!”（“文字，文字，文字！”）——总是文字……文字什么也不是，必须从这荒唐的诱惑中摆脱出来……

在《肮脏的手》中，赫德莱作为一个"真正活着的人"，一个"充实"，"真实"的人，对雨果说"你也很有天才，有写作的天才"，话音刚落，雨果便怀着无助的愤怒和高尚的心灵，对赫德莱说："文字！总是文字！"在《文字》中，我们听到的，好像也是雨果这话发出的回声。

《文字》写的是一个作家童年的神奇故事，是在做自我虚构的无害练习，甚至是在以自我为中心编故事，表现的是，文学大师在政治上呆得时间太久，感到后悔了，所以又返回头来，为我们写了一本法国儿童的小说；但在此之前，《文字》首先是在攻击文学这个行当，把文学看成是心灵的迷失和堕落，是对生活和精神的犯罪，是纯粹的犯罪。

如果我们听不出文字的言外之意，或者看不到尾声中明确说的话：文学已经结束了——我之所以写这本书，就是为了义无反顾地说，永别了，文字！如果我们看不到这一切，那我们就没有看到《文字》发出的信息，我们就没有明白它的意义，也许根本就没有看到它真正的美好之处，我们也就不会明白为什么作者付出了那么大的努力来写这本书——至少十年，他有过怀疑，有过良心的不安，有时愕然惊呆了，害怕了，而且他的文笔第一次显得那么犹豫。

与文学告别

从根本上说，这个姿态没有任何特别的新颖之处。

甚至从某种意义上说，这是传统的哗众取宠，是文学上诱惑人的戏法或艺术。

我们完全可以说，与文学告别，从形式上虽然不能这么说，但也算得上是一种文学的体裁，《文字》就是属于这种体裁的作品。

有悲剧式的告别：比如兰波。

有神秘的告别：比如拉辛。

有懒人的告别，几乎连说也懒得说：比如康斯坦(Constant)。

有豪华的告别：比如莱利，阿莱克西·勒吉(Alexis Léger)，鲁塞尔(Roussel)。

有羞耻的告别：马尔罗一声不吭地就走了，像摆弄扑克牌一样反复摆弄他原来的几本书，想给人造成一种幻觉。

反过来，也有像老戏剧演员一样的告别，比如罗曼·加里(Romain Gary)，不断地说要退了，不断地宣布说要告别了，却仍然不断地写出一些十分美好的作品。

也有的告别是焚烧自己的书，像阿拉贡在马德里一家旅馆的地板上当着南西·库纳尔(Nancy Cunard)的面烧掉一千五百页的《为无限辩护》，据阿拉贡说，当时的南西·库纳尔"一动不动，面无表情"。

有的告别沉闷，简短，比如瓦勒里：没有一句话，没有一个姿态，只有沉默，几乎连书也不看——只是沉默，至少一直到《年轻的帕尔卡》。

告别是冒险，几乎是一部作品，不管怎么说是作品中的一个时刻，是真正的文学事件：刚才说到的瓦勒里是这样，马拉美更是这样，大胆地面对沉默，小心地培育未曾出口的话，几乎像是雕刻石像一样地雕琢没有表达出来的意思。

有的告别根本不说是告别，确确实实地结束了冒险，只说对写作厌恶了，想翻过一页：《讨人喜欢的人》（*L'Attrape-Coeur*）之后的塞林格就是这样；也有的告别相反，使作家不仅仅是一个作家了：他与死亡擦身而过，伸手摸了摸什么叫形而上学和恐惧——文学，在与之告别的同时，却向着真理而超越了自己（这里说的还是兰波）。

有些人之所以离开文学，是因为他们已经没有什么话可说，简死之后的保罗·鲍尔斯（Paul Bowles）就是这样。有些人之所以离开文学，是因为他们想说的话太多，这太多的话又说不出来（在奥斯威辛之后，再也不可能有什么诗意）。

有些人倾向于沉默，因为他们的话是模糊的，但话又要说清楚，比如维特根斯坦的《逻辑哲学论》，第 7 命题："对不能说的，就要保持沉默"。也有的人知道自己的话清楚，太清楚了，但真理又必须藏在隐晦中，比如拉康的欲言又止。

有的沉默是雄辩的（还是拉康："沉默并不是无话可说"），有的话却什么也没有说（海德格尔：没完没了地重复一些没有内容的话，老生常谈）。

有的人明白话语就是沉默，说话就是保持沉默，并以为保持沉默比什么都不说还要好：布朗肖就是这样。也有的人起点是一样的，认为沉默和话语联系在一起，认为沉默是最高阶段，或者是最为巧妙的形式，但他们走的却是一条相反的路，在保持沉默的同时，却开口讲话了：比如马拉美就是个不断地说话的哑巴，这个饶舌的人反反复复地说着，编出一段"静"，比编出一段诗"更美"。

有的人告别时怒气冲天：1945 年，巴塔耶宣称说，他从来"没有像恨诗这样"恨过别的东西，说他讨厌"诗的愚蠢"，说他从今往后要为反对“诗的模棱两可”而写作。

有的人告别时像尤利西斯:战后的卡依瓦坚持原则,对虚构故事恨之入骨,目的就是不对诱惑让步。

有的人是抱着破灭的幻想与文学告别的:帕索里尼(Pasolini)在转向电影时说:我“就这样摈弃了对诗的尊敬。”因此,再明显不过的是,“重要的不是诗,不是的”。“行动的语言”对人的“诱惑要大得多”,“而诗人的职业却越来越没有意义”。①

有的人告别时像个预言家:比如布尔日(Borges)——“我不知道通过音乐能不能让人们对音乐绝望,通过雕刻会不会让人们对雕刻寒心,但是文学这种艺术却能够预言它自己什么时候会缄口不言,什么时候会竭力地反对它自己的作用,什么时候会爱上它自己的分崩离析,并追求自己的终结。”②

甚至也有“一上来”就告别的——有的作家第一句话就是说他们永远不会说最后一句话,因此也就不会有最后的话:那些二流的超现实主义者就是这样极其地时髦,某些路上的先驱者也是这样,比如阿蒂尔·克拉万(Arthur Cravan),他背叛了十七个民族,有一天突然消失在墨西哥湾;他始终坚持说,拳击的艺术远比文学要高得多。

有些作家并没有真正地缄口,也没有说与文学告别,却一辈子都在喃喃自语地说,并不是他们不愿意告别——有些伟大的小说

---

① 皮尔-保罗·帕索里尼,《我是谁?》(*Qui je suis*),Arléa,1999 年。

② 乔治·路易·博尔赫斯,《论读者迷信的伦理》(*De l'éthique superstitieuse du lecteur*),《乔治·路易·博尔赫斯全集》(*Oeuvres complètes I*),第一卷,Gallimard,七星丛书,1993 年,第 212 页。

家与传统的夸张做法相反，与作品里反映的浪漫主义和新浪漫主义的题材（写不出这样的作品，毋宁死）背道而驰，与我们可以称之为的普鲁斯特阵线（认为文学是一种责任，是从道德上，是在下意识里觉得非做不可的事）或者巴塔耶的阵线（那些非有不可的小说，如果不写出来，会让我们感到窒息）相反，他们认为，写书并不是他们生活中最大的事，最终的事——巴尔扎克说过，“如果我会做生意，那就不会写《人间喜剧》了……”，司汤达说：“如果我在爱情上感到幸福，我就不会……”塞林纳说：“你给我一笔终生的年金，我就把这一切临时拼凑起来的东西一股脑地扔掉……”福楼拜也说过：“我觉得文学就是个假东西，你拿它手淫，却得不到一点快活。”

总而言之，按照某种传统——这传统有着坚实的基础，萨特自己也这么看——，不管出于什么原因，不管从思想上是不是认真，是不是说话算数，不管是以诙谐、挑衅还是演戏的口吻，有些人想对世人宣布说，文学——作为黑格尔说的那种艺术——是过去的东西了，已经过时了。对《文字》有一种可能的解读，那就是也把萨特归在这一类人里面。

只不过事情仍然没有那么简单。

虽然都是告别，但是这个告别，萨特的告别，却有两三处决定性的不同，就像我们刚才说这本书与典型的自传有所不同一样，这两三处不同的地方也使这本书与文学的告别仪式不一样。

首先，这是一次十分动人的告别，精心雕琢，极其美好。我不相信还有谁付出过这么多的努力，放出过这么美丽的文字之焰火，目的只是为了说，文字就是文字，不值得人下那么大的功夫。萨特是在说再见，但是说得那么美好动人。萨特是在赤裸裸地揭示文学的幻想，但他是以文学的方式揭示的。从其本身来说是判了作家的死刑，但言辞之激越，之昂扬，像是狂欢节，或压轴戏，不知道是标志着狂妄、最终的嘲讽、悔恨、怀念，还是战略，但很清楚的是，这是史无前例的。那是告别的仪式。那里有大量的形象和效果。那是庙会，是最后一次炫耀，是检阅，是最精彩的表演，是交叉的焰火，是节日的篝火，是大肆的渲染。所有的证据都一致说，萨特从来没有如此雕琢过一部作品。他从没有怀着这么多的耐心和热望修饰他的文笔。“一个本来就对自己有争议的题材应当写得尽可能地好”，他对孔达和里巴尔卡说。[①] 后来他在孔达和阿斯特鲁克的电影中又说：“我是有意使这本书让人看了恼火的；我是有意把这本与文学告别的书写成很美的文字的。”[②]最后，他还对西蒙娜·德·波夫娃说[③]：我想让这本书“比别的书更有文学味，因为我认为，从某种意义上，这是在与文学告别……”即使是如此。在说这话的时候，他难道没有意识到这样做是不合时宜的吗？他是否知道，《文字》是当代文学中最为雄辩，最为壮丽的告别？

第二，这本书非常激进。非常强烈和激进。在这本书中使人感到吃惊的，使人不能看不到的是，萨特的情绪那么激烈，几乎是憎恨，而且首先是他对自我的恨。萨特始终对“风格”存有疑虑，认为这是一种“说不清道不明的东西”，他祖父“不承认司汤达有”风

---

① 《关于家庭白痴》(*Sur L'Idiot de la famille*)，见于《境况种种》，第十卷，第 93-94 页。

② 见于米歇尔·孔达的《萨特为什么写，是如何写了〈文字〉一书的》，第 123 页。

③ 《告别的仪式》，第 274—277 页。

格，却“认为勒南有”。从《什么是文学？》开始，他便说介入的艺术，也就是一般的艺术，应该戒绝司汤达称之为的“风格之优雅”——灼人的字，也灼伤了自己。多余的完美，画蛇添足的诗，嘲讽。他为戈尔兹的书《叛逆者》（*Le Traître*）写了前言，这本书自称是要向一切“将美放在高于一切地位”上的人宣战，因此也就是向“风格”这种傲慢的标志宣战，风格就是“死亡”的同义词。他专门为波德莱尔写了一部论文，却根本就没有提到他的诗，也就是他的风格，人们为此责怪过他，尤其是莱利。他为马拉美写了五百页的文章，大部分都遗失了，他写这些文章的目的，是为了通过马拉美批驳对符号的崇拜，对纯粹形式的崇拜，就像一个疯狂的化学家，想用言语将世界杀死，而且只喜欢句子里的颜色，只喜欢那里面的波光粼粼，里面的闪烁星光，里面的声响阵阵——激情如火的“句法家”希望只能一次性使用的文字，而且把剧院中演的戏当例子，认为两次演出永远也不会完全一样，文学创作也应当像戏剧演出一样：把文字的排列格式当成是戏剧的导演；把书上的一页纸当成是舞台，把读者当成是观众；歌剧、滑稽剧、芭蕾舞剧像顽念一样久聚不散；把艺术家当成是文字的照明师、布景师、化妆师、服装师。书就是一个事件。真正的事件是不会重复的……总之，萨特从一开始写文章，便在不停地与这种风格进行搏斗，他知道这是他心中非常重要的一个部分，所以就更觉得有必要抵制其诱惑。但是总而言之，尽管疑虑十分强烈，尽管搏斗十分惨烈，尽管在他的全部作品中，他对形式十分关注，至少在散文体的文章里，形式绝不能超过“思想”或“内容”，但萨特仍然是一个作家，他仍然是一个怀着喜悦的心情迷恋文字的人，而且即使在他主张恐怖主义的最糟糕的时期，在他的政治倾向性最为明显的时期和文章里——比如《共产党人与和平》——，他也从来没有怀疑过，介入的文学是一片荆棘丛生的天地，在这片天地里文学性也还是必要的，条件是要以文学和敌人战斗，要把自己变成一件进攻的武器，换句话说，搞文学要像击剑（“在很长时间里，我是把笔当成一柄剑来用的”，[①]与《亨利·布吕拉尔的一生》中所说的“我们一手拿着笔，另一手握着剑”[②]遥相呼应），或者拳击（《辩证理性批判》）一样。从《文字》开始，他不这样想了。我们已经看到，他谈到“残酷的宗教”。他谈到“令人讨厌的废话”。他把追求风格、修辞效果和形象完全看成是一颗“衰老的胆”分泌出来的凶险的胆汁，必须将其擦掉。他用极其辛辣的比喻描写离开了他的“头脑”，流入他的“骨头”里的“性格上的神经官能症”。他的恨是如此之强烈，他想伤害人、同时也伤害自己的愿望是如此之大，为了表示这一切，他找到一种旧时的口吻，有些像是按照吕西安·弗洛里耶那种可恶的风格，模仿所有写作的新手，尤其是他自己特有的那种笔调。吕西安·弗洛里耶是《一个领袖的童年》里的排犹主义者，见外国人就打，是个纯粹的流氓和反英雄。我们还想到柏拉图对诗歌的谴责。我们想到柏拉图之所以将诗人从城邦驱逐出去，正式的理由是诗人听不进为了达到真理而采用的辩论法和论证法——而实际上，是因为诗是他的天才中的一部分，是他的存在中的一部分，他是怀着史无前例的憎恨和自我惩罚的愿望，决定将这一部分，将他心中的诗人永远地扼

① 《文字》，第205页。

② 《亨利·布吕拉尔的一生》（*Vie de Henry Brulard*），Gallimard，Folio，1981年，第383页。

杀掉。萨特也是这样。萨特在《文字》里也是这样野蛮地自残的。因此，在《文字》之后，他才写了一系列的文章，通常是根据谈话整理成文的，从中可以看得出萨特老了，觉得伤感而厌倦，谁愿意听就对谁讲他可怜的理论，主张没有风格、不要美感、不要效果的散文体，实际上是根本就不要文学，其作用不是因为文字而起，而是从文字的阻力中透射而出的。

最后，《文字》是政治作品，是彻头彻尾的政治作品。萨特说："疯狂，性格上的神经官能症，幻想。"如果文学与"现实"和"世界"脱离，那是文学的耻辱。但是作品真正的言外之意，作品没有明确表示的信息，作品的文本里欲言又止的话，在作品之外的其它场合，在作品发表时的一些谈话里却讲得很清楚，那就是，作家应当服从规律，应当让自己的写作服从当时的政治需要；我们还记得，萨特在写《什么是文学？》的时候，是无论如何也不要这种规律的。从此以后他说，人类在受苦。我们身边有儿童在死于饥饿。而且，"和正在死于饥饿的儿童相比"，《厌恶》是"无足轻重的"。[①]《文字》……《厌恶》……我始终觉得，在萨特这块高原上，这才是真正的分界线和分水岭。我始终认为萨特的读者可以分为两大类：一边是《文字》，他的盖尔芒特(Gruermantes)；另一边是《厌恶》，他的梅塞格利斯(Méséglise)——在一边他是艺术家，而在另一边，出于种种形而上学的、文学的、政治的原因，他决定扼杀自己心中的艺术家。萨特自己确认了这种说法。他说他写《文字》是出于对

① 雅克林娜·皮亚梯耶整理的谈话记录，《萨特关于〈文字〉的解释》(*Sartre s'explique sur Les Mots*)，见于1964年4月18日的《世界报》。

《厌恶》的根。他毫不含糊地披露说，《文字》是他追溯以往，从政治上对《厌恶》的谴责。在《文字》中，他证明了两个阶段的假设是正确的：他刚进入文学界时，大张旗鼓，才华横溢，对社会的要求无动于衷，对群体的需要采取叛逆的态度——有儿童们死于饥饿吗？好吧，可是文学对此无能为力，我也无能为力。退出文学界时，他写了《文字》，变成了一个严肃的人，信奉革命的人道主义，热爱人类，但他爱的是真正的人类，而不是像假预言家们那样，高高在上地对待人类。他在《文字》中谴责了《厌恶》，说《厌恶》是"无足轻重的"，可他却仍然说，[1]"从纯粹文学的角度上看"，那是他"写得最好的"作品……

自福楼拜以来，现代人选择了两种拯救的形式。在宣布上帝死了的时代，在尼采的时代，人们在艺术和政治之间犹豫不决，不知道最终该把哪个当做拯救的手段。也包括纪德和纪德彻底的无神论，纪德将无神论的计划传给了萨特。他有时候像福楼拜，或马拉美，或耶拿文学俱乐部的成员，抱着"看不见的教堂"之梦，把艺术当成是永恒的神之降临，当成是事件的幽灵，实际上是当成一种绝对的东西：一首诗想说什么呢？什么也不是！诗不是在说什么，而是在做！诗不表达什么，而是在行动！惟一要对它提出的问题，不是它说了什么，而是在它当中究竟发生了什么事；每一首诗都是一个基督。书是无神论资产阶级奉为绝对的东西。有时候又相反，他认为思想只有在事物中才会有出路，真正的事物，事物的政治层面，而且是要改变事物：于是就像马克思一样，像黑格尔一样，

---

① 《境况种种》，第十卷，第155页。

像所有的人们一样，与马克思和黑格尔一起大声地说，知识分子“解释”世界已经解释得够了，该是“改造”这个世界的时候了；因此他根本不可能把话语看做是事物的最终结局——开始时是话语，姑且如此；但是如果归根结底，最终的胜利不是由事物决定的，而是由话语，这是不能令人接受的。萨特选择了后者。他原来选择的是前者。他和有些人一样，在很长时间里认为艺术是绝对的事物——“绝对的”，也就是脱离了一切偶然性和世界的事物。有一段时间他甚至像马尔罗一样，也像作为先驱者的巴莱斯一样，把他的生命放在对书籍的喜好和革命的愿望上。但是现在，他作出了决断。他选择了革命，他放弃了艺术。他不要艺术，他要革命。他是要艺术为革命服务——在《什么是文学？》的时期，这种可能性也是遭到他拒绝的，所以与《什么是文学？》相比，《文字》是一本倒退的书。作为《文字》的续集，他还应当有一本“政治自传”，而且萨特也在不断地声称说，他要写这样的一本自传，尤其是在《文字》俄译本的前言中；但他为什么没有写呢？因为用不着写。因为那完全是重复和多余的。因为《文字》的外表虽然令人动情、可爱，却已经是一本政治意义十足的书。因为在这本书里，萨特披露和讲述了他转变的真正故事：他是如何永远地选择了政治，而不要艺术的。

尼藏，布列东，波利泽尔等等

这是一本具有欺骗性的书，而且实际上的情调是那么忧郁；可是……萨特在写这本书的时候究竟在想什么呢？

既然这不是按照古老的传统，与“文学告别”的作品，当他对

《厌恶》,对《自由之路》,对他那么喜欢的文学道出一声凄惨惨、冷冰冰的再见时,他脑子里到底在想什么呢?

再看一遍《文字》,借着他在同一个时期写的那些文章,尤其是《尼藏》——我们知道,这些文章是怀着同样的激情写出来的,而且是从同样的情感和道德矿藏中取来的原材料——所折射过来的光线再看这部作品,我们很快就会明白,他心中的那些人,那些他念念不忘,并让他有勇气写下去的,不是马拉美、瓦勒里、博尔赫斯、康斯坦、阿莱克西·勒吉之类最终还是喜欢文学的变节者,表面上的或虚情假意的逃兵;而是另一种人,更加激进,尤其是更加亲近,因为那是他青年时代的"愤怒青年"。

他想到了尼藏,这是自然而然的。尼藏是个年轻的文人,还在高等师范时,他就说"他对文学感到厌烦",说他要当"电影的运作者"。这个精神上的变节者,说"他讨厌文字,因为他看得太多,写得太多,说他想对事物采取行动,用双手默默地改变事物"。当萨特听到他用细弱而冰冷的声音宣布说,他在这个文字的监狱和笼子里感到窒息,因此他要去亚登时,萨特惊呆了。后来,过了很久之后,他毫不隐晦地承认说:"我本应当像尼藏一样入党,像他一样于 1939 年退党,但不去送死……"[①]

他想到了波利泽尔。波利泽尔也是"感觉十分敏锐的人",[②]在三十年代的杂文中批驳柏格森的信徒、潜在的弗洛伊德分子和其他的布仑施维格式的唯心主义者们,说他们不喜欢运动,而是喜

---

① 《造反有理》,第 81 页。

② 《文字》,第 172 页。

欢反动，不喜欢真正的运动，而是喜欢伪运动，不喜欢直接行动，而是喜欢哲学，还说他们不喜欢事物，而是喜欢文字。萨特佩服他的严格。后来，在德国占领期间，又佩服他的勇气。战前，他甚至用波利泽尔那一头好看的火红色的头发描写罗康坦。今天，他在重新思考波利泽尔的愤怒。他看到波利泽尔的拒绝发出的幽幽磷光，就像是昨天的事一样。萨特又听到他的话，像手榴弹一样干脆，当时的萨特还是一个老老实实的高等师范的学生，还听不太懂波利泽尔的话。他还记得有一天，波利泽尔带着沉思的表情，回想起"俄国人粗糙的手在克里姆里林宫的法国壁毯上掐灭烟头"。[①]回想起他那种学者的粗野。他的超凡入圣的粗野。萨特又看到了高等师范时的波利泽尔，这也是一个"放弃了话语的人"——是个野蛮人，不错，但却是一个有思想的野蛮人，宁折不弯。波利泽尔如果活了下来，会把时间浪费在写福楼拜的书上吗？

他想到了纪德。我深信他一定想到了年轻时候的纪德，写《梵蒂冈的地窖》时的纪德。这时的纪德是他的老师，或者说是反面的老师，是与他串通一气的老师，但是，无可怀疑的是，纪德远在尼藏之前，远在波利泽尔之前就说过他蔑视纯文学，怀念非理性的行为和行动，喜欢"不能悔棋"的生活，真正的生活像"下棋的时候一样"，与书中玩笑般的生活相反。纪德这种"准法兰西学院院士"的形象是多么的滑稽啊……纪德给人留下的印象，是一个可怜的、怕冷的老头儿，这个印象是多么滑稽啊……他萨特却是不会上当的……他知道年轻的纪德能够做出什么样的事来……他还记得这

① 见于前引约翰·吉拉西的作品第191页。

个言行轻率的老师，青年人心目中的泰斗，但他萨特为了生存下去，不得不把他拉下了马……如果说他还有遗憾的地方，那就是没有更早地、更加认真地对待这个无与伦比的捣乱分子，纪德看样子是真的认为，弗洛里苏瓦的谋杀比所有关于风格的论文都更有用处。

他想到了马尔罗。萨特和马尔罗之间有着某种关系，这是肯定的。一种由恨，由明里暗里的竞争形成的真正的关系，但也有隐隐的相似性，有心照不宣，有当了部长的作家和自认为是天下受苦人的使者之间虽然不友好、却也深刻的理解。当萨特声明说"我不喜欢马尔罗，他离我太近了"[①]的时候，他是什么意思呢？马尔罗在阿尔及利亚战争期间，由于要扮演戴高乐派的行吟诗人和官方知识分子的角色，而被捆住了手脚，但当他最终还是奋起反对"共和国"的酷刑的时候，他想到的又是什么，又是谁呢？后来，当他在《反回忆录》的一开始说"几乎我认识的所有作家都喜欢他们的童年，可我恨我的童年"[②]时，怎么能想像他在写下这几句话的时候，没有想到他的死对头呢？萨特在《文字》中声称说"我恨我的童年，以及童年留下的一切"。[③] 当时是马尔罗在想萨特。现在——1964 年……在与文字这种根本就没有杀伤力的武器告别的时候——当萨特从文字梦中醒悟过来的时候，想起《希望》里的那些人物；他们认为打一枪击中目标，远比写一页成功的文字要有用处。《希望》里的音乐家马努埃尔和艺术史家斯卡利一样发现，如果他们想打仗，并想把仗打赢，那就该放弃艺术。萨特心想，他差

① 让-弗朗索瓦·鲁埃特，《萨特与尼采》(*Sartre contre Nietzsche*)，第 165 页。

② 安德烈·马尔罗，《反回忆录》(*Antimémoires*)，1967 年，第 10 页。

③ 《文字》，第 135 页。

不多就到了这种程度上。如果好好考虑一下，他也就到了这两个人物达到的程度。更有甚者：他是处在，他喜欢处在马尔罗的境地，这里说的是年轻的马尔罗，第一次放下笔，不是去当部长，而是去当了西班牙的红色“上校”，后来又在阿尔萨斯－洛林当了“牧羊人上校”的马尔罗。因为规律就是这样。要不是他听了会生气，应当把这规律称为马尔罗定律：行动或艺术，必须作出决断；行动的人，真正沉浸在行动中的人，都是放弃了艺术的艺术家；马尔罗最初几个作品中的人物，也包括马尔罗本人，他们的魅力，他们的影响力来自哪里呢？如果你仔细去观察，你就会注意到，他们都是对自己的艺术有着崇高理想的艺术家，但都在意识中放弃了艺术[①]……罗康坦就已经说过：“必须做出选择，是生活还是讲故事。”原来他选择了讲故事。可是这时的萨特和马尔罗一样，和马尔罗小说中的人物一样，选择了生活。

他想到了超现实主义者，那也是他年轻时的英雄。他从来不是超现实主义者吗？不错。当《磁场》（*Les Champs magnetiques*）问世时，他十六岁。他是法国惟一无视超现实主义现象的大学生。他甚至没有像他的同学尼藏那样对此给予关注，尼藏是按照党的指示，打入白色广场那一伙人的内部，去了解情况的。当萨特见到超现实主义的先驱们，当他那小说家的目光与安德烈·布列东的目光相遇时，他是为了在《一个领袖的童年》中，借阿奇尔·贝尔日尔滑稽的表情来极尽嘲讽之能事！可是问题也恰恰在于此。也正因为如此。现在他明白了。他明白了，也走上了和他们一样的路。

---

① 见于前引德尼·奥利耶的作品第187页。

暴力，谩骂。呼吁人们采取直接行动。在敲击人的脑袋之前，先打击人的精神。亚利(Jarry)。洛特利阿蒙。你们刮过死人的耳光吗？打开监狱吧，解散军队吧。将其厌恶呕吐在每个教士的脸上。那是红色的愤怒。那是复仇的利比多和性的厚颜无耻。将人身牛头的怪物[①]放出来吧。我们是欧洲的失败主义者。我们永远会帮助敌人。亲人们，把你们的梦想讲给孩子们听。精神被关进了牢笼，要把牢笼炸掉。用文字实行恐怖主义，也许有一天可以实行没有文字的恐怖主义。文字就像橡皮一样，要擦掉人类的污秽，要不然就要有勇气擦掉自己。你们看地球上有多么干旱，正好放一把火。火就是它真正的光明。不成熟也有不成熟的好处。给达芬奇的蒙娜·丽莎添上小胡子。让哥萨克的骑兵奔驰在协和广场上。"让我们再回到憎恨的时代，难以满足的欲望和毁灭的时代，那时，比我们大不了多少的安德烈·布列东，希望看到哥萨克的骑兵在协和广场的水池里饮马。"[②]那么，是选择波利泽尔还是布列东呢？无所谓。伟大的话是没有作者的。而且超现实主义者们自己说，"超现实主义的特点"就是宣告在诗面前，"所有的人都是完全平等的"，每个人都可以平等地享有"共同的遗产"，"未来就不再是少数人的特权了"。[③] 这让人觉得和《文字》的结尾一样。从某种意义上说，这也是《文字》的结尾。《文字》的一切功劳，好像只不过是模仿了超现实主义者们最简单和最复杂的姿态；好像萨特当时根本

---

① 人身牛头的怪物(Minotaure)，希腊神话中梅诺斯妻子和一头公牛所生的吃人的怪物。梅诺斯将其关在克里特岛的迷宫里。——译者注

② 《保尔·尼藏》(*Paul Nizan*)，见于《境况种种》，第四卷，第141页。

③ 见布朗肖的《丢车保帅》(*La Part du feu*)，Gallimard，1949年，第95页。

没有把这些人的反叛放在心上，三十年之后突然之间明白了；好像到了晚年，通过向尼藏和波利泽尔的回归，向布列东，向年轻的阿拉贡，向达达派的回归，他经历了一次迟来的青春期的危机，并弥补了已经失去了的悠久的时日——但是即使说青春期的危机来得晚了，但延迟好像也太让人吃惊，远比相对于莱利和《成人之年》的迟滞，远比刚才说的自传体安排的滞后要让人吃惊得多。

啊！童年时如果太乖……

那些被人爱得过分，被人过分娇惯的孩子心中在想，如果生来命运太好——《文字》里说的是，如果生下来便被人当做"期待已久的上天的礼物"一般——他们会丧失情绪的热烈。

受保佑的孩子……被人拯救的孩子……童年时有人溺爱，有人保佑，有人拯救的孩子，成年了，"怀着自己是上帝的宠儿的信念"，但是他们又想，这样受宠的结果，也许是剥夺他们犯错误、越轨、焦躁、愤怒的机会——写尼藏的文章里说的是"被罚入地狱"的机会……

我们还记得，早期的萨特的确是个"愤怒的人"。

年轻的萨特，《厌恶》的作者，以他自己的方式来看，是个"精神上有毛病"的人，不管童年是否幸福，在什么叫悲惨和反叛的问题上用不着任何人来教训他。

但是，他有一种幸福儿童的情结。

他心中总有个地方在对他说，除了小资产阶级的造反之外，还有其它的反叛，更加阴沉，让人因另一种激情而战栗。

他心中总有点什么东西，让他最终几乎觉得遗憾的是，自己不曾是那种弃儿，不曾是被人讨厌的，受到伤害的青年人，这样的人成年之后，总会留有一种“神圣的怨恨”。

他没有父亲，因此他深信不曾有过什么超我：但是由于没有超我，他也就是没有需要藐视的律法，没有需要违反的禁忌，因此他也就注定了不会知道真正的反抗对他的诱惑。于是，他对自己感到羞耻和厌恶，他怎么能不想，与“坏人”像“纯金”一样的恨相比，他的恨，他的愤怒，到目前为止，只能算是“伪币”？[①]

于是，他要弥补。

就像人们赶时髦一样，他开始愤怒了。

到了在五十岁上，他做的是二十世纪没有教养的孩子们在二十岁上做的事，而且他要加快速度来做。

他曾经是一个乖孩子，他将要做一个让人感到可怕的老头子。

他曾经是一个保守的高等师范学生，他将要成为一个叛逆者。

青年时，他错过了，或者以为错过了作为“万物之动力”的“拒绝”，错过了“赤裸裸的反抗”——到了老年时，他才拒绝和反抗。

他认为自己错过了年轻时的焦躁，但是，什么时候都可以重新来一次，而且为了毁掉自己，大天使的心肠硬了，受保佑的人在诅咒自己，试着找回那些年的精神，他虽然是从那些年过来的，但并没有亲身去经历，因此唇齿之间留下了失败的苦涩感。

这也是《文字》的意义。

这也是那过于美好、过于雕琢的文字流露出来的意味。

在这本平静的书中，好像有一条黑线，连着萨特和他那些堕落而杰出的兄弟们，尼藏、波利泽尔和让·热奈，他们在没有爱的环

---

① 《保尔·尼藏》，见于《境况种种》，第四卷，第146页。

境中长大了，他们是不幸和叛乱的天使。

是卡利班[1]在讲话吗？不。是该隐。是像尼藏一样，[2]“拖着沉重镣铐”的该隐那险恶的声音在回响。我们感觉得出来，亚伯由于自己不是该隐而感到遗憾，但该隐的面目——《文字》一书的所有草稿都可以作证——却让他念念不忘，却诱惑着他。

他是在超现实主义之后实行超现实主义。

他是在和平时期做马尔罗或波利泽尔做过的事。

在《文字》中的一些华美乐曲里，在后来的毛派时期写的一些文章和政治传单里，他完完全全地再现了老一代人的音乐，就连后青少年的腔调，就连谩骂的口气和虚张声势的口吻，都是一模一样的。

但差别还是有一个——只不过他想让这种差别对他有利：尽管他们诅咒文学，但他们终究还是回到了文学中；尽管他们像超现实主义者一样反反复复地说书是没用的，但我们不得不注意到，他们放弃的时间从来不长，而且即使是悲观的拒绝，他们也觉得，他们永远觉得应当通过书来表示。但他萨特要真正地放弃书；他要彻底地抵制，彻底地放弃。他进入这个圈子虽然晚，说起对文化和对古老世界的恨，他虽然是后来者，但他至少有胆量把剑插进文学的创伤里；奇怪的是，他们怎么就让文学留下了那么一个大大的伤口。他好像是在说，不能再用文学来反对文学；作家们用漂亮的文字把写作说成是搞几何图形，从现在开始，不能再这样虚伪了——

---

① 卡利班（Caliban）是莎士比亚剧作《暴风雨》中的人物，由魔鬼和女巫所生，是个面目狰狞的矮子，代表着与一切既定秩序为敌的自然力量。——译者注

② 《保尔·尼藏》，见于《境况种种》，第四卷，第157页。

《文字》是我最后一次炫示。不能再像患了疟疾那样发高烧了，对，对，我说的就是疟疾，和纪德的《疟疾》(*Paludes*)一样！正如马尔罗早先描写的冒险家们表现出的殖民地的狂热一样！像尼藏一样，尼藏之所以出发去亚登，就是因为他在监狱一样的文字中感到窒息，但一年之后他从亚登回来的时候，当然也是充满激情，非常兴奋，但他决心最终地拯救文学这个工具，让它"摆脱附加的条件"，让它"转而去对付敌人"！[①] 萨特生来就是个作家，迷恋文学，从《厌恶》以来，书就是他生活的原因和目的，他是个文字中的人，是个书中的人；他曾对玛德琳娜·夏普萨尔解释说[②]，"被关在囚牢里"还能像《阿尔托纳的囚徒》中的弗朗兹一样，还能够"平静地一直写到死"，这是他最为珍重的愿望或遗憾之一。就是这样一个人，通过合乎逻辑的反叛，经过五十岁才到来的青春期之后，就这样声称文学有罪，并确认说文学必然是有罪的，从本质上就是有罪的；换句话说，他想成为有史以来最为彻底的超现实主义者，向自己宣战，唾弃他最为珍视的东西，变成自己的死对头，并开始了一个漫长的悔罪的时期，一直到他双目失明，这个时期才算结束。

他像给自己截肢一样抛弃了哲学。

现在，他又像给自己截肢一样放弃了文学。

他把信仰转向了三十年代，比三十年代的人更加愤怒，比他们更上一层楼，他就这样截去了自己的双臂。

---

① 《保尔·尼藏》，见于《境况种种》，第174－175页。

② 见于前面所引的作品第98页。

《文字》是毛派的书

当然，他只成功了一半。

很清楚的是，他与文学的告别从某种程度上只是一纸空文。

首先是他自己在《文字》最后说的话："我的欺骗也是我的性格所致。你可以摆脱神经官能症，却不能够摆脱自我。"

他最后也伤感地承认："我始终在写，不写又能干什么呢？这是我的习惯，也是我的职业"——这是在回应一开始说的话："我的生命也许会结束于书中，正如我的生命开始于书中一样。"

除此之外，尤其还有最后一本书《福楼拜》，他坚持写了十五年，《文字》一写完，他便开始把精力集中在这本书上。

虽然他说过，《家庭白痴》不是一本向福楼拜致敬的书，而是一本恨福楼拜的书。虽然他说福楼拜与他"正相反"，是与他"自己"对作家的观念"恰恰相反"的人物，是他憎恨的"形式理想"的代表，与他自己完全相反。虽然他说：这是《文字》的续集，是一篇长长的，但却是必要的后记。普鲁仍然在追着他不放，他必须彻底摆脱出来。仍然是"十分深刻，十分古老的账"要算，是在"文学内部"，但也是在"他自己"内心里与可耻的文学理想要算的账。同一场战争要继续下去；要拆除木偶，把零件一件一件地打碎，把它们踩在脚下。他还要把这一切写下来。而且那将是一本非常好的书。甚至从很多方面来看，这将是他的伟大作品，将集中体现他的天才，他要把马克思和弗洛伊德交织在一起，他要再找回普鲁斯特，要提出他的教训，他的政治，他的诗的艺术，这将是他的小说中最为成功的作品。

虽然他说过，别人在他之后也说过，这本书是他净化内心的努力，是他养护自身的练习。虽然他说过，他写这本书时没有什么热情，像是在完成一种义务，一种道德的责任，那是在清洗污浊。我们感觉得出来，这一切都只不过是他故意说的。相反，他喜欢这本书。写完的时候，要放手了，他几乎感到了伤心。而且1971年，当他向孔达和里巴尔卡透露说，到了他这样令人伤感的年龄，他“只有一种愉快的使命，那就是完成《福楼拜》”。我们分明感觉得出来，尤其是，我们分明看得出来，这本怪物般的书是他瞒着毛派的朋友们写的，几乎是偷偷写的，他说写的时候没有感到快乐，没有想到要饰之以美好的形式，但其中还是有些十分出色的段落，笔法有点像白描，表面上看没有修饰，没有任何没用的辞藻，只是他自己的声音，可怜人的声音——然而，那是多么动听的声音啊！多么悦耳，即使在他声称说根本就没有想到要给予修饰的时候！

总而言之，我甚至想，实际上，他之所以这样做，内心深处的目的难道不正是这样吗？这是螺旋线上的又一个回旋，作为最后一次，而且也是文学理智上出其不意的一个花招，这最后的萨特难道不是故意将自己置身于这样一种境地，在暗地里，在悄悄地享受不可救药的、写作的快乐，他正在违规，正在犯下罪孽，可那是多么美好，多么美妙啊，由于那是不可告人的，所以就让人觉得更加妙不可言。“这种秩序”，他在《保尔·尼藏》中说，[①]我的朋友们想要破坏掉的那种“既定”秩序，我喜欢让它“存在下去”，因为我喜欢向它

① 《保尔·尼藏》，见于前引作品第147页。

投去"炸弹"的想法,而且我喜欢那些炸弹就是"话语"做成的。当然,萨特讲话时用的是过去时。他说的是他年轻的时候,那时的文字"年轻而坚硬",那时他们觉得用这些文字可以炸掉资产阶级的法律。从原则上说,他对这种态度是严厉的,从《什么是文学?》[①]以后,他认为这种态度不是革命者特有的态度,而是"反叛者"的态度,反叛者"需要"资产阶级,以"证明其对立和怨恨的美学是有道理的",并且在面对"社会秩序"的时候,他觉得自己"永远是个局外人"。但是,如果这不只是指过去呢?如果他心中的某个地方仍然(或者重新开始)喜欢那种可以违反的法律,喜欢可以对其投掷文字炸弹的禁忌呢?如果最终代表这一切的,是政治的法律,毛派的法律,以及在这一法律之前,是使他无条件地忠诚于愚蠢的法国共产党,并在五十年代和六十年代使他对知识分子怀着真正的仇恨的法律呢?如果在拒绝想像中的选择的同时,在宣布说——也包括由他萨特的声音宣布说——,实行这样的选择不仅是徒然的,而且是有罪的同时,这种法律,还巧妙地将他萨特置身于这样一种境地,使他对此津津乐道,只不过是在暗地里乐此不疲呢?这一假设有点荒唐。但和所有这段历史,所有这段冒险,所有这一系列的转变相比,真有那么荒唐吗?他的转变有的时候是公开的,大张旗鼓,有全世界为证,好像整个星球都在回响着他转变信仰的声音;有的时候又是静悄悄的——为什么不呢?——,好像是在极力压抑着不发出动静。贝尼·列维就是这样说的;贝尼·列维是无产阶级左派的领袖,后来又成了他的秘书,在他的生命走近终点时,

① 《什么是文学?》,第140页。

在他最后的几次谈话之一里，贝尼·列维就他在毛派时代的"双重思想体制"向他提问时说："让我们再回到你与革命者的争论上来；你说你和他们的目的是一样的；但实际上你有怀疑：但愿他们别达到这样的目的……"[①]这样一来，萨特便和他同时代的人们一样了；同时代的人们几乎也在那个时候赞美"恐惧"，而恐惧的作用就在于，在与文学对立的同时，在让文学变得可耻和有罪的同时，让文学变得更加危险，更加强大，更加可贵。他在事后承认乔治·巴塔耶是对的；乔治·巴塔耶是他的老对头，在他所有的敌人中是最认真，最顽强，也许是最可怕的。在《文学与罪恶》中，乔治·巴塔耶为共产主义辩护，说共产主义与卡夫卡的"父系领域"一样，可以让作品在承认自己有罪，但为自己辩护的同时，恢复其意义和力量。《文字》时期最令人感到困惑的是，到了最后时刻，在临终之前，我们看到的萨特与另一个萨特也不同，这时的萨特更加费解，更加神秘；就在他声称说摆脱了，而且事实上也摆脱了原来的疯狂，在与文学告别的同时，在他就要离文学而去的同时——从他昭示给我们的意识来看，我们没有必要怀疑他的真诚——却又完完全全地改变了他对艺术的观念：昨天他还认为文学应当与一些简单的目的一致，将来也许要与社会主义社会一致，其实他始终是按照"社会功能"来看待文学的；可是今天，他的观念却高得多，也令人困惑得多，认为文学不受任何规律的制约……

剩下的还有最基本的……不管成功与否，不管是半遮半掩还

---

① 《现在的希望》(*L'espoir maintenant*)见于前面所引作品第30页。

是完完全全，动作已经完成，他已经明确地对文学宣战了——而这一切对于冒险的一般意义来说，并不是没有影响的。

大家始终都认为——他自己首先就是这样认为的[①]——，他的生活中最重要的问题，他通过波德莱尔、马拉美、热奈、福楼拜的传记不断提出的，在《文字》里提出过，而且在《文字》之前所有自传性的作品中从侧面也提出过的问题就是：什么是作家？说到底，除了“变成拳击冠军，或者海军上将，或者宇航员”之外，写作的真正的“动机”是什么？[②] 这在从前也许是真的。以后就不是真的了。我们不得不承认的是，现在，自从《文字》之后，真正的问题完全颠倒了过来，或者更准确地说，《文字》的作者与另一个问题联系了起来，那是他在《自由之路》里通过马蒂厄这个从来不做文章的作家，或者在《一个领袖的童年》通过失败的作家吕西安·弗洛里耶，只触及了皮毛的一个相反的问题：什么是反作家？说到底，什么是不写作的理由？一个作家正如《看家狗》所得出的教益一样，突然发现文学百无一用，那他会怎么样呢？他该如何抑制文学的情绪、神经和动力呢？

大家都认为萨特是最后一个“伟大的作家”，我自己首先就是这样认为的。人们说：他是最后一个巨人！是文学界的最后一只恐龙！是很有法国特色的光荣而威严的伟大作家！过去这也是真的。可是现在不是了。因为不管是不是“白痴”，这第二个萨特已经不是作家。他不愿意再当做家了。不仅仅在《文字》和后来的

---

① 《萨特眼中的萨特》(*Sartre par Sartre*)，见于《境况种种》，第 134 页。

② 《萨特关于〈文字〉的解释》，见于 1964 年 4 月 18 日的《世界报》。

《家庭白痴》中，而且在生活里，在他的心灵里，在他自己形成的、而且也让别人接受了的想象中，他与伟大作家的神话决裂了：伏尔泰，雨果，你们是人类的意识，但我的梦比你们的更美好，夏多勃里昂一无是处，司汤达和斯宾诺莎，我要到你们的坟墓上去撒尿，我要杀死纪德，要不然我就去死。况且，这也许是另外一个原因，是真正的原因，比委内瑞拉游击队的故事更重要，他忠诚于东方集团，害怕看到自己被体制招安，所以才拒绝了诺贝尔奖。你说是诺贝尔什么奖来着？到底是因为哪一本书？不对，可怜的朋友。误会了。用不着拯救什么。正是我声明说要从文学的义务中解脱出来的时候，而且也正是通过这本书要解脱我自己的时候。你们自己留着吧。你们都留着吧。如果你们烧不了我所有的书，那就把获奖证明烧了吧。我不是国家财产，我是一个小小的染匠。

人们说，人们反复地说他不仅仅是最后一个作家，而且也是最后一个知识分子，也就是说，为了把话说得准确，他是最后一个以作家的身份，以他作为作家的书所给予他的荣誉和力量，经常放下手中的笔，去救助寡妇、孤儿、受迫害的清白人——也有人说（利奥塔[①]），他把责任从作家转移给了知识分子，但那责任并没有变，仍旧是救赎世界。然而，这也不是真的。在这一点上，《文字》也是一条分界线。因为首先，所谓知识分子，就是一个在他愿意的时候，把自己奉献给受迫害的清白人的作家：然而，他已经不再是这样的作家；他再也没有什么可以奉献；由此而被搁置起来的，是一整套古老的以奉献、恩泽、中断为基础的机制。其次所谓知识分子，就

① 让－弗朗索瓦·利奥塔，《萨特的成就》（*Un succès de Sartre*），第89页。

是一片普遍价值的天空，他截取这些价值，并把这些价值带给具体的人：然而，这种“普遍性”的概念，这种有可能适用于时时处处，就像一成不变的本质一样，与境况无关的正确的、真正的、善良的人的观念，是他已经不再相信了的观念，至少是在《什么是文学?》以后就不再相信了——那种价值截取者的形象，那种确保世俗秩序和道德原则之间的联系的形象，那种在价值的天空和地上的都城之间起媒介作用的观念，正是他刚刚在《文字》中批判过的东西：教育人民？启发人民？为人民带来共同文化的火焰？他怎么能够还相信这一切呢？本来纠缠着他的顽念，就是如何在自己的头脑中熄灭那光明，他怎么能够还声称要为人们带来这样的光明呢？他不是最后一个知识分子，而是第一个不要作这样的知识分子的人。他不是一种或一群人中的最后一个，而是另一群人中的第一个，另一种人的开先河者，那就是他所说的“新型的知识分子”。他不是最后一个德累福斯派的人，作为一个知识分子，为了自由和前进着的真理而进行美好的斗争，而是以法国知识分子的姿态，体现了为德累福斯而斗争的时代已经结束了。不是要为德累福斯报仇，而是德累福斯真正地死了。不是德累福斯主义最终实现了，达到了高潮，最终为德累福斯举行葬礼，而是葬礼早已经举行过，坟墓就是《文字》。

人们说，人们反反复复地说，在最后一个时期，在最为激烈，最为疯狂的时期，当他在《人民事业》上发表文章，号召杀人，为以色列人在慕尼黑被杀寻找理由的时期，在另一个德累福斯——在雷诺工厂进行斗争的时期——被画成漫画，在漫画上被工会鸡奸的时期，是萨特迎合了毛派，而不是毛派来迎合萨特的。人们说——

这是萨特的信徒们老生常谈的话了——，这时的萨特是个堕落的哲学家，他被结构主义的浪潮抛弃了，被法国大学生们的新导师压倒了，感到悲哀，感到无能为力，自从《文字》之后，他没有发表任何作品，所以顺路搭上了毛派的车，就像返老还童了一样。我本人还记得萨特是那样一位很老很老的先生，意识到自己失宠了，感到有些屈辱，不管怎么说，他的这种感觉还是挺招人同情的；这位老先生听凭那些发了疯的年轻人摆布，在他的心目中，年轻人代表的正是他非常向往的违法、造反、教训人、粗俗的行为。只是还有《文字》。还有这本薄薄的小书，蕴含着其神秘，我从中所看到的，不完全是其论断，而是其姿态，所有的姿态，而且首先是对文学这一宗教的批判，他拒绝德累福斯派的神秘思想和新发明的“新型的知识分子”；他的这些姿态很清楚地预示了这种毛派的思想到底是什么。因为，说到底，什么是“新型的知识分子”呢？萨特是如何说明其特点的呢？在法国，关于知识分子的思考总是无法摆脱某种精神和肉体关系的理论，这种理论或隐或显地从很大程度上属于形而上学的范畴。有时候精神控制肉体；精神处在肉体中，就像驾驶员在船上一样，比如笛卡尔就是这样想的；有的政治认为知识分子控制着人民，以其光明指引着人民，并从外部为人民带来阶级意识，成为人民的先锋队；精神控制肉体的学说是所有这些政治的基础；列宁主义是这样的政治，萨特在给克洛德·勒弗的答复中所主张的，也是这样的政治。有的时候，又是肉体控制心灵，比如伊壁鸠鲁和十八世纪的唯物论者；这种心灵不是别的，只不过是肉体的一种流露，一种外溢，一种情绪，这是我们可以称之为民众主义的政治实践的基础；在这种政治实践中，人们说真理来自于群众，永远来自于群众，但要由先锋队来收集、提出和传播这一真理。萨特提出了创新的思想。最后的萨特，向波利泽尔和尼藏回归的萨特提出了使前两种理论背靠背的第三种理论。不再是心灵与肉体。不再是两种本质的外化，有的时候由一种本质控制，有的时候又由另一种本质控制。而是心灵位于肉体之内。心灵与肉体融化在了一起，完全混合在了一起。这回是斯宾诺莎的理论——这还是尼藏说的——，把肉体和心灵说成是同一回事，同一种本质，区别只是在于，你是从广延性的角度去看，还是从思想的角度去看。而且他提出一种政治实践，在这种实践里，知识分子不再是船上的驾驶员，或者掌握方向的伟大舵手，或者是到人民当中去的使徒，为的是带回只依稀表达出来的神圣的话语，知识分子只是一个脆弱的人，他不停地说知识分子应当放弃自己：取消其外在性；到人民中去是对的，但是去了就要留在那里；当然要走上街头，去了就不能再返回他的鸽子窝。总而言之，走下去，让自己坚实起来，在鞋底上粘上一些铅，治治使他站不住脚的轻浮，就像鱼到了水里一样，默默地融入伟大的本质里，深深地潜入一具躯体，从今往后，这个躯体没有它也能表达自己。这难道不正是毛派所说的自立吗？这难道不正是那些专会喊口号的人们提出的理论模式吗？我们年轻的时候就是听着这些口号长大的：废除知识分子的地位……在精神上让自己成为穷人……消除西方存在的高与低，脑力劳动和体力劳动之间的差别……书籍是不幸的回忆……文化革命……另外，消灭潜伏在我们心中的老人，改变他最为深刻的东西，深入其灵魂……我们也许没有读过萨特的书。我讲过我自己在七十年代初期，在加尔各答是如何第一次十分偶然地看到了一本《文字》的。[1] 但是回忆是一回事,历史是另一回事。如果我们写一部思想的历史,如果我们致力于关注这另外一种时间性,虽然有的人有健忘症,有的人把过去的事记错了——比如《文字》,但在这另一种时间性中,思想的真正的秩序还是能够联系起来,于是我们看到明显的事实是:萨特在写了《文字》的同时,又一次走在了事件的前边……

我最后还寻找了他迷失的原因。我寻找了他内心的,具有决定性的事件,使这个本来对专制主义的诱惑具有免疫力的人,也与本世纪后半叶的疯狂沆瀣一气,从六十年代对苏联和古巴问题的表态,一直到后来的事。这就是这些事件中的最后一个。他发现了群体,后来又遭遇了哲学上的失败,这第三个致命的决定扼杀了他心中的作家。因为,在这次谋杀,更准确地说,是在这次自杀的企图之后,他批判了作为宗教的文学,并顺带着也批判了古老的德累福斯派的神秘论。一系列政治上的必然联系远远不是萨特本人能够控制的,而且大家也都非常清楚这一点。《文字》的作者萨特,刻薄地讽刺了作家的滑稽之处,说作家支撑不起他那颗忧郁的大脑袋。现在,他开始憎恨思想:他认为,任何一个说心里话的工人写的传单,都比知识分子简单的话要有价值。写《文字》的萨特,只相信瞬间的转变,不再像过去那样,把写作的动作,写作本身的缓慢看做是"真"在变成"真"的时候需要的时间,而是认为那是无谓的时间,是浪费的时间,实际上是人们在逃避生命,追求死亡的时间,这时候的萨特开始喜欢年轻人;在那些年里,他心甘情愿地和

① 贝尔纳-亨利·列维,《原则问题第二》(*Questions de principe II*),简装版。

年轻人打成一片。在68年5月事件发生之前不久的一次谈话[①]中，他嘲弄过“年轻人的非政治化”神话。他说，“年轻人从政治上常常和我处在同一个起点上，他们不是来寻求教益的，而是来平等地讨论的”。后来，在68年5月事件中，他在电台的广播里提到与科恩－邦迪奇迹般的见面[②]时说：“我们原曾是一些怯懦、衰竭、疲惫的人，因完全的服从而变得萎靡不振了。”这时的萨特准备实行和接受为同时代的专制主义者们高度赞赏的另一种实践，那就是政治上带有说教性质的自我批评；而在此之前，他小心翼翼地避开这一点；在此之前，他彻底地无视这种赎罪或者自我惩罚式的仪式；可现在，只要面前有个年轻人问他，只要和布尔尼耶(Burnier)或伊夫·布因(Yve Buin)一谈起话来，他便悔恨交加，显得非常难过，反复说他的哲学和文学一无是处，他解释说，到时候新生的人类将再也不会对龚古尔兄弟和福楼拜的那些陈年旧物感兴趣——那样更好！——，他还解释说，如果他现在年轻十五岁，他会把《家庭白痴》的手稿扔进废纸篓里。尤其是，他曾经不愿意流于无知，也就是流于平庸，不愿意落入他说的那种最终的结局(每一个人都是由所有的人形成的，都和所有的人一样，等等)；可现在他不顾一切地想融化自己，想把自己与别人混合在一起，他要消除所有使当初的普鲁和别人不一样的地方，消除使如今的他仍然具有个别性的地方；我们很难看出，所有这一切怎么能与早期萨特的伟大假设相一致呢？我们还记得，那假设就像他的拒绝的标志，就

---

① 萨特，《托词》(*L'alibi*)，第130页和134页。

② 1968年5月12日RTL电台广播节目，亦见于前面所引让－弗朗索瓦·西里奈利的作品第340页。

像他的信条一样,一旦昭示出来,便足以摆脱风险:那正是一种不屈不挠的个别性;那是主体性的一个原子,但那终究是意识,在他所有的防御中就像是一道坚固的防坡堤一样。可是现在,他把它也牺牲掉了。在萨特的专制主义的根源上,有这样的一个特点:那就是对文学和对自我的恨。

尾　　声

有的人双目失明——比如博尔赫斯——多少是可以预见得到的：父亲是这样……祖父也是这样……生在一个盲人之家，几乎算得上是一件好事了……你知道在等待着你的是什么……你可以为此做好准备……你可以练习着适应黑暗，在黑暗中生活……把力量分配开来……小心地同时发挥五种感官的能力，尤其是不使任何一种感官处在优先的地位……在快要残废的感官和得到进一步加强的感官之间，结成巧妙的默契……慢慢地习惯黑暗，让黑暗慢慢地向你走来，当黑暗真的来了，当它终于降临时，你已经适应了，你已经受过系统的训练，所以总还是有一些光明……

而萨特却处在了相反的境地。

并不是他什么也没有预见到，也不是因为他的残疾来得出其不意：恰恰相反，我们还记得《文字》中那一幕，普鲁想像着自己处在黑暗中，就像贝多芬聋了一样，他瞎了，但仍在写最后一部杰作——他的重孙儿们将会惊讶道："这是他在黑暗中写的！"我们也还记得《滑稽的战争记事》中，也有着同样令人震惊的描写；年轻的士兵向海狸写道："今天到此为止；我什么也想不成了，因为眼睛痛；当我用眼睛思考时，我从来不曾有过如此美妙的感觉。"但这远不是对期待的预感。我们可以预感到某种不幸，却又以整个身心拒绝接受它。我们可以预感到它的到来,却又觉得它永远追不上你。萨特就正是这样。好像《存在与虚无》和《辩证理性批判》的作者不管是生活,作品,还是对写作的观念都是由五官来决定的,而他注定了又要失去五官。

他创立了一种目光的哲学。

他从哲学上提出,人们是通过目光来达到世界,来拥有世界的。

他相信,并证明说,作为主体,就是看见,或者从严格的意义上说,就是被看见,而且如果没有双重的目光,如果没有我盯着事物的目光,没有别人盯着我的目光,那就不会有主体性,几乎就不会有人性。

在他的日常生活里,在他作为人和作家的存在中,由于他对透明和光明的爱好,他使自己成了"光圈笼罩之下的人",他的存在只是使人欣赏,使人恨,让人好奇,让人冒昧,供人呼唤,供人诽谤,供人饶舌,总之,只有在同时代人的目光中,他才是存在的。

更加严重的是,我们还记得,他向内心生活的思想发动了一场无情的战争。他为反对"内心的力量"而发动了全面的战争,说那不仅是普鲁斯特或柏格森的货色,也是所谓滑稽的戴奥杜尔·利博(Théodule Ribot)的货色;[①]因此,他把一切努力都放在某种"外在性"上,外在性成了他的哲学的惟一的客体;这种"露宿在外"的哲学就是他的"现象学"。

更好或者更糟的是他对思想的看法,他说思想就像写作一

---

① 勒维纳斯,《专有名词》(*Noms propres*),简装版,coll. Biblio,1987年,第118页。

样——因为"写作的行为，通过画出弯折圆点而写出字母的行为，就是思想的形式"，[①]他把思想的命运，因此也包括话语的命运，与写作的实践这另一种"存在的形而上"联系在了一起，所有这一切，在严冬到来的现在，使他变得比最穷的穷人更加一无所有：如果思想就是写作，那眼睛看不见了，不能写了，哪里还有思想呢？如果只有通过符号链，通过小心翼翼地写在纸上的一行行文字，概念的作用才会发生，那么怎么能不认为，自从可见的链接"变得不可能了"，那也就等于是"思想的真实运动"变得"从某种意义上被消除了"[②]呢？

他是最后一个确认目光具有柏拉图的优势的西方哲学家。

他像柏拉图一样说，看和想是同一回事，表示"看见"这一事实和"有一个想法"这一事实的，是同一个词(idein)。

他曾经是，他现在仍然是一个不幸的黑格尔的信徒，但他终究是信奉黑格尔的人，相信"思想和思考都在额头上系着"，而且这一思想中最好的东西"集中在眼睛里"。[③]

也许他有别的选择的可能性。也许在这种境况里，他还有别的出路，他也感觉到了还有别的出路。他可以像纪德一样，把视觉看成是"我们的感官中最让人扫兴的"，比如可以更喜欢"触觉"。或者像海德格尔一样，与眼睛这一古老的特权决裂，否认存在和此在(l'être et l'étant)在视觉元素中的混乱，并开始在没有古老的光

① 《斜线》，见于前面所引与米歇尔·西卡尔的谈话。

② 《境况种种》，第十卷。

③ 黑格尔，《美学》(*Esthétique*)，第三卷，第一册，第128页。亦见于《萨特的见证》，第一卷，第264页。

明作保障的情况下思想。只不过，他与纪德决裂了。他与海德格尔共同走了一段路，但很快就远远地离开了。让人觉得，他想尽一切办法，使出浑身的解数，为的是让人们到时候会说，他是以目光为基础的，他仍然是，而且永远是以目光为基础的——他唯目光的马首是瞻。

“有很多事情是可以在没有光明的情况下做的，”另外一个伟大的盲人博尔赫斯有一天在米兰对我说。有很多的事情可以在光明之下做，也可以在黑暗里做。你们的萨特把自己放在了荒唐的处境里。他扼杀了自己的内心。他像在想像未来的自杀一样，让可见的世界与可以感知的或内在化的世界相对立。所以，他一失明，心灵便垮了。

我本人也是在那个时期遇见萨特的：他脸上浮肿；矮矮的个子显得很脆弱；把大扶手椅子让给客人，自己却摇摇晃晃地坐在一张不怎么结实的凳子上；那是1974年，他的眼睛看东西已经很吃力，声音也显得有些虚弱，不像是他的，说话时咬字已经不是很清楚。

在那个时期，吃午饭的时候经常可以看到他沿着蒙巴纳斯大道而上，向学士院咖啡馆的方向走去。他身上裹着一件羊皮衬里的短大衣；挺小心地迈着细碎的步子；有的时候有点瘸，有的时候身板挺得笔直，显得有点僵硬，好像害怕摔倒一样。有个女人陪着他，通常很年轻，架着他的胳膊，看他走不稳时扶他一把，而且在餐馆里帮他把肉切成小块，削水果皮，把血橙剥成一瓣一瓣的，放进他嘴里。有时候有仰慕他的人或另一个年轻的女人走过来，他的脸上便露出那种过于信赖的表情，他眼睛里空空的，一种虚假的好奇神色，完全没有了过去那种非凡的光彩。

据说他整天都在胡思乱想，看电视，昏昏沉沉地睡觉。

他经常头晕，阵发性地昏迷，让他身边的女人和朋友们害怕。

他有时还到威尼斯去，在那里的大部分时间也是待在房间里，单独一个人，呆呆地听着从运河里传来的声音。

在石竹革命发生的时候，他和海狸、皮埃尔·维克多去了葡萄牙，旅途中有一段时间塞尔日·朱利（Serge July）也在。但他根本不管军官们的动向或是斯皮诺拉、参谋长安图内斯和奥特洛·德·卡瓦略之间的派别斗争，他只有一个问题要问："我看得见里斯本吗？"

他在《文字》中说过，他要像生命的开始那样结束自己的生命，他要死在书籍里；他曾假意自叹命苦，不得不与寓言、梦幻和虚构为伴；可现在，他一行字也不能读了。

萨特七十岁了。

一般来说，七十岁并不是太老。

比如和他同时代的阿隆，在七十岁的时候身体就非常好，生气勃勃，态度优雅。在他参加的少数几个社团里，各种奖项和荣誉都是他的，年轻时他连想也没敢想过会如此受人注目。当他们一起到爱丽舍宫为越南船民的利益辩护时，他在爱丽舍宫的台阶上是多么地健硕啊，还伸手扶那个站立不稳的小个子同学。

事情就是这样。是因为烟酒过量？是因为他从来就是尽情尽兴地挥霍生命？他曾经叫喊说："我宁愿写完《辩证理性批判》，哪怕死的时候身体更加衰败。"他知道自己的话意味着什么吗？萨特精疲力尽了。只剩下了一具躯壳。穷途潦倒。他可怜的身体支撑不住了,要离他而去了,正像西蒙娜·德·波夫娃在《告别的仪式》中说的那样,他的生命正在从四面八方向外流逝。正是在这种混乱,这种空虚时候,在这种深渊里,在这种迷惘和麻木中,来了一个人,自从他化名皮埃尔·维克多领导无产阶级左派的时候,萨特就认识他。后来这个人在萨特身边确立了自己的地位,荣升萨特的"秘书"之职——在萨特这个小小的王国里,按规定当然应该有个秘书的——并且没用多少时间便改变了一切。

贝尼·列维

在那些年里,我对皮埃尔·维克多略知一二。

我在别的地方讲过,我父亲请让-皮埃尔·维尔南给我介绍一个熟悉人文学科的"家教"——一个上辅导课的学生。维尔南让我去找阿尔都塞;于是,我看到一个"不同一般的年轻人"突然出现在他的办公室里。这个人很瘦,很凶,样子像个阴谋家,灰绿色的短风衣显得太长;我挺羡慕他那像鹰一样的侧影,肩膀略微有点向上耸,像是窥伺时机的斗士,似乎很不屑于给外行人上哲学课,哪怕是阿尔都塞介绍的人。

我讲过,这个人没有什么真正的魅力,但在那些年里,却对整整一代高等师范的学生产生了奇怪的影响;他既不英俊也不出众,也没有在卡米利住过监牢;他话很少,而且讲得也很糟,根本没有68年5月学生运动领袖的那种欢乐的外表。但是,从他身上散发出一种生硬的力量(像他这种性格组合的人很少见,后来我再没有见过像他这样的人),像炸雷一样。他有一种表面上看不出原因的影响，一种绝对的权威，有点专断，由于不知道来自什么地方，所以就显得更加顽强。

应当说，今天，在经过了那么多年之后，他自己也变成了另外一个人，在发生了思想转变之后（他从来也没有解释过这次转变的真正原因），有一天便突然走了，到法国东部一个研究犹太教法典的学校里去了，就像过去的尼藏一样，只不过他是一去不复返，后来又去了耶路撒冷，据最新消息说，他在那里潜心地研究圣经，犹太教法典，亚历山大的斐隆的文章或者伊曼努尔·勒维纳斯的思想。直到今天，一想起当时的情景，我仍然忍不住被他隐隐地诱惑，当时他那么狂热，神秘而博学，话语简短而激烈，喜欢、同时又蔑视学识，一边生活在书籍里，却又像弗洛伊德一样，声称书是"不幸的线索"，而且一旦时候来临，世界上任何一座图书馆也抵不上重新书写历史的白纸那种残酷的美丽……

吸引萨特的，难道是这些吗？

他难道真的和我们所有的人一样，像他几次声称的那样，从这个人的身上看到了新型知识分子的典型？

他是不是也像别人一样受了"领袖"魅力的诱惑呢？有人说，一直到"无产阶级左派"解散之前，他这个马克思主义的苏格拉底，喜欢道德主义，专断得令人难以置信，是个令毛派小团体心服口服的人，是个"骑马征战的斗士"。

或者正相反，萨特正在寻求别的东西的时候，心中忐忑不安地预感到，在这个口口声声要"直接瞄准人的灵魂"，要"从人的内心深处改变人"的人身上，萨特是不是猜到了可能的转变，想到了这个人正在从毛派的思想转向摩西的学说，正在从傍晚的神话转向犹太教法典的圣经文字？

难道是这个人的犹太主义思想吸引了他？

在阿隆、朗兹曼、阿尔莱特·埃尔卡依姆之后，他会成为让-保罗·萨特生活中的第四个犹太人吗？

阿尔莱特·埃尔卡依姆是六十年代中期他在君士坦丁选中的一个年轻的犹太姑娘，并在大家的一片愕然中，过继为自己的女儿；他从来没有结过婚；他从来没有想过要孩子，从来没有；可为什么要过继这么一个年轻的姑娘呢？他选中这个姑娘意味着什么呢？是觉得欠她什么吗？欠什么呢？通过这个姿态，他是在算什么账呢？在他的利比多和象征主义的结构里，她代表着什么呢？是犹太主义吗？是成功的乱伦者？还是其它的事情呢？不管怎么说，他决定让这个情妇当了自己的女儿；不管怎么说，这个一向不愿意为任何羁绊所困的人，与她建立了合法的联系；而且这个问题是不能够回避的：此事与彼事之间难道没有联系吗？在解释这两个同样都很荒唐的联系时，难道我们真的能够省略掉这个作为能指的“犹太人”吗？他在过继阿尔莱特，也就是让她姓他的姓之前几年，与维克多建立了某种十分特殊的关系，而后又鼓励他——也帮助他——恢复了他的真名贝尼·列维，这难道是偶然的吗？

或者还有另外一条线索：正如他在一篇十分奇怪的文章里说过的那样，他是喜欢那年轻人的“女性品质”？他不是同性恋——这是他自己说明的——，但是这个年轻人是个“领袖”，也是个男人，在与之对话的时候，他又一次获得了“与女人谈话时”体会到的乐趣，也就是说，谈话针对的一向是“事件”，与男人在一起时却很少能有这样的感觉。[①]

各种假设都是可能的。况且这些假设并不相互矛盾,而是相互补充的。但是不管怎么说,事实在那里摆着——沉重如山,令人惊讶,也许会让老一派的萨特信徒们感到非常痛苦。

他没有真正的朋友;他喜欢女人,更愿意听"萨冈喋喋不休的废话"(贝尔纳·法朗克语),也不愿意与阿隆或布庸讨论问题;他从感情上是无神论者;他让加缪去为友谊唱赞歌,而他自己实际上始终是站在普鲁斯特(和卡夫卡)一边,与贝尔(和布朗肖)作对;萨特与普鲁斯特一样,始终认为友谊是荒唐的,是谎言,是浪费时间,是消磨时间;他像卡夫卡一样,始终觉得同性恋是不可告人的、耻辱的,现在却虚张声势地崇拜起友谊来,他迷上了他的秘书,时刻盯着他,寸步不离——以至于"大家庭"里的人见他脱离大家,再也不参加《现代》编辑委员会雷打不动的会议,感到绝望了,为了利诱他,他们想到也请这个名叫皮埃尔·维克多的人来参加会议;但从今往后,萨特让人们叫他贝尼·列维了……

还不仅仅如此。他是个只注重思想的哲学家;他始终说,人只有在与自己面对面的时候,只有在写作的时候,在孤独的、默默的思索中才能够思想;他是个热衷于论战的人,该与同时代的人斗争的时候,他从来不回避,而且决不留情,但条件是他要第一个发难,条件是他要看起来不理睬加缪,梅洛,莫里亚克,列维-斯特劳斯(理他们干什么呢?他问道,参与争论是自甘下贱!一个思想家不

---

① 《权力与自由,萨特的现状》(*Pouvoir et liberté : actualité de Sartre*),与贝尼·列维的谈话,见于 1977 年 1 月 6 日的《解放报》。

回答任何人，不理睬任何人，人是在与自己的对立中思想的，而不是与别人对立……）。可是现在，这个哲学家却要依靠别人的眼睛来看，他指望贝尼·列维的脑袋和他一起思想，开始了一场漫长的，用两个人的声音来加工话语的工作，这些话语早晚有一天会变成一本新的书。

这本书是没有办法的办法吗？是一本假书吗？是他为了消磨时间，强迫自己读书、思考、不睡觉的最后一个办法吗？他不是这样说的。根本不是。正相反，他对列维说："如果我们发表了这本书，人们就会以另外一种方式来谈论我。"[①]他对西卡尔说："我正在写一本书，这本书完全改变了我在哲学中的思想"，而且，如果我完成这部作品，"《存在与虚无》和《辩证理性批判》里的东西就没有一样站得住脚了"。[②] 还有一次，他怀着我们在他身上很久没有看到的热情，对西卡尔说：那是一种"新的形势"，一种真正的哲学对话，虽然与休谟之类的对话还是有很大的区别；"如果我能完成"，那将是我在《存在与虚无》里说的所谓"道德"，我终于埋头写这一部分了——这岂不是历史的讽刺！

我们感觉得出来，他正在心中摩拳擦掌。

我们看得出来——"大家庭"的人们看得出来——他的智慧又活跃了起来。

这个还活着的死人——"死人就是我"……在这本书里讲话的，已经"不完全是一个活着的人"……这本书不仅仅是书中"写的

---

① 见于前面所引《权力与自由，萨特的现状》。

② 见于前面所引《斜线》。

那些事”……[①]——这个几乎已经死了的人又开始思想，因此也就等于是又活了过来。

他的心静了。几乎显得泰然自若。西蒙娜·德·波夫娃半是伤心、半是幸福地注意到，在“秘书”同意给他自由的下午，当她读书时，他再一次变得精神健旺，不再昏昏欲睡了。

正是由于这样，1980 年 3 月，在他死之前几个星期——谁也没有想到他时日无多，因为当时他突然显得身体很好，如果说他还不能控制自己的身体，至少他能够控制自己的精神了——，《新观察家》的读者愕然看到，五年之前开始的那场对话的片断发表了：二十五页文字，密密麻麻，分为三周刊载，题目是《现在的希望》；文章的确表明萨特又苏醒了——但他就像解散学校时的拉康，或者文化大革命时的毛泽东一样：他要发动在法国模仿红卫兵的人，或者是他心中从来就没有退位的老红卫兵，向《现代》的大本营发起进攻；他要在几十年积累起来的萨特知识的大平原上放一把火；他要在自己的作品中作一系列令人痛心的修正。谁也不知道为什么，他受到了什么样的启发来作这些修正的——是对自己的恨还是尊重，是要摧毁自己的偏执还是对思想的爱，是要活还是要死的激情，是想扫平一切还是喜欢造反，甚至于连他自己也不放过……

信徒们的愤慨

比如他对不知所措的朋友们说，我从来没有感到过“焦虑”。

---

① 见于前面所引《权力与自由，萨特的现状》。

那只不过是“1930 年到 1940 年间哲学上关键的概念”之一。我站在了“关键概念”的一边。

或者:“我从来没有绝望过”;我从来没有“认真地或概略地把绝望看成是一种有可能属于我的品质”;那是“说着玩”的;那是虚张声势;我当初之所以这么说,是“因为大家都在这么说,因为这么说时髦”,但我并没有真正有过这种感觉;我这么说,是因为那时候大家都在“读克尔恺郭尔的作品”,都在谈论这一点。

或者:“我的作品是失败的;我没有说我想说的话,也没有用我想说的方式来说”。

或者,当列维问他什么是“永生”,或者在萨特的“永生的愿望”和《存在与虚无》中“咖啡馆服务生存在的愿望”之间有什么区别时,他回答说:“我的工作不是在永生不死的愿望指导下完成的”——这是经典的回答;但他紧接着又说的话就不那么经典了,而且在老派的萨特的卫道士中引起了更大的困惑:“我认为永生是存在的,但不是以这种方式”;再往后的话简直令人目瞪口呆了,他提到犹太人关于人的身体会死而复生的观念,并且说他“喜欢”这种观念——他说的是人的身体,他说的是人的身体“像活了一样在新的世界再生”,换句话说,他完全明白,而且他反复地说他对此感到很高兴,犹太教的秘密之处,不是灵魂的永生(如果只是灵魂的问题,佛教或其它的宗教,任何一种灵魂转世的理论都是一样的),而是可怕的、令人心慌意乱的、几乎是难以想像的肉体再生说!

而且更为奇怪的,最让人难以理解的地方,对于了解他的人来说——正如他对西卡尔说的那样——,真正标志着他正在“完全改变”他的哲学,正在让《辩证理性批判》或《存在与虚无》的结构都站不住脚的地方是：除了虚张声势的话语之外，除了肉体再生的想法之外——不管怎么说，这也许只不过是顺便说说，是挑衅，是突发的奇想，是个探测气球——，文章的最后一部分完完全全是在说他新发现的犹太思想。

这不是什么新鲜事吗？在《关于犹太问题的思考》中，他早就已经说过他对这个问题的关注吗？不错。只不过，这里说的，已经不是犹太"问题"。也不是排犹主义，不是他对犹太存在的看法并把犹太的存在看做是犹太人。他这里说的是犹太主义本身。是犹太主义本来的确实性、天才和光荣。他是在思考一个民族的命运，他大胆地说这个民族"形而上地"生存过，现在仍然这样生存着：从这一说法中，专听话外之音的第三只耳朵不可能听不出海德格尔曾经说过的话的回音，海格尔曾经说过"杰出的形而上学"民族——另一个民族……这话虽然已经遥远，但还是清清楚楚的，而且使事情显得更加费解。总而言之，萨特刚刚向《新观察家》宣布说，对于哲学家来说《圣经》和柏拉图，拉比·阿基瓦(Rabbi Akiva)和黑格尔或胡塞尔有着同样的值得思考的东西，将两个源泉，两种道德和两种宗教联合在一起，让《圣经》的思想模式和希腊的思想模式一致，将预言者的话语和以理性为中心的话语协调起来，如果上帝赐他以生命，将是他在有生之年最急于要做的事。

除此之外，还有从这份奇怪的材料中流露出的那种自由的，几乎算得上是很随便的口吻。

除此之外还有，自从《人民事业》以来，萨特和毛派的朋友们之间亲昵的称呼(可他对身边的人却常以"您"相称，首先从海狸开始)。

除此之外他还阐述了讨论的作用,他并不是抱着无所谓的态度与人讨论的,而是把它作为一件大事:"到目前为止,我始终是一个人单独工作的,我坐在桌子前,拿一支笔,面前放着纸;可是现在,我们共同构筑思想。"

"共同的思想"……

再稍后一些:思想在"两个人的谈话中形成"……

再往后:"我们共同形成了复数的思想,而且谈话不断地为我提供一些新的东西。"

另外,当列维提醒他说,他始终说"所谓思想,就是单独地去思"[①]时,他回答说:观念"是在向我们运动的"。

另外他还说[②]:"我很喜欢"与维克多谈话,因为我们"拼命地吵架",他"责备"我,这正是我对真正的对话的期待,我期待的正是这一点——让他责备我,让我振作起来。

萨特最后是疯了吗?或者他成了斯宾诺莎的信徒?或者是他信奉犹太教法典了?对话和对话还不一样吗?他是要用好的对话(犹太教法典式的对话)来反对不好的对话(柏拉图式的对话)?难道他是在说,他决定死的时候从身体到思想都要成为一个犹太教的教士?

我们可以想像得出"大家庭"的人们多么惊愕。

我们可以想像得出他们的怀疑,他们的愤怒。

---

① 见于前面所引《权力与自由,萨特的现状》。

② 写给克洛德·伽利玛的信,见于前面所引阿尼·科恩-索拉尔的作品第632页。

有人——奥利维埃·托德(Olivier Todd)——说“那老头是被劫持了”。[①]

也有人——西蒙娜·德·波夫娃——在《告别的仪式》里说这几乎算得上是思想的劫持，气得要发疯，大概同时也愁得要发疯，她写文章说，萨特老了，早先的毛派领袖几乎是逼着他说了那些没有意义的话。

几年以来，约翰·吉拉西也经常与萨特谈话，自认为是萨特的官方对话人，或者是萨特的传记作者。他不顾体面，说出了别人只敢在心里想一想的话：贝尼·列维？一个“狂热的小战争头子”；一个“埃及的犹太人”，连法国人也不是，利用特殊的欺骗手段，逼着已经残废了的、神智不清的萨特“从始至终地改写”了自己的历史，为自己杜撰了“犹太人的根源”；贝尼·列维后来变成了犹太教的教士，成了专门研究犹太教法典的人，以“良师益友”的身份，用犹太教的思想影响了萨特这个精神自由的、像伏尔泰一样的人。[②]

总而言之，除了克洛德·朗兹曼和《老鼠与人》的作者热拉尔·奥尔斯特，又名安德烈·戈尔兹之外，“大家庭”里主要的人都要求对萨特的作品进行审查之后再发表，由于萨特不同意，他们感到愤慨了，说有人滥用他们的哲学资产；他们的萨特被偷走了！被人篡改了，被人劫持了，被人歪曲了，被人化妆成了另一个人！有人把最伟大的哲学家变成了可怜的木偶，萨特落入了一个专横的、不老实的人手中！

---

① 《反叛的儿子》(*Un fils rebelle*)，Grasset，1981 年，第 15 页。

② 见于前面所引约翰·吉拉西的作品第 40—43 页和 235 页。

这些人情绪惊慌，感到压力非常大，诽谤的言辞当然也不少。在这种情况之下，《新观察家》的主编让·达尼埃尔在收到要发表的文章时，虽然说没有怀疑文章的真实性，至少也对文章作家的精神状态表示了怀疑。萨特自己不得不给主编打电话，主编听到他用清楚、明白的话确认了那些有争议的句子，有时还复述了一遍，才作出了发表文章的决定。“你手头有这份文章吗？”“都在我脑子里呢，”萨特回答说。达尼埃尔后来说，“他对文章的确耳熟能详。”[①]……

就连始终就反对萨特的人，以雷蒙·阿隆为主，也找到了反对的理由——找到了其它的理由。如果知识分子开始自己动手打碎自己的木偶，那后果会如何呢？如果萨特变得比反萨特的人更反萨特，如果萨特拆掉自己的布景，替我们搬走雕像，那我们会怎么样呢？他在干什么？他会变得聪明起来吗？他会在迷信中结束自己的生命吗？如果他突然想把我们的角色抢走，变得像我们一样理智，那我们还能干什么呢？[②] 他尽管作践自己，那是西蒙娜·德·波夫娃的问题，如果她以此为题材写小说，那更好；但是，如果他自己污辱自己，惟一的目的就是不让我们再去污辱他，那就有点不光彩了，那就有些不可原谅了——这是欺诈，是不可估量的错误，是损害。

流言越来越多。传到了街区之外，巴黎之外，法国之外。在世

---

① 让·达尼埃尔，《时间的变化》(*Avec le temps*)，Grasset，1999 年，第 102—105 页。

② 雷蒙·阿隆，《电视节目“直言不讳”中的萨特》(*Sartre à Apostrophes*)，见于《解放报——萨特专号》，第 49 页。

界的报章中，有好几个月的时间，人们讲的都是这件令人难以置信的事：本世纪哲学上的灾难；是史无前例的意识形态侵占大案；活着的最伟大的哲学家决定——是在别人的帮助之下采取的决定？——撕毁自己的大部分著作，最后把自己装扮成犹太教的教士终其一生。

对于所有这些人来说，萨特不仅老了，而且老糊涂了。不仅为贝尼·列维所迷惑，而且也被他非法监禁了起来。萨特成了犹太教左派攻击的对象，贝尼·列维让萨特受到了“震动”。也像邪恶的忏悔师一样，在萨特临死之际，诱哄着萨特弃绝了自己的思想。

萨特是犹太人？

显然，我不是要为贝尼·列维“辩护”。

贝尼·列维先是通过新闻界，[①]后来又在维尔迪耶(Verdier)出版社出版的谈话集的前言里，为自己作了很好的辩护。

他很清楚地说，他对肉体再生的那段文字感到“愕然”，想让萨特“把它删掉”，但萨特坚持保留。

他讲述了他和阿尔莱特听到萨特说根本就不曾有过焦虑的感觉，说厌恶是虚张声势时，他曾提请老人注意，告诉他这话肯定会引起强烈的反应；这时，他发现这正是萨特在谈话中想强调的部分。

① 《萨特与贝尼·列维》(*Benny Lévy et Sartre*)，与所罗门·马尔卡的谈话，见于前面所引作品。

阿尔莱特·埃尔卡依姆，萨特的养女，也来到了第一线，在萨特死后一年的时候发表了一封致海狸的公开信，[①]信写得既美好又无情，当时《告别的仪式》一发表，使争吵变得更加激烈。她在信中讲述说，当时"我努力作为他的眼睛"；"同一时期在别的谈话中"我也是这样做的，我把对话的文本"反复读"给他听；我"一句一句地读，又把全文读了好几遍，一直到他烦了"；因此，"想增加的内容他都加上了，想修改的地方他都改了"。接着，她又无情地说："不管怎么样"，你当时也完全可以像我一样做；没有任何事，也没有任何人不让你"也坐在他身边，手里拿着写在纸上的文章，把你的意见告诉他"；"你一点反应都没有"，他首先就感到奇怪；我们本来想，我们很想"告诉你这个尽人皆知的道理，萨特在死之前，明明是活着的：他几乎什么也看不见了，他的肌体在衰败，但是，他听得出来一个词的两种意义，可你把他当成死人，认为他不该再露面"。还有下面这致命的一击："萨特的法庭"……你从哪里得来"萨特的法庭"这个想法的呢？"怎么能够理解你竟然对他说，你打算组成一个'萨特的法庭'，来审判他的谈话呢？"

因此，在这场"两个家庭"的争吵中，我不表示意见。

更何况，不管是从这封信的口气，还是从人们风言风语传说的萨特死后列维和阿尔莱特的态度来看（海狸来之前，公寓里已经空了，门已经关上，没有给她留下一件作为纪念的小玩艺儿、东西、书，为继承遗产争吵，为他的遗体和回忆属于谁而打仗），两个人什么事都干得出来的，所以我就更不能说我有什么立场。

---

① 1981年12月3日《解放报》。

但是归根结底，事实在那里摆着。文章和事实都在那里摆着，而且文章也是事实。我们再来看这些事实，我们把这份特殊的案卷一片一片地拼凑起来，还是可以从中看到一些显而易见的东西。

首先是他们说的“操纵”。萨特被卑鄙的贝尼·列维野蛮地“操纵”了。就算是吧。即使是操纵，但说到底，是谁操纵谁呢？当我们读文章的时候，我们能够肯定操纵永远是单方面的吗？年轻的革命者把上年纪的大师拉到了自己的阵营里来，的确是这样。当他分析危机，死亡，左派的主张的时候，当他提醒说，无产阶级左派想“超越党的共产主义观念或斯大林观念”，但是由于过分地倚赖对激进的共和党人和迪谢纳老爹①的回忆，所以才没有成事的时候，当他批驳“激进性”和他称之为的“站着的主权”的时候，当他在文章的最后一部分提到犹太人古已经有之的对群众和革命“意识”的“不信任”的时候，当他说“在革命群众的统治下”，犹太人预感到，“进步群众”的恐惧、惊惶是永恒的时候，那是列维在讲话，萨特只不过点头同意：“对……”，“谁说不是呢？……”“不错……”“我认为你说的不错……”——口吻像柏拉图的对话，只不过列维扮演的是苏格拉底的角色，而萨特扮演的是赫尔默克拉底或克雷蒂亚斯。② 但是整篇文章不都是这样的。也有其它的段落，萨特在其中声称他是把对话者作为一个“反对者”，一个“对立者”来使

① 迪谢纳老爹(Le Père Duchesne)是法国传统滑稽剧中的一个大众化人物，从法国大革命一开始，便成了群众的代言人。——译者注

② 赫尔默克拉底(Hermocrate)或克雷蒂亚斯(Critias)都是柏拉图的学生，出现于柏拉图的对话中。——译者注

用的,他说他的对话者几乎算得上是个“练习拳击的吊球”。有一个地方他丝毫也没有感到为难地说,对自己的作品,他记得还不如这个年轻人清楚,他的这个弟子十年前从埃及来的时候,从他的作品中获得了探讨哲学问题的兴趣——而且他还补充说,手头有这样一个人,该有多方便啊!还有更好的办法能够指出,在他正说的话中,有某个地方与“1950年”写的东西有矛盾的吗?当我明白了这一点的时候,萨特强调说,当我看到你了解“我的思想的历史”和“哲学的历史”的时候,当我明白你是萨特思想的活生生的记忆,而且我能够通过我们的谈话来接触这一活的档案的时候,我就开始“关注”你了,我甚至可以说:你“非常有用”,如果这话显得有点厚颜无耻,那我也顾不上那么多了……在这种情况下,是谁利用谁呢?维克多把萨特当工具使,难道萨特不是把维克多当工具用吗(顺便值得一提的是,在“萨特的信徒”当中,有些人也一样利用萨特,在萨特这座大教堂的影子里,建立了他们的生活,他们的事业,有时候也包括他们的幸福和他们的思想)?

其次是贝尼·列维“无礼”地对待萨特……萨特“被人粗暴地对待”或者“被人虐待”……萨特成了一个小个子老头儿,被一个流氓和他的同伙埃尔卡依姆辖制……多么奇怪。但是在萨特的作品中,还有一本书也是按照同样的模式结构的。第一本谈话式的书是六年前出版的,在那本书里萨特已经和贝尼·列维在对话了(当时他还叫皮埃尔·维克多),参加谈话的还有另一个毛派的人,这人叫菲利普·加维(Philippe Gavi),写过一本“纳萨利特”的红色印度的书。在这本谈话录中,他们已经和萨特以“你”相称。在这本书里,他已经被那些有点粗鲁的年轻人“平等”地对待了;那些年轻人不仅把他看做是“发臭了的鱼”——原文如此——，他们邀请他像他们一样“扔掉一切知识分子的架子”，他们不仅“把他藏在卡车里带进了雷诺汽车厂”，或者让他“冒着被警察打破头的危险参加一些经常是无益的行动”，而且现在又提出新的要求，用他们的原话说就是，要有“权利”检查他作为一个作家的活动。在萨特的作品中，如果说有哪一篇文章是他为“取悦青年人”而做的，如果说有哪一本书是伟大的萨特心甘情愿地表现出伤心欲绝，向人们大喊大叫地说，神圣的青年人使68年5月事件成了“反对他”，反对像他一样的人们的事件；面对着青年人清楚明了的话，他这个没落的、没用的资产阶级知识分子是多么的耻辱，那就是第一篇对话式的文章《造反有理》。时间过去这么久了，当我们再次读这篇文章的时候，我们仍然忍不住会颤抖。那么问题就是：为什么在《现在的希望》发表时，大家都表现得那么惊慌呢？为什么早先的文章，第一篇对话式的文章发表后如石沉大海，第二篇却突然引起了如此轩然大波呢？他在第一篇对话式的文章里说过一些的确算得上耸人听闻的话，比如他建议他的同志们“保留”一个“干脆就是非法的组织，能够搞一些非法的暴力行动”，或者把“普选”说成是“资产阶级权力要的花招，好用法律取代人民群众合理的运动和直接的民主”，或者还有，把他在《厌恶》时期美好的“悲观主义”说成是“午饭之后小小的享受”，或者是“一种性格特点，好比不系裤带，而用吊裤带一样”[①]——听到萨特说在《圣经》中发现了一种本体论，一种道德，一种抵抗思想的基本原理，人们为什么会觉得就会更加严

① 《造反有理》，第82页，83页，84页，98页，105页，374页。

重呢？人们能够容忍皮埃尔·维克多，为什么不能容忍贝尼·列维呢？这真是奇怪。

还有。据我们所知，萨特这不是第一次败坏自己。他精于否认自己已经说过的话，是个背信弃义的大师，一向把违背自我的思想当成义务，心甘情愿地打碎自己的脑壳，只要一有可能，便把自己的观念的基石打个粉碎，而观念是真正的思想必须的基础。我们还记得，他一生都在变化，在否认自我，在撕毁作品的一部分，狂热地把它换成另外的东西，再一次与说过的话决裂，让人感到失望，他否认自己，自相矛盾。在孔达和阿斯特鲁克的电影中，在与雷德蒙·奥汉隆(Redmond O'Hanlon)的谈话中，甚至在《滑稽的战争记事》的一个片断[①]里，他就已经说过他从来没有"体验"过"厌恶"。他已经说过——是在十五年前对皮埃尔·维斯特拉登(Pierre Verstraeten)说的——"和我们想说的话相比，我们实际上说的或多或少都是一些其它的话"。[②] 他反复说过，《存在与虚无》中"有些章节很糟糕"，[③]如果能够，他很想从全集中把这些章节删掉。由于恨《存在与虚无》，他写了《辩证理性批判》；后来，又由于恨《存在与虚无》和《辩证理性批判》，他又写了《文字》。于是我们又可以提出同样的问题：为什么他昨天有权利收回前言，今天事实上就不能了呢？既然知道他一向都是变来变去的——他从来没有解释过为什么要这样变——，为什么现在突然又不满意了呢？

---

① 让-皮埃尔·布雷，《媒体上的萨特：采访在他的作品中的地位》(*Sartre médiatique : la place de l'interview dans son oeuvre*)，Minard，1993 年，第 209 页。

② 《境况种种》，第九卷，第 47 页。

③ 《哲学的一生》(*Une vie pour la philosophie*)，与让-保罗·萨特未发表的谈话，见于《文学杂志》1982 年 3 月，第 182 号，第 76 页。

在他的一生中，人们都接受，甚至都感到庆幸的东西，比如他喜欢与自己决裂，人们以为那是他的风格，为什么现在突然又感到愤慨了呢？他能够这样背弃先前，原来人们认为那证明了他的生命力，或者证明了他至高无上的自由，怎么现在涉及到列维和他们对神秘学，对天才，对形而上学的命运，对犹太教教义共同的思考时，突然就成了他沉沦的惟一标志了呢？奇怪……越来越奇怪了。

最后还有文章。在这一切背后。还有一篇真正的文章。那是一篇萨特愿意的，萨特谈到过的，而且不管人们愿意不愿意，也是由萨特思考过的文章；奇怪的是，今天和昨天都有人在叫喊说有人操纵，有人背叛，有人舞弊，都有人一想到小个子埃及人逼迫着法国最伟大的哲学家放弃了真正的信仰，而去相信《圣经》——因为说到底，事情的关键始终就在这一点上——，便气得简直透不过气来；奇怪的是，人们根本就不关心萨特在那篇经他同意，由他口述，而且不管人们愿意不愿意，也是他思考过的文章里，到底说了什么。我眼前就有这篇文章。两种形式的都有，《现在的希望》和以书的形式出版的《权力与自由》。当然，这是一本口语化的哲学文章。一篇并不完善的文章，从很多方面来看还显得有点早产。里面有很多重复、瑕疵、不恰当的地方，有向后倒退，有悔恨。的确，这篇文章在歌颂犹太哲学之前，先就野蛮地践踏了萨特哲学体系中的很多东西。他并不是没有根据地这样做。也不是为了践踏而践踏。那不是在自我惩罚，不是在把一块土地烧得寸草不生——一个濒临死亡的作家，任性，嫉妒自己的创造："单是死还不算完，我的体系也要和我一起死；如果我的哲学在我死后还要存在下去，那我愿它受到诅咒！"在这些文字中值得我们关注的，使我们在读的时候既觉得不知所措，又觉得十分激动的，是在新的“犹太人”的灵感不远处，在他的已经破产了的思想留下的深渊上架起的这条犹太的线索两边，我们能够看到其它的论点，其它的概念在闪烁着幽幽的光亮——那并不一定是其它的“墙”，但无论如何是另一种思想体系的“基石”。在这本书中，萨特没搞什么“政治”。他没有像在《造反有理》中一样，给毛派的朋友们提供进行斗争和废除知识分子地位的武器。他是在思想。他又开始思想了。奇怪的是，保卫萨特的老人们，萨特的读者和大部分评论者都不愿意看到这一点。

萨特这样的犹太人

因为，这种犹太人的哲学到底是怎么回事呢？

当后期的萨特把犹太人民定义为“形而上学”的民族时，他到底想说什么呢？

对于他来说，是“犹太人”，或者认为自己具有“犹太人的存在”，意味着什么，这一说法的具体效果是什么呢？

具体来说这意味着四件事。

首先是一种新的行动的哲学。我们刚刚看到，萨特和贝尼·列维与从九月的屠杀到无产阶级左派的激进传统保持了距离。他们批判了在《辩证理性批判》中制定的“博爱—恐怖”的思想，也就是说在恐怖谋杀中结成的友爱联系，虽然他们好像还很谨慎，尤其是萨特，因为萨特坚持要说明他对这个问题的认识“还不是太清楚”。他们驳斥了通过暴力，可以使我们“越过一些阶段”，直接达到“真正的人性”的打算。他们一致指出说，不能以恨为基础来建立爱，以战争为基础来建立互相的亲和，不能“以杀死敌人为目的”，并以此为基础来建立为了别人的意识。总而言之，他们打破了在《人间受难者》的前言中提出的问题。这样一来，他们的“问题”就“很简单”了：革命的思想怎么办？彻底地“完蛋”了吗？要不要“选择”放弃这一思想？或者是以其它的方式重新思考它？回答是：应当继续。而允许他们继续下去的，是救世主降临的概念，只要我们从“犹太人”的意义上来理解，也就是从预言的意义上来理解，这一概念至少有三个好处，而且在他们的打算中，这也是三个重要的理论上的突破。在救世主降临说中，人的“末日”，在成为经济和政治上的末日之前，首先是“道德”上的末日：因此，这种学说与马克思主义决裂了。在世俗的救世主降临说中，“律法的观念”被认为是“陈腐”的观念，那么“违抗”便成了行动的前提；而犹太人的救世主降临说又恢复了“律法”（列维），甚至是“权利”（萨特）：再也不会有非法行动的诱惑，而这种诱惑是萨特多次迷失方向的根源。所有革命的意识形态，所有的马克思主义，列宁主义，斯大林主义，毛主义都受某种历史观的局囿，把历史看成是一系列的生产方式的组合，按照“阶段”，按照无情的逻辑，一步步走向注定的最终目的；而犹太人的救世主，在该来的时候就会来，但同时，他已经来了，时时刻刻在每个人的心灵和行动中，只要这个人按照神圣的法律生活——这样一来，这不仅是马克思的经济主义和非法行动的末日，也是末世论幻想的末日，因为末世论是把末日定在某一个具体的日期，定在时间的某一个确切的点上，它像所有的最终调节理论一样，也会导致屠杀的无情的律法。用犹太人的救世主降临说反对进步的神话，这是第一个成果，而且是一个巨大的成果。

其次是关于群体的观念。我们还记得，萨特始终在拒绝群体（《存在与虚无》）和崇拜群体（斯塔拉格的经验以及后来的《辩证理性批判》）之间摇摆。他始终在单独的人的哲学和群体中的人的哲学之间迟疑不决；单独的人反抗任何群体的必要性，而群体中的人则显然是要葬送主体性的。但是，他从犹太人的思想中看到一种“社会的愿望”，突然之间使他摆脱了那漫长而又厌烦的疑难。从犹太人的经验中，赫然凸现出一种社会的思想，数千年绵延不绝，让他第一次觉得能够将他一辈子都在连接而不得其果的两条线索接在一起。他解释说，犹太人的上帝是在对集结在一起的人群讲话，因此也就是对处在现实境遇中的人，但同时也是对单独的人在讲话，单独的人是按照他的形象塑造的，而且“几千年来”，是在“与一个单独的上帝”面对面的奇迹中形成的；他终于找到了一种模式，群体不是压抑个别性的声音，而是以个别性来养育自己，是对个别性的协调。他坚持说，人群是组织起来的，是联系在一起的，因为，多亏了你，多亏了阿尔莱特，也多亏了朗兹曼这个“很好的朋友”，在犹太人和犹太人惟一的上帝之间的关系问题上，我知道人群是通过一些仪式，一种法律，一本圣经来达到心灵相通的；不同的是这一联系不仅跨越了年代，也跨越了国家，而且我还明白，这种联系不是以种族、血统、土地和“祖国的观念”为基础的：犹太人是一个散居的群体，一个世界性的、松散的群体，是第一个，也许是惟一一个能够避免群体厄运的群体。最后，这个群体为自己制定了一些统一的原则，最近，这个群体甚至于在建立自己的国家——这个国家后来变成了以色列国——当中看到了自己的特点，虽然这个国家并不能够综合这一群体的所有的特点，但对于这个群体来说，除了国家以外，曾经有过多少其它的统一的方式啊；那意思就是说（这回是列维讲的话，但他是在评论萨特的直觉，说萨特的直觉简单得令人“震惊”）政治的统一并不是惟一的“统一名称”，世界的政治观念不是人类历史最终的道理。萨特是犹太人的萨特？不是。但是，更加值得关注的是，犹太人的思想在萨特的思想中所起的作用。这证明，为了思考“为了别人的存在”这个谜，除了融合中的群体之外，在“犹太人的存在”中有可能还有其它的线索；萨特预感到有一类群体，终于能够与仇恨的、像粘液一般的、有害的群体决裂；而二十世纪却只满足这样的有害的群体。

第三是一种历史的哲学。或者更准确地说，是对现代性所称之为的历史哲学的批判；这种历史哲学其实只是黑格尔的哲学。我们记得，与黑格尔较量，在萨特的生活中，是哲学上的大事。我们还记得，当他以为已经在战斗中尽了一切努力，已经用尽了一切力气，却没有斗过黑格尔，不得不向黑格尔缴械投降时，他感到伤心了。其实不是那么回事。他还有最后一招，他还可以打最后一张牌。还有一个现实是黑格尔的哲学从来也没有能够说明的，如果他萨特考虑这一现实，那么黑格尔的整个体系就会乱套，黑格尔就会失败。黑格尔的哲学没有思考过的事实，就是犹太人的观念；所有的哲学都把历史看成是一些“国家”的历史，包括这些国家“至高无上的政治现实”，它们的土地，它们“与其它国家的关系”；可是犹太人民在很长时间里没有国家，这就是一切哲学的盲点和永恒的反证。历史不是黑格尔哲学说的那样，用萨特的话说就是，我们可以有“脱离历史的哲学”，黑格尔并不总是有道理的，因此也就根本没有道理——因为，如果黑格尔的哲学只是“有时候”才有道理，那会怎么样呢？犹太民族，这个小小的、不肯低头的、顽强的民族几千年来抵制了外界的消融、吸收，综合它的企图，以最新的情况来看，它也抵制了想要灭绝它的企图。贝尼·列维指出说，黑格尔想“彻底解决犹太人”。具有讽刺意味的是，正是“犹太人使我们从黑格尔想强加给我们的历史当中走了出来”。正是由于犹太民族“过去和现在都以形而上学的方式生活”着这一事实，我们才可以希望解开黑格尔的束缚。萨特感到很满意。几乎感到轻松愉快。这是一场最伟大的胜利，同时也是最出乎意料的。就像报复一样。这是第二局较量。也是哲学的运气。是背叛了黑格尔的人最终战胜了科热夫的信徒们。

最后是道德的可能性。我们知道，道德问题是萨特思想的另一个大的失败。我们知道，自从《存在与虚无》以来，写一本《道德论》是他的梦想，但是，虽然他承诺了要写，虽然他有时候非常努力地想写，但每次他都放弃了——好像其它的魅力，或者是原来的魅力阻止了他，不让他往前走。我们还记得，梅洛－庞蒂认为，萨特一切专制主义企图的根源，就是这种不可能的伦理，就是因为他不能以其它的方式来思考别人，除了把别人当成事物，就是因为在各种情况之下，他都倾向于把与别人的相遇当成是陷入存在（Etre）而不能自拔——这是在最好的情况下，而在最坏的情况下，则当成是本体论的灾难。然而，在这一点上，《权利与自由》也是截然不同的。之所以与以往截然不同，是因为他从犹太人的思想中借来了一个词，而这个词掩盖着的，据他说是他在“哲学作品”中从来没有“研究”过的一个概念（虽然列维提醒他说，《家庭白痴》中有这个词),那就是"迫使"(obligation)的概念。他说,我是被别人迫使的。青年时期,我是在"没有相互性的意识",或者更准确地说是在"没有别人的意识"中寻找道德基础的。让每一个个人都"过分地独立",或者即使有束缚,也是将个人束缚在融合集团或誓言的"博爱-恐怖"中。然而,我现在知道,这是没有意义的。我知道我的意识不仅与别人的存在联系在一起,也受别人的存在,甚至是别人的不存在的限制,我的意识是由别人的存在和不存在形成的。这是一个新的信念;是一种新的观念,认为意识充满了由于别人的迫使而产生的东西;是一种直观,认为心灵可以毫无分别地成为主体或客体;这一切,我虽然在《家庭白痴》或者在我介绍《带录音机的人》的文章中有所预感,但我仍然是从犹太人的智慧中去寻找并最终找到了的。

在《阿尔托纳的囚徒》中有个十分奇怪的人物,那就是被杀了头的犹太教教士;这是剧情背景里的一个人物,但他悄悄地控制着剧情的发展。好像大家都把他忘了,但是萨特没有忘。或者更准确地说,他又回忆起了这个人物。而且在贝尼·列维的帮助之下,[①]他关注了痛苦中的犹太教教士,记下了他临终前的话,而且实际上让他复活了。

萨特与勒维纳斯

但是,还有更加令人惊奇的事。

---

① 见于前面所引所罗门·马尔卡的作品。

人们常说:观念是属于大家的;概念也是;人们不会自找麻烦,探寻概念是在什么地方,什么时候,以什么方式,在谁的作品里产生的。但是,概念,真正的概念与观念不一样。概念是有出生证的。有命名的仪式。它们的名字就是它们的创作者的名字。它们像书,像画,像某些家具一样,也带有作者的签名。

然而,在这一片混乱中,任何人都没有说的,也许根本就没有看见的东西,随着时间的流逝,也变得十分明显了,正是有了这四个概念,上了年纪的萨特才有了摧毁自己原来的理论体系,并开始构筑另一套体系的四个理论姿态,才有了摆在自己身边,仿佛是要用来承载新的思想建筑的四块基石,而这四个概念都带有另一个哲学家的签名。这个哲学家几乎与萨特是同时代的人,尽管是一个不太为公众所了解的人,这个人审慎,算得上深藏不露,而且到目前为止,我是故意很少提到他的,这个人就是伊曼努尔·勒维纳斯。

对于相异性的道德来说,这是显而易见的;这种道德观差不多原封不动地抄袭了勒维纳斯的"他人的超验性"的伟大观念,对别人的关心先于对自己的关心,通过无限的观念,因此也就是他人的观念对自我的投入是古已有之的,总之,正是对正义的无限要求,确定了思想着和行动着的主体的特点。

对于围绕黑格尔和历史哲学的争论来说,这也是显而易见的,大家都知道,这场争论也是勒维纳斯生活中的大事。只不过勒维纳斯很早,远在萨特之前,便指出了问题的焦点(思考"普遍历史之外"的东西),制定了方法(停止只用战胜者的角度去看待世界),确定应当依靠的话语类型(《圣经》中预言家的话语永远是多余的,不合时宜的，只是经过自己允许的）：以至于我们再一次可以说，在这条危险的道路上，他走在了萨特的前面，甚至从总体上说，走在了现代哲学的前面，因此，在萨特死的时候，我们说，从最后的谈话中看到的，是“一个伟大的哲学家重新思考自己对黑格尔的态度”，[①]并不是没有根据的。

对于群体的矛盾来说，这也是显而易见的；熟悉《艰难的自由》（*Difficile Liberté*）和《塔木德讲解》（*Lectures talmudiques*）的作者的人都知道，这些矛盾曾经怎样地纠缠他。

虽然革命的问题本身并没有吸引过他的注意，但救世主降临的概念，正如萨特和列维提出的那样，却与勒维纳斯在肖莱姆（Scholem）、罗森茨维格、布拉格的马哈拉尔之后，声称从末世论的背景中夺来的概念十分相近：没有救世主的救世主降临说，或者，不管怎么说，是没有救世主本人的救世主降临说。一个没有出生日期或者没有确切现身时刻的救世主；一个每日每天的救世主，与美好的明天的神话无涉，适合于行动比信仰更重要的宗教；这个救世主可以是城门口的乞丐，君主，麻风病人，可以是你，我——一个不作自我介绍便会突然而来的救世主，他就在那里，用不着变化，总而言之，这样的救世主从末日，从光明的未来，从乌托邦，从绝对事物的阴暗的幻觉中摆脱了出来……

最后的萨特是勒维纳斯的信徒。

他显然的，无可争议的，而且从内心深处就是一个勒维纳斯的信徒。

---

① 《早报》1980年4—5月号，第11页。

印迹那么深刻，语言的共同之处是如此之多，好像两个博尔赫斯的神学家到了晚年才发现，原来是同一个心灵驻进了两具不同的躯壳。

萨特在此前的作品中没有说过他受勒维纳斯的影响，而且在这一篇文章里，在这些与勒维纳斯的思想几乎相通的情况下写下的文字里，他也绝不提勒维纳斯的名字，事情就显得更加奇怪，两个人的相似之处便令人更加惶惑。

是不诚实？

是按照他早已有之的习惯，正如他发现多斯·帕索斯或海德格尔时一样，抄袭了人家的东西，却又并不真正地说明？

问题来自于发表的只是摘录——还要等发表全文才能看到勒维纳斯的名字，因此也就是看到他的思想的出处吗？

我当时感到好奇，决定去找有关人。

当时，我本人也在一本明显带有犹太教影响的书中，实行了向犹太教的"回归"。

当时，整整一代年轻的犹太人在与勒维纳斯的接触中，在读了他的《塔木德讲解》之后，再一次发现了犹太语言的美好，犹太话语的活力及其勇气。

因此，我要去见他。奥特伊区有个小小的犹太学校，他在学校的上面有一套挺漂亮的公寓，我常到那去看他。和他谈我，谈多亏了他才摆脱了无知的一代年轻人；但是这一次，我也要和他谈萨特，这个伟大的思想家，到了晚年，不言不语地做了一件惊天动地的大事，成了勒维纳斯的信徒。

在我脑海里，那仿佛是昨天的事。

勒维纳斯是个小个子，圆滚滚的，穿着海蓝色双排扣套装，上衣口袋里有一块白色的手帕，裤子向上提得很高，使他的个子显得更小。他的两只手保养得很好，皮肤很细腻。脸上粉红色，像是画在陶瓷上的颜色一样。眼上生了一颗麦粒肿，让他觉得很别扭。像是三十年代慢慢喝着钦扎诺苦艾酒[①]的显贵，但只要他一开口讲话，那种显贵的样子便奇迹般地消失了：他那热情的，几乎算得上是激昂的声音，好像在费力地追逐着他天才的思想；随着声音的节奏，他的脸上才有了真正的表情，才显出了俊逸。后来，当我终于提出作为此行目的的问题时，当我提出假设说，萨特最后变成了勒维纳斯学说的信徒时，他想到自己这个小小的立陶宛的犹太人，能够像我暗示的那样，影响法国活着的最伟大的作家，并挑起了在新闻界闹得沸沸扬扬的争论，突然显得有点害怕，几乎是惊恐地说："不，不，不要相信……我肯定不会对令人尊敬的、杰出的法国哲学家产生这么大的影响……我不敢……我不会冒这种风险……"

但是，尽管他否认，我们还是一点一点地复原了他和萨特的关系的历史，像小说一样。

第一阶段，三十年代；他的关于胡塞尔和海德格尔的作品；大家都知道这样一个小故事，说萨特到吉贝尔书店找有关的书，并得到了他寻求的启示；因此，勒维纳斯与萨特虽然没有见过面，但对萨特最初的哲学探索产生了决定性的影响——这也是萨特自己说的："我是通过勒维纳斯才发现了现象学的"。

---

① 钦扎诺(Cinzano)一种意大利都灵产的苦艾酒。——译者注

第二个阶段，此后所有的时间；几十年，半个世纪过去了，他好像根本就不记得最初的惊叹了。在这半个世纪里，这两个同时代的人再也没有半点接触，不管是直接的接触还是通过文章，好像他们是生活在两个星球上一样。

最后是第三个阶段，也就是我们现在这个时候：他们仍然没有接触；两个人之间仍然是既没有直接的接触，他们的作品也没有任何联系。但是贝尼·列维和我一样，在当时也是“对犹太教的教义一无所知”[①]的，这时却开始转变，而且是通过勒维纳斯转变的，他读了勒维纳斯的书，见过勒维纳斯，跟我一样，不断地到勒维纳斯在奥特伊街的公寓小套间里去，和他谈萨特，第二天又和萨特谈勒维纳斯，大声地给萨特读勒维纳斯的某些书，在来来往往中成了两人之间的一个联系人，成了两个哲学家之间的桥梁，两个哲学家同样伟大，同样重要，但是互相之间原来没有讲过话，如果没有贝尼·列维，他们也许仍然会老死不相往来。

贝尼·列维知道自己是在干什么吗？他是否意识到，他这样做对思想的历史耍了一个花招？他是否知道，他正在把一个伟大的思想家的思想嫁接——没有比“嫁接”更合适的词了——在另一个伟大的思想家的思想上？他高兴吗？感到焦虑吗？他喜欢地下活动，是专门搞阴谋和秘密活动的专家，在极左派完蛋之后，在革命和其它的运动失败之后，他是在经历最后的一次行动吗？他知道——而且曾经朝思暮想过！——列宁在革命的前夜，一边的衣袋里装着《精神现象学》，另一边装着一把勃朗宁手枪渡过涅瓦河

① 见于前面所述《贝尼·列维和萨特》。

时的著名形象。他不也有点像这个时候的列宁吗？有时候下午，他从艾德加·基奈大道到奥特伊去，或者从奥特伊回萨特的家，在穿过塞纳河的时候，他是不是也觉得自己就是哲学家列宁，正在绝对的秘密中准备他的思想之夜？或者在这场奇怪的冒险中，两个人都是他的朋友和导师，他只不过在两个人之间搭起了一座桥？这些问题的答案只有他自己知道。但今天我们知道的，有两件事。

第一，我们所面对的是，两个同时代的人以史无前例的方式"相遇"了。没有接触的相遇。远距离地传递讯息。一个信使，一个由他一个人组成的邮局，联系着两个地方，连接起两个人的思想，让两个人的思想互相对话，互相应答，却从来也没有互相接触。从某种意义上说，他成了双重的代理人，在勒维纳斯的思想上，他成了萨特势力的代表；在萨特的王国里，他又成了勒维纳斯的秘密特使。或者，也可以是另一种形象，是良性的传染，潜在的带菌者只传染了病毒，却没有宣示疾病的名字。难道这正是萨特"大家庭"的人们在愤怒、歇斯底里和忧郁的同时，隐隐感觉到的东西吗？有人会反驳说，贝尼·列维本来就是个手段高明的间谍，是个不肯改悔的阴谋家，是梦中的党派想像的领袖，他的党派沦落成了一个小团体，后来又成了一个小集团，哪怕只剩下他自己，也还要继续毁灭旧世界和使旧世界互相分隔；这种形象与恶魔般的、喜欢操纵人的列维并不完全违背吗？即便是如此。只不过，说到底，思想从来都是这样发展的。只不过，在两个哲学家之间建立起这样一场对话并非易事，哪怕只是在处于萌芽状态的一本书中建立起对话也不是轻而易举的事；他认为"两个哲学家之间隐约中的联系主宰了最近四十年"。

第二,除了心理因素之外,如果我们同意,在哲学中最重的,是文章及其灵魂,是文章的灵魂,而不是文人的闲话,那么两个哲学家是确确实实地相遇了。这本十分奇怪地饱受诽谤的书,这本混乱、可悲、证明了萨特理智沉沦的书,的的确确见证了二十世纪后半叶哲学史上最重要的相遇之一——也许是最为重要的相遇。有过海德格尔和萨特的相遇。或海德格尔和尼采的相遇。或者柏格森和梅洛-庞蒂的相遇。有过拉康说的“康德和萨德”之遇。但是,萨特和勒维纳斯之间的相遇是令人更加难以相信,更加荒唐,但也许是更加富有成果,更加具有决定性的相遇,因为这一相遇标志着使二十世纪充满血腥的世俗的救世主们的末日开始了。

我们的年轻人

我想像得出那几个星期萨特的情形。

是悲哀吗?不!恰恰相反,是欢乐。几乎算得上是欢天喜地。一想到他给信徒们玩的花招……用列维后来的话说就是,他撤掉了“那些人”脚下的地毯……他也觉得是又一次打碎了自己的脑壳——那块谁都知道的观念的石头,让他又一次打得粉碎,正如在他状态好的时候一样……而且还有哲学上的某种满足感,不错,就是哲学上的满足感:他只一下,只那么轻轻的一下,便把妨碍他诚实地思想的四块石头都击得粉碎——这难道还不是兴高采烈的理由吗?他觉得自由了,他如释重负,怎么能不觉得陶醉呢?正如年轻时候,他刚刚开始哲学的冒险,发现了海德格尔、胡塞尔和杏汁鸡尾酒的时候一样……

人们真奇怪。他们都有立遗嘱的怪癖。在最后一本书中，借口说作者要死了，他们总要说最后一句话：他们知道他死了——他们知道，他在写这本书的时候，正在走向死亡，他们将正在走来的死神的影子投射在最后的话语上，并说那是"最后一本书"，或者是"最后一句话"，或者是遗嘱。但是作家自己并不知道。对于某些人来说（比如海尔曼·布洛奇笔下的维吉尔），他们或多或少、隐隐约约地知道自己正在走向死亡，可是更多的人是一无所知，毫无感觉，生活在无尽的死刑缓期中，或者正相反（但其实也是一样的），他们早就知道自己快死了，早就在等待着死亡时时刻刻会来临，而这样一来，死亡也就没有了意义。对于萨特来说，无论如何，事情是很清楚的：他不仅一无所知，而且这个问题本身就没有意义——他不是一向就不相信死亡和下意识吗？他不是一向主张说（这是他与海德格尔决裂的秘密动机之一），人不是"向死的存在者"，永远不会有任何东西使人为了死而生，从严格的意义上说，所有的死亡都是野蛮的、可笑的、偶然的，因此也就是暴力的？他与时间的关系，正如他自己说的那样，他"从反面"生活的方式，他眼睛只盯着未来，把生活中的所有重要时刻都看做是新生，正如波夫娃后来说的那样，他觉得对自己的过去没有真正的"认同感"，从严格的意义上说，他也没有"经验"，①正是由于所有这一切，他才不害怕，他甚至根本意识不到自己的死。至于衰老的问题，至于想到他的身体会死亡，想到通过肉体的衰败，他自己也会死亡的问题，他不是说过无数次，而且在这里再一次说，他对此没有真正的经验，而且

① 《告别的仪式》，第412页。

这不是别的，也只不过是别人的目光产生的一种效果而已？

他说："大家都把我当老头子，但是我觉得好笑。"因为"一个老头是永远不会觉得自己是老头的"。他在"别人"的"目光"中才会觉得自己老。衰老"不是一件本身能够告诉他什么东西的事情"。当年轻的对话者问他，他觉得自己还能够活多长时间时，他回答说："五年。"紧接着他又改口了——我想像他在微笑或简直就是在笑，并且改口说："我从内心深处觉得，我还能再活十年。但我不敢说。出于谨慎，我只说五年。"

十年或者五年，这都不要紧。他惟一没有想到的是，死神已经不远了，死神已经陪伴在他身边，当"材料"在《新观察家》上发表几个星期，几天之后，他便注定了就要离去。

因此，我们不得不承认的是，他不是把这篇文章当做最后的文章来看的，而是作为第一篇，或者又一个第一篇，又一个重新开始，又一次再生，又一个新的源泉。在这次引起公愤的事件之前三年，在发表于《解放报》上的另一篇谈话摘要的最后，他并无嘲讽意味地对列维说："我就像你说的年轻人一样，正在写自己的第一本书。"

因此，我再说一遍，他很高兴。

他最多是对不争气的身体感到有点愤怒。

他最多是有时候，早晨，当他起床时感到费力，或者觉得身下的床单湿了的时候，他有点生气。

除了衰老的身体和年轻的心灵之间，一具樊笼一样的躯体和一个自由灵魂之间，伟大的生者和死者在存在，在同一个存在里不断地争吵之外，这个世界上难道还有更加可悲的事，还有什么更重要的理由让人生气吗？

但除此之外，在重要的事情上，一切都好。眼睛瞎了的老人对事情看得从来没有这么清楚过。这个肢体不灵便的，几乎残废了的人从来没有觉得这么自由。他扫除了一切偏见；二、三十年来，这些偏见使他迷失了方向。他不仅从身边这个家庭中摆脱了出来，而且脱离了所有的家庭，他摆脱了为自己杜撰一些家庭和群体的需要，这是他自从斯塔拉格和他得到可悲的启迪以来，他始终就有的需要。

那么毛派的人呢？贝尼·列维自己就像一个家庭一样，一个取代了原来的大家庭的新的家庭吗？不是。不要害怕，亲爱的爱发牢骚的人们，海狸，我的朋友们。我给你们说，我的病好了。真的好了。列维知道，我不会把延长的这五年或十年时间用来没完没了地重复我的解放的姿态，我要走出荒漠，治好疾病。

萨特是犹太人的萨特吗？永恒的犹太人法典又如何呢？人们将来会知道的。但我现在什么也不能肯定。我已经到了别处。到了更远的别处。这本书只不过是打开的一个缺口。我和你们所有的人一起曾在我的头脑里建立了一堵墙，这本书在这堵墙上打穿了一个洞。好像一把锁开了。好像一扇门，一扇非常非常沉重的门终于开了。一扇门开了之后，人们会怎么样呢？人们会把门推开，会往前走一段路。迈着先是怯怯的步子，半眯着眼睛，走上新路。“一切都会重新开始吗？”在我们的谈话结束时，贝尼·列维问我。“到了七十五岁上再重新开始一切吗？”当然，我对他说。七十五岁不算老。这的确是重新开始一切的年龄，重新上马，重新开始思想的工作。多亏了你，多亏了我们共同移动的几块基石，我又一次什么都可以做了。我在这儿呢，朋友们。我又一次上路了。单独一个人，我很长时间没有这样了。像卡夫卡、勒维纳斯一样单独一个人，也像年轻的萨特一样——你们还记得吗？好了，来吧。这将是我们的最后一场革命，而且是从文字的本意上说的革命。

因为这时的萨特有着成千上万的计划。

福楼拜的第四卷：开始时，他是为这事雇用列维的。为什么不可以重新开始这项工作呢？为什么不尽力地写完这部唯物主义的传记呢？据他说，这是一部自下而上写的传记，脚，腿，性器，总而言之是身体的另一半——"书"然后才会来，"在上面"，像是"整个身体的一个提要"。[①]

还有那部大众小说，毛派的朋友们很久之前就和他说过，他在与列维最初的谈话中也说过，这本小说不是每个人都躲在自己的角落里读的，而是"大家一起读"[②]：开始写吗？由他口述？

戏剧：他曾经多么喜欢搞戏剧啊——《巴利奥纳》，当然……但是还有巴黎……将文章搬上舞台……女演员的香水味，观众们的香水味……

那本关于道德方面的作品，他现在抓住这本书的原理了：作品已经完成——正如《斐德罗》(*Phèdre*)一样，只要动笔把它写出来就行了。

还有电视：要像攻陷巴士底狱一样攻占电视这个领域；时代不同了；多亏了他的干预，吉斯卡尔准许维克多加入了法国国籍，维

① 与米歇尔·西卡尔的谈话第11页。

② 《造反有理》，第72页。

克多又改名叫列维了；人们简直不知道怎么回事了，可这事本来就是清清楚楚的，也许这标志着应当把朱利安时代那些胎死腹中的节目重新拿出来。

还有他的失明……不管怎么说，对疾病不是一向都要很好地适应吗？难道不正是这次“健康事故”和勒维纳斯的思想一块儿，最终帮助他完成了《权力与自由》的吗？要不是失明，他怎么能明白脸上看不见的本质呢，怎么能明白脸的超验性和相异性呢？应当朝着这个方向而去：非可视的显现……省略的、没有光彩的光明……一张面孔的本质不是形式，而是话语……听见比看见一张面孔要重要一千倍……不管怎么说，在《厌恶》中，如果罗康坦整天整天地端详着自己的脸，却什么也看不懂，那不是偶然的……一张面孔是一个难以破解的谜，其本质是看不见的：这就是他所理解的，他必须努力把它说出来。

仍然是失明。双目失明使他变得更加简单了，剥夺了他大部分感性的欢乐，迫使他像歌德建议的那样“逐渐从表象世界里撤退出来”，从而变得越来越老，让他不得不做他一向拒绝做的事——也就是观照自我。他双目失明，再也看不到里斯本、威尼斯，再也看不到他生活中的女人和演员们，却也因此而不得不体验他一辈子都在逃避的内心生活？他双目失明，因此也就像是进了特拉伯隐修院[①]一样，虽然不写什么《兰塞的一生》，至少也可以写真正的

① 特拉伯隐修院（la Trappe），建于1140年，其体制后来经过法国的修道士兰塞改革。下文《兰塞的一生》是法国作家夏多勃里昂的作品。——译者注

内心回忆录，写《文字》的续集，写一篇他曾经彻底地批判过的心理分析的论文……

当然，《权力与自由》可不是他的《兰塞的一生》。

《权力与自由》中的萨特可不是写自己的代表作时的夏多勃里昂，不是将画纸粘在一起的马蒂斯，也不是从自己一贯严格的作风中解放出来，写出了令人佩服的《判断力批判》的康德，甚至也不是波德莱尔，可怜的波德莱尔，他太虐待人家了，从今往后，波德莱尔的很多特点都与他相近了，就连有时候早晨起来，他那可怜的没有牙的嘴边常常带着的粗话，也与波德莱尔一样了——因此，他甚至也不像波德莱尔那样，在《可怜的比利时》中积累材料，以后再口述给他的弟子，好让这些材料成为伟大的作品。

不，这本书不是伟大的作品，而是使伟大的作品得以产生的条件。这是一本为了别的急于产生的书而出现的书，他分明感觉得出来，那些书是一群像蜜蜂一样的梦，几乎已经是文字了。正是在这最后的复兴的时候，我们感觉到萨特的思想摆脱了羁绊，即将再一次展开。

正在这个时候，他死了，他的再生的仪式和告别的仪式重合在了一起，这使我们产生了双重的感情。

首先是感到十分悲痛。一种怜悯之情。对未成形的、将永远是潜在的作品感到遗憾。那将永远是虚无缥缈的东西了。几乎是一部我们应得而实失的作品。一个和他一样的人，马拉美，在临死的前一天说：一个年轻的作家因其无能为力而死，那是“社会新闻”；而一个老诗人“正当他慢慢懂得了自己所有的手段，正准备开始创作他真正的作品的时候，却突然死了，那是人的莫大悲剧。”[①]

同时，我们又感到高兴。因为死亡并不能够证明什么。死亡并不能够改变这样一个事实，萨特最后的形象，不是正在走向衰败的力士，而是蜷缩在一起，正准备向前跳跃的思想家。死亡丝毫无损于萨特最后的光荣，丝毫无损于他那凤凰般的优雅，丝毫无损于他身上随时准备喷薄而出的、新的、像奇迹一样的活力。“一个充满年轻活力的人死了”，他的一个老朋友说，他过去曾经给这个朋友写过歌。[②] 争先恐后地去参加他的葬礼的巴黎人则说：“这老头儿，他是我们的年轻人。”

---

① 《马拉美》的前言，Gallimard，coll. Poésie，1966 年，亦见于《境况种种》，第九卷，第 199 页。

② 朱丽耶特·格列科，1980 年 4 月 7 日《世界报》。

人物译名对照表

Abdelkader　阿布戴尔卡德
Abel　亚伯(《圣经》中亚当的儿子,被该隐所杀)
Abrahams, Jean-Pierre　让-皮埃尔·阿布拉海姆
Adler　阿德勒
Adolphe　阿道尔夫(《厌恶》中的人物)
Adorno　阿多诺
Agathon　阿加东
Ajar　阿伽尔(罗曼·加里)
Akiva, Rabbi　拉比·阿基瓦
Alain　阿兰
Albertine　阿尔贝蒂娜
Algren, Nelson　纳尔逊·阿尔格林
Aliocha　阿廖莎
Alleg, Henri　亨利·阿莱格
Allégret, Marc　马克·阿勒格莱
Alquié, Ferdinand　费南德·阿尔基耶
Althusser, Louis　路易·阿尔都塞
Altman　阿尔特曼
Amado　阿马多
Amiel　阿米埃尔
Andler, Charles　查理·安德勒
Andreu, P.　P.安德勒
Angelico, Fra　弗拉·安吉利科的
Anna　阿娜
Anne-Marie　安娜·玛丽(《文字》中的人物)
Annie　安妮(《厌恶》中的人物)
Anouilh　阿努伊
Antelme, Robert　罗贝尔·昂戴尔姆
Aragon, Louis　路易·阿拉贡
Arendt, Hannah　汉娜·阿伦特
Aristote　亚里士多德
Arland, Marcel　马塞尔·阿尔朗
Arlette　阿尔莱特
Armogathe　阿尔莫加特
Aron, Raymond　雷蒙·阿隆
Artaud, Antonin　安托南·阿尔托
Assia　阿西亚(《欣乐的灵魂》中的人物)
Astruc　阿斯特鲁克
Astruc, Alexandre　亚历山大·阿斯

特鲁克
Aubarède, Gabriel d' 加布里埃尔·道巴莱德
Audiberti 奥迪贝蒂
Audry, Colette 科莱特·奥德里
Auffret, Dominique 多米尼克·奥夫莱
Augustin (Saint) 圣·奥古斯丁
Aurenche 奥朗施
Autodidacte 自学成才者

Baader 巴德尔
Bachelard 巴什拉
Badiou, Alain 阿兰·巴迪奥
Bakounine 巴枯宁
Balthazar 巴尔塔扎(《圣经》中的人物)
Balzac 巴尔扎克
Barbey d'Aurevilly 巴尔贝·道尔维利
Barbusse 巴比塞
Bardamu 巴尔达姆(《黑夜尽头的旅行》中的人物)
Barilier, Etienne 艾田·巴利利耶
Barnabooth 巴纳布斯(瓦雷里·拉博小说中的人物)
Barou, Jean-Pierre 让-皮埃尔·巴鲁
Barrault, Jean-Louis 让-路易·巴洛
Barre, Raymond 雷蒙·巴尔
Barrès 巴莱斯
Barrès, Maurice 莫里斯·巴莱斯
Barthes, Roland 罗兰·巴特
Basaglia 巴萨格利亚
Bataille 巴塔耶
Bataille, Georges 乔治·巴塔耶
Bataille, Silvia 西尔维亚·巴塔耶
Baudasser 博达塞尔
Baumel, Jacques 雅克·博梅尔
Baumgarten 鲍姆加登
Bäumler 博伊姆勒
Beaudelaire 波德莱尔
Beaufret 博福来
Beaujour, Michel 米歇尔·博茹
Beauvoir, Simone de 西蒙娜·德·波伏娃
Bébert 贝贝尔
Beckett 贝克特
Beethoven 贝多芬
Belafonte, Harry 哈里·贝拉方特
Benassayag 贝纳萨亚
Benda 本达
Bénichou, P. P.贝尼舒
Benoist, Jean-Marie 让-玛丽·伯努瓦
Benoist, Jocelyn 约斯兰·伯努瓦
Benoit, Pierre 皮埃尔·柏努阿
Béranger 贝朗瑞
Bérégovoy 贝雷格瓦

Bergère, Achille 阿奇尔·贝尔日尔
Bergery, Gaston 加斯东·贝日莱
Bergotte 贝尔高特
Bergson 柏格森
Berkeley 贝克莱
Berl 贝尔
Bernanos 贝尔纳诺
Bernhardt, Sarah 萨拉·伯恩哈特
Bernis 贝尔尼斯
Bernstein 伯恩施坦
Berth, Edouard 艾德华·贝特
Berthelot 贝特洛
Bertrand Saint-Sernin 贝尔特朗·圣塞尔南
Besnier, Jean-Michel 让-米歇尔·贝尼埃
Bettelheim 贝特尔海姆
Biafrais 比来弗莱
Bianchon 毕扬雄
Bianquis 毕扬基
Bigeois 毕茹瓦(萨特《厌恶》中的人物)
Birnenschatz 比南夏兹(《延期审判》中的钻石商人)
Bizot 毕佐
Bjurstrøm, Carl-Gustav 卡尔-居斯塔夫·布居斯特洛姆
Blanchot, Maurice 莫里斯·布朗肖
Blondel 布隆岱尔
Blondin 布隆丹
Bloom 布卢姆(《尤利西斯》中的人物)
Blum, Léon 列翁·布鲁姆
Boehm 博埃姆
Bonaparte, Marie 玛丽·波拿巴
Bonnard, Abel 阿贝尔·鲍纳
Bonnier 博尼埃
Borges 博尔赫斯
Boris 鲍里斯(《自由之路》中的人物)
Bory 博利
Boschetti, Anna 阿娜·博施蒂
Bosquetm, Alain 阿兰·博斯凯
Bossuet 博须埃
Bost 博斯特
Boulainviliers, Henri de 亨利·德·布兰维利耶
Boulé, Jean-Pierre 让-皮埃尔·布雷
Bourdet 布尔戴
Bourdin (la petite Bourdin) 布尔丹(小布尔丹)
Bourget, Paul 保尔·布尔日
Bourla 布尔拉
Bousquet, Joı 乔·布斯恺
Boutang, Pierre-André 皮埃尔-安德烈·布当
Bouton, Christophe 克里斯托佛·布东
Boutroux 布特鲁

Bouvard 布瓦尔
Bouville, Homais de 奥迈·德·布维尔
Bowles, Paul 保罗·鲍尔斯
Brague 布拉克
Brasillach 布拉齐亚奇
Brassä 布拉萨依
Brecht 布莱希特
Brejnev 勃列日涅夫
Breker 布雷凯
Brentano 布伦塔诺
Breton, André 安德烈·布列东
Brisson, Pierre 皮埃尔·布里松
Broch, Hermann 海尔曼·布洛奇
Brochier, Jean-Jacques 让-雅克·布洛谢
Brogen, Lewis 勒维·布洛根(《各界要人》中的人物)
Brossolette, Pierre 皮埃尔·布罗索莱特
Broyelle, Jacques 雅克·布鲁瓦耶尔
Brulard, Henry 亨利·布吕拉尔
Brunet 布吕奈(《自由之路》中的人物)
Brunschvicg, Léon 列翁·布仑施维格
Buber, Martin 马丁·布伯
Buber-Neumann, Margarete 马加莱特·布博-纽曼
Buin, Yves 伊夫·布因
Buisine, Alain 阿兰·布依齐纳
Burckhardt 布克哈特
Burgelin, Claude 克洛德·布尔日林
Burnier, Michel-Antoine 米歇尔-安托万·布尔尼耶

Caillois 卡依瓦
Caillois, Roger 罗吉·卡依瓦
Caïn 该隐(《圣经》中亚当的儿子)
Caïphe 卡依夫(《巴利奥纳》中的人物)
Caliban 卡利班
Caligula 卡利古拉(加缪剧本《卡利古拉》中的人物)
Calliclès 加利克莱斯
Camus, Albert 阿尔贝·加缪
Canetti, Elias 艾里亚·加奈迪
Canguilhem, Georges 乔治·康吉莱姆
Cannon, Betty 贝蒂·加农
Cantor 康托尔
Caradec, François 弗朗索瓦·卡拉戴克
Carcopino 加尔科毕诺
Carné, Marcel 马塞尔·卡尔内
Carrière 卡里埃尔
Cartier-Bresson, Henri 亨利·卡梯埃-布莱松

Caruso, Paolo 保罗·卡鲁索
Casanova 卡萨诺瓦
Casarès, Maria 玛丽亚·卡扎莱
Casearius 卡塞阿留斯
Cassin, Barbara 巴巴拉·卡森
Castelot 加斯特洛
Castelot, André 安德烈·加斯特洛
Castro 卡斯特罗
Cau, Jean 让·高
Cavaillès, Jean 让·卡瓦依埃
Celan, Paul 保尔·塞朗
Celine, Louis-Ferdinand 路易-费尔南多·塞林纳
Cervantès 塞万提斯
Cézanne 塞尚
Chagall 夏加尔
Chamberlain 张伯伦
Chancel 尚塞尔
Chancel, Jacques 雅克·尚塞尔
Chapsal, Madeleine 玛德琳娜·夏普萨尔
Char, René 勒内·沙尔
Charbonnier, Georges 乔治·夏波尼埃
Chardin 夏尔丹
Chardonne, Jacques 雅克·夏尔多纳
Charlus 夏尔鲁(《追忆逝水年华》中的人物)
Charpentier 夏尔邦梯埃
Chateaubriand 夏多勃里昂
Chateaubriand, Alphonse de 阿尔冯斯·德·夏多勃里昂
Chazelas, Georges 乔治·夏兹拉
Chennevières 施纳维埃尔
Chevènement 谢维纳芒
Cholokhov 肖洛霍夫
Chonez, Claudine 克洛蒂娜·肖奈兹
Choukri, Mohamed 穆罕默德·舒克利
Cid 熙德
Ciliga, Ante 安特·奇利加
Clamence 克拉芒斯(加缪《堕落》中的人物)
Claudel, Paul 保尔·克洛岱尔
Claudie 克洛蒂
Clavel 克拉维尔
Clément, Catherine 卡特琳娜·克勒芒
Clérambault 克莱朗博(《欣乐的灵魂》中的人物)
Clytemnestre 克利特奈斯特
Cocteau 科克托
Cocteau, Jean 让·高克多
Cohen, Albert 阿尔贝·科恩
Cohen-Solal, Annie 阿尼·科恩-索拉尔
Cohn-Bendit 科恩-邦迪
Colette 科莱特

Colliard 高利亚尔
Colombel, Jeannette 让内特·科龙贝尔
Condillac 孔狄亚克
Constant 康斯坦
Contat, Michel 米歇尔·孔达
Cooper 库珀
Corbin, Henry 亨利·科尔班
Corneille 高乃依
Cosima 科西玛
Coty, René 勒内·高迪
Courtine, Jean-François 让－弗朗索瓦·库尔蒂纳
Courtine-Martineau 库迪纳－马迪诺
Courtois, Stéphane 斯特凡娜·库尔图瓦
Cousinm Victor 维克多·古赞
Cratyle 克拉图鲁
Cravan, Arthur 阿蒂尔·克拉万
Cresson, Edith 艾迪特·克雷松
Critias 克雷蒂亚斯
Cunard, Nancy 南西·库纳尔
Cuzin, François 弗朗索瓦·古赞
Cyrano 西拉诺

Dabit 达比
Daix, Pierre 皮埃尔·戴
Daladier 达拉迪埃
Dalmas, Louis 路易·达尔玛
Daniel, Jean 让·达尼埃尔
Darlan 达尔兰
D'Astier de la Vigerie 维日利的达斯梯耶
De Quincey 德·甘塞
de Roux, Dominque 多米尼克·德·鲁
Debord, Guy 吉·德堡
Debout, Simone 西莫娜·德布
Debray 德布雷
Deb‡-Bridel 德布－布利戴尔
Decour, Jacques 雅克·德古
Dedalus 德达鲁斯
Defert, Daniel 达尼埃尔·德费尔
Delange, René 勒内·德朗日
Delannoy, Jean 让·德拉努阿
Delarue 德拉吕(《自由之路》中马蒂厄的姓)
Delay, Jean 让·德莱
Déléage, André 安德烈·戴勒阿日
Deleuze, Gilles 吉尔·德勒兹
Denoıl 德诺埃尔(出版社)
Denys de Syracuse 锡拉库萨的德尼斯
Derrida,Jacques 雅克·德里达
Desandi, Jean-Toussaint 让－图森·德桑第
Descartes 笛卡尔
Desnos 戴斯诺斯
Destouches (docteur) 戴杜什医生

d'Holbach, baron　奥尔巴克男爵
Diderot　狄德罗
Diderot, Denis　德尼·狄德罗
Dieguez, Manuel de　马努埃尔·德·迭盖兹
Dilthey　狄尔泰
Dimitrov　迪米特洛夫
Diogène　第欧根尼
Dispot, Laurent　洛朗·迪斯博
Døblin; Alfred　阿尔弗莱德·杜勃林
Dolorès　多洛雷丝
Dominique　多米尼克
Dora　多拉
Dorante　多朗特(高乃依《招摇撞骗者》续集中的人物)
Dorante　多朗特
Doriot　道里奥
Dorléac, Laurence Bertrand　洛朗斯·贝尔特朗·道勒阿克
Dos Passos　多斯·帕索斯
Dostoïevski　陀思妥耶夫斯基
Doubrovsky, Serge　塞尔日·杜布洛夫斯基
Dreyfus, Alfred　阿尔弗莱德·德累福斯
Dreyfus, H.　H.德累福斯
Drieu La Rochelle, Pierre　皮埃尔·德里耶·拉罗施尔
Drumont, Edouard　爱德华·德吕蒙
Druon　德吕雍
Du Bois-Reymond　杜布瓦-雷蒙
Du Camp, Maxime　马克西姆·迪冈
Duclos　迪克鲁
Dujardin　迪雅丹
Dullin, Charles　夏尔·迪兰
Durkheim, Emile　埃米尔·迪尔凯姆
Dussane　杜萨纳
Duvignaud, Jean　让·杜维尼奥

Edouard　艾杜瓦(《伪币制造者》中的人物)
Edwarda　艾杜瓦达夫人
Egisthes　埃吉斯特
Ehrenbourg　爱伦堡
Eichmann　艾奇曼
Einstein　爱因斯坦
Electre　厄勒克特拉
Elfried　埃尔弗莱德
Elisabeth　伊丽莎白
Elkabbach, Jean-Pierre　让-皮埃尔·埃尔卡巴什
Elkaïme-Sartre, Arlette　阿尔莱特·埃尔卡依姆-萨特
Elsa　艾尔莎
Eluard, Paul　保尔·艾吕雅
Ely Ben Gal　艾利·班·加尔

Eshkol, Lévi 列维·埃什科尔
Estelle 艾斯戴尔
Etiemble 埃蒂安布勒
Eurydice 欧鲁狄克（希腊神话中俄狄甫斯的妻子）
Evelyne 艾芙莉娜

Fabius 法比攸斯
Fabrice 法布利斯
Fadeev 法捷耶夫
Fanon, Frantz 弗朗兹·法农
Fanon, Josie 乔齐·法农
Farias, Victor 维克多·法利亚
Faulkner 福克纳
Faurisson 福里松
Fautrier 福特里耶
Faye 法依
Faye, Jean-Pierre 让－皮埃尔·法依
Febvre 费弗尔
Fédier, François 弗朗索瓦·费迪埃
Feldweld 弗尔德维尔德
Feller, Paul 保罗·费莱
Ferrière, Gabrielle 加布里埃尔·费里耶尔
Ferry, Jules 朱尔·费里
Ferry, Luc 吕克·费里
Fessard, Gaston (le père) 加斯东·费萨尔神父
Feuerbach 费尔巴哈
Fichte 费希特
Fijtø, François 弗朗索瓦·费热托
Finneegans 芬内根
Fischbach, Franck 弗朗克·菲施巴赫
Fischer, Eugen 欧根·费雪
Flaubert, Gustave 居斯塔夫·福楼拜
Fleurier, Lucien 吕西安·弗洛里耶（《一个领袖的童年》中的人物）
Fleurier, Sylvain 西尔文·弗洛里耶
Fleurissoire 弗洛莉索瓦（《梵蒂冈的地窖》中的人物）
Fontainier, Jean 让·冯戴尼埃
Fonteneau, François 弗朗索瓦·冯特诺
Førster, Elisabeth 伊丽莎白·福斯特（尼采的妹妹）
Foucault, Michel 米歇尔·福科
Fracasse 弗拉卡斯
Fraenkel 弗拉恩科尔
France, Anatole 阿纳托尔·法朗士
Francine 弗朗西娜
Franck, Hans 汉斯·弗兰克
Franco 弗朗科
Frank, Bernard 贝尔纳·法朗克
Franz 弗朗兹（《阿尔托纳的囚徒》中的人物）
Frédéric 弗雷德里克

Frege　弗雷格
Freud　弗洛伊德
Furet, François　弗朗索瓦·费莱

Gal, Ely Ben　艾利·本·加尔
Gallimard, Claude　克洛德·伽利玛
Gallimard, Gaston　加斯东·伽利玛
Gallimard, Janine　雅尼娜·伽利玛
Gallimard, Robert　罗贝尔·伽利玛
Galster, Ingrid　英格利·加尔斯戴
Gandillac, Maurice de　墨里斯·德·冈迪拉克
Garaudy, Roger　罗吉·加罗蒂
Garcin　加尔辛
Gard, Martin du　马丁·杜伽尔
Garreau-Dombasle　卡洛－冬巴尔
Gary, Romain　罗曼·加里
Gaultier, Jules de　朱尔·德·戈尔梯耶
Gavi, Philippe　菲利普·加维
Genet, Jean　让·热奈
George, François　弗朗索瓦·乔治
Gerassi, Fernando　费尔南多·吉拉西
Gerassi, John　约翰·吉拉西
Giacometti　贾科梅蒂
Gibert　吉贝尔(书店)
Gide, André　安德烈·纪德
Gilles　吉尔
Giono　吉奥诺
Giraudoux　吉洛多
Glucksmann, André　安德烈·格鲁克斯曼
Gødel 哥德尔
Goebbels　戈培尔
Goethe　歌德
Goetz　高埃斯
Gomez　高梅兹(《心灵之死》中的人物)
Goncourt　龚古尔
Gongora　龚高拉
Gorgias　高尔吉亚
Gorgone　高尔高纳
Gøring　戈林
Gorki　高尔基
Gorz, André　安德烈·戈尔兹
Gottwald　哥特瓦尔德
Goytisolo, Juan　胡安·戈伊蒂索洛
Gracian, Baltasar　巴尔塔萨·格拉西扬
Gracq　格拉克
Granel, G.　G.格拉奈尔
Gréco, Juliette　朱丽耶特·格列科
Green, Julian　朱利安·格林
Grégoire (abbé)　格雷格瓦神甫
Grémion, Pierre　皮埃尔·格雷米翁
Grenier, Jean　让·格列尼耶
Groethuysen　格洛埃图依森
Grover, Frédéric　弗雷德里克·格洛佛

Guattari, Pierre-Félix 皮埃尔-费利克斯·加达里
Guéhenno, Jean 让·吉埃诺
Guermantes 盖尔芒特(普鲁斯特小说中的人物)
Guéroult 吉鲁
Guerroudj, Jacqueline 雅克琳·盖鲁奇
Guevara, Che 切·格瓦拉
Guichotte 堂吉诃德
Guitry 吉特里
Gurvitch, Georges 乔治·古维奇
Guternan 古特曼

Haddad, Gérard 吉拉尔·哈达德
Halbwachs 哈尔沃切斯
Halévy, Elie 艾利·阿勒维
Hallier, Jean-Edern 让-艾登·阿利耶
Hebdo, André 安德烈·艾博多
Hegel 黑格尔
Heidegger 海德格尔
Heisenberg 海森堡
Hélène 艾琳娜
Heller 海莱(德国中尉)
Hemingway 海明威
Henri Bergson 亨利·柏格森
Henriot, Emile 艾米尔·昂利约
Héraclite 赫拉克利特
Hérain, Pierre de 皮埃尔·德·艾兰
Herlihy, James Leo 詹姆斯·利奥·赫利希
Hermann 海尔曼(海德格尔的儿子)
Hermlin, Stéphan 斯特凡·赫尔梅林
Hermocrate 赫尔默克拉底
Hernu 艾尔努
Herr, Lucien 吕西安·埃尔
Hervé 艾尔维
Hess, Rudolf 鲁道夫·海赛
Hevesy, von 冯·赫维西
Hilbert, Paul 保尔·伊尔贝尔
Hilda 依尔达
Hindus, Milton 米尔顿·欣德斯
Hippolyte 伊波利特
Hitler, Adolf 阿道夫·希特勒
Hobbes 霍布斯
Hocine, Belaïd 贝拉依德·奥西纳
Hocquenghem 奥康海姆
Hoedcrcr 赫德莱(《肮脏的手》中的人物)
Hølderlin 荷尔德林
Hollier, Denis 德尼·霍利耶
Homère 荷马
Honecker 昂纳克
Honegger 奥内格尔
Horkheimer 霍克海默
Horst, Gérard 热拉尔·奥尔斯特
Hugo 雨果(《肮脏的手》中的人物)

Hugo, Victor 维克多·雨果
Hume, David 大卫·休谟
Husserl 胡塞尔
Huston 休斯顿
Hyppolite, Jean 让·伊波利特

Iannakakis, Ilios 伊利奥·扬纳卡基
Idt, Geneviève 热纳维埃夫·依德
Inès 依奈
Ireland, John 约翰·艾依兰德
Irène 伊莱娜
Istrati, Panait 帕纳伊特·伊斯特拉蒂
Ivens 伊文斯
Ivich 伊维奇(《自由之路》中的人物)

Jacasse 约卡斯
Jacopo 亚科波
Jacques 雅克
Jane 简
Janet 雅奈
Jankélévitch 扬克列维奇
Jankélévitch, Suzanne 舒齐娜·扬克列维奇
Jankélévitch, Vladimir 弗拉基米尔·扬克列维奇
Jarry, Alfred 阿尔弗雷德·亚利
Jaspers, Karl 卡尔·雅斯贝尔斯
Jaurès 约莱
Jean 约翰
Jean-Louis 让-路易
Jeanson, Francis 弗朗西·让松
Jeramec, Colette 科莱特·吉拉梅克
Jessica 吉西卡
Jollivet, Simone 西蒙娜·约利维
Jones 琼斯
Jonson, Ben 本·琼森
Jorge Luis Borges 乔治·路易·布尔日
Joseph 约瑟夫
Joseph, Gilbert 吉尔贝特·约瑟夫
Josette 约塞特
Jouhandeau 如昂多
Jouvet, Louis 路易·茹外
Joyce 乔伊斯
Jullian, Marcel 马塞尔·朱利安
July, Serge 塞尔日·朱利
Jung 荣格
Jünger, Ernst 恩斯特·容格

Kaan, Pierre 皮埃尔·卡昂
Kafka 卡夫卡
Kanaba 卡纳巴
Kanapa, Jean 让·卡纳巴
Karamazov, Ivan 伊万·卡拉马佐夫
Karel, Kasek 卡谢克·卡雷尔

Kessel 恺塞尔
Khrouchtchev 赫鲁晓夫
Kierkegaard 克尔恺郭尔
Klossowski, Pierre 皮埃尔·克鲁索夫斯基
Koch, Gertrud 热尔特鲁德·高奇
Koestler,Arthur 阿蒂尔·科埃斯勒
Kojève,Alexandre 亚历山大·科热夫
Kosakievicz, Olga 奥尔伽·高萨基耶维奇
Kouchner, Bernard 贝尔纳·库什奈
Koyré, Alexandre 亚历山大·科伊雷
Kravchenko 克拉夫琴科
Krieck 克里克
Kundera, Milan 米兰·昆德拉
Kuznetsov, Edouard 爱德华·库兹涅佐夫

La Boétie, Etienne de 埃田·德·拉鲍埃西
La Bruyère 拉布鲁耶尔
La Colère, François 弗朗索瓦·拉科莱(阿拉贡的化名)
La Mettrie 拉美特利
La Rochefoucauld 拉罗施福高
La Rochelle, Drieu 德里耶·拉罗舍尔
Labrousse, Pierre 皮埃尔·拉布露斯(西蒙娜·德·波夫娃《客人》中的人物)
Lacan,Jacques 雅克·拉康
Lachelier 拉施里耶
Laclos 拉克鲁
Lacoue-Labarthe, Philippe 菲利普·拉古-拉巴特
Lafcadio 拉夫卡迪奥(《梵蒂冈的地窖》中的人物)
Lagache 拉加什(医生)
Lagneau 拉缪
Laing 莱恩
Lalande 拉朗德
Lamblin, Bianca 比扬卡·朗博兰
Lange (Monsieur Lange) 朗日先生
Lanzmann, Claude 克洛德·朗兹曼
Lapoujade 拉普亚德
Larbaud, Valéry 瓦雷里·拉博
Las Vergnas, Raymond 雷蒙·拉斯·维尼亚斯
Lascaux 拉斯科
Lasserre, P. P.拉塞尔
Laubier, Jean 让·洛比耶
Laubreaux 罗布洛
Laurent, Jacques 雅克·洛朗
Lautman, Albert 阿尔贝·洛特曼
Lautréamont, le comte de 洛特利阿蒙伯爵
Laval 拉瓦尔

Lavelle, Louis 路易·拉维尔
Lavisse 拉维斯
Lawrence 劳伦斯
Lazare, Bernard 贝尔纳·拉扎尔
Lazareff, Pierre 皮埃尔·拉查莱夫
Le Bris, Michel 米歇尔·勒布里
Le Coeur, Charles 查理·勒科
Le Foyer, Dreyfus 德累福斯·勒福瓦耶
le petit Georges 小乔治(《伪币制造者》中的人物)
Le Senne, René 勒内·勒塞纳
Lecarme, Jacques 雅克·勒卡姆
Lecourt 勒库尔
Lefebvre, Henri 亨利·列斐伏尔
Lefort, Claude 克洛德·勒弗
Léger, Alexis 阿莱克西·勒吉
Leibniz 莱布尼茨
Leiris, Michel 米歇尔·莱利
Lejeune, Philippe 菲利普·勒热纳
Lelius 勒利于斯(萨特《巴利奥纳》中的人物)
Léna 列娜
Lénine 列宁
Léonard de vinci 达芬奇
Lepape, Pierre 皮埃尔·勒帕普
Leroy 勒鲁瓦
Levaï, Ivan 伊万·勒瓦依
Lévi, Primo 普里默·列维
Levinas, Emmanuel 伊曼努尔·勒维纳斯
Lévi-Strauss, Claude 克洛德·列维-斯特劳斯
Lévy, A. A. 列维
Lévy, Benny 贝尼·列维
Lévy, Bernard-Henri 贝尔纳-亨利·列维
Lévy, Raoul 拉乌尔·列维
Lévy, Thierry 蒂埃里·列维
Lévy-Victor 列维-维克多
Lewis, John 约翰·刘易斯
Liehm, Antonin 安托南·利姆
Lilar, Suzanne 舒齐娜·里拉尔
Liliane 莉莉亚娜
Limbour 兰布尔
Lise (Sorokine) 莉丝(索罗金娜)
Lisette 莉塞特
Lola 洛拉
Lorenzaccio 洛伦萨西奥
Losurdo, Domenico 道姆尼科·洛苏尔多
Loti, Pierre 皮埃尔·洛蒂
Lottman, Herbert R. 艾贝尔·R. 洛特曼
Louette, Jean-François 让-弗朗索瓦·鲁埃特
Lourdines 鲁尔迪纳
Løwith, Karl 卡尔·洛维特
Lowry, Malcolm 马尔科姆·劳里
Lucie 露西

Luxemburg, Rosa 罗莎·卢森堡
Lyotard, Jean-François 让-弗朗索瓦·利奥塔

Maar, Dora 多拉·玛拉尔
Machiavel 马基雅弗利
Madeleine 玛德莱娜
Maggiori, Robert 罗贝尔·马吉奥里
Maharal de Prague 马哈拉尔（布拉格的）
Maheu 马厄
Maine de Biran 麦纳·德·毕朗
Maire, G. G. 梅尔
Malaparte, Curzio 库齐奥·马拉帕特
Malka,Salomon 所罗门·马尔卡
Mallarmé 马拉美
Malraux, André 安德烈·马尔罗
Mancy 孟西
Mann, Klaus 克洛斯·曼纳
Mann, Tomas 托马斯·曼
Mansion, Jacques 雅克·孟西翁
Manuel 马努埃尔（马尔罗《希望》中的人物）
Marc 马克（《欣乐的灵魂》中的人物）
Marcel, Gabriel 加布里埃尔·马塞尔
Marcelle 玛塞尔（《自由之路》中的人物）
Marcenac, Jean 让·马斯纳克
Marcuse 马尔库塞
Marie 玛丽
Mariotte 马里约特
Maritain 马利坦
Marjolin, Robert 罗贝尔·马约兰
Marrot, Raymond 雷蒙·马洛
Martha 玛尔塔（加缪《误会》中的人物）
Martin, Henri 亨利·马丁
Martin-Chauffier 马丁-肖费耶
Martineau, Emmanuel 艾马努埃尔·马尔蒂诺
Martinelli, J.-L. 马蒂奈利
Martinet 马蒂内
Marty 马蒂
Marx, Karl 卡尔·马克思
Mascolo 马斯高乐
Maspero, François 弗朗索瓦·马斯普洛
Matamore 马塔莫罗
Mathieu 马蒂厄（《自由之路》中的人物）
Matisse, Henri 亨利·马蒂斯
Matos, Hubert 于贝尔·马托斯
Mauclair 默克莱尔
Maulnier, Thierry 梯耶里·墨尔尼
Mauriac, Claude 克洛德·莫里亚克
Mauriac,François 弗朗索瓦·莫里

亚克
Maurras, Charles　夏尔·莫拉
Mauss, Marcel　马赛尔·墨斯
Mayer, Daniel　达尼埃尔·梅耶
McCarthy　麦卡锡
Meknès　麦克奈
Melville　麦尔维尔
Ménalque　梅纳尔克
Mendelddohn　门德尔松
Mendès France, Pierre　皮埃尔·孟戴斯·法朗士
Mengele, Josef　约瑟夫·门吉尔
Mérimée　梅里美
Merleau-Ponty, Maurice　莫里斯·梅洛-庞蒂
Merlini, Fabio　法比奥·梅里尼
Merteuil　梅特依(《危险的关系》中的人物)
Meschonnic, Henri　亨利·梅肖尼克
Meursault　莫尔索(加缪《局外人》中的人物)
Michaux　米肖
Michel-Ange　米开朗基罗
Michelet　米什莱
Michelle　米歇尔
Milosz, Czeslaw　切斯瓦夫·米沃什
Minerve　智慧女神密涅瓦
Misrahi, Robert　罗贝尔·米斯拉依
Mitterrand, François　弗朗索瓦·密特朗
Moïse　莫依斯
Molière　莫里哀
Mollet, Guy　吉·莫莱
Mondrian　蒙德里昂
Monnier, Adrienne　阿德里安娜·莫尼埃
Monod, Jacques　雅克·莫诺
Montherlant, Henry Millon de　亨利·米镛·德·蒙戴朗
Morand, Paul　保尔·墨朗
Moré, Marcel　马塞尔·莫雷
Morgan, Claude　克洛德·莫尔冈
Morin　莫兰
Mosaïc　莫萨依克
Mosca　莫斯卡(伯爵)
Motin, Abdul　阿卜杜勒·穆丹
Moulin, Jean　让·姆兰
Mouloudji, Marcel　马塞尔·姆鲁齐
Mounier, Emmanuel　伊曼努尔·穆尼埃
Mozart　莫扎特
Mühlen, Heinrich von zur　亨利·冯·至尔·妙仑
Müller, Max　马克斯·穆勒
Muray, Philippe　菲利普·姆莱
Musil, Robert von　罗贝尔·冯·姆齐尔
Musset, Alfred de　阿尔弗莱·德·缪塞

Nabokov 纳博科夫
Nasser 纳塞尔
Nathalie 娜达莉
Nathanaıl 纳塔纳埃尔
Neruda 聂鲁达
Nietzsche 尼采
Nimier, Roger 罗吉·尼米埃
Nizan, Paul 保罗·尼藏
Noailles, Anna de 安娜·德·诺阿依
Nora, Pierre 皮埃尔·诺拉
Noudelmann, François 弗朗索瓦·努戴尔曼
Novalis 诺瓦利斯
Nucingen 纽辛根

Odette 奥戴特(《心灵之死》中的人物)
O'Hanlon, Redmond 雷德蒙·奥汉隆
Olga 奥尔伽
Olympe 奥林匹亚
Oreste 奥莱斯特(《苍蝇》中的人物)
Orfilat, Patrice 帕特里斯·奥尔费拉(阿拉贡《共产党人》中的人物)
Orphée 俄狄甫斯
Orwell 奥威尔
Ott, Hugo 雨果·奥特

Pablo 帕布罗
Padilla 帕迪拉
Papon 帕蓬
Parain, Brice 布里斯·帕兰
Paraz, Albert 阿尔贝·帕拉兹
Pardaillan 巴达扬
Parménide 巴门尼得
Parner, Claire 克莱尔·帕奈
Pascal 帕斯卡尔
Pasolini, Pier-Paolo 皮尔-保罗·帕索里尼
Passy 帕西
Pasternak 帕斯捷纳克
Pathé 帕戴
Paul 保罗(《巴利奥纳》中的人物)
Paulhan, Jean 让·波朗
Pautrat, Bernard 贝尔纳·波特拉
Pavlov 巴甫洛夫
Paxton 帕克斯东
Paxton, O. Robert 罗贝尔·O.帕克斯东
Paz, Octavio 奥克塔维奥·帕兹
Pécuchet 佩居榭
Pedro 佩德罗
Péguy 佩吉
Péju 佩茹
Périclès 伯里克利
Péron, Alfred 阿尔弗莱·佩隆
Perrin, Marius 马利约斯·佩兰
Pessoa, Fernando 费尔南多·佩索阿

Pétain 贝当
Petitjean, Armand 阿尔芒・布迪让
Petzet, Heinrich Wiegand 海因里希・维甘德・佩策特
Philippe 菲利普
Philon d' Alexandrie 亚历山大的斐隆
Piatier, Jacqueline 雅克林娜・皮亚梯耶
Picard, Yvonne 依芙娜・毕卡尔
Picasso 毕加索
Pierre 皮埃尔(《巴利奥纳》中的人物)
Pinay, Antoine 安托万・比内
Pingaud, Bernard 贝尔纳・平科
Pinto, Louis 路易・班多
Pirandello 皮蓝德娄
Pisani 毕萨尼
Pitteaux 毕托
Platon 柏拉图
Pliouchtch 普里乌切奇
Pluvinage 普鲁维纳日(尼藏小说《阴谋》中的人物)
Poe, Edgar Allan 爱伦・坡
Poirot-Delpech, Bertrand 贝尔特朗・布瓦洛-德尔佩奇
Politzer, Georges 乔治・波利泽尔
Ponge 彭日
Pontalis 彭达利
Ponty, Marguerite de 玛格丽特・德・庞蒂
Popper 波普尔
Pordenone 波德诺纳
Pouillon 布庸
Poulou 普鲁
Poussin 普桑
Protagoras 普罗塔哥拉
Proust, Marcel 马塞尔・普鲁斯特
Pucheu, Pierre 皮埃尔・皮舍
Puig, André 安德烈・布依格
Purnal, Roland 罗兰・布尔纳

Queneau, Raymond 雷蒙・格诺
Queuille, Henri 亨利・格依

Rabinow, P. P.拉比诺
Rachi 拉奇
Racine 拉辛
Ragache, Jean-Robert 让-罗贝尔・拉加什
Rainmantle 雷恩曼特尔
Ramuz 拉姆
Rancé 兰塞
Rastignac 拉斯蒂涅克(巴尔扎克小说中的人物)
Rebatet 利巴戴
Rémy, Colonel 雷米上校
Renan 勒南
Renard, Jules 朱尔・勒纳
Renaut, Alain 阿兰・勒诺

Renaut, Gilbert 吉贝尔·雷诺
Renoir, Jean 让·雷诺阿
Rhumbs 罗姆斯
Ribot Théodule 戴奥杜尔·利博
Richirm Marc 马克·里奇尔
Ricoeur 利科
Ricou, Georges 乔治·利库
Ridgway-la-peste 瘟神将军李奇微
Rigoulot, Pierre 皮埃尔·利古洛
Rimbaud 兰波
Rocard 罗卡尔
Rochefoucauld 罗施福科
Rohan (le duc de) 罗昂公爵
Rolland 罗兰
Rolland, Romain 罗曼·罗兰
Rollebon 罗尔彭
Rollin, Olivier 奥利维埃·罗兰
Romains, Jules 朱尔·罗曼
Rondeaux, Madeleine 玛德莱娜·隆多
Roqucntin 罗康坦(《厌恶》中的人物)
Rosenberg 罗森贝格
Rosenberg, Julius et Ethel 朱利叶斯,埃塞尔·罗森堡
Rosenzweig, Franz 弗朗兹·罗森茨维格
Rouart 鲁阿尔
Roudinesco, Elisabeth 伊丽莎白·鲁迪奈斯库
Roulet, Lionel de 利奥奈尔·德·鲁莱
Rousseau 卢梭
Roussel, Raymont 雷蒙·鲁塞尔
Rousset, David 大卫·鲁塞
Roy, Claude 克洛德·鲁阿
Rusell 罗素
Russell (le Tribunal) 罗素(法庭)
Rutebeuf 鲁特博夫
Rybalka, Michel 米歇尔·里巴尔卡
Rykner, Arnaud 阿尔诺·利科奈

Sachs, Hans 汉斯·萨克斯
Sachs, Maurice 莫里斯·萨切斯
Sade 萨德
Sagan, François 弗朗索瓦·萨冈
saint Jean de la Croix 圣约翰
saint Paul 圣保罗
Sainte-Beuve 圣佩韦
Saint-Exupéry 圣埃絮佩里
Saint-Just, Louis Antoine de 路易·安托万·德·圣朱斯特
Salinger, Jérôme David 吉罗姆·戴维·塞林格
Salvemini, Gaetano 加埃塔诺·萨尔韦米尼
Sanghor 桑戈尔
Sanseverina 桑丝芙丽娜
Saoul, Ivich 伊维奇·萨吾尔

Sarah 萨拉(《巴利奥纳》中巴利奥纳的妻子)(也是《心灵之死》中的人物)
Sarraute, Nathalie 娜塔莉·萨洛特
Sartre, Jean-Paul 让-保罗·萨特
Satin (Miss) 撒旦小姐
Saussure 索绪尔
Scali 斯卡利(马尔罗《希望》中的人物)
Schelling 谢林
Schérer, René 勒内·谢莱
Scholem 肖莱姆
Schopenhauer 叔本华
Schreiber 斯克雷贝尔
Schumann, Robert 罗贝尔·舒曼
Schweitzer, Albert 阿尔贝·施维泽尔
Schweitzer, Charles 夏尔·施维泽尔(萨特的祖父)
Scot, Duns 邓斯·司各特
Scott, Walter 司各特
Seillère, E. E.塞依埃尔
Semprun, Jorge 乔治·桑普兰
Sereno, Daniel 达尼埃尔·塞雷诺
Serge, Victor 维克多·塞尔日
Sganarelle 斯卡纳莱尔(莫里哀喜剧中的人物)
Shaw, George Bernard 萧伯纳
Sicard, Michel 米歇尔·西卡尔
Silone 西洛内
Simmel 西梅尔
Simon 西蒙(《巴利奥纳》中的人物)
Simonnot 西默诺(萨特《文字》中的人物)
Simont, Juliette 朱利叶特·西蒙
Sinatra, Frank 弗兰克·西纳特拉
Sirinelli, Jean-François 让-弗朗索瓦·西里奈利
Slade 斯拉德
Slansky, Rudolf 鲁道夫·斯兰斯基
Socrate 苏格拉底
Solal 索拉尔
Soljenitsyne 索尔仁尼琴
Sollers, Philippe 菲利普·索莱尔
Sorel, Georges 乔治·索莱尔
Sorokine (Lise) 索罗金娜(莉丝)
Sorokine, Nathalie 娜塔莉·索罗金娜
Soulez, Philippe 菲利普·苏莱兹
Soustelle, Jacques 雅克·苏斯戴尔
Souvarine, Boris 鲍里斯·苏瓦利纳
Spinola 斯皮诺拉
Spinoza 斯宾诺莎
Staline, Joseph 约瑟夫·斯大林
Staudinger, Hermann 赫尔曼·施陶丁格
Stendhal 司汤达
Stéphane, Roger 罗吉·斯戴凡纳
Stern, Mikhaïl 米凯尔·施特恩
Sternhell, Zeev 齐夫·斯坦海尔

Stirner, Max　马克斯·施蒂纳
Strauss, Léo　列奥·斯特劳斯
Surya, Michel　米歇尔·舒利亚
Swann　斯万
Swift　斯威夫特
Szafran, Maurice　莫里斯·扎弗兰

Tania　塔尼亚
Tannhauser　谭豪瑟
Taradasch　塔拉达什
Tarkovski　塔尔科夫斯基
Tartuffe　达尔杜夫
Terray, Emmanuel　艾玛努埃尔·泰莱
Tertulian, Nicolas　尼古拉·特图利安
Teste　戴斯特
Thalès　泰勒士
Thalmann　塔尔曼
Théodose de la Peyrade　佩拉德的戴奥多兹(巴尔扎克的未完成小说《小资产者》中的人物)
Thespis　戴斯毕斯
Thomas, Edith　艾迪特·托马
Thorel, Jean　让·托雷尔
Thorez, Maurice　墨里斯·托莱兹
Thucydide　修昔底德
Tillon　狄戎
Timon　蒂蒙(《欣乐的灵魂》中的人物)
Tintoret (Tintoretto)　丁托列托
Tison-Braun, Micheline　米施丽娜·蒂松-布罗恩
Titien　提香
Tito　铁托
Tocqueville　托克维尔
Todd, Olivier　奥利维埃·托德
Toha, Mohamed　穆罕默德·托哈
Tøpfer　特普费尔
Tourgueniev　图格涅夫
Tournier　图尔尼
Towarnicki, Frédéric de　弗雷德里克·托瓦尼基
Trenet, Charles　查里·特奈
Triolet, Elsa　艾尔萨·特里约莱
Trosky　托洛茨基
Tual, Roland　罗兰·图雅尔

Ulbricht, Walter　沃尔特·乌布利希
Ulmer, Carl　加尔·于尔梅

Valéry, Paul　保尔·瓦勒里
Valmont　瓦尔蒙(《危险的关系》中的人物)
Valois, Georges　乔治·瓦鲁瓦
Vaneigem, Raoul　拉乌尔·瓦内吉姆
Vanini　瓦尼尼
Védrès, Nicole　尼科尔·维德莱
Védrine, Louise　露易丝·维德林

Vercors（Jean Bruller） 维尔科尔（让·布吕勒的化名）
Vernant，Jean-Pierre 让-皮埃尔·维尔南
Véronèse 委罗内塞
Verstraeten，Pierre 皮埃尔·维斯特拉登
Vezin，François 弗朗索瓦·夫赞
Vian，Boris 鲍里斯·维昂
Vian，Michel 米歇尔·维昂
Vicarios 维卡里奥
Victor，Pierre 皮埃尔·维克多
Vilar，Jean 让·维拉尔
Villon，François 弗朗索瓦·维龙
Virgile 维吉尔
Virmaux，Odette 奥戴特·维尔莫
Volanges，Cecile 塞西尔·伏朗日（《危险的关系》中的人物）
Vuillemin，Jules 朱尔·维勒曼

Waelhens，Alphonse de 阿尔冯斯·德·沃尔汉斯
Wagner，Richard 里查·瓦格纳
Wahl，Jean 让·华尔
Wallenberg 瓦伦贝里
Walter，André 安德烈·沃尔特
Weber，Max 马克斯·韦伯
Weber，S. S. 韦伯
Weil，Eric 艾里克·维尔
Weil，Nicolas 尼古拉·维尔
Weiss，Hélène 艾莱娜·魏斯
Wenda 雯达
Werner，Eric 艾里克·维纳
Wiesel，Elie 艾利·维塞尔
Wilde，Oscar 王尔德
Wittgenstein 维特根斯坦
Woolf，Virginia 弗吉尼亚·伍尔芙
Worms，Frédéric 弗雷德里克·沃姆斯
Wright，Richard 理查德·赖特
Wybot，Roger 罗吉·维博

Yannakakis，Ilios 伊利奥·扬纳止基
Yudenzweck 于登兹维克
Yveton，Fernand 费尔南德·依夫东

Zara 查拉
Zelda 泽尔达
Zemach，S. S.泽马什
Zette 泽特
Zézette 泽泽特（《自由之路》中的人物）
Zizi 齐齐
Zola 左拉

图书在版编目(CIP)数据

萨特的世纪/(法)贝尔纳-亨利·列维著;闫素伟译.—北京:商务印书馆,2019
(当代法国思想文化译丛)
ISBN 978-7-100-17046-8

Ⅰ.①萨…　Ⅱ.①贝…②闫…　Ⅲ.①萨特(Sartre,Jean Paul 1905-1980)—哲学思想—研究　Ⅳ.①B565.53

中国版本图书馆CIP数据核字(2019)第010688号

当代法国思想文化译丛
萨特的世纪
——哲学研究
〔法〕贝尔纳-亨利·列维 著
闫素伟 译

商 务 印 书 馆 出 版
(北京王府井大街36号 邮政编码100710)
商 务 印 书 馆 发 行
北 京 冠 中 印 刷 厂 印 刷
ISBN 978-7-100-17046-8

2019年4月第1版　　开本 880×1230 1/32
2019年4月北京第1次印刷　　印张 26¼
定价:79.00元